新理念　新机制　新举措
推动文化馆行业高质量发展

2020 中国文化馆年会征文作品集

白雪华　主编

国家图书馆出版社

图书在版编目（CIP）数据

新理念 新机制 新举措 推动文化馆行业高质量发展：2020中国文化馆年会征文作品集 / 白雪华主编 . — 北京：国家图书馆出版社，2021.8

ISBN 978-7-5013-7280-5

Ⅰ.①新… Ⅱ.①白… Ⅲ.①文化馆—发展—中国—文集 Ⅳ.① G249.23-53

中国版本图书馆 CIP 数据核字（2021）第 094467 号

书　　名	新理念　新机制　新举措　推动文化馆行业高质量发展	
	——2020中国文化馆年会征文作品集	
著　　者	白雪华　主编	
责任编辑	王炳乾	
封面设计	耕者设计工作室	

出版发行	国家图书馆出版社（北京市西城区文津街7号　100034）
	（原书目文献出版社　北京图书馆出版社）
	010-66114536　63802249　nlcpress@nlc.cn（邮购）
网　　址	http://www.nlcpress.com
排　　版	九章文化
印　　装	河北鲁汇荣彩印刷有限公司
版次印次	2021年8月第1版　2021年8月第1次印刷

开　　本	787×1092　1/16
印　　张	29.75
字　　数	610千字

书　　号	ISBN 978-7-5013-7280-5
定　　价	180.00元

本书编委会

主　　　编：白雪华

副　主　编：李国新

执行副主编：赵保颖　李亚男

编　　　委（按姓氏笔画排序）：

王玺昌　白雪华　孙家宝　李亚男　李兆泉

李晓林　陈艳平　周　蕾　孟祥也　康尔平

赵保颖　彭泽明　潘洪枝

目　录

一等论文

三等论文

多元语境下公共文化空间的建构策略

黄 放（浙江省嘉兴市文化馆）

近年，在加快推进城镇化、城市化的进程中，越来越多城市的公共文化空间以全新的设计理念、独特的设计风格、开放包容的文化品质备受瞩目，广为人知，尤受年轻人的青睐。那么，在当前这种多元共融的文化语境效应下，如何建构具有多样化当代文化表征的公共文化空间，优化其服务品质和体验感，精化其空间风格和文化特质，成为值得探讨的话题。本文主要以大众普遍认知的大中城市为研究对象，从建构语境、建构形态、建构策略等角度粗浅探讨这一序列中的城市的公共文化空间建构。

一、公共文化空间的建构语境

1. 社会化语境

在当代公共文化建构过程中，外在的社会化语境一直是现代公共文化服务体系建设的主流语境。这一语境也与我国近年来加快构建现代公共文化服务体系的相关政策导向和建构意图高度重合。鼓励和引导社会力量参与，引入市场机制，探索社会化运营方式等实施意见近五年来在全国广为推进，贯穿于各级城市、政府的公共文化建设发展纲要中。因而，在此社会化语境中，城市公共文化空间的建构依托于社会力量的广泛参与是必然趋势，亦是必由之路。

同时，公共文化空间天然具有的社会属性——公共性，也指向其最显性的建构语境——社会化，两者紧密关联，互为前提。首先，公共性作为公共文化空间的基础内涵，其核心要义即为社会公众提供开放、包容的参与平台和交往空间，同时包含了公众参与社会化建构与享有社会化体验的双重内涵。其次，社会化语境则为公共文化空间的公共属性提供了进一步的参照与注解，尤其是从政府导向层面提出的社会化参与，赋予公共性更宽松、更多元的解读意象和阐释话语，公共性从而获得了更广泛、更开放、更深层次的概念边界和研究视域。

2. 城市化语境

众所周知，城市化的三大标志分别为劳动力从第一产业向第二、第三产业转移；城市人口在总人口中比重上升（最主要标志）；城市用地规模扩大。近年来，随着地方经济的

1

飞速发展和相应政策的出台,城市人口比重逐步上升,城市地域边界和建市规模不断扩大,同时城市第二、第三产业发展呈现蓬勃之势,一些中小城市加快了进入大中城市的步调,城市居民对市场文化消费、公共文化供给、文化空间等多样性、高品质的文化诉求也随之增长、提升。

2011 年底,我国城镇人口占总人口的比重首次超过 50%。2019 年末,我国常住人口城镇化率首次超过 60%,但仍远低于发达国家 80% 的平均水平,我国城市化仍有着巨大潜力和发展空间。近年,在城市化进程不断加快的背景下,人口不断向城市集聚,原有的地域空间和文化边界被消解,各类文化需求及内在潜力随之被激发、被引导、被重塑。公众对公共文化空间的直接诉求将与城市化的发展趋向和谐共生。从城市规划层面而言,城市化无疑是公共文化空间建构的另一个至关重要的语境。

3. 后现代语境

后现代语境在当下公共文化服务体系建设中一直被有意无意地忽略掉。但每一项公共文化事项的增添和建设归根结底是为公众这个庞大群体中的每一员服务的,最后都关联在每一个个体的体验和感知上。因此,笔者认为,从公众诉求层面来讨论公共文化空间建构的后现代语境极为必要。

在后现代语境中,叙事视角从宏大叙事转向个体化叙事,个体化叙事和表达成为越来越多年轻群体与世界互动的态度与方式。他们追求或者只是习惯于多元化甚至碎片化的个体需求,他们试图通过此类个体化、异质化的个体诉求来完成个人的自我建构,试图从个体差异中获得更多自我认知。因此,多样性的文化表征与文化需求在当下的公共文化建构中应该得到重视,毕竟年轻群体不该只是被审视和被指摘的对象,他们更是未来社会的主导,差异性与共融性将贯穿整个公共文化建构的始末,这一点毋庸置疑。因此,当代公共文化空间的建构语境中最不该被忽视的便是后现代语境了。

二、公共文化空间的建构形态

从广义上来说,公共文化空间的建构形态应该充满开放性和不确定性,理念、意象、气质都为空间建构形态提供了无限可能。但本文试图从较狭义的层面讨论公共文化空间建构的几种常规形态和结构。

1. 纯公益形态

从我国近年来加快构建现代公共文化服务体系的建设轨迹和发展脉络来看,地方政府持续加大投入力度、提高投入比重、强化政策支撑,根据地方经济、人口和财政实际,逐步增设纯公益形态的新型公共文化空间的可能性、可行性、可操作性都较高。

纯公益形态的公共文化空间有较大可能仍以当前我国现有的纯公益性公共文化场馆(图书馆、文化馆、博物馆等)为基础和借鉴,结合特定文化意图和预期效应,其建设方式可以是由政府规划、投入经费建造全新空间，或发现、挖掘既有的可开发、可利用的公共空间资源进行整合或改造。它仍以政府为投入主体，打造与现有公益场馆属性相同或相近的公共文化空间，其建构宗旨、服务理念、运行模式、投入渠道、保障政策等各方面形态与当前既有的公益性文化场馆一致，成为具有中国特色的公共文化服务体系中的重要组成部分。这类形态的公共文化空间将作为当前公益性文化场馆的补充或附加，用以满足公众日益增长的基本文化需求。

2. 共筹形态

随着社会化话语的进一步强化，共筹形态的公共文化空间占比势必越来越大。这里所谓的"共筹"形态指的是政府与民间共同筹谋、共同规划、共同投入、共同设计、共同经营、共同服务的一种合作形态和运作模式。在社会化探索一直被倡导并正在形成一定规模的当下，共筹形态的公共文化空间的规划设计无疑为政府与民间的协作提供了开放性的创新思路和合作路径，也将为公众参与公共文化服务体系建设提供更多范式。

在共筹形态的公共文化空间建构中，政府与民间可根据彼此商议协定的原则制定经费投入、场地投入、人力投入等各类构成部分的比例，可以根据各方实际约定来规范场地、资金、人力的组合形式和管理办法，拟定合理的运营机制和评估系统，形成共筹、共建、共享、共赢的良性协作模式。可以说，共筹形态可以盘活政府和民间各类资源，能极大地激发政府与民间的活力与潜质，是值得更多期待的公共文化空间建构形态。但值得注意的是，政府应给予参与共建的民间力量更多的政策支持、运作便利和利润空间，如此才能使民间力量与社会资源获得可持续增长和发展，方能达成双赢局面。

3. 纯商业形态

当然，纯商业形态无疑是最具自主性和灵活性的公共文化空间建构形态。目前我国大多运营较为成功的"网红"公共文化空间都属于这一类建构形态。这种纯商业形态的公共文化空间一改传统公益性场馆的空泛与沉闷，往往以独特的风格、特点和小众化品味另辟蹊径，呈现出公共文化的另一种气质与魅力，从而改变了人们对公共文化的刻板印象和思维定式，使受众从内心滋生出更多期望与诉求。

对于纯商业形态的公共文化空间的建构，政府应该给予更为广泛、更深层次的引导或政策支撑，为民间力量深入公共服务领域展开纯市场化运作给予更多支持，破解当前政府主导与民间介入之间的各种制约困境与掣肘难题，厘清各方的权责边界，释放各自潜能。纯商业形态的公共文化空间建构赋予个体更多的自主性和选择权，更有益于当代公众文化的重构。

三、公共文化空间的多元建构策略

结合上述公共文化空间建构的语境和形态，本文试图从以下几个方面就其多元建构策略进行讨论：

1. 政府顶层设计

政府应从顶层设计层面强化公共文化空间的建构框架与建构策略。

具体可以从以下几个方面切入：一是城建规划。政府决策部门对城市建设规划与公共文化软硬件建设必须进行充分的综合考量，合理分配各方资源，加大选址精确度。例如，在城市化进程中，在新老城区的扩张和改建中，在合理地段增设公共文化空间。二是空间重构。公共文化空间内部的空间格局、服务定位、设施配置等都应突破原有边界制约，重构新的交流空间和公共领域。三是资金投入。根据城市自身经济、文化发展的实际状况，选择更为合理有益的公共文化空间建构形态，界定和确认可操作的资金投入方式。四是机构管理。为解决"一管即死"和"一松则乱"的矛盾与弊端，就政府层面而言，在建构初期可制定相应的机构管理模式与运作机制，以制度化、规范化、科学化的顶层设计来缓释矛盾，破除弊端，由此展开更多尝试。

2. 社会参与路径

公共文化空间的建构应寻求和探索更多的社会参与路径。多元的社会参与主体、参与路径、参与方式有助于建构更多样的空间意象，生成和延伸更广阔的文化情境与文化想象。政府、机构、民间、个体等多方力量共同参与城市公共文化空间的可行路径和易操作方式如下：

一是提升多部门协作的可能性和可操作性。例如，统筹财政、文化、城建等政府相关部门的资源，集合图书馆、文化馆、博物馆、美术馆等公益性文化机构和文化场馆的人力资源与服务资源，调动文联下属协会、慈善机构等社会组织的相关资源，从政府层面统筹调配各类资源以满足公共文化空间的多样化供给。

二是创新文化众筹、公益捐赠等多种形式的参与机制。通过新媒体等渠道的文化众筹手段和已经成熟的公益捐赠系统，将征集、获取或积累的资金、物品（产品）以及人力资源集聚在公共文化空间内，通过科学有效的机制最大限度地使其实现效益。

三是引入市场化管理、第三方管理等模式运行和管理公共文化空间。无论是以政府为主导的纯公益性形态，还是共筹共谋的建构形态，或是纯商业化运作形态，都可以在公共文化空间的运行与管理上引入第三方，以此保障管理的专业性。

四是丰富政府购买服务的方式和范围。在现有体制和管理制度下，政府购买服务仍停留在较浅的层次上。但公共文化空间的多元建构需要破除现有的诸多制约和因公私属性而形成的桎梏。

3. 多方协作机制

公共文化空间的多元建构需要多方整理、磨合出可协商、可协作、可协调的有效机制，从而推动和保障公共文化空间的管理和运行。

一是从政府层面加强政策保障机制。在社会力量、民间资源进入公共文化空间建构领域时,政府可制定、出台相应的准入机制、推进机制和退出机制,以此保证参与方的合法性和规范性,同时保障参与方的合理权益。

二是从技术和操作层面建立管理评估机制。通过专业机构的调查、统计和研究,建立科学、专业的管理评估机制,具体内容应包含协作协商、定期联络、年度评估、信息反馈等制度,从而加强运作层面的专业化。

三是从社会参与层面优化资源整合机制。在社会资源高度集约的城市,各类社会力量与资源的要素集成度也较高,要素重新整合配置的频率也偏高。在多种文化空间意象、多个艺术表现门类借助一个空间交叉呈现的状况下,只有不断优化的资源整合机制才能支撑各类资源的融合共生。

4. 人文关怀与艺术审美

公共文化空间应同时兼顾人文关怀与艺术审美。文化的内涵与表征往往相互成就、互为支撑。这一点尤其彰显在文化空间的建构中。公共空间的文化表征与文化符号通过独特的形态特征和艺术设计来承载意图、呈现态度、表达立场,并建构独立话语。一个具备丰富艺术态度的公共文化空间,必然是一个兼顾人文关怀和艺术审美的复合空间,是一个兼具多样表达方式、多样选择自由和多样发展可能的开放空间,亦可成为一个秉承多元策略和对话机制的精神领地。

参考文献

[1] 车生泉. 上海城市公共开放空间与休闲研究 [M]. 上海:上海交通大学出版社,2019.

[2] 王玲. 公共文化空间与城市博物馆旅游发展——以上海为例 [M]. 杭州:浙江大学出版社,2014.

[3] 吕拉昌. 中国大都市的空间创新 [M]. 北京:科学出版社,2009.

[4] 王文英,叶中强. 城市语境与大众文化:上海都市文化空间分析 [M]. 上海:上海人民出版社,2004.

[5] 胡小武. 城市社会学:文化—空间与结构研究 [M]. 南京:南京大学出版社,2014.

文旅融合背景下文化馆发展的 SWOT 分析与对策研究

黄　燕（广州市文化馆）

1　主要背景

1.1　文旅融合的时代背景

2018 年以来，随着文化和旅游部的成立，文化事业、文化产业和旅游业的融合发展拥有了全新的体制环境，也进入了高速发展的新阶段。2019 年，文旅部部长雒树刚在答记者问时指出，"人民群众对文化和旅游的需求已经从'有没有，缺不缺'到了'好不好，精不精'的发展阶段"。可见，在文旅融合的时代浪潮下，无论是文化事业单位，还是文化产业及旅游企业，都迎来了新机遇、新挑战、新未来。

1.2　文旅融合背景下的公共文化机构

以文化馆、图书馆、博物馆等为主体的公共文化机构，作为政府公共文化的资源中心、服务阵地、惠民窗口，在旅游业中也有无可替代的重要地位。一方面，全域旅游的发展，离不开公共文化机构在资源和平台方面的支持、在精神和内容层面的引导；另一方面，公共文化机构需通过旅游进一步增强社会影响力，扩大服务覆盖面，更好地完成提升公民文明素养的目标。

其中，博物馆、美术馆因资源的优势与特性，早已成为综合性旅游平台。不少博物馆本身也是 A 级景点，近年其 IP 运营、文创开发等更成为旅游热点。图书馆早在 20 世纪 80 年代就萌发了与旅游融合发展的想法，国外有不少先例，近年国内的网红图书馆、"图书馆 + 民宿"、研学旅游等也成为行业亮点。

相比之下，文化馆在文旅融合方面的实践探索、理论积累都相对滞后，依据从 CNKI 检索的结果，以"文旅融合 + 图书馆"为主题的论文有 77 篇，"文旅融合 + 博物馆"为主题的论文有 70 篇，而以"文旅融合 + 文化馆"为主题的论文仅 5 篇，且有较大影响的实践案例匮乏，可见文化馆在文旅融合领域仍处于起步阶段，有较大发展空间。

1.3　文旅融合背景下的文化馆

文化馆在文旅融合时代，必然会面临新局面，也必须承担新使命。

其一，这是国家政策的要求。文化馆作为重要的公共文化机构，和博物馆、图书馆一样要响应"宜融则融,能融尽融"的工作部署。其二,这是时代发展的要求。文旅融合的大趋势早已席卷全球。在这个时代浪潮中,文化馆如果不能有所作为、有所突破,不仅会错失发展的大好时机,也容易因社会影响力下降而被边缘化。其三,这是更好地落实文化馆职能的要求。在宣传教育与全民艺术普及中,文化馆不能仅满足于服务周边居民,还应面向日益增多的国内外游客,承担起促进民间文化传播与交流的职责。

走进博物馆,人们感受到的是城市的过去;走进文化馆,人们体验的是城市的当下。走进图书馆,人们通过阅读书本,感悟本地文化的厚重;走进文化馆,人们通过参与活动,体验本地文化的鲜活。

2 基于 SWOT 的文化馆现状分析

通过 SWOT 分析法,可以更清晰地看到基于文旅融合的内部和外部形势下,文化馆的优势和劣势、机遇和挑战,更准确地把握文化馆事业的发展现状。

2.1 内部优势分析（S）

2.1.1 文化馆拥有丰富、鲜活的本地民间文化资源
常年耕耘于基层的文化馆,不仅是最熟悉本地民间文化生态的机构,也积累了丰富的民间文化资源,这其中不仅包括大量非遗资源,还包括未纳入非遗仍在民间活跃的本地特色文化资源。承载这些文化的民间艺人、民间文艺团队、民间艺术空间等都是文化馆长期的服务对象。

2.1.2 文化馆能调动大量的本地群众文化资源
文化馆长期承担调动群文资源、承办本地文化品牌活动的重任。这些活动有的是展现城市魅力的大型活动,如市民文化节、广场音乐会等;有的是本地知名的民俗活动,如民俗文化巡游、传统节庆活动等。

2.1.3 文化馆能创作极具地域特色的群众文艺精品
群文创作是文化馆的主要职能之一。各级文化馆能用短小精悍、生动活泼、极具生命力的艺术表现形式,让本地文化以更生动、更鲜活、更吸引人的方式呈现在人们面前。

2.1.4 文化馆能组织丰富的地域文化体验活动
以全民艺术普及为己任的文化馆,常年组织各类公益培训、活动、展览。这其中,基于本地文化的小型体验活动、艺术沙龙、民间艺术展览等都不仅服务于本地居民,也可为游客打开文化学习体验的大门。

2.2 内部劣势分析（W）

2.2.1 思想认识不足
文化馆传统上主要为本地居民服务,目前在文旅融合中所受的影响明显小于博物馆

和图书馆。虽然随着融合的深入,这种状态在不断改变,但目前文化馆在文旅融合中还大多处于观望状态,或多或少有事不关己的思想。

2.2.2　场馆设施普遍陈旧

文化旅游对场馆要求较高。相较于经过多轮大规模、高规格建设的博物馆和图书馆,文化馆普遍设施陈旧、空间较小,不利于文旅项目开展。

2.2.3　专业人才匮乏

文旅融合对公共文化机构的管理、运营、策划能力都提出了较高要求,但文化馆长期以来的人才储备均以艺术人才为主,高水平的管理、运营、创意、策划、推广人才较少,对旅游业有一定认识的跨界人才更是奇缺。

2.3　外部机会分析(O)

2.3.1　良好的国家政策环境

2018 年以来,各级政府对文旅融合给予了空前重视,尤其是国家层面的各类指导意见和实施方案不断出台,政府推动文化事业、文化产业和旅游业融合发展的决心是坚定的。

2.3.2　博物馆、图书馆提供了众多成功的实践案例

作为与文化馆性质相同的公共文化机构,博物馆和图书馆经过多年探索,在文旅融合方面走出了许多新路径,也取得了较好的成效,不仅为文化馆提供了多种可借鉴模式,还创造了不少可合作的交叉领域。

2.3.3　群众对文旅融合的需求,向更多样化、个性化发展

目前群众对文化旅游的需求,无论从量上还是质上都还处于上升阶段,尤其是多样性和个性化的需求增多,这都给文化馆盘活资源参与旅游服务提供了空间。

2.4　外部挑战分析(T)

2.4.1　体制机制束缚

虽然文旅部门的合并提供了全新的体制环境,但对于文化馆这一类最传统的公益类事业单位来说,相配套的、更灵活的、适用于基层的体制机制仍未建立,这导致文化馆在引入社会力量参与、探索与企业合作等方面仍有较大束缚。

2.4.2　缺少国内外可复制的模式

作为最具中国特色的公共文化机构,文化馆一直缺少可直接复制的国外模式;同时由于与本地文化关系密切,各地文化馆(尤其是基层馆站)在发展中个性鲜明,这使得许多成功的模式难以完全复制,这增加了文旅融合创新突破的难度。

2.4.3　新服务群体带来的冲击

习惯于服务本地居民的文化馆,在未来将迎来更多游客、访客,如何既做好本地居民服务,又能吸引、容纳这些新群体,对文化馆也是一个不小的挑战。

表 1　文旅融合背景下文化馆的 SWOT 矩阵表

外部环境因素 内部环境因素	优势（S） S1：拥有丰富的、鲜活的本地民间文化资源 S2：能调动大量的本地群众文化资源 S3：能创作极具地域特色的群众文艺精品 S4：能组织丰富多样的地域文化体验活动	劣势（W） W1：思想认识不到位 W2：场馆设施普遍陈旧 W3：专业人才匮乏
机遇（O） O1：良好的国家政策环境 O2：博物馆、图书馆提供了大量成功的实践案例 O3：群众对文旅融合的需求，向更多样化、个性化发展	SO 挖掘、培育民间文化资源，丰富文化旅游内涵 调动群文资源，让群文品牌活动成为旅游新热点 创作具有鲜明特色的群文精品，丰富旅游演艺市场 打造多样化的文化体验活动平台，寓教于乐，融游于学	WO 从基础做起，从小型活动和项目做起，逐步推进 加强探索、交流与合作，寻找适合自己的模式 探索供给侧结构性改革，提高文化馆产品供给对群众需求变化的适应性
威胁（T） T1：体制机制束缚 T2：缺少国内外可以复制的模式 T3：新服务群体带来的冲击	ST 加强对国家政策的学习、对博物馆、图书馆文旅融合的研究，提高思想认识 优化场馆布局与环境，提供更多学习、休闲空间 加强自身人才队伍建设，同时引入旅游行业专业力量支持	WT 明确文化馆在文旅融合时代中的定位与职责 建立常态化危机应对机制

3　基于 SWOT 的文化馆对策分析

3.1　抓住机遇，发挥优势（SO）

一是挖掘、培育民间文化资源，丰富社区乡村文化旅游内涵。通过开发本地特色鲜明的民间文化资源、扶持民间艺人、培育民间队伍、改善民间场馆，优化社区、乡村文化旅游资源，增加旅游的文化内涵。

二是调动群文资源，让群文品牌活动成为旅游新热点。各地文化馆组织的群文品牌活动中，有不少都拥有较长的历史和深厚的群众基础，不仅可以满足本地群众的精神文化需求，同样也能向游客展示当地文化最鲜活、最积极的一面。

三是创作具有鲜明特色的群众文艺精品，丰富旅游演艺市场。除了商业化的演艺市场外，具有地域和民间特色的群文精品展演也可以成为游客了解、欣赏地方文化的窗口。

四是打造多样化的文化体验活动平台，寓教于乐，融游于学。文化馆除了组织面向本地居民的艺术普及外，还可以举办更多地方特色文化体验课、节庆习俗体验活动等，结合节假日推出，推动休闲旅游。

案例 1：广州非遗体验游

近年由广州市文化馆开发的"非遗体验游"，包括广式生活体验游、端午龙舟体验游、粤剧文化体验游等多条线路。以其中颇受市民喜爱的"端午龙舟体验游"为例,这条旅游线路通过观看非遗展演与龙船鼓、在村落品尝龙船饭、参观龙舟文化展馆、看龙舟赛准备等活动,让参与者在游览中完整了解广州龙舟的历史、习俗和现状。这类游览线路,只有熟悉当地民间文化情况的文化馆(站)专业人员才能有效地进行开发。在2019年广州的文化遗产日活动期间,非遗体验游由市文化馆进行公益示范,广之旅、康辉国旅、绿洲国旅等企业还进行了商业运营,该项目取得了社会效益与经济效益的双赢。

案例2:广府庙会

作为广东"一城一特"春节活动之一,"广府庙会"吸引了众多本地、外地游客参与,通过"政府搭台,民间唱戏"的方式,弘扬广府传统民俗文化。其中由当地文化馆(站)组织的"广府达人秀""非遗市集"等群文和非遗品牌活动,通过精彩的民间文艺表演和传统文化展示,既丰富了群众文化生活,又增添了节庆氛围,提升了文化旅游的品牌内涵。

3.2 正视不足,迎难而上(ST)

一是文化馆人要加强对国家文旅政策的学习,加强对博物馆与图书馆文旅融合案例的研究,提高从业人员的思想认识,鼓励基于文化馆的"文化 + 旅游"的探索和创新。

二是优化文化馆的场馆布局与环境,提供更多学习、休闲、游览的空间。

三是加强人才队伍建设,一方面加大对管理运营人才、创意策划人才的培养力度,引入社会力量参与;另一方面可考虑在组建理事会时引入旅游业的专业人士,或者建立专家库时邀请旅游业专家参与。

案例3:广州市文化馆新馆选址与设计理念

目前已完成主体建筑施工的广州市文化馆新馆,选址于广州新城市中轴线南段,毗邻广州休闲旅游的两个热点区域——海珠湖公园、海珠湖湿地,并且以"十里红云一湾水,八桥画舫十六亭"为设计理念,打造以岭南建筑特色为主的"园林式文化馆",建成之后将为周边优美风光赋予文化艺术的魅力,展民间文化之活力、集广府非遗之精粹、融岭南园林之秀丽,打造集全民艺术普及、非遗博览展示、市民休闲娱乐、游客赏学游览于一体的新型文化馆。

3.3 直面困难,逐步推进(WO)

一是正视目前在体制机制上面临的束缚,从基础做起,从小型活动和项目做起,从培育民间力量做起,逐步推进创新实践。

二是加强探索、交流与合作,通过与景区、博物馆、图书馆合作,借鉴其他机构的成功模式,处理好公益属性与旅游服务之间的互惠与矛盾,探索适合文化馆发展的道路。

三是通过探索供给侧结构性改革,提高文化馆产品供给对群众需求变化的适应性。充分认识到文旅融合时代群众文化需求的多样性和复杂性,打造更多元化的产品供给体系。

3.4 防范危机,坚定决心(WT)

一是面对内部劣势与外部危机,要进一步明确文化馆在文旅融合时代的职责。时代浪潮,不进则退,是否迎难而上关系到社会认知度与认可度,要坚定探索与创新的决心。

二是建立常态化的危机应对机制。随着文化馆逐步融入文旅融合浪潮,必然会跳出原本熟悉的"小圈子",会面临更多、更复杂的服务群体和复杂环境,应从实际出发,及时借鉴景区和其他机构的经验教训,建立常态化的危机应对机制。

文化馆在文旅融合时代,面临新机遇、新挑战、新未来,也必须承担新使命与新责任,同时文化馆既有自己独特的资源与优势,也面临诸多的困难与挑战,但随着不断探索、持续创新,必将会为旅游业增添更绚丽的"文化风景",也能给自己开辟更广阔的惠民天地,在文旅融合的发展进程中写下浓墨重彩的新篇章。

参考文献

[1] 人民智库丨文旅融合发展的时代价值[EB/OL].[2021-05-04].https://baijiahao.baidu.com/s?id=164779 3775691001738&wfr=spider&for=pc.

[2] 佟艳泽.基于 SWOT 分析的公共图书馆文旅融合战略研究[J].图书馆研究与工作,2020(4):75-79.

[3] 丁景发.图书馆在文旅融合时代的使命与创新[J].传媒论坛,2020,3(6):102-104.

深圳市文化馆行业年报编制探索

张君璇（深圳市文化馆）

1 年报编制的重要意义

1.1 构建现代化公共文化服务体系的客观要求

2015 年中共中央办公厅和国务院办公厅颁布的《关于加快构建现代公共文化服务体系的意见》指明,公益性文化事业单位要"完善年度报告和信息披露、公众监督等基本制度,加强规范管理"。2016 年国家出台的《中华人民共和国公共文化服务保障法》明确规定,"公共文化设施管理单位应当建立管理制度和服务规范,建立公共文化设施资产统计报告制度和公共文化服务开展情况的年报制度"。

1.2 深圳建设社会主义先行示范区的内在要求

2019 年 8 月,中央支持深圳建设中国特色社会主义先行示范区,深圳市、区两级的公共文化服务单位响应"敢闯敢试"的号召,坚持创新驱动,努力引领示范。文化馆作为公共文化服务单位之一,理应遵循法律法规的规定,编制年度工作报告,客观真实反映其在公共文化服务领域的工作业绩、总结亮点经验、分析存在的问题,为未来的工作提出建设性意见,自觉接受公众监督。

1.3 有利于促进文化馆提高文化服务效能

近几年来,随着事业单位改革进程不断推进,如何提高文化馆服务效能成为热点问题。然而,文化服务效能的提高不可能一蹴而就、一劳永逸,它需要循序渐进地提高,需要文化馆管理层改变粗放式管理模式,逐步建立系统化、精细化内部管理机制及业务运营模式。自觉编制文化馆年报,有利于树立一面客观的得失镜,照射出单位的工作成果和短板,明确工作改进方向;有利于文化馆自觉开启一扇公众监督窗口,促进文化馆公共文化服务效能的提升。

2 年报编制的现状及问题

目前,我国文化馆年报制度还处于实践探索阶段,上级行政主管部门及行业协会未规定年报的统一披露格式及要点。近几年,全国多家文化馆不断探索试编文化馆年报,例如滨州市文化馆、成都市文化馆、江苏省文化馆、嘉兴市文化馆,广东省内的惠州市文化馆、东莞市文化馆、深圳市的福田区公共文化体育发展中心。这些单位编制的年报内容翔实,数据丰富,统计分析细致深入,值得行业内借鉴学习,但同时也存在以下不足:

第一,披露内容可以更具逻辑性和系统性,更加丰富全面。目前公开的年报材料和数据显示,有些文化馆直接以单位的年终总结为基础展开年报披露工作,并不要求全面按照文化馆的法定职责梳理报告内容,难免不够全面。而年度报告的披露内容须涵盖文化馆的法定工作职责,体现依法保障公共文化服务的精神,若能以较强的逻辑性和系统性组织披露内容,理性客观地总结分析本单位的机遇与挑战,则更有利于发挥年报"总结过去,指导未来"的优势。

第二,应结合地域特色进行差异化披露。文化馆的业务开展会受到当地地域文化影响和客观环境的制约,如何因地制宜开展业务活动,是全国文化馆同行乃至公众关注的内容。

第三,图表分析应简明易懂。从现有文化馆编制的年报资料看,有些单位使用专业的金融分析图表工具对业务数据进行分析,但无形中给自身核对校验设置了理解障碍,容易出现文字内容与数据图表南辕北辙的现象,也不利于简明扼要地向公众传递数据信息。

第四,财务数据披露信息量不足。充分、必要的财务数据和支出绩效评价的公开,有利于提高工作透明度。"走过场"式的财务数据披露无法满足公众对文化馆公共文化服务信息的知情需求,更无法真实反映文化馆决策机构的作用效果。

3　年报编制的改进意见

文化馆行业年报的编制,简而言之就是要告诉公众文化馆这一年利用了哪些资源,为公众提供了哪些公共文化服务,取得了哪些工作成绩,面临哪些实际困难和挑战,是否有应对策略,是否有中长期工作规划等。

以下仅以深圳市文化馆为例,提供编制方法及思路:

3.1　明确年报编制的原则

年报披露要遵循的原则一般有:第一,披露内容真实完整,统计结果准确可靠。报告单位应确保年报引用数据、资料依据充分,统计数据计算准确,分析结果客观可靠。第二,披露信息应具有充分关联性和相关性,应围绕文化馆的法定职责和功能定位组织披露信息,统计分析结果应有利于展现实际工作情况或有利于形成决策指导实际工作。第三,年报披露应注重时效性,若想真正发挥其指导作用,应至少在部署来年工作前编制完成。第四,语言表述平实,清晰易懂,增强其可读性,力戒空洞、模式化。

3.2 找准年报编制定位

文化馆是县和县级以上人民政府设立的,利用国家资源,组织群众文化活动,开展文化艺术教育培训、提供基层群众文化辅导的公益性文化事业机构,其主要职能是提供公共文化服务。因此,文化馆的年报编制,应根据各报告主体的具体职能定位,围绕"文化馆是如何构建自身公共文化服务体系,如何提供公共文化服务"的核心问题展开。

以深圳市文化馆为例,它属于市属一级的文化事业单位,必须遵循国家、广东省、深圳市政府三个领导层级的法律法规及指导性文件开展公共文化服务工作,因此编制年报以前应先研究梳理法律文件依据。近年来,中央为了构建公共文化服务体系,颁布了《关于加快构建现代公共文化服务体系的意见》(以下简称《意见》)。《中华人民共和国公共文化服务保障法》(以下简称《保障法》)也于 2017 年实施。它们奠定了公共文化服务工作的基础,为文化馆行业如何构建公共文化服务体系指明了方向,同时也为行业年报应该披露的内容提供最重要的文件依据。其次,与《意见》一同印发的《国家基本公共文化服务指导标准(2015—2020 年)》、由国家质量监督检验检疫总局及国家标准化管理委员会共同发布的《文化馆服务标准》,从文化馆提供公共文化服务应具备的必要条件提出基本要求,各文化馆可对照标准评估自身的服务素质。再者,广东省为贯彻落实中央关于公共文化服务体系建设号召,制定了《关于加快构建现代公共文化服务体系的实施意见》《广东省公共文化服务体系建设规划(2011—2020 年)》;深圳市政府制定了《深圳市文化发展"十三五"规划》,深圳市文化广电旅游体育局制定了《深圳市公共文化服务体系建设规划》。以上是深圳市文化馆编制年报的法律依据,各区文化馆还需遵循各区政府及相应主管部门制定的实施细则。

有了从中央到地方的公共文化服务政策指引、文化馆行业的服务标准,再加上各地方的地域文化特色,相当于为各文化馆建立了公共文化服务体系的坐标指示图,每个文化馆都能找到对应的服务功能定位,编制行业年报工作水到渠成。

4 厘清年报编制的思路

在找准年报编制定位的基础上,有的放矢地展开分析,减少重复披露,增加依法应该披露的内容。以 2019 年深圳市文化馆相关情况为例,年报编制可以分为五大部分:

第一,文化馆的服务设施及客观条件。应重点阐述文化馆建筑功能布局及客观服务条件,分析未达标原因及阐述替代措施,例如新馆建设等基建项目的完成将于未来改善目前的客观不足等。

第二,文化馆的公共文化服务产品供给体系。深圳市文化馆的公共文化服务产品供给体系,按性质大致可分为群众文化服务产品、精品创作服务产品、理论研究服务产品、数字文化馆开发建设产品。其中的群众文化服务产品,按服务形式可划分为阵地服务、流动服务、数字服务、综合服务;按服务人群可划分为面向群众、面向基层专业人员、面向文化志愿者提供的服务。另外,根据《保障法》第九条和《意见》第六条相关规定,应保障"特殊群体"基本文化权益,因此,在阐述"面向群众"提供的群众文化服务产品时,应着重分析说明文化馆在保障老年人、未成年人、残疾人、农民工、农村留守妇女儿童、生活困难群众等重点服务对象的具体措施。

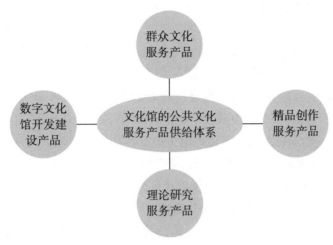

图 1　公共文化服务产品供给体系

第三,文化馆的服务运行管理机制。为保障文化馆良好运行,持续不断为公众提供文化产品服务,须建立健全公共文化服务运行管理机制。深圳市文化馆公共文化服务运行管理机制包括:安全管理制度、文化基础设施及文化资产管理制度、文化馆联盟制度、文化志愿者管理制度、服务评价与监督制度等。

表 1　深圳市文化馆公众文化服务产品供给体系

服务人群	阵地服务	流动服务	数字服务	综合服务
面向群众	免费开放三套马车:公益培训、公益展览、公益讲座;周末剧场、"我们的节日"系列活动	选派老师、志愿者到福利院、戒毒所、监狱进行培训辅导,"文艺惠鹏城"文化志愿服务系列演出活动	鹏城金秋广场舞网络直播、周末剧场网络抢票平台	《我和我的祖国》交响歌会、第十六届"鹏城金秋"市民文化节、第十五届来深青工文体节、广东省粤曲私伙局深圳赛区选拔赛、广东省民歌民乐大赛深圳赛区选拔赛、参加广东省第十五届美术书法摄影联展决赛、全市群文诗歌评选活动、全市文艺作品评选
面向基层专业人员	知行大讲堂、全市广场舞培训班、音乐舞蹈创作培训班	组织优秀摄影作品赴青海省海北州群艺馆举办"大展台"交流活动		文化馆行业发展研讨会
面向志愿者	2019 年深圳文化志愿服务项目评审活动、年度培训			2019 年深圳文化志愿者年度表彰大会、组织文化志愿者骨干赴江苏调研

其中,安全管理制度应包括日常安全管理制度及措施、突发事件应急预案、饮食安全管理措施等;文化基础设施及文化资产管理制度应包括教室使用管理制度、流动文化车使用管理制度、其他文化资产使用管理制度等;文化馆联盟制度应从统筹建设、协同推进、整合资源、共建共享深圳市文化馆资源的角度,分别从服务提供、队伍建设、资金保障、均衡配置公共文化资源四方面阐述制度的建设与运作机制;文化志愿者管理制度方面应区分"深圳市文化馆志愿者管理制度"和"深圳市文化志愿总队志愿者管理制度"并分别阐述,分别建立管理评价、教育培训、激励保障机制;服务评价与监督制度应包括"深圳市文化馆服务评价制度""公众参与的服务反馈制度""群众文化需求反馈制度"三个方面。

第四,文化馆的内部治理能力。构建公共文化服务体系,离不开强有力的核心指导机构、人才队伍建设和内部控制制度建设。《保障法》第二十四条规定:"国家推动公共图书馆、博物馆、文化馆等公共文化设施管理单位根据其功能定位建立健全法人治理结构,吸收有关方面代表、专业人士和公众参与管理。"而实际工作中,法人治理结构是否能充分发挥作用,各文化馆应结合实际情况给予客观评价;人才队伍组成和建设是决定文化馆服务水平高低的关键因素,可从专业人才分布情况、人员编制稳定性情况、人员性质组成及培训方面分析人才队伍组成和建设情况。内部控制制度是保障一个机构安全有序运营的规范性制度系统,是业务进行过程中每个部门和岗位之间环环相扣、相互制约的动态监督机制。它分为会计控制和管理控制两方面,其基本目标是确保单位运营活动的效率和效果、资产的安全、财务信息的可靠。内部控制制度是否系统有效,反映了单位内部管理是否规范、单位财务及业务风险是否可控。

第五,财政资金使用情况及绩效分析。财务数据应使用数据表格形式公开,并保持统计口径的一致性、可比性,确需调整统计口径的应有充分理由且做出合理解释。文化馆财政资金使用情况的资金数据公开尺度,可以参考上级行政主管部门资金信息公开口径执行,也鼓励更细化的披露。同时还可以结合自身实际情况,从资金来源组成、预算盘子的支出规模结构、本年项目支出绩效达标情况、本年决算与预算差异分析等方面分析报告年度的财政资金使用情况,从而得出指导结论,提高下一年的预算编制精度、提高财政资金使用效能、增强单位内部控制管理能力。

5 恰当选择统计分析的方法和工具

年报编制常用的分析方法有对比分析法、综合评价分析法、结构分析法、因素分析法和相关分析法,常用的图表分析工具有柱状图、饼状图、环形图等,建议结合实际情况恰当选择分析方法和分析工具,以达到准确传达分析结果的目的,避免弄巧成拙,分析出错。应采用现代可视化分析模型,提高统计分析深度和可预见性,为领导决策提供强有力的依据,简洁地向普通群众传达信息。在借助以上分析方法及分析工具披露数据、客观反映问题时,应对容易造成理解障碍的内容和特定含义的术语做出通俗易懂的解释,以消除公众疑虑,达到年报编制的目的。

"高质量发展"目标导向下文化馆的"平台化"发展战略

赵靓靓（成都市文化馆）

高质量发展全面体现新发展理念，是适应我国社会主要矛盾变化和全面建成小康社会、全面建成社会主义现代化强国内在要求的发展形态[1]，是相当长一段时间内中国各个行业领域的发展主题。近年来，尽管文化馆在阵地体量和服务数量上都取得了显著成绩，但仍面临公共文化服务覆盖率不高、供需不匹配、高品质供给不足等突出问题。深刻理解高质量发展的题中之义，以"需求侧"为导向主动创新文化馆公共文化服务供给，切实发挥文化馆在满足人民美好文化生活需求、培育文化自信和文化自觉等方面的重要作用，推动文化馆融入时代发展的脉搏，是文化馆行业当前所面临的重要课题。

一、文化馆高质量发展的内涵与特征

（一）高质量发展的内涵

满足人民群众美好生活需要是高质量发展的题中之义。"高质量发展"有着广泛而深刻的内涵：不仅指向经济的高质量增长，更着眼于经济、政治、文化、社会、生态等领域的全方位发展，全面回应新时代人民群众更加多元的美好生活需要。"高质量发展"与"美好生活需要"在"以人为本"的执政理念上融合交汇，"推动高质量发展的过程，就是不断实现人民对美好生活的向往的过程"。在"美好生活需要"这样一个更加立体、全面的需求体系里，伴随着社会和人的发展，精神文化生活的重要性必将与日俱增，以高质量发展回应人民的美好精神文化生活需求，是文化馆的新时代使命。

（二）文化馆高质量发展的特征

高质量发展是一种新的发展理念，是以质量和效益为价值取向的发展[2]。其中，"质量"作为表征事物优劣程度和数量多少的概念，指文化馆公共文化服务的覆盖面和适用性，是对文化馆公共文化服务供给多不多、好不好、是否匹配公众文化需求等范畴的规定。而"效益"则是对成效与价值的结果性关注，文化馆作为中国特色社会主义特色文化制度中的重要部分，既需要发挥强化社会主义价值牵引、树立民族文化自信的作用，也要从关注人民群众自我完善、全面发展的角度创造提供精神产品。

简而言之，文化馆作为公共文化服务体系的重要组成部分、群众精神文化生活的主阵地,其高质量发展意味着公共文化服务供给更精准、服务更高效、内容更丰富、覆盖更广泛,也意味着精神文化生活层面人民的满意度更高、获得感更多、幸福感更浓。因此,文化馆的高质量发展应具有以下4个典型特征:

1. 美育导向更鲜明

将文化馆公共文化服务从丰富生活的组成上升为对人文精神的塑造和民族精神的构建,是文化馆高质量发展的第一要义。人民群众获得物质文化的基础保障后,精神文化需求作为人类更高层次、更根植于内心的需求,是人追求全面发展和自我完善的本能。这要求文化馆通过艺术和审美的方式,培育和引领人民对美的感受和表达,浸润养成包含审美意趣、价值观念、人文素养在内的精神气质。

2. 创新动力更强劲

创新是推动公共文化服务蓬勃发展的内在动力,创新力的强弱是衡量发展质量的重要因素。高质量发展的内含并非是静止不变的,人民精神生活的内涵、样式、途径都在随着社会变革、技术创新、文化演变而不断变化。近年来,文化馆行业在数字化建设、体系化建设、社会化发展、文化与旅游融合发展等方面进行了一系列探索创新。

3. 产品品类更丰富

群众的精神生活需要是一个多层次、多类型的集合体,个体可能因民族传统、地域文化、社会分工、专业素养、成长经历等的不同而对精神文化生活具有完全不同的理解和体验。因此,文化馆的高质量发展内在地包含着"量"的要求,需要基于精细化的定位,以足够丰富、多元的文化产品满足不同的文化需求。

4. 产品供给更优质

供给内容上,公共文化产品和服务"以文化人、以文育人"的核心功能有应更为鲜明的体现;供给形式上,应有与时俱进的创新,采用更具有体验性、互动性、话题性、审美性的方式进行文化活动设计,使公共文化服务更符合当代人民群众的审美需要和接受习惯;供给方式进一步推动供需对接,结合受众定位选取有针对性的供给方式和供给渠道。

二、文化馆高质量发展的平台化战略

"高质量发展"目标对文化馆公共文化服务的要求是立体的、全方位的,涵盖质、量、效益等维度。要实现高质量发展,只依靠文化馆自身的力量、依靠单一的政府投入维度显然远远不够。面对"公共供给的有限性"与"文化需求的发展力"之间的供需矛盾,文化馆应以供给侧改革为引领,以平台化发展战略探索"形成常态、长效的高质量公共文化产品供给体系"[3],用多元的供给主体和海量的公共文化服务产品匹配多层次、多类别的美好精神文化生活需要。

(一)文化馆平台化战略的必要性

文化馆的平台化战略是指:文化馆从服务项目、服务产品、服务内容的生产者与提供者向公共文化服务资源平台的搭建者、运营者、管理者转变,培育形成一个或多个以文化馆为主导的、纳入各级各类社会文化资源的公共文化服务平台乃至生态体系,以多主体共建、共享、共治的方式推动公共文化服务供给的社会化、专业化和品质化。

1. "单一供给"无法改变"供给不足""供给不精"的现状

2018年,全国4400多个群众文化机构全年开展各类活动达216.48万场次,比上年增长10.9%;服务人次70553万,增长10.3%。同年全国文化事业费约930亿元,人均文化事业费66.53元,比上年增加4.96元,增长8.1%。相比2010年人均文化事业费仅为24.11元,到2018年年均增长率超过10%。然而在政府投入保持增加的态势下,文化馆公共文化服务的社会影响力虽然有一定的增长,但是在第三方测评中可以发现,文化馆的群众知晓率、参与度和满意度仍然较低。

2010年—2018年全国人均文化事业费及增速情况

来源:《中华人民共和国文化和旅游部2018年文化和旅游发展统计公报》

文化馆行业近年来也不断通过加大理论研讨凝聚行业共识、推动标准化建设、推进数字化建设、创新公共文化服务项目等方式努力提升服务效能。但是这些努力都是以"提高文化馆自身的供给能力"为目的,以"自产自销"为主要供给模式的"闭环结构"内的努力,相对于当代社会群众可以自由选择的空前广泛的文化服务和产品,以及群众更加个性化和多元文化生活需要,这种单一主体的供给模式不能从根本上改变供给能力不足、创新能力不够的供需现状。

2. 平台化发展战略指涉一种常态、高效的供给运行机制

平台化发展战略在商业领域催生了很多行业领头羊级别的企业。喜马拉雅、抖音、今日头条都是通过UGC(User Generated Content,用户生成内容)的模型打造平台,形成由大众或企业参与内容生产提供、上下游分散的商业模型。平台构建方既不用承担因生产内容而必须组建的内部机构及其涉及的庞大成本,同时又能让更多力量参与到内容的生产创作中,形成常态、高效的内容生产机制。平台的多元化发展和不断积聚,最终甚至可能催生一个庞大的生态体系,使参与方与平台间形成依附共生共繁荣的关系,最典型的案例便是阿里商业生态系统。

常态、高效、稳定、丰富的内容生产机制正是目前文化馆公共文化服务供给所需要的,

平台化发展战略于文化馆而言意味着供给侧的结构性改革。在这种新的供给模式下,并不用担心传统的、专业化的、高品质内容会消失。相反,平台化运营的规则设置和平台做强、做大后必然引发的内容间的竞争关系的影响下,一定会使一些内容优质、引发群众共鸣的头部内容凸显出来,这些内容将变得极具社会影响力。

(二)文化馆平台化战略的现实性

1.实践层面

平台化发展战略在文化馆公共文化服务领域已有一些成功的探索,比如:成都市文化馆实施的街头艺术表演项目。在这个项目中,成都市文化馆搭建了有尊严的街头艺术表演平台,吸引社会艺术人才源源不断加入,这些艺术人才为市民及游客带来了常态化的街头精彩演出,营造了美好的文化生活氛围。在这个项目中,成都市文化馆是平台的搭建者、规则的制定者和日常化运营管理者,加入平台的优秀街头艺人们才是公共文化服务的生产方和供给方,项目的经费用于平台的培育、打造和维护、升级,而非直接投入公共文化服务或产品的生产、提供中,这极大提升了财政资金的使用效率。随着该平台的发展和社会影响力的进一步提升,街头艺术表演已具有了更广泛的资源聚合能力,吸引了演出场地方、文化企业、传媒公司等社会力量积极主动加入寻求资源整合。截至 2020 年 5 月底,成都街头艺人在两年时间里共开展街头演出 6000 余场(含疫情期间暂停演出的约 4 个月时间),产生了良好的社会效益。再比如:上海市群众艺术馆在"开放办馆"理念下推出的各类素人展览、社团活动,也是通过盘活场馆阵地资源、专业人才资源,引入社会力量为市民公益性提供公共文化服务的平台化发展模式。

2.政策层面

文化馆的平台化发展战略有很多实现路径,但本质上都是文化馆社会化发展的具体体现。文化馆的社会化发展是文化馆面向未来的必由之路。早在 2003 年,我国文化体制改革政策中就首次提出了:公益性文化事业可以吸收社会资金参与,以弥补政府公共文化服务的不足,形成投入多元、参与多元的公共文化服务局面;2017 年通过的《中华人民共和国公共文化服务保障法》则确立了"政府主导、社会力量参与"的公共文化服务体系的建设原则;十九大报告再次强调要借助社会资本的力量提升我国公共文化服务供给的质量。在国家层面出台一系列法律法规推动文化馆公共文化服务社会化发展的同时,文化馆行业领域大力推进的文化馆总分馆制建设、文化馆法人治理结构、文化志愿者服务制度建设等体制机制的变革,也均指向文化馆的社会化发展。文化馆完全有条件在法律政策的保障下、在体制机制改革的推进过程中,创新理念,以平台化发展战略推进文化馆的社会化发展,提升文化馆公共文化服务供给的质量。

(三)文化馆平台化战略的条件性

1.做强自身是基础

文化馆的平台化战略有别于目前公共文化服务社会化中最常见的购买服务的方式,

主要是通过项目创意、资源置换和平台效应积聚社会力量,往往需要基于文化馆自身的社会影响力和资源整合力。因此,做强、做大文化馆自身的品牌项目,培育专业素养过硬的人才队伍,掌握更多特色文化资源,才能为文化馆的平台化发展奠定基石。

2. 核心引领是根本

公共文化服务是涵养人文精神、培育社会主义核心价值观的重要阵地,充分发挥文化馆在平台中的统筹引领作用是根本。社会力量参与到公共文化服务体系中会有各自不同的价值诉求,要充分把握好平台发展的价值主线,把握好公共文化服务和文化产业、文化消费培育之间的尺度,立体设计规则和流程,统筹引领社会正能量聚焦到提供公共文化服务、构建美好精神文化生活之中。

3. 政策支持是保障

要实现文化馆平台化发展的普及化,尚需得到政策法律进一步的支持。比如:从政府财政方面,健全社会力量参与的政府财政税收管理体系,利用项目补贴、以奖代补等方式给予参与公共文化服务的社会企业税收优惠,以激发社会组织参与公共文化服务的积极性。

4. 创新意识是关键

文化馆的平台化发展受当地文化事业、文化产业的发展程度以及群众文化生活习惯等政策环境因素的制约,难易程度不同、突破路径不同。迫切需要文化馆用创新的意识、开放的理念、平台化的思路系统规划文化馆的发展,通过积极融入当地中心工作、重点工作,全面盘活文化馆所掌握的人才、资金、场馆、项目等优势资源,创新思路解决好"谁来服务""怎么服务"的问题,推动文化馆从公共文化服务的生产供给者向统筹引领者迈进。

参考文献

[1] 中央经济工作会议在北京举行 [N]. 人民日报,2017-12-21.

[2] 田秋生 . 高质量发展的理论内涵和实践要求 [J]. 山东大学学报(哲学社会科学版),2018（6）:1-8.

[3] 公共文化产品供给侧改革现场经验交流会召开 [N]. 中国文化报,2019-03-21.

加速提升文化馆服务效能，
深入推进基本公共文化服务均等化

——对公共文化服务体系数字化建设的思考

霍　力（江苏省镇江市文化馆）

2020 年春节后，随着各地按下"暂停键"，公共文化服务场所纷纷进行了短期关闭。疫情期间，如何在保持足够社交距离的前提下，利用现有的网络和设施，正确引导群众，缓解人们身心压力，帮助他们及时恢复正常的生活状态，成为 2020 年初文化馆的重要工作。

从来没有单纯的危机，危机中往往蕴含着机遇。数字文化服务以其先天的优势填补了线下文化服务的真空地带，在应对危机的过程中起到了至关重要的作用，有关数字文化服务的话题再一次成为热点。

公共文化服务工作者作为文化的引领者、社会风气的引领者、社会文化活动的引领者，应以创新的思维方式，在危机中寻找出路，将危机转变为机遇，努力成为"黑暗"中的"灯塔"，百姓文化生活的"引航员"。

1　现状与不足

疫情中，文化馆人提供了丰富多样的线上文化服务活动，为焦虑的大众们带来一抹亮丽的色彩：

全国公共文化发展中心在"国家公共文化云"平台发布推文，并推出一系列看直播、听讲课、学养生等活动。

在江苏，有昆山市文化馆的"趣味文化季"，太仓文化馆的"抗疫冲锋号"，泰州文化馆的 20 多个系列作品展播等，作品形式包括音乐、舞蹈、书画各艺术门类。张家港市文化馆利用小程序"一城繁花"，集成文化馆所有功能，并以这种崭新的模式实现文旅融合数字化。江苏公共文化云推出了系列慕课、鉴赏课程，并联合全省文化馆联动"云复工"实现云上看展演。同时增强优化江苏数字文化馆云平台运营成绩单权威发布，对一周服务人数、受众使用数字文化资源的情况进行分地区、分类目的有效反馈。

全国各地文化馆在防疫管控的特殊时期纷纷行动、主动担当，展现了文化馆人勇于承担和创新服务的使命意识，也体现了不忘初心、以文化服务为己任的情怀。

密集的数字文化服务对于缓解疫情期间群众的内心焦虑、丰富群众文化生活功不可没，但目前的数字文化服务体系仍存在不足之处和较大的提升空间。

1.1 数字文化资源质量不佳、总量有限

透过热闹纷呈的各类线上文化服务产品，我们看到的是由于部分平台功能较为简单，因而展示内容单一，用户的体验感和获得感都不尽如人意。例如通过抖音、快手等平台进行文化服务及传播比较随意，发布作品的质量也是鱼龙混杂、良莠不齐，可能会一时引起人们的关注，但因深度和广度不够终难持久。

跟公共图书馆颇为可观的数字资源相比，文化馆数字文化资源还有一定差距：优质的、对口味的文化资源有限，开展数字文化服务的文化馆数量有限，数字文化资源的质量和总量有待提升。

1.2 受众人群覆盖不均

近年来，各地文化馆相继推出公共文化云数字化服务，希望达到让群众宅在家里就能享受文化服务的目的。然而很多基层文化馆的网站和文化云公众号的"真爱粉"其实不多，点击量及参与度并不高，仅仅发布些新闻、课程并不能引起大家的关注。

这是因为部分文化馆未能切实了解服务受众的真实需求，因此不能提供相应的服务；部分老年人、低收入等人群缺乏足够的数字化技能和设备条件，在现实中存在"数字鸿沟"，导致他们无法平等享受数字化文化服务；已有的数字文化资源宣传不够，对文化馆数字服务功能有了解的群众仍占少数等。必须认识到，数字文化服务受众人群的多元化、普及化已成为基本公共文化服务均等化真正实现的重要影响因素。

1.3 运营水平低下

目前各地文化馆所采用的数字文化服务平台有公共文化云、微信公众号、抖音、美篇等，所使用的方式有定期信息推送、线上直播、日常展播、远程慕课及在线互动等。一方面这些平台的运营和管理需要专业的人才，很多文化馆的数字化文化服务没有专业的统筹和设计，仍处于各种平台一哄而上、各自开花的状态；另一方面很多平台虽提供了丰富多彩的文化资源，比如线上艺术培训、联合社会文化机构开设的网络艺术课堂等，但推广运营能力的不足以及手段的缺乏导致某些优质资源的利用率并不高；另外，各地在规划数字化文化产品时对于群众的需求把握还不够准确，精准化文化服务水平亟须提高。

推进数字化建设不仅是公共文化服务的必要手段，更是提升服务效能、健全公共文化服务体系的关键。数字和移动通信技术日新月异的当下，如果仅仅以传统面对面的方式提供公共文化服务，则只能以有限的服务资源服务于有限的对象，不仅服务效率不高，亦可能造成新的文化权利享有不公的困境，而数字化文化服务特有的优势则使得解锁困境成为可能。

2 数字化文化服务的深入剖析

文化数字化是文化在信息技术方面的延伸，是通过各种工具构筑文化情境进而实现

数字场景的文化体验。以网络作为传播载体,文化的参与者由单向转为多向并进而产生多极互动,文化交流方式的互动性、交流内容的开放性和交流主体的大众参与性成为数字文化活动的特征。

2.1 文化服务数字化的优势

2.1.1 资源共享优势

数字文化服务的数字特性易于打破原有天然形成的信息孤岛,这种易于传播、易于分享的特性使得数字资源可以进行集约化的整合及管理,不仅能够实现不同机构间的资源互通互联,而且还能进行线上线下的交流互动,更由于移动终端的使用而方便了群众的参与和分享,有效解决了资源短缺、机构分散、群众参与受限、服务效能低下种种问题。

数字文化资源通过统一的标识标准和规范进行资源共享,比如可对接国家公共文化云和地方政府各级云平台进行数字文化资源的交换和共享,这种数字文化系统和管理的统筹安排,不仅提升了文化信息和服务的共享水平,还能够有效避免各地重复进行设备投资所导致的浪费,并有效节省运营维护费用。

2.1.2 沟通交流优势

因资源限制,传统的文化服务活动大都以单向输送的方式进行,无法进行深入的群众互动,甚至因为信息不对称造成群众无法表达自己对文化服务的需求和想法。而通过数字文化服务平台,文化服务提供方全方位的沟通与交流并不需要占用太多的公共资源即可实现。比如通过平台可以进行活动预约、服务点播及进行有效反馈和点评,并且很容易通过平台记录反馈群众参与程度、文化服务接受度等指标,从而倒逼政府对于提升服务效能的重视。

数字文化这种易于互动的特性使得打破公共文化和市场文化的清晰界限成为可能,数字平台可以有效融合两种机制下的文化资源及服务,提供多维度、能够满足不同需求的文化服务体验。

文化服务提供者与对象间沟通交流的能力,是公共文化服务效能提升不可或缺的一环,而数字化的模式将为它插上腾飞的翅膀。

2.1.3 促进公共文化服务均等化优势

推进基本公共文化服务均等化是我国加快构建现代公共文化服务体系的重点内容之一。结合我国的实际情况,基本公共文化服务均等化的目标就是要缩小基本公共文化服务的城乡差距、区域差距和群体差距。在国家多次提速降费和村村通等各项举措的保证下,基本公共文化服务如果借助数字化手段和网络传播资源,使各地区、各群体都能够随时随地获取公共文化数字资源,无疑能极大地提高服务效能,加速基本公共文化服务均等化的实现。

2.2 面临的挑战

2.2.1 数字资源提供与享有不均衡

我国的数字化文化服务在满足不同群众的文化需求方面已经取得很大的进步,但必须清醒地认识到,不同群体所享受到的数字化文化服务资源仍不平衡。2020年4月中国互联网络信息中心(CNNIC)发布的第45次《中国互联网络发展状况统计报告》显示,全国72.4%的网民(约6.5亿人)月收入不足5000元,这种月收入带来的差异间接体现了不同阶层在进行购买性文化服务消费时的不平衡。我们需要关注这种不平衡以考虑更多免费数字文化资源的提供。有部分文化工作者对部分特殊群体的真实需求还不能完全了解,不能提供涵盖特殊群众的基本文化服务。比如对农村的留守老人、儿童的文化需求关注不够,适合此类群体的数字文化服务项目和产品严重不足。数字化文化体系建设需要为这部分群众留出足够的空间。

2.2.2 数字鸿沟依旧存在

2020年《中国互联网络发展状况统计报告》提及,截至2020年3月,我国网民规模达9.04亿,普及率达到64.5%,仍旧有近35%的人群并不能经常接触数字资源或者不具备数字化技能。如果一旦文化服务全部只能以数字化的形式来提供,这些人群将被"数字鸿沟"彻底隔绝。再加上已有的数字文化资源宣传不够,对文化馆数字服务功能有了解的群众仍占少数等,这些制约数字化发展的问题都影响了基本公共文化服务均等化的进一步实施。建设数字化文化服务体系不仅是国家公共文化发展的策略,也是落实公民基本公共文化服务均等化的重要举措。

2.2.3 数字参与模式的非理性影响

在传统环境下,因客观条件限制,文化资源流动性不强,而数字技术的引入使其通过数字环境下的共享得以重建,更易形成一个流动的数字文化体系。数字文化因为这种共享及自由参与带来的复杂性和多样性可能会产生一些非理性的特征,比如一些小众观点或思想因为这种数字参与模式的复杂性、多元性和隐蔽性可能产生巨大影响力,从而对社会文化乃至意识形态产生非理性的影响,文化工作者也应对此有足够的认识和重视。

3 建议与措施

推进基本公共文化服务均等化可以从多方面、多途径来实现,比如增加公共财政的投入、加强公共文化资源建设和改进公共文化服务的方式等。但是主要依靠实体资源的公共文化服务在短期内却很难解决区域、城乡和不同社会群体均等享有的问题,进而影响现代公共文化服务体系建设的进程。而随着数字环境和数字技术的发展,人们以数字手段接收文化资源与服务正成为一种常规化的态势,这种情况正逐渐在改善。

基本公共文化服务应借助数字化传播手段,也即数字化的资源、数字化的服务方式和网络平台的构建来提供文化服务,以达到快速提升文化馆服务效能,深入推进基本公共文化服务均等化的目标。此外,推动公共文化数字化建设可以提升对群众文化服务的质量和水准,便于提供多层次、高要求的文化服务,更可延伸至高水平的艺术展览和文艺培训等,也有助于非基本公共文化服务供给水平的快速提升。

公共文化服务数字化不仅是简单"线下"转入"线上"、场馆服务转入"云端",而应是公共文化服务管理数字化、内容数字化和服务方式数字化三个方面的转换。

公共文化数字化服务体系的整体设计在规划时需要注意以下两点。

3.1 立足均等化

公共文化服务数字化建设应是达成基本公共文化服务均等化目标的方法之一,在此过程中应尽可能体现公平,以满足不同群体的一般性需求,实现公共文化服务的均等化和标准化。

在构建数字化服务体系时,应借助公共文化服务的基础设施,再造服务流程以建立面向社会的、开放的、平等的数字文化服务框架,优先向基本公共文化服务的项目倾斜,同时兼顾不同人群的各类需求以保证数字化文化服务的全方面开展。

3.2 注意网络交流"非理性"特性

数字文化服务以网络平台作为载体来实现分享和服务,因此具有数字网络的多样性、开放性、复杂性和隐蔽性的特点,正由于这些特性的存在可能使得群众在参与时脱离伦理道德和文化的约束而产生一些不良影响,这不仅损害公共利益也影响了群众和政府正常开展文化活动的秩序。

因此必须重视增强群众对于社会秩序和文化规范的认同,文化部门应把握意识形态的主导作用构建社会文明,建设认同利益诉求多元化的文化机制,有效制约数字民意中的不理性行为,使其有序参与公共文化活动。

4 具体措施

4.1 扩充受众人群

以数字化的方式提供基本文化服务需要注意提高受众人群的覆盖面。

(1)加大宣传力度,结合多种推广媒介比如电脑网络及手机推送、车船载屏、家庭网络电视、公共场所电子屏及各类场馆电子屏等进行滚动播出,营造线上线下无阻碍交流环境以惠及全年龄段。

(2)面向居家、工作、旅行、休闲、学习等多场景,重新审视服务内容和方式以便与群众的日常生活深度融合,变"我给予"为"你需要"。

(3)不同的人群有着不同的文化需求,提供数字化文化服务应着力了解各类群众对文化服务的真实需求,以群众的真实文化需求为出发点和落脚点,完成公共文化服务、产品供给和群众需求的有效对接和匹配,增加用户依赖感和黏性、扩大社会参与度,最终达到文化服务的有效提供。

(4)针对处于"数字鸿沟"的人群提供数字技术培训和设备保障,帮助相关人群定期或不定期接受数字文化信息,提高群众文化均等化享有水平。

4.2 优化数字资源管理

近年来,云计算、智能分析等先进信息技术大大提升了公共文化资源的整合能力,各类新媒体、公共文化服务平台如雨后春笋般纷纷涌现,在一定程度上增强了数字文化资源的整合能力,提高了数字文化资源的配置效率,实现了公共文化供给能力的大幅提升。为进一步提高服务水平,减少冗余,补充不足,可对数字资源管理工作进行优化。

(1)各类资源平台相互独立及信息壁垒的存在,使得公共数字文化资源的价值无法充分发挥,数字资源供给与服务出现脱节。为避免这类问题发生,各类公共文化机构应在政府部门的统一协调指导下,积极参与系统内的资源共享共建,这种统一规划还可以避免相同资源重复购置。例如,江苏省制定《江苏省公共数字文化系统建设标准》,并成立"江苏省公共数字文化建设发展中心",作为全省公共数字文化建设的总协调机构,推进跨系统的资源共建共享。

(2)社会力量具有自我决定、自由选择和自我负责的竞争优势,最佳方案是引导其积极参与数字化文化资源管理,最终实现社会力量的自我管理。通过引入社会力量参与数字资源管理,打破了政府管理数字文化的单一状态,形成多元化治理模式,可以克服数字文化资源建设的碎片化和分散化的问题。吸纳社会力量进入该领域的好处是,可以弥补政府公共文化服务治理的不足,同时节约资源,激发活力。这种政府、社会力量和市场的协作,可以建立起全方位的数字文化管理格局,提高对数字资源的管理能力,实现数字文化的整体协同服务能力。

(3)数字文化资源的分享须基于特定技术标准允许的前提实现,所以各类公共文化数字共享平台应积极利用数字信息技术(如 Handle 技术、P2P 技术、唯一标识符)等进行标准化建设,并实现公共数字文化资源的网络化采集和组织以进行高效的共享。国家数字文化网的资源共享共建的标准规范已被明确提出,并进入实际应用阶段。由文化和旅游部全国公共文化发展中心、马鞍山市文化馆提出的《数字文化馆工作指南》也在进一步修改完善中。

4.3 提供优质数字文化资源

2020 年 4 月 29 日国家公共文化云发布"云上群星奖"专栏后,受到基层群众广泛关注,访问量持续增长。截至 5 月 21 日 9 时,已为全国观众呈现 14 场现场直播,84 个作品表演,专题总访问量达 1082.5 万,点赞数 123 万。只有高度重视优质文化资源的建设,才能吸引群众关注数字服务平台,参与分享优质数字文化资源,所以优质的文化资源是数字化文化服务成功的关键。

(1)精品创作:在作品创作上要有意识地避免粗制滥造和低俗趣味,要有较高的政治觉悟,要有追求精品的意识。同时还要注意时效性强与追求精品的协调统一、内容生动活泼与政治敏锐及艺术素养的协调统一、适合全民社会参加与专业性彰显的协调统一,打造出适宜广大群众参与又不乏为精品的作品。

（2）形成特色:由于数字化产品易于分享和流传,如果同质化太严重将使得受众面对千篇一律的文化服务产生严重的审美疲劳进而失去兴趣。建议各地文化馆应凝练出数字资源的特色,形成社会认知程度较高的特色文化馆数字资源类型,与当地的文旅融合、新农村建设、创建美丽家园等项目有机地结合起来,以形成地域性的特色数字文化品牌。比如广东省公共数字文化资源共享的总体规划是突出岭南风貌,并在此框架下细分为岭南非物质文化篇、岭南物质文化篇、岭南历史名人篇、岭南历史文化篇、岭南红色文化篇等。

（3）多元化供给:我国公共文化资源的供给主体主要有政府、公益性文化单位、非营利性和经营性文化组织,当前供给主体仍以政府为主,社会力量和团体的参与度不够。《关于加快构建现代公共文化服务体系的意见》(2015)提出鼓励和引导社会力量参与供给的具体措施;《公共文化服务保障法》规定社会力量是公共文化服务的重要参与者。这些法律法规都为社会力量参与公共文化服务提供了法律依据和保障。数字文化资源的建设应创新引入各类供给主体以提升供给能力,这种多元建设主体运行机制的建立,将有利于数字文化产品的高效供给。

4.4 强化运营能力

数字平台和数字资源是数字文化服务的先决条件,而运营能力的高低则决定数字化服务是否能够持续提供的关键。

4.4.1 推进总分馆数字化建设

在区域内搭建起数字文化馆总分馆集群,建立市县联动运营机制并确保数字资源的提供能力和远程服务能力。可以打造无间断提供数字文化服务的系统,避免位置分散、信息不通和服务孤岛的问题,通过这种连接、互动和分享实现资源共享、服务共享和用户共享,不仅可以避免重复建设和资源浪费的可能,还能极大提升数字文化服务和平台的运营能力。

4.4.2 打造一站式网络平台

为加强文化馆数字文化的综合服务能力,拓宽服务内容,可以与各类文旅机构及社会兴办的文化机构联合打造一站式网络平台,以丰富文化服务产品提供的渠道和种类。比如嘉兴市联合文化馆、图书馆和美术馆等机构打造的"文化有约"网络平台就实现了公共文化资源跨部门、跨平台、跨行业的高效整合,丰富了数字文化服务产品的供给。

4.4.3 加强对数字文化服务的过程管理

文化馆的内部业务管理尽快进入数字化的业务信息管理系统,对开展文化服务业务的实态进行记录、统计和预测,对文化馆开展经营服务将起到决策支持作用。

4.4.4 提高对用户的管理能力

文化馆在提供数字文化服务时,应着重提高对用户(即参与群众)的运营管理能力,提出并实施具体的解决方案。比如如何增长用户的数量、怎样增加使用黏性、怎样更快响应群众多样化的需求。比如建立网上文化社群运营机制,文化馆专业人员长期不断参与,提高文化社群活跃度,建立社群分享机制等,借鉴这些平台运营的方式以提高用户的参与度,最终提升数字化平台的运营能力。

借助数字化传播手段推进基本公共文化服务,应以建立文化馆数字化总分馆集群作为纵深发展,以各类文旅机构及社会兴办的文化机构联合打造服务平台作为横项加强,辅以数字文化服务的过程管理,并提升对用户的运营管理能力,最终实现数字文化服务水平的提高及平台运营能力的增强。

数字技术在公共文化服务领域的应用,以其便捷、迅速、远程的特性,不仅能够节省资源、加速信息传递,更方便了服务方与受众的沟通,增强了机构应对危机的能力,有利于实现文化馆日常功能的全覆盖,为现代化文化馆升级换代提供了强大的技术支持。

从来没有过这样一个特殊的时期,让我们认识到文化馆数字文化服务的必要性,也从来没有过这样一个特殊的时期,让文化馆数字文化服务能力得到了全方位的检验和重新审视。数字文化服务不是锦上添花,而是全面提升文化馆服务效能、加快推进基本公共文化服务均等化的重要途径。就像乌云后的晴天必将来到,文化馆数字文化服务,未来可期!

参考文献

[1] 李国新,曹俊.数字文化馆:网络平台与实体空间 [M].北京:国家图书出版社,2016.

[2] 袁军,龚捷.新媒体环境下公共数字文化资源供给的现状与发展路径 [J].人文天下,2017(23):35-40.

[3] 柯平,邹金汇,李梦玲,等.基本公共文化服务均等化的合理价值取向研究 [J].国家图书馆学刊,2017(5):3-9.

[4] 于爱国,张伟锋.我国基本公共文化服务发展水平区域差距研究 [J].艺术百家,2018(2):113-118,152.

[5] 王奥.公共文化服务体系数字化建设研究 [J].环渤海经济瞭望,2018(6):198.

[6] 张海涛.借助数字化提升公共文化服务水平 [J].人民论坛,2018(29):134-135.

[7] 中共中央关于制定国民经济和社会发展第十三个五年规划的建议 [EB/OL].新华网.[2015-11-03].http://www.xinhuanet.com/politics/2015-11/03/c_1117029621_2.htm.

[8] 文化部财政部关于进一步推进全国文化信息资源共享工程的实施意见 [EB/OL].[2015-12-12].http://www.ndcnc.gov.cn/gongcheng/zhengce/201309/t20130925_766134.htm.

[9] 中国互联网络信息中心(CNNIC)发布第 45 次《中国互联网络发展状况统计报告》[EB/OL].[2018-08-12].http://www.gov.cn/xinwen/2020-04/28/content_5506903.htm.

[10] 王全吉.疫情当前,文化馆数字文化服务还有哪些提升的空间 [EB/OL].[2020-02-17].http://zgsc.china.com.cn/2020-02/17/content_41061396.html.

"云时代"数字文化馆服务的现实困境及应对策略

吴少星（浙江省平湖市文化馆）

在云时代背景下，文化馆作为公共文化服务体系建设的重要载体，如何依托数字化技术，突破公共文化服务空间和时间的制约，实现线上线下联通互动的文化馆数字服务，已经成为一个重要而紧迫的课题。2020 年一场突如其来的新冠肺炎疫情，对文化馆数字服务功能提出了更高要求。

一、云时代数字文化馆服务背景分析

数字文化馆的产生是经济社会发展的必然结果，它的产生为群众文化传播提供了新平台。

1. 群众需求是核心驱动

随着人们生活的持续改善、生活水平不断提高，人们在物质领域需求相对减少，在文化领域的需求逐渐增加；特别是近年来城乡统筹发展，城镇化政策推进，人们对文化的需求打破地域、城乡的限制，文化均等化的服务需求被激发；互联网的普及、人们文化素养的提升使以往单纯的、传统的线下文化活动已经不再能满足人们多样、时尚、便捷、优质的文化需求。特别是疫情期间，人们居家隔离，对数字文化的需求激增，这些都对传统的文化服务方式提出挑战，有针对性地满足人们公共文化服务需求，探索数字化的公共文化成为必然。

2. 时代变革是外部驱动

随着经济发展、社会进步，移动互联网已经占据我们工作生活的重要地位，中国手机持有率已高达约 96%，这为文化馆数字化的产生提供了肥沃的土壤。2011 年我国首次提出数字文化馆概念，2015 年，中共中央办公厅、国务院办公厅发布了《关于加快构建现代公共文化服务体系的意见》，提出"要充分利用数字化互联网技术，让老百姓可以随时随地享受公共文化服务，提升公共文化服务效能"的要求。在时代潮流助推下，在党中央号召下，各类线上文化平台，例如网络云平台、微信公众号、App、小程序等应运而生，推动数字文化迅猛发展。

3. 行业发展是内在驱动

随着标杆型数字文化馆在文化馆行业中影响力扩大,对数字文化馆的重视程度不断提高,大部分城市已经将数字文化服务作为重点工作来抓,不断提升数字文化服务水平和质量,带动了全国文化馆数字化改造升级,这对传统模式的文化馆形成强大压力和内驱动力。疫情期间,大部分有能力的文化馆充分发挥线上服务优势,以艺抗疫,讴歌逆行者的先进事迹、传播正能量,充实了人们的居家隔离生活,此时建立文化馆数字化服务显得更加迫在眉睫。

二、当下数字文化馆服务的现实困境

文化馆数字服务突破公共文化服务空间和时间的制约,让群众随时随地享受公共文化服务,有效提升了公共文化服务的效能。但是目前数字服务还有很多不成熟不完善的地方,有待进一步提升。

1. 数字服务意识不强

数字文化馆近几年来虽然有了一定程度的发展,数量在全国范围内逐步增多,但是数字文化馆的在全国文化馆范围内普及率仍然不高,部分地区数字文化仍然是空白。分析其原因,主观方面是对文化馆数字化重视程度不高,思想观念陈旧,固守文化馆传统运营模式,脱离新时代互联网背景和群众现代化文化需求。特别是疫情期间,大部分文化馆能够继续履行责任,以网络平台为阵地,开展文化服务,但仍有部分文化馆嗅觉迟钝,固守传统的服务模式。客观方面,部分文化馆在资金、人力、技术、体制机制等各方面因素限制下,数字文化馆建设受到阻碍。

2. 精准服务程度不高

数字文化馆挖掘网络资源,涉及各领域,涵盖各种途径,为群众提供多种类文化服务,但是不论在线上平台还是线下体验仍有"鸡肋"存在。线下数字体验馆存在门厅冷落,鲜有人参观的情况;体验模块丰富但是部分功能无人问津;线上服务平台功能利用率不均匀,微信公众号等平台以信息发布为主,慕课系统虽然内容丰富,但是利用率较低,群众参与度不高;有些平台粉丝不多、订阅量偏低,用户黏性不足;各类数据资源内容丰富但是具有一定主观性,没有体现地方特色,创新性不强,与群众需求脱节。抗疫期间,服务多是文艺作品创作征集与作品展示,数字文化资源服务数量有限,仍有显著的提升空间。

3. 服务保障措施不全

数字文化馆以现代信息技术为依托,其运行离不开完善的制度保障和专业技术支撑。但是短板仍然存在:目前数字文化馆主要以政府购买服务方式运作,但是往往存在只委托但缺乏考核制度来约束的情况；有人员负责维护但是往往以兼职为主，缺乏专业性和创新性，服务意识和服务质量有待进一步提高；一般的文化馆都没有设数字文化馆方面的专项建设资金，保障不到位；有人建没人看的"僵尸"平台大量存在，部分平台在功能和内容上重复，缺乏有效的资源整合，没有把信息统一集约整理到一个平台。在制度、人员和资金保障不到位的情况下，问题随之而来：线下体验馆内设备破损老旧，维护不及时，给人们带来的感官体验差；线上平台资源数据库缺乏交流和共享，信息量小，内容固化，更新调整滞后。

三、数字文化馆服务的对策及建议

针对数字文化服务领域存在的普遍问题，应进一步加强服务意识、优化内容、加强保障、整合资源，提升数字文化服务水平，打造群众文化新平台。

1. 强化数字文化服务意识

文化馆作为全民艺术普及的第一线，要紧跟时代步伐，牢牢把握群众的文化需求。文化馆的管理人员更要树立互联网思维，把文化馆数字化建设作为新时代文化馆工作的重要内容，作为提升服务效能的重要抓手，加大人力、财力投入，建设适应时代发展和群众需求的数字文化馆。文化馆更要注重转型升级，传统形式的线下服务与线上平台两手抓，实现同频共振，促进新时代文化事业发展。

2. 优化数字文化服务内容

人民群众的文化需求是文化馆主要工作方向，数字文化服务内容应趋向精准。文化馆要从满足不同受众的文化需求出发，进行"个性化"的公共文化服务精准投放，在海量资源中挖掘、分类、整理，按照不同群体群众所需，精准供给。同时也要注意文化供给端的优化，不仅提供群众所需要的，更是要提供高质量的文化内容。不同的阶层、不同的社会群体对文化的需求也各不相同，文化供给时要有目标、有分类、有倾斜，提升群众文化体验中的获得感和满意度。

3. 健全数字文化服务保障

数字文化馆的建立以及运行离不开充足的人力、物力、财力的保障，应设立数字文化专项资金用于数字文化馆的日常维护。建立数字文化业务科室，专人专职负责数字文化馆的管理，提升数字文化馆线下体验以及线上服务水平。加强数字文化从业人员的业务培训，学习数字文化领域先行地区的经验，提升人员专业化水平，在平台质量提升上下功夫。注重创新，提升数字文化线上平台运营推广能力，确保平台活跃度、受众面和浏览量，打造公众喜爱的数字文化平台。注重平台内部与平台之间的资源整合，将功能重复、不适用、无人问津的网站能关则关、能并尽并，打造便民、快捷、活跃、高质量的数字文化服务阵地。

对渭南建设发展线上文化馆的思考

刘得腾(陕西省渭南市文化艺术中心)

近年来随着个人智能上网设备的迅速普及,网络文化得到显著发展,这是群众文化工作的一个新阵地,并且很可能在未来几年内迅速成为主流阵地。显然,2020年初爆发的疫情助推了这一进程。各地文化馆纷纷将活动由线下转移到线上,或者预先准备了线上线下两套方案。在这样的时代背景下,整个文化馆行业急需一场从"资源"同步到"平台"再到"推广"的大变革,线上文化馆的建设发展便是文化馆所面临的"百年未有之大变局"。笔者不吝浅薄,对数年来参加的各类网络群文活动做一简要梳理,并从一些实际存在的问题出发,对线上文化馆的未来的建设方向进行思考,以期对后续的实际工作具有一定的借鉴意义。

一、渭南早期网络群文活动回顾

渭南市群艺馆的网站建成于2010年,它的主页是一个静态网页,由承包者负责后台更新。其板块主要是一些模式化的功能,如当地风土人情的介绍、单位介绍、开展的主要业务活动等。网站图片和视频资料比较丰富,界面友好。2014年之后,渭南打造"非遗联动公共文化服务的360机制",提出要在多平台、多阵地提供公共文化服务,网站被作为网络主要阵地得到继承和发展,板块界面得到进一步优化,更多的高质量图文视频资料得以上传。

2017年开始,智能机普及引发的直播潮兴起,渭南市文化艺术中心的有关领导迅速察觉到这一变化,安排部署了面向手机端用户为目标群体的非遗网络直播。基本做法是电视台出主持人、出摄像师、出设备,文化艺术中心及各地非遗中心出民俗专家,双方一起前往非遗项目传承人的家中(或工作地)一起录制一期直播节目。这种方式提高了活动的覆盖面,具有良好的交互性,后来还实现了回看功能,许多人足不出户地感受到了非遗"见人见物见生活"的强大现实魅力。此外,为了吸引用户,提高活动的参与度,中心还在文化和自然遗产日等大型活动期间安排了线上的有奖竞答。现场氛围活跃,参与者极多,非遗知名度得到迅速提高。

另一类活动是"全员宣传"。这个类型的着眼点是宣传,硬件是职工的智能机,通过微信公众号和快手、抖音等第三方软件向群众发布单位的各类资讯。微信内容由各部室撰写,经一定的流程审核之后由专门的部室负责对外发布。发布平台目前以快手、抖音的个人账号为主,用于发布较短的资源视频或工作瞬间。

二、线上文化馆发展过程中存在的问题

1. 思想认识方面的问题

前文所述的网络群文活动类型都以宣传推广或公告发布为主要目的,主要是将网络作为一种便捷廉价的工具而不是从阵地角度进行考量。事实上,如今的网络文化的细分程度已经达到了很高的水平,社交软件、娱乐软件、中老年网站都在纷纷建立自己的品牌形象,快速抢占市场,争夺流量。想解决思想认识方面的问题,首先就是要有网络文化是主流阵地的观念。往前看,网络文化在十几、二十年前都在年轻人的手里,在知识分子的手里;转眼间它就已经成了老少皆宜的寻常事物,不再有年龄、职业、文化程度的要求。其次,网络文化既是文化的载体,是文化的渠道、桥梁,也早已成为一种具备自身特点的文化内容。发展线上文化馆,不是单纯地建造文化电子数据库,更不是在网上宣传推广发通知。最后,搞线上文化馆不是特色化服务,也不是超值服务,而是新时期的一项基本服务内容,是群文活动的一条主干道。

2. 网络资源的竞争与合作问题

网络是一个开放的空间,不同地区文化馆之间、上下级文化馆之间、文化馆与外部其他机构之间在网络文化领域必然存在前所未有的竞争。那么如何坚守自我,又能迅速融进不断变化的环境当中则是一个全新的问题。

3. 线下文化服务资源可持续发展的问题

文化馆的许多业务都转移到网上开展,是否会造成新的不公平? 特殊人群如果没有智能机是否被排除在群众文化服务之外? 未来的是不是网上热火朝天、VR(可视化体验)盛行,线下冷冷清清? 发展线上文化服务是否违背了文化馆"让城乡热热闹闹"的职能?

4. 用户引流和黏性的问题

有人评价说,网络经济就是流量经济,就是眼球经济。同样的,网络文化的引导也同样离不开引流。用通俗的话来讲,就是如何培养一支某个文化馆的粉丝团,使其成为文化馆的馆外宣传力量和骨干参与者,进而推动线上文化馆各项业务的开展。

三、线上文化馆发展的对策建议

1. 解决认识问题,建立内设机构

如前文所述,线上文化馆是未来文化馆发展的一个主流方向。文化馆内部应该充分清醒地认识到这一历史潮流必然带来变革的事实,及时成立有关内设机构,在原有突出宣传的基础上转移着眼点。从经费支持、人员配备、资源整合、平台开发、宣传推广、理论研究等六个方面入手,抓住线上文化馆建设中的核心问题,解决其中的核心难题,推动线上文化馆的建设进程。

2.搭建网络平台,挖掘文化需求,宣传先进文化,弘扬地方特色

围绕平台开发和资源整合,建立"资源+平台+推广"三位一体的网络平台,实现政府、社会力量、群文干部、群众等各类相关主体快捷便利地各取所需的功能。一定要开发"馆长信箱"等栏目,获得海量的群众文化需求,并从中选择贴近实际的予以满足。在资源库建设上,既要弘扬先进文化,借鉴古今中外的优秀文明成果,更要弘扬地方特色,坚持"特色办馆""乡土情怀"。

3.举办网络活动,吸引群众参与

坚持举办有奖赛事活动,奖励金额无须过大,能够吸引群众参与即可。被奖金和口碑吸引过来的群众可以被平台进一步吸引到不同的场所,或参加慕课教学,或观看网络直播,或参加互动。在条件成熟的情况下,可以将兴趣相近的群众组织起来,组成"虚拟自乐班",前期在网络上开展艺术交流活动,并接受有关人员的统一管理、统一授课。随着条件进一步成熟,"虚拟自乐班"可以孵化为实体的自乐班,正式在线下开展活动。

4.坚持多元化的发展思路,培训直播学员

文化馆要回归"群众文化群众办"的宗旨,比如利用现在直播方兴未艾的时机,举办若干期直播培训班。培训学员以城乡闲散劳动力为主,使其成为重要的乡土文化内容提供者。为了激励他们,可以通过上述网上赛事的形式,鼓励这一部分人录下身边的人和事,提交内容,参与活动,丰富文化资源库,同时也刺激这一类型活动的开展。

5.线上与线下联动发展,注重特殊群众的服务保障

重点发展线上并不意味着完全放弃线下,文化馆在坚持发展线上活动,开辟新的主流阵地的同时不能忘记对特殊人群的基本服务保障。可以通过送文化下基层,线上活动线下行等形式为特殊人群送去精心准备的文化大餐,为他们解决部分硬件问题和技术难题,鼓励他们参与到群众文化活动中来。

四、线上文化馆发展前景展望

表 1 文化馆、图书馆、博物馆基本情况比较(2018 年)

	机构数(个)	从业人员(人)	总投入(亿元)	受益群众(亿人次)	
文化馆	3326	54557	126.65	服务	3.38
				活动	2.67
文化站	41138	131079	168.86	服务	3.67
				活动	2.72
公共图书馆	3176	57602	182.92	8.2	
博物馆	4018	107506	256.72	10.44	

1. 政府拨款落到实处，收益人次显著增加

表中数据表明，近年来全国图书馆的受益人次显著高于文化馆。如此看来文化馆或有面临生存危机的风险。实际上，理性分析后不难发现，图书馆受益人次的增加得益于其网络文献数据库的发展。如果线上文化馆得到一段时间的有力发展，精心做好"内建平台，引进来，留得住"的文章，文化馆亦能获得再次新生的机会。

2. 文化馆发挥"启发群众自娱自乐"的职能

群众来场馆，文化馆人笑脸相迎；在广场、在社区文化馆人走出去，把文化送到群众身边。如今他们在网络中聚会，文化馆人将文化再一次带到他们中间。通过线上文化馆活动的开展，文化馆人在每一个人心中播下一颗颗种子，那必然都是健康、积极、向上的种子。

3. 专业指导、平台、虚拟社区得到同步加强

在文化活动中，群众需要什么？在百年文化馆的发展历史上，这已经是一个早已有答案的问题。群众需要专业指导，需要一个表现自我的平台，需要一个与志同道合者一起交流的场所。显然在线上文化馆可以让他们通过自由选择同时获得这三点。

4. 群文干部的参与积极性和职业荣誉感得到增强

线上文化馆活动开展过程中，群文干部不一定是优质文化资源的输出者，但一定是优质文化资源的转发者和点赞者；他们可能不是美的创造者，但一定是美的发现者。就跟幼儿园的老师一样，我们不再自己作画弹曲子，而是鼓励孩子们自己去干。抛开自我意识，更有助于群文业务和专业创作双丰收。

参考文献

[1] 熊远超. 新媒体技术在文化互动空间的应用——以马鞍山市文化馆为例 [J]. 今传媒，2019，27（11）：21-22.

[2] 方崴. 文化馆自建数字资源建设初探 [J]. 文化创新比较研究，2019，3（9）：96-97.

[3] 王震霞. "文化云"与数字文化馆建设 [J]. 新媒体研究，2016，2（20）：165-166.

[4] 李婷. 公共文化服务数字化建设研究 [D]. 南宁：广西大学，2017.

[5] 刁伟萍. 寿光市数字文化馆建设进度管理研究 [D]. 青岛：青岛科技大学，2018.

[6] 耿晨. 文化馆数字化建设困境和思路 [J]. 文化产业，2018，11（4）：47-48.

[7] 张建鑫. 数字文化馆服务质量的评价指标研究 [D]. 保定：河北大学，2018.

[8] 黎丽梅. 宁夏中卫市数字文化馆的建设与运行 [J]. 民族艺林，2018（4）：154-158.

协同治理视角下新时期公共文化服务体系建设探析

杨钰哲　　刘明军（深圳市宝安区公共文化服务中心）

一、协同治理理论与公共文化服务体系

协同治理理论兴起于西方,其重新审视了政府与社会、市场之间的关系。在新时期服务型政府的治理,强调在政府的主导下,政府上下和政府与社会组织、企业和公民等社会力量的内外合作,通过多元主体的协作参与和不同主体间的良性互动,促进社会公平、社会公共资源共享,实现社会公共利益的最大化。

公共文化,在现代语境中指在社会公共领域中人人拥有和共享的文化资源。在人民群众文化需求日益增长和公共文化均等化、普惠化的新时期,服务型政府依托立法和监督制度保障,通过调整、改进运营机制,形成政府部门间的横向与纵向、政府与社会力量间的内外多元合作与有效互动,从而构建相对完整的协同治理型公共文化服务体系,实现公共文化的服务体系的有效建立和可持续性发展。

二、协同治理视角下城市公共文化服务体系的必然趋势

近年来,服务型政府以群众为导向的公共文化服务意识加强,文化企业、以高校研究所为代表的文化科研单位、文化协会、公共文化团体、市民群众等社会力量通过直接或间接的方式,逐步参与到公共文化的协同治理实践中,多元供给、多元竞争的价值得到一定的发挥,公共文化供给效率有所提升。因为把协同治理融入公共文化服务建设的实践中,博物馆、图书馆、文化馆、美术馆等公共文化的服务设施以及机构得到了迅速发展,但他们在公共文化服务中还存在服务内容、服务手段和服务目的的差异性,他们在服务工作的开展中往往不能够实现有效和系统地合作,文化供给依旧存在"总量不足、供需不匹配"的矛盾。

1.协同治理引入公共文化服务体系建设的运行基础

协同治理模式主要适用于相对开放的,可以实现内外自主交流的社会环境。近年来国家出台了加速文化协同治理的政策文件,先后印发了《关于加快构建现代公共文化服务体系的意见》《关于推进县级文化馆图书馆总分馆制建设的指导意见》等,指明了协同治理理论融入公共文化服务体系建设的方向和路径。主要表现在以下方面:

（1）业务方面的基础。在新时期环境下，对于现阶段博物馆、图书馆以及文化馆的功能要求存在更多的交叉情况，很多时候文化馆在优秀传统文化传承和非遗传播方面要发挥出博物馆的效果，而博物馆也要在馆藏资源方面具备类似图书馆的功能，图书馆在文化培训教育普及传播方面又呈现类似文化馆的性质。上述情况都反映了博物馆、图书馆、文化馆（以下简称"三馆"）在传统业务的职能方面存在交叉，需要在协同发展的理念中对各自的业务发展进行拓展。

（2）行政方面的基础。"三馆"行政管理机构是其内部基础性管控部门，具有非常关键的基础性作用，也是运行服务项目的根本路径。性质方面，"三馆"都是国有事业单位类型，且体现出公益性的文化服务特点，其通过县管理部门实施统一性和综合性管理。政策法规方面，公共文化服务体系建设的新时期，县级政府管理部门对文化体系建设逐渐加强，先后制定出台了一系列相关政策文件，初步形成通过上级文化行政部门实施统一性指导和管理的联动、统筹工作机制。

（3）资源方面的基础。协同不仅包含组织之间、部门之间的协同，更重要的是各类资源之间的共享。现阶段，县域"三馆"在提供公共文化服务上的职能有交叉，促使公共文化信息资源、服务对象、服务方式等存在高度的契合性，在未来趋于协同共享状态。在信息资源方面，"三馆"信息资源日益成为重要公共文化资源，图书馆馆藏纵贯古今，无所不有；文化馆内诸多非遗实物和音像制品资料等，都具有一定的文物价值以及收藏价值。"三馆"内的文化资源都体现出了本地的地域特色。

2. 非政府力量参与意愿的增强

随着我国政府向服务型政府的转变，公共文化服务得到了一定的关注，更多的社会公众更加积极地参与到对公共文化服务体系的有效建设中。非政府组织自身所特有的公益性、志愿性、灵活性和创新性等优势决定了其在公共文化服务建设中能够灵活应变，同时它们可以降低成本，提高服务效率，满足公众多样化文化需求。

三、协同治理视角下城市公共文化服务体系建设的重点和难点

1. 落实协同治理机制的有效性

县域公共文化服务治理结构等各项改革呈现总体稳步推进的态势。就深圳市为例，其所辖 10 个区，初步形成多部门协同资源、协同职能、共同协作的治理主体形式。然而，协同治理的工作意识在基层管理部门和公共文化服务机构相关人员中尚未形成，这使得部门重叠、多头管理、推诿扯皮等现象仍然存在。县域公共文化管理的协同治理，应转变为"块状"管理，博物馆、图书馆、文化馆等文化业务部门需要把制定和运用高效、实用、适用的运行机制作为协同治理的发力重点。

2. 激发协同治理主体的积极性

随着社会的发展,为实现人民群众公共文化服务利益最大化,服务型政府面对新时代城区市民日益增长的多样化需求,积极探索新方法,搭建以政府为主导的管理主体与以社会力量为补充的"多维主体协同"服务体系,强调资源整合、协同共治,形成社会"合力"。2013年,国家提出"鼓励社会力量、社会资本参与公共文化服务体系建设",并将此方针写入《公共文化服务保障法》。现阶段,政府及所属公益性文化事业单位通过向文化企业、高校、文化研究中心、文化协会、文化社团、文化志愿者等社会力量购买公共文化服务的方式支持社会力量提供区域公共文化服务,但由于社会文化组织、民间文化机构设置缺乏相关政策和法律法规的规范,其无法高品质、规律性参与公共文化服务。县域文化管理部门应在完善政策体系上下功夫,通过搭建参与平台、设立宣传文化基金等规范化运行,积极调动和支持社会专业力量融入区域公共文化服务治理,在资源整合、职能协同、机制完善方面实现多元主体协同治理"1+1>2"的服务效能。

3. 实现协同治理的资源互补性

在一些发达地区,县级政府及公益性文化事业单位以招投标、项目申报、公益创投等多种方式实现公共文化服务项目购买的探索,并获得了一些社会效益。同时,也存在政策扶持不到位,社会力量参与不够广泛、参与公共文化服务形式传统、单一,政府对社会力量参与公共文化服务体系建设缺乏评价与反馈等现象。相关部门和机构以协同治理的手段,完善政策机制、加大扶持力度,动员和引导企事业单位、社会组织及城区民众个人等社会力量参与公共文化服务,供给优质公共文化服务产品和项目,在政府的支持下,为公共文化服务主体注入包括人、财、物等新鲜的社会资源,把政府资源与社会资源统筹起来,使"公共服务"成为"服务公共"。

四、协同治理视角下城市公共文化服务体系建设的实施路径

1. 注重对公共文化的服务建设中合力作用的发挥

城市公共文化服务的协同治理,立足于当前现代化公共文化服务体系建设的实际,坚持政府公共文化协同治理的主导地位,建立多元主体有效参与的新型主体关系,实现公共文化服务的利益最大化。

(1)文化单位坚持党委领导,加强对以本土化、城市化、特色化的公共文化资源为主体的公共文化服务体系建设的价值统领和方向引领。同时,在"大文化"的发展背景下,实现自上而下的分工协作。

(2)需要培育专业化、多元化的社会力量有效参与公共文化服务的协同治理,探索建立社会力量参与公共文化服务准入机制、完善多元主体参与程序合法化、职能定位的准确

性、管理范围的明晰化,可借鉴国内外成功实践具备相关基础条件以成立相关的公共文化行业协会做好政府和其他公共文化管理主体的重要补充。同时,在遵循服务型政府协同治理公共文化服务体系建设中,通过优惠税收机制或奖励机制等拓宽支持引导社会力量参与渠道,以开放性、互补性、协商性、平等性、合作性实现政府与社会力量的平等协作。

2. 加强公共文化服务效能的提升

完善公共文化服务体系,提高服务效能,是《公共文化服务保障法》立法的重要原则和明确规定,也是当前和今后一个时期城市公共文化服务体系建设的努力方向,文化单位要加快探索适应我国城市化进程中公共文化服务体系建设道路,让公益性文化服务及供给更好地服务广大城区市民群众。

（1）运用互联网技术和数据库建设,整合政府文化系统内部的公共文化资源等信息数据,通过纵向上下级长效互动机制,实现政府文化管理部门和公共文化服务机构间的公共文化资源信息互动、业务联动、资源共享的数据大协作。

（2）以协同治理方式,结合当地历史、人文,实施更具本土特色、民间传统特色的城市公共文化协同服务战略,特别是对历史遗迹、非物质文化遗产、民俗等形成符合本地区政府发展的文化保护机制,政府各部门和社会力量多元主体彼此互联链接、协同互补。

（3）破解城区地方公共文化服务供给不充分的难题,探索政府为主要供给者,引入社会力量分担管理的合作机制,在符合公平性要求的基础上,满足不同群体、不同区域的多样化文化需求,从而更加精细化、点对点地为民众提供有效的公共文化服务。

3. 提高协同治理绩效考核效能

城市公共文化服务体系的协同治理是体系内各要素不断优化完善的过程,必须建立科学的、多元参与的绩效评估体系,健全政府内部监督机制,建立社会力量多元参与的外部监督反馈制度,并构建多主体的绩效考核架构。通过政府内外监督体系的综合监管,保障城区人民群众能够享受到优质、高效的公共文化产品和服务,提升城区公共文化协同治理的服务效能。

参考文献

[1] 俞可平 . 全球治理引论 [J]. 马克思主义与现实,2002（1）:20-32.

[2] 张天驰 . 协同治理视角下县级政府公共文化服务供给机制创新研究 [D]. 湘潭:湘潭大学,2019.

[3] 王真 . 以共享理念引领新时期农村公共文化服务体系建设 [J]. 齐鲁师范学院学报,2016（4）:111-115.

[4] 张赞梅 . 公共文化服务"多中心"治理研究——基于"N市"实践的分析 [J]. 学术研究,2010（12）:31-36.

[5] 陈伟 . 公共文化服务体系研究 [M]. 深圳:深圳报业集团出版社,2006.

着力打造文旅融合的"苏州样板"

——苏州工业园区"大文化馆"视角探析

江　姜（苏州工业园区公共文化中心）

以文化为核心，以旅游为平台，探索文旅融合发展模式，是新时代赋予文化和旅游产业的战略课题。协同推进公共文化服务领域与旅游领域的融合，发挥好综合效益，是苏州深化文化和旅游融合发展的重要内容。

被列入国家级文化旅游公共服务机构功能融合试点单位的苏州工业园公共文化中心，是当前文旅融合先行的实践者之一。其以自身属性打造的"大文化馆"视角融合模式，呈现了专业化、现代化的公共文化服务水平，力求打造文旅融合的"苏州样板"，进行全面赋能，持续助力苏州城市繁荣。本文从特色优势、融合定位、融合之路等方面进行探析，并结合阶段性实践进展，诠释文旅融合的重大意义。

1　构建"大文化馆"视角融合模式的基础

1.1　"大文化馆"视角的内涵

文化馆是社会公共服务机构之一，以践行全民文化艺术普及为己任。"大文化馆"是一种视角，扩大了文化馆的外延，拓宽和延伸了文化传播的辐射力和渗透力，它是苏州工业园公共文化中心的一种探索模式，具有丰富的文化服务属性。

1.2　"大文化馆"视角融合的特征

"大文化馆"的视角体现在资源整合覆盖广、特色化、精准化。随着文旅融合的逐步推进，与之相关的理论研究亦逐渐深入。中央文化和旅游管理干部学院党委办公室主任毕绪龙指出公共文化服务是和一个市场化程度很高、主体以企业为主的旅游行业在融合，是由原来的为居民服务转向为游客和居民的双重服务，公共文化服务和旅游融合主要是一种"软融合"，是一个文化价值观、文化传播、文化形象的直接或间接的融合[1]。"大文化馆"视角融合模式正是软融合的体现。

1.3　"大文化馆"视角融合的特色优势

1.3.1　"商旅文体展"提供融合基础

苏州工业园区始终坚持"世界眼光、国际水准"的城市发展要求，领先的国际化程度和开放水平以及领先的文化和旅游公共服务,为"大文化馆"的实践提供了优渥的环境和土壤。2017年苏州工业园区在全国率先组建文体旅游局,2019年获评成为江苏省首批全域旅游示范区,在文旅融合、城旅融合等方面成绩突出,在全域旅游示范区创建中就培育了"让游客享受市民的便捷,让市民感受游客的待遇"的文旅融合和谐氛围。2019年园区获批成为首批省级全域旅游示范区,为其文旅融合开拓了更广阔空间。

1.3.2 "一司两团三馆"提供平台支撑

园区搭建"一司两团三馆"的文旅融合运营平台,引领文化公共服务由"为市民单一服务"向"为游客和市民双重服务"转型升级。园区积极推进文化事业市场化、产业化发展,依托"一司两团三馆",推进商旅文体展融合发展。"一司"即苏州新时代文体会展集团,旗下拥有苏州国际博览中心、苏州文化艺术中心、苏州奥体中心等;"两团"即苏州交响乐团、苏州芭蕾舞团;"三馆"即公文中心文化馆、图书馆、美术馆。"一司两团三馆"协同合作,互联互通,成为园区推进文化事业、繁荣文化产业和文旅融合的强大引擎,致力于打造全国一流文体会展旅游综合运营平台,成为园区文旅融合发展的有力支撑。

1.3.3 三级服务体系布局和空间融合优势

园区已建立"区—街道(社工委)—社区"三级文化网络服务体系,布局267个服务点,基本实现城市"十分钟文化圈"设施布局建设。一公里阅读圈覆盖范围与苏州工业园区全域旅游地图高度吻合,每一个阅读点都成为游客服务的休息站,基本实现"游客到哪里,服务跟到哪里"的无差别服务,"园区、景区、社区"三区覆盖提供广阔融合空间。

1.3.4 大型文旅、文化品牌运作经验

园区积极承办及策划参与"苏州·金鸡湖双年展"、金鸡湖艺术节、妆艺大游行等代表苏州和园区形象的重大品牌活动,持续举办"新春纳福·把爱带回家"春风行动、"广场健身舞蹈大赛"、"歌唱器乐大赛"、"美术走进你·艺术进社区"、"全民阅读季"、"金鸡湖朗诵大赛"等文化惠民活动,积累运作品牌项目的经验,并积极打造了"年年参赛事,月月观展览,周周有演出,日日闻书香"的良好氛围。

2 "大文化馆"视角下的融合探索

2.1 "大文化馆"视角下的融合定位

"大文化馆"视角的融合模式,是基于苏州工业园区特定的发展定位。园区属于开发建设的新城,受传统旅游资源约束影响,缺少传统文化资源与文旅氛围。园区旅游形态主要为城市旅游,主要游客集中场所以及游客的旅游体验都在城市内,旅游载体分布与文化公共服务布局高度吻合。2019年,园区接待入境游客60.92万人次,接待国内游客1041.55万人次,其中90%以上为自助游旅客。

园区文化事业发展与文化公共服务必须注重内容创新和路径突破,实现双重合力,打造个性化的,契合城市人文气质的产品。以"大文化馆"视角引领,以人民对美好生活向

往为导向,以文旅融合推动公共文化服务机构改革创新,以文旅融合倒逼文化公共服务机构转型升级,高品质实现"让游客享受市民的文化福利,让市民享受游客的文化礼遇"融合效果,逐步形成示范性强、带动性大、推广性高的文化和旅游公共服务机构功能融合的"园区经验"。

2.2 "大文化馆"视角的融合举措

2.2.1 精准构建融合路径

马斯洛需求层次理论是亚伯拉罕·马斯洛于 1943 年提出的,其基本内容是将人的需求从低到高依次分为五种需求[2]。公共文化服务重在丰富人民群众文化生活,提升人民群众的精神文化素养,而旅游需求即人们比较高端的需求,属于追求幸福的范畴[3],二者同属于需求层次理论中的高层次需求。为满足用户的幸福感和获得感,园区在构建"资源有机结合、产业融合发展、全社会共建共享"的文化旅游功能融合格局基础上,精准构建"六条路径"以实现功能融合:资源共享、空间共享、主客共享、功能共享、文化共塑、政企共赢。

2.2.2 建立"多主体联动"模式

园区文化和旅游公共服务融合发展由全社会、多主体共同参与、协同推进,探索出了一条合力统筹、高效推进的文旅公共服务融合发展之路,建立了"多主体联动"的文旅公共服务管理模式。苏州市文广旅局、中共苏州工业园区工委宣传部(文体旅游局)全面负责统筹试点,鼓励各类社会力量和多元市场主体参与到文化旅游发展中,紧密联动职能部门、景区社区、文化企业、旅游企业、协会组织、外籍人士等开展融合工作,同时组建文化旅游志愿者服务团队,吸纳属地企业、干部职工、党员群众等为游客服务。

2.2.3 设计个性化角度

园区邀请国内外著名文化艺术大家、举办国内外前沿文化艺术活动,汇集名家资源,吸引国内外游客慕名打卡。园区文化馆建成中国电影金鸡奖展示厅,对外免费开放,接待了大批国内外参观团体、游客,推动了资源共享和整体效能提升,为群众提供了高品质的公共服务。

2.2.4 焕发品牌力量

园区属于开发建设的新城,缺少传统文化资源与文旅氛围,因此园区文化事业发展与文化公共服务特别注重营销以实现路径的突破。"大文化馆"视角下的文旅融合以市场文化、时尚文化、国际文化为依托,开创众多国内外知名的时尚文化活动和载体,如金鸡湖双年展、苏州芭蕾舞剧团、苏州交响乐团、金鸡奖颁奖盛典、群星奖获奖作品《一条叫作小康的鱼》等,走出一条特色文旅服务功能融合之路。

2.2.5 关联信息社会产物

"大文化馆"视角下的文旅融合,应用智能技术以提升文旅公共服务的科技化水平,提升游客的参与度,提升文旅公共服务的效能。园区推出了线上文旅空间(线上评弹、线上非遗讲座、线上演艺等)、24 小时智能图书馆、自媒体线上服务、"书香园区"平台、线上内容创作等工作。

3 "大文化馆"视角对文旅融合的影响力

文化和旅游公共服务机构功能融合对于苏州工业园区公文中心是新的命题、新的目标、新的使命。融合创新，应是多种元素的提升融合，不是单一元素的放大或元素的简单相加。"大文化馆"视角下的文旅融合模式，是基于苏州工业园区特定的城市发展的精准定位，是阶段性的探索。公共文化服务和旅游的融合体现的是社会价值的统一，需要在融合精度上聚焦、在融合力度上加码、在融合广度上拓展、在融合深度上创新。文旅融合实际上是推动文化公共服务机构改革创新，倒逼文化公共服务机构转型升级的一次重要契机。

高品质实现"让游客享受市民的文化福利，让市民享受游客的文化礼遇"的融合效果是该模式的根本战略目标。实现这一战略目标，我们需要在探索中思考"四个融合"：一是有机融合，价值共生。公共文化服务与旅游服务形态相近、业态相融，二者同样追求文化价值。二是无痕融合，推陈出新。找准二者创意策划的结合点，古为今用、推陈出新。三是有效融合，求同存异。要符合行业特点和市场需求，进行深度融合。四是创造性融合，前瞻引领。在前三项融合的基础上，充分运用创意和科技手段，大胆地进行实践探索。

"大文化馆"视角下的文旅融合模式，坚持阶段性完善优化，逐步构建示范性强、带动性大、推广性高的文化和旅游公共服务机构功能融合的"苏州样板"，为"国际水准、国内一流、园区特色的国家级文化和旅游公共服务功能融合示范点"探索更多路线，推广更多借鉴经验。

参考文献

[1] "文化馆事业发展的思考与讨论"第六讲公共文化服务和旅游的融合发展 [EB/OL]. [2020-03-30]. https://mp.weixin.qq.com/s/hsdrKYTZQjhpF3hsn1Un1g.

[2] 周三多. 管理学 [M]. 北京：高等教育出版社,2014.

[3] 陈慰,巫志南. 文旅融合背景下深化公共文化服务的"融合改革"分析 [J]. 图书与情报,2019（4）：36-43.

文化馆服务的"网红"模式浅探

李协萍（湖北省群众艺术馆）

2015 年，"网红"在中国第一次成为年度关键词。此后"网红"的外延和内涵都在飞速拓展。狭义的"网红"是指通过互联网而走红的人，但是到了今天，"网红"可以指那些通过互联网而红起来的任何对象，其中包括但不限于人、场馆、景区、建筑、服务方式、词语、产品、媒体等。比如，张文宏现在是"网红"医生，重庆是"网红"城市，故宫是"网红"景点，海底捞的服务是"网红"服务……可见，"网红"和"网红现象"已经成为现代生活的一部分，其背后的逻辑对于很多行业，尤其是公共文化服务行业来说是非常值得借鉴的。特别在 2020 年全世界范围内疫情凶猛、云服务大行其道的时候，塑造"网红"的很多方式方法对文化馆如何开展服务有很强的参考价值。

一、"网红"引入文化馆服务的原因

1."网红"与文化馆服务之间的深层联结

现在说到"网红"，很多人都会联想到"网红"经济。目前的"网红"，大部分也确实是要"带货"的。资料显示，中国"网红"产业的年产值已经是千亿元的规模。但必须也要看到，有很大一部分人追捧"网红"并不是为了消费，他们之间其实是有着很强的文化与精神的联结。比如张文宏医生，人们喜欢他说话不无聊、敢于直言、理性、有深切的人文关怀等品质，这些品质能给人们带来精神感召和心灵抚慰。"网红"们通过自己的作品、言行、才艺等输出知识、产品、生活方式、理念、价值观等，影响其粉丝并延伸至他人，从而丰富这个时代的文化生活，即"以文化人"。而这正是文化馆服务的价值和目标所在。

另外，对"网红"进行分析可以看出，他（它）们是有一些共性的：与时代的发展和科技的进步紧密结合；特质明显，无论是在外貌还是在才华上都有很鲜明的魅力；拥有很强的亲和力；重视创意和创新，有较强的内容输出能力。而这些特征可供现代文化馆服务学习。

2.移动互联网服务技术的进步和普及

"网红"是以移动互联网为代表的媒介迭代的产物。从字面意义上来看，"网红"这个词的一个重要属性就是"网"，"网"即科技，尤其是移动互联网技术。据统计，截至

2020年3月,我国网民规模达9.04亿,平均每周上网时长30.8个小时,且近几年网民和网民上网时间一直处于稳定增长的趋势。另据QuestMobile数据,中国已有超过8.5亿移动互联网用户,中国移动互联网用户月人均单日使用时长已达到360分钟(截至2019年9月)。而这当中,短视频的占比高达64.1%。移动互联网不仅是一种技术、一种媒介,还是一种被普及的生活方式。如果文化馆服务不在这个大趋势中把握住机会,找到适合互联网时代的服务方式,其大部分功能将得不到发挥。当前大部分的文化馆服务开始进入"数字服务"时代,但是从业者缺乏互联网思维和互联网服务意识,服务覆盖面和平台运营能力也远远不够。一场疫情,让这些问题越发地凸显。"网红"则不一样。从一开始,"网红"就是紧紧把握了时代脉搏,在互联网的大潮中摸滚打爬,积累了很多的教训和经验。文化馆服务学习"网红"经验,可以省却很多不必要的波折。

3. 文化馆自身的创新需要

疫情带来的一个很大的影响是文化馆服务与互联网的高度关联。目前的线上服务主要集中在活动直播、讲座培训、展览等形式,与传统的线下活动形式并无二致,在创新和创意方面存在不足,特色的文化项目和特色的文化资源相对不足,且存在资源同质化现象,对观众的吸引力并不是很大。文化馆服务要走出困局,需要广泛借鉴同为公共文化服务体系的图书馆、博物馆的经验,更需要独辟蹊径,从目前已经比较成熟且与文化馆服务影响机理相似的"网红"产业中寻找一些自己的创新路径。

另外一方面,数字文化服务逐渐普及,在文化馆的服务对象中,年轻人的比例大大增加。而"网红"的粉丝群体中,年轻人是主要群体,他们对网红的内容输出方式、颜值、表达方式、互动方式有天然的亲切感。如果文化馆服务借鉴了"网红"的模式,年轻人也更容易接受。

二、文化馆服务的"网红"路径

本文的一切论述都是基于广义的"网红"概念而进行的。从这个意义上出发,文化馆服务可以从以下几个方面进行"网红"模式的探索。

1. 打造场馆的"网红"形象

现代人由于经济实力的提升和审美水平的提高,其精神享受中不再仅限于知识的获得或者活动带来的愉悦,还包括了对环境的审美愉悦。很多"网红"餐厅深谙此道,在室内室外的装修风格上进行特色打造,混入多种流行元素、文化元素等以迎合人们的消费心理。有不少省份的文化馆在建设之初,就从整体上考虑了其象征意味、地标气质,这种得天独厚的优势可以进一步在网络上得到强化,它们以各种软广告或者各种活动方式增加曝光率,给人们留下深刻印象。但是大部分的文化馆相对来说没那么幸运,但它们在装饰和装修上下功夫,根据功能定位和目标群体去选择装饰风格,不同的区域还可以有不同的主题。风格特色与活动内容相得益彰时,会给观众带去心理上的满足,更容易获得他们的青睐。观众们愿意来打卡,并且将文化馆分享到社交网络,每个观众都是行走的广告。这样的场馆是有亲和力和活力的场馆,也能发挥文化场馆的最大效益。

2. 培育文化馆"网红"服务人员

实际上,同在公共文化服务体系中的博物馆、图书馆在这几年已经出了不少"网红",在实际工作中也带来了巨大的效益。比如国家博物馆的"网红"讲解员河森堡,他是坐拥473万微博粉丝,文章日阅读数超过100万的"科普网红",在四五年的时间里一直"长红"不衰。他有很强的个人魅力,不仅风度翩翩,而且字字珠玑,工作中也是以严谨、勤奋、执着,吸引了无数人前往国家博物馆去打卡。

"网红"的力量对公共文化服务行业的价值是不可估量的。《2019年抖音数据报告》显示,抖音已经成为中国最大的知识、艺术和非遗传播平台。全年艺术类视频播放量超过5431亿次,被点赞169亿;1372个国家级非遗项目中的1275个入驻抖音,获赞33.3亿次。这里面获赞多的和流量大的通常都是由"网红"带动的。知识、艺术和非遗传承,也是文化馆的工作内容,但是文化馆在这方面的工作显然还没有达到抖音在这方面的宣传和普及程度,虽然这里面的部分数据也是由文化馆贡献出来的。

文化馆在实际工作中,可以培育自己的"网红",吸引流量,从而把文化馆服务拓展到更深层次,惠及更广的人群。在文化馆的业务范围内,比如全民艺术普及和非遗传承领域,也都是比较容易出"网红"的,比如一个具有专业能力的艺术类老师、一个艺术家,或者是非遗传承方面的一个专业工匠……辅之以鲜明的个人人格特色和贴合时代的表达方式,是很容易被大众所接受而走向品牌化的。疫情期间,各地文化馆纷纷开拓线上服务,涌现了一些文化馆"网红",有的是教手机摄影,有的是教声乐,他们因为自己的专业和细心吸引了一大批的观众。浙江省文化馆首席专家王全吉认为:"……这些文化馆界的网红,与通常的网红有着不同的特点。这是一批既有文化内涵,又有专业艺术水准,具有艺术理想和人文情怀的人,他们把满腔热情,倾注在线上艺术普及中,展示了文化馆人良好的职业精神与专业水平。"很显然,这样的"网红"是充满正能量的"网红",是我们无论是在文化馆工作中还是在社会生活中都应该大力培育和推广的"网红"。

3. 创新文化馆"网红"服务方式

文化馆是公共文化服务的提供者,应主动考虑群众的需求,力求把自己的服务做到尽善尽美。2020年公共文化服务行业很流行的"云服务",就是一种服务方式的创新。这种方式充分考虑了疫情大环境和人们的精神文化需求,让人们在家就可以学跳舞、看演出、长技能,深受观众欢迎。很多文化馆人在疫情期间开通了抖音号、微博号或者钉钉账户,通过短视频或者直播来进行教学和互动,也吸引了一大批的观众。

除了充分考虑观众的需求之外,文化馆的服务方式还应更注重现代数字网络技术的运用,强调文化与科技的融合。这一方面是科学技术进步的必然,另一方面也对人们尤其是年轻人有更强的吸引力，更容易被传播而成为"网红"。

4.持续优质输出"网红"服务内容

无论是场馆、人员还是服务方式，即便成了"网红"，如果没有内容的支撑，也只能"红"一时，昙花一现。这与当前的"网红"行业是一个道理。"网红"行业看起来很红火，产品与模式也很多，但真正有生命力的"网红"却没几个。有些"网红"虽然创造了巨额收益，但生命周期很短，其根本问题就在于没办法持续输出优质的内容，与观众之间比较难产生较强的黏性。文化馆在这方面具有天然的优势。文化馆的资源数量丰富、种类繁多，可以说取之不尽、用之不竭，而且文化馆有强大的资源和人力保障，这是现在的"网红"们所不具备的优势。

文化馆"网红"，是"网红"与文化馆碰撞的产物，既要有"网红"的特色，又要有文化馆职能的体现，扮演的是把文化和艺术全民普及化的角色，对整体的社会价值、大众审美等也都有一定的引导作用。因此在内容的输出上，要兼顾文化性和艺术性、知识性和趣味性、创意性和娱乐性等，要严肃中不乏幽默，传统中不乏创新。对内容的输出频率上也要进行科学的分析和研究。当下很多"网红"的一大特色就是坚持，即一直按照某种频率进行输出或者一直坚持某种风格，在文化馆"网红"的打造过程中我认为也应如是。这一方面是走红的条件之一，另一方面也是文化馆职能和工作必备的素质。

5.创建文化活动"网红"品牌

对于文化馆工作来说，创建文化活动"网红"品牌有两个途径。一是在过去文化馆线下品牌活动的基础上，进行"网红"模式改造。每个文化馆几乎都有自己的品牌活动，在之前所建立的口碑、观众等的基础上，从活动的各个角度去打造一些易于传播的、新颖的活动内容，分享一些关于活动的打动人心的故事等，使其品牌的形象更加深入人心和更符合时代潮流。比如湖北省的品牌活动——"文化力量·民间精彩"系列活动，包括广场舞、社会文艺团队展演、民间技艺比拼等。拿广场舞来说，可以在深入研究抖音爆火舞蹈类作品的基础上，编一些舞蹈小片段、挖掘一些各个年龄层跳广场舞的特色瞬间，让品牌效应继续在社会上发酵，很容易就能将活动打造成"网红"品牌。另一个途径则是从一开始就仔细研究"网红"活动品牌的特征，全方位打造出一个"网红"活动来。分析当前"网红"现象和"网红"活动可知，在塑造一个"网红"品牌活动的过程中，"搞事情"引起关注是重要的，内容引起转发则是关键。那么，首先就得有能让人们在第一时间想起你的"网红"印记；营造适合活动内容调性的场景和语境，这样更易于被关注、转发、口口相传；努力提高适合被服务人群的活动辨识度等。随着当前数字文化馆的大面积铺开，结合文化馆的主要工作内容来看，"网红"活动品牌是将来的趋势之一，也相对比较容易打造。

随着时代的发展、新技术的应用，文化馆在服务内容和服务方式上必须要做到与时俱进。"文化馆网红"是文化馆人把握时代脉搏、提高服务效能的有效途径之一，尽管看起来很风光,但是需要长期的默默付出和艰辛耕耘。在实际工作中,不仅要依靠文化人的情怀,还要依靠源源不断的活力和创造力,才能用过硬的业务技能去"红"、才能把现代文化馆服务真正落到实处。

参考文献

[1]2019 年抖音数据报告 [EB/OL]. [2020-01-07]. http://www.199it.com/archives/993771.html.

[2] 李国新 . 疫情对公共文化服务发展影响的思考 [J]. 图书与情报,2020（2）:43-49.

[3] 匡文波,刘建萍 . "知识网红" 与 "网红" 社会价值转变 [J]. 人民论坛,2019（9）:74-75.

基于均等化视角下文化馆开展特殊群体文化服务的创新路径

潘爱莲（广州市从化区文化馆）

在社会主义文化建设的新时期，中国共产党对我国的经济与文化发展提出了全新的要求。作为社会公益性的事业单位，文化馆应该尽可能满足不同群体的文化需求，并且提升自身的服务理念，面对不同的群体，应该进行有差异但均等化的文化服务。鉴于不同类型的特殊人群具有不同的文化需求，需要文化馆通过多样的文化服务，满足不同群体的不同需求。

1 服务均等化的含义及作用

1.1 服务均等化的含义

服务均等化起源于资源有限与高效服务之间的矛盾，服务均等化要求尽可能地减少资源浪费，同时又能够尽可能地满足人们的需求。服务均等化以促进资源的合理与公平分配为基本原则与核心理念，通过尽可能系统化的服务方式来实现最佳的资源优化配置。而资源的优化配置以具体的需求为前提，对于公共服务部门而言，实现均等化服务的前提是调查清楚服务对象的类型与服务需求。鉴别不同服务群体的需求，有利于公共文化服务部门更好地开展相关服务，更好地应对日益多变的信息环境。服务均等化的核心作用是资源共享，即促进有限的资源尽可能地在适当的人群中进行合理配置，在满足人们需求的同时，最大限度避免资源闲置和资源浪费，使潜在的资源能够及时转化为现实的资源。

1.2 服务均等化的作用

对于公共文化服务部门而言，服务均等化可以促进部门对资源的有效利用与配置，更好地满足群众的需求。例如，文化馆在举行文化活动时，可以首先调查不同类型群众的文化需求，并且分年龄段与需求类型提供文化服务。老年群体活动能力较弱，接受能力较差，针对他们可以选择讲座的方式举行文化宣传活动；而对于幼年群体来说，由于其生性好动并且具有极强的接受能力，因此文化馆应该尽可能多地举行竞争性的文化参与活动。对于残障特殊群体而言，均等化的文化服务，可以在满足其自尊心的同时，高效完成文化服务内容;对于留守妇女儿童而言,通过均等化的文化服务,可以使她们感受到文化团体的关切,增强其对文化活动的需求感;农民工群体文化素质较低,针对性地开展基础文化教育及普及活动,可以在增强其文化认知的同时,有效提升其对文化馆所提供活动的文化活动的认同度。因此,服务均等化可以在提升文化服务普及度的同时提升文化服务的质量。但是我国文化馆服务只注重数量而不注重质量的现象时有发生,很难满足特殊群体系统性的文化服务需求。而服务均等化可以有效地解决这一问题,提升文化服务的质量。

2 我国文化馆均等化服务中存在的问题

2.1 缺乏精准化的管理制度

精准化的管理制度有利于文化馆,特别是基层文化馆有效开展相关服务,文化馆可以以精准化的管理制度为基础提供丰富多样的文化服务。我国文化馆在开展均等化服务方面仍处在发展阶段,相关的管理制度正处在起步建设时期,部分部门的职权交叉,管理与问责欠缺,这就导致管理制度很难精准化,进而致使文化馆的服务过程过于零散。例如,文化馆提供文化服务内容时,活动组织部门与属地后勤保障部门,难以协调发挥职能,导致所开展的文化活动推进受阻。同时,很多文化馆开展文化服务活动只是迫于上级要求而不能定期的、有计划地开展相关服务,这样很难保证特殊群体的文化需求。精准化的管理制度是对服务的保障与支持,文化馆应该促进管理制度的精准化,从而为自身服务提供保障。

2.2 缺乏高素质的专业性人才

由于基层服务的特殊性,很多具有较高文化素养的高校毕业生不愿去基层文化馆从事相关服务,导致了专业性人才的紧缺。大多数文化馆的服务人员缺乏持续的学习能力,很难适应多变的文化服务。例如,特殊群体中,幼年群体的文化需求会随着自身生理和心理的发展而发生阶段性的变化,服务人员如不能及时捕捉这些变化满足其相应的文化需求,则很有可能降低自身服务的有效性,并且会浪费文化资源,难以达到均等化服务的目的。文化馆开展的服务以服务人员为直接媒介传送给有需求的群众,但是服务人员如果自身功底不强,那么即使所提供的文化活动丰富多样,群众对文化活动的认同度也会大打折扣,不利于文化馆持续有效地开展相关服务。

2.3 缺乏硬件设施的支持

如果把服务人员比喻为笔中墨水的话,那么硬件设施就可以比作笔杆。可见,文化馆开展均等化服务,高质量的服务人员与齐全的硬件设施缺一不可。但是现阶段,我国地方政府缺少对当地文化馆的资金投入,这导致硬件设施建设情况并不理想。因此,地方政府应该适当加强对文化馆资金的投入,完善文化馆基础设施建设,及时更新文化资源与硬件设备,从而为文化馆进行均等化服务提供更好的硬件支持。

2.4 服务方式单一,对特殊人群缺乏合理的定位

大多数基层文化馆所提供的服务还仅限于集体活动阶段,很难针对特殊的人群或是单个群体提供服务,这样就会导致文化资源不同程度的浪费。以老年群体为例,生活在不同家庭背景下或是有不同工作经历的老年人具有不同的文化需求,举办文化集体活动,虽然可以将文化进行多向主动输出,但是会导致部分被服务人员难以高效利用相关的文化资源。另一方面,由于多样化的文化活动的缺乏,特别是针对残障人群、留守妇女儿童等的文化活动缺乏,特殊群体的文化活动参与率较低,提供给特殊群体的文化活动很少。文化馆服务人员不加区分地对待特殊群体和普通群体,这种普遍性的文化服务,很难针对性地解决不同群体的文化需求。

3 基于均等化视角下文化馆开展特殊群体文化服务的创新路径

3.1 合理定位特殊人群、分析不同人群的文化需求

文化馆提供的服务是以满足群众的文化需求为前提,如果忽视对群众文化需求的研究,就很难提供对口的文化服务。在特殊人群定位方面,针对年龄的差别,将特殊群体划分为幼年群体与老年群体。幼年群体的特点是好奇心强、动手能力强、正处在生理和心理成长的关键时期。所以面向幼年特殊群体提供的服务应该以教育性为主、娱乐性为辅。开展的文化活动可以有教育讲座与趣味知识探讨等,可以适当地开展一些具有竞争性的活动,从而提升幼年群体的参与度与成就感。老年群体的身体素质较差、对知识的接受能力与学习能力较弱,对新鲜事物缺乏好奇感,因此面向老年特殊群体提供的服务应以娱乐性为主、教育性为辅。例如,可以通过举办集体广场舞及戏剧公开表演的方式提高老年群体的身体素质,同时满足老年群体对戏剧等特殊文化的娱乐性需求。文化馆可以定期组织社区内的老人开展老年社交服务,从而减少老年群体的孤独感,满足他们对娱乐性文化的需求。对于残障特殊群体,由于其身体残缺会造成心灵敏感,因此文化馆在提供服务时,一定先明确文化活动对于残障特殊群体的可获取性,为了方便残障特殊群体享受文化馆所提供的文化服务,可以以线上活动为主,以线下为辅,这样既可以维护残障特殊群体的自尊心又可以最大限度节省人力、物力资源。对于留守妇女及儿童特殊群体而言,由于其缺乏完整家庭的关怀,容易产生孤独感,因此文化馆可以适当组织文化交友活动,促进留守妇女儿童之间相互交流,使她们能够从文化社交中有所收获。对于农民工特殊群体而言,文化馆可以向他们定期开展文化教育普及活动,文化活动的内容需要紧贴实际生活,为他们的工作与未来发展提供指导与帮助,让农民工特殊群体能够关心文化活动。

3.2 提升文化馆服务人员知识素养与服务水平

文化馆通过服务人员开展相关文化服务,因此服务人员自身的知识素养与服务态度十分重要。鉴于文化馆服务的特殊性,文化馆应该加强对服务人员的系统性培训,定期开展培训活动,组织服务人员进行团体调研,深入了解基层群众的前沿文化需求。文化馆服务人员应积极拓展自身知识储备,构建多样性的知识体系。文化馆服务人员应及时了解领域内的文化前沿与文化热点,识别具有创新性的文化成果,并提升文化资源在特殊群体中的利用效率。例如,幼年特殊群体的前沿文化服务方向应该为学前教育或是人生基础理论教育,文化馆应当帮助幼年特殊人群确定正确的人生价值观。老年特殊群体的文化教育应面向生活态度与人生价值,尽可能使老年特殊群体感到现阶段生活的美好,从而提升其对文化的满足感。除此之外,文化馆服务人员在面向特殊群体服务时,应该时刻注意自己的服务态度。由于特殊群体的心智发育不健全或是心灵敏感,如果服务态度不当很有可能伤及他们的自尊心,这会大大挫伤特殊群体使用文化馆服务的积极性,不利于文化馆持续性地开展相关文化服务。

3.3 确立面向特殊群体的服务均等化制度

文化馆提供的服务不仅应当是公益性的,同时应当是负责任的、正确性的。由于缺乏制度保障,很多文化馆在对特殊群体开展服务时,很容易忽略服务的有效性,挫伤特殊群体的积极性。所以,文化馆应该设立一套严格的面向特殊人群的服务均等化制度。这包括,特殊人群服务反馈制度、特殊人群服务保障制度与特殊人群服务惩罚制度。文化馆不仅应当单方面地向特殊人群提供文化服务,同时应当及时收集他们的使用意见与使用问题,从而为促进文化均等化服务提供参考;特殊人群服务保障制度要求文化馆服务人员应该向特殊人群提供人性化的文化服务可获取策略,保证特殊人群正常享受文化服务。特殊人群服务应实行考核制度,增强服务人员在均等化服务中的责任感,从而不断改进均等化服务的准确性。

3.4 完善文化馆基层设施建设,为均等化服务提供硬件保障

文化馆作为公益性社会部门,其服务的正常开展需要有一定的硬件设备的支持。数字资源的快速增长,对文化馆利用数字资源提出了新的挑战。这一影响具体表现在特殊群众文化需求方面,很多特殊群众通过网络设备来向文化馆提出服务请求,这样一方面可以节省自身的时间,另一方面,可以足不出户享受更加安全与便捷的文化服务。由此可见,数字化文化服务需求服务伴随着网络的发展,需求量正在剧增。文化馆对高运算与存储性能的计算机、通畅的网络、易于使用的线上服务平台有着强烈需求,只有通过完善的硬件系统才能够快速准确地提供线上文化服务。所以,地方政府应该加强对文化馆资金的投入与支持,配备数字文化设备,同时应架设通畅的网络,积极引导文化馆建立属于自己的线上文化服务平台,向文化馆提供技术与服务支持,引导地方文化馆建立一整套稳

定、高效率的线上文化服务体系。基于网络及数字化的文化馆均等化服务,可以不受时间与空间的限制,随时随地提供在线服务,使文化资源得到最大限度的利用。

我国地方文化馆在均等化服务中仍存在着很多问题,例如缺乏合理的不同群体定位、硬件设施建设不足、缺乏高质量的专业服务人员以及服务方式单一等,针对上述问题,文化馆应该加强对特殊人群类型及需求的研究,加强自身的基础设施建设同时提升本机构服务人员的学习水平与服务水平。另一方面,文化均等化服务还需要管理制度提供保障与支持,为此,应该建立从文化需求保障到文化服务考核的责任制度,从而提升文化馆服务的高效性。

参考文献

[1] 张新武 . 浅谈如何提高文化馆的公共文化服务能力 [J]. 人间,2016,206（11）:221.

[2] 韩雪 . 公共图书馆特殊群体服务创新方式简析——以大庆市图书馆为例 [J]. 大庆社会科学,2019(5): 133-134.

[3] 陈宗雁 . 服务均等化视角下公共图书馆面向特殊群体的阅读资源优化配置研究 [J]. 河南图书馆学刊, 2019（6）:27-29.

[4] 张德亮 . 文化馆标准化、均等化服务及效能提升探讨 [J]. 艺术家,2019（4）:55-56.

论新时代文化馆发展的战略定位

甄　陵　吴　瑛（西安市高陵区文化馆）

一、新时代文化馆是弘扬社会主义核心价值观，提高公民道德建设的重要阵地

1. 应全面深刻理解国家设立文化馆的核心要义

文化馆和新中国同行，走过了辉煌且艰难的 70 余年岁月。进入新时代，文化馆作为公共文化服务体系建设的组成部分和重要载体，则被赋予了新的内涵和使命。《公共文化服务保障法》明确规定了"弘扬社会主义核心价值观，增强文化自信，促进中国特色社会主义文化繁荣发展"是公共文化服务体系建设的根本宗旨。在建设中，文化馆是责任主体，其主要职能就是服务人民群众，为人民服务是社会主义公民道德建设的核心。各级文化馆应紧扣时代主题，把握党的脉搏，全面深刻理解新时代文化馆的职能定位。

2. 文化馆的工作要融入党和国家倡导的大局之中

各级文化馆的重点工作，不能一味地搞活动、办培训，应将党和政府的导向融入实际工作中。2019 年 10 月，中共中央颁发《公民道德建设实施纲要》，旨在提高全民族的文明素质，加强社会主义道德建设是发展先进文化的重要内容，也是提高全民族文明素质的一项基础性任务，更是一项长期而紧迫的工作。文化馆应将群众文化活动的开展融入党和国家的发展大局之中。

二、新时代文化馆是弘扬中华优秀传统文化的精神家园

建设社会主义文化强国，增强文化软实力，实现中华民族伟大复兴，是新时代文化馆的责任所在、使命所在。2020 年 4 月 20 至 23 日，习近平总书记再次来陕视察，做出了弘扬中华优秀传统文化、革命文化、社会主义先进文化，培育社会主义核心价值观的重要指示。李克强总理在 2020 年《政府工作报告》中强调加强文物保护利用和非物质文化遗产传承。中共中央办公厅、国务院办公厅于 2017 年 1 月 25 日印发的《关于实施中华优秀传统文化传承发展工程的意见》指出："充分发挥图书馆、文化馆等公共文化机构在传承发展中华优秀传统文化中的作用。" 2011 年 2 月 25 日，全国人大常委会通过的《中华人

民共和国非物质文化遗产法》明确了文化馆在非物质文化遗产保护、弘扬和传承中华民族优秀传统文化中的主体责任。弘扬和传承中华优秀传统文化，是延续和发展中华文明，促进人类文明的重要任务。笔者调查发现，陕西省共 119 个区县级文化馆中，非物质文化遗产传承与保护和文化馆职能脱离的占到 32%，未开展或没有将此工作作为主要工作任务的占 25%，将此项工作作为主要职能开展的占 35%。从 20 世纪 90 年代起，在文化馆主要功能缺失、主要职责尚不明确的情况下，全国出现了不少文化馆走向市场、"以文补文"的状况。国家开始启动优秀传统文化的传承与保护工程，给各级文化馆在业务上、职能上增添了新的内容，才使得文化馆有了生存和发展的前景。实践和教训告诫我们，新时代的文化馆应紧跟时代脉搏，应以守望民族之基因，弘扬中华人文精神，坚守民族之根，铸就民族之魂的战略大局为己任，担当文化使命。

高陵区文化馆在对药惠村、何村、田家社区三个行政村（社区）农村文化的需求调查中了解到，药惠村 2300 多人口的文化需求种类就达到了 36 项且形式多样、内容各异，其中一个自然村不到 200 人的村民小组中有组织团队活动和兴趣小组的项目就多达 16 个之多，活动的报名参与人数占留守人员的 98%，这充分说明人民群众对文化的渴求和多元化的需求态势。

三、新时代文化馆是提供优质公共文化产品和服务的调配中心

更好地满足人民群众精神文化生活需要，是以提供优质公共文化产品和服务为前提。随着社会的发展、互联网的广泛应用，人民群众对精神文化生活的需要趋向多层次、多元化。但现在的人们更注重的是灵魂深处的慰藉和心理的归宿、精神的寄托。文化馆确实应该转变工作思路，创新服务内容，改进服务供给。人民群众对美好生活的向往，是以开展群众性的文化活动为载体来实现的。为了让人民享受基本的公共文化服务，不断满足人民的多元化需求，文化馆要改变现有的运行机制，扩大受众面，在实现公共文化均等化方面下大力气，吸纳更多的人群，加强群众文化创作，提供丰富且具有思想内涵、传递正能量的优质文化产品，不断满足多层次的群众需求，提升人民群众的获得感、幸福感，动员并引导社会力量共同参与公共文化产品的供给和服务，努力使文化馆成为满足人民群众精神文化需要的主要场所。

高陵区文化馆在三个行政村开展文化示范引领，鹿苑街道药惠村、田家新型社区、通远街道何村这三个行政村（社区）基本情况是：田家社区是城镇化推进中形成的新型社区，位置优越，总人口 3575 人，辖 6 个村民小组，526 户，其中本地人口 2075 人，外来人口 1500 人，常年在外务工人员 165 人，特殊群体 72 人（其中盲人 6 人，聋哑人 2 人），人员结构山东籍居多，占总人口的 45%。何村是全国的新农村示范村，建设居住标准、人均收入均列全省前列，总人口 2300 人，560 户，辖 8 个村民小组，特殊群体 45 人（其中聋哑人 3 人，盲人 2 人），外出务工人员仅 14 人，留守儿童 3 人，以种植大棚菜经济作物为主。药惠村距城区 2 公里，辖 3 个自然村 9 个村民小组，796 户，3212 人，贫困户 12 户，特殊群体 60

人（其中盲人1人,聋哑人1人）。

这三个行政村（社区）公共文化设施配置齐全,农家书屋、电子阅览、文化活动室等均按照国家标准予以配置,其中药惠村还建立文化礼堂,何村、药惠村、田家社区同时建立了"乡贤书院"。在设立示范带动点以前,基本的公共文化服务就是看书、看报、看电影、看戏、跳广场舞、听广播。传统的服务供给已不适应新时代的发展需要,现行的文化产品供给面临挑战。

四、新时代文化馆是更好满足人民群众精神文化生活和需要的主要场所

实施乡村振兴战略、数字乡村发展战略,是党的十九大做出的重大决策部署,也是决胜全面建成小康社会,全面建成社会主义现代化国家的重大历史任务。2018年1月2日,中共中央、国务院颁布《关于实施乡村振兴战略的意见》,2019年5月16日,中办、国办印发《数字乡村发展战略纲要》,繁荣兴盛农村文化、传承发展农村优秀传统文化是实现乡村振兴的重要任务之一,而文化馆则是实施乡村振兴战略的中枢核心。

《加快构建现代公共文化服务体系的实施意见》和《关于推进县级文化馆图书馆总分馆制建设的指导意见》明确指出,文化馆处在公共文化服务体系的中心位置。《陕西省公共文化服务保障条例》第九条规定:"县级人民政府应当因地制宜统筹推进县级文化馆、图书馆为总馆,基层综合性文化服务中心等为分馆或者基层服务点的总分馆建设,完善数字化、网络化服务的配送体系,有效整合公共文化资源,提高公共文化服务效能。"

乡村振兴之文化振兴,重点是乡村,而乡镇（街办）、村（社区）两级基层综合性服务中心既是乡村文化振兴的重要载体,也是乡村两级公共文化服务体系的主要组成部分,更是文化馆服务体系的中坚成员,是打通"最后一公里"的桥头堡,文化馆按照有标准、有网络、有内容、有人才的"四有"标准,正在完善县、乡、村三级公共文化服务网络体系全覆盖,完成国家、省、市、县、乡、村六级公共文化服务体系的战略任务,文化馆正处在六级公共服务体系的中枢核心位置。

在乡村文化建设中,高陵区文化馆以七个重大节日的文化内涵为活动主题,挖掘和弘扬中华优秀传统文化中蕴含的核心思想的理念,中华传统美德,中华人之精神。

加强农村公共文化建设,推动乡村振兴战略的稳步实施的过程中,文化馆起到了承上启下的职能作用,是乡村文化振兴的中枢核心。

五、新时代文化馆是实施乡村文化振兴战略的中枢核心

《陕西省公共文化服务保障条例》第二十七条规定:"公益性文化单位应该通过宽带网络、移动互联网、广播电视网和卫星网络等技术手段,利用数字智能终端、移动终端等新型载体提供线上线下相结合的公共文化服务,提升公共文化服务现代传播能力。"

在全面实施乡村振兴的战略中,基层综合性文化服务中心、文化礼堂作为乡村新风的精神寄托场所,成为高陵区文化馆在乡村振兴中首先要解决的问题,在财政紧缺的情况下7所高标准的文化礼堂先后建立,吸取各地的"只建不管、只建不用"的教训,采取了政府购买公共服务的方式为每个礼堂配备了2名专业管理服务人员。我们已先后在这三个示范村进行了尝试性的服务,开展"我和共和国同行"的宣讲活动,举办"讲述我一生最难忘的一件事""最幸福的时刻""最痛心的一件事""最激动的一件事"等十讲活动。将农民的酸甜苦辣尽情地在文化礼堂中诉说,焕发他们对美好生活的回忆和对未来美好生活的憧憬。召集"文化家庭""烈士后代""孝德人家""模范榜样"共聚于文化礼堂,相互交流,为文明乡风的树立建言献策,让文化礼堂成为乡村文明精神寄托的场所。

高陵区正在成为"西安主城区"的发展业态,沿袭几百年的农耕文明正向城市文明过渡,因此,在全区新建的或正在建设的新型社区及广大的农村,建立"村史馆"已成为乡村文化振兴的必修课,我们在3个示范村中,已建成2个"村史馆"将所属村里的烈士、英模立碑其中,将人们过去生活的村落、场景、老一辈的艰苦创业、用过的物件"安置"于村史馆,过来的人们看到就可以勾起昔日的回忆,年轻的一代人们看到后,可以牢记先辈们的辛苦付出,不忘初心,村史馆的建立,使农民的心灵有了归宿,精神有了寄托,共同守望乡村文明的"精神家园"。

在当下全面实施乡村振兴战略的进程中,我们深切感受到农村的人民群众,特别是留守老人和留守儿童特殊群体对精神上的追求,他们迫切地需要党的温暖和社会的关爱,迫切地需要优厚的公共文化服务资源。无论是乡风文明的树立、淳朴民风的建立、家风文明的确立,都离不开文化的感染和滋润。乡村文化振兴,不能一味地只注重完成指标任务,以应付上级的检查。而要在"管"和"用"上下大力气,让国家的资源、公共财力建起的文化设施发挥其巨大的效能,动真情服务人民,让文化建设成为助推乡村振兴的铸魂工程。

六、新时代文化馆是数字文化服务与传播的引领者

在全球网络化、信息化和数字化时代,数字中国的建设正全力推进,文化馆作为公益性文化单位的主要成员,已经担负起数字文化传播的重任,通过互联网,全国已建立起上下一体的公共文化云,线上服务已成为方便、快捷的公共文化服务的新方式,也成为连接乡村、服务基层的主要渠道。这次疫情中,公共文化的线上服务已成为公共文化服务的主流方式,被广大群众所接受和认可,服务效果非常明显。

浅析文旅融合背景下文化馆服务与旅游业融合发展思路

化晓菲（北京市朝阳区文化馆）

一、文化馆服务与旅游业融合的相关实践

随着文化部、旅游局的职责整合，文旅融合的持续深化，许多文化馆已经开始了文旅融合发展的研究与探索，其中不乏一些取得了一定成绩的优秀案例。

朝阳区文化馆在深耕文旅融合发展方面颇有建树。2003年创立发展至今的"9剧场"已成为北京东部地区小剧场话剧领域的佼佼者，不仅丰富了当地人民群众的精神文化需求、实现文化惠民，还带动了地区文旅消费，对探索政府经济可持续发展之路具有典范作用。朝阳文化馆的"森林演出季""潮流音乐节"等文化活动品牌将街乡文化会演、音乐演出会演与旅游景区有机结合，主会场涉及奥林匹克公园、朝阳公园等多种丰富舞台，使大众在享受绚烂多元的群众文化活动与精彩节目的同时，对朝阳当地的旅游资源有了深入的了解。广西北海市海城区文化馆则利用沿海城市的地区优势，结合实际情况，探索发展了一系列富有海城文化特色的文化活动品牌，成功丰富了当地旅游供给。

济宁市文化馆新馆的建筑设计元素提取于《论语》中的"游于艺"，通过巧妙运用"泛活动空间"概念，加强了场馆的动态空间体验，从而打造出一座综合性艺术场馆。这不仅满足了人民群众文化活动的内在需求，更是从审美上满足了民众对高规格场馆的外在需求。又如黄河文化馆、东莞文化馆、昆山市祝甸村砖窑文化馆等也都颇具特色，它们以创新的空间感设计和丰富的区域文化底蕴，不仅在当地广受好评，并且吸引着其他地区慕名而来的游客，此时的文化馆已不仅作为文化馆而存在，而是发展成为重要的文化地标、旅游资源。

二、文化馆服务与旅游业融合的关键

要想找到文化馆服务与旅游业融合的关键，首先要了解文化馆服务的内容和意义。文化馆服务可细分为两种：一种是普及文化艺术知识，包括举办讲座、培训等；一种是丰富当地文化供给，组织各类群众文化活动，如演出、展览等。文化馆服务是满足人民群众基本文化权益的基础保障，是提升人民群众幸福感、获得感，增强文化自信的重要渠道，是宣传社会主义精神文明、提高国民素质的有效手段。文化馆要遵循"宜融则融，能融尽融"的文旅融合总思路，找准文化馆服务和旅游业间最契合连接点成为关键。要深刻认识文

化馆服务和旅游业哪些宜融、哪些不宜融，找准二者融合的切入点，才可成功推动从形式到内容的全面、深度的融合。文化馆服务与旅游业融合应建立在深度了解、相互促进的基础上，秉承遵循客观规律，着重发挥双方专长，探索出新发展思路，才可能使融合真正发挥"1+1>2"的效果。另一方面，文旅融合刚刚进入起步阶段，文化馆服务与旅游业的融合还未有已形成或较成系统的融合机制，所以现阶段"积极作为，敢于实践"成为另一个关键要素。任何新鲜事物从青涩走向成熟都需要一个过程，而实践是最有效的路径之一。在充分了解双方资源、结合区域特点的基础上，通过不断地实践来持续优化、调整融合方向，不断探索、不怕试错，这样才能走出一条公共文化服务与旅游业融合的可持续发展之路。

三、文化馆服务与旅游业融合的方向

1. 文化馆设施与旅游服务融合

通常而言，文化馆场地作为公共文化设施的主要职能是为大众提供文化服务场所，然而文旅融合之后，它又增加了新的旅游属性。深度挖掘文化馆场所与旅游六大要素"吃、住、行、游、购、娱"的结合点，并且融入全新的旅游思维与视角，从而增强文化馆和文化活动的体验性、互动性、趣味性、拓展性，提升人民群众对文化馆的兴趣与参与度。例如通过文旅融合契机，盘活文化馆相关的老旧、废弃文化设施，积极发展文化旅游等高端产业，推动文旅高质量发展。此时文化为"主"，旅游为"客"，"客"为"主"赋能加分，全新优化了文化体验场所。同理，主客对调，双赢局面依然成立。曾有公共文化单位将非遗体验、文创展示活动场所搬到机场的案例，可见将文化馆服务嵌入旅游场所的空间也很大。当然，文旅"主客"双方交互融合，并不是简单的移植、照搬，而是需要从内容到形式上进行有计划的改造。通过深入的研究、精准的取舍、合理的分配资源，才能够规避单一形式上的融合，实现真正意义上的文旅空间的融合。

2. 文化馆活动与全域旅游融合

全域旅游是指把整个城市当作一个整体旅游区域进行打造，使旅游成为一种常态化的生活方式。目前，我国的每一座城市里基本都有文化馆设施，而每一座城市里也都蕴含着丰富的文化和旅游资源。将文化馆的公共群众文化活动和文旅资源有机地结合起来，对实现助推城市全域旅游发展起到积极意义。近年就有成都市文化馆组织"街头艺术表演"的案例，被专家赞为展示城市文化形象、激发城市文化创造活力的重要举措。游客身处城市之中，时刻能感受到文化的熏陶和氛围，这是文旅融合高质量发展对城市文化素养的更深层次的要求。另一方面，从长远来看，群众文化活动不仅在塑造城市印象、打造全域旅游上有间接的影响力，还可以通过整体提升我国城市文化品位、丰富城市文化旅游内涵，从而不断优化我国的旅游业市场，逐步达到向外宣传中国优秀文化，提升我国城市旅游形象的效果。

3. 文化馆品牌与旅游品牌融合

公共文化品牌是文化可持续发展的重要载体,同样,旅游品牌也是自身产业发展必不可少的一环。打造文化馆品牌可从两个方面着手,一方面是文化活动品牌,如各种文化节、文化活动等,另一方面是文创产品品牌,如打造文创 IP、系列产品等。文旅品牌的新型融合,从内核上实现了以文促旅,以旅彰文。一方面,通过系统梳理传承创新文化馆已有文化活动品牌,找寻适合融入城市特色旅游面貌的切入点,以文塑旅、促旅、成旅,强化以文化体验为目的的旅游范式,打造"新文化旅游"目的地,延伸拓展文旅融合品牌产业链,全方位打造高品位、高品质文旅活动品牌。另一方面,探索文化馆已有文创产品与旅游 IP 的结合点,深入研究挖掘有潜力的全新文创品牌,利用文旅资源进行创意转化,形成各类成系统的高品质、个性化的文旅衍生品,加强形成旅游地域的象征符号和文化符号,形成传承文化理念和城市精神的代表性文旅创意产品。同时,带动文旅二次消费增加文化设施的盈利能力,提升其可持续发展能力。

4. 文化馆事业与旅游产业融合

文化馆事业与旅游产业的融合,其实就是文化事业与旅游产业的融合。文化馆作为公益性文化单位,承担着向大众提供丰富的公共文化服务及产品的重任,其强调的是社会效益,而旅游产业是通过"游客搬运",产生直接、间接性消费,从而拉动城市经济,讲究的是经济效益。二者看似没有交集,但事实上文化事业旅游产业的渗透融合对我国经济社会高质量发展具有至关重要的意义。有数据表明,2020 年受新冠肺炎疫情的冲击影响,旅游业遭遇断崖式重创。随着国内疫情不断向好,文化事业助推旅游产业复苏成为新焦点。日前就有许多旅游景区以"文化 + 旅游 + 科技"融合创新的形式打造"云旅游"拓展线上消费模式。依托文化馆丰富的文化艺术资源,利用数字文化馆联动旅游业共同开发线上文旅服务产品帮扶旅游业回温或形成新业态。另一方面,文化馆事业与旅游产业的融合,不仅可以带动旅游业发展,更可以开辟文化产业发展的新路径。例如将"非遗"的推广宣传与当地旅游相结合、探索传统表演艺术投入旅游市场的可能性等融合方式都可以丰富文化产业的多样性,反哺文化事业发展。文化馆作为公益性文化事业单位,需合理把握文化事业、产业与旅游产业融合的角度、深度与广度,通过不断深挖整合盘活各类优质文旅资源,丰富文旅产品供给,实现社会效益与经济效益的双提升,推动文旅融合全面协调发展。

文化馆总分馆制建设中存在的问题和改进的建议

余雁舟（江苏省文化馆）

2015 年，中办、国办印发《关于加快构建现代公共文化服务体系的意见》，明确提出"以县级文化馆为中心推进总分馆制，实现公共文化服务资源的整合和互联互通"。2016年，文化部、国家新闻出版广电总局等五部委《关于推进县级文化馆图书馆总分馆制建设的指导意见》对建立县级文化馆总分馆制做了进一步明确。在各级地方政府的重视和推动下，在各级文化馆站的共同努力下，各地文化馆总分馆制建设正在逐步推进并初见成效，但不可否认，建设过程也存在着各种各样的问题，需要加以关注和解决。

一、存在的问题

1. 部分地区为挂牌而挂牌，形式主义严重

部分地区为完成上级政府、文化行政单位要求在所在市辖区县中率先完成总分馆制建设的"政绩"目标，过快推进文化馆总分馆制建设，在实施总分馆制之前缺少必要的调研，即按照现有乡镇街道文化站布局进行撒网式挂牌，为挂牌而挂牌。乡镇街道文化站名义上成为某某文化馆某某分馆，实际上"换汤不换药"，仍然按照原有的工作方式开展工作，未能真正发挥分馆职能，总分馆建设流于形式。

有的文化馆分馆挂牌之后，总馆甚至一次都没有下去指导过，总分馆制建设要求的总馆指导分馆开展工作沦为一句空话。有的分馆按照总分馆要求打造特色分馆，结果成了"展览馆"，摆几件实物，树几块展板，形式主义严重，无法有效服务地方特色文化建设。

2. 总馆发展不充分，对分馆支持"心有余而力不足"

虽然近些年县级文化馆发展取得了一定的成绩，但是与群众日益增长的文化需求相比，与开展公共文化服务不断提高的标准相比，发展仍然不充分。由于各地经济社会发展水平不同，各级政府对文化建设的重视程度不同，有的地方文化馆总馆在文化馆第四次评估定级中仍然处于三等级馆水平，甚至未能评上等级馆。总馆基础发展不好，对分馆的指导则更是乏力，分馆大多仍然处于单打独斗状态，总分馆之间缺少联动互动，形成了一个个孤岛。

另外，县级文化馆总馆数字化发展缓慢，有的接近于停滞，与形势发展脱节。很多地

方县区级文化馆没有建立自己的网站。即使有自己的网站,网站栏目设置不合理、内容更新不及时、群众搜索不便捷等问题也常常存在,群众在网上获取所需信息的难度较大。总馆实现数字化发展尚且如此,推进分馆数字化更是任重而道远,对分馆的指导更是"心有余而力不足"。

3. 分馆等靠要思想依旧,发展动力不足

总分馆挂牌虽然在一定程度上可以提升文化站的服务效能,但是分馆发展动力不足的情况在短时间内则难以改变。乡镇一级政府重经济轻文化倾向依旧,对文化建设投入占比依旧很少,原先文化站本已存在的人财物等问题仍然没能得到很好解决。总馆在整个体系中处于主导地位,分馆处于被动地位,在整个体系中无法发挥出重要作用,这也影响了分馆的积极性,这在一定程度上会使得分馆乐于附属于总馆,坐等总馆加大对分馆的投入,分馆"等靠要"思想依旧。有的乡镇分馆也想通过举办群众文化活动来丰富群众业余生活,但鉴于分馆存在的人财物困局,也是有心无力,"巧妇难为无米之炊",只能作罢,文化馆分馆的服务效能得不到充分发挥。

加之,现有文化站是由所在乡镇建设管理,人员配备、设施使用等也都取决于乡镇。有些地方在实施总分馆制后,由总馆统一管理分馆的人财物,要求分馆人员、设备等资源交由总馆,即县级文化馆统一调配使用。这样对分馆双重管辖的局面在一定程度上动了乡镇政府的"奶酪",使得乡镇政府支持分馆发展的动力不足。

4. 总馆下派人员融入难,影响工作开展

鉴于分馆普遍存在人员配备不足、知识不专业、年龄结构老化等情况,为解决分馆"人"的问题,各地在探索总分馆制建设中进行了多种尝试:有的采取总馆下派人员到乡镇分馆担任业务副馆长,承担策划、组织、开展群众文化活动的职能的方式;有的探索助理派遣制度化,选派优秀专业文艺人才担任分馆馆长助理;有的明确总馆一名业务骨干挂职分馆副馆长,每周到分馆值班。虽然名称各有不同,我们这里统称为"下派人员"。总馆下派人员大多编制、工作、收入等均在县级文化馆(总馆),这就导致部分下派人员到乡镇分馆,面对新环境、新人员、新工作积极性不高,甚至有抵触心理。总馆下派人员在分馆大多为副职,为辅导人员,在分馆没有决定权、管理权,甚至出现工作中缺乏话语权的现象,更谈不上统一调配分馆资源,不能强力执行总馆决定。

目前我国一个县域范围内乡镇数量差距较大,少的三五个乡镇,多的达十几、二十几个乡镇,而总馆人员有限,业务干部数量有限,这就决定了总馆下派员分配到每个分馆的数量、时间都极度有限,有的下派员在乡镇各分馆之间走过场,对肩上任务不上心,影响了总馆和分馆工作开展。

5. 社会力量参与程度较低

文化馆是党和政府建立的公共文化服务事业单位。文化馆的公办性质决定了总分馆

制建设必须以政府为主导,依托各级政府、文化行政部门及文化单位的投入、管理。在一些地方文化馆看来,社会力量参与文化馆建设,是对文化馆固有发展模式的一种冲击,会给文化馆生存发展带来"危机",在一定程度上会挑战文化馆的"权威"。这种惯性思维,不论是在主观,还是在客观上都会对社会力量参与造成不利影响。

在总分馆制建设中,如何调动社会力量参与,社会力量如何参与,什么样的社会力量能够参与,目前文化馆对这些问题的认知上都还存在偏差。相关标准、考核制度的缺乏,都影响到了社会力量参与文化馆分馆建设。虽然在吸引社会力量参与方面,部分文化馆进行了一系列尝试,但总的来说,社会力量参与总分馆制建设的程度依然较低,有的地方乐于"单打独斗",甚至完全杜绝社会力量参与。

二、改进的建议

1. 积极主动作为,循序渐进推进

（1）积极主动作为。县级政府、县级文化行政部门在文化馆总分馆建设中要主动作为,充分发挥其在总分馆制建设过程中的主导地位。文化行政部门在确定实施文化馆总分馆之前,需要认真对所在县（区）、乡镇（街道）、村（社区）的公共文化设施、服务资源、人才队伍等情况进行摸底工作,按照服务人口、服务半径、网络设施、工作基础等条件,对相关信息进行登记造册,完成相关数据收集、分析,依托现有公共文化设施,结合实际,因时因地,科学规划,合理确定总分馆的布局、规模,明确总分馆功能体系与运行机制,不能"一刀切"进行撒网式挂牌。

（2）循序渐进推进。在总分馆建设初期,就要确定自愿申报、建设实施、考核考察等程序,要求申报分馆一定要具备必需的条件,具备提供和总馆大体一致水平服务的能力,防止翻牌式、运动式总分馆。只有达到分馆要求,才能挂牌成分馆。对于挂牌分馆之后的发展和运作情况,总馆要进行实时监督。地方行政部门要及时指导总馆对各分馆进行评估考核,对达不到要求的分馆,在考核结果出来之后,积极要求整改。对整改之后仍然达不到要求的,予以摘牌,并通过县级文化行政部门通报所在乡镇政府,促使乡镇政府重视总分馆建设。

（3）延长总分馆体系链。文化馆总分馆制建设是以县为基本单位,以乡村为重点,但并不是说与省级文化馆、地市级文化馆完全没有关系。在有条件的地区,争取将省级文化馆、地市级文化馆也纳入总分馆体系中来,充分发挥省级文化馆的省级龙头馆作用,发挥地市级文化馆中心馆作用,全方位指导县级文化馆开展实施总分馆制建设。

2. 做大做强总馆,提高总馆服务能力

总馆是总分馆体系中的顶层机构,也是核心单位。总馆的业务能力如何,能不能担负起总馆的职责,如何对分馆进行指导等问题在开展总分馆制建设之前,都需要被考虑到,

这些都会直接影响到所在地区总分馆建设的成效。

（1）明确自身责任，发挥带动作用。总馆要加强自身建设，明确自身作为总馆的职责，发挥在整个总分馆体系中的主导带动作用。总馆作为县级层面公共文化服务主体，负责全县范围内重大文化活动项目的组织和实施；作为总分馆体系中的核心单位，负责全县总分馆的标准化、均等化建设。

（2）加大宣传推广，建立需求反馈机制。文化馆站服务效能不高，一个重要原因是群众对文化馆站的知晓度不够，对文化馆站的职能不甚了解。同样，很多文化馆站固守自己的"一亩三分地"，对群众的需求不掌握或者掌握不够，提供的公共文化服务与群众实际需求脱节。鉴于此，总馆要加大对文化馆体系、文化馆职能等的宣传推广力度，建立群众文化需求反馈机制，及时了解基层群众需求，做到精准服务。

（3）参与制度研究制定，细化量化帮扶措施。总馆要积极参与相关制度的研究制定工作，对总分馆基础设施建设、人才队伍建设、文化资源调配等各项指标进行细化量化，做好与各分馆的沟通联系对接工作。总馆不能在分馆挂牌之后，就当起甩手掌柜，而是要把分馆的建设、维护、运营当成自己的事，对分馆予以管理、带动、指导，如制定对分馆的帮扶措施，对分馆人员的培训制度，对分馆群众文化活动进行组织指导，对分馆数字化建设进行技术指导，对分馆文艺团队进行专业培育，让每个分馆都能建得起、转得动、用得好。

（4）加快数字化建设步伐，绘制公共文化服务"地图"。总馆要开通自己的官方网站和微信公众号，并设置相应栏目，对相关信息及时更新，发布重要文化信息；积极链接入驻省市公共服务云平台，利用线上数字文化资源，逐步建立县域公共数字文化服务平台，做到线上线下服务统一。总馆还要适时开展县域范围内数字文化资源数据库建设，结合数据分析，绘制公共文化服务"地图"，加强对区域范围内的馆站设施设备、人才队伍、文化活动等资源的协调与管理。

3. 促进分馆发展，提升造血能力

乡镇政府要加强文化基础设施建设，适当增加文化经费投入，落实上级规定的人员编制政策，确保分馆能建成、能用好。

分馆作为总分馆体系内的重要阵地，要增强自身活力，负责落实总馆的标准化服务要求和资源配送任务，推动文化资源的均等化。分馆作为基层文化创新的重要载体，负责推动生产、转化文化创意、品牌塑造等方面的创新成果。分馆要抓好阵地建设，充分发挥阵地优势，做好免费开放等工作，主动自觉接受总馆的业务指导。根据总馆计划安排和资源配置，形成畅通有效的对接机制，因地制宜开展服务，主办承办文体活动，实现分馆与总馆协调发展。各分馆之间也要加强合作，多多开展交流活动，做到统筹发展，不搞重复建设，做到资源互通有无，推动整个地区文化发展。

分馆要根据地方特色，加大特色文化建设，做到人无我有、人有我优、人优我特；要加强数字化建设，提高数字服务能力。

4. 做好人才建设,提高工作积极性

（1）用好现有人才。县级文化馆总馆在人才储备、人才调用等方面相对于乡镇分馆具有很大优势,要加大现有人员的培训,提高人员本身的组织能力、策划能力、辅导能力等。要根据实际,选派业务能力强、专业素养高、责任心大的业务骨干,指导分馆业务开展,连接、沟通总馆和分馆。

（2）选聘专业人才。在现有编制数量一定甚至缩减的情况下,可以采用聘用合同制,聘请具有较高文化、有专业特长的年轻人到分馆工作,并专职专用,可以学习其他单位在人才使用上的先进办法,将文化站人员及业务纳入县级文化馆管理。可以将文化馆站退休的业务能力强的老同志返聘回分馆站作为辅导补充力量。吸引文化志愿者、社会热心人士参与地方文化建设,对有一定文化专长的志愿者进行登记注册,积极发挥文化志愿者在开展公共文化服务中的作用。

（3）完善考核评估。文化馆总馆要定期或不定期对总馆下派人员、所聘人员、文化志愿者进行考核,不仅要考核下派人员任务完成情况,还需要关心下派人员的真实想法。总馆要完善细化考核指标,结合实际情况和业务性质,增加考核的准确性、科学性。

（4）实施奖惩制度。对工作积极、任务完成优秀的下派人员,可以在物质和精神上予以奖励。在单位年终考核、绩效发放、干部升职等方面予以必要的倾斜照顾,提高其工作的积极性;对于工作懈怠,任务完成情况较差的下派人员,予以诫勉谈话,督促其正视问题,加以改正。

5. 鼓励社会力量参与,充实总分馆力量

社会力量参与文化馆总分馆制建设,一方面可以充分发挥社会化力量的资源优势,有效整合社会上闲散的文化资源。一方面可以缓解文化馆站在人员、财力、资源等方面的不足,为文化馆站集中力量干大事提供条件和可能。

正确认识政府主导和社会力量参与二者的关系。《中华人民共和国公共文化服务保障法》也规定:公共文化服务是指由政府主导、社会力量参与,以满足公民公共文化需求为主要目的而提供的公共文化设施、文化产品、文化活动以及其他相关服务。这就要求文化馆站提供服务要坚持政府主导和社会力量参与相统一,二者不能偏废。既要强化政府的统筹协调作用,又要充分调动社会力量参与。

政府鼓励社会力量参与,但是对社会力量也要有一定的评判标准,如社会力量的基础条件是否符合分馆建设标准要求,社会力量参与总分馆建设的方式是怎样的,如提供服务场地、提供文化产品、参与举办文化活动、冠名资助分馆建设等,这些都需要依法依规进行明确,以防走偏。对于愿意为群众提供公共文化服务且满足政府要求的社会力量,可以考虑将其纳入文化馆总分馆体系,为其进行分馆挂牌,指导其开展公共文化服务。文化行政部门也可以联合政府其他部门给予社会力量一些政策上的优惠,提高社会力量参与的积极性。

文化馆总分馆制是一种人员、资源、经费等方面协同发展的工作机制。在探索推进文化馆总分馆制过程中,要循序渐进,不能操之过急。总分馆之间要实现上下联动,加强沟通交流,协同发展。做大做强总馆,提高分馆自身造血能力,不仅要抓好"自力",更要巧借"外力",创新人才使用,推动社会力量参与,及时解决实施过程中存在的问题,知难而不畏难,不断提升文化工作精气神,推进文化馆事业健康发展。

参考文献

[1] 中共中央办公厅,国务院办公厅.关于加快构建现代公共文化服务体系的意见[N].人民日报,2015-01-15(9).

[2] 文化部,新闻出版广电总局,体育总局,发展改革委,财政部.关于印发《关于推进县级文化馆图书馆总分馆制建设的指导意见》的通知[N].人民日报,2017-02-13(14).

[3] 戴珩.提高县域公共文化服务效能的重要途径——《关于推进县级文化馆图书馆总分馆制建设的指导意见》解读[J].图书馆杂志,2017(3):13-14.

[4] 王惠君.推进文化馆总分馆建设构建现代公共文化服务体系[C]//新时代文化馆:改革 融合 创新——2019中国文化馆年会征文获奖作品集.北京:国家图书馆出版社,2019:29-34.

[5] 王惠君,刘翔.文化馆总分馆制建设进展[C]//文化馆蓝皮书:新时代文化馆创新发展2017—2018.北京:国家图书馆出版社,2019:59-59.

[6] 王学思.各地推进文化馆总分馆制建设——探索体制机制鼓励社会参与[N].中国文化报,2018-02-07(6).

[7] 余雁舟,姚付祥.关于江苏省县级文化馆总分馆制建设的调研报告[C]//繁荣群众文艺畅想文化中国梦——2017年中国文化馆年会征文获奖作品集.北京:中国书籍出版社,2017:57-63.

关于我国公共文化设施社会化运营政府管理的主要做法

彭明浙　唐雪宇（重庆市大渡口区文化馆）

公共文化设施社会化运营是推动公共文化服务社会化发展的有效途径,是推动新时代公共文化服务高质量发展的重要举措,是加快构建现代公共文化服务体系的内在要求。党和国家高度重视公共文化设施社会化运营工作,2015 年以来先后出台政策文件和法律予以鼓励。目前,全国如北京市、上海市、江苏省、浙江省、安徽省、四川省等地部分县级文化馆、乡镇(街道)文化站、村(社区)文化中心,已经开始了社会化运营的实践探索,取得了明显成效,公共文化设施举办单位和管理单位、人民群众普遍对社会化运营反映良好。这离不开政府的管理,管理出效益。

从调查的情况来看,政府实施公共文化设施社会化运营的主要做法如表 1 所示。

1 政府因地制宜采取多种委托管理模式

1.1 设施整体委托管理模式

这是目前各地普遍采取的模式。政府采取设施整体委托管理的有上海市浦东新区的金海文化艺术中心、曹路镇社区文化活动中心、陆家嘴金融城文化活动中心,浙江省玉环市楚门镇文化站,台州市镜湖区张家山街道文化站、弋江区南瑞街道文化站、鸠江区湾里街道文化站,成都市武侯区文化馆。

1.2 设施部分委托管理模式

政府采取设施部分委托管理的有上海市青浦区盈浦街道社区文化活动中心的图书阅览和体育健身设施空间,其中街道社区文化活动中心的群众文化设施空间仍由街道社区文化中心直接管理。对于浙江省台州市路桥区新桥镇金大田村文化礼堂的社会化运营,政府只将其中的部分设施免费提供给文化艺术创作者管理。

1.3 设施合作管理模式

浙江省温岭市横峰街道文化站引入金三角文化发展公司、温岭市横峰街道文化体育联合会共同管理文化站,实行文化站长、总经理、主席集体负责制。文化站负责招商引资、政策规划研究;文化体育联合会统筹抓好 12 个文体协会的运作管理并组织各类文体活动;金三角文化发展公司自主经营、自负盈亏地开展多种经营性文化服务,按照比例把收入用于文化事业发展和归还文化站建设的贷款[1]。

表 1 全国部分公共文化设施社会化运营情况

序号	公共文化设施单位	现有社会化运营主体	建筑面积（m²）	社会化运营开始时间	社会化运营负责人专业性	社会化运营团队(人)	社会化运营以来主体的更替	社会化运营服务内容	社会化运营中标金额（万元/年）	社会化运营背景
1	上海市浦东新区金海文化艺术中心	浦东上上文化服务中心	11350	2014	群文专业	24	无	群文活动、图书阅览、科普、体育健身、陶艺体验与展示、儿童剧场	500	无机构、无编制
2	上海市浦东新区曹路镇社区文化活动中心	浦东上上文化服务中心	21000	2018	群文专业	23	无	群文活动、体育健身	350	有机构、有编制13个
3	上海市浦东新区潍坊社区文化活动中心	上海百益社区文化服务中心	5600	2018	行政管理	21	无	群文活动、图书阅览	170	无机构、无编制
4	上海市浦东新区陆家嘴金融城文化活动中心	浦东陆家嘴社区文化建设联合会	4500	2018	文化艺术、行政管理	12	无	群文活动、体育健身、文化创意	500	无机构、无编制
5	安徽省芜湖市镜湖区张家山街道文化站	芜湖零距离社会服务中心	980	2015	社会工作	3	无	文化服务、便民超市、社区食堂、智慧养老	5	无机构、无编制
6	安徽省芜湖市弋江区南瑞街道文化站	芜湖尚课教育咨询有限公司	400	2015	艺术	4	芜湖尚德社会服务中心→芜湖尚课教育咨询有限公司	文化服务、播音主持、艺术考级	5	无机构、无编制
7	安徽省芜湖市鸠江区湾里街道文化站	芜湖斯博文化服务中心	1300	2017	音乐	4	无	文化服务	10.2	无机构、无编制
8	四川省成都市武侯区文化馆（含小剧场）	四川知点文化教育咨询有限公司	6486	2015	文化产业	23	青岛中艺千川文化传媒有限公司（营运场）、四川圣雅灵齐文化传播公司（运营小剧场）→四川知点文化教育咨询有限公司	文化服务	300	有机构、有编制7人

注：1.上海市的数据为实地调查中截止到 2019 年 11 月 8 日的数据；2.安徽省芜湖市的数据为实地调查中截止到 2019 年 11 月 1 日的数据；3.四川省成都市武侯区的数据为实地调查中截止到 2019 年 12 月 25 日的数据。

2 政府采取多种方式支持社会力量参与管理

政府采取的方式,有时是单一的,有时是混合的,其主要的方式:

2.1 政府购买服务的方式

这是目前政府支持社会力量参与公共文化服务的主要方式。上海市浦东新区的金海文化艺术中心、曹路镇社区文化活动中心、潍坊社区文化活动中心、陆家嘴金融城文化活动中心,浙江省玉环市楚门镇文化站、台州市路桥区新桥镇金大田村文化礼堂,安徽省芜湖市的镜湖区图书馆、镜湖区张家山街道文化站、弋江区南瑞街道文化站、鸠江区湾里街道文化站,成都市武侯区文化馆等都是采取的政府购买服务的方式,将设施或项目委托给社会力量管理。

2.2 政府与社会资本合作投资的方式

浙江省温岭市横峰街道文化站以"政府拨一点、社会捐一点、自身融资一点"方式,共筹集银行贷款 840 万元、社会资本 1080 万元、政府拨款 14 万元,征地约 8 亩建成了集文化培训、书画展览、艺术表演、休闲健身等于一体的总面积达 8000 平方米的综合性文化站,其中影剧院 1100 多平方米,文化广场约 6000 平方米,练歌厅和游艺厅共 200 多平方米,溜冰场 720 平方米,台球厅 220 平方米,固定资产超亿元。台州市路桥区新桥镇金大田村文化礼堂以公共文化设施为平台,对文化艺术创作者三年内免费提供场地,吸引其入驻设立工作室,建成了集"扶雅书院、陶艺坊、砂画工作室、微电影工作室"等于一体的文创基地,形成了"文化礼堂 + 乡村旅游"的服务模式。

2.3 政府允许设立非基本服务项目的方式

李克强总理在 2019 年政府工作报告中强调:支持社会力量增加非基本公共服务供给,满足群众多层次、多样化需求。上海市浦东新区的金海文化艺术中心、曹路镇社区文化活动中心、陆家嘴金融城文化活动中心,上海市青浦区盈浦街道社区文化活动中心,安徽省芜湖市的镜湖区张家山街道文化站、弋江区南瑞街道文化站、鸠江区湾里街道文化站等社会化运营主体根据实际情况设立了非基本服务项目,提供多层次多样化的服务。特别是对于财政经费无法完全满足设施运行的少数地方,也不失为调动社会力量参与公共文化服务的一种有效措施。

2.3.1 非基本服务项目设立的基本条件

必须完成基本服务项目免费开放的任务;当地人民群众有这方面的文化消费需求;地理位置处在城市的中心区或人口密集的地区;设施空间规模较大。

2.3.2 以需求为导向设立非基本服务项目

上海市浦东新区金海文化艺术中心社会化运营主体设立的非基本服务项目有体育健身、机器人编程、陶艺互动等,浦东新区陆家嘴街道文化活动中心社会化运营主体设立的非基本服务项目有瑜伽、击剑、健身等;安徽省芜湖市的镜湖区张家山街道综合文化站社会化运营主体设立的非基本服务项目有扶贫超市、花坊、智慧养老等,弋江区南瑞街道综合文化站社会化运营主体设立的非基本服务项目有播音主持、舞蹈培训、播音主持考级。这些非基本服务项目深受广大群众喜爱。

3 政府引入多类型主体管理公共文化设施

3.1 按照性质划分

3.1.1 引入社会组织

承接上海市浦东新区的金海文化艺术中心、曹路镇社区文化活动中心、潍坊社区文化活动中心,浙江省玉环市楚门镇文化站、台州市路桥区新桥镇金大田村文化礼堂,安徽省芜湖市的镜湖区张家山街道文化站、鸠江区湾里街道文化站等的社会化运营主体属于社会组织。

3.1.2 引入企业

承接上海市青浦区盈浦街道社区文化活动中心,浙江省温岭市横峰街道文化站、台州市路桥区新桥镇金大田村文化礼堂、弋江区南瑞街道文化站,四川省武侯区文化馆的社会化运营主体属于企业。

3.1.3 引入社团

承接上海市浦东新区陆家嘴金融城文化活动中心,浙江省台州市温岭市横峰街道文化站的社会化运营主体属于社会团体。

3.1.4 引入志愿团队

承接浙江省台州市路桥区路北街道松塘村农村文化礼堂的社会化运营主体属于文化志愿服务团队。

3.2 按照行业划分

3.2.1 引入文化类机构

上海市浦东新区的金海文化艺术中心、曹路镇社区文化活动中心、陆家嘴金融城文化活动中心,浙江省温岭市横峰街道文化站、台州市路桥区路北街道松塘村农村文化礼堂,安徽鸠江区湾里街道文化站,成都市武侯区文化馆等引入的社会化运营主体是文化类机构。

3.2.2 引入非文化类机构

上海市浦东新区潍坊社区文化活动中心、青浦区盈浦街道社区文化活动中心,浙江省玉环市楚门镇文化站,安徽省芜湖市镜湖区张家山街道文化站、弋江区南瑞街道文化站等引入的社会化运营主体是非文化类机构(见表2)。

表 2　全国部分公共文化设施社会化运营主体类型

序号	公共文化设施单位	运营主体类型
1	上海市浦东新区金海文化艺术中心	文化类社会组织:浦东上上文化服务中心
2	上海市浦东新区曹路镇社区文化活动中心	文化类社会组织:浦东上上文化服务中心
3	上海市浦东新区潍坊社区文化活动中心	社会工作组织:上海百益社区服务中心
4	上海市浦东新区陆家嘴金融城文化活动中心	文化艺术社会团体:陆家嘴社区文化建设联合会
5	上海市青浦区盈浦街道社区文化活动中心	企业:上海棠弥投资有限公司;健身类企业:上海诺可健身俱乐部有限公司
6	浙江省玉环市楚门镇文化站	社会工作组织:玉环市楚门镇天宜社会工作服务社
7	浙江省温岭市横峰街道文化站	文化类企业:温岭市金三角文化发展公司;文体社团:横峰文化体育联合会
8	浙江省台州市路桥区新桥镇金大田村文化礼堂	文化类企业:文创团队
9	浙江省台州市路桥区路北街道松塘村农村文化礼堂	文化志愿服务团
11	安徽省芜湖市镜湖区张家山街道文化站	社会工作组织:芜湖零距离社会服务中心
12	安徽省芜湖市弋江区南瑞街道文化站	企业:芜湖尚课教育咨询有限公司
13	安徽省芜湖市鸠江区湾里街道文化站	文化类社会组织:芜湖斯博文化服务中心
14	四川省武侯区文化馆	文化类企业:四川知点文化教育咨询有限公司

注:资料来源途径同表1。

4　政府采取多种监管举措

除普遍按照双方签订的合同进行监管外,各地还探索出一些行之有效的对社会化运营主体的监管办法。

4.1　制定监督管理办法

上海市文化广播影视管理局为确保街道、乡镇(委托方)对社区文化活动中心的社会化运营主体(受托方)依法管理和履行合同情况进行有效的监督管理,提高社会化专业化管理水平,制定出台《上海市社区文化活动中心社会化专业化管理监督管理办法(2015版)》。明确监管方式为直接监管、专业监管、民主监管等三种;确立了监督管理"坚持把握方向、突出重点、注重民意""坚持公平、公开、公正""坚持日常监管与定期监管相结合""坚持实事求是与科学分析"的四条原则;明确了监督管理的内容主要参照《上海市社区文化活动中心社会化专业化管理服务标准》执行。同时,提出各街道、乡镇相关主管部门应建立对中心社会化运营主体的奖惩、续约或退出机制,协助上级部门建立全区性的管理评价平台,开展全区性的统一评价。成都市武侯区文化馆在推进社会化运营中,把握政府主导这个关键,通过需求论证、公开招标、协议约定、政府监管和第三方评估等手段,初步建立起全生命周期的可见可控的督导评估机制,实现有效监管社会化运营方的履约质量,避免"一包了之"[2]。

4.2　采取适宜的监管方式

4.2.1　实行理事会、各方代表参与、第三方评估相结合的监管方式

上海市浦东新区金海文化艺术中心建立了金海文化艺术中心理事会作为决策机构,实行由各方代表参与、第三方专业机构评估的监管方式。

4.2.2　建立政府常驻人员和绩效评价、第三方财务管理的监管方式

上海市浦东新区陆家嘴金融城文化活动中心建立政府常驻人员派驻和开展绩效评价、委托第三方财务管理的监管方式。安徽省芜湖市弋江区南瑞街道文化站实行政府派驻站长和绩效评价相结合的监管办法,站长不干预运营主体的业务工作,只履行行政管理工作。

4.2.3　委托区文化馆对运营主体进行监管

四川省武侯区文化馆受区文化部门委托,对运营主体进行现场监管,由原来提供文化服务的"运动员"转变为制定"游戏规则"和履行监督职责的专业"裁判员"[3],使有限的编制人员全力投入对社会化运营主体的监管上,各尽所能、各得其所,充分发挥了公共文化单位的作用。

政府鼓励社会力量参与、实施公共文化设施社会化运营,并不等于政府"一包了之""甩手不管",事实上,只有加强对政府公共文化设施社会化运营的管理,才能确保公共文化设施社会化运营沿着正确方向持续健康发展[4],才能真正提高公共文化设施的建管用效益。本文对我国公共文化设施社会化运营政府管理的主要做法进行多维度的梳理总结,旨在提供各地在推动公共文化设施社会化运营中政府管理的借鉴参考,从而结合本地实际,因地制宜创新社会化运营的政府管理模式,通过政府科学、高效的管理,以推动公共文化设施社会化运营可持续发展。

参考文献

[1] 浙江省文化厅. 浙江温岭市以 PPP 模式创新基层文化站运营 [EB/OL]. (2017-02-16) [2020-03-15]. http://www.cecn/culture/gd/2.01.

[2][3] 汪玲. 图书馆来了"新管家" [EB/OL]. (2015-10-26) [2020-03-20].http://news.163.com/15/1026/03/B6QSV1I400014Q4P.html.702/16/t20170216_20263587.shtml.

[4] 雒树刚,等. 中华人民共和国公共文化服务保障法解读 [M]. 北京:中国法制出版社,2017.

在融合中创新发展

——文旅融合背景下上海群众文化工作初探

高　芸（上海市群众艺术馆）

随着社会经济的高速发展，人民群众生活水平的不断提高，文化与旅游呈现出互相交融、互相促进的发展趋势。2018年3月，在国务院机构改革后，文化部和国家旅游局合并组建为文化和旅游部。笔者认为，对于文化馆而言，文旅职能融合之后，并不是简单的叠加组合，而应是融汇共生、协同发展、互相成就的关系。上海作为全国乃至全球旅游热门城市，更需要有丰富的文化内涵和文化自信作为支撑。联系实际，对照新的要求，群众文化工作应该如何在新的格局中顺势而为，找准定位和坐标，值得我们每一个群人深思。为此，本文以上海为例，试对文旅融合背景下，如何把握群众文化的服务理念、发挥群众文化的自身优势、开展群众文化的创新设想做粗浅的讨论，以期抛砖引玉。

一、文旅融合背景下，群众文化的服务理念

1. 坚持公益惠民，以品牌活动营造城市文化氛围

群众性是群众文化的显著特征；实现和保障人民基本文化权益，满足群众基本文化需求是群众文化的主要目标。因此，我们开展群文工作首先要把握正确导向，始终坚持以文化人，坚持为民惠民。其次，应该顺应文旅结合背景，坚持创新实践，着力打造有影响力的群众文化活动品牌。以品牌活动营造良好的城市文化氛围，让市民和游客有更好的文化体验，将城市印象通过文化传播和文化活动内化于心，从而既能提升上海群众文化品牌活动的影响力，又能促进旅游业蓬勃发展。以已经走过七年的上海重大文化品牌项目"市民文化节"为例，它秉持"政府主导、社会参与、各方支持、群众受益"的办节机制，贯通全年，覆盖全市，展示了市民的精神面貌和文化风采，也呈现了上海这些年来在群众文化建设方面取得的丰硕成果。活动积极倡导"爱国、敬业、诚信、友善"的社会主义核心价值观，全方位提升了老百姓的文化、艺术、美学素养。2019年，在文旅融合背景下，市民文化节在实现"百个社区大展示、万支团队大竞技、社会各界齐参与、千万市民共享受"的目标中求新求变，聚焦"市民美育在行动"的主题，联动各区，深入挖掘城市的美育价值，让市民在穿梭上海的大街小巷中发现美、感受美、接受美的熏陶。"文化服务日"当天，全市弥漫着迷人的文化氛围，让"建筑可阅读，街区可漫步"的构想成为现实，充分展示了群众文

化品牌项目的实力,既丰富了市民的美育体验和精神文化生活,也向国内外游客展示了上海的文化底蕴和城市品格。

2. 切实转变观念,以深度融合寻求发展共赢

文旅融合的关键在于"融"字,这也就意味着不仅仅是两者相加,而是要在各个方面做好深度融合。群众文化工作的开展,也要在此背景下,在履行自身职责的基础上,融入"旅游+"思维,从各自"单打独斗"到"合作共赢",以深度融合谋求共同发展。笔者以为,在实际工作中,应打开思路,转变观念,在以下几个方面(包含但不限于),"软硬兼施"地做好深度融合。首先是思想观念的融合。加强群文从业者在思想观念上的重视,不能以为文旅融合是上层组织机构的事,和自身工作无关。可通过开展业务培训,推动群文人在观念、意识上的融合。在我们实际开展业务工作时重视旅游要素,提炼旅游基因。都说"文化是旅游的灵魂,旅游是文化的载体",可将"灵魂"和"载体"捆绑在一起,更好地开展群文工作。其次是服务对象和服务内容的融合。尽管群众文化的服务对象是全体人民,但在实际工作中往往会侧重于本市市民群众。文旅结合后,我们应将服务对象和服务内容进一步融合,以拓展群众文化服务的广度和深度。在服务对象上考虑到来自全国乃至全球的游客人群;在服务内容上做好顶层设计,打造既能展示上海本土文化特色,又能引发游客文化认同、产生共鸣的活动项目。重新审视群众文化品牌活动的可辨识度,在开展各项活动、赛事时吸引游客积极参与,引导他们沉浸式地体验上海城市文化氛围。最后是资源的融合。群众文化资源中蕴含着诸多旅游因子,通过两者资源融合共享,能进一步拓宽彼此融合发展的途径和空间。依靠群文资源可以丰富旅游产品的文化内涵,拓展旅游者的消费空间;借助旅游平台又能提升群众文化服务水平,延伸群众文化的服务领域,这对我们群文工作者而言,无疑能进一步激发活力。在开展业务工作时,以融合思维提供具有上海本地特色、受市民百姓与游客欢迎的群众文化服务,能进一步使市民和游客在享有旅游经济发展成果的同时,也能充分享有公共文化权益,提升百姓和游客的精神文化生活。

二、文旅融合背景下,群众文化的自身优势

在文旅融合的新旧整合中,文化和旅游各有优势。其中,上海的群众文化也有着自身的优势,我们要善于发挥自身优势,应时而动、顺势而为,以互相借势、互利共赢的宗旨来开展群众文化工作,以文化促进旅游产业发展,以旅游彰显群众文化自信,助推"上海文化"品牌成为上海的金名片。

1. 阵地优势

随着上海公共文化服务体系的加快建设,各级各类公共文化场馆的硬件设施不断优化、网络布局不断完善。现如今,基本建成市、区"1+16"群众艺术馆(文化馆)、标准化社

区文化活动中心和居村委会综合文化活动室的公共文化设施四级网络,分别以各自的文化设施作为服务阵地。无论文化馆还是社区活动中心,场馆本身就是一种阵地优势。上海市群众艺术馆的场馆建筑从空中俯瞰酷似一架三角钢琴;黄浦区文化馆毗邻党的诞生地——中共一大会址;徐家汇社区文化活动中心身处商圈闹市中心……不管是它们自身的建筑特色,还是所处地域的文化特色,亦是在其中开展的展览、培训、演出等活动特色,我们都可以将其作为传播群众文化的载体和渠道,将其打造成城市文化新地标,融入旅游领域,丰富旅游线路,提升旅游产品的文化内涵。同时,这也能大大提升了公共文化设施的服务效能,扩大群众文化的影响面和辐射面,为满足市民的精神文化需求提供更多选项。

2. 资源优势

上海正在贯彻落实《全力打响"上海文化"品牌加快建成国际文化大都市三年行动计划(2018—2020年)》,用好用足红色文化、海派文化、江南文化资源,是构筑上海文化发展新优势,激发上海文化创造新活力的内容支撑。其中,就上海的群众文化而言。群众文化创作硕果累累:第十八届群星奖20个获奖作品中,上海有3部作品获奖,入围决赛的"上海出品"占据了7个席位。作品贴近生活,情感真挚,极具时代性、创新性,有格调、有温度地展现了上海的地域特色、人文风情和榜样力量,唱响了主旋律,讲述着我们身边的百姓故事。群众文化活动精彩纷呈:上文提到过的上海市民文化节,以节日为平台整合资源,牵手各方,积极发掘、培育和鼓励多元社会主体参与,形成了"政府主导、社会参与、各方支持、群众受益"的举办群众文化活动的新机制、新格局。搭建了资源集成、服务延伸的平台,让广大市民能就近、便利地享受丰富的文化服务、参加文化活动、提高文化素养、实现艺术梦想。创办7年来以来,已累计开展活动25万次,服务市民超过1亿人次,社会影响力巨大。非物质文化遗产根深叶茂:上海的非物质文化遗产文化资源形态繁多,几乎涵盖或涉及国家规定的非物质文化遗产名录项目中的所有门类。其中既有乡村特色浓郁的民间歌谣、民间故事、民间传说,也有都市文化鲜明的戏剧曲艺、手工技艺;既有反映上海商业文化特色的民间商贸,也有展现地方风情风貌的节庆庙会。全市现共有国家级非物质文化遗产代表性项目55项(单项63项),市级非物质文化遗产代表性项目251项,区级非物质文化遗产代表性项目400余项;国家级传承人120人(87人健在),市级代表性传承人647名,区级代表性传承人700余名。很多项目都留存着传统的生产方式、生活形态和风俗习惯,是上海本土文化和江南民俗文化发展的根基,见证了上海城市的发展。

在文旅融合的进程中,群众文化纵横覆盖的设施网络、遍地开花的文化活动和丰富多样的文化资源既可以吸引更多的受众感知上海城市记忆、追寻历史文化脉络、感受城市人文魅力,又可以让群众文化活动、产品和非遗传承找到更大更广的宣传展示平台和发展空间,赋予传统文化新内涵,新形象,能塑造城市品格、擦亮城市名片、扩大国际影响。

三、文旅融合背景下,开展群众文化的创新设想

文旅融合背景下,"融合"是入口的话,那么发展就必须靠"创新"。群众文化和旅游的融合也应该突破传统模式,着眼新需求、依靠新技术、创新新形式,大胆想象、谨慎实践、相互赋能、交互驱动发展。

1. 引入 IP 元素

为了使群众文化摆脱"一老一小"的固有人群和"唱唱跳跳"的传统认知,上海市群众艺术馆早在新馆建成开放后就已经做了诸多探索。通过遵循"群众文化群众办"的理念,坚持"开放式办馆",搭平台、筑桥梁,吸引了年轻群体的广泛关注和参与。从拥有大批"宅男"粉丝的"新年模型展"到"萌妹子"最热衷的"魔都手账集市",都使群众文化拥有轻松、时尚、潮流的"打开方式",受众人群也逐渐全年龄覆盖。这不禁让笔者思索,文旅融合后,群众文化将拥有更广阔的舞台,如何使群众文化以辨识度高、传播度广、覆盖性强的时髦形象让更多的群体所接受呢?也许打造富有创新和创意的超级 IP 是一张好牌。就如同近年来的"网红"故宫,人们首先想到的不再是庄严的巍巍宫墙,它逐渐走下神坛,从一座庄严的宫殿变成了一个时髦的品牌,这就是 IP 的力量。Q 版皇帝皇后开始实力卖萌,千里江山项链、真丝团扇、故宫口红被一抢而空。故宫博物院充分运用"故宫大 IP",将传统文化元素融入时尚潮流,不仅孵化出一系列文创产品实现"把文化带回家"的服务理念,还吸引了更多的人走进故宫,亲自感受文化的魅力。群众文化的开展或许也可以从中借鉴一二。虽区别于博物馆、美术馆,但群众文化自身的丰富内涵是一座可以挖掘 IP 的宝库。品牌活动、非遗项目、传统民俗等都是 IP 开发之源。可深入挖掘、系统开发,全方位提炼打造高度概括、独一无二的群文 IP,塑造有活力、有温度的群众文化形象。通过具象化、人格化的 IP 塑造,借助旅游产业的平台和渠道,能传递出群众文化所特有的情怀和价值,也赋予传统文化长久的生命力。富有辨识度的 IP 形象能让市民提起群众文化时,不再只想起过去的呆板印象;也能让来到上海的游客在走一走城隍庙的九曲桥,尝一尝南翔镇的小笼包之外,还能体验一把传统文化的互动,聆听一场国乐丝竹的演奏,再把印有金山农民画的笔记本、冰箱贴带回家。如何使传统文化融入现代审美,从而催生出有价值的群文品牌 IP,带动群众文化和旅游产业的双链互动、双向共振值得我们进一步探索实践。

2. 开启"文化 +"模式

随着互联网、大数据、云计算、人工智能等的飞速发展,文旅融合后,群众文化服务也要应时而谋,顺应时代发展、充分发挥新科技优势,开启"文化 +"模式,横向拓展群众文化服务的互动式体验,纵向延伸至群文创作、活动、展览等的创新性、创造性表达。将群众文化的丰富内涵以现代化的表现形式给予市民和游客更好的文化体验,以国际范儿的形象提高市民和游客满意度。比如"文化 + 互联网平台":"文化上海云"是全国第一个实现

省级区域全覆盖的公共文化数字化服务平台,大大提高了上海公共文化服务效能。它利用数字化科技,整合全市资源,覆盖了上海780多家文化馆、图书馆、展览馆、美术馆和社区文化活动中心,每年汇集全市23.6万场公共文化活动信息和3000多个文化社团信息,平均每月为市民推送1万场活动信息。新形势下,我们要进一步依托"云"平台,在提升服务效能的同时,以大数据把准市民和游客的多样化文化需求,针对不同人群量身定制线上智慧推送,根据用户需求,通过实时视频图文互动方式,让市民和游客及时掌握最直接最丰富的群文信息,激发受众的兴趣与热情,亦可为制定旅游项目做参考;又如"文化+数字":利用音频、视频等数字化处理方式对优秀的群众文化和非遗项目进行记录和诠释,深挖其中的文化内涵和旅游元素,同时可以制作成二维码、微视频等,通过各种文化和旅游的数字平台大力宣传,甚至可以衍生出冰箱贴、明信片等文创产品,活化自身造血功能,逐步把群众文化"资源"变成可传播、可传承、有价值的群众文化"资产";再如"文化+创新科技":以受众体验为核心,借助先进的裸眼3D、全息多媒体影像技术、虚拟现实技术(VR)、增强现实技术(AR)、互动沉浸技术(MR)等创新科技,将群众文化中蕴含的百姓故事、红色基因及民俗乡愁的故事、作品等进行创意合作再诠释,最大化地营造沉浸感、体验感、互动性的呈现方式,将群众文化以创新形式淋漓尽致地展现,让观众在沉浸式的体验中感受文化的魅力,满足公众对群众文化认知的需求,让更多的群体了解群众文化也是富有想象力和年轻活力的。

文化是提升城市核心竞争力的重要支撑,文旅融合,是文化和旅游发展的客观需要和必然趋势,也势必成为提升国家文化软实力的强效引擎。文旅融合,能促进文化事业的繁荣及旅游产业的发展,助力坚定中国特色社会主义文化自信。对于群众文化工作,也无疑提供了新的契机和展示平台。新形势和新背景下,群文从业者要唤醒自身的文化自觉和文化自信,保持开放的心态,勇于尝试,大胆探索,创新服务方式、讲好百姓故事,吸引更多受众走近群文,把优秀的传统文化展示好,把人民的精彩生活表达好,为推动社会主义文化大发展大繁荣贡献智慧和力量!

参考文献

[1] 上海市文化广播影视管理局.上海市非物质文化遗产名录图典[M].上海:上海文化出版社,2011.

[2] 王淼,经渊.智慧公共文化服务云平台构建研究[J].数字图书馆论坛,2019(2):43-50.

慕课时代背景下地方文化馆艺术普及的发展探析

赵　君（南京市秦淮区文化馆）

信息科技这一生产力的不断发展衍生出了一种依托于互联网的大型公开教学方式——慕课（Massive Open Online Courses，MOOCs）。2012 年就被称为"慕课元年"，"慕课时代"自此开启。慕课最初出现在高等教育教学中，以其"免费优质的学习资源、持续多样的学习服务以及多元化的评价机制和及时反馈"的优点深受广泛推崇，并持续运行。而慕课的这一特点与全民艺术普及的需求不谋而合，因此，慕课被纳入了艺术普及公共文化资源建设的范畴。

一、艺术普及慕课的开发现状

在"2017 年中国文化馆年会"上，由中国文化馆协会理论研究委员会、北京大学国家现代公共文化研究中心、苏州市公共文化中心联合发布的《全民艺术普及慕课建设指南（第一版）》，正式确立了慕课在全民艺术普及建设中的地位和重要作用。

目前，国家数字文化网和国家公共文化云上建有"在线培训"板块，这是首个免费全民艺术普及慕课在线平台。从学习方式来看，大众可通过电脑、手机、专门 App、微信等途径进行线上学习，学习渠道的多样性在一定程度上可以激发大众主动参与艺术普及学习的积极性。从授课内容来看，全国公共文化发展中心不仅从商业慕课制作公司购买课程资源，还充分利用全国信息资源共享工程地方资源建设，制作出富有中国传统特色的课程内容。课程内容涵盖了传统艺术文化技能课程、极具地方特色的非遗实践课程以及文体融合的相关课程，未来还将有更多种类的专业课程加入其中。如此丰富多样的慕课平台，为群众学习提供了基础保障。

二、慕课是否适合地方文化馆

在艺术普及工作中，地方文化馆承担着"打通公共文化最后一公里"的重任。目前，国家数字文化网上已建成了艺术普及的慕课平台，课程种类还在不断丰富完善中。那么，这样大规模的慕课平台是否适合地方文化馆呢？

慕课首要的特点就是 Massive，即大规模。这种大规模一是体现在平台规模大，目标群体范围大。以我国高等教育慕课平台为例，如中国大学 MOOC、清华大学学堂在线等，所面对的群体是主要是高校在校生以及曾经接触过慕课课程的青年社会工作者,这类群体的数量庞大且有较高的学习积极性和热情。而且不同于传统课堂的几十人或几百人,一门慕课动辄上万人,最多可达 16 万人。

其次其特点体现在课程规模上,课程种类丰富,所涉及的学科范围广。目前,我国线上慕课数量已达 5000 门,所覆盖的学科包括计算机、外语、理学、工学、文史哲等 15 大类,还有针对升学以及终身教育的系列课程。

而就地方文化馆而言,所针对的群体主要是辖区市民、企事业单位、机关等,以及喜爱文化艺术的受众。功能上文化馆更多地是要进行传统艺术普及推广工作,实现公共文化服务"均等化"。因资源、数字化技术等条件制约,建设相应内容的普及课程种类数量比较有限,慕课的低质化、同质化现象严重,良莠不齐,难以形成品牌化的社会效益。建设慕课平台也并不是一蹴而就的,应当重质不重量,在策划设优质课程上,需要广泛利用社会化资源,开拓便捷的宣传教育空间,打造艺术普及的精品平台,惠及大众。所以并不需要每个地方文化馆都建立自己的平台,甚至形成遍地开花的地方慕课平台。慕课这样大规模的平台未必适合地方文化馆,不仅增加了艺术普及的负担,对于大众来说,也会因为平台过多、操作烦琐而难以继续学习。更应该做好资源整合,和国家、省市文化馆及有资源的平台合作,彼此资源共享,共同构建一个全面特色的艺术普及慕课平台。

三、在慕课时代下,地方文化馆应怎样做好艺术普及

上文中已论述慕课这样的大平台对于地方文化馆来说未必适用,略显华而不实。那有什么更好的方式可以推动地方艺术普及工程建设呢? 地方文化馆的艺术普及建设工程可以从教学方式、课程内容设计以及宣传推广这几方面着手,进一步优化完善。

1. 教学方式

（1）采用微视频的课程模式。全民艺术普及的目的是通过向大众传播艺术知识和常识、艺术欣赏、艺术技能、艺术活动、群众艺术精品等相关知识,以提高全民的文化艺术素养、审美水平和精神风貌,大幅丰富人民群众的精神文化生活,从而实现人的全面发展。不同于高等教育慕课的专业化教学,艺术普及重在科普,不需要特别精深的专业知识,只需选取最基础的知识制作成课程即可,最关键的是要让群众能产生兴趣,并坚持学习下去。相较于慕课的系列课程每堂课一小时左右的课程设置,地方文化馆可采取更为简短精悍的微视频课程模式。课程时间不宜过长,控制在 15 分钟左右,以便大众利用碎片化的时间来进行艺术知识学习。以秦淮区文化馆为例,为更好地发挥文化馆的公共服务功能,利用疫情时期大众宅在家中的契机,在公众号上推出了各类短视频艺术普及课程——"云端·课堂",包括传统的艺术门类,如声乐课、舞蹈、书法、昆曲,非遗类课程——南京白局,还有现代艺术课程——视频剪辑。通过简短精练的几堂课就让群众对一门艺术产生初步印象,并掌握入门的技巧技法,使群众在家中也可以享受全民艺术普及的成果。

（2）采用录播和直播相结合的授课方法。录播重在知识输出，是老师的单向集中输出，方便个人进行系统完整的学习。而直播重在互动，特别在疫情期间，直播适合为参与过学习的群众进行答疑解惑，解决前一阶段的相关问题，以便进行下一阶段更深入的学习。同时，还可以运用微信中的"打卡"小程序，建立课程的学习圈子，参与同一课程学习的伙伴既可以互相打卡督促鼓励，又可以借助这一平台相互交流心得感受。

2. 课程设计

（1）注重传统与现代相结合。在进行艺术普及课程设计的过程中，既要注重传统艺术的普及，也要与时俱进，结合当代流行或者新生的艺术形式，以满足各类人群的文化需求。对于传统的艺术门类，如文学、绘画、书法、声乐、器乐等，课程重点应放在入门技法、创作、鉴赏的学习，注重核心内容的讲解，化繁为简，每次学习一点点，通过少量多次的积累，让群众逐渐掌握一门艺术的基本表现形式。对于现代艺术形式，如摄影、手账、Photoshop 等，重在让受众熟悉使用场景，了解并掌握与自身情况适配的操作技巧，以满足不同程度的需求，从而在实践中感知艺术。

（2）注重统筹各个年龄段需求。地方文化馆的艺术普及工作针对的是人民群众，包括青年人以及中老年人，因此在设计课程的时候也应对根据各年龄层的特点，设计大家喜闻乐见的艺术课程。对于青年人的文化需求，可结合现代潮流和艺术热点设置相应课程，比如简笔画、手账设计、V-LOG 制作等。而对于中老年人来说，则应偏向于相对简单、易于上手的传统艺术门类，如唱歌、广场舞等，同时，为进一步推进文体融合，还可以设计一些体育运动的普及课程，如太极拳、八段锦等。

（3）注重地方文化资源的整合普及。无论是出于对非物质文化遗产保护的目的，还是传承优秀传统文化的目的，都应有此类内容的普及课程，并且还应区别于普遍基础的群众课程。除此之外，还可以在教授过程中融入地方特色，比如采取方言教学，既显得平和亲切，在一定程度上也是保护当地的非物质文化遗产。在疫情期间，秦淮区文化馆结合本地的非物质文化遗产——南京白局，在公众号上设置了专题系列课程。课程邀请了南京白局国家级代表性传承人徐传华和徐老师的"90 后"徒弟夏天老师联合授课，总共十一课，分解教授了白局的经典曲目，让更多群众可以接触学习本地的非物质文化遗产，既帮助了解本地的艺术传统，又增强群众的文化自信和文化认同。

3. 宣传推广

虽说"酒香不怕巷子深"，但是在如今各类媒体爆炸的时代，没有足够的宣传推广，没能吸引足够的注意力，"酒香"也未必能"飘"出巷子。目前，宣传没有及时跟进，宣传力度不够，宣传渠道有限等问题都影响着地方文化馆艺术普及的推广，因此在宣传推广上仍需继续加强。首先，最重要的是要进一步加强对文化馆微信公众号平台内容、设计以及推广工作。对公众号平台进行内容细化设计，归类整理，方便群众可以通过公众号更加快捷方便地进行课程学习。同时，在场馆内、线下活动中展示公众号二维码，在各类媒体上刊登二维码标识,以增加更多的群众关注。其次,还需要拓宽宣传渠道。除了现在大部分地方文化馆都设有的微信公众号和微博账号之外,还可以通过新兴的宣传平台进行推广,比如哔哩哔哩,可在平台上开设官方账号,专门用于上传艺术普及的相关课程。哔哩哔哩所针对的群体大多是青年人,在这类平台上进行宣传推广,也可以进一步扩大全民艺术普及的受众范畴。

随着慕课时代的到来,数字文化馆建设的不断推进,艺术普及工程也应当进行数字改造,选用更加贴近群众生活的方式来进行设计安排、宣传推广。全民艺术普及工程,是地方文化馆的工作重点,需要业务干部不断学习更新,紧跟时代潮流,不断革新艺术普及的方式方法,不可生搬硬套。毋庸置疑,慕课教学对于全民艺术普及有很大的意义,但是对于规模较小的地方文化馆而言,慕课应当是一个合作平台,而要打造自身的文化特色,更精准地进行艺术普及,地方文化馆应通过更加便捷短小的"微视频"系列课程以吸引人民群众,激发他们对文化艺术的热爱,调动他们参与文化艺术活动的积极性,从而满足人民群众日益增长的文化需要,不断丰富人民群众的精神文化生活。

参考文献

[1] 汪基德,冯莹莹,汪莹.MOOC 热背后的领思考 [J].教育研究,2014(9):104-111.

[2] 张梦宇.浅析慕课在全民艺术普及领域中的发展前景 [J].河南图书馆学刊,2018(12):80-82.

[3] 张书娜.文化馆开发利用好"微课",让全民艺术普及工程更加高效快捷 [J].中国民族博览,2019(9):53-54,105.

[4] 邸文君.微信"小程序"在全民艺术普及重的应用与发展趋势——以"小打卡"为例 [J].西部广播电视,2019(12):13-16.

试析新时期群众文艺创作的三个维度

——以松原市群众艺术馆为例

何海平（吉林省松原市群众艺术馆）

新时期,我国群众文艺繁荣发展,各种群众艺术形式、艺术内容为广大人民群众提供了宝贵的精神食粮。紧跟时代特点,与时俱进发展群众文艺是各地群众艺术馆的主要责任。尤其是"疫情"期间,面对自媒体、新媒体等多种艺术形式的兴起,各种艺术思潮、创作观念的影响,我们群众文艺创作者也在不断创新、博采众长,吸收各类文化的长处。在坚守群众文艺的根本属性的同时,群众文艺创作者也在不忘初心的使命中,坚守群众文艺创作的三个维度——坚持以人民群众的创作立场、坚持以人民群众为中心的创作导向和坚持为人民服务的创作原则,只有这样才能繁荣群众文化,创作出人民群众喜爱的文艺作品。

一、立场维度:群众艺术要姓"群"

1. 群众艺术的根本属性

《群众文化概论》中对群众文化的定义是:人民群众自发组织进行的为满足自身精神文化需求为目的的以文学艺术为主要载体的社会现象。通过群众文化的定义我们可以知道其根本属性有五大特征:①群众文化的行为主体是人民群众;②群众文化的进行方式是自发组织的;③群众文化的目的是为满足自身精神文化需求;④群众文化的内容和形式是多样化的;⑤群众文化是一种社会现象[1]。因此,群众文艺的根本属性就是发源于人民群众、反映人民群众精神文化需求的社会现象,所以,群众艺术要姓"群"。

2. 群众文艺要坚持群众立场

群众文艺是人民群众自行开展的满足自身精神文化需求的活动,因此,群众文艺的立场就是人民群众,就是要以人民群众的工作生活和精神面貌为中心,进行文艺创作[2]。目前我国已全面建成小康社会,但这不意味着群众文艺的受众和反映的主体发生了改变,群众文艺依旧要以人民群众为中心,反映现实生活中人民群众的生活百态以及一些人民群众所面对的一些问题,通过这样的文艺创作也能引起相关部门了解人民群众的生活面貌以及存在的问题,以便于让政府出台一系列政策或行动帮助人民群众解决问题。例如松原市群众艺术馆就曾多次举办农民广场舞大赛、农民才艺大赛等赛事,不限制参赛者的年龄、性别和职业,让广大农民拥有一个展示自我的机会,这就是从人民群众立场出发,为丰富农民业余文化生活而举办的文艺比赛。总而言之,群众文艺就是以人民群众为立场,为满足其精神文化需求为目的,降低准入门槛,给每个人一个展示自我的机会。

二、导向维度:坚持以人民群众为中心

1. 人民群众是艺术创作的源泉

习近平强调:"一切优秀文艺工作者的艺术生命都源于人民,一切优秀文艺创作都为了人民。"这说明群众文艺的创作源泉是人民群众。人民是从来都是作者是否替人民发声、是否够资格称为"人民的作家"的唯一判断者,即人民群众创造了历史和文化[3]。早在1942年毛泽东在延安文艺座谈会上就指出文艺创作要服务人民群众的创作宗旨,制定了处理好文艺普及和提高其质量的一系列方案。松原市群众艺术馆就坚持人民群众是艺术创作的源泉这一创作导向,在2020年初新冠肺炎流行时,松原市群众艺术馆通过自媒体平台发起了吉林省抗疫题材文艺作品展播活动,共21部文艺作品,实实在在记录了人民群众在疫情期间的工作和生活,赢得了广大群众的喜爱。原创歌曲《姜娜,楷模的力量》就深深地体现了人民群众是艺术创作的源泉,这首作品展播之后,更是在社会上引起了强大反响,坚定了人民取得抗"疫"胜利的信念。

2. 人民群众是历史的创造者

历史是人民群众创造的,人民群众是历史的主人公,文艺作品应该以历史为依据,以"主人公"为艺术形象,坚持"以人民为中心"的创作导向,对人民要充满信心,并对人民的思想、生活和工作保持理性判断,以此为依据进行文艺创作。文艺创作形式多种多样,但理念只有一条:扎根人民群众,反映人民群众生活面貌。例如路遥的小说《平凡的世界》就是以改革开放前后10年的历史为故事背景,围绕孙少安和孙少平两兄弟的生活经历展开对两个人命运的描写,反映了当时历史环境下的人民群众的面貌和社会百态,深刻揭示了个人发展与时代发展、社会发展不可分割的关联。再如松原市群众艺术馆自2011年投入使用以来,经历了近10年的发展,其发展也是由无数人民群众推动的,人民群众积极在馆里进行剧场演出、声乐训练、各类舞蹈排练等活动,极大促进了松原市群众艺术馆文艺工作的顺利开展,成为松原市群众文艺的代表作。人民群众在享受松原市群众艺术馆各类资源的同时,也在创造松原市群众艺术馆的历史。

3. 人民群众需要艺术

文艺作品是人们的精神文化需求,不仅能够给人们精神慰藉,还可以帮助人们提高思想觉悟,文艺是人们更深刻了解世界的方法。在抗"疫"过程中,松原市群众艺术馆国家一级编剧杨玺平老师创作的快板《姜娜,永远的丰碑》,深刻地表达了对已逝的党员干部姜娜

同志的深刻缅怀,号召广大人民群众要向姜娜同志学习的有力号角,使广大人民深受鼓舞。《姜娜,永远的丰碑》也被辽宁省文化艺术研究院评为"众志成城 抗击疫情"优秀作品。

新时期,我国经济飞速发展,人民生活水平提高,对文艺创作的鉴赏力也不断提高,不再满足于传统人民文艺的内容和形式,从而通过新的媒介了解新的文艺作品。无论人民对文艺的兴趣爱好如何改变,人民群众始终是文艺作品最大的受众。文艺作品价值是通过人民接受程度来实现的。离开人民群众,文艺作品就是孤芳自赏的空中楼阁,失去了生命力。同样,文艺作品脱离了群众,也就难以存活[4]。松原市群众艺术馆在创立之初,就秉承着"为人民服务"的办馆理念,为松原市广大人民群众提供一个展示自己才艺、以文会友、以艺会友的平台,充分满足了松原市人民群众日益增长的精神文化需求,丰富了松原市人民群众业余生活,提高了人民群众生活品质。人民群众与松原市群众艺术馆之间成为相辅相成的关系,艺术馆满足人民群众的精神文化需求,人民群众报之以形式多样内容丰富的文艺作品,实现了人民群众与艺术馆之间的互相促进和发展。

三、目的维度:坚持为群众服务

1. 群众文艺创作要表现群众生活

群众文艺要体现群众生活,这就要求文艺工作者要深入群众生活中寻找创作源泉,要真正走入基层,了解各行各业人民群众的生活和工作,通过观察人们的生活和工作发现一些文艺创作灵感,从而进行文艺创作,这些灵感往往能够反映真实的人民群众生活面貌。在中央电视台举办的"谁是舞王"中国广场舞争霸赛中,吉林省松原市群众艺术馆的原创作品《关东人》就突出表现了关东人民生活的精神面貌。其创作者徐闯老师说,创作这部作品首先要把关东人勇敢、真诚、善良、豁达的优秀品质淋漓尽致地表现出来,徐闯老师在编排这部作品的时候,将蒙古族、满族、汉族以及山东鼓子秧歌等舞蹈元素相结合,才把这部作品完美地展现在全国观众的面前,凭借这一作品松原市群众艺术馆"原之舞"广场舞队获得了全国亚军。大部分群众文艺作品要体现现实生活中的真善美,带给人民群众希望和憧憬,让人民群众树立正确的人生观、价值观和世界观,完善人们的人格,提升人们的品格和能力。松原市群众艺术馆中的大部分文艺作品就是反应群众生活的,例如2020年5月份举办的"健康生活,悦动吉林"诗文朗诵比赛就是贴合人民群众生活,以人民生活为主要内容的诗歌朗诵比赛,参赛者要自己创作与健康生活相关的诗歌作品,并有感情地朗诵,这样更容易表现创作者对生活的情感,也能够更好地感染其他人。

2. 群众文艺创作要坚守文艺审美标准

群众文艺要坚持文艺审美标准,是因为群众文艺始终是文艺范畴,文艺要有独特的艺术形式和独特的审美意象,没有审美的文艺作品不能称之为文艺作品。这里所谓的审美,其实是人类发展历史中形成的道德标准和美学标准[5]。群众文艺创作的前提是正确的三观,如果三观不正,就会影响群众的三观,给社会发展产生不良后果。为了避免出现这种"毁三观"的作品出现,群众文艺创作要坚持美的尺度、美的规律,要求文艺作品要有一定的道德情操,要符合主流审美标准,要给人视觉和心灵上的享受。在追求美的同时,有些作品能让人民心灵震撼,它给人民精神启迪。比如松原市群众艺术馆杨玺平老师创作的诗朗诵《为逆行者点赞》,就让听众泪流满面,心里久久不能平静,这样的作品不是仅仅有好的审美,更是结合了当下的环境,唤起群众的共鸣。这部作品荣获了吉林省总工会"抗击疫情劳动闪光"征文大赛三等奖。

3. 群众文艺创作要弘扬中国精神

群众文艺首先要具备中国精神,文艺作品在满足人们精神文化需要的同时,更要富有正能量,这就需要创作者在实践经验中积累心得体会。2020 年注定是不平凡的一年,在疫情暴发时,松原市群众艺术馆文艺轻骑兵积极响应号召。杨玺平老师第一时间创作了音舞快板《众志成城抗疫情》,我作为声乐辅导干部,也很荣幸地参与到排练中,经过几天忙碌的排练和录制,这部作品更是在社会上引起了强大的反响,并迅速推广。古人云"文章合为时而著,歌诗合为事而作"就是说文艺创作要反映时代精神,给予当代人一定的精神力量。

松原市群众艺术馆 2020 年 1 月 20 日开展了"我们的中国梦,文化进万家"活动,用精彩的文艺演出和贴心的文化服务给基层人民群众送温暖,传递党的声音与关怀,使得基层群众备受鼓舞,在工作上更加有干劲,在平凡的工作岗位做不平凡的事,为中国的繁荣富强贡献一份力量。

在文艺界百花齐放、百家争鸣的背景下,群众文艺创作面临诸多问题,例如文艺创作流于形式,难以深入生活、反映实际问题、反映人民群众真实生活面貌等,丧失群众基础,使得群众文艺的发展遇到瓶颈。而松原市群众艺术馆则遵循着群众文艺创作的三个维度,为满足人民群众的精神文化需求而提供排练演出场地,为人民群众展现自我提供平台。同时积极引导群众正确的价值观,举办各式各样的群众文艺活动,提高群众文艺审美,弘扬时代精神,让松原市人民群众如沐春风,满足了人民群众的精神文化需求,促进了当地社会主义文化建设,也极大地推动了松原市经济的发展。

群众文艺是为人民群众服务的,所以应该坚持群众艺术要姓"群"的立场,"以人民为中心"的创作导向和"为人民服务"的创作原则。

参考文献

[1] 罗欣荣. 群众文艺创作要姓"群"[J]. 南方论刊,2010(8):96-97.

[2] 胡王骏雄,党圣元. 论习近平关于文艺创作重要论述的三个维度[J]. 湖南师范大学社会科学学报,2019,48(2):88-95.

[3] 韩志国,侯媛媛,刘元霞. 浅谈群众文艺创作的组织工作[J]. 北京:新文化传媒,2013,22(15):166-169.

[4] 徐涛涛,张本欣,陈金国. 浅谈群众文艺创作与全民艺术普及[J]. 文化传媒,2013,15(16):156-159.

[5] 王瑞华,周海洋,徐洋洋. 浅谈群众文艺创作发展与策略[J]. 中华曲艺,2015,12(22):166-169.

浅议文化馆数字文化服务的形式与内容

——以特殊时期的上海市群众艺术馆为例

张　霖（上海市群众艺术馆）

近年来，在数字化、信息化、全球化的时代背景下，互联网和移动设备日渐普及，群众的精神文化需求日益增长，获取信息的方式开始多样化。自"十二五"时期起，我国就开始重视数字文化服务的建设。文化馆作为公共文化服务的重要单位，也逐步开始开展数字文化服务，为群众提供更优质、更便利的文化资源。随着新型冠状病毒疫情暴发，特殊时期线下文化服务暂停，群众的精神文化需求缺口一时间难以满足。这样的特殊背景倒逼刚刚上线试运行的上海数字文化馆加快建设，它于 2020 年 2 月初就凸显出了数字文化服务主阵地的作用，取得了广泛关注。同期馆官方抖音号、微信公众号等一并运营，并在此过程中积累了大量经验。本文将从特殊时期上海市群众艺术馆数字文化服务的使用情况谈起，着力于分析文化馆不同数字服务的形式和内容对公众的吸引力，希望能从大数据的视角为今后各文化馆数字服务建设提供一些启发。

1　特殊时期上海市群众艺术馆数字文化服务的使用情况

1.1　数字文化馆

上海数字文化馆是由上海市群众艺术馆（后文简称群艺馆）牵头，整合市、区群众文化资源的数字文化服务网站（手机端、PC 端）及资源库，其在 2019 年 12 月 31 日启动试运行。2020 年 2 月 4 日，数字文化馆为了在疫情期间为群众提供线上文化服务，汇集了各区馆资源，推出了"云上闹元宵"系列活动，共 5 大版块、8 项内容，涉及美术、音乐、文学、非遗等各个方面。2020 年 2 月 14 日起，数字文化馆又推出"市民云课堂"系列活动，并不断更新，增加内容，包括艺课 e 堂、传嘉 e 课堂、非遗微课堂、每日诗品等版块。2020 年 3 月 28 日数字文化馆正式上线，截至 5 月底有近 75 万浏览人次。正式上线后，数字文化馆还不断推出"创世神话读本"系列活动、"五一"系列活动、"戏曲秒懂"微视频等线上活动。

1.2　群艺馆官方抖音账号

2020 年 2 月 12 日，群艺馆开始与抖音平台合作，注册官方账号。截至 2020 年 5 月 31 日，共发布短视频 56 条，获赞 3030 人次，总浏览量 154995 人次。其发布内容主要为市区两级文化（群艺）馆的群文小作品、教学视频等。值得一提的是，其中一条关于上海市民文化节 3.28 线上开幕的 30 秒宣传短视频共获得 2359 人次点赞，播放量为 12.3 万人次，占据了总播放量的 79.4%。另外，作为市民文化节的衍生话题，"市民文化抖起来"的关注度也很高。此话题内包含大量群众自行上传的群文作品，自 3.28 发起以来，已有 60 万相关视频的浏览量。

1.3 群艺馆微信公众号

群艺馆微信公众号已经设立接近 6 年，目前共有粉丝 17879 人。在 2020 年 1 月至 5 月期间，该公众号共发布内容 57 条，总流量 48622 人次。发布内容集中在线上、线下各活动的介绍、预告。

2 特殊时期上海市群众艺术馆数字文化服务相关数据的统计与分析

我们调取了 2020 年 1 月至 2020 年 5 月数字文化馆（手机、PC 端）、官方抖音号和微信公众号后台的访问数据，现汇总如下。

2.1 不同渠道的使用情况差异

不难发现，各渠道的关注量有明显的差异（表 1）。数字文化馆的总浏览量约是公众号的 15.3 倍，抖音平台的 5 倍。但考虑到数字文化馆、公众号和抖音号所发布的内容差异较大，各渠道总浏览量的差异很有可能与发布内容相关。在发布内容项目数相差无几的情况下，抖音号与微信公众号的浏览量也有巨大差异，提示公众号所发布的公告类型的内容相对于抖音的短视频内容受关注较少，这也比较符合我们对互联网内容的一般认识。

表 1 2020 年 1—5 月上海市群艺馆各渠道数字服务使用情况

渠道类型	发布内容（项）	总浏览量（人次）	粉丝（个）
数字文化馆	—	742852	—
微信公众号	57	48622	17879
抖音	56	154995	530

2.2 不同内容的使用情况差异

表 2 2020 年 1—5 月上海数字文化馆各专题热点内容的浏览量

专题名称	专题内第一热度内容的浏览量（人次）	专题内第二热度内容的浏览量（人次）	专题内第三热度内容的浏览量（人次）	前三热点内容的平均浏览量（人次）
云上闹元宵	76128	45933	37972	53344

专题名称	专题内第一热度内容的浏览量（人次）	专题内第二热度内容的浏览量（人次）	专题内第三热度内容的浏览量（人次）	前三热点内容的平均浏览量（人次）
艺课 e 堂	997	947	942	962
传嘉 e 课堂	532	529	508	523
非遗微课堂	98	87	82	89
创世神话读本	119	89	75	94
五一系列活动	2181	660	537	1126
戏曲秒懂	52	21	16	30

疫情期间,同一平台内的不同专题,其流量也显示出了巨大差异(表 2)。取得了巨大反响的"云上闹元宵"专题的热点内容平均流量是其他专题的 47 至 1778 倍。在这个专题,最吸引群众的分别是"挑战灯谜·点亮福卡""战'疫'我们同在""文艺战'疫'"三项内容,但其他内容板块也均有 1 万至 2 万人次的浏览量(表 3)。除去"云上闹元宵"专题,其他内容中"艺课 e 堂"和"五一系列活动"最有人气。

表 3　2020 年 1—5 月"云上闹元宵"专题不同内容的浏览量

内容名称	总浏览量（人次）
挑战灯谜·点亮福卡	45933
"战'疫'我们同在"上海群文美术特别展	37972
战"疫"进行时有声故事合集	21403
文艺战"疫"作品合集	76128
海上年俗风情展	18938
古船模艺术展	23472
上海市剪纸艺术大赛优秀作品展	17249
微电影纪录片《海派百工》	13425
总计	294152

2.3　不同时期各渠道的使用情况差异

通过图 1 可以看出,从 3 月起,数字文化馆的使用流量增速开始逐渐放缓,3 月 7 日至 5 月 31 日期间总浏览量共增加 18 万人次,约为 1 月至 3 月的 32%。结合 2020 年 3 月 12 日群艺馆正式恢复开放的公告,不难发现随着国内疫情逐渐稳定,数字文化馆的使用也逐渐减少,群众的精神文化需求逐渐从线上回归线下。另外值得关注的是,抖音号和微信公众号的关注度在抖音号发布关于市民文化节的 30 秒宣传短视频之前维持在一个相近的水平,该视频热度褪去后,两平台总浏览量的增速也同样维持在一个相近的水平。

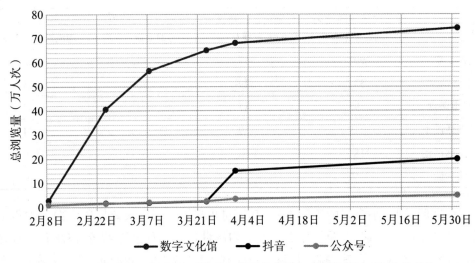

图 1　2020 年 2—5 月上海市群艺馆各渠道数字服务总浏览量随时间变化趋势

3　文化馆数字文化服务的思考与探索

3.1　探寻适合不同渠道的内容

目前,我们在不同渠道上发布的内容已经初步具有倾向性:通过公众号发布通知、预告和简短导览;通过抖音号发布群文小作品和教学视频;通过数字文化馆发布线上展览、云课程以及其他线上活动。截至目前,数字文化馆的关注度较为理想,微信公众号长期以来也发挥着应有的功能,而抖音官方账号是新注册账号,虽已初见成效,但总体关注度仍然不温不火。我们认为,主要原因可能是发布的作品太长,都是完整的群文作品,长度均在 3—5 分钟左右,这样的发布形式或许不符合抖音用户的使用习惯。相比而言,上文提及的收到广泛关注的市民文化节宣传短视频则十分简短,为总长约 30 秒的动画作品,节奏较快,信息密集。因此,今后在管理抖音账号的工作中,可以考虑将数字文化馆目前很多优秀的数字文化资源重新剪辑成 15—30 秒的短视频,进行宣传推广。机会合适时也可以重新制作时长约 30 秒的短视频,以宣传相关专题活动。

另外,上海群艺馆目前计划未来与多个第三方平台进行合作,包括 B 站、喜马拉雅、优酷、土豆、腾讯视频、微博等。我们认为在规划这些平台上发布的内容时,应当注意平台本身的特点,尽量发布贴合该平台用户使用习惯的内容,才能起到事半功倍的效果。如在 B 站就可考虑发布时长约数分钟的,质量较高的专业视频。

3.2　结合群众需求策划新的内容

我们总结了所有渠道的热点内容后,发现引起广泛关注的主要是"云上闹元宵"专题活动以及市民文化节的相关内容(包括话题"#市民文化抖起来"和宣传短视频)。我们认为,二者反响热烈的原因是有一定共性的。从主题上来看,元宵节是中华传统节日,2020年的元宵节处于全民抗"疫"的关键时期,元宵和抗"疫"均是此时群众十分关注的主题;而市民文化节是2013年起上海举办的全面展示上海群众文化建设成果和市民文化风采的平台,历来就受市民欢迎。从内容上来看,"云上闹元宵"专题汇聚了游戏、作品展、视频等,内容丰富多彩,满足了群众多样化的文化活动需求;而在抖音平台上的市民文化节相关短视频,符合了群众自我娱乐、自我参与的需求。群文工作者应该认识到,群众文化本质上是人们职业外的自我参与、自我娱乐、自我开发的社会性文化[4],因此,在未来策划内容时,应该关注群众需求,扎根传统文化,紧贴时事热点,以提供最优质、最及时的数字文化服务。

另外,在3.28云上市民文化节时,我们筛选了"戏曲秒懂"专题中5个小视频在文化上海云平台先行展播,一天内的总浏览量是70953人次,截止到2020年4月25日,总浏览人次是85370;5月8日,戏曲秒懂短视频在数字文化馆平台上线,每周更新2次,人气却十分低迷,截至五月底总浏览量仍然只有239人次。我们认为主要原因是市民文化节经多年举办,积累了相当的人气,具有优秀的品牌效应,因此容易受到关注;而相比之下,数字文化馆平台刚刚建成不久,没有形成相应的品牌效应,也就无法收获同等程度的关注。综上,随着长久、认真地经营建设,完善数字文化馆这一品牌后,同样内容的宣发会更加容易,效果更好。

3.3 线上活动与线下活动应双管齐下

经过这段时期的策划,我们发现线上活动并不是线下活动的"云上版",把线下活动的模式直接搬到线上是行不通的,需要充分考虑到线上平台的特殊性,策划全新的活动形式。"五一系列活动"专题就是很好的例子(表4),其中展厅的展览和艺术大课堂在往年都是线下活动的形式,特殊时期内均改为线上活动。我们在推出"气韵中国"艺术大课堂时,几乎保留了全部线下活动的内容,以录像的方式推送到了数字文化馆;而"山水·团扇"系列活动则另行策划,线上提供导览,并请两位原作者录制教学系列课程,一并上传至数字文化馆。根据往年经验,如果在线下举办,艺术大课堂的热度会相对较高;但经过精心策划,"山水·团扇"系列活动的总浏览量则比"气韵中国"高5倍左右,足以看出线上活动另行策划的重要性。

表4　截至2020年5月31日"五一系列活动"专题不同内容的浏览量(人次)

内容名称	子内容名称	浏览量
山水·团扇系列活动	云上的日子导赏	537
	团扇教学课程	366
	折扇教学	660
小计*	1563	
舌尖上的海派文化		2181
市民艺术大课堂"气韵中国"		256
总计**	4000	

注*:该处"小计"指云上的日子导赏、团扇教学课程、折扇教学三项子内容的浏览量总和。

注**:该处"总计"指山水·团扇系列活动、舌尖上的海派文化、市民艺术大课堂"气韵中国"三项内容的浏览量总

和。

　　另外,随着疫情平稳,上海开始复工复产,特殊时期的线上需求热潮也逐渐褪去,群众的文化需求逐渐回归线下,但这并不意味着线上活动就应该被忽略。同时,我们也应该意识到,线上服务终究无法取代线下,不论科技如何发达,群众对艺术的亲身体验总是难以被取代的。因此,对于线上、线下活动,我们都应认真对待,独立策划,致力于为群众提供更优质、更个性化、更充满正能量的文化服务。

　　随着疫情逐渐平稳,上海市群艺馆目前已初步建成以数字文化馆、微信公众号、抖音官方账号为主要渠道的数字文化服务平台。在今后的工作规划中,我们希望能建成以数字文化馆为核心,以微信公众号为桥梁,集合市区各馆优质资源,具有多渠道服务能力的数字文化服务平台。数字文化馆可以发挥承载信息量大、互动性强、形式多样的特点,并具备成为上海数字文化服务资源库的潜力。与我们合作的第三方平台暂时仅有抖音,但更多渠道已经在规划中,随着我们与这些平台的用户逐渐磨合,将会有更个性化、更适合群众的数字文化服务内容出现。而微信公众号长期以来发挥着重要的桥梁和公告板功能,在今后则可能会成为沟通数字文化馆和各第三方平台的重要媒介。一方面,通过数字文化馆访问资源的用户,将能扫描二维码来关注公众号,更加便捷地获悉各种信息,并找到更适合自己的渠道来获取所需的文化服务。另一方面,不同第三方平台的内容会有所取舍和倾向性,但各平台的用户均可以通过微信公众号,最终关注到信息最完整但相对难以获取的数字文化馆。综上,这样动态、网络状、双向引流的数字文化服务平台就初具雏形了。当然,这些构想仍然要在实践中接受检验,并进一步修正、完善,才能最终为今后数字文化服务建设提供更多助力。

参考文献

[1] 李宏 . 公共数字文化体系建设与服务 [J]. 图书馆研究与工作,2017（1）:5-11.

[2] 上海市群众艺术馆 . 上海市群众艺术馆 [EB/OL]. [2020-05-31]. http://www.shqyg.com.

[3] 唐小丽 . 上海将办首届市民文化节,2 万场活动千万市民共享 [EB/OL]. [2020-05-31]. http://sh.people.com.cn/n/2013/0321/c350465-18334463.html.

[4] 郑永富 . 群众文化学 [M]. 北京:中国国际广播出版社,1993.

[5] 搜狐 . 上海市群众艺术馆恢复开放公告 [EB/OL]. [2020-05-31]. https://www.sohu.com/a/379635299_660767.

文旅融合背景下开展文化馆工作的几点思考

王仕平（厦门市艺术馆）

在深化党和国家机构改革的背景下，为增强和彰显文化自信，统筹文化事业、文化产业发展和旅游资源开发，提高国家文化软实力和中华文化影响力，推动文化事业、文化产业和旅游业融合发展，2018年3月第十三届全国人民代表大会第一次会议审议国务院机构改革方案，组建文化和旅游部，不再保留文化部、国家旅游局。这则消息一出，给我们每一位文化馆人敲响了警钟：机构精简整合是时政所趋、民心所向，文化馆如果再墨守成规、闭门造车，必将被社会淘汰。特别是在当前文旅融合和信息化迅速发展的形势下，公共文化服务有了更多的创新方式和更大的发展空间，需要全体文化馆人集思广益，共同摸索和探讨文化馆在文旅融合背景下的前进道路。

一、厦门开展文旅融合的三个优势

文旅融合不是简单的一加一等于二，需要依托地方环境和文化特色，充分了解行业特性、挖掘行业潜力，并进行多方面尝试。厦门在开展文旅融合方面存在三方面优势：

首先是天时，即国家政策支持。党和国家对文化和旅游业空前重视，表现在：2014年习近平总书记在北京主持召开文艺工作座谈会并发表重要讲话，他强调，实现"两个一百年"奋斗目标、实现中华民族伟大复兴的中国梦，文艺的作用不可替代，文艺工作者大有可为。文化自信的提出、《中华人民共和国公共文化服务保障法》的出台等，将文化事业推向了前所未有的高度。而随着居民生活水平的提高和收入增加，国内旅游消费渐渐成为拉动地方经济的支柱产业，国家近几年更是大力支持和推动旅游业的发展，积极出台措施鼓励居民外出旅游消费。党的第十九届四中全会关于"建立健全把社会效益放在首位、社会效益和经济效益相统一的文化创作生产体制机制"明确指出要"完善文化和旅游融合发展体制机制"。文旅融合大有可为。

其次是地利，即自然地理环境。厦门是东南沿海重要的中心城市、港口及风景旅游城市，是我国经济特区之一，虽然城市面积不大，也没有著名历史古迹或自然景观，但麻雀虽小五脏俱全，便利的交通，整洁的环境，宜人的气候和风景，仍吸引了国内外众多游客前来参观。2017年金砖国家领导人第九次会晤在厦门举办，2019年起"中国金鸡百花电影节"落户厦门，每年还举办"9.8"投洽会等。2017年鼓浪屿正式列入世界文化遗产名录。2018年厦门在中国最佳旅游目的地城市中排名第九，旅游潜力巨大。

最后是人和，即人文艺术氛围。厦门文化具有极其浓厚的闽南文化氛围，闽南特色小吃、传统手工技艺、风土人情等应有尽有；厦门文化又是包容的文化，与海外特别是南洋的贸易和文化交融、爱国华侨留在街坊巷间的感人故事和欧式风格建筑，都为厦门这座港边小城披上了神秘面纱。再加上厦门人热情好客，往往令游者流连忘返。

既然如此，厦门文旅融合的道路是否一帆风顺？答案是否定的。

二、文化馆与旅游业融合存在矛盾

文旅融合中的文化是一个大概念，文化馆作为地方文化的重要组成部分，与旅游业融合存在以下几方面矛盾：

1. 体制机制矛盾

文旅融合意味着不同单位之间要进行共同协作。众所周知，文化馆是政府设立的公益一类事业单位，向社会提供公共文化服务，具有公益性、公平性、普遍性的特点。而旅游业除主管部门为国家机关外，主要以企业为主，盈利是其根本目的和生存手段。因此体制不同的单位进行协作很容易造成这样的局面：一是在经费收支上存在分歧。文化馆经费来源于财政拨款，企业经费来源于自身资金，因此企业会想方设法减少出资比例，而文化馆无经营压力，为了业绩可能选择妥协，造成财政资金浪费。二是容易产生"寻租"行为。作为同一主管部门下辖单位，企业更容易通过隐秘的方式行贿，从而独揽项目，滋生贪污腐败。此外，体制不同的单位其管理模式也存在差异，例如部门隶属关系、职务级别、人员补贴和公务活动支出等规章制度等，假如没有主管机关统一协调，很难对等、合法、合规地开展协作。

2. 服务对象矛盾

文化馆服务的人群为本地居民，旅游业服务的人群为外地游客，如果文旅融合，文化馆的服务对象将扩展到大批量外地游客。本地居民和外地游客有以下几点区别：一是地区文化差异，例如我国北方人和南方人的语言环境就有较大差异，容易产生误解；二是人员信息差异，对本地居民可通过大数据平台确定身份信息，而对外地游客则难以判断个人信息真伪，如遇紧急情况难以核实到人；三是人流量差异，本地居民来访群体及人数固定，而外地游客大部分是组团来访，人员混杂、人数众多，容易产生安全隐患。因此，文化馆扩大服务对象不仅仅是增加服务人数，更是从量变到质变的过程，缺乏充分准备和相应保障措施，日常工作将出现很多漏洞，甚至难以正常开展。

因此，调解文化馆与旅游业存在的矛盾，寻求文化馆在文旅融合背景下的发展方向，具有重大意义。

三、文化馆与旅游业融合的发展方向

融合意味着未知和创新,也意味着挑战和机遇。关于文化馆与旅游业融合的发展方向,笔者认为应从几个方面着手:

1. 不忘初心,守好文化馆本职工作

文化馆要牢记自己的使命和职责,牢固树立以人民为中心的工作导向,以文化人、以文育人,不断提升服务品质,守好公共文化服务主阵地。"打铁还需自身硬",文化馆还要进一步完善单位各项规章制度,并确实落实到位,谨防口头说说,手头不做。只要从单位内部建立起坚强的思想壁垒和制度壁垒,无论外部环境怎样变化,组织机构怎样融合,我们都能找准文化馆定位。

2. 因地制宜,开拓文化馆特色活动

开拓具有地方特色的文化活动和项目是文化馆与旅游业融合的重点工作之一。以厦门市文化馆为例,厦门市文化馆与美术馆、非遗中心合署办公,这是我们的特色也是优势。首先,"两馆一中心"集中一处,群众只要到厦门市文化馆就能同时享受文化馆、美术馆、非遗中心提供的全部服务,省去了往来各处的时间,而对于行程和时间有限的游客来说更是一举多得。其次,"三块牌子一套人马",有利于统一思想、统筹管理、统一部署,特别是在与旅游业融合过程中如产生问题可以通过内部调剂迅速解决。最后,活动内容和表现形式丰富多样。从动态文艺演出、艺术培训,到静态美术展览、非遗展示应有尽有,根据项目特点还可进行融合创新,如融入非遗元素的特色文艺演出、融入地方美术特点的培训、融入非遗项目的展览展示和互动项目等,更符合各种人群的不同需求。2017年厦门市全国漆画双年展开幕式上出现了有趣的一幕:舞台上厦门青年民族乐团演奏着经典名曲,背景LED屏上一幅幅漆画作品呈现在观众眼前。这是民乐演出与美术展览开幕式的一次创新式融合,磨痕飘香、曲韵悠扬,起到了意想不到的效果。这场开幕式演出还在网络上进行直播、点播,供全国各地群众点击观看,受到广泛欢迎。此外,中国(厦门)漆画展、工笔画展作为厦门市文化馆的两大文化品牌,每年展出期间都吸引了国内外众多游客前来参观。如果能策划成常设展,开设网上展厅,全年征稿展出,必将成为厦门文化旅游业响当当的名片。

3. 提升保障,扩大文化馆服务人群

文化馆与旅游业融合,不可避免地要与大量外地游客打交道。因此我们要从服务和安全两方面做好保障:在服务方面,要进一步提升服务质量和服务方式,特别是要向外地游客展现我们的城市风采和特色,可以结合单位实际增加针对外来游客的项目,如制作月饼、锡雕、皮影戏、木偶戏等非遗现场互动,发放厦门文化地图,推广数字文化馆等,在短时间内起到良好的宣传效果。在安全方面,除了制定和完善场馆安全管理制度和应急预案,

落实场馆安全生产工作外,还应与旅游行业做好充分沟通,严格遵守场馆规章制度,控制进场人流量等,保障入馆群众的生命和财产安全。

4. 集思广益,探讨文化馆发展思路

文旅融合还处于初期阶段,没有人能明确提出要做什么、怎么做,大家都是摸着石头过河。在对彼此行业互不了解的情况下,沟通探讨融合思路是解决问题的最好办法。我们要主动出击,积极与主管部门、旅游业相关单位探讨文旅融合思路,在全方面介绍自己的同时多听取上级部门和兄弟单位的意见,了解文旅融合的相关政策和需求,共同寻找文化馆和旅游业融合的发展方向。

5. 学以致用,培育文化馆人才队伍

以前我们理解的群众文化生活就是在家读书、看报、看电视,谁也不曾想过还能走进文化馆参与活动;而当我们走进文化馆的时候,数字文化馆时代悄悄来到了身边,琳琅满目的视频、图片令我们目不暇接;而当我们刚熟悉了数字文化馆的时候,文化和旅游融合了。周围的环境总是变幻莫测,唯有时代的车轮不断前行,驱动每一位文化馆人不断地去提升和完善自己。在文旅融合背景下文化馆应着重培养干部职工的以下几点能力:一是要培养组织策划活动和创新能力。群众对精神生活的需求不断提升,特别是文旅融合后文化馆的服务对象发生了根本性改变。我们除了要把公共文化服务做大做强外,更要在服务内容、表现形式上进行突破和创新,积极探索与旅游业互促互补的道路,这就需要我们的文化干部有过硬的组织策划活动能力和创新思想。二是要培养自主学习能力。不管是文旅融合或者是数字文化馆时代的到来,都意味着文化馆人将接触到不同行业的知识和技能。因此除了懂文化熟业务外,我们还需具备自主学习能力来掌握其他知识,如地理、历史、旅游管理、计算机和多媒体技术等,唯有如此,我们才能在文旅融合的背景下适应新的工作内容和环境,更好地为文化馆事业服务。

参考文献

[1] 李国新,李阳. 文化和旅游公共服务融合发展的思考 [J]. 图书馆杂志,2019,38(10):29-33.

[2] 郑逸婕. 基于特色地域文化的厦门文创旅游纪念品开发策略 [J]. 大众标准化,2020(1):41-42.

[3] 张琪. 厦门文化创意产业与旅游业融合发展的模式与对策研究 [J]. 厦门科技,2019(4):19-22.

"危中觅机":"后疫情"时期文化馆数字文化服务优化

魏裔磊(山东省淄博市淄川区公共文化服务中心)

疫情之下,全国经济社会发展面临冲击,而与此同时,数字文化却成为空前繁荣的新变量发挥着多重积极效应。后疫情时期,如何紧抓数字文化新业态发展的契机,推动文化馆体制改革和服务优化,引起社会各方的广泛关注。

一、疫情期间文化馆服务"危机"

文化馆作为公共文化服务体系的重要组成,是群众文化活动的主阵地。以淄博市淄川区为例,由"区文化馆为总馆—镇办综合文化站为分馆—村级(社区)综合性文化服务中心为服务点"组成的文化馆总分馆服务网络,早已实现对辖区的全覆盖,常年免费提供包括展览、讲座、培训等在内的各类文化服务,并组织形式多样的文化活动。依托"淄川文化云"平台,以公益性文体培训、文体活动、文体场馆、互动点单等为主要内容,淄川文化馆已完成文体培训43700余课时,举办社区广场文化艺术节、"热土欢歌"系列活动、文化云成果汇报演出、才艺比拼及其他综艺演出等各类活动2900余场次,受益群众461500余人次。

2020年初爆发新冠肺炎疫情,各地陆续启动重大突发公共卫生事件一级响应机制。以"疫"为令,各级文化馆也切实担负起文化战线"防疫抗疫"的重任,按下全行业"暂停键",采取临时闭馆措施,尽最大可能减少公众聚集引发的风险,防止疫情蔓延。受此影响,群众文体活动、艺术展演活动、文化艺术培训等群众精神文化生活的满足、文化馆服务效能的发挥受到巨大冲击。但与此同时,民众居家隔离出行减少,部分网上活动异军突起,线上虚拟活动逆势上涨,文化馆数字化建设成果也在疫情下得到真正的"检阅"。可以说,文化馆服务效能和文化数字化建设正面临新的"危"与"机"。

二、疫情期间文化馆数字化服务新亮点

1. 线上不打烊,云端服务丰富多彩

疫情期间,各地文化馆转变思路,以进一步做好线上服务为突破口,在抓好防控措施落实的同时,抓好线上展览展示展演,推动运用新媒体和虚拟现实等方式,搭建数字文化

平台,通过官网、微信公众号、抖音等平台推出线上培训课程、线上展览实景、线上社教活动、线上非遗展演、线上文创设计、线上直播带货等系列文化服务,满足广大人民群众足不出户享受文化大餐的需求。"云舞蹈""云阅读""云看展"一应俱全,云端服务海量呈现智慧化、可视化内容,向社会公众提供安全便捷的在线公共文化服务。

2. 舆论主阵地,文艺创作精品频现

在新冠肺炎疫情这场没有硝烟的战争中,各地文化馆以"打响疫情阻击战,汇聚文艺正能量"的倡议凝聚起全民力量,以"互联网+"的传播手段,用艺术的笔触讴歌抗"疫",礼赞抗"疫",广泛征集优秀抗疫文艺作品。其中,淄川文化馆累计收到各类抗疫文艺作品120余部,《守护安宁》《坚守这道门》《当疫情来临的时候》等多部原创精品文艺作品,被刊登在"学习强国""灯塔——党建在线"等平台。通过"淄川文化云""淄川文化馆"等微信公众号及《齐鲁晚报》《鲁中晨报》等主流媒体,网络视听全面发力,充分发挥舆论主阵地的宣传优势进行全方位、立体化、互动式宣传,汇聚强大文艺正能量,推动文艺创作繁荣发展。

三、疫情期间文化馆数字化服务新问题

疫情发生后及时多样的线上文化服务,一定程度上缓解了居家防疫的枯燥,但疫情终将结束,线上公共文化服务却不能终止。一片大好的线上公共文化服务的背后,仍然隐藏不少问题。

首先,各级文化馆数字化建设水平不均衡,城乡差异显著。在文化馆数字化建设中相对完善的市县级平台,实体文化场馆暂停开放之初,能够及时更新和扩展在线文化服务内容。而部分相对落后区域在疫情防控期间,很少更新甚至停止更新数字资源,内容和服务供给贫乏。其次,受限于技术、系统等问题,文化馆数字化服务效能大打折扣。部分文化馆的数字平台只是对线下资源的简单数字化陈列,功能流于表面,存在技术落后、平台建设粗糙、系统不稳定、播放卡顿等问题。缺少多样化的展示,无法与群众进行沟通交流,导致群众体验不佳。再次,各级文化馆线上文化服务内容与群众文化需求错位。以"淄川文化云"平台为例,依托平台线上线下结合的志愿服务"五单制"工作机制,以"百姓点单""专业制单""政府买单""志愿送单""百姓评单"的运营模式为群众提供精准的文化服务。文化馆公共文化服务的快速成长仍旧依赖线下服务的内容与形式,线上服务与线下服务的内容没有实质性差异,缺少针对性的线上定制化服务,造成线上公共文化服务与群众互动性不明显、内容不适配的问题,影响公共文化服务的延续性。最后,线上公共文化服务的受众仍集中在年轻人,线上消费习惯尚未普及。受用户接受能力和学习能力的影响,线上公共文化服务的的普及率和覆盖率较低,群众的线上消费习惯和消费偏好还未真正形成。

中国传媒大学文化产业管理学院关于"新冠肺炎疫情对公共文化消费影响"的一项

调查结果显示,虽然疫情期间线上文化增长迅猛,但回落预期也十分明显。79.05% 的被调查者表示,疫情过后线上文化娱乐消费相较于疫情期间会有不同程度的减少。因此,后疫情时期,需要紧抓数字文化新业态发展的契机,以增强用户黏性推动线上文化服务繁荣,推动文化馆体制改革和服务效能优化。

四、"后疫情"时期文化馆数字化服务优化新举措

1. 把握线上线下结合大趋势

数字文化产业的繁荣并非仅是短暂的疫情应激反应,数字文化产业在转方式、调结构、扩内需、促消费等方面具有重要作用,有利于推进供给侧结构性改革,培育形成新供给、新动力。所谓"数字文化",指的是通过数字传播科技来创造、储存、传播、消费的文化内容,具体可以表现为网络视频、短视频与直播、网络文学、动漫、数字音乐等多种为当今大众喜闻乐见的文化形态。数字文化的特点包含内容数字化、形态融合化、传播网络化以及受众成为"产消合一"、彼此互动的"网众"等。当前形势下,线上线下融合发展趋势明显,网络文艺各板块领域将围绕 IP 化、精品化、流量化做深度整合,未来极有可能出现融合多种网络文艺形式的大型平台。

以淄川区文化馆为例,在文化馆智慧化建设过程中,要紧跟时代步伐,保持对新技术应用的敏感性,把握数字文化产业内容将随技术革命发生重大变化的趋势,充分利用 5G 等新技术应用,加快推进数字内容迭代跟进,改变过去被动式的数字资源建设模式。加快"淄川文化云"平台的更新改版,以文化馆运营和管理的智能化、数字文化生产和传播的交互化、资源服务的共享化真正实现文化馆数字建设的智慧化运营。

2. 打造适用、实效兼具的大品牌

文化馆线上公共文化服务不是对线下服务的简单复制移植,而是对传统线下文化服务的补充性创造。以故宫为例,塑造整体性故宫品牌,打造地区有影响力的文化馆大品牌,应着力从适用性和实效性上下功夫,以线上的优点弥补线下的不足。因而,实现文化馆线上线下文化服务的"两条腿走路",必须不断创新服务内容、服务方式、沟通机制,加强文化服务适用性和实效性。

首先,公共文化服务要惠及全体公民。适应当今多元化的文化需求,改变传统对文化馆服务群体简单按年龄层次划分的方式,把握"共享兴趣和空间"的时代特点,对不同的文化馆公共文化服务对象进行画像,向细分群体提供精细化服务。其次,公共文化服务要找准最优服务渠道。相同的内容在线上线下展现需要不同的方式,做到"线上线下齐开花,同样内容不同演绎",如淄川文化馆线下广场舞课堂和"淄川文化云"线上平台"云舞蹈"课堂成果展示评比相结合使得内容和形式更富有新意。最后,公共文化服务要均衡发展。虽然镇村综合性文化服务中心建设实现全覆盖,农村公共文化服务体系不断完善,

但对比淄川区文化馆数字化服务效能供给和淄川区东南部山区乡村数字文化供给可以发现,在资源配置上仍然存在城乡差距大、低效甚至无效供给普遍存在、有效供给明显不足的乡村公共文化服务建设短板。因为文化馆数字文化建设中资源的着力倾斜,有助于实现不同区域群众文化需求的有效衔接。打造兼具适用性和实效性的文化馆大品牌,有助于实现文化馆线上线下建设的良好联动和双向引流,形成区域公共文化服务的品牌特色。

3. 构建全民参与打造新常态

首先,政府应规划先行,加强文化馆数字化建设提升引导;加大科研经费支持力度,保证公共文化数字化建设的充裕资金;推动部门协作,制定有效的公共服务领域科技创新标准规范,实现资源合理配置;强化公共文化服务人才队伍建设,完善考核激励制度。其次,文化馆应保证文化服务内容品质,加强平台运营,提升从业人员数字服务水平,拓宽宣传推广渠道,加强内部协调配合。再次,自媒体时代呼唤全民参与文化馆数字化建设,关注公共文化服务内容的个性化提供。最后,聚焦青年人群需求。推进文化馆数字化建设过程中,应积极了解诉求,因势利导,建设性地引导青年人才发挥创造性和"带头人"作用,形成良性互动关系。

新冠肺炎疫情虽冲击线下文化馆公共文化服务效能的发挥,但线上公共文化服务的系列"云"举措为文化馆体制改革带来了危中之机。文化馆要紧抓机遇,加快文化馆数字化建设,盘活数字文化资源,优化线上服务效能,以变中求新、变中求进、变中突破,化危为机,奋力实现文化馆服务效能优化,更好地满足群众精神文化需求。

数字文化馆体系架构研究初探

王伟利（唐山市群众艺术馆）

近年来，文化和旅游部全国公共文化发展中心、中国文化馆协会积极有效推进全国的数字文化馆建设工作，据统计，从 2015 年开始，公共文化发展中心启动了中央财政资金支付数字文化馆建设的项目工作，截至 2019 年，全国已有 88 家各级文化馆获得了中央资金的支持，实施了数字文化馆的建设工作。"公共数字文化融合发展背景下的数字文化馆建设与发展"主题论坛在 2019 年中国文化馆年会分论坛精彩呈现，对推动数字文化馆建设起到了积极的指导作用。从中央到地方，数字文化馆的建设工作得到了各级政府的高度重视，数字文化馆建设已成为提高公共文化服务方式和方法重要途径之一，它的建设拓展了公共文化服务的新载体、新平台和新空间，大大提高了文化馆的服务效能。

随着文化和旅游的融合，文化馆的各类公共文化资源和区域特色资源在不断增多，具备了大量的公共文化资源基础，数字文化馆的建设就有了充足的资源物质储备条件。数字文化馆需要一种体系架构来处理这些海量的资源，也就是说，有了文化资源作为材料，需要把这些材料搭建成大厦。本文拟对数字文化馆体系架构进行研究初探，为数字文化馆建设提供借鉴。

一、数字文化馆体系架构的理解

文化和旅游部全国公共文化发展中心发布的《数字文化馆工作指南（试行）》，对数字文化馆做了如下定义："数字文化馆是运用现代信息技术处理群众文化资源、提供全民普及服务、管理文化馆业务的数字化服务系统和互动体验空间。它以全民艺术普及为重点，通过数字资源建设、数字化服务、平台搭建和线下体验等形式，开展群众文化艺术培训、活动、创作和远程辅导。"

"体系"一词在现代汉语词典中的解释为"若干有关事物或某些意识互相联系而构成的一个整体"。"架构"一词在现代汉语词典中解释为"比喻事物的组织、结构、格局"。体系架构指的是一组部件以及部件之间的联系。

结合数字文化馆定义和体系架构一词的意思，笔者认为体系架构是数字文化馆的核心问题，它涉及数字文化馆的硬件建设、系统建设、数据对接、资源管理等方面，那么，数字文化馆体系架构应综合先进性和实用性的要求，数字服务系统采用数字化行业内多层架构的系统建设，融入模块化、松耦合的理念，实现资源的整合、管理，达到有效的应用和服务。数字文化馆体系架构应分为基础设施层、标准对接层、数据资源层、平台应用层、终端展示层。数字文化馆体系架构如图所示：

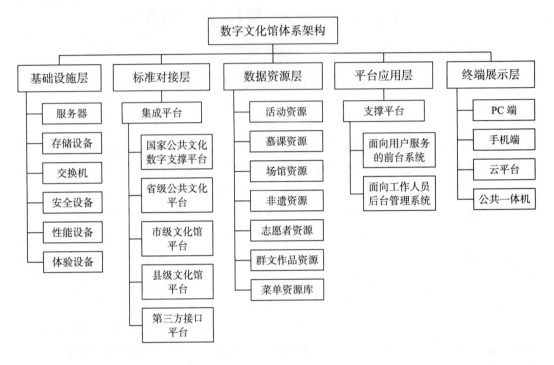

1. 基础设施层

基础设施层是指满足数字文化馆使用和服务的各类设施设备，应该包括基础设施设备和功能设施设备两大类。基础设施设备包括网络宽带、无线网（Wi-Fi）、与数字文化馆相适应的服务器和存储、传输、加工等设备。功能设施设备是指数字文化馆应用于活动满足数字化服务的各种功能的硬件及网络服务。它也包括线下设备，有用于文化活动直录播的设备，有视频制作的摄像、后期剪辑设备，有用于优质视听的录音设备，还有场馆订票取票设备等，这些线下的设备是数字文化馆体系架构重要的组成部分。

2. 标准对接层

数字文化馆线上平台对接建设，主要是指数据交互接口的对接建设，比如前端 Web 接口、前端 iOS 接口、数据交换接口，可采取账号对接和接入口对接方式对接，实现县区文化馆对接到市群艺馆资源中心，市馆再对接到省馆及国家公共文化云平台。制定基础数据对接参数规范，实现各系统模块之间的实时对接，实现与线下设备终端系统、其他业务应用系统接口交互，实现系统之间数据的互联互通。

3. 数据资源层

此层是系统的资源核心，也是系统的数据中心和内容中心，为管理用户和个人用户提供各自需要的数据和资源,针对用户需求,合理分配各类资源,实时监控各类资源的运行状态,提供可用的服务支撑环境。

4. 平台应用层

它是指数字文化服务内容和功能的应用,线上系统建设,根据文化馆自身职能,面向群众提供的活动、辅导、培训、演出、资讯、活动参与、活动预约、场馆预定、订票管理、群文创作等核心后台管理功能模块,以及系统的技术支持平台。

5. 终端展示层

通过电脑、电视、手机、公共文化服务一体机、自助查询取票一体机的设施设备全终端呈现给用户,满足不同群众日益增长的公共文化需求。

二、数字文化馆体系架构的功能

数字文化馆体系架构是具有强大整合能力的应用体系架构,可以说整个构建体系架构的决策是多方面的,既包含业务、数据,又包含应用和基础设施,通过整改体系架构的搭建,能够使系统更加专业化、标准化、功能化。在整个体系架构的统领下,元数据的生产、数据的交换、用户认证、内容检索等业务功能整合到平台上,体系架构使各个分层实现标准化应用的协作,满足系统间的松耦合和模块化架构原则。所谓的松耦合系统架构,更多的是一种对系统全方位的分析、分解的过程,采用模块化架构设计,体系结构分层组织。整个体系架构达到实现资源共享、各种服务资源快速整合、形成组合式应用的目的,同时方便业务应用的修改、调整,能够支持资源的有效管理,满足用户未来需要的弹性需求。

三、数字文化馆体系架构建设存在的问题

数字文化馆体系架构在数字文化馆建设中存在着诸多问题。平台的建设、系统设计与实际使用差别较大;文化资源共享程度和资源的集成程度低;文化馆和上级部门各类应用系统建立时间不同,技术基础和建设思路存在较大差异直接影响了文化馆与上级系统间的互联和信息交流,同类单位之间也缺乏统一对接;有的建成的系统存在着互联困难、升级困难,影响全地区公共文化整体管理水平和用户体验;有的设施设备尤其是数字文化馆体验设备存在盲目性,数字体验设备利用率低;数字文化馆运营推广能力欠缺,线上活动策划缺乏有效性、针对性和精准性;文化资源传播和利用形式有限,受时空、技术等因素限制,文化馆数字服务平台的社会影响力比较有限,各文化馆资源"孤岛"等情况仍然比较严重。

四、数字文化馆体系架构建设的路径

数字文化馆体系架构需要有一套行之有效的建设路径,实现公共文化服务的系统集成、各系统数据共享,对本地区文化资源协调管理,降低系统处理请求时间、费用和成本,减少数字文化馆资源的浪费和重复建设。

1. 打造"规范标准"的数字文化馆体系架构

数字文化馆体系架构直接为数字文化馆服务,数字文化馆应建立一套完整的体系架构,在总体框架下,确定每个层级的规范标准,因此,数字文化馆体系架构要有总体规划。在总体规划中,主要制定各个环节、各个模块的规范,如数字资源的分类、数据对接的原则、数据的等级级别、数据的分析统计规范以及体系架构的安全保障等。数字化体系架构的建设过程中,应参照文化和旅游部全国公共文化发展中心下发的《数字文化馆工作指南(试行)》规范标准,各个文化馆的自身特点和数字化基础参差不齐,在数字化体系架构建设过程中不可能千篇一律,为了公共文化资源互联互通,资源共享,必须有一个规范的、指导性的实施意见,使各个文化馆数字化建设逐渐规范起来,在总体规划好的各种规范下,严格实施数字文化馆建设工程,建立科学、完整的中国数字文化馆体系。

2. 建设"一站式""集成式"的数字文化平台

数字文化平台,指的是基于现代计算机网络系统与软件技术以及通信技术建设的线上服务体系。数字文化馆服务平台以文化馆作为主体,加入了公共文化服务的信息和内容的数字服务平台。文化馆数字化平台是集自动化、信息化、高效于一体的公共服务平台,应建设成"一站式""集成式"的数字文化平台,对公共数字文化资源进行整合,资源共享,实现各类分散的文化服务系统的集成。

数字文化馆平台建设在性能上要性能稳定,安全可靠,保证平台能够平稳运行,这是打造好的平台的前提条件,也是建设数字平台最起码的要求。在内容上要具有针对性,突出群众的需求点,要因地制宜,因材施教,线上站位要全面,丰富多彩,群众喜闻乐见,满足不同群众的文化需求,做到一站式数字服务功能,真正做到让政府端菜,群众点菜。在模块设置上要打破陈规,规避同质化,把核心业务和制度改革紧密结合起来,比如中心馆、总分馆平台的设置,中心馆、总馆、分馆的文化联盟模块设置,文化志愿服务平台的设置,在功能设置上要便捷化,一站式平台应具有信息发布、网上预约、文艺展示、在线学习、直播点播、远程辅导、文化体验交流互动、服务点单、志愿服务、资源上传存储、全景文化馆虚拟展示等功能。数字文化馆平台功能不仅齐全,还要能够互联互通,就是所谓的"集成式",采用统一数据接口,实现与辖区各级文化馆、国家公共文化云平台及其他第三方平台互联互通。

3. 建设"以内容为王"的特色慕课资源

数字文化馆资源建设类型广泛、内容众多,资源形式广泛,文本资源、图像资源、音频资源、视频资源都囊括在内。数字文化馆应构建特色鲜明、内容丰富、质量较高、形式多样的数字资源体系，打造以全民艺术普及为重点的慕课资源。

中国文化馆协会副理事长、浙江省文化馆首席专家王全吉发表了一篇文章《文化馆艺术慕课的正确打开方式，你 get 到了吗？》指出"艺术慕课是艺术教学过程，包括教学视频分享、学习讨论、教学评价等一系列过程"。按照中国文化馆协会理论研究委员会、北京大学国家现代公共文化研究中心、苏州市公共文化中心联合发布的《全民艺术普及慕课建设指南（第 1 版）》要求，数字文化馆慕课资源应紧扣地方文化特色和自身优势，形成传承化课程，以慕课内容为核心，组建本馆的教学团队，变馆内业务干部为主讲教师，通过优秀资源整合，改进文化馆业务工作方式、服务方式、思维方式，使艺术慕课进而成为文化馆业务常态建设，在数字化平台上，以短小精悍分散式节目，形成系统化、体系化的传播，让艺术慕课资源成为文化馆行业的最具特色属性的资源。

4. 培养"具有运营推广能力"的专业人才队伍

数字文化馆运营推广是两个层面的意思，所谓"运营"是指数字文化馆平台自身的运营，包括基础运维、内容运营、用户运营、数据运营、活动运营、机制配套、平台培训、人员管理等，运营最主要是针对用户需求，策划开展网络文化活动，提高策划活动的精准度，增强吸引粉丝的能力。所谓"推广"是指通过文化体系媒体、新闻、网络、广播大众媒体，微博、微信公众号、抖音等自媒体进行线上线下活动的推广，开展与群众之间的互动沟通、文化活动直播、相关报道，为各类文化活动推广、宣传，服务于大众。

数字文化馆是网络化、数字化时代的产物，它与计算机技术、互联网技术融为一体，技术性、专业性较强，文化馆要培养一批专业过硬、熟知数字信息化内容的业务骨干，要设有独立的数字化部门，从活动的策划、录制、采编、后期剪辑、文字信息等方面等形成数字文化馆专业人才队伍，负责数字文化馆的建设、管理、运维、服务。相关工作人员对后台管理系统的使用功能熟练掌握，能够熟练操作后台的功能，保证系统全部正常运转，使数字化系统充分发挥作用，真正提升数字文化馆的服务效能。

数字文化馆体系架构研究具有综合性、专业性、系统性、整体性等特点，是一个庞大的工程，涉及公共文化服务行业、计算机技术、信息技术、视频采编、多媒体技术、剪辑技术、后期制作技术、网络技术等各个方面，因此，我们应加大研究力度，培养各种人才，使数字文化馆发展成为全新的、与新时代相适应的、全方位服务群众的、满足不同层面群众文化需求的数字文化公共服务平台。

参考文献

[1] 李国新. 数字文化馆：网络平台与实体空间 [M]. 北京：国家图书馆出版社，2016.

[2] 王全吉. 文化馆（站）服务与管理 [M]. 北京：北京师范大学出版社，2013.

[3] 周蓉华，王全吉. 文化馆的数字文化服务价值如何凸显？[N]. 中国艺术报，2020-06-12（4）.

平台化思维对文化馆服务转型的启示

朱亚飞　麻　艳（陕西省宝鸡市群众艺术馆）

1　平台化思维的含义

平台化思维是基于互联网时代人们所产生的一种多边合作的商业模式思维。对于国内的阿里巴巴、腾讯及国外的 Facebook 和 Google 等具有行业领先地位的互联网公司，"多边平台商业模式"是它们共同的运营逻辑——通过促进各边参与者的互动而创造价值。平台化思维的核心是多边平台网络，实现"跨界、整合、互利、共赢"。包括多边思维，即建立多边多向连接，形成上下游之间、产业链、价值链的多方聚合；服务思维即是为各利益相关方提供开放性的服务和利益共享机制；创新思维即是基于连接和数据，实现业务/技术/模式等的创新；跨界思维即是尝试打破行业、产业边界；价值思维即最终实现客户需求的满足和价值的提升。平台化思维不是搭个台就行了，它必须把开放、创新、协同、共生这些精神的东西融化进去，让这个平台有灵性、有生命。平台化思维面对的是所有的资源，会创造出前所未有的模式和效率。

2　互联网时代文化馆发展面临的挑战

近年来，虽然国家文化馆建设的政策使我国的文化馆迎来了新的发展机遇，场馆设施趋于完善，服务不断提升，但是仍与当下人民群众精神文化需求之间有着巨大的差距，文化馆面临着严峻的考验与挑战。有以下几个方面：

2.1　互联网时代的冲击

人们的生活进入了智能化时代，一部手机，就基本满足了一个人的大多数生活需求，轻轻一点，能让人足不出户购物、点外卖、看大片、听经典、读书看报、观展览、学习培训等。文化馆以什么吸引群众，这是一个新的课题。

2.2　文化馆竞争力不强

演艺公司、文化创意公司、培训机构等社会组织，都绞尽脑汁出奇出新推出文化服务和产品，吸引客户。文化馆仅以"免费"为亮点，已经不能吸引群众参与。文化馆想在创意产品和服务内容琳琅满目的文化市场中脱颖而出，永占高地，十分不容易。

2.3 文化馆提供的文化服务内容单一

多年来,文化馆的服务形成固化模式,举办活动多是唱唱跳跳、写写画画,内容单一,不能满足更多群众多元的文化需要。

2.4 文化馆服务对象狭窄

文化馆服务的对象应该是所有群众,但是走进基层文化馆的多是中老年人,台上大妈在跳,台下也是大爷在看。文化馆作为文化的引领者和倡导者,一定要关注年轻人,吸引年轻人的参与,才能永葆活力。

2.5 文化馆业务人才匮乏

文化馆业务干部专业技术水平良莠不齐,活动开展受到很大的限制。就宝鸡市而言,市级文化馆编制 28 人,县级一般都在 10 人左右,有的山区县人口少,文化馆才三四个人。这里面还包括行政岗位、工勤岗位。文化馆的人才问题,已经成为制约文化馆发展的重要因素。

3 打造文化馆平台化的优势

文化馆从开门办馆到免费开放,从理事会制度到数字文化馆建设,一直在不断创新发展,文化馆是开放包容的。步入互联网时代,平台化思维为文化馆服务转型提供了启示,"平台"首先要有资源、有优势,才可能与多边合作,联通一切,实现共赢。文化馆虽有明显的局限性,但也有别的机构所不可替代的优势。

3.1 文化馆平台化的制度优势

文化馆是由政府设立的具有中国特色社会主义的公益性群众文化机构,是党和政府设立的基层宣传阵地,是广大群众终身教育的课堂。1949 年新中国成立以后,"人民文化馆"设立,后来叫"文化馆""群众艺术馆"等。从"人民"到"群众",文化馆走过了 70 多年的风雨历程,为人民服务的宗旨未改,公益性始终没有变。在群众心目中文化馆是本地先进文化的聚集地、文化高地、文化旗帜,文化馆有天然的群众基础。尤其是 2020 年突如其来的疫情中,全国群文人以"艺"战疫,创作了许多优秀抗疫文艺作品,用手中的画笔为英雄画像,用饱含深情的文字歌颂奋战在抗疫一线的白衣天使,还有广大普通群众抒发内心的作为中国人的骄傲和自豪。这些正能量的宣传,有效抵制了社会上一些谣言。我国人民在抗疫中众志成城,共克时艰,党的领导和社会主义制度表现出的优越性,得到全世界人民的认可。

3.2 文化馆平台化的体系优势

文化馆是弘扬社会主义核心价值观的庞大系统和重要阵地。文化馆从省级到市级,从市级到县级,像血管一样遍布全国各地,有一个完备的五级服务体系。同时,随着国家公共文化示范区及示范项目的创建,国家投入,地方追加,服务体系设施更加完善,制度更加健全。如宝鸡市、渭南市、铜川市已经列入国家级公共文化服务示范区。近年来开展的总分馆制建设,让文化馆遍布城乡,是离群众最近的公共文化服务机构。

3.3 文化馆打造平台的阵地优势

近年来,国家对文化馆经费的投入逐年增加,尤其是近年来,国家高度重视,高大上的文化场馆建设如雨后春笋,现代化、智能化的文化馆不断成为地域性文化的高地和标志。如 2019 年 11 月落成开放的宝鸡市群众艺术馆,坐落于宝鸡市文化艺术中心,面积超过一万平方米。最吸引广大群众的是多媒体综合手段展示的非遗陈列厅,传统文化融入了现代光电元素,让非遗更加直观,让群众有更多的体验感。还有现代化的舞蹈音乐排练厅、美术展厅、小剧场、培训室、录影室、摄影室等,以及一系列高精尖一应俱全的数字化设备,已经成为市民和广大外地游客到宝鸡的网红打卡地。

4 平台化思维对文化馆服务转型的几点启示

用平台化思维思考文化馆,就是要搭建一个文化馆平台,这个平台是有形的,也可以是无形的。平台化思维可以直观运用在数字文化馆线上平台,也要把平台化思维融入文化馆开展的各类公共文化服务中去。

4.1 平台化思维在服务内容上的启示

文化馆职责包括宣传党的方针政策、开展群众文化艺术活动、艺术培训与辅导、作品鉴赏与学习、指导群众文艺创作、开展群众文化调研、开展群众文化交流等内容。这些涵盖了生活的方方面面,不是狭义的吹拉弹唱,为了活动而活动,还可以是读书会、沙龙、讨论、体验、培训等。可以与社会上的机构进行合作,如三八妇女节与花店联合举办插花沙龙,中秋节与烘焙企业联合开展 DIY 月饼制作,在元宵节制作灯笼,六一与孩子们一起开展活动等。平台化思维是开放多边合作、内容健康向上、传播正能量的活动内容。从本质上说文化馆主要任务是把无形的社会主义核心价值观融入有形的文化艺术活动中去,达到教育人、引导人、提升人的目的。让广大人民群众在娱乐中培育良好的社会素养、艺术鉴赏等,让人民群众有更多的获得感、安全感和幸福感。

4.2 平台化思维在服务模式上的启示

文化馆服务的群众,有年龄、性别、文化层次、职业等差异,导致客户需求内容多元化。服务形式也有多维化:有的群众离实体文化馆近,就走进文化馆参观学习;有的群众因时间、距离空间的限制,选择线上数字化活动。文化馆人也可以走出去,运用"文化馆平台"设立服务点的形式,在书店、学校、社区等开展活动。总之要寻找一个平衡点,与小红书、哔哩哔哩、抖音、微信公众号等媒体融合，以群众关注的热点为切入点，开展活动，把社会主义文化理念思考告诉大家。如疫情期间，上海长宁文化艺术中心就做了一期美食直播，馆长当网红，突破16.8万的浏览量。文化馆为什么选择美食去做，因为疫情期间人人都成了大厨，这是热点，但是文化馆开展这样的活动要与其他媒体有区别，不仅仅是美食技艺，还要把文化内涵融入其中。在疫情期间我们老百姓岁月静好，是因为有人替我们负重前行，这就是这期节目的文化内涵。

4.3 平台化思维在人才资源上的启示

文化馆专业技术人员匮乏是长期困扰各级文化馆发展的大问题，虽然近几年的专业技术人员招考及继续教育在一定程度上缓解了上述问题，但是一个文化馆，要面对几万甚至几十万的服务人口，服务人员仍存在很大的缺口。为解决这一问题，一是要招募广大文化志愿者加入。二是培训方面与社会专业培训机构融合，文化馆提供场地平台，社会机构宣传了自己，合作共赢，老百姓得实惠。三是邀请文化名人讲座、座谈，也不再让免费的资源停留在"免费"的水准上，不仅提高了活动的艺术水准，更是提升了活动的影响力。四是在各类文化项目合作时候，对方的人力资源也会为文化馆所用，形成常态化的人才资源配置。

文化馆运用平台化思维进行服务转型，就是用更加平等、开放、合作、共享的心态，与社会资源进行多边合作，关注群众文化热点，紧扣群众文化需求，开展多元化群众文化活动，实现文化馆对人民群众的价值引领，满足广大人民群众追求幸福生活的文化新期待。

参考文献

[1] 忻榕,陈威如,侯正宇 . 平台化管理:数字时代企业转型升维之道 [M].北京:机械工业出版社,2019.

[2] 戴珩,林红 . 现代文化馆构想与实践 [M].南京:南京师范大学出版社,2014.

[3] 彭泽明 . 中国文化馆（站）发展之路 [M].重庆:重庆出版社,2012.

[4] 王全吉,周航 . 浙江公共文化服务创新研究 [M].杭州:浙江大学出版社,2013.

[5] 陈璐颖 . 融合中的平台思维——平台化:主流媒体深度融合的基石 [EB/OL].[2020-04-25]. http://www.gmw.cn/xueshu/2018-01/08/content_27291683.htm.

打造公共文化服务品牌的实践探索

——以"小弹唱LIVE"音乐现场演出为例

谢绍花（深圳市龙岗区文化馆）

　　群众文化活动品牌是指连续开展三年以上，覆盖辖区、群众喜爱、参与面广、特色鲜明并产生广泛影响的活动项目。"小弹唱LIVE"是以乐队、弹唱组合为主的公益音乐现场演出活动，自2014年5月2日至2020年1月18日，已在深圳市龙岗区及深圳市其他区演出118场，共有200多支优秀青年乐队、弹唱组合登台演出，惠及观众近30万人次，深受市民欢迎和喜爱。2015年"小弹唱LIVE"受到共青团中央的公开表扬，2017年获评深圳关爱行动"百佳市民满意项目"，现已发展成为龙岗公共文化服务的一张靓丽名片，更是龙岗区乃至深圳市文艺青年们的"精神食粮"。

一、"小弹唱LIVE"产生背景

　　近年来，音乐节文化席卷全国，这种来自国外的新音乐活动形式获得了青年乃至其他年龄段群众的青睐。自2013年迷笛音乐节进驻龙岗大运中心以来，经过精心运作和培育，先后有迷笛、草莓、百威、恒大、勒杜鹃等众多知名演出品牌在龙岗举办各类型音乐节，龙岗已成为华南地区的音乐文化活动重镇。但音乐节举办的频率不高，时间间隔较长，不能很好地满足居民文化需求。同时，单场音乐节的票价也相对较高，普遍在200元以上，这也减少了文化服务的人群覆盖面与参与度。

　　除了大型音乐节以外，各类小型音乐现场演出，如Live House等，也很受欢迎，但深圳在这方面相对薄弱。据统计，2014年，全国137家Live House共举办演出7419场，深圳仅289场，占全国的份额不足4%，且大多数Live House主要集中在福田区、南山区等中心城区，龙岗区在2014年并无公益音乐现场活动的文化项目。

　　虽然龙岗区消费型音乐节接踵而至，但由于公益性音乐节缺失，导致大部分居民无法享受现场音乐文化服务。在各方努力下，致力于给龙岗群众带来高质量音乐现场演出的"小弹唱LIVE"应运而生，弥补了龙岗区公益性演绎类现场音乐文化项目的空白。

二、打造公共文化服务品牌"小弹唱 LIVE"的主要措施和成效

（一）多管齐下，提供平台，打造高品质的公益音乐现场演出，推动原创音乐和本土音乐文化发展

1. 为乐队、弹唱组合登台展演提供平台，打造高品质的公益音乐现场演出

"小弹唱 LIVE"依托专业器乐设备、本土资深音乐制作资源以及政府的大力支持，提供专业的团队保障和展演舞台，通过适应当下潮流、鼓励原创、注重社会化分享的"小清新"式主题弹唱形式，打造高品质的公益音乐现场演出。吸引了龙岗本地及来自深莞惠等周边城市 200 多支优秀青年乐队及组合登台展演，汇集了职业音乐人、机关公职人员、在校学生、来深建设者与自由职业者等各领域乐队青年 1194 人次登台演出，许多乐队愿意以公益形式参加演出，充分展现青年潮流风尚、向上向善、回馈社会的精神风貌。

同时，演出现场注重与观众互动，如主唱讲述自己音乐道路的历程，乐队其他成员与观众分享一些自己的心里话，可以令观众更加轻松舒适地融入演出氛围中，身心在音乐氛围中得到放松，进一步增强了市民对"小弹唱 LIVE"的认可度。

许多乐队通过"小弹唱 LIVE"平台实现了自己的音乐梦想，互相交流、切磋技艺，经过舞台的历练，如今成为各大音乐现场的热门乐队，多次参加迷笛等中国顶级音乐节演出。如在"小弹唱 LIVE"崭露头角的龙岗本土乐队"夏沐草"，其原创歌曲《旅行》入选 2014 年度深圳"鹏城歌飞扬"年度金曲，乐队还登上迷笛、草莓、勒杜鹃等国内知名音乐节舞台，现场表现具有强大的力量与激情，充分展示梦想好声音，传递青春正能量。

2. 为乐队、弹唱组合免费录制原创歌曲，推动原创音乐和本土音乐发展

龙岗区文化馆提供资金、场地、设备等方面支持，利用"小弹唱 LIVE"平台连续两年公开征选原创音乐作品，在近百支乐队中评选出入围的 10 支优秀乐队，免费为他们提供与国内一线音乐人及制作人交流、学习与合作的机会，为这 10 支入围乐队平均录制一首原创歌曲，制作成《拾音集》系列唱片，并在多个音乐平台进行发布，得到了音乐圈的强烈支持和关注，带动青年活跃于音乐文化领域，推动了原创音乐和本土音乐文化发展，提高了龙岗区的文化影响力。

（二）以群众需求为导向，以"小弹唱 LIVE"项目助推公共文化服务均等化

深圳是个外来务工人员聚集城市，青年占比大。满足外来务工人员特别是青年的文化需求，是实现公共文化服务均等化的迫切需求。龙岗区文化馆等主办单位不仅在音乐厅、小剧场等专业场馆举办"小弹唱 LIVE"音乐现场演出，还通过需求调查，在充分掌握基层场地条件、群众需求和当地人群特征等各种因素，进行专业分析研究后，主动对接需求，安排"小弹唱 LIVE"演出到各街道社区、工业园区、购物商圈、高新园区、学校等年轻人聚集较多的地方，以公益的形式把演出送到市民的家门口，让市民无门槛、近距离地感受到现场音乐的魅力，满足了青年的文化需求，惠及了近 30 万人次，不断提升了市民群众

对公共文化服务的获得感与幸福感,促进了公共文化服务均等化。

(三)多元文化融合发展,扩大"小弹唱 LIVE"的创意性和包容性

迎合多类价值追求,在活动中探索注入体现时尚、文化、创意等要素,通过"小弹唱 LIVE"这一平台推介当代艺术、本土文化,多元文化理念和健康的生活态度。如更新"小弹唱 LIVE"标志,"小"字用吉他弦、吉他谱作变形处理,更能凸显活动形象。分主题、分形式设计制作每一场演出的舞台背景、海报、工作证等,118 场的风格不同,凸显青年人的文化价值追求。在龙岗区内公交站台创新投放"小弹唱 LIVE"的公益演出站台广告 16个,设计制作印有"小弹唱 LIVE"标志的文化衫、帽子等周边产品,并进行赠送和义卖,义卖所得的款项捐助"深圳关爱行动基金——动听 102 爱特基金",得到许多市民的喜欢和支持。在演出现场融入手工艺品创意集市、沙画创作、主题摄影、cosplay 等诸多元素,使演出活动变成文艺青年的聚会,打造青年文化活动品牌。以抽奖形式,赠送吉他、尤克里里、音乐专辑、音乐节演出套票等给观众,通过"小弹唱 LIVE"微信公众号,不定期推送歌曲鉴赏、音乐设备推介、乐手信息配对等信息,培养市民对音乐的兴趣爱好,提高市民音乐文化素养。安排"小弹唱 LIVE"演出助力中国网球大奖赛嘉年华、深圳市第十届警察开放日等重大活动,促进音乐与运动的跨界组合,文化与警务、宣教相结合,丰富演出活动的形式和内容,扩大"小弹唱 LIVE"品牌活动的创意性和包容性。

(四)发挥领军人物的带头作用,以强大的执行力保障演出的顺利举行

"小弹唱 LIVE"第一季演出由龙岗区几个音乐爱好者发起,发起人之一康磊的音乐专业水平高,他的许多原创歌曲曾荣获国家、省、市级奖项。他原本想利用空余时间组个乐队玩一下,2014 年 5 月他找了一个书吧的阅读区,开展了一次免费的小演出,虽然场地不大,但演出效果很好。此后,在龙岗区文化馆等部门的关注与支持下,康磊无私奉献,发挥统筹协调能力和音乐专业技术,在遇到挫折和困境时,迎难而上,带领"小弹唱 LIVE"团队成员们,以强大的执行力完成了演出队伍联络、舞台搭建、海报设计、设备调试、拍摄宣传等各项具体工作,保障了 118 场演出的顺利举办。

(五)政府主导、社会参与、市场化运营,发展龙岗公共文化服务品牌活动

"小弹唱 LIVE"符合年轻人审美需求,有助于龙岗音乐文化发展。从第二季起,以购买文化服务的方式,龙岗区文化馆、龙岗团区委、龙岗区委宣传部、龙岗区文化广电旅游体育局、龙岗区社工委、龙岗区服务职工社会组织联合会等机关事业单位,以及企业如龙岗天安数码城等社会多方力量不断地加入作为主办单位,演出所到之处的街道文体服务中心或社区工作站或企业等作为协办单位,对演出活动给予了资金、场地等的支持。由康磊任法人的公司具体承办该项目,市场化运营,落实每一场演出的具体工作。同时,吸纳党员志愿者、文化志愿者等公益服务队伍共同参与到海报设计、演出服务等工作中来,形成多方合作机制,共同参与公共文化服务建设,共推"小弹唱 LIVE"发展为龙岗公共文化服

务品牌活动。

（六）创新宣传方式，助力"小弹唱 LIVE"树立品牌形象

创新"小弹唱 LIVE"活动参与形式，现场观众不需预约、不需领票，只需通过扫描二维码添加"小弹唱 LIVE"微信公众号即可免费入场观看，便利了群众，贴近了大众的情感需求，增加了"小弹唱 LIVE"粉丝量。善用传统纸媒和新媒体相结合的方式方法，开展有效的媒体宣传，在《中国文化报》《南方日报》《深圳特区报》《深圳侨报》等传统纸媒刊登演出活动情况，集合龙岗发布、掌上龙岗、龙岗城事青年观察、龙岗警营、"小弹唱 LIVE"等官方微博、公众微信平台，提前推送演出预告，及时通过视频、照片等形式回顾演出情况。五年间，"小弹唱 LIVE"微信公众号共推送相关报道 400 多条，得到众多网友粉丝的转发、评论、点"赞"，阅读量近 10 万人次，进一步打造活动"线上线下"交互"朋友圈"，助力"小弹唱 LIVE"树立品牌形象。

三、推广公共文化服务品牌"小弹唱 LIVE"的建议

第一，继续加大对"小弹唱 LIVE"音乐现场演出活动的财政投入力度，提升演出设备、灯光音响舞美等水平，争取更频繁地举办更多场次，推动该活动持续办下去。提高社会对公共文化服务建设的参与度，鼓励社会力量在不违反相关法律法规的情况下，进行合法赞助，并加强对该项目的资金使用、活动质量、社会效益、群众满意度调查等监督管理。

第二，继续坚持以群众需求为导向，开展问需调查，保障在财政资金定额投入的情况下，把活动送到基层最需要的地方。充分发挥深圳市文化馆联盟、龙岗区文化馆总分馆资源统筹、信息畅通的优势，推介"小弹唱 LIVE"与其他区、街道进行品牌项目交流展演。利用报刊、广播电视、微信公众号等宣传渠道，探索以"抖音""虎牙直播"等方式，吸引更多观众观看关注演出，惠及更多市民。推出"小弹唱 LIVE"周边产品，如手机壳、水杯、环保袋等，进一步扩大"小弹唱 LIVE"影响力。

第三，继续加大对"小弹唱 LIVE"的宣传推广力度，充分利用龙岗区委宣传部、龙岗区文化广电旅游体育局等部门承办如 NBA 篮球赛、WTA 网球赛、文博会等国内外文体旅等方面活动的契机，创新性以文体融合、文旅融合等方式扩大"小弹唱 LIVE"品牌影响力，吸引更多优秀乐队、弹唱组合以公益形式参与到演出活动中，不断促进本土音乐文化发展，并把该项活动推向更大的舞台。

第四，推动"小弹唱 LIVE"项目进学校开设公开课，邀请优秀乐队、弹唱组合以"半演出、半教学"的形式让学生们了解现代音乐文化，了解乐队文化，培养"小弹唱 LIVE"未来的群众基础。

第五，在适当时机，集合曾经参演过"小弹唱 LIVE"或其他优秀的乐队、弹唱组合，组织举办"小弹唱 LIVE"大型音乐节，把"小弹唱 LIVE"塑造为龙岗区乃至深圳市的音乐现场文化品牌。

参考文献

[1] 于群,冯守仁.文化馆(站)业务培训指导纲要[M].北京:北京师范大学出版社,2012.

[2]2014 年 livehouse 演出票房 15 座城市撑起全国 72% 的份额[EB/OL].[2020-08-01].http://www.ce.cn/culture/whcyk/cysj/201601/04/t20160104_8035616.shthl.

[3]方健宏.公共文化建设现场 2015 广东公共文化论文案例集[G].广州:世界图书出版广东有限公司,2015:223-227.

[4]徐剑,徐烜和.文化大餐如何做出"家常味"[EB/OL].[2020-08-01].http://epaper.southcn.com/nfdaily/html/2019-09/06/content_7820491.htm.

论文化馆的老年群体服务研究与实践

——以湖北省武汉市武昌区文化馆为例

黄正军（武汉市武昌区文化馆）

随着社会经济的不断发展，人们的物质生活得到基本满足，越来越多的人更加注重精神领域的追求。习近平总书记指出："人民对美好生活的向往，就是我们的奋斗目标。"文化馆作为一个能为广大人民群众提供接受文化熏陶的阵地，因其方便、便捷受到广大人民群众的喜爱。

一、老年群体的特点

基层文化馆的服务人员在服务过程中经常会接触到来自于不同年龄、不同阶层的各种群体，特别是一些特殊群体，如老年、青少年、农民工、残障人、留守妇女儿童等，其中针对老年人的服务是文化馆工作的重点。针对这样的特殊群体，文化馆必须要调整自己的服务策略，力争为每一个人都提供优质的服务。

为老年人提供优质服务的第一步是要了解老年人的困难和需求，这样服务才能具有针对性和有效性。深入老年群体中，我们不难发现这一群体具有以下特点：

（一）信息劣势

随着信息化社会的高速发展，互联网和智能终端可以帮助我们获取到各种各样的资讯信息，人们获取信息的方式不断多样化和便捷化。但是，有很大一部分老年人接受学习新鲜事物的能力较低，对于新科技的接受能力比较差。因此也就堵塞了其获得信息的最佳渠道，只能依据传统的新闻报纸获得信息，这样的信息源较少，也不够及时便捷，对于社会大事件的了解程度不够及时、全面、具体。

（二）心理劣势

由于对现代事物的接受能力有限，学习能力有限，在与年轻人的交流交往过程中极易出现"代沟"。这种"代沟"经常会让老年人产生挫败感，并使其变得自卑、敏感、不愿与年轻人交流，进而排斥接纳新鲜事物。这种心理状态一旦不加以控制会对老年人的身心健康造成不利的影响。

（三）群体依附性

由于信息劣势和心理劣势带来的各种负面影响，很多老年人不能熟练操作现代科技工具，很难适应现代社会高速发展的节奏。加之随着年龄的增长，身体以及大脑方面的机能都逐渐退化，记忆力大幅下降，操作能力不如从前。这些生活上、学习上的困难都需要依赖他人帮助其解决，因而，在文化馆内开设专门针对老年特殊群体服务是极其必要的。

二、针对老年群体的服务原则

既然老年群体有其特殊的文化需求，那么作为基层文化馆服务人员就应当不断拓展自己的服务范围，为老年群体提供更加优质贴心的服务，满足老年群体在精神文化领域的追求。在文化馆开设的针对老年人的文化服务应遵循以下原则：

（一）特殊性

因为老年群体的独特性，所以就要求文化馆的文化服务必须依据老年人的特点而制定，一是要最大限度地满足老年人的文化需要，二是要兼顾老年人的各种生理心理特点，如记忆力不佳、各种感觉器官退化、独自操作执行力差等问题，要为老年人群体在文化馆内创造独享的专门服务，让其能在文化馆内玩得开心，学得舒适。

武昌区文化馆在实际工作中使用文化馆的公共文化服务场地设立老年合唱演艺厅，配备钢琴、小舞台、音响、授课用的黑板及桌椅等，为热爱声乐及合唱的老年朋友安排老师教授专业的声乐技巧及合唱排练，成立多个老年合唱团，并按照声乐基础为每个喜欢唱歌的老年朋友找到适合自己的合唱团，每个合唱团都有专业指挥、声乐指导及钢琴伴奏；成立管乐团和民乐团；设立舞蹈排练厅，配备把杆、镜子、临时储物柜等，成立多个舞蹈团，每个团都有老师授课排练；设立戏曲活动室，成立戏曲团队；设立展览厅，开展各类书画、非遗等项目的展览，供老年人欣赏和学习。结合传统节日和有关纪念活动，文化馆群星剧场开展惠民文化演出和各类艺术讲座培训及电影播放，以满足老年群体对美好生活的新向往、新期待，把更多的精神食粮送给老年朋友，让老年朋友共享文化发展的成果。

（二）便利性

根据老年的人的各种生理特点，文化馆内必须要最大限度地减少老年人可能遇到的各种烦琐事件，减轻老年人的负担。烦琐的操作过程会打消老年人前往文化馆参加活动的积极性和热情。因此，群众基层文化组织应当改进日常运行模式，简化操作步骤，让老年人愿意走进文化馆进行学习交流。

在实际工作中，武昌区文化馆按照各艺术门类及服务项目配备专业老师，为来文化馆学习的老年人及各个老年艺术团体服务，在每年年初就制订适合老年人的各类学习讲座、培训及自我展示项目计划，包括音乐、舞蹈、戏剧、曲艺、美术、书法、摄影等门类，按照班级和团队的形式进行指导培训。每年年终时开展文化馆免费开放成果展示系列活动,其中的优秀节目还会选送到省、市级各类群文活动参加展演和比赛,并提供后勤保障解决交通等后顾之忧,让老年人在文化馆享受便利优质的服务的同时,感受各种文化活动平台及文化馆优质服务带来的身心愉悦。在文化馆多年的文化艺术学习能极大地提高老年人的积极性和热情,形成良好的学习氛围,同时文化馆也培养了大量的老年艺术骨干及团队。

(三)长期性

许多老年人已经退出工作岗位,闲暇时间较为充裕,他们需要的公共文化服务也不是暂时的短期性的服务,而是长期的有规划的服务。文化馆服务人员应充分考虑到这方面的因素,提前做好规划,安排专职人员给予老年群体以长期的服务帮助,避免造成人员混乱、空缺等各种情况。

武昌区文化馆常年开展各种品牌文化活动和文化交流展示活动、比赛活动,鼓励老年人积极参与这些活动,如已办了29届的"首义之春"闹元宵舞龙锣鼓大赛、已举办了42届的"武汉之夏"活动暨合唱展演、中国(武昌)辛亥首义文化节及"首义之歌"系列展示、新年音乐会、广场舞比赛等,这些都是多年举办的品牌活动。

武昌区文化馆还在2007年成立武昌合唱艺术委员会,委员会服务于喜欢合唱及声乐的老年人,成立以来已策划举办了各种群众合唱活动和合唱艺术及声乐讲座共30余场,参与活动的老年人达3万多人次,培养了一批优秀老年合唱团及中老年声乐爱好者,其中一些合唱团各类合唱比赛中取得优秀的成绩。

(四)包容性

文化馆的服务人员在服务老年人群体时必须要多一些包容和理解,多一些耐心和关爱,要充分考虑老年人的身体情况,尊重老人,要让老年人感受到快乐与尊严。文化馆的服务人员必须本着"全心全意为人民服务"的态度尽力满足老年人的各类学习需要。

文化馆要制订针对不同基础老年人的学习和培训计划,尽量考虑满足老年人对艺术追求的心愿。文化馆各艺术门类的专业干部对口负责各个老年团队和个人,为他们搭建交流展示平台。文化馆服务人员要为他们排忧解难,解决技术方面的问题,做好协调工作,对他们大度包容,服务好老年群体,让老年人在文化馆能感受到艺术的享受和团体的温暖。

三、针对老年群体的路径研究

面对新时代的快速发展和变化,在了解老年人的特殊性,明确针对老年群体服务的工作原则之后,文化馆的工作方式和工作路径也应该得到进一步的拓展。

(一)完善政策法律体系

任何工作的开展都离不开法律法规以及相关政策的支持,尤其是作为基础公益事业的文化馆,其发展更是离不开国家在方针政策方面的支持。随着我国社会老龄化程度的不断加深,国家对于老年人的生活也有了更多的关注,这也体现在法律和国家政策层面。一方面,要建立健全法律法规以及相关政策,对文化馆的老年群体服务做出明确的规定和指示,弥补文化馆面对老年人开展服务的空白;另一方面,要加强法律落实情况,基层干部要积极学习党和国家的各项政策,领会其精神,落实到日常的工作之中,增强文化馆老年服务的有效性。

(二)建立工作人员队伍

由于面向老年人的文化服务需要贴心细致的工作,并且这一工作具有长期性的特点,因而需要大量的工作人员专门开展老年群体的服务。文化馆一是要大力招聘开展文化馆老年群体服务的工作人员,增加服务的能力、扩大服务的范围;二是要对服务老年人群的工作人员进行专业的培训,保证其服务态度和服务质量;三是要鼓励人们积极参加文化馆志愿者活动,集社会之合力促进文化馆老年人群体关爱制度的发展。

(三)建立资金筹措体制

文化馆属于社会公共服务业的一部分。要提高服务的能力和质量必须要有足够的资金作为物质支持。一方面,文旅局(委)财务部门要对财政拨款有合理的规划和安排,尤其是针对老年群体服务的部分要有单独的资金支持,因为老年服务所需的资金往往最多,在资金方面必须要有足够的保障;另一方面,文化馆应定期举行公益活动,比如综艺演出、音乐会、画展、读书会、话剧等,门票所得可以作为文化馆的资金支持,也可以吸引到更多的社会慈善家对文化馆伸出援手,进一步提高文化馆公益服务的质量。

(四)积极创新发展途径

当今社会发展日新月异,止步不前只会被时代淘汰,文化馆也必须不断学习,持续进步,才能为更多的人民群众提供基层文化服务。针对老年人群体,文化馆可以通过开办老年大学等方式,自编自选教材,创新教学方式,促进老人文化百花齐放,群众文化大发展。

文化馆服务工作作为社会文化教育事业的重要组成部分,对国民素质的提升有着重要作用。如今,人口老龄化的趋势让我们不得不更加关注于老年人这一特殊群体的服务。文化馆工作人员必须要及时调整心态、建立健全人员管理体制,创新发展途径,为老年人群体提供更好的公共文化服务。

参考文献

[1] 黄嘉 . 浅谈文化馆对特殊人群服务的价值与意义 [J]. 福建歌声,2017:42-43.

[2] 田宇 . 基于文化馆在群众文化服务中的功能探究 [J]. 产业与科技论坛,2019(3):121-122.

[3] 聂宗俊 . 县级文化馆艺术培训延伸服务研究 [J]. 戏剧之家,2019(11):246.

宁夏非遗产业化发展初探

——以隆德县六盘山文化城为例

仪秀江（宁夏回族自治区文化馆）

习近平总书记指出："不忘本来才能开辟未来，善于继承才能更好创新。"非物质文化遗产（以下简称"非遗"）是人类文化多样性和人类创造力的体现，是人类文化可持续发展的基因。我国拥有丰富的非物质文化遗产资源，但非遗的传承与保护仍存在保护不当、传承后继无人等问题。鉴于此，因势利导地采用恰当合理的传承保护方式成为非遗保护的重要课题。在经济社会高速发展的今天，特别是文化旅游深度融合后，非遗的产业化发展作为发挥国家文化软实力、促进经济发展的重要方式，愈来愈成为非遗保护的题中之义。

一、非遗产业化发展的重要意义

党的十九大报告指出，"文化是一个国家、一个民族的灵魂。文化兴国运兴，文化强民族强"。非遗产业化发展不仅是传承与保护我国优秀传统文化的重要抓手，更是发挥国家文化软实力，促进经济发展的重要载体。

（一）非遗产业化发展让中华优秀传统文化彰显魅力

习近平总书记高度重视中华优秀传统文化。非遗产业化发展亦是将非遗资源实现创造性转化和创新性发展的有效途径。按照时代特点和要求，对那些至今仍有价值的内涵和陈旧的表现形式加以改造，赋予其新的时代内涵和现代表达形式，并通过市场化、商业化运作，将其文化价值转化为经济价值，增强优秀传统文化的影响力、感召力。

（二）非遗产业化发展为中华优秀传统文化注入活力

联合国教科文组织《保护非物质文化遗产公约》中强调非物质文化遗产保护概念的核心是"确保非物质文化遗产生命力"。非遗产业化发展是以非物质文化遗产要素为核心，在保留其"脐带血"的基础上进行研发、融合、产业化发展，从而为广大人民提供丰富多彩的精神文化产品，让更多的人能通过物化的、产业化的产品认识非遗，了解非遗，真正实现"见人见物见生活"，让千百年来留存传承下来的优秀传统文化真正"活态化"，满足人民的美好生活需要。

（三）非遗产业化发展为经济社会高质量发展带来动力

《国家"十三五"时期文化发展改革规划纲要》指出,要"推进非物质文化遗产生产性保护"。非遗产业化是一种以生产带动保护、以生产带动传承的理念,是指通过生产、流通、销售等方式,将非物质文化遗产及其资源转化为生产力和产品,产生经济效益,并促进相关产业的发展。从保护方式来看,非遗产业化是非遗适应经济社会发展的积极互动。

二、宁夏非遗产业化发展模式——以隆德县六盘山文化城为例

宁夏,作为少数民族地区,特别是自发展全域旅游以来,非遗产业化发展在不断探索中呈现发展壮大的势头。截至 2020 年 4 月,宁夏共有 18 个国家级非遗代表性项目(共 4 批),144 个自治区级非遗代表性项目(共 5 批),22 名国家级非遗代表性传承人(共 4 批),249 名自治区级代表性传承人(共 5 批),15 个扶贫就业工坊,98 个保护传承基地(共 7 批)。其中以隆德六盘山文化城、西吉马兰刺绣、青铜峡雄鹰皮草、中卫宁夏毯为代表的产业化发展项目已成为宁夏非遗产业化发展的中坚力量。本文以隆德县六盘山文化城的发展为例来阐述宁夏非遗产业化发展模式。

（一）以政府为主导创办文化产业基地,为非遗产业化发展提供平台

为加快发展文化事业、大力培育文化产业,挖掘、开发当地文化资源,扶持引导民间文化艺人从事产品开发与经营,依托隆德县委、县政府打造的"五个一"工程,隆德县于 2009 年建成了面积 1.3 万平方米的六盘山文化城,这是一个主要以民间文化产品展示、推介营销,古玩交易,文化产业骨干企业培育,挖掘、保护、开发、旅游为主要功能的综合性文化产业基地和平台。通过宣传、推介,隆德县先后帮助引进 56 家文化经营户入驻文化城置业创业,涵盖书法、绘画、篆刻、油画、农民画、刺绣、剪纸、古玩交易、装裱装潢等十多个类别,公司挖掘、开发以"六盘人家"为品牌的非遗产品已达 20 多个系列、160 多种文化旅游小商品。还有青铜峡市的非遗传承基地,为青峡绣女工艺品编织有限公司提供平台,在区内各旅游休闲基地开展培训、现场体验、商品研发、销售为一体传承活动,带动当地妇女创收,助力乡村振兴。

（二）以非遗传承人为核心,为非遗产业化发展完善人才队伍

隆德县六盘山文化城通过开展各类非遗培训班活动,不断加大人才队伍建设。通过培训拥有一定技艺水准的非遗艺人超过 500 人,全县有各类文化艺术人才 1523 名,从事书画及民间民俗文化产品的经营户 315 人,从业人数 1700 余人,带动就业创业人次达 242 人次,人均年收入达 3 万元,举办各类非遗培训班 24 期,达 3000 人次,外出培训学习 16 场次。位于闽宁镇原隆村的宁夏昱嵘文化旅游有限公司有银川市非物质文化遗产保护传承技艺研学游讲学老师 5 人,自成立以来组织开展各种技艺学习班 21 期,参加人数

2000 余人,为今后的产业化发展储备人才。

（三）以社会力量参与的方式,推进文化产业与市场对接

2010 年,综合性文化公司隆德县六盘人家非物质文化遗产发展有限责任公司创办,采取"公司 + 农户 + 基地""公司 + 书画商""书画工 + 书法爱者 + 中介组织"的模式,通过企业运作、外出参展等方式努力推进文化产业与市场对接,提升产品的创新能力,不断宣传以扩大隆德文化品牌的知名度,把隆德县民俗文化转变成文化产品,实现社会效益和经济效益的双丰收。截至目前,隆德县文化产业经营户已增至 800 余家,提供就业岗位 4000 个,全县实现文化年产值 4800 万元,年接待游客 135.24 万人次,营业性收入 3926.11 万元,旅游社会总收入 5.4 亿元。2015 年,该公司被隆德县就业局确定为"文化实用人才培训基地"。

（四）搭建电商平台,探索出一条"互联网 + 非遗 + 扶贫"的新模式

隆德县工业园区建立非遗产品销售点,利用互联网技术发展非遗品牌,从而帮助非遗从业者脱贫致富。隆德致力于将"六盘人家"打造成为具有市场竞争力的时尚品牌,以吸引广大消费者购买,帮助非遗手艺人"自我造血",改善生活。六盘山文化城 2010 年被自治区确定为"全区文化产业示范基地",2018 年确定为"六盘山文化城非遗传承综合基地"。

六盘山文化城的建成及公司的成立为隆德文化产业开辟了一条走集约化宣传、生产、营销、培训的新路,为文化产业个体之间的资金融通、资源整合、信息交流、服务共享和品牌打造搭建起一座良好的平台,成为隆德县规模最大的文化旅游产品生产、交易基地,更为宁夏非遗产业化发展模式提供了方案和经验。

三、影响宁夏非遗产业化发展的瓶颈

近年来,宁夏在不断探索非遗产业化发展的道路上,取得了一些显著的成效,切实解决了一些非遗传承人的实际问题,也带动了一批非遗传承项目的蓬勃发展,但在实际工作中仍然存在许多问题严重制约非遗产业化发展之路。

（一）非遗产业化发展的可行性研判待加强

并不是所有的非遗项目都适合产业化发展。近年来,为追求短期经济利益而盲目进行产业化发展的做法不仅破坏了某些非遗资源的本真性价值,同时给非遗传承人带来巨大的经济损失,影响其社会价值和声誉。换言之,只有对非遗项目自身的文化价值有了深入的认识,才能分析判断出项目本身是否适宜走向市场,是否与受众的需求相契合,是否能够进行产业化以及产业化的规模、效益如何。

（二）非遗产业化发展所需资金无保障

资金是产业化发展的硬指标。以非遗项目为核心的产业化发展涉及研发、生产、销售、宣传等众多环节,缺一不可。宁夏是经济欠发达地区,GDP 总量在全国排名靠后。大多数非遗传承人的基本生活保障都需要依靠政府帮扶,甚至不能完全解决其生存问题。因此,完全依靠政府提供非遗产业化发展资金的难度较大,不易实现。

（三）非遗产业化发展标准化管理不健全

非遗产业化发展是"传承与保护"的重要方式,但不是"商业化开发"的必要手段,其核心是以保护非物质文化遗产的"DNA",即核心技艺和文化内涵为主。近年来,宁夏的非遗产业化主要依靠政府的帮扶和传承人的自主意愿,政府及相关主管部门仍未建立从制作技术、产品质量到市场推广等方面的标准化管理,不仅容易造成传统手工工艺和技术的流失,同时无法保证非遗产品的质量,严重影响当地的文化品位与文化形象。

（四）非遗产业化发展所需人才队伍建设不完善

一方面,以非物质文化遗产传承人为核心的"传帮带"队伍出现青黄不接、后继乏人的困境。比如像宁夏贺兰砚手工技艺,因学习周期长、学艺过程辛苦等客观原因,无人愿意坚持学艺。另一方面,以非遗产业化运营管理人才为核心的专业人才队伍严重匮乏,影响非遗产业化发展的效能提升。

四、宁夏非遗产业化发展路径

为传承优秀传统文化,繁荣文旅产业发展,实现当地经济高质量发展,非遗产业化发展既要秉持文化规律,又要遵循经济规律。针对宁夏非遗产业化发展中存在的问题与瓶颈,笔者提出如下发展路径。

（一）制定科学的产业发展规划,挖掘非遗的经济文化价值

非遗的产业化经营是一个循序渐进的过程,需要进行大量的前期准备工作,我们不能未经规划就盲目地将其置于市场化进程之中。要围绕四级非遗项目名录进行甄别和遴选,针对不同的项目确定不同的产业化方式。对于与社会生活息息相关、很难进行市场化的项目,如礼仪类、语言类、风俗类、信仰类等,主要由各级政府、社会力量和广大民众通过公益性建设予以保护。对于离市场较近、能够产生经济价值的非遗项目,如民间音乐、民间器乐、传统技艺等,应通过吸引社会资金加以开发利用,实施生产性保护,促进非遗项目良性运转。

（二）引入标准化理念,推进非遗产业化良性发展

通过引入标准,对产业化发展项目,特别是传统手工技艺,制定出共同的和可重复使

用的规则,加以规范和控制,以改进产品、过程和服务的适用性,实现保护和传承的最佳效益。需要建立产业化项目的流程规范,在完整保留现存生产状态的同时,进一步探访传承人和相关专家,研究并挖掘古老的、关键的却被忽略的技艺和流程,以标准规范性文本方式完整再现核心技艺,实现知识产权保护,从根本解决宝贵的文化遗产由于"手手相传、口口相传"以至濒危失传的窘境。

(三)加大力度完善产业化人才队伍,推动非遗产业化发展进程

采用培养与引进相结合的方法。一方面与高校、培训等机构进行合作,通过开设相关课程培养后备人才或者邀请机构专家为项目参与人员进行在岗培训;另一方面,积极引进有能力、有经验的产业型人才为非遗产业化项目服务。最后,要做好非遗传承人群体培训工作,可以借力"非遗传承人研修研习培训计划",邀请研习培训计划学员进行"以学带学"活动,培养更多传承人;鼓励民间举行传统技艺比赛、传统技艺展示等活动,提升传承人的技艺水平。

(四)加强对外交流合作,开拓非遗产业化展示平台

更高视野、更大规模地融合资源,展示非遗的存在感、生活感、价值感。借助文旅部门的国际、国内交流项目,组织优秀的非遗传承人参加各类国内外交流活动和非遗展览、展示活动;同时与企事业单位进行合作,通过非遗展演以及非遗作品展览销售的方式宣传展示非物质文化遗产资源。充分利用线下体验馆开展非遗传播和传承活动,并逐步形成以体验馆为基地的非遗产业链条。

(五)加强文旅深度融合,实现非遗产业化、集群化发展

在文化和旅游深度融合的背景下,通过"非遗 + 商品""非遗 + 旅游"的模式,将适合的非遗项目融入景区,也将景区旅游元素融入非遗项目,研发出适合不同市场的特色文化旅游创意产品。同时,依托特色非物质文化遗产项目,打造民俗文化旅游村项目,让非遗项目走入寻常百姓家。

(六)推动非遗与科技融合,构建领先的商业盈利模式

借鉴深圳、福建等地"智慧非遗"的经验,借助科技手段,将非遗内涵与产品同远程移动网络、新媒体、AR/VR 等新技术嫁接,建立推动文旅融合、线上线下一体化的综合性教育、培训、体验、现场 AR 感受与互动、关联非遗文化产品销售等模块,更进一步地全面提升项目各版块的发展潜力,构建产业领先的商业和盈利模式,高频、高效、高参与度、高体验性、个性化地向社会大众传承传播中国非遗传统文化。

参考文献

[1] 黄胜进 . 从"文化遗产"到"文化资本"——非物质文化遗产的内涵及其价值考察 [J]. 青海民族研究,2006（4）:10-12.

[2] 谭宏 . 我国非物质文化遗产经济价值开发中存在的问题和对策研究 [J]. 理论探讨,2008（2）:84-88.

[3] 宋俊华,王开桃 . 非物质文化遗产保护研究 [M]. 广州:中山大学出版社,2013.

[4] 张素霞 . 基于利益相关者理论的传统手工艺类非物质文化遗产保护评价模型构建和保护体系研究 [D]. 北京:北京交通大学,2014:14.

[5] 凌振荣 . 传统手工技艺类非物质文化遗产的保护 [J]. 南通纺织职业技术学院学报,2014（1）:33-37.

[6] 李荣启 . 非物质文化遗产 "生产性保护" 的重要性和可行性 [J]. 美与时代（上旬）,2014（9）:21-25.

文化馆与其他公共文化机构融合发展的思考

盛　婕（杭州市职工文化中心）

文化馆作为政府公益性文化事业单位，具有引领公共文化发展的重要职能。新时期，如何加速服务形态和工作方式的转变，坚持群众文化公益性方向，不断探索社会化服务体系，深化机制改革，利用多元化数字化转型升级，与其他公共文化机构融合发展，充分保障人民群众更高的文化需求，推动公共文化加速发展，是文化馆人必须思考的课题。

一、文化馆与其他公共文化机构融合发展的现状

2004年公共文化服务体系建设以来，文化馆与其他公共文化机构不论硬件设施、队伍建设、服务内容等都有了很大提升，但由于上级主管部门不同、事业单位性质不同、运营保障条件不同等原因，一直存在各自为政、条块分割、资源分散、多头服务的运行模式。

（一）各自为政，缺乏统一组织的协调机制

2015年中办、国办出台《关于加快构建现代公共文化服务体系的意见》，到2016年，全国大部分的省、地（市）、县（市）政府都组建了当地的公共文化服务协调组织机构，在宏观布局、设施建设上发挥了一定的作用，但在实际落实协调各主管部门、业务单位、资源整合、联动服务等方面没有形成合力，没有发挥组织机构应有的协调作用。

（二）条块分割，缺乏区域统一的规划布局

长期以来，公共文化服务工作一直按部门、行政区划、行政层级配置文化资源的传统模式运行。各公共文化机构都是按照各自隶属关系、主管部门，开展各自的公共文化服务，相互之间的联系、合作、交流甚少。

近几年，公共文化设施不断改善，但很多公共文化机构存在重挂牌轻管理、专业人员少、服务门类缺、服务效能低等现象。部分场馆还存在焕然一新的服务设施与冷清的人气的鲜明对比。主要原因还是缺乏区域统一的规划布局，活动项目单一、内容不丰富，没有吸引力。

（三）资源分散，缺乏统一服务的网络平台

互联网时代，文化馆与其他公共文化机构都开始重视数字文化建设，很多文化馆

（站）、宫、中心都建有自己的网站、微博、微信公众号等。但实际运行中,存在各公共文化服务平台资源分散、受众面小、粉丝少、点击量有限、公众参与度不高等现象,甚至有些文化单位的微信公众号推文的阅读量不足三位数。2020年,突如其来的新冠疫情也暴露出各地文化馆数字文化资源的不足的问题。文化馆向社会提供资源的数量和质量都还有很大的提升空间。

（四）多头管理,缺乏有效统一的监督评估

目前我国已建立并实施了关于文化馆的省、市、县（区）各级等级评估标准,对文化馆的硬件设施、业务工作、队伍建设等做了明确要求和量化考核。但还有很多公共文化机构隶属于人民团体或乡镇（街道）,不在政府对公共文化的考核范围之内。由于缺少监督监管,只管投入、不管产出、不顾绩效的现象大有存在。甚至有些主管部门随心所欲,将下属公共文化事业单位作为自己的补充,以每年是否完成自己交办的任务为主要考核内容,变相地改变了公共文化机构的职能定位。

二、文化馆与其他公共文化机构融合发展的优势

近几年,经济的高速发展和政府对公共文化的重视投入,使得各地都在努力打造一流的硬件设施和丰富的公共文化服务项目。文化馆作为公共文化区域建设的枢纽,要主动联合各公共文化机构,优化资源配置、完善服务内容、体现服务精准、提升服务效能,推动公共文化高质量发展,最终实现打通公共文化服务"最后一公里"。

（一）优化硬件资源配置,扩容文化服务场所

2016年12月颁布的《中华人民共和国公共文化服务保障法》明确文化馆（站）、图书馆、博物馆、美术馆、科技馆、工人文化宫、青少年宫、妇女儿童活动中心、老年活动中心、乡镇（街道）和村（社区）基层综合性文化服务中心、农家（职工）书屋等都为政府主办的公共文化服务机构。如果能打通这些不同主管部门、不同事业单位性质的所有公共文化服务机构之间的壁垒,互联互通、联合服务,不仅能减少重复性建设的浪费,优化硬件资源配置,提高场地利用率,而且能真正实现公共文化就近就便地为所有人服务,真正做到全覆盖和普惠性。

（二）融合品牌活动项目,完善文化服务内容

党的十九大明确要求推动公共文化服务社会化发展,以"重内容、强服务"为未来发展方向。从服务内容看,文化馆与其他公共文化机构有很多相同、相通之处。从服务专业化角度看,各公共文化机构都有各自的服务优势和特点。文化馆要发挥中心作用,与其他公共文化机构联合服务,形成资源、人才相互调配,项目融合发展,以品牌活动项目为引领,将每一个场馆都打造成各有侧重、内容丰富的公共文化综合体,以完善的服务内容、集

群的效应,吸引服务更多人群。

(三)精准对接多元需求,提升文化服务效能

现代文化馆开展服务时要秉承"大公共文化服务"和"开放融合"的理念,在工作职能方面,除直接主办活动外,要转到对群众文化的社会管理和支持各级各类文化单位开展服务上来,主动将不同单位的公共文化资源整合到文化馆的平台上,与其他公共文化机构融合发展,提高已有文化基础设施、人才队伍、工作机制的水平,进一步丰富活动内容,针对各类不同人群开展精准服务。在整合各类资源基础上,科学高效运用各类基础设施,发挥各自优势并调动各方面积极因素,以需求为导向,精准对接多元需求,体现服务专业化,提升服务效能,在融合发展中更好地服务百姓群众。

三、文化馆与其他公共文化机构融合发展的路径

新时期的文化馆要改变工作方式,主动走出去携手各方,搭建一个资源集成优化延伸的开放平台,从以往服务小众、服务大众向全区域扩展,主动把项目、内容、服务从场馆空间拓展到全域范围,实现与其他公共文化机构的共赢发展。

(一)组建公共文化服务协调机构

由文化馆牵头,组建本地区公共文化服务机构业务工作的指导中心,就本地区的公共文化硬件设施、服务内容、活动时间、活动人群进行共同商议和科学合理安排。将资源整合、文化设施共享等各项具体工作落到实处,以更优化的服务覆盖更多人群。推动优质服务资源延伸下沉、提质扩容,推进城乡区域一体化发展,促进公共文化服务更高质量、更高水平的全覆盖。

(二)合理设置区域公共文化服务项目和内容

按服务人口,打破条块分割、区域壁垒,形成资源共享、联合服务、就近就便地服务新模式。

(1)打通馆站之间的壁垒,以时间段划分,向不同人群提供服务。周一至周五的上午、下午向场馆附近的老年人、轮休制上班的职工开放,中午向附近的白领、上班族开放,晚上向青少年和青少年家长、青年职工开放,周末向青少年、儿童、上班族开放。

(2)利用大数据分析和实地调查,根据人口实际分布情况和各公共文化机构的设施条件,合理设置区域公共文化服务的项目和内容。在高知识年轻人居多的区域,多开展时尚化、年轻化的项目;在孩子居多的区域,多开展亲子或青少年培训活动;在老人居多的社区,多开展戏曲、下棋、书画等活动;在外来务工人员居多的区域,多开展文化技能提升服务等。

（三）共建一体化的数字服务网络平台

打造融合公共文化多场馆、多领域、全要素的服务平台，使不同场馆之间、不同数字平台之间互联互通，以创新的思维共建一体化的数字服务网络平台，整合资源开展精准服务。

加强优质数字资源建设方面，文化馆要主动引入、对接青少年宫，将其已形成一定规模和影响力的青少年科技文化艺术培训品牌项目通过数字化加工成慕课，使更多青少年受益；联系文化宫，将其开发吸引青年职工的新项目通过制作成慕课，让更多人学习。

资源内容是数字公共文化建设的核心，是推动文化馆转型升级和提质增效的主要动力。文化馆要主动与其他公共文化机构共同开发、共享资源、共建平台、共创服务、共赢未来，实现提升服务效能、扩大服务覆盖面的工作目标。

（四）建立科学完善的绩效评估体系

尽快将其他公共文化机构的绩效评估纳入公共文化的评估体系中，以公共文化事业发展的要求和群众文化的需求为依据，建立系统、量化、科学、统一的与实际工作紧密联系的评价指标。绩效评估的内容包括设施的利用、经费的使用、队伍建设、基本服务、数字化服务、服务满意度等。工作指标包括举办展览数量、组织文艺活动数量、举办培训班班次和培训人数等。借助科学的指标、方法，对各服务单位、服务项目的工作效率和质量做客观评价，并将考核结果纳入工作实绩（任期目标责任制）考核，以最终保证工作项目高质量完成和专项资金的有效利用。

从发展趋势看，公共文化服务融合发展是大趋势。近几年，在公共文化供给侧改革中，各级文化馆尝试与社会机构开展广泛合作，但在实际工作层面，能够参与到公共文化服务体系建设、扮演公益性定位职能并能够很好地在资源运营、产品设计等方面与文化馆合作的社会化组织数量甚少。笔者认为，对于文化馆来说，开展公共文化服务最好的合作伙伴还是其他公共文化事业机构。以政府为主导、公共文化事业机构为骨干，其他社会组织为补充的公共文化管理体制是今后公共文化服务工作开展的一个比较好的方向。

参考文献

[1] 李宏,魏大威. 新时代文化馆创新发展:2017—2018[M]. 北京:国家图书馆出版社,2019.

[2] 李宏,李国新. 中国文化馆全民艺术普及发展报告:2015—2016[M]. 北京:人民日报出版社,2018.

[3] 魏大威. 新时代文化馆:改革　融合　创新:2019中国文化馆年会征文获奖作品集 [M]. 北京:国家图书馆出版社,2019.

[4] 萧烨璎. 谈谈文化馆的开放性 [G]// 李国新. 文化馆发展十一讲. 北京:国家图书馆出版社,2020:177–196.

[5] 杨乘虎. 深化公共文化服务供给侧改革的若干思考 [G]// 李国新. 文化馆发展十一讲. 北京:国家图书馆出版社,2020:35–62.

文化馆与艺术培训机构的合作与共赢

——以少儿艺术培训为例

陈甜甜（海南省群众艺术馆）

少儿艺术普及培训是文化馆开展"全民艺术普及"培训的重要内容。随着我国经济社会的不断发展，人们越来越重视下一代的全面发展，尤其是素质教育的全面推进，使少儿艺术培训的需求不断增长，催动了艺术培训行业的兴起与发展。文化馆作为公共文化服务的政府职能部门，应当正视少儿艺术培训机构在少儿艺术教育中发挥的积极作用，不断审视文化馆少儿艺术普及培训存在的问题，"他山之石可以攻玉"，只要文化馆能够充分利用艺术培训机构的优势，就一定能够提升少儿艺术普及培训的能力和水平，扩大少儿艺术普及培训的受益面。

文化馆鼓励和引导艺术培训机构参与少儿艺术普及培训，应当以提升少儿艺术普及培训能力、扩大少儿艺术普及培训受益面为根本目的，同时积极培育和引导少儿艺术培训消费需求，为少儿艺术培训消费选择提供参考和建议，实现入门培训免费服务、提高培训咨询服务和提高培训消费服务的无缝衔接，同时助力艺术培训行业的健康有序发展。

一、文化馆少儿艺术培训存在的主要问题

艺术培训是文化馆开展"全民艺术普及"的基本途径，少儿艺术培训是重要内容之一。文化馆的少儿艺术培训在一定程度和一定范围满足了社会少儿艺术教育的需求，但仍然存在一些突出问题有待解决。

一是少儿艺术培训服务供给与需求错位。少儿艺术培训是文化馆全民艺术普及的重要内容，但不是全部内容，这就意味着文化馆不可能将有限的人力、物力和财力全部投入到少儿艺术普及培训中来。因此从服务总量来看，文化馆的少儿艺术培训远远不能满足庞大的社会需求量；从服务内容来看，文化馆的少儿艺术培训也不可能涉及更多的艺术门类，很难满足少儿艺术培训的多样化需求。同时，文化馆对少儿艺术培训的延伸服务能力明显不足，如少儿艺术提高培训服务、少儿艺术培训消费咨询服务等。

二是少儿艺术培训服务质量有待提高。授课教师的教学质量是影响少儿艺术培训服务质量的关键因素。文化馆的少儿艺术培训多由本馆业务骨干担任授课教师，师资不足时则以外聘的方式补充。文化馆业务骨干艺术教育理论水平偏低是文化馆人才队伍长期存在的普遍问题。文化馆的业务骨干大多没有接受过艺术教育学科训练，艺术教育的理

论方法普遍比较欠缺,部分业务骨干甚至没有接受过系统的艺术教育,而外聘教师大多没有接受岗前培训就直接上岗,导致文化馆的艺术培训服务质量有待提高。一方面,这些教师的授课内容多以艺术技能为主,很少涉及艺术理论知识、艺术作品赏析等内容,不能真正发挥素质教育的重要作用;另一方面,这些教师多采用灌输式的教学模式,且教学方法相对单一枯燥,容易使学生产生厌学情绪。

三是少儿艺术培训成果评价标准单一。少儿艺术教育成果评价标准的多元化是促进艺术教育发挥美育、德育和智育功能的重要因素,也是社会主义精神文明建设的必然要求。但文化馆的少儿艺术培训成果评价标准普遍单一,多以结业时的命题作品作为主要或唯一评价标准,使文化馆艺术培训的价值导向逐渐偏离了提升全民艺术素养的初衷和目的,也没有体现艺术教育提升少儿艺术审美力、艺术创造力和艺术表达力的价值和意义。

以上是文化馆少儿艺术普及培训存在的短板,补齐这些短板是文化馆提升少儿艺术培训服务能力的关键,但仅依靠文化馆的力量显然是不够的。因此,文化馆应积极探索借助社会力量提升少儿艺术普及培训服务能力的方法和途径,使少儿艺术普及培训服务供需平衡。

二、与艺术培训机构合作是提升少儿艺术普及培训能力的有效途径

艺术培训行业的兴起和发展适应了不断增长的少儿艺术培训消费需求,许多规模较大的艺术培训机构已经形成了相对固定的师资团队、科学的运营管理机制和先进的艺术教育理念,有能力、有条件参与少儿艺术普及培训,且能够有效补齐文化馆少儿艺术培训的短板,快速提升文化馆少儿艺术普及培训能力。

(一)艺术培训机构的艺术培训供给能力强

从整个艺术培训行业来看,艺术培训机构的数量已经趋于饱和,能够满足少儿艺术培训的社会需求总量;从艺术培训机构本身来看,他们大多拥有设备齐全的培训场所和相对固定的师资团队,从课程设置、授课内容、授课时间、授课方式等方面都可提供个性化的艺术培训服务,能够满足少儿艺术培训的多样化需求。

(二)艺术培训机构的艺术教学水平较高

从艺术教育知识背景来看,艺术培训机构的教师大多是高等艺术院校或高等院校艺术专业的毕业生,他们掌握了较为系统的艺术理论知识和较高水平的艺术技能,能够为少儿艺术培训提供专业保障。从艺术教育技能来看,艺术培训机构的教师大多是全面推进素质教育的受益者,他们具有良好的艺术表达能力、艺术审美能力和艺术创造力,在艺术教学中能够根据学生特点灵活调整教学内容和教学方法,使少儿艺术培训效果普遍良好。

（三）艺术培训机构的艺术培训成果评价标准多元

从少儿艺术启蒙培训来看,艺术培训机构的教学评价标准更侧重于对少儿艺术兴趣、少儿艺术表达欲望以及少儿合作意识、集体意识、规则意识等方面的评估,评估方式主要以问卷调查为主。从少儿艺术提高培训来看,艺术培训机构的教学评价标准更侧重于对艺术技能、艺术知识、艺术自信等方面的评估,评估方式主要包括艺术考级、艺术比赛、文艺演出等。这种分层次、分阶段、有侧重的艺术教育评价体系更容易让少儿从艺术教育中获得自我认同感和成就感,从而树立正确的世界观、人生观和价值观,有利于促进少年儿童的身心健康发展,使少儿艺术教育在全面提升国民文化艺术素养的进程中发挥越来越重要的作用。

综上所述,文化馆应积极寻求与艺术培训机构的合作,以彼之长补己之短,不断提升少儿艺术培训服务的能力和水平。

三、文化馆与艺术培训机构的合作模式

文化馆与艺术培训机构的合作是文化馆提高少儿艺术普及培训能力的有益尝试,是文化馆培育和引导社会艺术培训消费需求的有益尝试,是文化馆提高社会公共文化服务能力的有益尝试,是文化馆职能转变和公共文化服务供给侧改革的有益尝试,也是文化馆助力文化产业发展的有益尝试。但如何开展合作,是文化馆必须慎重思考的问题。一方面,艺术培训机构是经营性的艺术培训服务供给方,是以营利为目的的,而文化馆的艺术培训是免费的公益性普及培训,在不能直接获取经济收益的情况下,艺术培训机构能够通过双方合作获取何种受益是文化馆必须考虑的问题,这样才能有效调动艺术培训机构参与公共文化服务的积极性;另一方面,艺术培训机构参与公益性艺术普及培训,必须遵守《中华人民共和国公共文化服务保障法》及文化馆关于全民艺术普及培训的相关规定,如何履行监督管理职责也是文化馆必须思考的问题。

基于以上两点的考虑,笔者认为,文化馆可以从以下三个层面与艺术培训机构开展少儿艺术普及培训合作。

（一）设立文化馆少儿艺术普及培训站

设立文化馆少儿艺术普及培训站是文化馆与艺术培训机构合作的主要方式。阵地服务是文化馆的传统服务方式,随着互联网时代的到来,文化馆的数字化服务成为扩大文化馆服务覆盖面的主要手段。但笔者认为,阵地服务具有数字化服务不可取代的作用和地位。一方面,阵地服务能够为群众提供面对面的个性化服务,即时回应群众提出的服务需求和突出问题;另一方面,阵地服务能够有效引导群众科学体验文化服务,保证群众文化体验质量。因此,文化馆应当积极探索扩大阵地服务覆盖面的方法和途径。与艺术培训机构合作是文化馆扩大少儿艺术普及培训阵地服务范围、提高少儿艺术普及培训服务能

力的有效途径。文化馆可以通过在艺术培训机构设立"少儿艺术普及培训服务站"的方式与艺术培训机构展开合作,以点带面,逐步扩大文化馆少儿艺术普及培训阵地服务覆盖面,使更多的孩子能够现场体验高质量的艺术普及培训服务。

(二)以服务交换为基础

服务交换是文化馆与艺术培训机构合作的基础。随着我国公共文化事业的不断发展,文化馆作为开展公共文化服务的政府职能部门,在群众中的知晓率和认可度越来越高。数字文化馆的建设使文化馆的公共文化服务能力进一步提升,服务面更广,是一个具有广泛群众基础的宣传展示平台。文化馆应充分发挥自身优势,以服务交换的方式与艺术培训机构开展合作。一方面,艺术培训机构可以通过文化馆的数字文化馆平台、官方网站、微信公众号及群众文化活动等对艺术培训机构的教学理念、教学设施、师资力量、教学成果及开展公益性少儿艺术普及培训的有关情况等进行客观的宣传展示,树立品牌形象,提高自身社会知名度和影响力;另一方面,艺术培训机构能够通过开展公益性少儿艺术普及培训提高市场知晓率和占有率,并以此为契机开拓更广阔的市场,对自身发展具有深远意义;另外,文化馆对艺术培训机构的客观宣传能够有效避免艺术培训行业长期以来存在的"虚假宣传""夸大宣传"等问题,有利于艺术培训行业的健康、有序发展,同时也可为少儿的艺术培训消费选择提供参考和咨询,有利于培育和引导少儿艺术培训的消费需求,实现少儿艺术入门培训、少儿艺术培训咨询与艺术提高培训的一站式服务。

(三)以文化馆监督管理为保障

文化馆的监督管理是艺术培训机构有序开展少儿艺术普及培训的保障。艺术培训机构参与公益性少儿艺术培训普及必须遵守相关法律法规,并自觉接受文化馆的监督管理。一方面,文化馆应对艺术培训机构开展的少儿艺术培训课程内容、课时安排、师资力量、教学设施、安全应急措施等进行审核,以保证少儿艺术普及培训的教学质量及少儿的人身安全;另一方面,文化馆应在数字文化馆、官方网站、微信公众号等平台开设少儿艺术普及培训投诉和建议专用通道,以群众监督的方式对艺术培训机构参与的公益性少儿艺术培训进行有效管理,及时解决群众反映的突出问题,以保护社会力量参与公共文化服务的成果和社会形象,逐步建立和完善文化馆主导、社会力量参与的公共文化服务供给机制,并以此为切入点,逐步实现文化馆职能转变和公共文化服务供给侧改革。

全民艺术普及提质增效的思路探析

林雯旸（厦门市湖里区艺术馆）

2015 年 1 月，中共中央办公厅、国务院办公厅印发的《关于加快构建现代公共文化服务体系的意见》，要求积极开展全民艺术普及。2017 年 3 月，《中华人民共和国公共文化服务保障法》的实施将全民艺术普及上升为法律规定。全民艺术普及的提出，明确了文化馆的职业使命和责任担当。

随着中国特色社会主义进入新时代，人民群众对全民艺术普及的需求日益多元。经过几年的推动，全民艺术普及已经获得了阶段性的成效，在这一过程也面临一些新的问题。2020 年新冠疫情防控对公共文化服务供给模式也产生了很大的影响。文化馆如何立足新时代，如何在疫情防控的新形势下，提高全民艺术普及的有效供给，着力满足人民群众精神文化新期待，是值得探索与思考的命题。

一、全民艺术普及提质增效的意义

（一）发挥艺术培根铸魂的价值引领

美育是审美教育，也是情操教育和心灵教育。全民艺术普及通过全民艺术知识、全民艺术欣赏、全民艺术精品、全民艺术技能和全民艺术活动的普及，不仅可以教会群众艺术技能，更重要的是可以提升人们的审美素养，培育正确的审美观和感知美、欣赏美、创造美的能力。把艺术教育作为美育实施的重要途径，用具有美感的艺术形式和艺术活动，在潜移默化里温润心灵，启迪思想，发挥以文化人、以文育人的作用。

（二）激发群众文艺发展的内生动力

文艺是时代前进的号角，最能代表一个时代的风貌，最能引领一个时代的风气。人民需要文艺，文艺服务人民。通过全民艺术普及促进基层文化的繁荣发展，人民掌握艺术技能、参与艺术活动、投身文艺创作，增强人民在文艺活动中的参与感和获得感，推动文艺事业的可持续发展。文艺创作的源头活水是人民，人民审美能力的提升，可以使他们更好地鉴赏、创作出内容观照现实、具备艺术水准、富有地域特色及风土人情的文艺作品。

（三）促进全民文化素养的综合提升

全民艺术普及的开展,促进具有公益性、普惠性的群众文化活动有序发展,使得越来越多的群众可以共享文化惠民成果,有利于守好基层文化阵地,夯实意识形态领域基层基础,践行社会主义核心价值观,弘扬中华优秀传统文化,引领向上向善的社会风尚。从艺术技能的习得,到审美能力的提升,再到人文精神的价值引领,群众通过参与全民艺术普及,不仅丰富了日常文化生活,更是精神状态的提振和思想认识的内化。

二、全民艺术普及提质增效中存在的问题

（一）因循守旧,供给方式创新性不足

随着近年来全民艺术普及的深入开展,文化馆虽然通过开办公益培训班等艺术活动、数字文化资源的开发与运用等方式,提供了公益性的公共文化服务,但形式依然延续原先的模式,较难满足群众多样化、分层次的文化需求。线下全民艺术普及的开展创新力度较小,艺术活动的辐射面也有所限制,线上多利用自建网站和微信公众号进行全民艺术普及,随着手机端应用的兴起,网站的用户关注度下降,面对流行的抖音、短视频等文化产品,文化馆的全民艺术普及数字化服务层面缺乏敏感性和足够的应变能力,缺少专业的数字化技术人才,业务干部基本不具备网络直播、社群运营、公众号推广等能力,没有真正实现互联网环境下的互动和共享,未能很好地适应全民艺术普及的业态转变。

（二）重量轻质,供给内容同质化严重

随着社会美育逐渐发展,群众对文化艺术传播水平和文化修养能力提升有了更高的要求。文化馆系统现有全民艺术普及的线下模式趋同单一,线上数字资源总量虽有所提升,但内容适用性不强。统一提供的慕课资源、过时的演出、教学等视频,导致用户互动性弱、黏合度低。全民艺术普及缺乏持续的优质内容输出和策划运营,无法吸引用户特别是年轻用户的关注。有的文化馆也没有根据不同平台受众群体和媒介传播特性的差异,投放具有针对性的数字化服务和文化产品。同一内容在网站、微信公众号发布等都是相同的呈现,没有体现新媒体的传播特点,阅读量和参与度极为有限。同时,由于需求表达机制不完善,群众较难对全民艺术普及供给内容进行评价反馈,造成了服务供给与需求失衡。

（三）单调乏味,供给宣传多元化欠缺

和图书馆推动的全民阅读相比,文化馆全民艺术普及的公众认识度和社会影响力较低。文化馆对全民艺术普及的宣传还时常停留在艺术活动的活动预告和事后报道上,且多利用平面媒体或者微信公众号进行信息报道,宣传形式和传播内容的艺术性、创造性都

不强,较难吸引群众了解全民艺术普及的内涵实质,较难凸显全民艺术普及的社会效应,不利于与高频使用手机端应用的群众建立联系。全民艺术普及宣传推广在自建平台与第三方平台的融合引流中没有形成合力,有些文化馆在自建网站之外还开通了抖音、微博等账号,但没有逐渐形成公共文化服务的融媒体宣传矩阵,未能做好信息的集中整合、多元推广。

三、全民艺术普及提质增效的思路

(一)创新理念,资源共享,提高全民艺术知识

提高群众对全民艺术普及的公众认知度,各地可通过设立"全民艺术普及日",利用固定的时间,引导群众了解全民艺术普及,增强参与艺术活动的积极性。线下可通过讲座、培训、微信公众号推文为群众普及艺术知识,了解各艺术门类的特点,培养人们对艺术的兴趣和爱好。

文化馆在疫情防控期间关闭了实体场馆,通过"云端"共享线上文化资源,将艺术知识送到人们身边,这是文化馆数字化工作近年来成效的体现。"短视频 + 直播 + 文艺"让全民艺术普及形式发生变化,也倒逼着艺术知识传授的内容优化,只有内容充实、形式有趣的艺术知识课堂,才能获得高流量的关注。

上海市群众艺术馆推出"市民云课堂　美育静距离",由全国知名艺术家在线传授艺术知识。中国文艺志愿者协会创新开展"文艺进万家　健康你我他"网络文艺志愿行动,文艺工作者使用抖音开课直播,互动分享教授音乐、舞蹈等艺术知识,逐步扩大了艺术知识的普及范围。文艺类短视频,可在较短时间内将艺术知识转换成流行元素并推广开来,能促进了文艺作品的传播。

越来越多的主体参与到线上全民艺术普及的开展,也改变着群众的文化获取模式,并提高其审美水平。群众通过获取海量的文化资源,在自媒体平台上成为艺术知识的生产者和传播者。线上艺术知识的传播,促进了数字化理念创新和技能提升,激发群众学习艺术知识的主动性,有利于全民艺术普及的深入开展。

(二)善于借力,融合职能,促进全民艺术欣赏

全民艺术普及开展以来,文化馆面向社会免费开放,通过开办展览、演出等方式引导人们欣赏优秀作品和经典艺术,在一定程度上提升了群众的文化素养。文化馆受编制所限,其所属业务人员在队伍人数、技能水平方面与现行文化活动规模日益扩大的趋势不相称,影响其发挥对全民艺术欣赏的持续引导作用。文化馆要善于借力,促进社会力量参与全民艺术普及,融合不同主体各自的优势,通过"政府 + 专业院团 + 公共文化机构"的合作模式,实现公共文化资源的有效配置。

面对疫情常态化对公共文化服务供给方式的影响,文化馆应发挥网络在文艺资源共

享方面的优势,引导群众利用网络观看文艺作品,提高审美品位和审美水准。疫情防控期间,文化和旅游部举办了2020年全国舞台艺术优秀剧目网络展播,将《沂蒙山》《永不消逝的电波》等22台剧目放在网络进行展播,群众可以在展演期间上网免费观看;国家大剧院推出"春天在线""声如夏花"等线上音乐会,并通过导赏环节引导观众了解剧目背后的文化知识,提高对艺术作品的欣赏水平。

(三)扎根时代,拥抱生活,创作全民艺术精品

全民艺术普及重在群众参与,但不能忽视其专业性和艺术性。艺术精品是全民艺术普及的持久推动力。文艺创作和文艺演出中,应充分思考群众的审美取向和定位,通过节目形式的巧妙编排和节目内容的精心设计,将思想性、艺术性、观赏性相结合,增强节目本身的艺术张力。加强文艺精品的供给比重,提升全民艺术普及的质量。

邀请文艺名家参与全民艺术普及,打通专业文艺院团与群众文化之间的交流渠道,推动专群互动合作,把艺术创作、节目编演与培养公共文化人才的工作结合起来,为专业创作提供更接地气、更有生气的素材,创作更多深入生活、扎根人民的文艺精品,让群众享受到专业的文化服务、欣赏到高水平的演出。

抗击疫情期间,广大艺术家和文艺工作者以艺抗疫,倾情投入抗击疫情主题文艺创作,用优秀作品暖人心、聚民心。文艺界抗疫主题MV《坚信爱会赢》,旋律动人,词句质朴,在网络平台上线以来获得广泛关注,起到了鼓舞民心、提振士气的作用。"拥抱春天——厦门战'疫'文艺作品云展播""爱拼·奋进——音乐厦门·唱响新时代最强音云展播"等文艺作品云展播活动是文艺工作者创作的防疫抗疫主题文艺新作和近年来的优秀文艺作品集合,为群众送去了精神鼓励与艺术陪伴。疫情使得观赏艺术作品的方式从线下变到线上,群众也从单纯的欣赏者成为传播者,他们点击、转发数量可以从另一个方面反映出文艺作品是否真的得到群众的认同或认可。

(四)精准需求,有效供给,提升全民艺术技能

线下公益培训班的举办丰富了群众的业余文化生活,也促进着文化服务模式从"送文化"到"种文化"的转变。但文化馆本级培训班面对大体量的群众需求则供给有限,可利用文化馆总分馆制的下沉服务,文化馆分馆和社区文化服务点一同提供培训课程,增强公益培训的覆盖面,扩大服务人群。

试点文艺院团改制企业等社会力量参与基层文化服务建设,促进公共文化服务标准化、规范化建设。结合群众的文化需求,打造"菜单式"公共文化服务项目,为群众定制个性化的培训辅导服务,同时参与基层文化建设。专业文化工作者在为基层量身打造文化品牌活动的过程中,应注重挖掘培养有艺术潜质和组织能力的文艺骨干,为基层文艺爱好者提供专业培训和交流展示平台,推动全民艺术技能的自我发展。

疫情发生以来,全民艺术技能培训也深度运用"互联网+"开展工作。如:成都市文化馆将慕课直播与网络社群服务相结合,除了直播的单向授课外,培训学员还可进入相应

的线上交流群,通过交流巩固艺术技能学习成效。全国公共文化发展中心联合中国文化馆协会,启动"云上学好课·全民艺生活——2020云上全民艺术普及"活动,征集线上课程,汇集各地文化艺术人才的力量,加大全民艺术普及特色课程资源供给。线上全民艺术普及要充分发挥网络的媒介属性和资源优势,在内容的基础上,结合不同年龄、学习程度等,推送不同课程,提升文化馆的数字化服务能力。

(五)上下联动,促进参与,拓展全民艺术活动

在线下,文化馆可通过品牌活动的培育和引领,促进群众参与文化活动。创新发展品牌活动的形式和内容,打造内涵价值丰富、识别度高的适应新时代发展的群众文化活动品牌。如:厦门市湖里区社区文化艺术节至今已举办十二届,通过文艺展演、书画摄影展览、社区艺术团等展示风采,实现了基层公共文化活动的全面覆盖,有效拓展全民艺术活动。

丰富线下演出的创作构思和艺术形态,增强群众的互动体验。如:北京演艺集团主办的2019年奥林匹克音乐季中,运用独具匠心的舞美设计加强现场的感染力,让观众有了更好的视听体验。演出中主办方还给观众发放了口哨和拍手神器,观众可以在管弦乐《柏林空气》和《拉德斯基进行曲》两首曲子中,利用手中的道具参与音乐演奏。

在疫情防控期间,国家公共文化云将2019年400多场各地群众文化活动录播搬到云端,推出"云上群星奖""云上老年合唱节""云上广场舞""云上乡村春晚"等系列品牌群众性活动,丰富群众的文化生活。东莞市文化馆的"非遗小姐姐"抖音直播上线,给"非遗墟市"直播带货,通过创意视频和直播给东莞非遗引流,线上线下联动形成了合力,同时还联合南方日报社、"南方+"客户端创建了"南方+东莞云上文化馆",使零散的文化资源集聚起来,提高了艺术活动的服务效能,开拓了艺术活动开展的新路径。

让艺术与百姓生活同乐共振,用美育教育涵养美丽心灵。文化馆人要开阔视野、创新理念、提升能力、深耕内容,遵循文化活动注重面对面互动的艺术规律,适应文化馆业态模式的转变,借鉴文化领域相关单位的有效经验,精准提供高质量的公共文化服务,促进全民艺术普及的提质增效。

转型：文化馆的未来之路

周　宇（江苏省无锡市文化馆）

　　文化馆作为公共文化服务在基层延伸的重要阵地，因其职能的综合性与覆盖的广泛性，将在文旅融合的大趋势下发挥着越来越重要的作用。但是，目前文化馆普遍还存在着理念陈旧、人员不足、外行指挥内行等诸多问题，在未来的公共文化服务体系构建中，为了适应时代的发展和变化，文化馆及文化馆人也必将从自身出发，以党中央的重要纲领作为指示，实现文化馆各方面工作的全新转型。

一、从何处来——文化馆转型的背景浅析

（一）文旅融合，全域旅游成为战略性选择

　　在文旅融合的背景下，从上到下，各级相关单位都开始了对文旅融合发展的新探索和新实践。文化馆作为基层文化服务单位，也开始尝试与旅游景点融合，发掘新的活动形式，挖掘城市文化内涵。旅游是载体，文化是内涵，文化与旅游的结合，使得全域旅游概念成为现阶段战略性的选择。那么何谓全域旅游？全域旅游就是指各行业积极融入其中，各部门齐抓共管，全城居民共同参与，充分利用目的地全部的吸引物要素，为前来旅游的游客提供全过程、全时空的体验产品，从而全面地满足游客的全方位体验需求。"全域旅游"关注的是旅游质量的提升，关注的是"体验"，它从单纯追求游客数量和经济价值，转为开掘旅游在人们当今生活中的深层价值和意义。一座城市的文化遗产与文化魅力，正是提升一座城市的旅游价值、吸引游客一次甚至多次深度旅游的关键所在。全域旅游的铺开离不开公共文化服务水平的提升和发展，离不开本地域的深层文化内涵。这其中势必蕴含着新的变革与转向。2020 年 3 月，江苏省文化和旅游厅党组书记、厅长杨志纯在全省文化和旅游视频工作会议上指出，要坚持"宜融则融、能融尽融"基本思路，坚持"以文塑旅、以旅彰文"发展方向，持续探索实践，推动文旅融合往深里走、往实里走、往制度上走，努力做到用文化的理念发展旅游，让旅游更有"诗意"；用旅游的载体传播文化，让文化走向"远方"。对于文化馆来说，将场馆作为文化的载体，以场馆为依托，展现地方特有的文化魅力、文化内涵、文化价值，已经成为迫切的选择。

（二）时代变革，计算机网络技术飞速发展

　　随着信息技术革命的推开，人类已经进入了历史上信息量空前巨大的时代。大数据

技术、云计算、自媒体、AI技术等技术的广泛运用,一方面为活动和服务的开展提供了空前便利的条件,使得服务可以变得更为个性化、智能化;另一方面随之而来的隐私泄露、形式革新等诸多问题也为公共文化服务的提供带来了前所未有的挑战。如何应用好计算机网络技术,让技术有效地为人服务,这是摆在文化馆面前的重大课题。在很长一段时间内,由于人员和经费配备不足、理念陈旧等原因,文化馆的服务项目和服务方式还相当传统,缺乏令人惊艳的亮点。然而随着时代的发展,这些摆在文化馆发展面前的问题必当予以解决。将技术融入文化,用技术传播文化,以技术传承文化,使得人们的文化需求能得到最大限度的满足,这是文化馆发展的重要方向。

(三)体制机制僵化,财政管理过死

文化馆作为基层公共文化服务单位,一般是由文广旅游局管辖。文化馆的职能决定了它需要快速、灵活地应对不断变化的社会环境,需要采取多种形式调动资源和力量来参与公共文化服务。但是目前,由于文化馆人财物权的管理还是参照图书馆、博物馆等同系统单位的惯例,由行政处室一手抓,财政管理过细过死,这就严重阻碍了文化馆日常职能的发挥,而只能在现有框架下勉强完成上级设定的目标任务。这对于文化馆进一步提升服务水平、真正发挥效能是不利的。

二、往何处去——关于未来文化馆转型的思考

时代为文化馆的发展提供了机遇与挑战,也促使我们对文化馆的现在和未来的发展有了更多的思考。是勇敢地站在潮头,成为时代的弄潮儿,还是墨守成规,成为时代的零余者——文化馆所面对的,正是这样的艰难选择。

(一)职责转型:从抓文化到管文化

党的十八大报告提出,要按照建立中国特色社会主义行政体制目标,深入推进政企分开、政资分开、政事分开、政社分开,建设职能科学、结构优化、廉洁高效、人民满意的服务型政府。党的十九大报告指出,转变政府职能,深化简政放权,创新监管方式,增强政府公信力和执行力,建设人民满意的服务型政府。文化馆是我国公共文化服务体系的重要组成部分,在一段相当长的历史时期中,担任着传承文化、普及艺术的重任。普及中心、创作中心、活动中心、非遗中心等四个中心的职能是文化馆的主要职能。但在今天,各种各样的培训辅导机构、文化传媒机构已经如雨后春笋般涌现,商业机构提供的多样化、宽覆盖使得群众的文化需求可以通过付费服务得到极大的满足,文化馆的很多职能都被其他机构分担了。文化馆面临这样的现实:在当今社会,文化馆对公众的吸引力相较于过去正在逐渐下降。相比较于商业化机构或者组织,文化馆的特性及其体制机制并非以灵活机动见长,很难通过市场方式来灵活调节。相反,它存在的价值恰恰是在于对群众在文化艺术领域创作或组织的引导,是强化国家机关在公共文化服务领域中的地位,是宣传国家意识

形态及其核心价值观。因此,笔者以为文化馆应当逐渐探索职能转变,从公共文化服务的提供者逐渐变为公共文化服务领域的引导者、传统文化或文化遗产空间的保护者、大型文化活动的策划者,强化引导、保护和策划职能,而弱化实施职能,提升从业人员的专业性,实现机构的精简和精英化,继而推动文化馆的职能转变。

要实现机构的精简和精英化,并不是一味地减少人员,相反,是要根据现有情况的需要,有的功能和人员要继续加强甚至要增加岗位,有的则需根据实际需要引入高端人才,实现以简化繁。长期以来,由于历史原因和对文化事业的不重视,很多文化馆(站)的人员长期借调在局机关或者其他单位,致使文化馆(站)自身的人员配备和职能运转不畅。习近平总书记强调,增强四个自信中的其中重要一条,就是文化自信。对于文化的重视不能仅停留在嘴上,而是要落实到行动上。2020年是全面实现小康社会,打赢脱贫攻坚战的关键一年。扶贫不仅仅是在经济上扶助,更要在精神上扶贫扶志。古人说得好:"文章,经国之大业,不朽之盛事。"而文化服务,正是要涵养品格,培养良好的志趣、爱好,提升全民艺术文化修养,传承优秀文化遗产。以文化作为核心的一批第三产业,将在未来的数年中带动经济的增长和发展,而公共文化服务的加强,实则是在为这一环境培养土壤。全民文化艺术的培育,是一个长期的工程,非一朝一夕之功,可能需要数十年甚至上百年的灌溉,但是一旦养成,其力量亦是巨大的,决不能因其见效缓慢,便弃之不用。

(二)机制转型:建立项目清单制,分开基本经费和项目经费

文化馆属全额拨款的事业单位,目前虽然全国各级文化馆都在推行理事会制度,但是由于财权、人事权等权力的归属问题,事实上决策型理事会制度在各地的运行并不顺畅,在现实的资源调配中很难发挥应有的作用。笔者认为,理事会制度的推行旨在提升文化馆资源的利用率,提高文化馆人员任用的专业性,简而言之是让"专业的人做专业的事"。理事会制度推行的初衷是好的,但是目前的推进方式,并不十分适用于文化馆目前的实际情况,实际上很难突破条块的限制,从而实现资源的统一调配。笔者认为,可以从以下几点入手,推进文化馆的纵深改革,提高文化馆的专业水平和实际效力。

1. 结合理事会制度,实行项目负责制

如果要突破条块限制,笔者以为应当将文化馆联盟作为理事会制度的实体,将拥有人财事权的文化馆作为理事会制度的成员主体,每年统一打包项目,并由各个成员单位商议认领,如有临时任务,则召开会议商议进行。必要时,可成立临时项目组,实行项目负责制,由项目组统一安排相关资源的调配,从而实现"合力办大事"的目标。

2. 建立文化服务清单制度,将固定经费和项目经费分开支出

由于公共文化服务和艺术创作的特殊性,预算很难完全囊括各种支出。因此财务可以将每年投入的经费分为固定支出(如人员、办公经费、目标任务活动经费)以及项目经费两部分。由上级政府每年额外拿出一部分经费,用于支付额外文化服务的开展。这样一方面避免了文化馆每年的既定目标任务无法完成,另一方面又使得临时增加的有意义、有价值的文化服务或者文艺作品能够有足够的经费保证实施。

(三)理念转型:指导策划,建设平台

1. 从提供服务到架设平台

一座城市少则数十万人口,多则过千万人口,城市居民有着各种各样的文化需求,仅仅依靠文化馆这百余业务干部,是很难做到服务全覆盖的。因此文化馆的从业者应该看到,群众才是群众文化的主角,从群众中寻找人才和亮点,这才是未来文化馆发展的方向。文化馆的业务骨干要做的就是借助群文业务骨干和群众文艺团队这两个重要抓手,借力打力,以点及面,继而提升群众的整体文化艺术水平,并为群众提供展现的平台,进而发挥他们的主观能动性,将群众文化办的红红火火。

2. 从实施服务到指导策划

在商业高度发达的今天,各种新兴的文化活动层出不穷。在我们惊讶于人们的想象力和创造力的同时,也面临一个非常现实的问题:那就是相比较于各种商业性质的服务,文化馆的服务优势何在? 很显然,在思考这个问题的时候我们就陷入了一个怪圈,因为相比较于丰富多彩、种类繁多的商业服务,文化馆在提供服务上,并不具备特别的优势。但是,当我们沉下心来思考时,就会意识到,作为文化馆,其作用其实是以政府机关的身份去引导文化艺术活动的开展和策划、服务与创造,其优势是在于文化馆的成员是懂艺术、懂文化的专业人才,是以专业的人管理专业的事。想通了这一点,我们就会明白,文化馆的定位和未来发展方向应该是管理、引导和策划文化艺术活动,而非是技术上的实施者。

3. 从各自为政到合理分配

文化馆是一个省—市—县(区)—乡镇(街道)—村(社区)的五级层级体系,但是这五级之间并不是完全打通的。事实上,上一级的文化馆仅对下一级有业务指导功能,而各级文化馆的经费也是由各级政府各自分担,事实上是一个分散的体系。在这种情况下,馆际资源和人员实际上很难流通,目前县(区)级文化馆在推行的总分馆制事实上也是为了解决这一问题而推行的,目的就是使得各地不均衡的资源得到合理分配。文化馆总分馆制的核心在于资源下移、服务下移,但是现有的总分馆制和理事会制度事实上并没有起到很好的效果,文化馆的体制创新还需要进一步的探索。

时代的空前变革,为文化馆的发展带来了机遇,也带来了挑战。在文旅融合的全新探索中,文化馆也必须厘清思路,找准定位,发挥自己的价值。我们需要从职责、机制和理念上重新思考文化馆的定位,文化馆的转型升级在所难免。而如何根据文化馆的工作实际,打造出一套适用于文化馆的新的体制机制,一套新的运行流程,这或许是我们作为文化馆人下一步的思索方向。

参考文献

[1] 曾志畅. 文化馆建设对促进公共文化服务均等化的作用探析 [J]. 文化创新比较研究,2017(9):157-158.

[2] 庄虹意. 文化馆在现代公共文化服务体系建设中的重要作用分析 [J]. 产业与科技论坛,2008(11):119-120.

浅谈文化馆如何做好地方文化记忆保护

刘　震（湖北省孝感市非物质文化遗产保护中心）

如今，当我们走进一座城，最能打动人心的地方是什么？不是一片繁花似锦的都市景象，也不是一座座名胜古迹，而是这座城市的历史和她那可以触摸的故事。一个地方一段记忆，如果记忆被时间和城市的变迁所遗忘和淹没，那么我们这片生长的土地从何而来，我们又为什么生长在这片土地上……如果不加以追溯还原，延续传承，这些问题将困扰我们祖祖辈辈，永远没有答案！我们只有保护好这段历史，才能找到我们的根，唤醒我们的地方文化记忆。相比于图书馆、档案馆、史志办等地方文化记忆保护单位，文化馆对于地方文化记忆的保护工作更有活力，"保护"二字在文化馆变成了动态，保护不仅仅是对地方文化的挖掘、记录和保存，更是打开历史大门，让文物、古籍、遗址都"活起来"的钥匙。只有做好文化馆地方文化记忆保护工作，正确使用这把钥匙，才能真正唤醒地方文化记忆，使其展现恒久魅力，焕发时代风采。

一、文化馆地方文化记忆保护工作的现状

（一）地方文化记忆或尘封于古书

孝感，历史悠久，因汉代孝子董永"孝行感天"而得名，这里有着深厚的孝文化资源，在元代郭居敬所辑的《二十四孝图》中，孝感的孝子就有三位，所占比例为全国最大，除董永外，另外两位即为黄香和孟宗。"董永卖身葬父""黄香扇枕温衾""孟宗哭竹生笋"的故事广为流传。这三位孝子中，董永仅为一介平民，黄香、孟宗不仅出仕，且官居高位，但有关董永的传说故事、古迹遗址尤多，而黄香、孟宗的事迹今人却知之甚少，古迹遗址更是少见。或许是董永的故事被许多传奇故事演绎后为民众所传唱，又或许董永平民的形象扎根于民间，更深入人心，但作为高官的黄香和孟宗，他们的史料记载一定不会少，今人也不会有意厚此薄彼，因此他们二人的史料应是没有进一步被发掘和整理，以至于有关二人的地方文化记忆出现缺失，如果不加以调查研究和发掘整理，类似这样的地方文化记忆将永远尘封于古书。

（二）地方文化记忆或绝迹于民间

清光绪八年（1882）的《孝感县志》记载了一首概括古"孝感八景"的七言律诗："峻

岭横屏晓雾开,双峰瀑布自天来;北泾渔歌仙人调,西湖酒馆帝子怀。槐荫琴堂忘六月,荷香泮沼动三阶;董墓春云神女迹,夜月犹曾照凤台。"诗中所述即是古"孝感八景":峻岭横屏、双峰瀑布、北泾渔歌、西湖酒馆、琴堂槐荫、泮沼荷香、董墓春云、凤台夜月。这些景观有的和董永的传说有着千丝万缕的联系,有的出自与古代历史名人有关的传奇故事,有的则源自具有奇幻色彩的民间传说。然而随着城镇化进程的快速发展以及历史的原因,古"孝感八景"有的被损毁不复存在,有的杂草丛生、面目全非,有的只见于古书记载之中,有的无从查证、难以考究。古迹不在,或有史志记载,民间流传,然而作为地道的孝感人,如今能清楚说出古"孝感八景"的人并不为多,更别说"孝感八景"的历史渊源和其背后的故事,更有甚者都不知有古"孝感八景"的存在。这些具有代表性意义的地方文化遗址,如果不及时加以保护和修复,必将绝迹于民间,而珍贵的地方文化记忆也将随之消失。

(三)地方文化记忆或误传于后世

《双峰山的传说》一书曾写到,关于双峰山上的回龙寺(古为黄龙寺)的民间传说有四种,一说是在寺院内水池中,曾喂养的一条黄泥鳅,修炼千年化为黄龙,龙升天时曾向寺院回首三次,以示养育之恩;一说是双峰山白龙潭的白龙,在去东海之前,因留恋故土,白龙歇回龙寺而得名;一说是在双峰山居住修炼过的青龙,从东海返回,连摆三尾,扫出一片开阔地,以示对故土的答谢之意;还有说是与真龙天子朱元璋来此地有关。这些故事奇说不一,真假难定。像"回龙寺"这样待考究的案例在孝感屡见不鲜,如果不加以查证,去伪存真,我们的地方文化记忆将鱼龙混杂、虚无缥缈、似是而非地误传于后世。

(四)地方文化记忆传承偏道

在当今文化多元化的时代,各种文化交织混行,"西风东渐""物欲横流""崇洋媚外"的现象比比皆是。就拿节日来说,现在大家过的所谓"洋节"比我们过的传统节日还多,还有些类似"5·20""11·11(单身节)"的所谓节日被大肆宣扬,而我们的许多传统节日却流于形式甚至是变味、被忽略和遗忘。我们的传统文化正面临着前所未有的巨大冲击,而地方文化作为传统文化的一部分,更是被淡漠、疏远甚至是排斥。如果不加以纠正,我们的文化传承将偏离轨道,越走越远,我们的地方文化将被外来文化所侵占,而原属于我们的地方文化记忆将被替代并逐渐消失。

(五)地方文化记忆传习断层

地方文化记忆的传播有多种形式,以人为载体的传播就是其中一种。以人为载体传播和讲述地方文化将会使其更加生动,更易于人们理解和感受。文化馆是地方文化记忆传播的主阵地,文化工作者在这里整理和吸收地方文化,深入理解和探析地方文化,是地方文化记忆最好的"传播者"。然而,要成为一名地方文化记忆"传播者"也并非易事,没有一定的文化功底,没有对地方文化多年的研究、积累,是很难将地方文化说清道明的。

特别是在当前文化馆人才青黄不接的时期,老一辈传播者即将谢幕,年轻一代文化工作者却还远未达到作为"传播者"的标准。试想,如果有人来文化馆听我们的地方文化故事,找寻我们的地方文化记忆,该由谁来完成这个任务呢? 地方文化记忆传习断层现象在文化馆极为突出,没有地方文化记忆传播者,地方文化记忆将被再次尘封,"活态"的地方文化记忆传承将处于濒危境地。

(六)地方文化记忆传播方式遇冷

以往通过曲艺、戏剧等方式传播地方文化,在民间广为流传,颇受人们青睐。像孝感地区的善书、楚剧、打鼓说书、皮影戏等在孝感城乡经久不衰、百听不厌、盛演不断。而随着现代影视、动画、网络等新媒体的广泛出现,以往文化传播方式已经不再符合当代受众的胃口,传统的传播方式面临着"遇冷"危机。只有解决这种"遇冷"现象,使当代受众和我们的地方文化记忆发生交集、产生共鸣,我们的优秀文化才能广泛传播,不断传承。

二、文化馆地方文化记忆保护工作的建议

(一)做好地方文化普查工作

为了找寻地方文化的根,唤醒地方文化记忆,对于文化馆而已,第一要义就是要有翔实可靠的地方文化资料。我们要对照已有的资料,查遗补漏,举一反三,扩大资料普查范围。与当地的图书馆、博物馆、史志办、档案馆联合,获取翔实的地方文化历史资料;与当地的文化学者、作家进行访谈,了解地方文化发展脉络;实地考察当地具有代表性的承载地方文化的遗址、景观,探寻地方文化的人文故事。

(二)做好地方文化记忆还原工作

有了较为翔实可靠的资料,就要对其进行整理和探究,在理清地方文化发展脉络后,对其进行逐一查证,对存在的疑问、似是而非的问题要深入调查,剖析原因;对存在错误、误传于后世的要查询真相,及时纠正。对历史遗址、人文景观要进行及时抢救修复,力争重构还原。只有对地方文化正本清源,才能还原原貌,找到真实的地方文化记忆。

(三)强化地方文化宣传工作

党的十九大报告指出:"文化兴国运兴,文化强民族强,没有文化的繁荣兴盛,就没有中华民族的伟大复兴。"要实现复兴之梦,就要做好文化强国工作。只有紧紧围绕党中央大政方针,在各级党政部门的主导下,把地方文化宣传纳入工作重点,扶正固本,通过促进大众对地方文化的认同,使大众树立并坚定对中华民族优秀文化的自信,才能使地方文化深入人心,地方文化记忆才能不断延续和传承。

（四）培养地方文化记忆"传播者"

"传播者"是地方文化记忆的"活字典"。文化馆通过培养地方文化记忆"传播者"，让"沉睡"的地方文化真正"活"起来，让人们通过文化馆的"传播者"了解和感受地方文化，使蕴藏在古籍、文物里的故事传唱起来，使优秀文化基因得以传承。"传播者"的培养不仅要注重地方文化知识的学习和积累，还要注重提升讲解能力，使其讲解富有感染力、吸引力，同时还要注重传承梯队的培养，做好传帮带。好的"传播者"还需注重知史明理，以深入挖掘和传播地方文化的核心价值。

（五）创新地方文化传播方式

随着时代的发展，传统搭台演艺、展牌展示、宣传单等传播方式的受众正逐渐减少，如今人们更多的是选择新媒体来获取、交流和传播文化资讯。为了使地方文化更好地传承发展，必须创新地方文化的传播方式。同时，传统地方文化传播方式本就是地方文化记忆的一部分，我们在创新传播方式的同时，应该注重将传统和创新紧密结合，而不是一味地与时俱进，抛弃传统。如在传统搭台演艺时，同时开展直播互动，让部分受众在线上也能便捷、直观地了解和感受地方文化；在传统节日、"文化和自然遗产日"活动开展时，创新活动形式，线上线下同时开展有奖问答活动，以此来激励受众，与受众充分互动，实现对地方文化的联动传播；"传播者"在线上定期开展地方文化故事讲述活动，在分享故事的同时，传递地方文化核心价值……创新地方文化传播方式还有很多，只有因地制宜、实事求是地去思考和实践，才能使地方文化传播真正落地，文化馆要改变传播思路，要通过创新传播方式使受众主动接受、主动参与、主动分享。

一个地方，或承载着一段古老的传说，或铭记着一段历史，或依附着某种民俗风情，无论是哪一种，都反映了当地历史变迁，极具文化价值。人类有了记忆才会传承，有传承才会延续、才会创新，有了创新才会推进人类社会的进步。中华民族的地方文化记忆悠历久弥新，是国家和民族的精神血脉。正是因为有了这些优秀文化基因，我们的中华文明才从未间断。文化馆肩负了地方文化记忆的传播和传承使命，如何做好文化馆地方文化记忆保护工作，使其持续发挥作用，产生社会效应，是当代文化工作者亟待深入探讨和解决的问题。希望通过共同探讨和实践，使地方文化记忆根深蒂固，使中华优秀文化源远流长，也为世界提供地方文化记忆保护的"中国经验"。

参考文献

[1] 胡仕奇 . 孝感传奇系列故事 [M]. 北京：时代文艺出版社，2009.

[2] 毛巧晖 . 非物质文化遗产：文化记忆的展示、保护与实践 [J]. 西北民族大学学报（哲学社会科学版），2016（4）：116-121.

[3] 王霄冰 . 文化记忆、传统创新与节日遗产保护 [J]. 中国人民大学学报，2007（1）：41-48.

数字时代背景下群众舞蹈发展的新思索

岳晓东（北京市西城区第二文化馆）

21世纪,艺术与科技的相互渗透已然成为一种文化现象。在舞蹈领域,舞蹈艺术与数字技术的结合已经作为一种常态出现在大众的视野中。众所周知,舞蹈是时间和空间并存的艺术形式。随着科学技术的高速发展,数字技术为舞蹈的发展提供着多方面的养分,在舞蹈创作、舞蹈教学、舞蹈传播等多个方面都有着不同程度和不同层面的影响。舞美中出现的数字化布景、隔着屏幕的"云端"教学、用视频记录的舞蹈影像以及利用计算机、VR等技术创造的影像舞蹈等,都是舞蹈乘着数字技术的东风做出的尝试。

群众舞蹈作为舞蹈艺术领域中的重要组成部分,数字技术也在它的发展中起着重要的作用。作为一名专注于群众舞蹈创作的编导,树立创新意识,促成传统舞蹈形式与现代数字技术的"合作",是笔者在日常工作中应该去做出的探索和尝试,也是在当下群众工作中精准服务大众的必要手段。本文以数字技术的发展为背景,以群众舞蹈与数字技术的"合作"为基础,旨在分析数字时代背景下群众舞蹈艺术的发展之道,并在此基础上提出群众舞蹈发展的新思索。

一、群众舞蹈的生态环境

群众舞蹈因为近年来大众参与度的提升,已经逐渐发展为一股不可忽视的舞蹈力量。它的发展因其参与人群能力的"差异性"与"非专业性"、年龄的"多样化"、参与方式的"大众化"以及训练方式的"自我标准",将群众舞蹈与专业舞蹈区分开来。但因为同为"舞蹈"血脉,群众舞蹈也逐渐沿着教学、表演、比赛这一学习舞蹈的基本生态链在进行着。作为表演性极强的艺术,"台上一分钟,台下十年功"的背后,是日复一日的训练,这样的特性就注定了群众舞蹈"教学"与"表演"的合理存在。

舞蹈是一门以身体动作为语言的视觉艺术,舞蹈教学多是以线下面对面的方式为主。对于群众舞者而言,他们并非科班出身,基础相对薄弱,动作做的是否"对"、是否"美"一直是他们学习舞蹈想要追寻的核心要点。与老师面对面学习是他们能够及时得到"对"与"美"反馈的最重要途径。这样,学生既可以模仿舞蹈教师的动作和风格,舞蹈教师也能够迅速地指出学习者练习过程中存在的问题,二者在这样的磨合中能够较为迅速的达到学习标准。

对于表演而言,就需要编导、演员以及观众密切配合之后才能完成的环节。因此,舞蹈编创和舞蹈欣赏是表演中两个至关重要的环节。前者代表着作品的艺术层次,后者关系着作品的大众传播。艺术层次的探索,关乎群众舞蹈的创作,是笔者一直实践的领域。而作品的大众传播,是笔者在本篇论文中,基于数字时代这一背景,想要深入思考的点。

二、数字技术与群众舞蹈的"合作"方式

通过梳理群众舞蹈的发展路径,笔者认为数字技术与群众舞蹈的"合作"主要涉及三个方面,一为舞蹈创作,二为舞蹈教学,三为舞蹈传播。由于数字技术与各个方面的合作程度深浅不一,本人将二者之间的关系总结为"1+1=1"和"1+1>2"两种合作模式。

(一)"1+1=1"的编创与教学模式

现阶段,数字技术的融入对于舞蹈创作而言,是"1+1=1"的创作模式。理论上讲,数字技术与舞蹈的创作的融合有两种方式,一种是用于舞蹈舞美,一种是用数字技术进行编创。第一种融合在群众舞蹈中的表现为:原本 2D 的舞台效果,逐渐升级为 3D 甚至 4D,制造出更加绚烂的舞台效果。这种合作是形式的参与式合作,其中,舞蹈艺术本身的占比非常之大,技术手段只作为辅助手段出现,舞台的核心仍然是以身体动作表达为主的舞蹈。例如,在作品《京竹声声》中,大屏幕视频中出现的京城景色,就是一种地域特色的融入,这样的舞美效果为《京竹声声》的舞蹈表达提供了合理的故事背景,让观众的视觉、听觉、感觉以及情感同处于老北京的大氛围中。第二种,是舞蹈通过技术的参与做成影像舞蹈作品,这种合作是内容的融合性合作。这种创作方式,需要编导将镜头语言和身体语言完美嫁接,通过借助技术手段来代替舞蹈身体的在场性,合理地将时间、空间进行虚拟编排,从而完成整个作品的表达。这对于编导的要求并不只是舞蹈的整体设计,更多的是对于影像手段与舞蹈编创手段的整体把控。在群众舞蹈的创作中,此种编创方式基本处于空白,之后是否可发展,需要群众工作者们进一步的探索。以上的编创思路,都是将数字技术与舞蹈艺术二者放在同一语境中来表达情感,二者在融合后会形成统一的整体。因此,我将其总结为"1+1=1"的编创方式。

另外一种"1+1=1"的合作模式应用于舞蹈教学领域。数字技术与舞蹈教学的合作,可以简单地概括为"线上教学"。在舞蹈特性的影响下,舞蹈的教学一般都为"线下授课",尤其是对于授课对象为非专业舞者的群众舞蹈而言,更是如此。在教学的不断升级中,数字技术在舞蹈领域的孵化者"舞蹈录像"偶尔会作为教学的辅助手段参与其中,舞蹈教师对舞蹈录像资料进行有意识的精选,并将精选的内容进行传授与讲解,将舞台内与舞台外的形式进行互补。但这一方式并没有对舞蹈的教学方式进行质的改变,这样的教学模式与舞美在舞蹈创作中的作用类似。在几乎被规定好的教学中,大家并没有对不同上课方式的探索。2020 年新冠疫情,让人们被动地接受了"线上教与学"的方式。

在线下的教学中,课程共分为教、学、演三个部分,在师生无法面对面授课的期间,如何很好地完成这三个部分的课程内容就成了检验线上教学是否可以顺利展开的关键。为

此,我们特意为北京市西城区第二文化馆的群众舞者安排了一套名为"敦煌舞蹈教学"的线上课程,从以上三方面来对他们的教学成果进行把控。例如:在教学内容中,虽然以学习敦煌舞蹈为最终目标,但考虑到群众舞者的实际接受情况,我们的主要教学内容聚焦在"元素""姿态"以及"韵律训练"上,这样的拆分,更有利于群众舞者在不增加学习压力的情况下吸收知识。在具体的教学中,我们更是把教与学做了详细分解,教的过程尽量简化、详尽,让学员学起来更轻松一些。学完之后,为了巩固学习效果,会进行再次的点评与反馈,通过这样的教与学,基本达到远程教学的学习目标。除此之外,我们鼓励学员利用网络自学舞蹈。通过这种方式,学员也接触到了更多的舞蹈样式,了解了舞蹈的形式之广与内容之多,拓宽了舞蹈养分的吸收途径。这种教学方式用舞蹈创作中数字技术的应用一样,我将其总结为"1+1=1"的教学方式。

(二)"1+1>2"的合作模式

"1+1>2"的合作模式,主要指的是群众舞蹈传播领域发生的合作。在群众舞蹈的传播中,数字技术与舞蹈的合作,最大限度地改变了舞蹈作品的欣赏方式及传播方式。

在数字时代,舞蹈的输出最重要的两个因素就是"媒介"与"平台",对于群众舞蹈而言,媒介主要是指舞蹈与大众见面的方式,也就是将舞蹈内容以虚拟形式的方式呈现,我们目前熟悉的媒介有"短视频""舞蹈录像"等。舞蹈利用数字媒介的初级活动为舞蹈欣赏,其多表现为对舞蹈作品的真实记录,即用摄影机去记录舞蹈的瞬间,还原舞蹈的场景。笔者的原创作品《因为爱》在编创过程中就是通过拍摄、编辑、制作对舞蹈作品进行影像记录,最终以录制视频的形式留作纪念。由于《因为爱》并没有进行大范围的传播,所以数字技术在其间所起的作用更多的是用科技手段去记录保存舞蹈作品。

"平台"主要指舞蹈与大众见面的渠道,受众较广的平台有电视平台、自媒体平台等信息输出频道。这里需要明确的是,"平台"所输出的群众舞蹈内容,多为舞蹈视频。笔者在以社区防疫工作为灵感创作的《抗疫全民健身舞》的传播过程中就感受到了大众传播的便利。此舞蹈在编排之初,仅仅只是为了缓解北京市西城区青年湖社区街道防疫工作者的精神压力。为了让更多的抗疫者感受到其良好的健身功能、娱乐功能以及教育功能,我们通过舞蹈视频的形式进行了线上传播,其结果就是在短时间内让不在同一地区的不同社区工作者参加其中,感受舞蹈带给他们的力量与鼓舞。同时,通过视频传播,也让更多的大众通过了解到抗疫工作者的不易,这样的作用并不亚于新闻播报中语言的感染力。相比于传统的舞蹈接受方式,这样的传播更加迅速,受众更加广泛,也更容易让人接受。

舞蹈作品就这样通过"媒介"与"平台"以更便捷的方式进入到大众视野,完成着舞蹈欣赏与舞蹈接受。不难发现,在欣赏与接受中,数字化的手段既是大众进行舞蹈观赏的主要渠道,也是大众获取舞蹈信息的重要平台。

三、对于二者合作模式的思索

综上所述,数字技术的出现有效地分解了高科技的复杂度,增强了舞蹈艺术与之结合的可能性。从群众舞蹈创作的角度,笔者在感慨数字技术便利的同时,也不禁反思,我们的群众舞蹈编创是否能利用数字技术去编创? 是否掌握了新技术条件下的教学方法? 是否实现了为广大百姓精准服务的目标? 针对二者在未来的发展前景,本人有以下几点思考:

(一)编创形式的新路径

目前的群众舞蹈中,数字化技术的引入多是作为舞台的背景,将舞者的身体与光线、影像结合在一起,起到营造氛围、交待环境和叙事的作用,以虚拟的形式向观众展示与舞者情绪相符的世界,弥补了身体不善于交代故事和背景的部分遗憾。我们知道,在专业舞蹈领域,早已有计算机编舞、舞蹈影像概念、VR 舞蹈交互等多种新兴的舞蹈创作尝试,使舞蹈编创不再受到时间和空间的限制,让编舞者可以随心所欲、随时随地进行创编。在群众舞蹈创作中,我们能否突破技术的藩篱,让群众舞蹈的编创更加多样与丰富? 运用计算机、软件等工具之后是否可以弥补现在群众舞蹈创作中演员技术不够高的问题? 是否可以增强非专业演员的身体表现力? 群众舞蹈创作的题材是否会更加多样? 另外,由于全民艺术普及的需求,为适应新的群众舞蹈文化市场,如需要编排作品的群众不在同一地域,无法在现场进行编排,那么传统意义上的舞台作品将无法有效完成,如果能够通过技术突破这个难题,在群众舞蹈的编创中借助最新的科技编舞手段,是否就可以打破空间的限制,就可以解决编舞目前的桎梏呢? 笔者认为,技术并不能代替舞者的身体来完成带有情感的艺术表达,但是作为辅助手段,技术能更大限度地满足艺术市场的需要。

(二)教学方法的新方式

虽然线上教学模式是被动开启的,但也确实引起了笔者的思考。群众舞蹈教育可以利用多媒体进行远程教育,利用计算机扩展教育的传播渠道。传统的舞蹈教学都是以教师讲解为主,这种教学方式是现阶段舞蹈教学的主要方法,这是对于舞蹈学生而言最直接、最简单也是提高最快的方法。但随着科技的进步,教师和学生已不仅仅满足于这种单一的教学方式,而是在寻求更加有效的教学方式。随着数字化平台的普及,线上教学可以让更多不同地域、不同背景的群众加入舞蹈学习中,可以让学员更加全面且详尽了解舞蹈背景,可以用视频和课件的方式提前让学员感受所学舞蹈的风格等。但这一教学方式也存在有一定的局限,例如:舞蹈艺术是以身体感知为主的艺术形式,由于教学对象并非专业人员,身体肌肉状态和灵活程度非常受限,会造成教学过程的延时,这种延时直接导致了教学的效率不够高效,教学的质量不够精准,这是线上教学模式无法代替线下教学的关键。试想一下,如果在线上课程之后增加老师评价与反馈版块,甚至增加线上一对一答疑与指导,是否就可以把精准化教学辐射到更多的受众中去呢? 据此,协调教学对象与教学方式仍然是群众舞蹈线上教学的关键。

（三）舞蹈传播的新方法

舞蹈欣赏与传播过程中，数字化技术虽然在表面上冲淡了剧场演出和人们彼此之间的交流，但是在一定程度上也延伸和丰富着人们的认知方式。随着各种高科技的出现，数字舞蹈的概念在更大的范围内得到了发展。例如，在"北京时间"App中可以转播舞蹈赛事，实时接收赛事讯息，完成足不出户就可置身赛场的观看体验。国家公共文化云的正式开通，旨在聚焦文化艺术普及、少儿教育、精准扶贫、文化馆服务等应用场景，探索形成新时代公共数字文化服务的新路径与新模式。这些线上文化服务无不在告诉着我们：数字、群众服务、舞蹈艺术已经携手，加宽加速的高效传播通道，是为了让基层百姓更加深切地感受到精神文明建设带来的利好。

大众的舞蹈观念、舞蹈创作、表演态势及其审美情趣在数字时代下发生着质的嬗变。这种嬗变对于群众舞蹈而言，影响最为深远的就是教学、欣赏与传播这三方面。作为一名文艺工作者，深知未来的群众舞蹈创作还有很长的路要走。因此，本着让基层百姓受益于文化的愿望，努力在专业领域中拓宽思路，强化技能，广大群众文化工作者才能迎着数字时代的东风，探索群众文艺工作的新路径。数字技术是冷的，但服务群众的心是炙热的。

参考文献

[1] 孙小梅．舞蹈多媒体技术及其应用［M］．上海：上海音乐出版社，2004.

[2] 汪代明．数字舞蹈与艺术发展［M］．成都：巴蜀书社，2007.

[3] 许鹏．新媒体艺术论［M］．北京：高等教育出版社，2006.

浅谈"乡村屋场"文化建设

——以攸县"门前三小"文化阵地为研究对象

陈　前（湖南省株洲市攸县文化馆）

农村文化建设是社会主义精神文明建设的重要内容,是开展群众文化活动的基层阵地,在基层文化普及、活跃和丰富群众文化生活、陶冶人们社会主义道德情操、宣传党的方针政策与科技知识、弘扬先进文化、满足人民群众的精神文化需求上发挥着重要作用。如何真正解决"十五分钟"文化圈,打通文化"最后一公里",让老百姓自发参与、自发组织、自发建设、自发管理好自己的文化阵地,真正让老百姓在家门口、自己的"屋场"前享受到公共文化服务,是当前工作的重点,必须给予其足够的重视。在社会转型时期,农村文化建设的观念也必须发生变化,针对村民文化需要的日益多样化要求,为促进农村传统文化与现代文化有机结合,进一步解决村组一级的文化建设在实践中遇到的问题,只有找准农村群众文化的定位,提高农村群众文化的品位,激发村民对文化建设的内生动力才能不断提升农村文化的吸引力。

一、综合情况

2016 年 5 月,攸县文化馆共派出 17 名群文工作者按组分别深入乡镇各村、组,与当地文艺骨干及村民面对面沟通、交流。面向群众发放调查问卷 1000 份,收回 997 份。工作人员着重在当地门口小广场、村级文化服务中心、民间文艺团体通过个别交流、小型座谈、活动组织、小组互动及区域与区域联动等各种形式进行摸底、调查,特别是就"家门口"文化活动阵地建设的调研,全面真实地反映了老百姓对公共文化服务需求以及在开展公共文化服务时存在的问题。调查显示,目前,开车及骑摩托到文化站开展活动的仅32 人,到村级文化服务中心开展活动的有 126 人,走路参与组级文化阵地活动的有 720人,超过 15 分钟路程的达 121 人次,只愿在家门口参与活动的达 626 人,自发愿意出部分资金参与建设屋场文化阵地的达 367 人,主动建议将自己在广场旁边的旧屋用于小书屋及活动室的有 8 人,希望在家门口屋场建有活动阵地的达 986 人。通过调查,老百姓基本脱离了以打字牌消磨时间的陋习,经常看电视、下棋、串门、9 点之前睡觉等比例在逐步减少,愿意学习摄影知识的达 138 人,而参与散步、广场舞、健身操等活动的人员达 843 人,几乎每人每天都能参加相应文体队伍的活动,但村民想就近参与文化活动的需求非常强烈。

分析调查结果可知,大多数村民认为乡镇综合文化站及村级文化服务中心有一定设施设备,但活动的时间一般在早晚,距离近的是方便,但距离远的就不太可能去,自家门口的文化屋场就能提供更自主、更自由的时间和空间。步入新时代,基层群众对于精神文化领域的需求越来越多,要求也越来越高。过去以村为单位的文化综合服务点,已经不能完全满足现在农村百姓的需求。"路程还是远了不方便,广场少了,书旧了些……"的声音多了。一是许多群众认为参加自家屋场的活动更方便。一般文化活动场地都在村部,随着近几年行政区划的调整,有的村面积达到数十平方公里,有的村民要走30多分钟才能赶过来,极其不便。二是认为在屋场组织更简单。过去"一村一书屋(广场)"等既有做法已经较难满足群众的需求。在自家屋场开展公共文化活动更贴近实际、便于操作,也更能发挥作用。三是在屋场活动更经常。农村文化建设和服务重在氛围、难在常态。送戏、送电影等活动并不是时时都有。而群众家门口有"小舞台",就可以自发组织广场舞、聚集休闲聊天、组织留守儿童一起读书等各种活动,并随时可组织周边熟悉的人一起参与活动。

二、攸县"门前三小"文化阵地建设的基础

近几年来,随着株洲市创建国家公共文化服务体系示范区建设,攸县不断摸索创新公共文化建设项目,提升公共文化服务水平,推进了一个全新的民生实事项目——"门前三小"。这些建设在家门口的文化服务设施一开始就得到了各地群众的热烈关注,丰富的文体活动点亮了众多乡村屋场。

长期以来,广大农村面临着文化环境的"空心化"(青壮年外出、精神空虚)、文化生活的"贫瘠化"(手机、打牌)、文化传承的"边缘化"(老手艺、老民俗的日渐没落)、文化建设的"事业化"(资金、人才、器材严重不足)等一系列的问题,原来的许多公共服务大都只推进到村一级。基于此,自2016年开始,"打通服务群众的最后一公里"将文化阵地建在组上这一想法出台,到2019年,已经收获非常巨大的实际成效。

一是搭建组级文化网络更接地气。2016年起,攸县推进了"门口小广场"建设,将文化设施建在组上屋场,建到了老百姓的家门口。只要"面积300平方米、覆盖人口300人以上",即配送篮球架、体育健身器材、音响等"三大件",让村民们打打球、健健身、跳跳舞,此举深受欢迎,各地纷纷报建,仅2017年就建成能健身、可休闲的文化活动场所268个,进一步巩固了县、镇、村、组四级文化服务网络。

二是延伸文化服务触手更深入人心。"门口小广场"的爆红,让我们群文工作者深受启发,再加上还接到群众的普遍反映,除了健身,孩子们还有强烈的读书愿望,村民们还有急切的学习交流愿望。于是,通过大量的分析和调研后,提出了在"小广场"附近建设"小书屋"和"小讲堂"的思路,就有了"门前三小"这个新品牌。2018年年初,攸县县委、县政府专门下发了相关的《实施意见》,出台了建设原则、申报程序和具体规划。县里负责统一形象LOGO、统一建设风格、确定场地标准(即覆盖人口不少于300人,小广场面积不少于300平方米,小书屋和小讲堂面积分别不少于20平方米,步行路程不超过10分

钟），文化部门代表政府配发相应的图书、器材，提供相应的服务，组织相应的活动。

三是调动各方积极参与更有动力。在建设过程中，坚持花小钱办大事，不搞大拆大建，结合群众的"屋场"观念和"根"意识，充分调动群众积极性，选择合适的地点建设小广场，选定志愿者组织活动，由老百姓自主讨论商议、自发筹资筹劳、自愿捐助场所，实现了"自己的事情自己作主"。各地村民们有钱的出钱，有力的出力，让地的让地，腾房的腾房，村民们纷纷筹资筹劳，建广场，筑池塘，搞绿化，装器材，公用场地变成了当地的"小公园"。同时，发挥各地德高望重的老党员、老干部、老教师的组织力、影响力、号召力，依靠本土乡贤，由他们担任阵地管理志愿者，负责场地建设、日常管理、组织活动等工作，活动开展动力十足。

三、建立健全"乡村屋场"文化建设的思考与对策

（一）乡村屋场是四级文化服务网络最贴近群众的文化场所

乡村屋场通常是当地最热闹、最实际、最集中、最休闲的场所。当今，人民群众对文化的需求十分迫切，组级文化服务网络已成为群众最喜欢、使用率最好、最实际有效的文化阵地，让最基层群众从室内走到室外，大家在文体活动中沟通情感、化解矛盾、传递和谐，农村群众也和城里人一样享受到便捷的公共文化服务，乡村屋场日渐成为群众休闲健身的幸福大家园。

（二）群众自发参与是建设好乡村屋场的内生动力

坚持组民自主讨论商议、自发筹资筹劳、自愿捐助场所，实现"自己的事情自己作主"是建设好乡村屋场的最优内生动力。在建设过程中，坚持群众自愿，充分调动群众积极性，坚持花小钱办大事，不搞大拆大建，地点的选择、房屋的确定、小广场的建设、志愿服务人员的选定等工作都由老百姓自己拿主意。只有让组民成为文化阵地的主人，该阵地才能更好地发挥使用。同时，政府部门在建设中也应不搞分任务、配指标、给项目、下指令，而是把主动权交给基层，有想建的愿望、可建的场地、能管的乡贤，即大力支持建设"门前三小"。自始至终重在正面引导，做基层群众的后盾和"娘家人"，实行"自下而上、自发报建、自愿管理"。

（三）党建和乡贤引领是乡村屋场的生命力

阵地建好后，如何让阵地有生命力是关键的话题。要坚持党建统领。公共文化服务体系的核心是服务，服务基层、服务农民也是我们基层服务型党组织建设的重要内容。让党员干部带头，小书屋就越火爆，小广场就越热闹，小课堂就越满档。本土乡贤是一支非常重要的力量。德高望重的老党员、老干部、老教师等具有强大的组织力、影响力、号召力。由他们担任阵地管理志愿者，场地建设、日常管理、组织活动会事半功倍。乡贤通过

"门前三小"发挥作用,"门前三小"更可以培育新乡贤,两者之间互为依托、相辅相成、相得益彰。实践证明,本土乡贤是乡村屋场活跃的重要力量。

(四)乡村屋场文化建设保障要多级支持

虽然基层有许多热心公益的志愿者、文体爱好者参与进来,但专业人才依然缺乏,服务队伍还须增大。尽管各地建"门前三小"、送文化送服务的呼声十分强烈,但要实现组级乡村屋场全覆盖,现有的人力和资金还十分有限。一方面,建议县级政府加大投入力度;另一方面,建议省(市)级政府充分考虑到农村文化生活的实际,为让活动更接地气、入人心,通过拨给一部分资金和设备器材并组织文艺团队"送文化下乡"等形式给予"门前三小"的建设更大的支持。同时,倡导社会各界人士捐资金、带人才、送服务,以冠名方式,设立"某某广场""某某书屋"等,推进乡村屋场建设。

(五)乡村屋场文化建设要突出屋场传统特色文化

在乡村屋场既要能看到各级送文化下乡热热闹闹的演出,又要自发组织各类文化活动,既要当活动的观众,也要当文化活动的策划、组织者。要实行组组联动、村组联动、乡镇联动的文化活动开展机制,实现乡村屋场大联欢。要根据屋场的地域和人文特点,因地制宜地发展特色文化,发挥地方非遗的优势,组织村民开展传统文化活动,让广大的农民群众积极参与到丰富多彩的文化活动中来,调动广大农民群众的参与热情,自娱自乐,自得其乐,营造浓厚的活动氛围,增强文化的渗透力。

参考文献

[1] 于群,冯守仁.文化馆(站)业务培训指导纲要[M].北京:北京师范大学出版社,2012.
[2] 戴珩.把门打开[M].南京:南京师范大学出版社,2012.

浅析抗疫期间群众文化活动如何开展

——以江西省文化馆在抗击疫情期间的工作开展为例

江丽君 李 灵（江西省文化馆）

2019 年末 2020 年初，一场突发的新冠肺炎疫情席卷全国，从宣布一级响应，到"居家防疫、人人有责"，为了实现疫情防控阻击战和经济社会发展目标任务的双胜利，全国人民在党中央的领导下做出了巨大的努力。目前抗疫战役仍在继续，因此疫情防控不能放松，文化服务更不能止步。面对疫情后续效应仍在持续的这一情况，文化馆应怎样发挥公共文化服务主力军的作用，本文以江西省文化馆的工作为例，谈谈疫情期间群众文化工作如何开展。

一、新冠肺炎疫情下开展群文工作的路径

这次突如其来的肺炎疫情，是新中国成立以来在我国发生的传播速度最快、感染范围最广、防控难度最大的一次重大突发公共卫生事件，给广大群众和社会各行业的生产生活造成了不同程度的影响。

（一）疫情对群众生活的改变

从明确新冠病毒"人传人"开始，居家隔离的"宅"生活就成了广大群众 2020 年的生活主基调。拒绝扎堆、减少串门、配合查验，在疫情暴发的初期，各地的文化馆、博物馆、图书馆、美术馆、旅游景点、商店、宾馆、饭店等均被关闭。疫情之下，群众不能像以往一样自由出行，但这并不代表群众对精神文化的需求就因此下降了，"居家生活，足不出户"减少的是线下的接触，这为"云"时代群众文化工作线上空间的拓展提供了机遇，也对其提出了更高的要求。

（二）疫情对公共文化服务提出新要求

面对突如其来的疫情，文化馆作为国家的公益性文化单位，一方面要扎实做好本单位、本行业的预防和控制，同时还应发挥自身优势开展基层文艺活动，帮助群众稳定情绪、增强信心，不信谣、不传谣，当好群众的贴心人和主心骨[1]。

构筑疫情防控的人民防线，需要紧紧依靠人民群众，充分发动人民群众，提高群众自我服务、自我防护的能力。习近平总书记在谈到做好疫情期间的宣传教育和舆

论引导工作时指出："让群众更多知道党和政府正在做什么、还要做什么……要加强舆情跟踪预判，主动发声、正面引导，强化融合传播和交流互动，让正能量始终充盈网络空间……要主动回应国际关切，讲好中国抗击疫情故事，展现中国人民团结一心、同舟共济的精神风貌。"[2]疫情期间，"讲好中国抗击疫情故事""让正能量始终充盈网络空间"的指示明确了文化馆全民艺术普及的使命，为疫情下群文工作的开展指明了路径。

（三）疫情下文化馆工作的适应与调整

文化馆是公共文化服务体系的重要组成部分，是政府向人民群众提供公共文化服务、满足人民群众基本文化需求的载体。面对突如其来的疫情，闭馆不能断服务，为了做好对宅家群众的艺术普及，各文化馆纷纷在"互联网+"中构筑新阵地、新平台、新空间：线上发力公共文化服务；创作疫情下的群众文艺作品；开展"不见面"群众文化活动；进行多路径的全民艺术普及；打造5G下的云上文化馆；分享艺术普及慕课等[3]。

二、从文化馆的身份功能探讨群文工作的开展

抗击新冠肺炎疫情期间，文化馆服务的重心转向"线上"，其工作内容也有了相应的调整，在此以江西省文化馆为例进行阐述。

从身份上看，江西省文化馆①是从事全省群众文化艺术活动的组织、指导、辅导、研究、培训等业务的公益性事业单位；从功能上看，江西省文化馆是政府向人民群众提供公共文化服务、满足人民群众基本文化需求的重要窗口。江西省文化馆的工作性质具有双重性：既是群众文化的组成，也是公共文化的一部分。

（一）秉承文化的群众性，创作文化作品

从群众视野出发、发挥所长，投身重大主题创作，江西省文化馆创作了一系列歌颂一线抗疫战士的作品，传播实用的防疫小知识，为各行各业的群众送去精神食粮，做好共同抗"疫"心理准备，促进"出入相友，守望相助"社会氛围的形成。

1. 自主创作歌曲

在众志成城抗击新冠肺炎疫情阻击战中，江西省文化馆通过文艺的方式声援武汉，歌颂一线的医护人员，赞颂党和人民，为群众加油鼓劲。截至2020年5月中旬，文化馆共创作了19首歌曲，通过媒体传播后在社会上引起了热烈反响，吸引了许多群众自发学唱和传唱。

---

① 2020年5月19日，江西省群众艺术馆正式更名为江西省文化馆。

表 1 江西省文化馆抗疫系列歌曲媒体刊登情况 [①]

序号	歌曲	刊登媒体	受众量
1	《好一朵白莲花》	央视频、文旅中国、中国旅游新闻、学习强国、手机江西台、江西4套、文旅江西云、江西文艺、江西省文化馆微信公众号	423697
2	《喂！你在哪里？》	文旅中国、中国旅游新闻、学习强国、手机江西台、江西4套、文旅江西云、江西省文化馆微信公众号	394520
3	《赶路人》	央视频、文旅中国、手机江西台、江西4套、江西省文化馆微信公众号	416247
4	《中国,加油！》	央视频、文旅中国、手机江西台、江西4套、江西省文化馆微信公众号	132882
5	《为你点灯》	手机江西台、江西4套、江西文旅发布、江西省文化馆微信公众号	347175
6	《我的医生妈妈》	央视频、手机江西台、江西4套、江西省文化馆微信公众号	338335
7	《你是怎样的人》	央视频、学习强国、手机江西台、江西4套、江西省文化馆微信公众号	265734
8	《美丽的黑头发》（通俗）广场舞1	江西省文化馆微信公众号	868
9	《画樱花》	江西省文化馆微信公众号	411
10	《美丽的黑头发》（通俗）广场舞2	手机江西台、江西4套、江西文旅发布、江西省文化馆微信公众号	55265
11	《美丽的黑头发》（民歌）	央视频、学习强国、江西省文化馆微信公众号	475
12	《花落的声音》（美声）	央视频、江西广播电台都市频率（3月14—20日播放一周）、江西省文化馆微信公众号	311861
13	《花落的声音》（通俗）	江西文旅发布、江西省文化馆微信公众号	651
14	《花落的声音》（民歌）	江西音乐广播、江西省文化馆微信公众号	748
15	《春暖花开再相会》	央视频、江西文旅发布、江西省文化馆微信公众号	1139
16	《雨衣妹妹》	央视频、手机江西台、江西4套、江西文旅发布、江西省文化馆微信公众号	76809
17	《盼你归来》	网易新闻、澎湃新闻、江西新闻、江西晨报、江西省文化馆微信公众号	46593
18	《我不知道你是谁》	央视频、江西省文化馆微信公众号	1229
19	《送你一个春天》	江西省文化馆微信公众号	353

---

① 截至2020年5月中旬统计数。

2. 自主联动发声

职工录制视频、从我做起、发起倡议。组建"防疫知识宣传组"制作提醒信息、防疫小知识等进行分享。省文化馆公众号每日更新,发布并转载抗疫艺术作品。省文化馆人员纷纷以各自的微信朋友圈为阵地,每日转发公众号信息,以文艺的形式为人民服务,提振社会信心,弘扬正能量。

3. 自主创作作品

为抗疫期间群众文化的声音助力呐喊,扩大声援之力,疫情期间省文化馆成员纷纷发挥所长,漫画、书法、舞蹈、小故事创作等多种抗疫作品陆续呈现。经择优挑选,共选送优秀抗疫艺术作品 15 件报送文化和旅游厅参评。

(二)秉承文化的公共性,建设分享平台

充分调动群众自我创作、自我服务的积极性,加强组织引导。在江西省文化和旅游厅的统一部署与指导下,江西省文化馆通过示范引领全省 11 个辖区市群众艺术馆、100 个县(区)级文化馆等多级网络资源,做到抓好基层防疫和开展线上文艺战疫两不误。

1. 广泛征集群众作品

江西省文化馆早在 2020 年 2 月上旬下发《关于开展抗击疫情主题故事和漫画作品征集活动的通知》,征集全省群众创作的有关宣传科学防疫知识、反映一线抗疫工作者和人民群众在打赢疫情防控战役中涌现的感人事迹和暖心故事等原创作品。

2. 线上分享群众声音

收集的作品经专家、学者评选,最终选定推出 7 个艺术门类总共 900 个有一定思想性、群众喜闻乐见的文艺战"疫"原创作品,每日在江西省文化馆订阅号推送,部分视频还被精心加工同步在馆抖音号发布,极大满足疫情下全省群众多样化的文化需求。

表 2 江西省文化馆征集、分享作品一览表

类别	征集数量	筛选数量	分享数量
主题故事	130	103	103
美术作品	449	209	209
音乐作品	66	66	66
朗诵作品	23	23	23
小戏作品	7	7	7
书法作品	161	161	161
摄影作品	64	64	64

3. 数字文化服务群众

广开渠道、保证质量。疫情期间,江西省文化馆先后升级微信订阅号、开设抖音公众号,连续推出"你的身后是中国"抗击疫情公益作品 110 辑(统计时间截至 5 月 15 日)。

精选"跟我学艺术 每日一刻钟",实现群众足不出户也能在家学艺术。同时,江西省文化馆还不断充实馆藏数字资源,进行线上资源分享,包括赣剧、慕课、儿童书法动漫等。

表3 江西省文化馆免费开放的数字文化服务资源

种 类	内 容	数量	时长(分钟)
赣剧多媒体资源库	说戏小视频	26集	640
慕课资源库	合唱、二胡、书法、美术、芭蕾舞等多个艺术门类	35个	1300
中国儿童书法动漫	基于江西本土书法文化制作的动漫	10集	70

三、从公共文化服务的目的展望群文工作的方向

"一花独放不是春,万紫千红春满园"。疫情期间,为做好公共文化服务,全国各地各级文化馆(站)都在不断积极探索。笔者在参考中国文化馆协会、上海市群众艺术馆等多个兄弟单位网页、微信公众号后,认为未来群文工作的开展可从以下三方面增力。

(一)数字资源储备

1.增加文化馆数字资源的总量

"巧妇难为无米之炊",要想做好公共文化线上服务,首先应做到资源充足。数字资源的储备,可以是文化工作者自主的录制、日常工作中培训师资的整理、街头老艺人技艺的记录等,也可以通过建立常态化的市场采购理念和机制来实现[4]。

2.点单式供给,发挥总分馆制的优势

在互联互通的数据时代,通过大数据、云计算,能够有效精准地识别不同用户的个性需求。基于资源高效整合基础上的总分馆制,如能精准捕捉不同群体的不同需求,以"点单式"开展文化供给,一方面可以改变传统文化供给的"大水漫灌",区分"老少中青",打破"城乡孤岛"现象;另一方面也可使各级文化馆(站)间充分做到上下联通、共建共享,使全民艺术普及的成效更加显著。

3.预约式服务,开展艺术慕课线上教学

在普及的基础上突出质量,预约式服务能更好地有的放矢,平衡用户和群体中的矛盾,提高群众的满意度。如疫情期间张家港市文化馆就针对医务人员子女推出艺术培训志愿服务、针对少儿群体推出艺术公益培训、针对老年群体推出文化馆老年大学等[5],通过在线的报名和预约,提高不同群体的公共文化服务供给质量,获得了广泛的好评。

(二)素材资源重塑

每个行业有每个行业的特色,每个行业的资源应体现每个行业的特点。在储备充足的文化资源后,文化馆的数字资源还应做到与互联网适应、体现行业特色。

1. 充分利用第三方平台

"他山之石可以攻玉"，选择利用好第三方平台，可以借助其已有的用户优势，做到经济与效能的最佳统一。如当下比较流行的抖音、微信、火山视频、小红书、喜马拉雅等 App 都可纳入参考。

2. 适用性改造数字资源

王全吉老师谈道："文化活动、文艺赛事直录播形成的数字资源，需要剪辑成适合新媒体的短视频，才更有推广和利用的价值。"[6] 所有的数字资源都应结合所投放的平台特点，进行改造及重塑。经过专业剪辑的视频，因其内容精粹、单元短小，且表现形式丰富，具有交互性，往往能在较短时间达到传播学习的效果。

3. 精准为群众需求服务

充分关注用户需求，重视新媒体的运营推广，做好内容运营、用户运营及选题策划，不断提升数字文化平台的社会影响力和公众美誉度[7]。2020 年以来，江西省文化馆就面向少儿群体，主动策划中国儿童书法动漫资源库，拟打造基于江西本土书法文化制作的动漫，并将同步开展 42 场书法动漫文化体验大课堂活动和一场教师培训活动。

（三）线上活动策划

有意识的活动策划，往往只是吸引用户量剧增的开始。好的活动策划却是公共文化运营成功的一半。

如上海市群众艺术馆在疫情期间联合抖音平台开展"# 市民文化抖起来"主题活动，邀请群众自创自编、自导自演、自画自拍、自写自讲，该话题上线不久就吸引了近 60 个视频上传，播放量超 13.7 万次。中国文联、中国文艺志愿者协会联动抖音开展"文艺进万家　健康你我他"网络文艺志愿服务，带动了全国 963 位艺术家通过网络为广大网友艺术授课，总播放量超 2.9 亿[8]。线上活动的策划，既能充实文化馆公众号的内容，增加用户的黏性，又能加大全民艺术普及的广度及深度，一举多得。各文化馆应该多开展有创意、有特点的线上活动。

不断探索、不断前行。公共文化线上供给的路径已经选定，下一步，相信在广大文化馆同人的不断实践累积中，全民艺术普及的时代将更快来临。

参考文献

[1] 中共中央印发《关于加强党的领导、为打赢疫情防控阻击战提供坚强政治保证的通知》[EB/OL]. [2020-12-15]. http://www.gov.cn/zhengce/2020-01/28/content_5472753.htm.

[2] 习近平. 在中央政治局常委会会议研究应对新型冠状病毒肺炎疫情工作时的讲话 [EB/OL]. [2020-12-15]. http://www.qstheory.cn/dukan/qs/2020-02/15/c_1125572832.htm.

[3][4] 李国新. 疫情对公共文化服务发展影响的思考 [G]// 李国新. 文化馆发展十一讲. 北京：国家图书馆出版社,2020:17-33.

[5] 李立群. 对数字文化服务的几点思考——以张家港市文化馆为例 [G]// 李国新. 文化馆发展十一讲. 北

京:国家图书馆出版社,2020:63-76.

[6][7] 王全吉. 当前文化馆数字文化服务还有哪些提升空间 [G]// 李国新. 文化馆发展十一讲. 北京:国家图书馆出版社,2020:1-15.

[8] 杨乘虎. 深化公共文化服务供给侧改革的若干思考 [G]// 李国新. 文化馆发展十一讲. 北京:国家图书馆出版社,2020:35-61.

青年文化创意活动的实践研究

——以天津市群艺馆无意义实验剧团为例

任　民（天津市群众艺术馆）

青年文化创意活动，顾名思义，即是以青年人为主要活动参与主体的文化类创意活动，如针对青年人喜好的艺术创意市集、小型文化展览、文化沙龙等。

在消费主义大行其道，资本对各种文化现象、形式进行全面覆盖的今天，免费开放的文化馆在"青年""趣味""思考""意义"方面却显得有些跟不上时代步伐。当今社会，大众文化与精英文化间的界限早已模糊，通过大量的复制，曾经属于精英的"高等艺术／研究"追求，也可以被大众所了解、熟知，并且随着文化发展、文明进步而逐渐浮出水面的小众话题也越发引起我们的关注。

笔者认为，文化馆，要站在时代的前面，而不是跟在它后面跑。本文以无意义实验剧团举办的一些活动为例，谈谈青年文化创意活动的实践探索。

一、文化馆进行青年文化创意活动的必要性与可能性

（一）必要性

自拍自导古风美食短视频并被《人民日报》、新华社、央视新闻等新闻媒体报道的李子柒，凭借夸张的表演吐槽时弊的 papi 酱，以鲜明的个人风格超能"带货"的李佳琦……青年人正以自己的独特风格张扬着个性。

此外，各类社会组织举办创意市集、小型文化展览等活动，它们吸引大众关注和喜好的能力，都超过了我们文化馆组织的活动。

长远看来，我们的服务主体或就是今时今日被网红吸引、愿意参与市场文化活动的人，并不仅仅是年轻人；如果现在不开始了解、学习、准备，甚至去"抢生意"，笔者以为，文化馆的存在有被边缘化的危险。

此外，近年来种种社会现象，如豆瓣上的"父母皆祸害"小组、杨永信的"电击学校"，等等，都已经说明了在所谓"广场舞一代"与不识文化馆的青年人一代之间存在着价值观的断裂和巨大的代沟。群文工作者有责任打造一条相互了解的"桥"，让不同群体彼此照见，使之互相了解，理解彼此的追求，进而尽量消弭这种代沟所造成的负面社会影响。

（二）可能性

无意义实验剧团是由天津市群众艺术馆支持的公益性艺术团队，已经成立5年了。让业余爱好者、以往不会或者不敢出现在聚光灯下的人群有机会上台，打破剧场和场外各艺术门类乃至艺术与其他表达和展示方式的边界，汲取文明，思辨"文化"是剧团的宗旨。自成立以来，创立了"碎片剧场""女艺术者联盟""角色与肢体"系列工作坊等多个青年文化创意活动品牌。其中，"碎片剧场"系列活动以朗读为主，选择经典著作和近些年来引发社会关注的各种作品，就文化、社会现象进行探讨；"女艺术者联盟"则通过访谈的方式，展示女性艺术从业者的才华，探寻女性成长的经验和发展之路；"角色与肢体"系列工作坊则将戏剧与身体舞动结合在一起。这些活动吸引了大量青年人乃至中老年人和孩子们来参加。

从活动实践中可以看出，文化馆也可以创造自己的品牌，有自己的"人设"，有自己的"粉丝"。用我们的专业，我们的眼光，以更丰富的活动，跟随社会、政治、经济、历史、文化发展，通过艺术活动探寻文化现象和艺术本身存在的意义。让来参与活动的群众了解，不是只有市场经营主体才能提供有趣的沙龙，文化馆的青年文化创意活动课也可以很有意思。

二、以天津市群众艺术馆为例，谈谈文化馆如何开展青年文化创意活动

（一）面向趣缘社群的"精准化"

电视剧《陈情令》在腾讯视频平台上映后，引发了一场不小的收视狂潮。同时，在tumblr网站公布的全球电视剧热度排名前50中，《陈情令》排在第36名，是中国剧集首次入榜。2019年12月15日央视三套《一堂好课》节目中，更是邀请了在《陈情令》剧中担纲角色的若干青年演员作为嘉宾。同时，继在泰国、韩国等国家播出后，在笔者成文时，该剧也正在日本播出，除拥有中文版广播剧外，更是在日本邀请了当地广播剧界高水平的配音演员，制作了日文版广播剧播出。令其受众从国内小说文本读者、改编电视剧观众、广播剧听众，扩展到国外观众，实现了"文化输出"的效果。

在无意义实验剧团2020年初举行的碎片剧场·朗读分享会活动上，我们分享了《陈情令》原作网络小说《魔道祖师》，节选其中一部分内容，让观众朗读原作。活动参与者大多是青年人，但也有不少中老年参与者，大家在一起探讨有关愈发年轻化的偶像群体、越来越进入公众视野的"粉圈文化"、网络文学几乎难以避免的抄袭鉴定风波等话题。

（二）跟随时代发展的"精准化"

2020年"三八"妇女节，在天津市群众艺术馆的大力支持下，无意义实验剧团举办了

首期"女艺术者联盟"线上特别活动。我们请到了女性广播剧从业者等,进行了女性题材的线上即时广播剧表演、主题访谈及互动活动。

在活动中,听众聆听剧目和访谈并开展互动。无论是从业经历,还是诸如亲子、婆媳关系等情感话题,虽然大家无法面对面交流,但线上的讨论仍让大家就这些问题多了几分思考。

在疫情期间,无意义实验剧团把自有品牌"碎片剧场"搬到了线上,开展若干次朗读活动,主题涵盖了热门剧集《庆余年》和"情人节"等内容,活动吸引了大批听众参加。

(三)精准化是"双向"的

1. 社会文化研究

在无意义实验剧团举办的"碎片剧场——朗读者"系列活动中,组织者带来了四项简单的艺术跨界内容。在经典剧目朗读和"午夜戏仿"工作坊版块中,朗读中国话剧《雷雨》、莎士比亚经典话剧《哈姆雷特》以及现代原创剧作《乌鸦》的文本。在之后的互动探讨中,参与者与剧团成员、剧目主创人员将三个文本做了横向与纵向的"比较研究"。大家讨论了《雷雨》作为近代中国经典话剧作品,在新文化运动兴起的十几年后创作,作品中蕴含了多少古希腊悲剧的核心元素?又有多少是独属中国的特点?《哈姆雷特》因其蕴含的哲学、心理、文化、政治内涵,有许多在各个时期被改编的版本。将这两个戏剧文本尝试共同朗读,是不是能引起关于东西方文化,外来文明与"中国传统",现在、过去与未来的更多思考?而《乌鸦》作为一部已经公演若干场次的原创剧作,其中所包含的微妙的"俄狄浦斯情结",又令我们想起其与《雷雨》《哈姆雷特》这些经典作品中的相似又不同的情节。它的创作,又算不算得上是在前两部经典作品的文学和文化脉络之中?它所反映的,在今天的社会上,是否依然有效?

之后,我们还朗读了原创剧目《人面》的剧本,又引发了人们对"古风""汉服"等"传统"模仿行为的意义是否真的成立的探讨。在此基础上,我们又选择了曾引发热议的小说《镇魂》原作者的另一部作品《默读》中作为结构背景的四部国外名著《红与黑》《洛丽塔》《基督山伯爵》《群魔》和一部莎士比亚经典戏剧《麦克白》来进行朗读,并借用作品中的关键词汇"朗读者",探寻国外经典作品对现代"亚文化"创作的影响有多深,并向所有创作者发起友好的"叩问"。

2. 大众流行——由小众而大众

无意义实验剧团的成员大多数为青年人,但并不限于此,剧团鼓励各个年龄层的人参与。在活动中,我们发现,人们对"朗读"的爱好是不分年龄的,因而只要活动内容允许,我们都尽量添加朗读成分进去,吸引全年龄人员来参加。迄今为止,无论是哪一种活动,都可以吸引到各个年龄阶段以及各个不同阶层的人群来参与。我们也曾经担心只有被活动主题所吸引而来的年轻"粉丝"或者爱好者才会参与讨论,但出乎意料的是,青年参与者或许更习惯于线上交流,常囿于对线下活动人群的不熟悉而略显羞涩,而中年乃至老年参与者的活动热情和参与度更高。他们对于自己曾经不了解甚至不知道的文化现象、新的文化事物表现出了极高的热情和关注。

三、从无意义实验剧团的活动实践提炼的启示

经过几年的活动实践,我们也得到如下启示。

(一)关于社会化

"角色与肢体"系列工作坊,是与天津接触即兴社群发起人共同合作举办的。笔者从他们组织的活动中了解到,他们和笔者对于文化普及、艺术普及等有着共同的追求。而他们也和许多群众一样,对文化馆缺乏了解甚至根本没听说过。他们对馆内设施和我们的活动理念十分感兴趣,因而"一拍即合",合作了颇受欢迎的三期身体舞动与戏剧跨界结合活动。

群文工作者要做有心人,多走出去参与各种活动,多发现适合合作的社会化人才。

(二)关于精准化服务与城市需求

无论是女性话题还是"大热IP",都是当今社会群众关心和感兴趣的话题,是与人们的日常生活息息相关的。在有条件的地区,尤其是文化互动交流发展比较好的一、二线城市举办这一类主题的活动,举办精准把握群众需求的活动,提高群众的关注度,使大家对生活乃至生命中的许多事情多一些思考,都是我们进行相关活动的意义所在。

在活动中,通过跨界的艺术活动内容以及简单的表演、展示来进行纵向与横向的文化比较,探寻社会文化的小小一角。虽然碍于相关专业水平储备不足,不足以为参加的群众提供更多的知识、更深入的思考,但群文工作者毕竟开启了这扇思索的"大门",也将会吸引有学识的参与者以及专业的学者、研究者共同参与进来。

群文工作者对群众的文化需求不可想当然,认为大众所喜爱、所需求艺术文化活动的一定只是最基础的形式。我们,同样是大众的一部分,我们的所思所感所爱,自然也是群众的所思所感所爱,大众所需要的正是作为群文人的我们所应该引领的。以这样的思路,将"精准化"服务投放给群众,必将受到大众的欢迎。

(三)关于融合:由青年文化创意活动而全年龄大众参与

在以往,大"IP"网剧也好,偶像也好,动漫也好,文化研究也好,都是部分特定人群的小圈子爱好以及研究,是"小众"的。受这次新冠疫情影响,公共文化服务的提供方式与其他各类文化分享、消费方式一样,更多地转到了线上。人们"宅"在家中,比以往显得更加封闭,却在线上获得了和更多以往没有机会相遇的人之间更紧密的联系。许许多多不同的人群或不同的趣缘社群之间在网络上相遇、碰撞、冲突和反思。曾经"小众"与"主流"间的间隔早已模糊。更深的相互了解,更多元的交流,会带来更多的包容。

这正符合无意义实验剧团的活动方式与宗旨:以青年人,或者某一类趣缘社群的喜好

内容来制定活动主题;同时,利用剧团组织的表演,如分角色朗读等形式,对其进行重现,并加以探讨,判断群众喜欢什么,并以自己所擅长的方式进行"包装",加深讨论的深度。除了青年人,剧团活动也吸引了从儿童、中老年人以及听障、视障人士来参加。到目前为止,剧团活动已经拥有了一大批"粉丝"。

因而,对于何为"小众",何为"大众",不可以传统思维一概而论。人们究竟需要什么样的文化活动,正如剧团名称中的"实验"二字所显示的,我们需要多尝试,多摸索,从"我能做什么?"入手,最终了解并落实"大众需要什么"。

试论公益文化服务向弱势群体倾斜的现实意义

——深圳罗湖文化馆开展老年及自闭症少年公益培训工作刍议

陆贤香（深圳市罗湖区文化馆）

一、关注弱势群体是政府和社会的职责

文化是人类社会历史发展过程中社会物质、精神、意识及相适应的制度和组织在社会生活形态的总和。现代社会公共文化，一般泛指在生活居住、从事生产工作中有一定互相关系的社会民众所具象的社会思想意识形态和大众普及的行为文化，也可以理解为一个领域的文化或占社会大多数人共有的文化。公共文化形态通常都是由国家政权、社会意识、民族信仰、宗教机构所主导，借由教育行为、媒体宣传、历史传承、民间习俗、演艺团体等社会组织来建构，通过继承、发展、创新公共文化方式，来体现社会各个阶层的思想生活状态，也直接反映社会的现实状况。

弱势群体是指在社会物质、社会文化以及生理健康等方面相对处于弱势地位或智障、残疾人士、未成年人、年事已高人群的总称。这一群体缺乏社会组织资源、经济资源和文化资源，其形成原因既有先天因素，亦有后天社会因素。弱势群体是一个规模较大、结构复杂、分布广泛的群体。现任联合国秘书长古特雷斯曾指出：在全世界十亿的残障（弱势）人口中，只有28%的人能够得到社会的帮扶和救助。据资料统计，在我国总人口中，弱势群体人数约占五分之一，其中六十岁以上的老年人约占16%，各型自闭症患者约占一百五十分之一。

相对其他群体，弱势群体依靠自身能力无法改变其在政治、经济、文化、体能、智能、处境等方面所处的不利地位，弱势群体已成为影响我国社会稳定和经济持续发展的重要因素之一。如何帮扶社会弱势群体，是我们构建和谐社会急待解决的现实问题。政府和社会各界采取多方位、多层次的政治、经济、法律等方面的保护措施，完善公共文化社会化服务体系建设，推进加强公共文化创新多元供给。从社会公共文化服务均等化发展的核心内涵来看，对容易被社会忽略的弱势群体给予特别的帮助，有助于全社会多层面实质公平的实现。

现实社会中，存在着公共文化资源设施配置不合理、发展不均衡、使用不科学、重复和浪费等现象，不能够满足社会基层特别是偏远落后地区、弱势群体的文化需求。据中共中央、国务院公布实施的《进一步加强公共文化服务体系建设的意见》，以及《中华人民共和

国公共文化服务保障法》的相关规定,开展的弱势群体公益文化服务工作,是政府及职能部门、社团组织的义务和责任,让所有公民享有同等的文化和教育的权利,从而改变发展不均衡的文化现象,调整公共文化资源,使文化建设,文化服务活动的重心向落后缺乏的社区、向社会弱势群体倾斜,符合现阶段我国公共文化发展的新趋势,是特色社会主义公共文化服务发展建设的必然。

二、关注弱势群体创新公益文化服务的模式和形态

在以往多年的基层群众文化工作中,我们没有系统、长期地在弱势群体人群开展公益性文化服务。相对于其他领域,弱势群体的文化生活明显匮乏,深圳市罗湖区文化馆根据实际情况,结合弱势群体特点,分别对社区老年人及自闭症青少年这两个群体,进行了系统的文化指导服务工作,笔者作为两项公益活动的组织和参与者,对弱势群体需要帮扶和现实社会的现状落差,深有感触。

随着我国逐步进入老龄化社会,老年人公共文化服务工作一直是社会文化工作的重要内容。在罗湖区辖区内的居民中有来自全国范围内的离退休的专业人士,他们中很多人都有扎实的传统文化素养、成熟的文化理念及实践经验,可将赋闲在家的老人们组织起来,以点带面,组建传统特色的文化团队。罗湖区文化馆于2009年5月在基层社区组织、创立了全国首个社区老年皮影艺术团。

自闭症是一种广泛性行为发育障碍(Pervasive Developmental Disorder,PDD)性疾病,很多患者都会因为严重的心理问题而导致偏激的性格和行为,甚至会因此而危害到他人。如何照看自闭症患者并提供社会扶助是一个突出的社会问题,努力改善自闭症患者的行为和对他们的启智也是社会各界关注的课题.

罗湖区文化馆派出专业工作人员去深圳市自闭症研究中心、残疾人服务中心等机构,帮助具有一定音乐潜能才艺和演奏基础的自闭症孩子们进行培训辅导,并在社会各界及家长们的协助下,成立了由自闭症儿童组成的特殊音乐团队——爱特乐团。多年来,老年皮影艺术团和团队克服各种困难和不利因素,参加了众多大型的社会文化活动,取得了良好的社会效益。

经过多年的发展,罗湖区文化馆本着"以人为本"的公益文化服务精神,发动社会各界力量、整合各种资源,依托社区阵地开展活动,深入各个社会机构,参加各种赈灾义演活动,并到大学院校进行传统文化非物质文化遗产学术交流活动。许多媒体对这些活动进行了连续的专题宣传报道。通过在社区、学校、社会等地举办多期公益培训、讲座学习班,在发展中不断创新,罗湖区文化馆逐步把对弱势群体服务工作的特色优势充分发挥出来,引入更新、更高、更广的活动领域,产生了更大的社会影响力,推进公共文化的社会化建设。

老年皮影艺术团和爱特乐团开展的公共文化活动,改变了文化馆原有的文化服务形态和模式,有了新的适应社会文化需要的发展形态坐标,使社会公共文化服务形成多元化

供给,在公共文化的内涵和表述方式上,在社会化变革和创新过程中,使社会公共文化服务具有了重于弱势群体领域的特性。只有具有特色的公益文化服务,才能形成新的不同于其他基本形态的异质性文化属性、社会文化价值观与审美倾向。文化的形态、特色的元素、认同及归属感应适于普罗大众的精神生活需求,这样才能体现社会各个阶层的思想意识和社会现实状况。弱势群体文艺团队的创建,具有正向的价值观示范引导作用,符合新时期公共文化建设的发展方向。关爱弱势群体起到了弘扬社会公德,树立正确思想观念的教化作用,对促进全社会的和谐发展起到了积极的作用。新的公共文化服务方式产生了新的社会价值观。

表1 老年皮影艺术团和爱特乐团的社会文化活动情况表

社会活动项目	老年皮影艺术团	爱特乐团
主要活动	联合国国际儿童读物联盟展示,文旅部国家文化艺术基金扶持项目展,全国老年文艺,澳门民间艺术节,香港国际文化会议,台湾文化交流,广东省艺术节(参加五届),广东省特色剧种展演暨研讨会,广东省"情系岭南"百场优秀剧目巡演,深圳市罗湖皮影节(六届),深圳宣传文化基金资助项目"皮影艺术社区巡演",深圳"鹏城金秋"社区会演。曾去多个学校、社区、企业、社会福利院参加演出,演出足迹遍布广州、深圳、珠海、清远、惠州、江门等地,美国、法国、马来西亚、韩国等都发过邀请函邀请演出	国际"自闭症日"爱特乐团星星专场音乐七届,台湾自闭症儿童音乐交流活动,上海慈善募捐音乐会,深圳福利基金会慈善演出,深圳慈善文博会专题演出,深圳广电集团飞扬"971",深圳关爱行动展演,"维尼斯圣诞音乐会"专场音乐会,去各类社会企事业机构、自闭症研究中心、深圳残疾人联合会、深圳关爱协会、深圳宣传文化专项扶持基金专场演出、各界邀请爱心慈善演出,等等
演出规模	目前累计各种演出300多场次,观众人数近40多万人次	目前累计各项演出180多场,参与人的26余万人次
公益培训	在深圳东湖中学、后海小学、罗湖区校园皮影剧社、百仕达社区、东晓小学以及中山、珠海等地举办公益皮影学习班26期	在深圳残联爱心大厦音乐中心、壹基金爱特音乐培训基地,举办深圳自闭症儿童音乐公益培训班20期
募捐善款	赈灾义演20场,募集价值人民币3万余元的物资,及35万多元的善款	星星音乐会慈善演出,为自闭症人人募集累计37万多元的善款
媒体报道宣传情况	中国文化报、广东卫视、深圳卫视、深圳商报、深圳特区报、深圳晚报、南方都市报、羊城晚报、深视第一现场等媒体历年累计各类采访报道30多次	中央电视台、深圳卫视、深圳商报、深圳特区报、凤凰娱乐、广州日报,羊城晚报、中国新闻网等媒体多次进行专题报道

三、特色公益文化服务引导社会公众价值观和审美倾向

公共文化服务具有文化艺术性、社会效益性、异质个性等三个特性。对于社会受众来说,公共文化服务的内容和效果承担着文化事业的继承与保护、公众价值观引导、艺术审

美倾向、创新与发展的历史重任。关注社会弱势群体,同时也应关注他们在公共文化活动中演绎的具备特色元素的"文化艺术"作品。

多年来,老年皮影艺术团创作了30多部反映历史和现代的皮影戏,如《鹬蚌相争》《义工系列剧》《抗日小英雄》《垃圾交响曲》等,采用了现代舞台声、光、景等新式演艺技术;爱特乐团的孩子们每人用电子琴模仿一种乐器,共同演奏大型交响乐《欢乐颂》《春天的故事》等曲目。这些艺术实践就是采用新意的展演方式,达到新的视觉、听觉特色。演出受到观众的热烈欢迎,国际国内各种机构、各种形式内容的展演邀约不断,社会各界都积极资助团队的各项文化活动。

特色公益文化服务通过具有特色魅力的文化形态,展示了一种积极向上的和谐社会关系,使公共文化服务的社会效益达到最大化。弱势群体通过文艺活动所演绎的那种强烈且鲜明的创意、朴实真挚的情感,传递着他们特有的美,影响着社会公众的思想意识,引发人们对这些的认同,是社会公共文化领域建设发展的积极成果。

事实证明,关注弱势群体特色文艺团队的建设,是公共文化服务可持续发展的一个支点。通过充分了解公共文化活动的社会性、地域性、群众性的特征,以公益文化服务为抓手,利用好社会文化资源,保障弱势群体的基本文化权益,让公益文化服务更适应社会发展的要求,促进新时期特色社会主义公共文化事业的建设和发展。

参考文献

[1] 林丽珍. 新时代文化馆公益培训效能管理探析 [J]. 文化大视野,2019(7):52.

[2] 戴珩. 群众文化发展的深圳特色 [N]. 中国文化报,2011-12-09(8).

"一人一艺"乡村版块建设的宁海实践

冯颖丹（浙江省宁波市宁海县文化馆）

推进"一人一艺"全民艺术普及工程，乡村版块建设是关键。在浙江省宁海县 63 万的总人口中，乡村人口占了 40 万，而且在乡村文化基础普遍薄弱，艺术氛围缺乏。自 2016 年开始，宁海县创新推出"一人一艺"乡村组合版块建设，以"百姓大舞台""百姓大展台""百姓云平台""艺术家驻村行动"四大工作为推手，打通"一人一艺"最后一公里，为乡村的文化振兴作出了有益的实践。

一、"一人一艺"乡村板块建设的背景

"一人一艺"全民艺术普及工作是在政府领导下，社会力量积极参与，民众欢迎、艺术共享的文化活动形式，其不仅能满足公众的文化需求，对于提升公众的文化素养、健全民众的文化意识也有着积极重要的作用。目前，宁海县"一人一艺"艺术普及活动围绕艺术知识普及、艺术活动普及、艺术技能普及、艺术文化普及等四个方向全面推进与有效普及，并且深入中小学生及社会特殊群体中，依靠有效的文化普及教育和艺术普及活动，向广大人民群众、儿童、特殊群体传递文化理念、普及文化知识，并在有效的实践活动中强化人民群众的文化意识，积累宝贵的文化活动经验，使艺术普及活动成为人民群众日常生活中不可分割的一部分。以"一人一艺"宁海活动打造出独具特色的艺术文化活动形式，使群众在"艺术文化活动"中学有所得，形成良好的文化认知方式。宁海县是具有浓厚历史文化底蕴的文化大县，不仅拥有绚烂多彩的历史文化，也拥有良好的民俗文化氛围，为各类文化活动的开展与普及提供了丰厚的土壤。目前，宁海县拥有 4 个国家级非遗项目、7 个省级非遗项目，历史文化资源丰富，在几千年的历史发展中还涌现出了一大批的文化名人，如南宋宰相叶梦鼎、宋元史学家胡三省、明代大儒方孝孺、左联作家柔石、国画大师潘天寿等，创造了绚烂多彩的历史文化。在如此浓厚的历史文化氛围中，宁海县开展"一人一艺"艺术文化活动实践，向公众普及艺术文化理念，传递先进的文化价值观、艺术价值观，以提高公众的艺术文化素养。同时，"一人一艺"活动的宁海实践是定于公众个体文化需求的艺术服务方式，通过一系列有效的艺术文化服务活动，帮助民众个体掌握基本的文化艺术技能，提高公众的文化技能水平，使公众的精神文化需求得到有效满足。可以说"一人一艺"文化艺术普及活动是顺应当前社会发展趋势的艺术文化活动形式，对推动社会精神文明建设有着积极重要的作用。

二、"一人一艺"乡村板块建设的具体做法

（一）以全民艺术活动普及倒逼全民艺术知识普及与全民艺术技能普及

在宁海县"一人一艺"艺术实践过程中，"百姓大舞台""百姓大展台"是全民文化艺术活动的重要载体和平台，也是全民艺术活动普及的重要形式。随着艺术实践活动的深入进行，全民艺术活动普及也倒逼全民艺术知识普及与全民艺术技能普及向前推进，使全民艺术知识普及、艺术技能普及成为艺术活动普及条件下文化馆重要的文化艺术活动普及形式。

1. 县、乡（镇）两级党委政府制定政策措施、量化指标、考核方法

宁海县"一人一艺"全民艺术普及活动中，县、乡（镇）两级党委发挥着重要的作用，县、乡（镇）两级党委与政府将全民文化艺术普及活动定位为自身的职责与使命，通过出台一系列有益于推进全面艺术普及活动的政策、方针，并建立有关文化艺术普及活动的准入标准、量化指标、考核方法，以推动全民文化艺术普及活动发展。宁海县依托自身丰富的文化艺术资源，充分发挥政府的主导作用及文化服务职能，将全民艺术活动普及工作融入政府职能建设过程中，在政策、渠道、考核等多个维度上实现对全民艺术普及活动的有效建设，在文化服务理念上体现人文关怀，在文化民生层面切实发力，让人民群众享受到文化艺术发展成果，使人民群众的文化需求得到满足。"百姓大舞台""百姓大展台"的打造充分体现出政府对人民群众文化生活的关怀。在全民艺术普及过程中以人民群众为中心，加强各项文化艺术设施建设，关注人民群众的核心文化需求，大力推进全民艺术技能与全民艺术知识普及，带动全民艺术文化素养提升。

2. 满足乡村的艺术知识普及和艺术技能普及的需求

宁海县在"一人一艺"全民艺术普及活动过程中，以基层乡村、社区为单位，将乡村、社区艺术活动作为全民艺术文化活动普及的重要内容，逐步推进民俗活动机制建设，尤其是注重抓住百姓的核心文化需求，推进"民俗文化"与公共文化服务相互结合，将民俗文化节日与民俗艺术表演融入公共文化服务机制建设之中，逐步实现了以"天天演""村村展"为载体的全民文化艺术普及活动形式，让群众喜闻乐见的文化活动在全县如火如荼地展开。根据统计资料显示，近三年，宁海县共举办各类文化活动1000多次，基本做到了"天天有活动"这一文化战略目标，人民群众参与热情高涨，参与人数突破了8万人次。可以说，宁海县在"一人一艺"文化艺术实践过程中，基本做到了天天有活动、村村有演出、周周有晚会，并且使各类文化艺术活动融入乡村、融入社区，使每个村、每个社区都成为文化艺术展台，极大增强了艺术知识普及和艺术技能普及需求，把人民群众的文化艺术需求从"要你要"变成了"你想要"的形式。

3. 以"精品节目单"形式实现优质文化资源下沉，以满足乡村群众的艺术欣赏需求

在宁海县"一人一艺"文化艺术普及活动中，宁海县根据地方的特色文化资源与人民群众对艺术的具体需求，打造了"精品节目单"的全民艺术普及模式，逐步促进优质文化资

源下沉,以满足乡村群众的艺术欣赏需求。在全民艺术实践过程中,汇聚优质文化资源,打造"精品文化节目单",使优质文化资源成为满足人民群众需求的文化载体。宁海县在"一人一艺"文化艺术普及过程中创新艺术普及模式,如宁海县西店镇打造的方言小品《西店囡》节目,在各村连续演出10余场,吸引了人民群众前去观看。节目的演员均为业余演出人员,用生动活泼的方言俚语讲述了婆媳之间初次见面的情形,通过表演者声情并茂的演出,改变了人们对传统西店人红白喜事大操大办的看法,也彰显出了新的农村文化风向。这种以人民群众喜闻乐见且通俗易懂的节目表现形式,改变了传统的艺术活动普及方式,使优质文化资源下沉,融入乡村、融入基层,满足了乡村人民群众的艺术欣赏普及需求。

4. 文化志愿者深入村落,促进"人人要培训、村村搞培训"的局面形成

宁海县"一人一艺"的全民艺术普及活动也通过加强艺术工作人员培训、吸引优质文化艺术专家到现场、推动志愿者下乡等方式打造出了"人人要培训""村村搞培训"的艺术活动普及形式。群众是全民艺术普及活动的服务对象,乡村、社区、城镇是全民艺术普及活动开展的重要阵地。为了全面促进村民艺术素养提升,宁海县在"一人一艺"项目实践中组织了大量培训工作,积极开展系统化文化艺术培训,以满足广大人民群众的文化需求。首先是在基层建立文化艺术辅导网点,面向广大人民群众积极开展文化艺术培训,并组建了一支有水平高素质的特色化艺术培训队伍,并通过开设艺术课堂、推进下乡入村培训工作以打造专业化的艺术培训板块,将各类优质的艺术文化培训资源送入乡村。为了满足不同群众的文化艺术需求,还通过下派志愿者到基层为全民文化艺术普及开展服务,深入到各个村落做好全民文化艺术普及活动,打造出"人人要培训""村村搞培训"的良好文化艺术格局。

(二)"百姓云平台"构建起覆盖全县乡村的艺术网络

1. 优质慕课和直播课堂把"一人一艺"资源覆盖到每一个村落,让乡村群众足不出就能享受到艺术成果的熏陶

慕课和直播课堂是在信息网络技术支持下,乡村艺术课堂开展的重要基础。宁海县为了推进全民艺术普及工作持续有效深入,把"一人一艺"优质艺术文化资源覆盖到每个村落,通过建立"百姓云平台"借助优质慕课与直播课堂,让乡村群众足不出户就能享受到优质艺术资源的熏陶。宁海县在"一人一艺"艺术普及活动中借助慕课与网络直播课堂使优质的艺术资源得到分享,使百姓都能接受良好的文化艺术熏陶,使人民群众的艺术素养得到提升。

2. 在疫情特殊时期,成了乡村群众"有才艺起来"的展示平台

宁海县在"一人一艺"的文化普及艺术实践过程中使用互联网技术通过构建"百姓云平台"使优质文化资源得到有效利用和普及,尤其是在新冠疫情防控的特殊时期,"百姓云平台"更成为百姓喜闻乐见的文化传播载体与艺术普及形式。一方面,众多的草根艺术者和有才艺的人民群众能借助"百姓云平台"将自身的艺术作品与艺术才能向广大人民群众展现出来。另一方面,"百姓云平台"覆盖了众多的网络用户,基层社区、乡村都

能通过"百姓云平台"欣赏到百姓的才艺,文化艺术活动进入到百姓的生活中,使百姓的文化生活更加丰富多彩,乡村人民群众的精神文化需求也得到了极大的满足。

(三)"艺术家驻村行动"唤醒乡村魅力,激发乡村创造力

"艺术家驻村行动"是宁海"一人一艺"全民艺术普及活动的重要组成部分,艺术家进入乡村,向乡村群众普及文化艺术知识,宣传艺术技能,更能点亮乡村魅力,使乡村的文化艺术创造力得到有效提升。

1.高校艺术团队入村,艺术大咖下乡,激发村民内生动力

宁海县为使"一人一艺"全民艺术普及活动取得良好的发展成效,与高校开展深入合作,从高校引入优质的艺术教育资源,使高校艺术团队能进入乡村,进入寻常百姓家。以乡镇为单位与高校组建成"一对一"帮扶对子,或是与高校艺术院系建立全民艺术活动普及全天候战略合作伙伴关系,通过与高校深入合作,引导高校艺术团队深入基层、走向乡村,协同开展全民艺术普及活动。同时,也要注重引入艺术大咖走下基层,走入乡村,向乡村群众普及文化艺术知识,引导乡村群众积极学习艺术技能,提高乡村人民群众的艺术素养。

2.县内艺术家驻村结对,"艺术+"撬乡村文化振兴之路

乡村文化振兴是乡村振兴的重要组成部分。宁海县作为艺术文化大县,县内具有众多资深的艺术名家,2019年宁海县评出了10位名家名匠和20位文化优才,这些人都在第一时间同县内30个村自由结对,实现"一对一"文化帮扶,为结对村落根据本村的文化资源制定培训计划和文化策略。在"一人一艺"全民艺术活动普及过程中,宁海县通过引导县内艺术名家与各行政村组建成帮扶对子,打造"艺术+"的全民艺术活动普及模式,使得各类艺术载体、艺术技能、艺术形式能在乡村艺术文化活动中发挥出充分的作用,繁荣乡村艺术,振兴乡村文化,使乡村艺术的发展更有方向性,使乡村群众的精神文化需求得到充分满足。

三、"一人一艺"乡村版块建设的经验启示

(一)艺术家驻村点亮乡村振兴之梦

乡村艺术建设是推动乡村艺术文化发展的重要举措,宁海县"一人一艺"乡村艺术建设对提高乡村艺术文化氛围,强化乡村民众文化素养有着重要的价值。艺术来源于生活,艺术家是最具创造力的群体之一,各位艺术大咖走进农村,通过一年多的磨合熟悉,在提高乡村文化活动水平的同时也为他们带来了更多创作的灵感,碰撞出艺术的火花。艺术大咖驻村行动活跃了乡村文化氛围,不仅使乡村艺术培训的档次得到了提升,而且也为乡村文化艺术精品的打造提供了有力的支持,尤其是在艺术产品开发方面,艺术大咖的驻村行动使宁海县"一人一艺"艺术实践活动实效得到提升。例如10位驻村台湾艺术家聚焦

优化乡村旅游、民宿、文创等产业，为宁海乡村振兴建言献策，为宁海乡村振兴注入更浓的艺术元素，而这些乡村亦为台湾艺术家提供了一个实现艺术创造的机遇，推动两岸艺术交流。目前宁海已建成 40 个"艺术家驻村工作室"，预计 3 年内建成 150 个以上。

（二）校地协同让艺术为乡村振兴赋能

高校结对活动的开展，给乡村艺术实践活动培训注入了新鲜血液，不仅使乡村艺术实践活动的价值得到有效提升，也活跃了乡村的艺术文化气息，使乡村艺术实践活动的活力得到加强，更有效地带动了村民参与艺术实践活动的积极性。浙江农林大学园林学院乡村振兴研究与服务中心主任徐寒建说："我们将立足宁海本土文化，用艺术挖掘特色、放大优势，通过合理而富有创造性的艺术提升，努力创作一批乡村艺术成果。"中国人民大学丛志强教授带领他的 3 名学生入驻宁海县大佳何镇葛家村带动村民进行设计，就地取材、创作，用 12 天的时间让葛家村面貌焕然一新，也让广大群众深切体会到了艺术之于乡村振兴的独特魅力。至今已有近万人参观旅游，经济效益、社会效应十分显著。

（三）一个舞台孕育文艺"全人才链"

2016 年 7 月宁海县创新推出"百姓大舞台"活动，发出"百姓大舞台、有才你就来"的征集令，极大丰富了乡村群众文化生活、也壮大了城乡优秀群众文艺团队，培育了很多地域性优秀文艺人才，推动了"送文化"向"种文化"的进一步转变。让"百姓大舞台"真正成为百姓的舞台，其关键就在于文艺人才的培育，为此县宣传文化部门在文化志愿者队伍中建立梯队化导师队伍，每月平均开展文化志愿服务 30 余次，全年为全县群众提供500 余课时，受惠群众每年 2500 余人次。"百姓大舞台"培育出人才，更给人才创造更大的舞台，例如梅林街道杨梅岭村村民的一支排舞在"百姓大舞台"上一跳成名，经过文艺导师的指点后，选送参加浙江省排舞大赛。一批草根文化人才团队从乡村大地上快速成长起来，到目前为止，已挖掘基层特色文化团队 637 支，培育文化带头人 400 余名。在艺术实践活动开展过程中，我们也应该看到，百姓文化艺术素养的提升离不开有效的艺术培训，而"百姓大讲台""百姓大展台"活动的有效开展使百姓成为叙事的主角，不仅可以进行才艺展示，还能更积极地传播社会正能量，为精神文明社会建设作出贡献。"百姓大舞台"和艺术培训相辅相成，在乡村艺术实践过程中形成了良性循环，培育了属于自己的全人才链，使乡村艺术实践活动处于良性发展状态，既为百姓的才艺展示提供有效的支持，也满足了乡村艺术文化发展的需求，真正使乡村文化艺术活动能够全面普及，全面展开，取得实效。

参考文献

[1] 李丽 . 探索群众文艺创作与全民艺术普及的几点思考 [J]. 大众文艺,2019（23）:15-16.

[2] 翟恬 . 高校优势资源下全民艺术教育普及工作的探索与实践 [J]. 智库时代,2019（28）:288,291.

[3] 张舒展 . 浅谈全民艺术普及在文化馆日常工作中的实践方法 [J]. 大众文艺,2018（16）:15-16.

广场舞创编应努力挖掘本地特色

胡　宏［天津市滨海新区文化馆（塘沽馆区）］

在当今中国,无论哪座城市哪个乡村,都能看见跳广场舞的人群,广场舞俨然成了中国的第一运动。如今,中国的广场舞又传遍了全世界,即使是那些戴着有色眼镜看中国的人们,也不会拒绝这一最有魅力的运动。扇子抖起来,广场舞跳起来,中国风炫起来,广场舞让人的生命都绽放出绚丽的光彩。跳广场舞不仅是健身、健美,跳的更是文化。目前很多地方的广场舞是以流行歌曲为舞蹈伴奏音乐的,很少有反映地域特色、行业特色的广场舞,处处雷同,缺乏特色,这不能不说是一种遗憾。因此,作为群众文化工作者,我们需要深入系统地研究和开展广场舞的创编工作,特别是要在广场舞的创编中挖掘本地资源与本地特色,努力创作出一批富有地域特色、行业特点和时代特征的新广场舞来。

一、新编广场舞要努力挖掘本地的生产生活资源

近些年来,许多广场舞编导努力挖掘本地文化资源,将地方传统民间艺术与广场舞巧妙结合,创作出既贴近现实,适于大众,又独有风情的新广场舞,让观众领略到了不一样的风采,也让人们看到了广场舞蕴含的独特魅力。比如,保定西郊顺平县的地平跷是一种载歌载舞的传统民俗舞蹈,产生于抗日战争年代,当时受战争的影响,百姓们放弃了踩高跷而改为双脚着地而舞,虽然将踩跷时的颠步、颤步法都化为了舞蹈韵律,但仍然保持了踩跷的神韵,形成了地平跷的独特风格。又比如,张家口的坝上地区是个天然大氧吧,生产的无公害蔬菜非常受欢迎。当代编排的舞蹈《红的绿的粉粉的》,展现了一群农妇在田间欢乐劳作的场面。她们头上的头巾,像一朵朵盛开的花朵,远远望去红的、绿的、粉的,与蓝天白云绿地构成了一幅美丽的画卷。再比如,位于太行山区井陉县的《拉花新韵》是河北省最具代表性的三大舞种之一,曾被列入首批国家级非物质文化遗产。为什么叫拉花呢？有好几种说法,其中一种说法是井陉山路崎岖,古代女人裹小脚,走路需要男人搀扶,而当地又称女性为"花",所以这个舞蹈就叫"拉花"。

笔者在天津市滨海新区塘沽已经工作和生活了近30年,也可以说是个老塘沽人了,亲历了滨海新区近二三十年的飞速发展变化。滨海新区由原塘沽、汉沽、大港三个区合并而成,因其位于天津东部沿海地区,所以自古以来这里的居民大多数是渔民,以捕捞、打鱼为生。我国四大盐场之一、产盐量最大的汉沽长芦盐场也坐落在此地。这里还有丰富的石油和天然气资源,滨海新区以其独特的地理位置和巨大的发展潜力,吸引着来自世界各

地的目光。无论是自然的,还是人文的,蕴藏在我们身边的这些宝贵资源都是我们所拥有的珍宝,我们要不遗余力地去保护、整理和挖掘。比如,汉沽飞镲已经有100多年的历史,是国家级非物质文化遗产,是沿海渔村集民间音乐、民间舞蹈和民间武术融为一体的综合性民间艺术。汉沽飞镲所使用的乐器有飞镲、大鼓、大铙。舞者一边演奏一边耍镲,做出诸如龙腾虎跃、海鸥翱翔等欢腾吉祥的动作,以庆祝渔业丰收、捕捞安全归来,同时也表达了渔民对美好生活的向往之情。如今,汉沽飞镲风采依旧,至今仍保留着沿海渔村的敦厚的民风和古朴的风采。若是将石油工人、盐场盐工们劳动时的典型动作结合汉沽飞镲中有特点的招式与动作,以之为基本素材,创编成不同风格、不同动作、不同节奏、不同韵律的广场舞,这样既突出了浓厚的生产、生活气息又凸显了当地浓郁的地方特色,而且是独树一帜,自成一派,岂不是两全其美吗?

我们创编具有地方特色的广场舞时,要抓住时代脉搏、体现时代色彩,与时代紧密地结合起来。创编是广场舞赖以生存的源泉,只有源源不断地向群众提供和教授具有本地特色的广场舞精品,才能使广场舞这种文化娱乐形式在群众中广为流传、经久不衰。

二、广场舞创编中的音乐选择

任何一个舞种的舞蹈都离不开音乐,音乐与舞蹈是密不可分、缺一不可、相辅相成的。在舞蹈的创编中,是以先有音乐为前提的。有了音乐之后,舞蹈编导才能通过对音乐旋律及律动的理解来编排出符合音乐内在情感、风格和节奏的舞蹈动作。就广场舞而言,目前全国广场舞音乐大部分都是现成的歌曲,专为广场舞创作音乐的作品少之又少。广场舞的音乐创作在目前来说是难题,这也是个亟待解决的问题。那么将如何解决这个问题呢? 笔者认为,要解决广场舞音乐创编这个问题可以分为两步走。

(一)邀请作曲家创作

我们可以邀请从事歌曲创作的词、曲作家来到滨海新区,大家群策群力,集体研究、共同商讨。把词、曲作家聚集起来到滨海新区具有本土地域特色的地方去实地采风,让他们亲自感受当地的风土人情、人文特点、民风民俗、民歌小调等,加深他们对当地人民生产生活的了解;去北塘上渔船“做一日渔民”,亲自体验渔民渔家的真实生活;去汉沽长芦盐场去参观,亲自体验盐工制盐、晒盐的工作场景;去拜访汉沽渔船上有名的船把头;亲自听听非遗传承人讲讲汉沽飞镲的前世今生;去开发区、保税区、生态城等地到处走走,看看滨海新区这些年发生的翻天覆地的变化。这些活动不仅能为词、曲作家提供更多的创作素材和创作空间,也能激发他们创作灵感和创作欲望。

(二)从征歌作品中选曲

近十年来,滨海新区也搞过几次征歌活动,参与的作品大多都是积极向上、赞美家乡、颂扬滨海新区开发开放所取得的辉煌成就的歌曲,这些词、曲作者用他们的作品道出了对滨海新区的热爱和赞美之情,歌词亲切质朴、生动感人,旋律优美动听、易于传唱。其中,获奖作品《滨海春潮》《滨海等你来》《滨海绘新图》等,都是近几年来征歌作品中不可多得的好作品。

尽管如此,广场舞对于音乐选择还是有要求的。参与广场活动的人都知道:广场舞的音乐要么是节奏欢快、动感强劲、富有朝气的水兵舞;要么是节奏明快、富有顿挫感的探戈舞;要么是若即若离、婀娜多姿的伦巴舞;要么是节奏强烈、动作俏皮、富有滑稽感的吉特巴舞……我们需要在众多的征歌作品中选择出既符合广场舞节奏要求的、旋律优美的,又符合歌词通俗易懂、接地气要求的音乐作品,这就需要我们花更多的时间和精力,严格筛选,以便在众多的征歌作品中选出一首最有代表性的、最具地域特色的、最有激情的作品推荐给广场舞爱好者。

三、几部新创编的广场舞音乐作品

广场舞在中国的普及程度是不言而喻的,其融汇娱乐性、表演性及健身目的为一体,是普通老百姓专属的舞蹈。所以,我们要发动群众、依靠群众,和广大民众一起创作和推广出具有滨海新区特色的,展示新时代、新风貌的广场舞。我们从滨海新区征歌作品曲集中挑选了几首比较有代表性的作品介绍给大家。

(一)《滨海渔歌》

渔歌是民歌的一种,为沿海地区渔民所传唱,广场舞可根据渔歌歌词与旋律,用舞蹈动作展示渔民补渔网、海上撒渔网、分拣鱼虾、收渔网等劳动动作,表现了渔民满载而归的兴奋的心情。

(二)《茶淀葡萄甜》

茶淀葡萄是天津市滨海新区汉沽的标志性产品,因原产于汉沽茶淀镇而得名。由于汉沽绝佳的自然条件及先进的种植技术,培育出的茶淀葡萄入口芳香、甜而不腻,享有盛名且深受人们的喜爱。这个作品,充分地表现出葡萄喜获丰收后果农们摘葡萄时心中的喜悦,以及在党的正确领导下,人民生活越来越富裕的美好景象。

(三)《盐工最爱艳阳天》

滨海新区长芦汉沽盐场,历史悠久,以其生产的"芦花牌"食用盐而享誉全国,是渤海岸边一颗璀璨的明珠,也是我们滨海新区的骄傲。这是一首节奏欢快的、旋律流畅的,充满了赞美和自豪之情的作品。

(四)《石油工人有力量》

这是一首歌唱石油工人的歌曲,是对石油工人生产活动的真实写照。作品节奏铿锵有力,歌词激情豪迈,把当代石油工人的豪迈气概表现得淋漓尽致。在广场舞编排的动作中,将石油工人从勘探、钻井、采油及炼油的工作过程用舞蹈动作表现出来,呈现给滨海新区的百姓们。虽然石油生产的户外劳动很辛苦,但是石油工人始终保持高昂的情绪和冲天的干劲。《石油工人有力量》能体现出石油工人积极投身祖国石油工业建设的壮志豪情。

这些作品能从不同角度、不同行业、不同层面反映滨海新区的地域特点和生活特点,极具代表性和普及性,让广大的广场舞爱好者耳目一新。

四、新编广场舞要注重时代性

广场舞的创编仅有本地特色是不够的,必须要注重时代性。无论什么形式的广场舞都要以时代性为重点,反映新时代、新生活、新气象、新面貌。

2019年末,在天津市滨海新区天津科技大学体育馆举办了一场精彩的"我和我的祖国——文化新生活全国广场舞成果汇报展演",来自京津冀三地以及河南、宁夏、深圳的优秀广场舞团队齐聚此地,参加广场舞展演的团队用她们激情四射的舞蹈为祖国七十华诞献礼,同时也为滨海新区增添了活力。全国广场舞展演活动开展以来,天津市也涌现出了一批优秀的广场舞团队和作品,大家学习新编广场舞的热情一浪高过一浪。

本次参加展演的广场舞作品有几个特点:①都是为本次全国广场舞展演新创编的作品;②都是为了新中国成立70周年献礼的作品;③都是赞美新时代、新文化、新生活、新风貌的作品;④都是在全国广场舞活动经过评选予以推荐的作品;⑤京津冀三地广场舞多为挖掘本地资源和民间文化特色,融合本地的民风民俗创编出的富有独特艺术魅力的广场舞作品,使观众通过广场舞的表演领略到了三地民俗文化不同的特色。《新天新地新时代》《山笑水笑人欢笑》《同欢同乐同祝愿》《好儿好女好家园》是新中国70周年天安门广场大联欢的四个主题舞蹈,由参加这四个舞蹈的原班人马演出。还有一批反映新中国成立70周年伟大成就,展现我国各民族人民美好、幸福的新生活的作品,这些新编广场舞作品一经展演就深受广场舞爱好者们的喜爱。在这次全国广场舞展演期间,文化和旅游部通过网络推出了百部优秀作品和十部推广作品,在网上推出了"展示版""教学版""互动版",方便群众线上线下互动和普及推广。活动取得了良好的效果,产生了广泛的群众影响。通过本次广场舞展演活动,不仅体现出当地群众文化事业的发展水平,还充分展示出新时代人民群众昂扬向上的精神风貌。

如今喜欢跳广场舞的人越来越多,新的广场舞团队如雨后春笋般地涌现出来,但许多广场舞爱好者没有舞蹈基础,推广新编的广场舞作品还有一定难度。笔者认为,从事群众文化舞蹈专业的老师们应该把这些广场舞业余团队组织起来,挑选有基础、外在形象好或者是学舞蹈动作较快的队员组织起来集中培训,打造一支优秀的广场舞团队,让滨海新区的广大群众每天都能欣赏到高品质的、反映本地特色的广场舞表演,使其成为一道亮丽的文化风景线。同时,这样一个广场舞团队也代表着滨海新区人民的形象,促进我们滨海新区群众文化活动的开展和提高,推动"群众编、群众演、群众看"的广场舞遍地开花,带动群众性文体活动蓬勃开展,凝聚起"同心共筑中国梦"的磅礴力量。

充分挖掘广场舞的本地特色、行业特点势在必行,组建一支年轻化、专业化的舞蹈及音乐创编团队是我们工作的重中之重。广大群文工作者不仅要积极投身建设美丽中国、健康中国的工作中,还要为广大人民群众开创文化新生活贡献自己的力量。我们呼唤更多的朋友们,加入广场舞的欢乐中;也呼唤广场舞创编者创作出更多属于这个时代的、属于全社会的广场舞新作品。

论如何通过"赋能"来提高
文化馆等公共文化服务机构的资源利用率

陈永庆（深圳市南山区文化馆）

党的十八大以来，各级文化部门深入贯彻习近平总书记系列重要讲话中的精神，全力落实党中央关于文化馆等公共文化服务机构的创新建设理论，在履行政府职责的过程中，立足于培育和践行社会主义核心价值观，不断提高文化馆等公共文化服务机构的服务效能。通过各类文化产品和文化活动，加快构建符合当下中国国情的中国特色公共文化服务体系，使得人民群众的基本文化权益得到保障[1]。

在有限的财政投入和人力资源配置下，文化馆等公共文化服务机构的管理与体制创新，经历了不同方向的探索和实践。由政府主导、需要直面市场的同类产品和服务回应人民群众不同需求，文化馆等公共文化服务机构处于较为复杂的位置——这些都对公共文化产品和文化服务的管理和体制变革，提出了较高的要求。"赋能"管理思维作为一种更灵活、更富有弹性的工具，为文化馆等公共文化服务系统，提出了机构管理和体制创新的一种可能性。

一、文化馆等公共文化服务的现状分析

（一）定位和发展模式

现有的文化馆等公共文化服务机构，围绕各机构辐射的各区域人民群众的文化需求，以公共财政为主要支撑，同时在政府机构的引导和鼓励下，引入社会资本和非营利性组织的参与[2]。此外，发达的科技环境也为公共文化服务机构提供了大量现代化传播手段，各类数字化工具帮助文化馆等公共服务机构，向人民群众提供多元、灵活、线上和线下融合的文化活动场域。

公共文化服务属于"准公共产品"，由于市场失灵以及现阶段文化类产品和服务的市场经济发展尚在起步阶段，不同区域的发展有很大的差别，并且公民社会文化和公共文化服务系统的生态尚未建立，不论是政府或民间社会组织都无法以一己之力来提供符合人民群众需求的公共文化服务。因此，共同承担、协同利用有限资源，充分利用现代化工具和手段，政府和社会分工合作，成为公共文化服务供给的较为有效的运作模式。

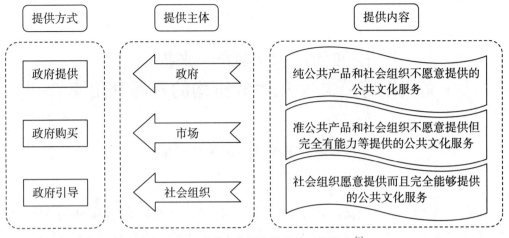

图 1　我国公共文化服务供给的三种模式[3]

（二）资源配置的现状和挑战

1. 财政投入

文化馆所提供的公共文化服务属于政府职责范围内的服务内容,因此政府承担着各类具体工作,包括:制定目标、执行计划、监控管理和评估各文化馆的工作成果。政府的财政保障了文化馆的必要经费来源[4]。在政府职能的转型过程中,文化馆等公共文化服务机构提供的文化产品及其服务质量,旨在满足各文化馆辐射区域的人群的整体性利益,需要不断的改进和完善。"公共文化服务年投入的增长速度不低于财政收入的增长速度"是现阶段的最低要求和保障[5]。2018 年全国文化事业费 928.33 亿元,同比增长 8.5%;全国人均文化事业费 66.53 元,同比增长 8.1%。文化事业费占财政总支出的比重为 0.42%,比重与上年持平[6]。

政府的财政拨款系统和公共文化服务机构的管理运营之间也需要磨合。以深圳市群艺系统为例,根据不同行政级别分为市、区、街道三级,隶属于三个不同的行政主管单位,拥有不同来源的财政拨款,并且彼此之间不存在隶属关系[7]。经费的行政分布结构,造成各级文化馆孤军奋战,相互之间缺乏协作。

2. 基础设施投入

文化馆等公共文化服务机构是开展各类公共文化服务活动的载体。深圳市的公共文化设施资源分布存在明显的不均衡现象:市级设施较为集中地分布在中心发达城区,其他区域明显不足。此外,由政府主导建立和管理的标准化文化设施,容易出现供需不对口的现象,政府建设公共文化服务设施的依据往往是宏观人口布局,但在落地过程中社会需求调查不足,常常导致文化馆等公共文化服务机构最终输出的服务和内容并不完全符合当地需求,使用率较低[8]。

3. 人力资源投入

文化馆等公共文化服务机构的人力资源包括为社会和人民群众提供文化服务产品和

服务的从业人员和志愿者。人力资源决定了文化馆的服务输出以及对资源的统筹运营能力,并最终影响文化馆等机构的服务效益。公共文化服务内容的生产和管理,缺乏可量化的、易于操作的评价系统,更缺乏适用于所有机构的统一标准。这些特殊性使得公共文化服务机构对人员的要求高于其他一般公共服务,尤其是文化馆等具有区域性质的服务机构,对从业人员的素质提出了较高的要求。

现行文化馆等机构的事业单位管理模式保障了从业人员的稳定,但由于事业单位的人力资源制度和薪酬制度的设计特点,对从业人员缺少激励机制,工作权限较为有限,工作的积极性和服务效率会受到一定的影响。同时,机构本身的免费开放政策,也使得机构的财务收入完全依赖财政拨款,对创收没有积极性。

二、"赋能"文化馆等公共文化服务机构

(一)为什么要"赋能"

文化馆等公共文化服务机构面临困境的根本原因在于:文化馆等公共文化服务机构从空间上来说是国家文化服务在特定区域的推进,它们直接面对着社会大众丰富多样的需求和市场上丰富多变的商业产品。作为某一区域的文化馆,它是一个宽口径、低层级的行政单元[9]。因此,它除了要专注于贯彻和实施政府下达的目标和任务,同时还要面对来自社会民间和商业市场上的各类需求和挑战,导致了机构管理和治理上的压力。也就是说,某一地区的文化馆在制定机构具体战略和目标的时候,处于"政府—社会—市场"三股力量的场域之中。

赋能管理强调个体的内在驱动力和机构的创造力,通过调整管理的视角,打造一种更加高效的环境,并通过优化工具,使得机构可以灵活敏锐并有战略性地面对各方面的挑战。自我激励是赋能管理的核心特征,也是互联网时代管理理念和工业时代管理理念的分水岭。文化馆等公共文化服务机构的工作不论从管理上还是执行上来说,都应当被视作创造性工作。文化服务和产品需要感性和理性的结合,也需要该机构人员对该区域人民群众需求的敏锐度。创造性工作的驱动力往往也不是经济回报,而是来自创造性工作可以带来的个体成就感和社会正面反馈带来的价值实现感。

(二)机构赋能机构

2015 年 7 月 30 日"深圳市文化馆联盟"正式成立。深圳市文化馆联盟成员包括:深圳市文化馆、福田区公共文化体育发展中心、罗湖区文化馆、盐田区文化馆、南山区文化馆、宝安区公共文化服务中心、龙岗区文化馆、光明新区文化馆、大鹏新区文体旅游服务中心。通过联盟的方式,不同区域的文化馆不再各自为政,辅导培训资源、艺术创作资源、商业品牌合作资源,都可以在联盟内部互通有无、互惠互利。而机构个体不再受限于"大而全"的全方位发展任务,可以利用各自的优势和特色,有所选择和侧重。资源的利用率和

灵活性大大提高。

通过联盟打造灵活的开放平台,机构之间相互赋能,联盟提供的工作自由度促进了联盟内的机构找到更适合自身发展的特色和方向,也为深圳整体的文化产出提供了良性环境。如,作为展示深圳原创少儿艺术发展成果的最高平台,"深圳少儿艺术花会"三年一届,对应文旅部和广东省的评选时间安排,在联盟诞生之前,该比赛的参赛名额按照各区人口比例进行分配,这样虽有形式公平却无法保证参赛作品质量。自2015年联盟启动,第十一届"深圳少儿艺术花会"评审组对初赛作品设定了审核标准分数线,以统一的分数线来确定作品是否可以晋级市级决赛,打破了以往按地区分配指标的"大锅饭"思维。

这一改变带来了显著的收益。2018年第十二届"深圳少儿艺术花会"共吸引深圳市1万余名少年儿童积极参加,一共收到音乐、舞蹈、美术、书法(篆刻)等作品共计1100余件。2019年广东省少儿艺术花会,深圳市选送的6个舞台表演类节目,取得了2金4银的好成绩。而这些作品都是2018年第十二届"深圳少儿艺术花会"的优秀获奖作品。参赛机制的优化,带来了作品质量的显著提升,联盟和赋能思维带来的活力也将长期激励各区文化馆积极参与文化建设活动。

实现了行业内机构之间的良性协作后,机构作为生态圈内的生命体不再孤军奋战,每个机构内部的员工在日复一日的工作中也更容易感到良性结构支持下的个人主观能动性的提升。

(三)机构赋能社会

文化馆联盟从行业内部赋能,目的是使机构之间彼此扶持。而这种健康的内部生态所带来的益处,最终还是指向文化馆的公共服务属性——服务社会大众并提升群众的文化生活质量。在"文化馆—人民群众"这一界面上,赋能一样适用,即打造灵活、多渠道、更多选择的文化生活体验。

打开"深圳数字文化馆"网站,丰富多样的文化活动和最新活动讯息,都一目了然地呈现在不同板块。文化馆等公共文化服务机构和人民群众间依托线下活动才能互动的局面,因此被扭转。文化馆等公共文化服务机构首先要实现公益性和便利性,而互联网无疑可以将便利性发挥到最极致。文化馆灵活利用科技,与社会之间构建了一个富有生机的交流界面,大大提升了各类线下活动的曝光率,降低了大众沟通成本,通过较小的管理运营成本投入,提供稳定便捷的大众文化服务,地区发展不平衡的问题在线上服务层面也不再存在。机构因此得以赋能社会,有互联网的地方就可以成为文化馆服务群众的地方。

深圳文化馆联盟集中发布各成员机构的公益培训、展览项目、品牌活动,方便人民群众根据个人喜好点击内容,后台的点击率记录能直接反馈什么样的内容以及什么样的内容呈现方式是人民群众喜闻乐见的。而具有教育意义的网页界面,诸如非物质文化遗产内容的介绍,可依托文化馆联盟带来的网络流量,将各种非遗项目推介给人民群众,通过寓教于乐的方式将非遗文化传播下去,实现了文化机构艺术普及、文化教育的目标,大大降低了知识传授和大众教育的成本。而各个文化馆线上归档的活动记录和活动经验,也间接成为彼此学习交流的免费平台,促进了机构内部人员在职学习和发展。机构在服务社会、赋能社会的同时,也促进自身发展。由此可见,赋能不是一种单向而机械性的管理,而是在灵活的生态中积极参与,并最终多方受益、互惠互利。

本文立足文化馆等公共文化服务机构日常管理和运营,以文化馆现存的结构型困境为出发点,以赋能管理为解决方法,提出对现行体制下有限资源加强利用,最终实现文化馆等机构造福大众、自我成长的目标。不论是利用互联网工具或是利用联盟赋能行业生态,都能帮助文化馆更加接近人民群众日益发展的文化生活需求。

参考文献

[1] 马思伟. 让民众享受更多更优公共文化 [N/OL]. 人民日报(海外版),2017-10-13[2021-02-30]. https://www.mct.gov.cn/preview/special/8323/8326/201710/t20171013_693120.htm.

[2] 李婷. 公共文化服务数字化建设研究 [D]. 南宁:广西大学,2017.

[3] 张晓丽. 社会组织供给公共文化服务的财税激励研究 [D]. 北京:首都经济贸易大学,2016.

[4] 张博. 公共文化服务供给中的政府作用 [J]. 人民论坛,2014(8):75-77.

[5] 李娟. 公共文化服务水平综合评价与提升路径研究 [D]. 天津:天津大学,2015.

[6] 2018 年文化和旅游发展统计公报显示全国文化事业费约 930 亿元 [EB/OL]. [2020-12-30]. http://www.gov.cn/xinwen/2019-06/04/content_5397225.htm.

[7] 深圳市文化馆联盟:让公共文化服务进入寻常百姓家 [EB/OL]. [2020-12-30]. http://www.sdwht.gov.cn/html/2015/ts_0827/24155.html.

[8] 毛少莹. 中国城市公共文化设施:政策、类别、建管模式 [EB/OL]. [2020-12-30]. http://www.szcrc.org/show.action?id=4bdbadb750bbe51e0150fa826c380002.

[9] 罗章,王蓓. 赋能领导力:地方治理中政府领导力结构的关键要素 [J]. 领导科学,2014(35):11-15.

疫情期间山东省文化馆公共文化服务数字化发展调研报告

王文戈　亓　程　李　想（山东省文化馆）

一、疫情期间有关"山东文化馆信息专栏"的主题报数据分析

2020年春节前夕,我国爆发新冠肺炎疫情。国家出台了一系列防控疫情的措施防止疫情扩散,以保障广大群众的生命健康安全,其中就包括全面暂停各项公共文化活动。新冠肺炎疫情的爆发给了公共文化服务机构一个契机,思考如何加速公共文化服务的数字化发展,以及探索创新公共文化服务的相关模式。

自新冠肺炎疫情暴发以来,山东省文化馆严格执行疫情管控措施,全面暂停各项线下聚集性文化活动,以配合省内疫情防控各项工作的顺利进行。同时为满足疫情期间广大群众对文化生活的消费需求,山东省文化馆充分利用"礼乐云"线上服务平台,积极开展线上服务,尽力满足广大群众的文化生活需求。

（一）趋势变化

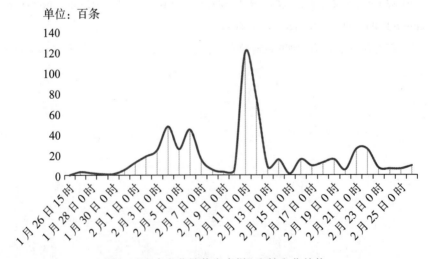

图1　"山东文化馆信息专栏"舆情文化趋势

从1月26日15时至2月26日15时,全网有关"山东文化馆信息专栏"的舆情总量为562条。其中,舆情最高峰出现在2月11日0时,此高峰是由于"非遗抗疫文艺作品征集"展播信息的推送,共119条信息。

（二）话题分析

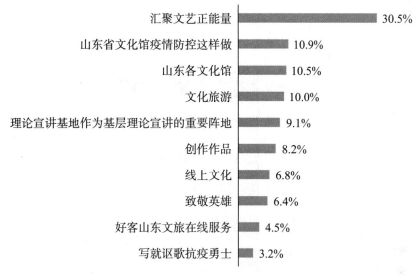

汇聚文艺正能量 ▨ 30.5%
山东省文化馆疫情防控这样做 ▨ 10.9%
山东各文化馆 ▨ 10.5%
文化旅游 ▨ 10.0%
理论宣讲基地作为基层理论宣讲的重要阵地 ▨ 9.1%
创作作品 ▨ 8.2%
线上文化 ▨ 6.8%
致敬英雄 ▨ 6.4%
好客山东文旅在线服务 ▨ 4.5%
写就讴歌抗疫勇士 ▨ 3.2%

图 2 "山东文化馆信息专栏"话题分析

通过抽样以及内容聚类分析可知,舆论关注的焦点主要围绕"汇聚文艺正能量"展开,相关舆情量占比为 30.5%。其次是有关"山东省文化馆疫情防控这样做"以及"山东各文化馆"的话题,舆情量占比分别 10.9% 和 10.5%。

（三）媒体类型

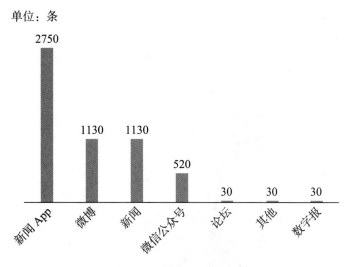

单位：条

新闻 App 2750
微博 1130
新闻 1130
微信公众号 520
论坛 30
其他 30
数字报 30

图 3 "山东文化馆信息专栏"发布媒体分布

从整体上看,有关"山东文化馆信息专栏"的舆情主要集中在"新闻 App"平台,"新闻 App"平台舆情量共 2750 条,占总量的 48.9%。其次为"微博"平台(共 1130 条,占 20.1%)以及"新闻"(共 1130 条,占 20.1%)。

(四)网站来源

单位:条

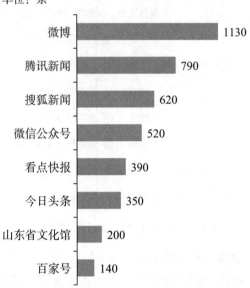

图 4 "山东文化馆信息专栏"舆情来源分布

通过统计分析,有关"山东文化馆信息专栏"的舆情量主要来源于"微博"网站(共 1130 条,占 27.3%)。其次为"腾讯新闻"网站(共 790 条,占 19.1%)和"搜狐新闻"网站(共 620 条,占 15%)。

(五)情感分析

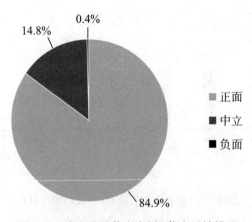

图 5 "山东文化馆信息专栏"信息反馈情况

在监测时段内,全网有关"山东文化馆信息专栏"信息内容的反馈主要以正面为主,占84.9%,主要集中在关注"打赢疫情阻击战·汇聚文艺正能量"这一主题上。其次为中立,占14.8%,负面信息较少,占0.4%。

二、根据以上数据分析疫情期间的工作特点

通过对山东省文化馆疫情期间各线上平台的数据统计分析可以看出,尽管受到疫情影响,线下群众活动全面暂停,但群众对线上活动和资源的需求有明显提高。

一是对线上数字文化资源的需求量大增。山东省文化馆将近年来录制的特色数字文化资源分门别类,梳理整合,充实完善,上传网络平台。据线上数据统计,在1月15日至24日期间,新冠肺炎疫情对我省影响较小,诸如演出、展览培训等线下文化活动仍可正常开展,省文化馆各网络平台数字资源线上浏览量为45720人次,"礼乐云"直播平台的点击率为136800人次。随着疫情形势逐渐严峻,受全面暂停各项文化活动和疫情导致居民出行受阻的影响,在1月25日至2月4日期间,以上两项数据分别增长了20%和10%左右。可以看出,受疫情影响,广大群众对线上文化资源的需求量增长明显。同时,山东省文化馆的需求反馈通道也接收到大量群众的需求和建议。为此,在官方网站和微信公众号上,开通了"打赢疫情阻击战·汇聚文艺正能量"文艺作品展,还在微信端开放了大量慕课资源,并且根据需求制作拍摄了各艺术门类的"礼乐云课"线上培训课程。

二是通过线上动员,群众文艺创作踊跃。通过线上宣传推广,围绕"疫情防控"主题,开展创作。山东省文化馆共征集到1321件(组)"打赢疫情阻击战·汇聚文艺正能量"文艺作品,其中音乐类作品(包含MV)207件、曲艺戏曲语言类作品122件、书法类作品103件、美术类作品477幅(组)、文学类作品300篇、摄影及平面设计类作品104件、舞蹈编排类作品8件。为更好地展示"打赢疫情阻击战·汇聚文艺正能量"文艺作品,宣传抗击疫情精神,山东省文化馆在官方网站、微信公众号和微博上对优秀作品进行了展播。其中山东省文化馆网站展出"打赢疫情阻击战·汇聚文艺正能量"优秀作品480件,共获得12万余次点击量;微信公众号2月1日至2月23日共展出九期优秀作品展,累计展出作品167件(组),获得浏览量14万余次。在此期间,山东省文化馆微信公众号关注用户数量上涨11%,用户留言大幅上涨。这一活动充分展现了文艺的力量,在活动中凝聚起强大的精神动力。

本次征集活动一方面展现出广大文艺工作者有感于抗击疫情期间展现出的感人故事,所迸发出的强大的创作热情;另一方面也体现出在开展更广泛的文艺创作活动中,线上平台所体现的重要作用。

三是建立健全群众文化需求征集和评价反馈机制,以群众需求为导向,丰富公共数字文化产品和服务内容,为人民群众提供集成化、"一站式"公共数字文化服务,促进供需有效对接,提升服务效能。

三、疫情影响下的公共文化数字化发展启示

（一）完善公共文化数字化建设的必要性和紧迫性

2020年是十三五规划的最后一年,对于文化馆系统来说,在这一年里,应该基本完成规划中所涉及的数字化体系建设的各方面工作。在整个公共文化服务体系中,文化馆系统所提供的文化资源是最广泛、最活跃、最具多样性的。虽然文化馆系统数字化建设的起步较晚,但是文化馆的数字化发展也应匹配当前群众对文化生活的各项需求。通过此次疫情也可以看出,线上公共文化服务的开展,最大限度地减少了疫情对群众文化生活的影响。广大群众对群众文化资源的需求强烈,尤其是当线下活动不能开展时,线上文化活动开展的成效将直接决定整个公共文化服务的成效。即便是在非疫情期间,受场地和时间等因素的限制,能够直接参与线下文化活动的群众还只能是较小的部分,要想在更大范围内取得文化惠民的成效,还需要开展线上活动。

（二）丰富数字化服务的内容和形式

根据十三五规划的总体建设要求,现在至少有一半以上的各级文化馆已经具备了提供数字化服务的能力,但是如何将服务能力切实转化成服务成效,还需从群众需求的角度去检验和完善。根据疫情期间山东省文化馆收集到的群众需求反馈可以看出,相对于演出和展览等线下体验性较强的资源形式来说,群众对线上开展的公益性培训需求强烈。尤其是在进入2020年3月份,到了山东省文化馆开展线下春季公益性培训班的时间,群众对线上培训课程的需求更为强烈。所以说,在具备数字化服务能力的基础上,根据需求随时更新数字化服务的内容十分必要。

另外,可以在实践中探索数字化服务的形式。比如文化资讯类的内容可以通过微博、微信等应用类App做宣传和推广,一般而言,这些应用类App流量较大,传播效应显著,可以起到快速和广泛传播的目的。就线上培训来说,可以根据现实情况来决定采用直播还是录播的形式,直播可以增加课堂互动,增强学习参与性,录播可以反复观看,适合深度学习。

（三）完善山东省文化馆"礼乐云"线上数字化平台的体系建构

"礼乐云"平台是山东省文化馆结合数字文化馆建设的总体构思打造的线上公共文化服务体系,以网络化开放式学习为基础,扩大了公共文化活动的服务规模和惠及人群,强化了线上线下相结合的创新文化服务模式。

面对新冠肺炎疫情的严峻状况,山东省文化馆及时完善、补充"礼乐云"平台数字资源内容,以满足现阶段广大群众居家接受文化服务的需求。接下来,"礼乐云"平台还将继续建设和完善。一方面在平台上汇集全省优质数字文化资源,满足广大群众全方位的文化消费需求;另一方面,将"礼乐云"平台同各级文化馆的数字资源平台进行对接,实现

资源的共建共享。

山东省文化馆"礼乐云"平台体系建构模式如图 6 所示。

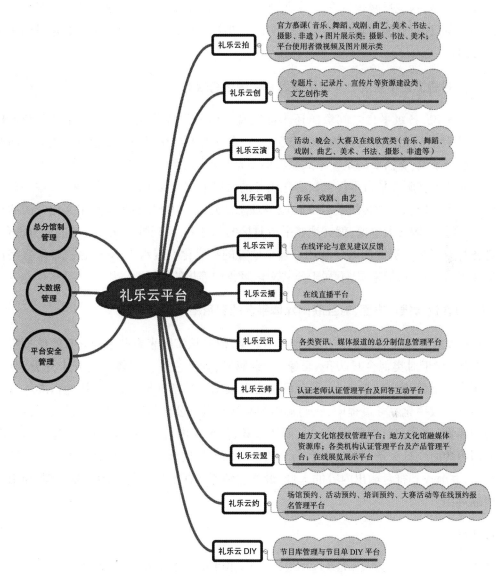

图 6　山东省文化馆"礼乐云"平台体系建构模式

四、通过疫情期间的数字化服务经验总结数字化建设的不足

（一）数字资源的整体构建缺乏时代性和趣味性

数字资源体系构建过程中存在资源类型单一、资源形式重复等现象,且资源的整合和推送缺乏目的性,要做到资源推送的有的放矢,还需完善各项需求反馈机制。以演出资源

来说,资源总量庞大,但是缺乏地方特色节目,缺少反映时代生活和体现普罗大众趣味的节目。通过疫情期间的数据统计发现,群众最感兴趣的内容是以抗疫情为主题的各种形式的文艺作品,这也反映出群众最需要的资源中占有很大比重的就是有关当下时代生活的内容。所以说,开展主题性文艺作品的征集和展示工作可以作为数字资源建设的一个重要方向。

(二)各级文化馆系统之间数字资源平台缺乏有效对接

总体来说,各级平台之间资源还未能实现有效的资源共建共享。省级平台和各地(市)级平台之间无法形成资源的优势互补,一定程度上存在资源重复建设的问题。而对于广大群众来说,更需要的是一站式服务而不是在不同系统平台之间反复跳转。

孤立的数字服务平台不符合数字化服务的发展本质及规律,从实质上来说,单一孤立的数字平台仍旧只是对传统公共文化服务理念的延续。因此,要实现数字文化资源的充分共享,发挥资源最大价值,就必须在平台对接的基础上,实现数字文化资源的充分整合,促进各类数字文化资源的共享利用。各个地方的数字化发展水平不同,也就带来数字化服务能力的差异,长期来看,不利于公共文化服务均等化的推进。

(三)在运营推广方面,对互联网媒体平台的利用率不足

目前文化馆数字资源的推广成效还不显著,但是从实际来看并不缺乏有效的推广平台,主要还在于对类似今日头条、百家号、企鹅号、爱奇艺等新媒体平台并未充分利用。这些平台的活跃用户数量庞大,平台可利用大数据进行精准推送,可以快速精准地对接用户需求。数字化服务过程中,我们常用的网站和微信公众号等平台的资源推送具有一定的封闭性,往往只针对特定的粉丝群体服务,但推送内容并不一定就是粉丝群体所需要的内容。而今日头条等媒体平台的开放性可以弥补这种不足,他们往往通过持续性内容输出,逐渐找到符合输出内容的人群,最终达到资源匹配用户的目的,实现资源和用户的精准对接。

参考文献

[1] 楼剑峰.公共数字文化建设不足及对策探析[J].河南图书馆学刊,2016(6):112-114.

[2] 李国新,曹俊.数字文化馆:网络平台与实体空间[M].北京:国家图书馆出版社,2016.

文旅融合视域下文化馆景区分馆建设探析

——嘉善县文化馆云澜湾分馆建设个案研究

戴旭锋（浙江省嘉兴市嘉善县文化馆）

人们常说"文化是旅游的灵魂,旅游是文化的载体",一句话道出了文化与旅游之间的紧密联系。对于既是浙江省全域旅游示范县,也是文化馆总分馆服务体系实践地的嘉善来说,思考如何在文旅融合的背景下,延伸总分馆的服务职能,提高公共文化服务的覆盖面,是摆在我们面前的一个创新课题。经过调研,嘉善拟从完善文化馆总分馆服务体系建设入手,将文化馆的公共文化服务与旅游景区的服务融合,探索在旅游景区建设文化馆景区分馆,以促进公共文化服务,提升服务效能。

一、基础分析

（一）文旅融合相关法规为景区分馆建设提供政策依据

2016年印发的《关于推进县级文化馆图书馆总分馆制建设的指导意见》（文公共发〔2016〕38号）注重引导社会力量参与总分馆制建设,鼓励具备条件的学校、机构、企业在自愿原则下成为县级文化馆或图书馆的分馆;2017年3月实施的《中华人民共和国公共文化服务保障法》第二十五条指出"国家鼓励和支持公民、法人和其他组织兴建、捐建或者与政府部门合作建设公共文化设施,鼓励公民、法人和其他组织依法参与公共文化设施的运营和管理";《国务院办公厅关于促进全域旅游发展的指导意见》（办发〔2018〕15号）也强调了"推动旅游与科技、教育、文化、卫生、体育融合发展"。综上所述,推动县域内文旅资源的融合,推进文化馆总分馆制建设,发挥县级公共文化机构的辐射作用,提高公共文化服务的覆盖面已经成为一种政策共识。

（二）文化馆总分馆体系完善为景区分馆建设提供了建设思路

嘉善县自2014年启动文化馆总分馆服务体系建设以来,县域内文化馆总分馆体系已经运行多年,"两员"队伍已实现全覆盖,出台了《文化馆总分馆服务体系管理规范》,各项制度比较完备,体系化运行已经形成。如何让总分馆从体制内的"县—镇—村"三级体系延伸到体制外的企业具有一定的创新挑战。根据嘉兴市文化馆总分馆服务体系实践取得的相关经验,可以按政府主导、企业主体、共建共享、因地制宜为文化馆景区分馆建设原则,去拟定其服务功能、服务方式、服务内容和运行管理等方面的建设意见,使文化馆景区分馆建设既在原有架构下实现了体系延伸,也在建设标准上实现和原有规范的对接。

(三)企业良好的资源条件为景区分馆建设提供了现实基础

云澜湾景区是嘉善 4A 级旅游度假景区,现有员工 600 多人,年游客接待量 100 多万人次,景区所在的云澜社区现有住户 1200 多户。景区以文化旅游为亮点,配备专业的宣传、演艺服务人才,建有近 2000 平方米的公共文化活动场馆,包括有戏曲元素的主题酒店、举办雅集的云澜美术馆、推广传统文化的了凡书院、开展“五艺”传承的演艺中心,每年举办的演艺类、展示类活动达 100 多场次。该企业也有意愿通过建设文化馆景区分馆开展更多公益性文化传承和体验活动,在服务广大游客的同时,保障广大企业员工以及周边百姓的文化权益,提升公共文化服务的覆盖面。

综上所述,在该景区开展文化馆景区分馆建设,推动公共文化服务向企业延伸,符合文旅融合的大文化背景,具备试点建设条件,也是文化馆与景区经营方相互促进、相互提升的双赢做法。

二、建设原则

建设好文化馆景区分馆需遵循以下几个原则:

(一)政府主导、企业主体原则

公共文化服务是指由政府主导、社会力量参与,以满足公民基本文化需求为主要目的而提供的公共文化设施、文化产品、文化活动以及其他相关服务。由此可见,文化馆景区分馆建设也必须坚持政府主导原则,坚持正确导向,做好顶层设计,体现文化引领的作用,符合社会主流价值观。而坚持企业主体原则体现在坚持企业自愿上,发挥企业在景区分馆建设上的积极性和主动性。文化馆景区分馆建设需企业整合物理空间,协调企业的文化资源为公共文化服务所用,突出公益性,在关注企业发展的同时实现社会效益的最大化。

(二)共建共享、融合发展原则

本着“能融则融、能融尽融”的原则,公共文化服务和景区的公共服务融合体现在服务理念的融合发展、文化设施与服务内容的共建共享等方面。景区分馆建设应树立大文化理念,在充分利用文化馆总馆公共文化服务资源的同时,将同属于公共文化服务的图书馆、博物馆、美术馆等场馆服务延伸到景区分馆,既能解决景区的文化服务内容偏少、品质偏低、泛娱乐化倾向严重等问题,也可以让公共文化服务链向企业延伸,产生辐射效应,惠及更多的群众。

(三)因地制宜、体系服务原则

根据企业文化特色立馆,强调因地制宜。景区企业应当结合自身文化资源及特色服务内容主动与文化馆总馆对接,通过总馆的指导和资源联动增强景区分馆的内涵和特色,形成区域内文化馆景区分馆多样化、立体化的发展格局,并将文化馆景区分馆建设纳入县域文化馆总分馆体系,由县镇两级文化馆总分馆负责指导、协调和联系,实施总馆对景区分馆的绩效考核,突出分馆运行的实效性。

三、建设路径

文旅融合与总分馆制,如何在两者之间找到共通点,创新服务方式,建设文化馆景区分馆,使文化馆的公共文化服务和景区的自身资源整合,变成本地公共文化服务增量,笔者建议通过以下路径实施:

(一)定位理念,厘清职责

文化馆公共文化服务和景区旅游的公共服务互有交叉,从文旅融合的视角来看,两者能形成互补、互促的局面。因此在文化馆景区分馆的建设上,首先要定位理念,厘清职责。

1.定位理念

有生命的旅游必定是以文化为核心的旅游。因此景区的文化分馆建设应定位在公益服务上。根据服务对象的需求特点,景区文化分馆应及时转变工作思路,在提升公共服务质量的同时努力做好文化传承,创设更多符合公共服务和景区发展目标的文化参与及体验项目,在提升景区品质的同时不断满足人民大众对美好生活的向往。

2.厘清职责

将景区分馆纳入县域文化馆总分馆服务体系,就明确了景区分馆将承担公共文化服务的职能。所以在满足景区服务的同时,景区分馆也应完成以下的工作职责:在文化馆总馆的指导和支持下,按统一规范和要求,履行文化艺术辅导、文化活动实施、文化项目承办、特色文化建设等分馆职能,积极为本企业内职工及游客、住户等相关人员提供公共文化服务,协调企业文化资源积极参与社会文化资源配送服务。

(二)明确架构,整合资源

要运行一个景区分馆,组织架构是基础,做好梳理发展目标,整合现有资源,明确分工任务,才能让机构运行走上正轨。

1.明确组织架构

景区分馆由县级文化主管部门发文批准成立,规范命名为嘉善县文化馆云澜湾分馆,使用现有文化馆总分馆服务体系形象标识,并明确分馆的组织构架和管理人员:设分馆馆长,接受文化馆总馆的指导,参与总馆工作例会,做好景区分馆的管理工作;设景区文员,接受文化馆总馆的业务指导和所在镇(街道)分馆的业务联系,参与总馆培训,以景区文化员为纽带来实现上情下达、下情上传;组建文艺部室和团队,对接文化馆总馆,让景区文化活动和公共文化服务等常态化;加强镇(街道)分馆与所辖景区分馆的联系。

2. 整合现有资源

优化景区的公共服务资源,将云澜湾景区的设施、人员、项目根据需要重新整合,提高文化阵地的利用率,提升公共文化服务从业人员的素质,增加公共文化服务的覆盖面和文化馆景区分馆的资源共享。比如在公共服务设施和信息服务提供方面,在协商沟通的前提下,兼顾好双方的使用需求,把文化馆公共文化服务设施建设到景区,将旅游咨询、线路推荐嵌入公共文化服务场所;再比如把属于公共文化服务的城市书房、美术馆、非遗体验馆、传统文化体验资源、流动文化服务输送到景区分馆,实现县域内公共文化融合推广,为旅游注入更富吸引力的文化内容,让游客在旅行中获得多元化的文化体验和个性化的文化分享。

(三)融合服务,打造品牌

将景区的服务跟文化馆的公共文化活动相互融合,打造出文旅融合下景区分馆的服务品牌,不仅可以让公共文化服务更接地气、更有人气,同时也提升了文旅融合的社会效益和经济效益。

1. 基础化服务

根据公共文化服务要求,每个文化场馆都要求免费开放并公示服务时间。由于景区的特殊性,在免费开放上可采用企业优惠门票、政府补贴运行的形式执行,增加景区夜游服务;免费提供艺术培训、图书阅览、展览展示、非遗体验和 Wi-Fi 等,开放景区的公共设施,使文化服务功能效益最大化,提升服务品质,并将景区分馆的所有公共服务项目列入文化馆总分馆服务目录。

2. 特色化布局

每个景区都有自己的特色,将景区特色与公共文化服务融合,坚持向景区分馆特色化布局、差异性发展的方向打造,更好地促进旅游业的发展,弘扬文化,服务于民。如利用云澜湾公共开放场地开展文旅融合的展示、推介,建设有当地传统文化特色的体验平台,让"非遗"项目走进景区,使市民和游客能够零距离感受非物质文化遗产的独特魅力;建设具有个性化或较高艺术水准的文化设施,如电影院、音乐厅、美术馆等;引进艺术家设立工作室,开展读书会、文学社、书画社、艺术团活动等,让单纯的观景式游览提升为有美景、有情怀、有温度的文化旅游体验。

3. 品牌化打造

以品牌活动助推景区分馆项目化运行是提升服务效率的有效手段。如云澜湾研学活动项目,该项目在服务内容上将非遗传承展示和景区的研学旅行活动相结合,推出了九大区域五项课程研学实践,既让景区增加了游的内容,提高了游的品质,又通过在景区的展示让更多的人参与传习和体验非遗,弘扬了地方传统文化。又如云澜湾草地音乐节、文化巡游等景区保留节目,把嘉善的田歌文化、窑文化、水乡风情等结合进去,增加参与式、互动式的内容,为景区打造独具特色的文化旅游品牌。

(四)落实保障,规范运行

为确保景区分馆的有序运行,通过制定运行制度,保障人员配置,落实运行经费等相关措施,推动景区分馆开展资源整合、联动服务,促进公共文化高质量发展。

1. 制度保障

制定分馆的公共文化服务规范以及分馆的业务工作规范,落实例会制等制度,管理好分馆的公共文化服务阵地,开展免费开放服务,明确年终由游客、社区、总馆三方参与绩效评估,突出社会效益。

2. 人才保障

除了配备一个景区分馆馆长之外,景区分馆还应以企业内聘、总馆下派或者文化志愿者服务等形式配置至少 1 名思想政治素质过硬、作风正派、有一定文艺专长和管理能力的景区文化员,主要负责分馆的日常管理和文化活动的联络策划、组织实施,负责员工文化艺术培训、企业文艺团队组建、表演创作指导等文化服务的开展。

3. 经费保障

县文旅主管部门应通过文化馆总分馆服务体系建设等渠道为景区分馆建设和运营提供必要的经费支持,也可以根据每年的绩效评估结果对合格的景区分馆提供奖励。景区分馆可根据实际承接政府部门向社会力量购买服务的公共文化类项目,鼓励规模较大的景区分馆采用委托运营的方式进行专业化服务管理。

四、建设意义

文化馆景区分馆的建设是一个新的课题,打破了公共文化服务的传统边界,让公共文化服务从体制内向体制外延伸,以文旅融合为出发点扩大文化馆总分馆公共文化服务的朋友圈效应,让游客在饱览美景的同时享受到公共文化服务延伸带来的好处。

(一)延伸了文化馆总分馆服务体系

公共文化服务是一种"以人为本"的服务,景区分馆融文化馆、图书馆、博物馆、美术馆等多馆公共文化服务为一体,形成本地公共文化服务的增量。主客共享式的文化馆总分馆景区分馆服务不仅能满足本地群众的基本文化需求,也能满足游客体验异地文化的需求,延伸了文化馆总分馆服务链,扩大了公共文化的覆盖面,在融合中补齐了公共文化服务的短板,提升了文化馆总分馆体系运行的社会效益。

(二)打造了文旅融合的示范样板

以文化馆景区(企业)分馆为试点实践打造文旅融合示范样板,有效解决了文旅融合

"两张皮"的问题。一方面景区的服务不仅能够有效丰富公共文化产品供给,还能扩展公共文化的服务范围和对象,丰富服务载体和手段,推动公共文化服务效能提升;另一方面景区成立文化分馆,深植文化基因,做好文化服务,不仅无形中提升了景区的文化内涵与形象,而且有力地推动了地方文化的传播交流,既让游客游得更久,也让文化走得更远,让景区成为更有品位的文旅融合示范样板。

(三)建设企业文化分馆的几点启示

经过云澜湾景区分馆建设的运行实践,对于建设文化馆总分馆服务体系企业分馆,我们得到以下几点启示:

1. 保障企业职工的文化权益是企业分馆的建设出发点

企业职工在为企业和社会创造经济价值的同时也有自己的文化需求,让企业职工也能享受公共文化服务的福利,让社会的优质文化资源向企业输送延伸,保障职工的身心健康,形成企业文化品牌,促进企业发展和社会和谐,是企业分馆建设的价值所在。

2. 文旅融合创新发展是企业分馆建设的着力点

企业分馆建设可以有基本的建设标准,但不适宜也没必要搞"一刀切"。根据企业自身特色,将原来的活动空间进行景区化改造,增加必要的文化设施,引入文旅资源,实行免费开放,支持申报企业景区,打造集文旅一体的工业旅游的新景点,成为企业吸引职工、留住职工、惠及职工的网红打卡地点。

3. 主体选择与制度设计是企业分馆建设的关键点

企业是企业分馆运行的主体,建设企业分馆需要企业自身有意愿且具备建设的基础条件。建成的企业分馆可以服务一个企业,也可以服务一个园区,辐射周边百姓。企业文化员可以独立配置,也可共享使用,通过制度设计规范企业分馆的运行,强化总分馆之间的联系,做到信息互通、活动联办、资源共享。

文旅融合是新时代文化发展的大趋势,文化馆总分馆服务体系作为现代公共文化服务的创新模式,也应该在补齐服务短板、创新服务方式、扩大全民艺术普及上有更多的探索与实践。嘉善通过文化馆景区分馆建设,积极探索公共文化服务和旅游公共服务在设施、服务、内容和管理上的融合,实现"文化 + 旅游"双轨驱动,景区文化分馆在服务好游客的同时也将公共文化服务扩展到更多的百姓,既弘扬了地方文化的,又助力了企业文化的建设,优势互补,融合共享,发展共赢,以达成"打造好景区,让旅游引进来,提升好服务,让文化走出去"的文化馆景区分馆建设目标。

参考文献

[1]陈慰,巫志南.文旅融合背景下深化公共文化服务的"融合改革"分析[J].图书与情报,2019(4):36-40.

[2]聚焦公共文化发展新动能[N].中国文化报,2019-11-07(8).

[3] 曾博伟．公共文化与文化旅游产业融合发展的十条建议 [EB/OL]．[2020-12-30]．http://www.sohu.com/a/234270927_669468．

[4] 毕绪龙．论文化和旅游融合发展的六个关系 [G]// 北京大学国家现代公共文化研究中心，北京市石景山区文化和旅游局．文旅整合：公共文化服务新动能论集．北京：国家图书馆出版社，2019：8-17．

新媒体语境下的群众文化活动策划和组织

——以重庆市级群众文化品牌活动为例

莫潋沙（重庆市群众艺术馆）

随着新媒体内容生产方式的变革，传播模式不断创新，形式不断丰富，技术为群众文化活动策划和内容生产提供了全新可能，媒体在传统的新闻传播功能以外，其参与群众文化活动内容生产的活力被激发，并着重参与塑造群众文化活动开展的新形式。这也为新媒体在公共文化服务的传播模式、传播速度、即时性等方面的应用提出极大地挑战。

一、新媒体对群众文化活动的影响

2018 年至今，中国新媒体发展迎来了技术与内容的双维爆发式发展。技术为全媒体内容生产平台带来了保证，新媒体内容形式从正在从文字、图片等向长视频、短视频、直播、VR/AR、问答等形式转化，开启了精细化运营时代；新媒体的流量导入功能也发挥出重要作用（如扶贫工作中的直播"带货"、舞蹈《丽人行》在抖音播放量超 5 亿等），让更多特定的内容产品走入大众视野，或者以更多元的姿态获得大众注意力。随着新媒体的不断发展，传统媒体与之相较，渠道和内容的影响力逐渐下降。曾经更多依赖传统媒体进行推广的、单向输出的群众文化活动，也出现了公众认知程度低、群众参与度低和社会影响力低的现象。

新媒体语境下，信息的传播方式、传播渠道到传播速度都在发生深刻变革，产生了诸多新的传播方式和传媒形态，形成了诸如移动设备客户端等更贴近人民群众、更方便的传播终端，群众文化活动借助新媒体为人民群众参与公共文化活动开辟了新途径。大众也不再满足单向、静态地接受包括公共文化服务在内的内容产品，而是希望通过转发、评论、点赞等方式深度参与信息传播与再造。与此同时，群众文化活动的内容也面临着同样的诉求——群众互动参与的愿望正在逐步增强，活动策划者和内容创作者需要通过在文化活动中设置交流互动，积极地转变群众作为"受众"的角色，让"受众"由传统的观看者的角色成为一个具有选择权和影响力的角色。通过交流、互动形成深度的情感联系，促进群众与群众文化活动产生深度的情感联系和认同，发挥群众艺术（文化）馆的职能效益。

要丰富人民群众的精神文化生活，满足老百姓对美好生活的新期待，就要求群众文化活动必须形式创新、模式创新，在活动传播力、群众普及度和参与群众互动度等方面做到进一步提升。通过给新时代下的群众文化注入新的活力，进一步加快公共文化服务效能的提升。

二、全媒体融合打造重庆群众文化活动品牌的尝试

重庆市群众艺术馆于2018年开始创新思路、丰富形式,在活动策划、品牌打造、服务推广等方面与重庆华龙网集团、重庆有线电视网络等媒体开展跨界合作,对重庆市文化品牌活动进行整合升级,共同探索群众文化活动与全媒体融合发展。实践政府主导、社会参与、多样供给、惠及全民的"互联网+"公共文化服务,运用新媒体传播格局,提升重庆公共文化服务尤其是重庆群众文化活动品牌的传播力和影响力。

（一）全方位、立体化、多角度的深度宣传统筹

针对活动前期、现场、后期,通过新闻采编和融媒体技术进行整合,营造良好舆论氛围。在活动前期主要是提升活动热度。如"乡村文艺秀"利用抖音、微信,新媒体平台吸引关注、导流。在活动现场搭建实时网络舞台,在线下现场参与活动的同时,通过视频直播、图文直播、互动评选扩大活动参与度。如"乡村文艺会演"的现场只有2000名观众,但有44万人次通过网络观看了直播。在后期则综合运用图文、短视频、VR、H5等传播形态,对活动进行全覆盖式宣传推送,扩大公共文化服务的覆盖面。

2019年重庆市群众艺术馆围绕"欢跃四季 舞动巴渝"广场舞展演、群众合唱音乐会、重庆市美术书法摄影联展、京津沪渝四直辖市交流展演等重庆市级群众文化品牌活动,综合运用图文、短视频、幕后专题、直播等传播形态进行媒体矩阵全覆盖式宣传。以2019年华龙网为例,百度搜索"华龙网重庆市群众艺术馆2019",网页显示检索结束达609000个,相关咨询报道13800篇,报道媒体包括《人民日报》《光明日报》《重庆日报》、新华网、人民网、重庆卫视等主流媒体。通过直播观看重庆市群众艺术馆广场舞大赛的有569949人次;观看群众合唱音乐会的有441457人次;观看美术书法摄影联展开幕式的有246485人次;观看美术书法摄影联展颁奖晚会的有359269人次,四场直播累计观看人数超过150万人次,在重庆媒体业界引起强烈反响。

以融媒体手段深入挖掘和立体宣传公共文化活动,着重强调"讲故事"和"传播力"之间的联系,发挥媒介宣传的长尾效应。如"重庆市美丽乡村文艺"演出活动结束后,针对当地的乡村文化振兴示范点进行深入挖掘和立体宣传,以融媒体手段传播、推广和沉淀乡村文化振兴战略中涌现出的好典型、好故事、好经验。线上、线下双重深入宣传重庆脱贫攻坚和乡村振兴的成绩,提振了巴渝父老乡亲的精气神,营造了热烈喜庆、再接再厉开拓奋进的舆论氛围。

（二）强强联手、资源整合的群众文化活动品牌营销

在满足活动传播的功能外,还需要创新思路、丰富形式,跨界合作,将群众艺术馆（文化馆）擅长的线下活动与融媒体擅长的线上呈现进行紧密联动,力求得到及时互动。这

种联动旨在提升活动观赏性、时尚感、触达性,吸引更广泛的人群关注参与活动,提升展演活动影响力,助力推广区域文化旅游吸引力。

以"欢跃四季　舞动巴渝"重庆市广场舞展演为例,作为全市规格最高、规模最大、影响最广的广场舞展演活动,重庆市群众艺术馆在往届活动基础上,引进跨界媒体和渠道资源进行活动宣传策划,并充分调动自身强大执行能力,发挥自有渠道资源价值,做好展演活动策划执行工作。

1. 策划先行,在活动阶段中设计增强参与感和主动性

广场舞展演分为基层海选、区县选拔、片区联动、复活投票以及全市集中展演等阶段。

基层海选环节即搭建平台让老百姓"自己编,自己演;演本色,演自己",群众除观赏节目之外,更能亲身参与。2018年,活动开展历时4个月。其中有1616支广场舞队伍参加基层海选,参演队员33690人;有618支队伍参加区县选拔阶段活动,参演队员14832人;有106支队伍齐聚片区联动阶段展演,参演队员2544人;最后,24支队伍会师全市集中展演,参演队员576人。

复活投票作为群众参与赛事进程的互动手段,把参加决赛的部分名额决定权交给观众,增加观众关注黏性,增强参与感和主动性。2019年广场舞展演活动专题于6月28日在重庆有线坝坝舞专区上线,首周专区订阅量环比上涨57%,活动期间(6月28日至9月22日)订阅量出现22%的提升;"复活投票"阶段的订阅量较活动前增长92.2%,5天时间内投票总量达为92846票。

2. 主动设置主题、话题,为文化活动赋能

文旅融合背景下的群众文化活动对地方性文化资源进行深入挖掘,对地方的自然风光、地域风情、民间民俗、人文底蕴进行艺术化的展现,赋予其新的时代内涵和表现形式,形成大众喜闻乐见的文化产品。

(1)文旅融合,打造"广场舞旅游节"概念。广场舞展演活动在重庆市38个区(县)均设有选拔点,这些活动地点既是活动开展场地又是景点。先展演后旅游,推广当地特色,带动当地旅游发展。

(2)在展演的不同阶段运用微博、微信、抖音短视频等新媒体进行话题宣传。如策划制作"我爱你中国"主题快闪秀,孵化广场舞"达人"抖音共舞,前期拍摄宣发"爆款"短视频等。并通过网络和电视媒体等多种方式加强对优秀广场舞作品的传播推广,扩大活动影响力。

(3)聚焦乡村振兴、脱贫攻坚、全面建成小康社会的活动内涵。展示乡村文化振兴成果,展现基层美好生活;丰富农村精神文化生活,凝聚基层发展合力;将"文化扶贫"工作融入活动中,提振脱贫精神动力。本项活动做实辅导全市18个国家级深度贫困乡镇广场舞队伍,开通贫困乡镇直通赛道,让贫困地区居民开阔了视野,增强了文化自信,提振了当地群众自主脱贫的信心,凝心聚力奏响脱贫攻坚的时代强音。

(4)坚持本土创编,弘扬巴风渝韵。结合巴渝大地风土人情,创编富有鲜明时代烙印和浓郁民族特色的舞蹈,让展演活动更接地气,更具本土特色,让群众充分感受到巴渝舞

蹈文化所具有的丰厚底蕴与创新精神,以此促进公共文化服务建设,助推全民健身,展现巴渝特色文化,展现新时代人民群众的获得感和幸福感,体现市民对美好生活的向往。

通过精心的策划、周密的组织,打造"最全面的展演、最广泛的参与、最丰富的形式、最时尚的阵容"的活动IP,活动取得了组织有序、宣传有力、惠民有成的成绩。

3. 多维曝光,提升社会认可度,助力活动提档升级

2019年该项活动通过多种媒介资源,全方位、多视角、有深度、有趣味地报道群众文化活动的台前幕后、百姓故事呈现展演现场盛况,带市民第一时间近距离感受广场舞的魅力。

电视大屏端——重庆卫视、重庆有线互动机顶盒坝坝舞专区、爱看导视频道,其中直播频道"爱看导视"在活动直播、视频展播期间收视数据同时段领先,累计收视人次达135万次;

移动小屏端——在手机App(第1眼App、来点App)、微信公众号(重庆有线微信、爱看微信)以及PC端(爱看网站)均开辟专栏,浏览量超400万次,收看直播的人次超过150万;

重庆有线互动机顶盒坝坝舞专区的"展演进程""舞者故事""点击投票""教学指导""往届回顾"等版块的最高日点播量上万次;"巴渝文化云"日均点击量上万次。

同时,活动的精彩盛况也吸引到各类媒体的广泛关注,通过国家公共数字云、中国文化网络电视各类媒体共发布原创新闻报道400余条,直播展演信息覆盖人群超过1千万,在巴渝大地组织起了一场生动而鲜活的群众文化活动。

通过主流媒体扩大群众文化品牌活动的影响力和知名度;通过新媒体便捷高效、形式多样地将精神文化产品送到社区、农村、边远地区,更深入地向基层拓展,传递主流声音、实现党心民意同频;同时,利用新媒体技术所具有的交互性及时反馈,有效提升内容的针对性,更好满足广大基层群众对高品质精神文化生活的需要。

新媒体语境下,如何依托"互联网+"等技术平台,让公共文化服务的参与主体更为多元、内容更加丰富是一项长期的工作。当群众文化项目品牌的价值初显,在强化政府主导、鼓励社会参与的方针引领下,如何有效地将文化艺术活动与市场相结合,在取得社会效益的同时,实现经济效益的增长,是更具有创新意义的挑战。在公共文化服务供给侧改革的进程中,如何通过大数据精准掌握群众需求,进行文化活动效益评估,如何拓展公共文化服务的传播渠道,提升文化活动、文化产品的影响力、传播力和感染力也是各级公共文化服务提供机构而要思考和改进的方向。

参考文献

[1] 胡钰,王嘉婧. 中国新媒体研究报告:2019年中国新媒体发展综述 [M]. 北京:人民日报出版社,2019.

[2] 自媒体环境下,群艺(文化)馆全民艺术普及的创新方式研究 [J]. 大众文艺,2019(23):14-15.

标准化助推公共文化服务精准高效

——以上海市徐汇区公共文化服务供给标准化建设为例

祁海珊　戴菲菲　龚蓓蓓（上海市徐汇区文化馆）

一、公共文化服务供给标准化建设的研究背景和意义

党的十八届三中全会提出要"促进基本公共文化服务标准化、均等化"。公共文化服务标准化是一种制度化的约束,让各类公共文化机构知道与自身职责相对应的公共文化服务应该提供什么,提供到什么程度,达到什么要求。标准化实施是实现公共文化服务均等化的前提条件,追求公共文化服务的最佳秩序与最佳效能。人民群众对公共文化服务的需求不断增加,并呈现出了多元化的发展趋势,信息爆炸的数字化时代给予了公共文化服务供给标准化建设新的挑战与机遇。本文针对上海市徐汇区的公共文化内容供给状况进行分析探讨,普遍性寓于特殊性之中,以期望对新阶段公共文化建设提供有益借鉴。

如何实现公共文化服务的均等化,提高公共文化服务供给的管理水平,提升公众对文化服务的满意度,需要各级政府深入思考,并以标准化建设为抓手,真正推动公共文化服务的可持续发展。公共文化服务供给标准化建设是当下落实公共文化服务全面发展的必然举措,是基本公共文化服务均等化的前提。标准化建设是对基本公共文化服务供给所涵盖的服务范围、服务项目、保障水平、服务质量以及技术和管理等方面予以规范和统一要求。科学地制定公共文化服务供给标准,规范流程管理与严谨数据统计,不仅能确保体系运行合理有效,更能真实地反映出公共文化服务的现状和问题。通过标准化的体系建设,将为各基层组织统筹调配公共文化资源、合理制定公共文化服务政策等工作提供科学依据。

二、徐汇区公共文化内容供给标准化建设的具体措施及效果

上海市徐汇区积极探索政府引导、需求引领、社会力量参与、数据化管理的公共文化服务供给模式,于2014年成立徐汇区公共文化配送中心,采用政府购买的方式,以需求为导向,面向辖区各街镇、园区、商圈、学校、部队等单位(以下简称需求主体)配送文艺演出、艺术导赏、特色活动、辅导培训、展览展示共五大类公共文化产品。政府每年面向国有院团院校、行业协会、优秀民营院团及文化类社会组织等社会化机构(以下简称供给主体)公开征集公共文化产品,通过大众及专家评审将符合条件的优质文化产品纳入公共

文化供给菜单中。需求主体可通过数字化平台自行选择、预约点单，根据自己的实际需求点选文化活动，做到群众需要什么，政府就提供什么。

2018年底，《公共文化配送服务规范》被列入上海市徐汇区首批发布的十个区级标准之一，文件全面系统地梳理了公共文化内容供给的配送流程与规范要求，让徐汇区公共文化配送中心、供给主体以及需求主体在配送工作规范上有标可依，为公共文化配送服务精细化管理提供技术支撑。徐汇区依托数字化手段整合社会资源，通过完善配送机制、落实巡查监管、优化数字平台、细化供给流程、深化四级供给、积极宣传推广等标准化建设措施，形成徐汇特色公共文化服务供给模式，将标准化嵌入各项配送流程环节，构建制度规范化、主体多元化、内容多样化、供给精准化的公共文化服务格局。

（一）完善供给机制，明确职责分工

1. 调整组织架构，工作职责落实到人

徐汇区公共文化配送工作启动初期，由区文化馆工作人员兼职负责，以区域划分对接各街道（镇），每个人都承担着涵盖点单、接单、配送及结算整个配送环节的联络对接工作。为了构建供给职能科学化管理体系，徐汇区转换组织架构，以职责为划分标准，调拨专职工作人员，由配送专员分别承担市级、区级配送对接，市民需求调研，配送资源征集，活动宣传推广，组织配送实施，后台数据管理，费用统计结算，巡查团日常管理以及三方评估反馈等工作，与全区13个街镇专职配送联络员对接完成社区文化服务供给工作。科学、标准的组织架构明确了责任到人的工作专职性，解决了初期组织架构中管理职权交叉混乱、责任分工不明确等问题，为完善供给规范奠定了基础。

2. 制定供给制度，明确供需责任要求

早期的基本制度框架仅确立了简单的配送工作流程以及工作职责等内容，但在供需双方主体考评管理方面留有空白。为保障配送整体工作的有序开展，徐汇区在原有框架的基础上制定出了完整的配送相关工作制度。徐汇区面向需求主体制定《徐汇区各街镇公共文化配送需求主体管理办法》，从配送点单、配送实施以及配送反馈三个方面规范服务标准，并纳入街镇全年工作考评中；同时针对供给主体出台《徐汇区公共文化配送供给主体管理办法》，规划合理的文化产品进入、考评以及退出机制等，并定期为供给主体、需求主体提供规范服务的培训。上述系列制度与规范进一步明确了供需主体双方配送责任及要求，提高了公共文化服务供给的有效性，确保供需双方能够严格按标准细则提供服务、有效开展公共文化服务供给工作。

3. 确立考评指标，构建巡查反馈制度

为了提升配送服务的实际效果，徐汇区加大配送监管力度，建立巡查制度，于2017年成立了上海市第一支区级配送巡查志愿者队伍——"艺享徐汇"志愿服务团，团队面向社会公开招募志愿者，由热爱群文事业、热心公益服务的市民组成。志愿者根据《徐汇区公共文化配送巡查评分标准》分别从供给主体的产品质量及承接主体的服务质量两方面进行现场考核，每年根据配送场次以及巡查结果评选出"最受欢迎供给主体"与"最佳组织奖"。志愿团成立以来,对文化活动做到每场必巡,收集反馈意见并做好需求调研;定期召开巡查例会,沟通巡查情况,处理共性问题,做到每月一会;形成书面配送巡查工作专报,对特色亮点和存在问题逐一提炼梳理,做到每季一报。目前,徐汇区已逐步形成了"每场必巡、每月一会、每季一报"的巡查监管反馈机制,通过巡查团即第三方介入的方式进行考评调研,真正做到公平公正、畅通有效,保障了公共文化供给工作的稳定、高水准发展。

(二)利用数字手段,提高供给效能

1. 搭建数字平台,标准供给流程

徐汇区以标准化为工作目标,编制了公共文化配送实施以及监督和费用支付工作流程图。将流程细化为12步,分别是资源采集、项目评审、产品上架、产品预约、预约受理、计划安排、计划确认、产品配送、配送监管、确认反馈、汇总结算及总结评估。并于2016年开发了"艺享徐汇"公共文化配送平台,通过一系列数字化手段整合数据,实现了各项供给流程一网通办。目前,徐汇区基本达成政府、供给主体、需求主体、受众群体"四方交互"的公共文化配送一站共享模式,节约了时间及人力成本,极大提升了配送点单、监管、结算效率。据区级配送平台数据统计,2016年建成运行后全年区级配送活动点单量为1053场,较上一年增长200.85%,街镇区级配送活动点单量由2017年的1357场提高到2019年的1983场。

2. 有效整合资源,打造多元供给

近年来,徐汇区始终以标准化为指南,采取大众参与及专家评审相结合的方式,通过平台数据分析不断优化征集评审流程,做到更加公平公正、公开透明、高效便捷。2019年,在徐汇区特色活动评审会中,增加大众体验环节,将文化产品征集的选择权交给公众,经百人体验、线上集赞后结合专家意见,甄选出符合社区群众实际需求的公共文化项目,实现从传统政府主导的"送文化"向公众参与的"淘文化"发展。2020年徐汇区通过与市级文化供给平台数据对接,进一步扩大征集范围,一改往常烦琐流程,实现全程网上项目征集与评审,在保障流程规范的前提下精简工作环节,实现资源整合。越来越多的供给主体参加到徐汇区公共文化配送工作中,据区级配送平台数据统计,2017年原有配送项目数量602项,2020年配送项目已达到933项,涉及供给主体457家。

(三)深化四级网络,实现精准供给

1. 重心下沉,构建四级文化网络全覆盖

2016年,"徐汇区社区文化活动管理标准化建设"试点项目获批国家第三批社会管理和公共服务综合标准化试点项目,将全区13个街道(镇)社区文化活动中心及15家荣获"最美三室艺厅"称号的特色居委综合文化活动室,共计28家主体单位作为标准化试点社区文化服务单位,形成四级文化网络。徐汇区在标准化试点社区文化服务单位建设成功的基础上,进一步推进社区四级文化供给延伸工作,扩大影响范围,并于2018年在上海市率先实现以社区为单位的四级文化网络全覆盖,将辖区居委会综合文化活动室作为基层文化阵地,开展了解公众文化喜好的调研,通过平台四级地址管理实行点对点的文化供给,由居委会按需自行点单,从政府被动"送"变成公众主动"要"。据2019年区级巡查及配送平台数据统计,配送服务至居委会活动室场次数达到1263场,直接服务市民达17.3万人次。

2. 因地制宜,按需点单实现供给精准化

随着配送项目逐年不断地增加与更新,可供选择的公共文化产品越来越多。为了更加有效整合现有资源向公众展现徐汇区公共文化配送成果,徐汇区每年编印《徐汇公共文化配送手册》系列宣传册,以标准化为工作思路,细分版块内容,分门别类收录最新的公共文化供给项目内容及各类主题菜单,发挥优秀产品引领作用,便于需求主体和社区百姓查询点选自己喜爱的文化项目。同时,徐汇区每年根据《公共文化配送服务规范》要求,调研市民实际需求,并根据调研结果及不同场地的要求,结合节庆活动,推出妇女、未成年人、白领、居委会等专题主题菜单及中秋、国庆等节庆菜单。徐汇区通过提供多样化、多层次的"定制菜单",满足不同群体对公共文化服务的需求,在促进点单率提升的同时,实现配送的供需精准化,让服务内容更加贴近群众生活。

三、公共文化服务供给标准化建设路径探讨及思考

(一)设立供给机制,形成规范化体系

科学建立并有效落实的供给制度是维持公共文化服务长效性发展的前提。要形成完善公共文化服务供给相关规范体系,首先,要明确各级政府相关部门的公共文化服务责任,依据职能细化组织架构,明确分工,确保专人专项负责工作。其次,要明确各类公共文化服务供给主体及需求主体的权利、责任,制定相关工作规则、工作程序、行为规范及考评标准,通过制定合理的标准文化服务进入和退出机制,淘汰质量较低、与时代理念不符的公共文化产品。最后,需要建立完善的考评反馈机制,建立反映公众文化需求的征询反馈制度和公众参与的公共文化服务考核评价制度,通过志愿者巡查、委托市场调研公司等方式由第三方介入评估,提高监管力度,保证监管的公平公正性,进一步完善服务绩效评估机制。

(二)推进公共文化服务供给数字化平台建设

科学进步为构建现代公共文化服务体系提供了新的驱动力,加快推进公共文化服务数字化管理建设是当前数字化时代的必然要求。要运用数字化手段建立全域化、标准统一、互联互通的平台,加强公共文化大数据的采集、处理、存储分析及管理功能,实现供给流程功能一站式服务,积极利用现代信息技术提高公共文化服务机构的管理效率,创新服务模式,促进管理方法和服务技能的现代化。同时,建立公共文化服务精准管理系统,运

用信息化手段对每一个服务对象建档立卡,记录其文化服务偏好、接受服务历史、评价反馈等信息,强化对每一个具体服务对象的信息管理和服务生命周期的考察[3]。通过大数据分析,实时了解供给需求及文化服务发展趋势,为公共文化服务供给政策适时调整提供有效依据。

(三)分众化供给促进精准化文化服务

受地域、经济、教育影响,社会阶层的分化日益显著,公众的多元化文化需求发展趋势越来越快,分众化供给是未来公共文化供给模式的必然发展趋势,文化产品的大众化供给需向分众化供给发生转变。标准化建设所追求实现的目的是公共文化服务的均等化,并不排斥文化享有的多元选择和自由选择,要将享受文化的选择权交到群众手中。精准化供给须以需求为导向,在基层文化阵地建设成功的基础上进行深化和提升,活用基层文化阵地,以社区为单位,充分征询居民意见,通过丰富和创新公共文化服务供给的内容和手段,着力夯实公共文化服务体系四级网络,拓展文化供给服务,从传统的"政府送什么,百姓看什么"转变为"百姓点单,政府买单"的供给形式,根据群众不同的文化需求制定菜单、提供文化导航,通过分众化、菜单式供给提高公共文化服务供需的精准匹配程度,提升公共文化服务效能。

公共文化服务供给标准化建设是推进公共文化领域"新常态"发展、深化文化体制改革的重要举措,是在以文化繁荣兴盛助推民族伟大复兴,建设社会主义文化强国的时代背景下,实现公共文化服务可持续发展的必由之路。徐汇区实施公共文化服务供给标准化建设的成果及经验,形成一个科学、规范、通用的模式样本,为开展基本公共文化服务标准化、均等化改革提供借鉴和参考,将更加有力地推动公共文化服务向高效能、多元化供给发生转变,以便向其他适用地区普及推广。

参考文献

[1] 张洁,施雪华. 推进公共文化服务体系建设的三条路径 [J]. 党建,2017(4):39-40.

[2] 徐汇区公共文化配送平台 [EB/OL]. [2020-12-30]. http://www.xuhui.gov.cn/ggwhps/.

[3] 张从海."互联网+"背景下公共文化服务供给机制创新研究 [J]. 安徽工业大学学报(社会科学版),2017(2):29-31.

[4] 孔进. 公共文化服务供给:政府的作用 [D]. 济南:山东大学,2010.

关于文化馆数字化人才队伍建设的思考

张金亮（文化和旅游部全国公共文化发展中心）

随着信息技术的发展与应用,各行各业都受到数字化的冲击,区别仅是程度和时间而已。文化馆数字化已经成为文化馆未来发展的趋势。文化馆事业得到数字化技术的赋能,使得文化馆所开展的公共文化服务逐步由阵地服务向"阵地＋数字"双轮驱动服务转变。文化馆数字化建设面临着组织管理、业务模式、人才结构等诸多方面的挑战。文化馆开展数字化建设与服务,人才是第一要素。以人为本,通过提高数字化人才队伍建设水平驱动文化馆数字化成功转型的理念已经深入人心。

新冠疫情发生后,文化馆的阵地服务处于停滞状态,以线上服务为主的数字文化服务并未受到太大影响,而且获得了快速地发展。文化馆人利用互联网和新媒体渠道,开展了一系列防疫宣传、资源服务、远程培训及主题创作等活动,极大地丰富了人民群众的精神文化生活。由中国文化馆协会主办的"文化馆事业发展的思考与讨论"连续播出 11 场,网上专题主页浏览量累计近 354 万人次,总点赞量 47 万人次,单场直播最高访问量 27 万人次。线上公共数字文化服务加速了文化馆数字化建设进程,文化馆行业数字化人才紧缺问题凸显。

一、文化馆数字化现状

（一）政策层面

文化馆数字化建设先后纳入《中华人民共和国公共文化服务保障法》《关于加快构建现代公共文化服务体系的意见》《关于进一步加强公共数字文化建设的指导意见》《文化部公共数字文化工程管理办法》《"十三五"时期公共数字文化建设规划》等重要政策法规。

文化馆第二次评估标准把数字服务平台作为提高指标。第三次评估标准把数字服务列为正式评估指标。第四次评估标准把具备数字服务基本能力列为必备条件。2020 年开展的文化馆第五次评估把文化馆是否有微信公众号和网站常态化运行作为一级馆的 6 个必备条件之一,且数字化服务分值达到 135 分。

（二）建设目标

《数字文化馆资源和技术基本要求》中提到,数字文化馆是运用现代信息技术处理群众文化资源、提供全民艺术普及服务、管理文化馆业务的数字化服务系统和互动体验空间。它以全民艺术普及为重点，通过数字资源建设、数字化服务、平台搭建和线下体验等形式，开展群众文化艺术培训、活动、创作和远程辅导。数字文化馆采用统一兼容的数字文化资源建设标准、技术标准、服务标准、管理规范和绩效指标开展建设，确保各级文化馆数字化服务上下兼容和跨行业互联互通，形成上下联动，线上线下结合，馆内馆外互促、开放、高效、可持续发展的文化馆数字化服务体系[1]。

（三）建设内容

自 2015 年开始推进文化馆数字化建设以来，文化部全国公共文化发展中心启动了第一批数字文化馆试点建设工作，从建设标准规范、设施设备、数字文化资源、应用平台、实体数字体验空间、服务新模式 6 个方面明确了建设内容，后续还对移动互联网服务、资源建设、网络互动培训提出了要求。2018 年，紧紧围绕文化馆功能定位，又对平台功能、数字资源、与国家公共文化云对接、网络互动培训等提出了具体要求。在公共数字文化融合背景下，国家公共文化云作为文化馆系统的统一门户网站。数字文化馆建设将不再局限于本地本省，而将重点实现省级与国家之间、各省文化馆之间、文化馆与图书馆之间的资源、活动、数据、服务等多方面的交流共享[2]。

（四）服务模式

文化馆数字文化服务能够为群众提供更丰富、更高效、更便捷、更均等、更个性、更广泛的公共文化服务。具体服务模式包括：

（1）线上群众文化服务。通过网站、手机 App 打造数字化统一服务平台，整合、管理文化馆服务资源，辅以微博、微信、抖音等流量渠道，形成一体化管理，方便群众进行网络直录播、活动预约、文化资源配送、公益培训、志愿者服务等群众文化活动。

（2）数字资源库建设。整合各种特色资源，建设当地特色文化品牌、文化活动、群文创作等数字文化资源库，并将优秀文化内容通过网络传播，实现公共文化服务的均等化，使广大群众可以平等地享受各种数字文化资源，满足群众的获得感。

（3）特定人群服务。针对特定人员，如青少年和老人，开设互动、活动空间。根据他们的不同需求开展有针对性地推送服务。

（4）特色文化服务项目建设。开发具有本地特色的"互联网+"文化项目，并在文化馆数字化平台中设立特色体验空间，使群众足不出户就可享受身临其境的体验。

（5）线下互动体验空间。采用虚拟现实、3D 渲染等技术手段，建立线下数字文化体验空间，为人民群众带来沉浸式和交互性的体验，满足人民群众的文化体验需求。与线上活动结合，形成线上线下互动模式，不断提高群众参与感和满意度。

二、文化馆数字化人才

（一）人才标准

适合的才是最好的。文化馆数字化建设中的人才标准问题影响着人才队伍建设的方向。人才标准问题涉及数字化人才顶层设计，这不是个别文化馆人的问题，而是处于当今数字化时代的文化馆行业组织需要思考和解决的事情。由中国文化馆协会成立的全国文化馆标准化技术委员会负责文化馆行业包括队伍建设在内的诸多领域的标准化建设。文化馆的数字化人才管理也将纳入标准化建设之中，建立起一系列的管理标准和机制，从而进一步健全、完善文化馆人才管理体系[3]。

从一定程度上讲，科学技术的日新月异要求数字化人才标准与时俱进。随着数字化技术快速迭代，知识的半衰期越来越短，包括计算机在内的诸多学科知识半衰期只有两年，互联网行业风口周期也仅为三年。众所周知，标准的修改周期一般较长。同时，建设文化馆数字化人才标准的难点还体现在，标准还要与事业编制较少的文化馆人才梯队建设和人才结构比例相匹配。

（二）人才需求

文化馆数字化人才需求包括数字化领导者、应用人才和专业技术人才三个不同层次。

1. 数字化领导者

作为蓝图的绘制者，对文化馆数字化建设与发展有较为清晰的认知与规划；作为建设的开拓者，为文化馆注入数字化基因；作为引领者，要克服困难，从上至下推进文化馆数字化进程，直接影响文化馆未来发展前景。

（1）能力层面

需具备互联网思维、创新性思考，能够理解虚拟的数字化世界；善于发现问题，解决问题，对文化馆的发展趋势和前景有自己的见解和分析。

（2）技术层面

专业技术本身并不是文化馆数字化建设的先决条件。数字化领导者不一定掌握最新的技术，但是需要了解技术，对基础技术、广泛应用技术、新兴颠覆性技术有清醒的认知；关注技术发展趋势；关注现有技术对文化馆行业的影响和助力作用。

（3）业务层面

具有"以人民群众为中心"的服务理念，将互联网思维以体验、分享及不断创新的方式，渗透到文化馆服务的供给、模式创新和管理方式上；基于服务大数据做出决策，持续关注人民群众的需求变化和用户体验。

（4）内部层面

以使命、愿景和价值观凝聚人心，吸引和鼓励文化馆数字化人才；能够整合各方面资源，打造能起到支撑作用的数字化力量，包括资金、人才队伍、文化资源、系统平台等。

2. 应用人才

作为文化馆数字化业务层面的具体执行者,落实数字化领导者的思路;基于不同应用场景借助适用技术推动文化馆建设;关注业务形态、技术应用层面,推动平台数字化、网络化运维;侧重文化服务模式创新,探索全新的文化服务业态。

(1)群众文化活动宣传推广

与活动策划人员配合,运用互联网思维进行线上活动推广;熟悉微信公众号等新媒体平台的管理与运行;将线下活动、展览、演出、培训等各项服务内容数字化并移植到线上;通过数字手段全景式展示特色文化场景,推动服务资源多样化、信息化、共享化、大众化,为人民群众营造全新的视听感受。

(2)平台方面

基于平台技术标准规范,落实统一服务平台建设,确保平台上下兼容和跨行业互联互通,推进数字文化资源服务共享;熟悉统一服务平台系统架构,能根据实际工作提出功能需求,管理网络平台,保障网络平台正常运行,应急处理各类网络舆情。

(3)资源方面

基于数字资源标准规范,以全民艺术普及为重点内容,突出地方特色文化,并紧紧围绕文化馆业务工作进行数字文化资源的采集与应用。以向社会征集、购买或自建的方式,建设图片、视频、音频、文字等形式多样的数字文化资源库;熟悉拍摄、视频剪辑、后期处理等辅助性工作,结合各类群众文化活动采集、加工、整理相关数字文化资源。

(4)服务数据采集、分析、应用

采集基础数据、业务数据以及用户行为数据,并对数据进行分析;根据数据分析结果及时调整资源配送方向和服务内容;针对群众需求变化和反馈,及时对平台进行系统升级和功能扩展,从而提升文化馆的服务效能。

3. 专业技术人才

专业技术人才是文化馆数字化服务保障人员。

(1)网络安全

可靠、安全的网络是文化馆开展数字文化服务的保障。保障网络环境符合国家关于信息系统安全等级的有关规定;保障网络畅通、稳定;保障网络系统的硬件、软件及其系统中的数据受到保护,不因偶然的或者恶意的原因而遭受到破坏、更改、泄露。

(2)运行保障

硬件设备对文化馆开展数字化服务起到支撑作用。保障服务器、存储、线下体验设备、摄像、录音、编辑处理设备性能稳定、正常运行,并做到及时维护;定期对基础软件、数据库、统一服务平台、媒资管理系统、手机 App、门户网站等系统功能进行检测和完善升级;采用数据备份与恢复技术,降低数据丢失风险。

(3)内容更新

保障网站系统符合国家有关互联网视听节目的规定;对数字文化资源内容进行审核

把关并定期更新,及时将最新资讯、活动内容、数字文化资源等在网站、手机 App、微信中更新和发布。

（4）线下数字文化体验空间

熟悉数字文化体验空间的互动体验设备,指导、帮助群众正确使用公共数字文化设备,满足群众的文化体验需求,不断提高群众体验满意度。

三、文化馆数字化人才现状及建议

我国各级文化馆的从业者以文化艺术类专业人员为主。由于体制的原因,各级文化馆系统不可能储备或者聘用大量数字化人才。同时,文化馆数字化建设起步较晚,调查显示,文化馆与其他公共文化服务机构,如图书馆、博物馆相比,数字化人才队伍建设水平相差比较大。文化馆内数字化人才匮乏且急需高层次数字化人才。

文化馆数字化建设决定着文化馆的未来。所谓"巧妇难为无米之炊",在增加编制、聘请专业顾问、组织数字化志愿者、吸收社会力量参与等办法之外,结合具体实际情况,笔者提出如下建议:

（一）引入人才

1. 选好数字化领导者

数字化领导者决定文化馆数字化建设的深度与广度。鉴于互联网企业"35 岁现象",文化馆可以考虑拓宽用人渠道,聘用热爱文化馆事业、有互联网企业从业经历的人。

2. 统筹协调体制内人员

同为公共文化服务机构的图书馆,其开展数字化建设已有十余年,积累了一定数量有实践建设经验的数字化人才。体制内的从业经验、熟悉公共数字文化、数字化建设经验都是文化馆行业急需的。在体制内协调数字化人才,人事关系转移上相对简便,人才适应相对较快,且能够留住人才。

3. 灵活的用人机制

受事业编制限制,在政策范围内,可采用项目制、有偿服务、劳务派遣等方式将数字化人才为文化馆所用,这样有利于缓解人才匮乏的局面,同时有利于节约用人成本。

（二）内部建设

1. 优化内部人才结构

侧重引入、吸收具有适用专业背景的人才,调整文化馆内数字化人才比例,优化人才队伍结构,快速提升文化馆数字化人才队伍建设水平。

2. 双向转变,培养复合型人才

一般意义上,技术属于工程类学科,专业技术人员的管理意识较为欠缺。在加强数字化人才专业培训的同时,给予数字化人才组织、协调等管理工作的锻炼机会,有利于培养即懂管理,又专技术的复合型人才。

在文化馆行业内,加强开展数字化、网络化相关领域课题的论坛交流和学术探索。积极引导文化系统人才培养变革,在人才培养方案中加入互联网思维和数字技术应用的相关课程。倡导开展文化馆行业全员数字化轮训,提高文化馆行业从业者数字化素质。

3. 优化人才使用机制

结合事业单位体制和人事制度改革,逐步建立符合文化馆事业特点、体现岗位绩效和分级分类管理的薪酬制度,向有突出数字化服务业绩的人才倾斜,建立正向激励引导机制。结合数字化人才发展及职责的特点,建立与艺术表演创作类人才不同的评价标准。在工作上,为数字化人才提供适合的平台,营造良好的工作、成长和发展环境。同时,通过鼓励、支持等方式,使数字化人才通过专业技术实现自身价值、增强职业归属感和成就感,激发其投身文化馆事业的热情,从而助力文化馆数字文化建设与服务。

(三)自身建设

数字化时代,学习与工作更加融合,更趋个性化和终身化。学以致用和终身学习是数字化人才应有的态度。从人、技术发展角度出发,数字化人才需要从问题导向和职业规划导向两个方面开展自我提升,以期能够适应文化馆行业数字化发展的需要。

数字化时代背景下的文化馆需要数字化转型。文化馆数字化转型不仅仅是一次技术浪潮,还从全方位改变着文化馆的服务模式和人才结构。数字化转型也不仅仅是个技术命题,更是人才管理命题。因此人才建设是数字化转型的基石。越来越多的文化馆开始意识到数字化转型需要足够的数字化人才支撑文化馆行业未来的发展。做好文化馆数字化人才队伍建设工作,实现文化馆职能与互联网技术的深度融合,才能不断提高文化馆服务效能。

参考文献

[1] 李亚男 . 浅谈国家数字文化馆建设的意义与路径 [J]. 大众文艺,2020(1):9-10.

[2] 刘平 . 公共数字文化融合背景下的数字文化馆建设与发展思考 [J]. 大众文艺,2020(7):13-14.

[3] 陈娟 . 基层文化馆人才队伍建设的思考 [C]// 中国文化馆协会 . "新时代文化馆理论体系构建" 主题论文获奖论文集 . 上海:上海大学出版社,2019:34-39.

基层综合性文化服务中心拓展实践研究

——以佛山市三水区"祠堂＋文化"项目为例

常研菲（广东省佛山市文化馆）

一、背景

基层是公共文化服务建设的重点，也是薄弱环节。为改变基层特别是农村公共文化设施总量不足、布局不合理以及优秀公共文化产品供给短缺等问题，2015 年 10 月，国务院办公厅印发了《关于推进基层综合性文化服务中心建设的指导意见》（以下简称《意见》），提出了到 2020 年全国范围的乡镇（街道）和村（社区）普遍建成综合性文化服务中心的目标。截至 2019 年底，很多条件较好的地区已经实现了基层综合性文化服务中心全覆盖，但是基层综合性文化服务中心的效能问题又提上日程，同时因为有些行政村比较大，包含了几个自然村，这些自然村在公共文化设施建设和公共文化服务和产品提供方面依然有很大提升空间。为破解这一问题，佛山市三水区根据自身资源条件，探索开展"祠堂＋文化"基层公共文化服务模式，把公共文化服务建设与祠堂空间的转换利用相结合，取得很好的效果。

二、建设路径

佛山市在 2018 年已经实现行政村（社区）基层综合性文化服务中心全覆盖。三水区"祠堂＋文化"探索也开始于 2018 年。2019 年初"祠堂＋文化"模式取得第三批广东省公共文化服务体系示范项目创建资格，三水区开始加速推进项目实施，进一步深化探索区域内"祠堂＋文化"发展路径。

（一）梳理资源

2019 年 1 月至 3 月期间，三水地区对全区祠堂资源进行了摸底调查。三水区面积 800 余平方千米的土地上分布着超过 400 多座祠堂，多为独具特色的岭南广府系祠堂，平均每个行政村（社区）有 2—3 座之多，硬件条件比较好的有 70 多座。在此基础上，三水区重点对条件较好、文化融入意愿强烈的祠堂进行了重点考察和前期调研，挖掘每座祠堂的特色，如红色文化、粤曲星腔文化、民俗文化、书香文化、龙舟文化、孝善文化、醒狮文化、归侨文化等。把祠堂的这些特色资源与三水乡村振兴综合改革三大片区（南部岭南水乡片区、中部古村落群片区、北部生态农业片区）布局相结合,突出区域特色。

（二）试点先行

前期,三水在全区范围内选取芦苞镇蔡氏大宗祠（北部）、云东海街道南山书社（中部）及白坭镇陈氏大宗祠（南部）等为先期试点,开展"祠堂＋文化"模式在全区范围内推广的可行性研究。先期探索结合祠堂资源普查情况,三水区制定了《佛山市三水区"祠堂＋文化"示范点创建工作方案》,确定《三水区"祠堂＋文化"示范点建设标准》,确定了到2020年三水区7个镇（街道）创建30个"祠堂＋文化"示范点的建设目标,鼓励示范点发挥各自资源优势,积极探索,示范点工作取得了预期的效果。

（三）探索经验

在试点基础上,围绕乡村振兴发展战略、文旅体融合发展、美丽乡村、特色小镇和佛山"博物馆之城建设"等工作,深挖提炼传统祠堂文化内涵,不断融入党建、公共服务、文明教化、乡村治理等内涵,赋予祠堂新的作用和使命,开启"祠堂＋文化"这种新时代农村优质公共文化服务供给的新模式。确立了"一祠堂一品牌""1+4+N"的建设标准,探索出了一条"党建引领,三治结合,四会联动"的乡村治理模式。

三、经验成果及其指导意义

（一）确立了"1+4+N"和"一祠堂一品牌"的建设标准

三水区先行先试,为各地基层综合性文化服务中心在自然村一级的功能拓展和服务提供了可以借鉴的经验,贡献了"1+4+N"和"一祠堂一品牌"的基层公共文化建设的佛山标准。

所谓"1+4+N","1"是指一个阵地——祠堂,"4"是指4个硬指标,即新时代文明实践活动场所、村史馆、民俗文化活动、文艺队。"N"是自选项目,可以是图书阅览室、文化室、文化服务人员、文化志愿服务队、公益电影播放、数字服务能力等。

"一祠堂一品牌"是指各个祠堂根据自身资源禀赋,发挥资源特色,充分发挥自主性,实现一个祠堂具有一个品牌的建设目标。如芦苞镇西河村委会村头村岑氏宗祠早年曾在祠堂旁边举办书舍,因此致力于打造书舍文化品牌;芦苞镇西河村委会丰湖村李氏宗祠建有村史馆、节气馆、渔事馆等农事展馆,因此打造农耕文化品牌;位于芦苞镇独树岗村委会独树岗村的蔡氏大宗祠设有文村史馆、乡贤馆、孝善馆,并涌现出了一批孝善人物典范,举办孝善文化节、一年一度的重阳千叟宴等活动,因此打造孝善文化品牌;白坭镇富景社区金竹村陆氏大宗祠培育了金竹龙舟协会、足球龙舟队等优秀的龙舟队伍,龙舟文化氛围浓厚,因此以龙舟文化打造示范点特色文化品牌;白坭镇富景社区邓氏宗祠利用镇级博物馆、碧云戏台、步行街,引进白坭曲艺社进驻碧云戏台,打造粤曲文化品牌。其他示范点根据自身条件分别建立起了宗祠文化馆、家风家训馆、名人馆、乡村振兴馆、市民学习中心、廉政教育活动室、乡村图书馆等功能室，培育了曲艺、龙舟、舞狮、武术等乡村文艺团体，每逢传统和重大节庆，开展庆祝春节、元宵添灯、重阳敬老等民俗文化活动，创新开展"五好家庭"表彰、祠堂音乐节、全国象棋公开赛、乒乓球赛等群众喜欢又有广泛影响的活动，促进了乡村文化生活水平提升和的乡村文化旅游品牌的打造。

（二）探索了"党建引领，三治结合，四会联动"的乡村治理模式

"祠堂＋文化"示范点充分发挥文化引领、凝心聚力的作用，在实现基层公共文化服务体系建设的同时，发挥"祠堂＋文化"的综合影响力，着力探索"党建引领，三治结合，四会联动"的乡村治理模式，实现文化聚民、文化悦民、文化惠民。以基层党建为引领，推进自治、法治、德治"三治结合"的基层治理体系建设，发挥村民议事会、村务监督委员会、家乡建设委员会和乡贤慈善会的"四会联动"作用，探索乡村现代治理路径，努力构建现代乡村治理体系，为乡村振兴提供制度基础和重要保障。

"祠堂＋文化"项目依托祠堂建设一系列村史馆、宗祠文化馆、家风家训馆等馆室，深挖提炼祠堂文化的同时不断融入党建、社会组织孵化、文明教化、乡村治理等内涵。在传承的同时与时代发展相融合，把祠堂打造成新思想的宣传阵地、教育中心以及外来务工的"新佛山人"与"老佛山人"交流融合的中心。

很多祠堂打破宗族的界限，开放祠堂空间，祠堂不仅是同宗族的人的活动场所，也成为外来人员的公共空间，祠巷村所在的富景社区是白坭镇外来人口最为集中的区域，在寒暑假期间利用祠堂为外来务工人员子女提供电脑、舞蹈、书法等免费培训，促进了不同宗族之间、外来人员与本地人之间的融合，达到凝聚民心的作用，促进了基层社会治理。

（三）实现了公共文化设施向自然村的迅速布局

三水区现有7个镇（街道），70个行政村（社区）已实现基层综合性文化服务中心全覆盖，但是三水区自然村数量多达700多个，基层性综合文化服务中心在满足居民公共文化需求方面依然存在较大的缺口。"祠堂＋文化"项目可以有效弥补基层综合性文化服务中心布局的不足，让基础公共文化设施快速向自然村布局，打造基层公共空间，让公共文化设施建在百姓家门口，真正解决公共文化服务"最后一公里"的问题。国家公共文化服务体系建设专家委员会专家李国新教授认为，这么多的自然村通过"祠堂＋文化"解决了基础公共文化设施的快速布局，服务的快速推进，这对我国的公共文化设施体系、服务体系建设具有重要的示范意义和引领性。三水"祠堂＋文化"模式对广东省以及江苏、浙江、福建等祠堂较多的省份具有直接的借鉴意义。对于没有祠堂的地区而言，将闲置的公共空间转换利用，能推动基层综合性文化服务中心向自然村延伸，提高公共文化服务的效能。

（四）形成了新旧文化有机融合、公共文化嵌入生活的服务格局

祠堂作为一种文化载体，凝聚了中国传统文化在物质和精神层面的双重价值。在物

质方面,祠堂是该地区建筑、雕刻、绘画、书法、文学的集中体现。在精神层面,祠堂是中国宗族文化、道德、礼制的集中反映。近年来很多祠堂存在闲置、失修、荒废等情况,有的祠堂被村民用来进行赌博活动,甚至有一些宗族文化中的封建糟粕开始抬头。对祠堂进行开发利用,丰富群众文化生活,用先进文化占领思想文化阵地,对传统宗族文化进行引导,使其按照正确的轨道发展,能促进现代文化与中国传统文化有机融合,弘扬和发展中华优秀传统文化。

祠堂作为传统社会人们生活的重要组成,具有立足基层第一线、联系群众面广等特点。"祠堂＋文化"模式将公共文化服务巧妙、有机地嵌入基层日常生活,主动贴近,拉近与群众的距离。李国新教授认为这种模式把公共文化服务体系建设与老百姓身边的文化、老百姓的日常生活结合起来,做到了房前屋后遍地开花,是公共文化服务发展的一种创新探索,也是"祠堂＋文化"独特的价值体现。

四、下一步发展方向

在前期实践的基础上,三水"祠堂＋文化"项目今后的发展应注意两个问题,做到"和而不同"和"融而不泛"。正确处理好标准化建设与彰显地方文化特色的关系以及综合性与专业性的关系。

(一)和而不同

所谓"和"就是统一,包括统一规划设计,把项目发展纳入当地经济社会发展规划,纳入各级党政班子工作考核的内容,坚持规划先行,以规划指导建设实践;统一纳入体系化管理,纳入地方财政预算,规范管理、考核;统一形象标识,加强宣传,向社会广泛征集Logo设计,并进行网络评选,通过村史建设等渠道挖掘祠堂历史、人物事迹等资源,利用动漫、小视频等现代手段以及抖音、微信等新媒体平台,吸引和激励年轻人参与讲好"三水故事""佛山故事"。

"不同"就是差异性。项目建设应该避免千村一面,注重彰显每个村的资源优势和地方特色;尊重当地群众意愿,把各示范点的情况梳理清楚,做一个分类,有些条件好的祠堂,不仅占地面积广,建筑条件好,还配有戏台,室外配有广场,此类可以发展成综合型文化中心,有些祠堂可利用的空间有限,则要结合祠堂的天时地利,从周边"取",不同的祠堂要根据实际情况加入不同的内容,分级分类推进,注意差异化发展。

(二)融而不泛

所谓"融"就是充分融合多种政策制度,如乡村振兴、特色小镇、美丽乡村、文旅体融合、公共文化服务体系示范区(示范项目)、图书馆文化馆总分馆、文物保护、非遗保护等,统筹人财物资源,建立健全投入、产出、服务、配送、评价、考核机制,使各级资源"能融则融、应融尽融";拓展财政拨款、企业赞助、社会捐助、村民自筹等资金来源渠道;建设和利用好"财政补贴专职工作人员＋社会工作者＋志愿者"组成的人才队伍，特别是注重发动乡村和社区中具有知识、威望和热心的村民志愿者，打造现代新乡贤队伍，并以此为抓手促进基层社会治理，为乡村振兴积累和培育有思想、有能力、有知识、有觉悟的现代农民，培育村民自治组织；利用三水旅游资源优势，深入挖掘历史文化资源，开发融表演、田园、餐饮、民宿、温泉、祠堂文化观光为一体的旅游线路，实旅文体旅深度融合。

所谓"不泛"就是避免功能过度泛化，"祠堂＋文化"项目要体现综合，在整合各级各类面向基层的公共文化资源、提供基本公共文化服务之外，突出了配合做好其他基本公共服务，如科学普及、法治宣传教育，以及就业社保、养老助残、妇儿关爱、人口管理等，目的是在基层打造方便群众、提高效率的综合性、一站式公共服务平台。但是也不能什么都往里装。国家公共文化服务体系建设委员会专家李国新在项目考察时指出："综合的边界，首先应该考虑基层老百姓的实际需求，其次要考虑所提供服务的相关性，在强调服务职能综合性的同时，要防止功能走向过度泛化。"

参考文献

[1] 李国新教授：提升公共文化服务效能思考[J]. 新世纪图书馆，2016（8）:25.

[2] 曾堃，俞敏. 珠三角地区乡村公共空间研究——以佛山、东莞为例[C]// 中国城市规划学会，贵阳市人民政府. 新常态：传承与变革——2015中国城市规划年会论文集（14乡村规划）. 北京：中国建筑工业出版社，2015:160-167.

[3] 王成成. 加强基层综合性文化服务中心建设探析——以秦皇岛市基层综合文化服务中心建设为例[J]. 传媒论坛，2020（7）:144-145.

[4] 闫小斌，朱琦芳. 基层综合性文化服务中心建设模式探究[J]. 当代图书馆，2020（1）:54-56,63.

精准·共享·长效:文化馆的非遗传承服务机制分析

——以广州市文化馆"广作新生代提升行动"为例

董　帅（广州市文化馆）

一、文化馆:为非遗传承服务的使命

构建现代公共文化服务体系和非遗保护体系,堪称21世纪以来我国文化建设的两个亮点,二者均强调普及性、公益性、地域性、精准性和文化多样性的理念,有诸多相互贯通之处。

文化馆既是建设现代公共文化服务体系的重要主体,同时一直以来也是参与非遗保护的重要机构。这二重属性赋予了文化馆在非遗传承服务中不可替代的地位。为此,笔者试通过三个问题的探讨作阐释:

问题之一,"非遗传承服务"是什么?

根据联合国教科文组织《保护非物质文化遗产公约》的界定,"非遗保护"指"确保非遗生命力的各种措施,包括各个方面的确认、立档、研究、保存、保护、宣传、弘扬、传承(特别是通过正规和非正规教育)和振兴。"这一定义明确界定了非遗传承是通过正规和非正规教育来进行的,其中正规教育包括职业教育和高等教育里的专业非遗人才培养体系、中小学教育里的非遗特色课程等;非正规教育则更为多种多样,包括师徒传承(师徒教育)、家族传承(家庭教育)、民俗集体传承(社会教育)以及培训班、兴趣班等课外教育等。非遗传承服务即围绕以上这些传承模式开展的服务,而非围绕非遗保护的其他方面来开展的服务,如确认、立档、研究、保存、宣传等保护措施虽然跟传承有密切关系,但并不是传承本身。

问题之二,文化馆为何要格外重视"传承"而非其他?

之所以强调文化馆在非遗传承方面的服务,一是活态传承乃是非遗的本质所在;二是非遗传承服务是文化馆的使命使然,《关于加快构建现代公共文化服务体系的意见》指出要"建立优秀传统文化传承和发展体系",《关于实施中华优秀传统文化传承发展工程的意见》亦指出要"充分发挥图书馆、文化馆、博物馆、群艺馆、美术馆等公共文化机构在传承发展中华优秀传统文化中的作用",都明确强调了"传承"一词;三是非遗保护的其他方面都有相应的机构主导或参与,如"确认"是政府文化主管部门主导、"立档"有档案馆参与、"研究"有高校和科研院所参与、"保存"有图书馆和博物馆参与、"宣传"有大众传媒参与、"振兴"有社会各界参与,而唯独"传承"目前主要靠传承人群的自觉努力,这就要求文化馆必须肩负起为传承而服务的使命。

问题之三，文化馆究竟有怎样不可替代的优势，来扛起"为非遗传承服务"的大旗？

第一，这要从文化馆长期以来的实践来着眼。在文化馆数十年的发展进程中，已经积累了非遗传承服务的诸多宝贵经验：比如积极推进"非遗进校园"、开展各类非遗培训班、开发各类非遗慕课、用文艺作品滋养非遗院团，甚至许多文化馆人本身成了非遗的传承人、许多地区的非遗保护中心也挂牌在文化馆……可见文化馆对非遗传承事业的深度参与，是其他机构所无法比拟的。

第二，这要从非遗传承人群在公共文化服务中扮演的二重角色而着眼。从供给侧看，非遗传承人群为文化馆提供着传统音乐、曲艺、舞蹈、手工艺等公共文化资源；从需求侧看，因其在传承方面的困难而成为需要被保障基本文化权益（姑且称之"文化传承权"）的"特殊群体"。唯有文化馆才能在职能范围内解决这二重角色的对立统一问题。让传承人在保障自身文化传承权基础上提供公共文化服务，这也是其他机构所无法比拟的。例如，图书馆可以让传承人为民众提供公共文化服务，但是由于缺乏培训的职能，无法解决其文化传承权的问题；职业院校可以运用"现代学徒制"保障传承人的文化传承权，但是由于不是公共文化机构，无法让传承人提供公共文化服务。

二、非遗传承人群研培热潮下，文化馆发力正当其时

前文已述，非遗传承方式是多种多样的。其中，由文化和旅游部、教育部联合启动的"中国非遗传承人群研修研习培训计划"是近年来新兴的、大规模的非遗传承提升实践。

该计划主要通过组织非遗传承人到高校学习知识、研究技艺、开展交流，帮助非遗传承人强基础、拓眼界、增学养。自2015年实施以来，该计划得到社会各界广泛参与。截至2019年6月全国已有110余所高校参与研培计划，举办研修、研习、培训670余期，培训传承人群近2.8万人次；加上各地延伸培训，全国参与人数达9.7万人次[1]。可以说，传承人群研修研习培训工作已形成社会热潮，成为新时代我国非遗保护的一大特色和亮点。

那么在这一形式下，文化馆该如何发力呢？在2015年至2018年间，由于研培工作主要依托高校开展，文化馆甚少参与研培的全过程和核心工作，充其量只是发动传承人群参与报名或举办研培成果展。可喜的是，到了2019年情况有了显著变化，一些地方的文化馆成为研培工作的承办方，如山东省非遗传承人群研修研习培训班（刻瓷）在菏泽成武县文化馆举行，来自全省40余名学员进行为期20余天的培训[2]；中国非遗传承人群研修研习培训计划"2019年度阳新布贴传承人群培训班"在阳新县文化馆举行，来自全省45名传承人群进行为期1个月的培训[3]。这一转变表明，今后研培工作会更多地全建制深入基层到培训项目所在地举办，更多地由高校转到地方文化馆承办，这无疑是文化馆职能更新的一个信号。

在这里，文化馆在非遗传承服务中的不可替代性得以彰显，笔者试总结为如下几点：第一，精准供给。相较高校为传承人群提供的学院派教育，文化馆能够基于群文培训和非

遗保护的实践经验,提供更精准的课程体系。第二,共建共享。相较高校老师、设计师对传承人群的单向培养,文化馆更能发掘传承人群的二重角色,让传承人群在接受培训的同时也能为民众提供更丰富的公共文化服务,实现惠民共享。第三,长效培养。相较高校对传承人群的为期1个月左右的短期培训,文化馆由于已跟传承人群建立的长久合作关系,往往会在一期研培结束后也予以持续跟进。第四,地域个性。相较于高校"异地研培""跨地域研培"的模式,文化馆的本地研培模式往往对于地域文化个性有着更深入的阐发,从而使得传承人群的培养更具针对性。

三、实践案例:广州市文化馆"广作新生代提升行动"

自2018年起,广州市文化馆开始运营"广作新生代提升行动",加入全国非遗传承人群研修研习培训工作的热潮中,探索文化馆的非遗传承服务机制。这些新的探索,正是基于精准供给、共建共享、长效培养、发挥地域个性等文化馆的职能优势来展开实践的。

(一)精准供给

对于公共文化服务的精准供给,《人民日报》曾发表时评指出:"实现公共文化服务的'精准供给',需要改变此前一定程度上存在的内容单一、供给缺乏弹性等问题,更好同广大人民群众的需求相对接。"[4]在非遗传承人群研培工作中,同样需要精准供给,更好地同非遗传承人群的需求相对接。

基于这一理念,广州市文化馆于2018年4月至6月,对广作①传承人群进行了广泛的提升需求调研,赴广府汇、广州轻工集团、佛山市博物馆、海珠区文化馆、花都区文化馆及全市20多所广作传承人工作室开展广泛调研,并通过问卷形式回收了有效问卷75份。通过调研,厘清了广作新生代传承人群不同于父辈的优势:其一,新生代开始自主抱团取暖;其二,新生代注重在设计造型、材质组合上创新,拓展传统工艺的当代用途;其三,新生代作为伴随着网络成长起来的一代,学会了依托新媒体进行线上推广运营。同时也厘清了广作新生代传承人群的需求,比如针对调查问卷中"您觉得广作传统工艺行业目前最欠缺的是(至多选三项)"一问,有65%的被调查人选择"广作传统工艺领域里的知识、文化、思想的理解和认同",分别有45%的被调查人选择"与时俱进的设计理念和产品创新思路""多元化的营销渠道""良好的知识产权保障",而"来自政府的大力扶持""网络和智能设备等新高新技术的运用"的选择则分别只占25%、20%,这说明广作新生代们对来自政府、高新技术等的外部加持需求度不高,而是更重视文化认同、营销、设计以及知识产权等能内发性地推动自身行业发展的要素。因而,在设置培训课程时特别予以"精准供给",比如在2018年的广作新生代提升季中专门开设了岭南文化专题和非遗知识产权保

---

① 广作即广式传统手作,主要指在广州地区流传的传统工艺美术相关非遗项目。

护专题培训,2019年开办了以创意设计为主题的广作新生代清华工作营,2020年聚焦"广式新生活"进行作品研发与市场营销,这些都是基于充分调研的精准供给,与高校往往提供的基础美术教学、理论教学等课程模式大相径庭。

(二)共建共享

共建共享是构建现代公共文化服务体系的基本原则之一,主要指优化配置各方资源以做到物尽其用、人尽其才。在非遗传承人群研培工作中,文化馆基于这一原则,能够更加充分发挥研培的效能。

广州市文化馆在广作新生代研培中就充分遵循这一原则,除了聘请清华大学美术学院、中山大学中国非遗研究中心、广州美术学院工艺美术学院、暨南大学生活方式研究院等高校教师作为指导老师,还与社会单位建立合作,比如与三七互娱合作进行了"新活力"游戏周边衍生开发项目,将广作资源进行转化。同时,还组织广作新生代们开办展览、体验课、培训班,将新生代研培成果转化为公共文化服务实践,实现民众共享。

(三)长效培养

推进公共文化服务常态化、"不打烊",是文化馆长期以来形成的工作秩序。作为非遗保护的主阵地,文化馆在非遗传承服务中亦是如此,往往为非遗传承梯队、非遗团体、非遗爱好者提供长效培养。

在广作新生代提升行动开展两年多以来,广州市文化馆先后进行了2018年广作传统工艺传承人群传承实践能力提升需求研究课题、2018年广作新生代提升季、2018年文交会非遗展广作新生代专区、2019年广作新生代清华创意设计工作营、2019年"广作华章——广作新生代清华创意设计工作营结业成果展",以及当前仍在开展中的2020年"广式新生活"广州非遗新生代能力提升项目,形成了"调研→选拔→培养→实践→再调研→再选拔→再培养→再实践"的完整闭环机制。

与之相对比,根据《中国非物质文化遗产传承人群研修研习培训计划实施方案(2018—2020)》,由高校实施的"研修"和"培训"的规定时长皆为1个月左右,而且在集中学习结束后只要求对研培班学员开展不少于一次回访[5]。对比可见,广州市文化馆"广作新生代提升行动"无论在时长上还是在动态管理机制上,都比高校研培更为长效,体现出文化馆在非遗传承服务实践中的独特优势。

(四)地域个性

地域性是非遗的特性之一,失去地域个性的非遗就会走向同质化,甚至消亡。地方文化馆作为一个地区文化的发掘者和传播者,对于非遗所蕴含的地域个性最为熟悉,也因而能够提供最为精准的非遗传承服务。

广州市文化馆之所以为"新生代提升行动"冠以"广作"二字,就是充分发掘地域个性的成果。"广作"概念,最初指广式硬木家具这一流派,根据故宫博物院所藏《钦定总管内务府现行则例》，乾隆年间清宫造办处就已单独设立"广木作"，由粤海关、广东巡抚遴选优秀的木匠组成，为皇宫制作各种家具；加之广州作为重要的对外通商口岸，广绣、广彩、外销扇等皆成为海上丝绸之路的大宗外销产品。在适应外销和进贡宫廷的双重因素下，广作逐渐成为在传统工艺行内具有鲜明地域特点的工艺流派，与京作、苏作齐名。近年来，随着传统工艺振兴战略的推进、工艺美术行业的"报团取暖"和政府对本地传统工艺的品牌塑造热潮，"地域名＋作"成为传统工艺品牌命名的一个重要选择，因而广州市文化馆旗帜鲜明地提出"广作"的概念，并开展起"广作新生代提升行动"，以图弘扬广作的地域个性和文化品牌。

从广州市文化馆对"广作"一词的发掘和倡导可见，文化馆在非遗传承服务中，是足以充分阐发非遗的地域个性的。这与现代公共文化服务体系中建设"具有地域特色的地方实施标准"也是相统一的。

从广州市文化馆"广作新生代提升行动"的实践经验中，我们不难看到现代公共文化服务体系对于非遗保护体系的影响和烙印。可以预见，随着文化馆的发展，其承载的非遗传承服务职能也将更加完善，乃至为当前非遗保护的理念和方式带来更迭。这一现象是值得我们今后持续关注。

参考文献

[1] 中国非物质文化遗产传承人群研修研习培训计划 [EB/OL]. [2020-12-30]. http://www.ihchina.cn/train. html.

[2] 省非物质文化遗产传承人群研修研习培训班（刻瓷）在菏泽开班 [EB/OL]. [2020-12-30]. https:// www.thepaper.cn/newsDetail_forward_4827407.

[3] 中国非遗传承人群研培计划——2019 年度"阳新布贴"传承人群培训班开班 [EB/OL]. [2020-12-30]. http://www.yx.gov.cn/xwdt/yxxw/201910/t20191030_577051.html.

[4] 公共文化服务需要"精准供给" [EB/OL]. [2020-12-30]. http://opinion.people.com.cn/n1/2019/0820/ c1003-31304556.html.

[5] 文化和旅游部　教育部　人力资源社会保障部关于印发《中国非物质文化遗产传承人群研修研习培训计划实施方案（2018—2020）》的通知 [EB/OL]. [2020-12-30]. http://www.ihchina.cn/Article/Index/ detail?id=8870.

"插秧式"扶持民间文化团队提升
文化馆(站)服务的公众参与度

郑漫雅(福建省艺术馆)

时至今日,文化馆(站)面临着一个比较尴尬且矛盾的境地,一方面,人们获取精神文化娱乐享受的渠道空前宽广,而另一方面,作为国家重要的文化宣传阵地,文化馆特别是基层文化馆(站)承担着为人民群众提供基础文化服务、保障公共文化权益的职责。更加尴尬的是,文化馆(站)因为人员编制的限制与活动经费的掣肘,仅仅依靠自身的力量所能提供的公共文化服务,无论是量还是质,都难以满足人民群众日益增长的文化需求。但是如果向社会购买文化服务走市场化道路,再提供给人民群众,这使得文化馆更像是一个中介的角色,从而偏离了其自身的公益属性。要解决这两个层面的尴尬和矛盾,我们有必要寻找出一条更好的道路,那就是让文化馆和非营利性的民办团队、社会组织合作,通过深层次合作逐步规范民间文化团队管理与运作,发扬地域文化精华、丰富群众文化活动内容,实现群众文化活动"取之于民、用之于民"的效果。

一、力不从心的困境和看似高明的捷径

(一)示范缺失之下的困惑

在我国,有国家图书馆,有国家博物馆,有中国美术馆,在这些"国家示范"的影响作用下,老百姓都知道这些馆是干什么的,也都知道去到这些场馆里他们能获得到什么文化资源。然则新中国成立至今已70余载,我们国家却唯独一直没有"国家文化馆",时至今日,提到"文化馆"三个字却仍有部分群众不明白文化馆具体是干什么用的? 不知道自己能从文化馆里得到些什么? 就连我们文化馆从业人员也有不少人存在疑惑——我们还能做点什么? 我们应该怎样做才能更顺应时代发展的要求?

(二)时代发展带来的困境

在相当长的历史时期,由于资源匮乏、文化娱乐方式单一,文工团、文化馆等文化团体能够通过文艺演出为广大人民群众送去生活之外的娱乐,人们从中能获得一定的精神满足。后来有了电视,再有了互联网,人们足不出户就能欣赏到海量的文艺节目,虽然不少人还是喜欢到现场观看表演,但和市场化运作、包装亮丽的明星商演相比,这一时期文化

馆所能提供的文化服务在形式上显得朴素无华,宣传手段上略显疲软,文化服务效果大打折扣,这就使得部分文化馆工作人员产生了消极的做法——只要是文化宣传任务,演来演去就那几个节目,人民群众满不满意,喜不喜欢不重要,完成任务就行,对待上级下达的比赛或演出任务,就请曲艺团、歌舞团专业演员,套用别人现成的节目应付一下,究其原因,市场化打击了群文工作者的积极性与创新性。

(三)"有钱好办事"的捷径

在某些经济发达地区的文化馆通过外包的形式,出钱请专业团队或者文化公司负责群众文化活动的策划和具体操作,文化馆无须过多操心活动流程和节目细节,这样不仅减轻了文化馆的负担,还给文化公司创造了经济效益,看似双赢,实则是让营利性文化公司在文化市场上占据主要份额,文化馆逐渐失去了存在的意义。笔者认为这种外包方式看似是一条捷径,实际上对于文化馆从业者来说却非常危险,时代要抛弃你,通常连声招呼都不打,或许某天文化馆恰恰就会因此而没有了存在的必要。

文化馆(站)是保障人民群众最基本文化权益的机构。因此,文化馆(站)所开展的文化活动更要密切联系群众、突出群众性。然而,花钱购买节目应付任务和通过外包形式为群众购买服务这两种情况的出现虽然在一定程度上完成了工作任务,但对当地群众文化的发展繁荣来说,无论是对公共文化服务能力还是文化艺术水准的提升,都没有太多的推进作用和刺激效果,这与国家设立文化馆的初衷相悖而驰。这两种情况尤其是后者,看上去虽热闹,但花销庞大,不是每个地区的文化馆都有能力和底气常年负担这项开支。群众参与度有多少? 是否真正促进了当地群众文化的发展与繁荣,是否推进当地公共文化服务水平的发展? 更是要打一个极大的问号。

二、民间文化团队和文化馆优势互补

扶持和壮大民间文化团队,特别是有着鲜明地域文化特色的民间文艺组织或团队,以"种文化"的模式走"藏"文化于民之路,能够保持群众文化活动鲜活的群众属性,让群众文化活动焕发持久的生机,并保持源源不断的动力。

这里所指的民间文化团队,是区别于专业的、营利性的文化演艺公司的群众性的文艺团队。他们可以是文艺爱好者自发组织成立的艺术团、票友协会、舞龙舞狮队、合唱队、舞蹈队,他们以自娱自乐为主,虽偶尔也参加一些开业、庆典之类的营利性活动,但营利不是他们的主要目的。他们在参加文化馆的演出或比赛时只收取象征性的劳务费,或由政府部门通过"以奖代补"的形式发放补贴,为文化馆节省了购买节目的大量经费。

当然,这些民间文化团队虽有人力,却在专业力量上先天不足,而编制有限的文化馆在专业上正好能和他们形成互补,可以较少的人力、物力、财力在增强民间文化团队的实力和水准后扬长避短,发挥各自的优势,增强群文服务的后劲,履行文化馆肩负的全民艺术普及职责,形成双赢的格局。从某种意义上说,民间文化团队是"民办",实际上却可以起到文化馆编外团队、"外卡"团队的效果。因此,扶持并充分发挥民间文化团队的能量,无论是从性价比上看,还是从社会效益上看,或者是从群众文化的长远发展上看,都是最优的选择。原因如下:

(1)从专业技术方面看,民间文化团队的成员往往是因为共同的兴趣爱好走到了一起,他们有较高的积极性,在艺术水准上有迫切提升的愿望,却因条件有限难以请到专业的指导老师。文化馆则配有科班出身的音乐、舞蹈、表演、戏曲等方面的业务干部,让这些业务干部到民间文化团队去帮助其提升艺术水准、表演能力,可谓是名正言顺,人尽其才。这些辅导是公益性的,为民间文化团队节省了开支,或者说为民间文化团队解决了没钱聘请专业指导老师的难题,也让文化馆的业务干部可以发挥艺术专长,拓展了为人民服务的空间。

(2)团队效应发挥到极致时,能让更多有艺术学习意愿、有文化需求的群众向这些团队靠拢,让他们从此有了主心骨。从文化社会化的发展趋势来看,让更多的人参与到文化建设当中并成为享受文化的主体,能够实现更多人的文化权益。而团队成员在团队文化氛围当中能够形成并保持持续向上的学习动力,团队效应具有"单向一对一"教学不可比拟的优势,成员在团体中互相学习、借鉴对方的艺术才能,可以不断地提高自身的文化艺术修养和水平,这和"实现更多人的文化权益"的目标一致,结果也一致。

(3)文化馆长期与文化团队合作,稳定性高,合作默契,可以节省沟通磨合时间,效率较高、效果好。以福建省文化馆为例,建立了业务老师下基层辅导制度,每个业务老师联系一个或两个民间文化团队,定期去开展舞蹈、歌唱、朗诵、表演语训等方面的教学和排练活动。在团队参加演出、比赛之前,业务老师们都要对自己所负责的团队进行有针对性的指导,从节目的创意设计、表演技巧,到对服装造型的把握,层层严格把关、耐心指正,确保团队成员以最饱满的热情、最佳的状态到舞台上进行展示。福建省文化馆扶持的文化团队在各类比赛中均能获得较为不错的奖项,这是双方长期合作的必然结果。

(4)节目创作方面,文化馆长期和一个或几个民间文化团队有合作,对其擅长哪类表演形式,团员们具备哪些专长有较深刻的了解,在创作、编排新的文艺节目时,可以结合主题,为这些团队量身打造新节目。此外,和营利性演艺公司相比,民间文化团队没有繁重的商业演出,团员们有更加充足的时间和精力反复打磨节目,不断提升演出效果。

(5)活动平台方面,文化馆主办、承办或者参与大型文化活动、服务、赛事时,可以为民间文化团队提供演出、比赛、切磋、学习的机会,这些机会也是检验文化馆的业务老师对民间文化团队的辅导效果、提高文化馆干部专业技能的好时机。通过让民间文化团队参加各种演出和比赛增加曝光度,当他们有机会在比赛中获奖,能提高他们的团队声誉和社会形象,为他们筹集团队运作经费、接洽商业演出制造更多的机会。这种实实在在的获得感能够反过来激发团员积极投身群文活动的热情,最终使个体实现角色转换,在文化上从被服务者逐步转型为文化服务者,更积极地参与各类公益活动,最终转型为文化志愿者团队并作为"供体"的一部分,成为文化馆公共文化服务体系建设的补充力量。

福建省艺术馆派出专业干部扶持"安泰社区合唱团""国光社区艺术团""红心少儿

艺术团"、"红心少儿朗诵团"等数个民间文化团队,由专业干部对这些团队成员的声乐、舞蹈、形体训练、表演语训等进行针对性的训练,使得他们具备一定的舞台表演水准。最关键的一点,这些群众自发组织的、经文化馆业务扶持的文化团队反过来为文化馆开展的惠民活动提供了人力支援。目前福建省艺术馆每年承办由福建省文化和旅游厅主办的"百姓大舞台"演出以及大大小小各类文化下乡等活动数十场,所需的合唱、独唱、独舞、群舞、伴舞等都可以从这些民间文化团队调用。这真正体现了文化活动的人民性、群众性。

福建省艺术馆关注未成年人文化权益,馆办"非物质文化遗产博览苑"小小义务讲解员由"红心少儿艺术团"、"红心少儿朗诵团"的小成员常年担任,由孩子们作为"主讲"向海内外嘉宾、游客推介我省非遗文化的精彩与魅力。让少年儿童走入古香古色的非遗博览苑讲解传统文化,不但增强了他们爱国爱家乡的情感,更是对他们语言表达能力的一次次实战演练,提高了他们的临场应对能力以及综合文化素质,增长了他们的见闻,从小树立文化自信。稚气未脱的孩子们在经过专业训练后,已成为福建非遗博览苑一道独特而亮丽的风景线。

"让更多的老百姓从最初的局外人有机会加入民间文化团队成为参与者、成为表演者、成为文化活动的主享者(主角)"是福建省艺术馆这项扶持制度的设计初衷。通过馆内业务干部的组织引领,让成员进一步学习、深入、提高,再借由团队组织参与文化馆开展的各类活动,通过不断锻炼、成熟,让成员们进入到更高层级的文化空间,越来越多的人成为舞台上的表演者并享受舞台上的表演时刻。这种见缝插针的"插秧式"扶持制度不仅惠及成人,也覆盖未成年人,有效地提升了文化馆服务的公众参与度,这些以兴趣爱好为集结的编外群众团体、"外卡"文化团队最后也成为社会主义文化宣传阵地中的一员,和文化馆一起肩并肩承担时代赋予的使命,为社会主义公共文化事业做出更多更大的贡献。目前这些民间文化团队均已是福建省文化馆志愿者联盟成员,为福建的公共文化事业贡献着其应有的力量。

三、"插秧式"扶持既"提优"又"补差"

文化馆为民间文化团队提供业务辅导是一个"种文化"的过程,也应有一个收获的过程。但是,仅扶持一两个团队很容易出现一家独大的局面,甚至会把一场由文化馆主导、文化团队参与的活动变成了单个团队的专场演出。为避免节目形式单一引起观众审美疲劳,在布置业务干部下基层开展辅导任务时,要求干部们能够把自己所负责辅导的团队"立"起来。这就要求我们在对民间文化团队进行辅导时,既要"提优",更要"补差",不但要锦上添花,还要雪中送炭,积极调配业务干部师资,适度向偏远地区的文化团队倾斜。

在开展文化活动时,对城区的民间文化团队,可以在考虑演出活动主题和团队特色的基础上,尽量让不同的民间文化团队轮流献艺。对远离城区的民间文化团队,适度鼓励基层文化馆(站)之间开展互联互通、节目互援。另外,除了在当地举办活动,还可以采取"文化走亲"的形式,让基层文化团队"送节目进城",让各地有特色的民间文化团队特色节目能够走进城里,走近更多的群众当中,真正做到"百花齐放"。

四、鼓励、扶持民间文化团队

作为党和政府领导下的重要的文化宣传阵地,文化馆(站)肩负着促进群众文化大发展、大繁荣的重要职责。在开展群众文化活动时,文化馆应该始终把群众性放在第一位。因此,文化馆(站)不仅要为人民群众提供丰富的精神文化产品和服务,更要广泛发动和鼓励他们,让更多的集体或个人参与到群众文化活动中来。作为群众自发成立的、非营利性的民间文化团队是我们最可依靠、最应该依靠的力量。此外,还应鼓励和支持有一定文艺特长的民间艺人、文艺爱好者成立自己的文化团队,鼓励有资力的企业或村集体成立自己的文化团队,文化馆可为这些团队的运营提供必要的政策指导和业务支援与扶持,使其具备更大的活力和更强的竞争力,和我们一起丰富人民群众日益增长的精神文化生活。

公益事业是全民共同的责任,加强全民文化责任意识、提高公众参与度能够放大甚至倍增文化馆(站)公共文化服务的效果。通过文化馆(站)的工作逐渐形成全社会自发自觉支持、参与文化事业的态势,让每一个人既是公共文化服务的对象,又有机会成为公共文化服务供体的一部分。我们鼓励非营利性民间文化团队参与到文化馆的活动中来,并不否认营利性民营团队的作用,但在实际工作中,文化馆公共文化服务工作的合作对象应以非营利性的、群众自发成立的民间文化团队为主。

总之,文化馆应动用一切力量去扶持民间文化团队,不断提升其艺术水准和文化活动能力,使其具备更大的社会影响力,通过这些民间团队去带动和影响更多的老百姓参与其中,让更多的人"唱起来、舞起来、动起来"成为群众文化的主要参与者、受益者,甚至是主导者、主创者,在更高层次上满足人民群众对更高水平精神文化生活的追求,进而从根源上不断增强群众文化大发展、大繁荣的后劲。

文化馆助力乡村文化振兴面临的两大难题及破解对策

林金霞（湖北省群众艺术馆）

文化馆作为公益一类文化事业单位，其工作职能旨在丰富人民群众的精神文化生活，满足人民群众日益增长的精神文化需求，提升人民群众的获得感和幸福感。在乡村振兴战略的伟大宏图中，文化馆更是肩负着推动全民艺术普及，提升公共文化服务效能，传播传承优秀传统文化，弘扬社会主义核心价值观的重要历史使命。在这样的历史背景下，文化馆该如何充分利用职能优势，调动盘活文化资源，破解乡村文化发展难题，从而推动乡村文化蓬勃发展。这是文化馆助力乡村文化振兴，繁荣群众文化事业面临的新考验，也是本文探讨的重点。

一、乡村文化振兴的重要意义

乡村文化振兴是传承传统农耕文化的必然要求。传统农耕文化深刻地反映了传统农业社会的思想理念、生产技术、起居生活、风俗习惯等，创造了丰富的物质文化和非物质文化遗产。比如：《山海经》中的大禹治水等历史典故、《诗经》中的农事诗、反映气象变化的谚语《九九歌》、体现季节变迁的二十四节气以及曾经乡村生活中常见的水井、扬叉、犁耙等，无不都是传统农耕文化的真实写照。振兴乡村文化有助于群众对传统农耕文化形成正确深刻的认识，树立民族文化自信，增强社会凝聚力。

乡村文化振兴是丰富群众文化生活的重要举措。当前，随着城镇化的发展及系列惠农政策的推广，农村的村容村貌有了较大的改善，但农民的精神文化生活还是相对贫乏。目前，乡村文化生活多以自发组织的广场舞为主，参与者一般是妇女，而面向其他人群的活动则少之又少。乡村文化包含着丰富的文化资源，振兴乡村文化能激活乡村文化活力，丰富群众文化生活，推动全民艺术普及。

乡村文化振兴是推动乡村全面振兴的强大动力。乡村振兴涵盖产业兴旺、生态宜居、乡风文明、治理有效、生活富裕等多个维度。其中文化振兴既是乡村振兴的重要内容，又是乡村振兴的强大动力。在乡村振兴的过程中，特别是在文旅融合的时代背景下，文化更是一个地区吸引流量的关键，它能从多方面、多维度推动乡村振兴战略的实现。此外，乡村文化蕴含的"天人合一""守时守则""因地制宜""共生和谐"等重要理念更是发展生态农业、打造特色乡村、推动乡村治理的有力武器。

二、文化馆助力乡村文化振兴面临的两大难题

近年来,文化馆通过百姓大舞台、全民艺术普及、文化惠民演出、文化扶贫等相关工作,在一定程度上丰富了乡村文化生活,但在助力乡村文化振兴的道路上,文化馆依然面临着两大突出难题。

(一)传统农耕文化逐渐消退

目前,我国正处于传统农业向现代农业转型发展的阶段,伴随着农村社会的转型升级,许多承载着传统农耕文明的旧器物退出了历史的舞台,传统农耕文化逐步出现消退。

传统农耕工具逐渐消失。在城镇化的发展过程中,传统的农耕工具逐渐失去了用武之地,以前司空见惯的农业工具大都不见踪影。传统农耕工具反映了一定时期社会生产力的发展水平,这些旧器物随着时代的发展虽然被历史所淘汰,但它却承载着一代人的乡愁记忆,反映了一定时期社会生产力的发展水平,具有一定的非遗保护传承价值和社会历史文化研究价值。

乡风民俗日渐式微。乡风民俗是在传统农耕文化的背景下,村民在生产生活以及相互交往中形成的相对稳定的风气、习惯、礼节、习俗等。良好的乡风民俗对于营造和谐、团结、互助的乡村氛围,维系乡村社会的稳定发展具有重要意义。但当前,在现代文化的影响下,乡风民俗受到了较大的冲击。一方面传统民俗活动越来越少,以前逢年过节,农村的过节氛围都比较浓厚,特别是在一些重大的节日,常会有特定的庆祝仪式。但近些年,随着村里的年轻人越来越少,许多村庄都很少举办节庆活动。另一方面,邻里之间的攀比之风盛行。比如说,结婚时要比谁家彩礼多,盖房子要比谁家房子高等。攀比之风既容易形成浮躁之风,也不利于邻里之间的和睦。

传统民间技艺濒临失传。传统民间技艺有着独特的魅力,它是农耕文化留下的宝贵的非物质文化遗产,是人类在实践中总结的宝贵经验。传统民间技艺涵盖吃、穿、住、行、乐的方方面面,比如说很多人儿时熟悉的爆米花、吹糖人以及看过的皮影戏表演等,都是传统民间技艺的典型代表。很多传统民间技艺都是祖传手艺,它们的习得不是一朝一夕就能练就的,往往需要十几年甚至是几十年的磨炼,而现在很少有年轻人能耐得住这份寂寞和清贫,这也导致许多传统民间技艺面临着后继无人、濒临失传的艰难境地。传统民间技艺的抢救、传承迫在眉睫。

(二)现代公共文化相对滞后

构建现代公共文化服务体系是解决乡村发展过程中文化建设与内容建设的重要举措。自21世纪初国家提出"建设公共文化服务体系"以来,我国通过基层综合性文化服务中心建设、农村文化广场建设、乡村大舞台建设等文化惠民工程,使得农村的公共文化服务有了初步的改善。但与城市相比,目前农村依旧是公共文化基础相对薄弱的地方。

公共文化基础设施薄弱。以湖北为例,2017—2019年,针对全省乡镇综合文化站建

设情况以及部分地区（武汉、恩施、黄冈）城乡基层公共文化服务差异化开展过两次大调研。据调研数据显示，截至2018年，湖北共有乡镇综合文化站1279个，其中站舍面积低于300平方米的文化站有160个，41个文化站只有工作人员办公场地，它们因面积过小无法完全满足开展阵地服务的"三室一厅"的基本要求。在城乡基层公共文化服务差异化调研中，我们还发现目前农村公共文化设施普遍比较陈旧，有些贫困地区甚至连起码的公共文化设施和场地都没有。

公共文化产品供需失衡。这一问题主要表现在三个方面：一是公共文化产品的供给偏少，无法满足乡村百姓的基本精神文化需求。在调研工作中，我们发现，不少村庄在公共文化产品的供给上只有一些陈旧的图书和每年1—2次的免费电影。二是公共文化产品的供给与需求不对口。不少村民表示她们希望得到广场舞方面的专业辅导，但送到乡村的多是一些老电影之类。三是公共文化产品供给地区发展不均衡。经济富裕或者政府支持力度更大的地区公共文化产品的供给往往更充分。如，利川市毛坝镇的田坝村因为有茶产业的支撑，公共文化产品的供给比同属利川市毛坝镇的人头山村和双溪村丰富得多；团风镇安阳村因为属于移民村，政府支持力度大，文化活动也比其他地区要丰富。

公共文化服务效能偏低。公共文化服务效能偏低是乡村公共文化服务体系建设面临的瓶颈问题。在乡村，公共文化服务效能偏低主要表现在：一是公共文化资源调动利用不充分，特别是人才资源，没有充分发挥社会文艺骨干在群众文化活动中的组织带动作用。二是公共文化基础设施利用率偏低。有些地方的农村书屋常年无人光顾，百姓大舞台建成后使用次数也较少。三是公共文化服务方式陈旧。目前在农村主要还是以送演出、送电影为主，在文娱活动的组织和开展上，缺乏一些拓展性的新方法、新手段和新思路。

三、文化馆助力乡村文化振兴的工作思路及对策

文化馆助力乡村文化振兴应结合乡村文化发展现状，立足于保护传承传统农耕文化和建立完善现代公共文化服务体系，从总分馆制建设、文化阵地建设、非遗保护与传承、群众文艺创作、推动文旅深度融合五个关键点，不断创新，努力探索新思路。

（一）推进总分馆制建设，实现资源共建共享

文化馆总分馆制建设是提升基层公共文化服务效能，推动优质文化资源向基层农村倾斜的重要手段。文化馆总分馆制体系的建立不只是一个简单的挂牌，它是基层文化馆（站）管理机制和运行机制的重大创新。推进文化馆总分馆制建设，一是需结合地方实际，因地制宜，逐步有序地推进文化馆总分馆制体系的建立，切不可搞一刀切。建立文化馆总分馆制体系，数字文化馆建设是其重要基础，但目前具备条件的区级文化馆并不多，因此文化馆总分馆制的推进必须有步骤、有计划、有特色地逐步推进。二是要积极吸纳社会力量参与，探索开展馆校合作、馆所合作、馆团合作，采取多种形式，创办有特色、有影响力的分馆。三是需建立配套的考评机制。合理的考评机制必须既包括文化系统内部的逐

级考评,也应包括社会公众对文化馆分馆及服务点的考评。

(二)加强文化阵地建设,丰富群众文化生活

基层文化阵地建设是开展群众文化活动的重要平台。基层文化阵地具体来说,包括乡(镇、街道)综合文化站、村级综合文化服务中心、村图书室、村文化广场等。加强基层文化阵地建设,一是要做好相关调研工作。通过对基层文化阵地基础设施、人员的配备、活动的开展、经费的投入使用等相关情况开展深入调研,形成高质量的调研报告,从而为改善基层农村公共文化设施,推动实施乡村文化振兴提供重要的理论支撑。二是培育基层文艺骨干,重视志愿者力量。乡(镇、街道)综合文化站和村级综合文化服务中心往往人手有限,身兼数职,它们依靠"单打独斗"很难做好群众文化工作,只有通过培育基层文艺骨干,吸纳文化志愿者,充分发挥先进典型的示范带动作用,才能激发群众文化活动的内生动力。三是开展形式多样的群众文化活动。文化馆组织开展群众文化活动时,在服务内容上,要通过贴近群众生活的、接地气的群众文化活动,让群众真正享受到文化带来的乐趣;在服务形式上,要创新服务手段,积极开拓快手、抖音、微信公众号等新媒体渠道,为群众提供便捷、实用、丰富的公共文化服务产品。

(三)加大非遗保护力度,留住美好乡愁记忆

传统农耕文化蕴含着丰富的非物质文化遗产,承载着熟悉的乡愁记忆。振兴乡村文化,必须重视对非物质文化遗产的保护与传承。具体来说,一是重视引导社会对传统农耕文化形成正确的价值认识。传统农耕文化不等同于落后的文化。传统农耕文化中的许多重要思想理念在当下仍具有重要价值。二是采取有力的措施加大非遗传承保护力度。如建立民间民俗博物馆、建立民族民间文化遗产的保护名录、开展文化遗产联展、编辑出版文化遗产书籍等。三是实现非遗的活态传承。努力将本地民族民间文化资源转化为文化产品、文化作品、文化精品,转化为具有区域特色明显的文化力量。

(四)繁荣群众文艺创作,丰富文化产品供给

繁荣群众文艺创作是文化馆的重要职能,也是公共文化产品的重要源泉。繁荣群众文艺创作,一是要重视人才队伍的培养。在既有的文艺创作人才的基础上,通过人才引进等方式吸纳新鲜血液壮大群众文艺创作队伍;同时,加大对社会文艺创作人才的挖掘与培养。通过对社会文艺团队的辅导与培训,提升群众文艺人才队伍的整体素质。二是建立完善群众文艺创作激励机制。通过群众文艺作品展演、交流、研讨等方式,打磨、提升群众文艺精品;通过评选"百团千队万能人"等类似活动,带动群众文艺创作氛围。三是重视现实主义题材创作。鼓励创作贴近群众生活,贴近时代的群众文艺精品。现实主义题材作品取材于生活,取材于人民,于细微处见真情,在内容上更能引起人民群众的强烈共鸣,对宣传社会主义核心价值观,弘扬真、善、美,营造良好社会风气具有重要作用。

（五）推进文旅深度融合，助力乡村全面振兴

文化是旅游的灵魂，旅游是文化的载体。旅游因文化而令人回味无穷，文化因旅游而生机勃勃。推进乡村文旅深度融合，一是充分利用当地特色文化资源优势，打造文化品牌，从而带动旅游业的发展。越是文化影响力较深远、特色较鲜明的地区，这种带动作用越明显。比如，武汉市黄陂区以独具特色的"木兰文化"为抓手，通过举办木兰文化旅游节、木兰山登山节、木兰书法大赛等系列活动，成功打造了木兰文化品牌，形成了较大的社会影响力，推动了当地经济的快速发展，也为木兰文化的传播贡献了力量。二是推动群文活动与旅游产业的融合发展。文化馆可结合当地民俗特色，引导开展丰富多彩的群众文化活动，助力乡村旅游发展。三是推动文创产品的开发，拓展乡村旅游的空间。目前，乡村旅游主要以自然资源为主，对文化的挖掘深度不够。推动文创产品的开发，有利于突出乡村旅游特色，拓展乡村旅游的空间。

乡村文化振兴是实施乡村振兴战略的重要内容。从乡村现状出发，抓住保护传承传统农耕文化和建立完善现代公共文化服务体系两大重点，找准着力点，文化馆助力乡村文化振兴才能更精准、更高效。

参考文献

[1] 张灿强，闵庆文，田密.农户对农业文化遗产保护与发展的感知分析——来自云南哈尼梯田的调查[J].南京农业大学学报（社会科学版），2017（1）:128-135，148.

[2] 索晓霞.乡村振兴战略下的乡土文化价值再认识[J].贵州社会科学，2018（1）:4-10.

[3] 费孝通.乡土中国[M].北京:北京出版社，2005.

个人使用"哔哩哔哩"对于文化馆数字化服务的启示

张晓娇（北京市朝阳区文化馆）

近年来，国家推动实施国家大数据战略，加快完善数字基础设施，推进数据资源整合和开放共享，加快建设数字中国，更好地服务我国经济社会发展并改善人民生活。可以说，每个人的生活已经离不开数字化。从最基本的吃喝玩乐，到工作学习。没有什么是"百度"搜索不到的，没有什么是"知乎"解答不了的，没有什么是"抖音"制作不出的。

然而，在互联网大发展、大繁荣的当下，政府类、事业单位类网站却犹如自给自足、自娱自乐的桃花岛。一方面如应付差事般都拥有了自身的网络平台，如网站、公众号、微博等；但另一方面，除了跟个人生活极其相关的网站，如中国铁路12306、北京市小客车指标调控管理信息系统等实用性网站有较多访问人次外，其他大多数网站都乏人问津。当前，政府数字化转型面临着重大机遇，同时也面临人们对其发展的更高要求。

本文对时下中国年轻世代高度聚集的文化社区和视频平台"哔哩哔哩"（bilibili，以下简称"B站"）的使用感受和经验和进行总结，从而对文化馆数字化服务提出个人观点和建议。

一、文化馆类数字化服务的使用感受

（一）"画地为牢"

单位的性质与功能限制了工作者的眼界与思考。文化馆，文化为先。故此，设计者在思考文化馆数字化服务的时候，总是将内容范围框定在文艺类、艺术类，缺少多元性、广泛性及融合性，目标受众狭窄。或者，按部就班，参考同类型模式，"别人有的，我也要有，但是别人没有的，我也不想"，造成数字化服务内容同质化严重。

（二）"曲高和寡"

以文化馆类网站的在线培训或公共慕课功能为例。讲师，都是在某一领域具有专业资格或资质的专业人才，标签显著，履历丰富，其教授内容也是在这一领域的知识性传授。但是无互动、无交流、无设计感的灌输式传授，致使观看者缺少参与度、陪伴感和表达性，在如今多元化直播包裹下很难吸引浏览者,引起观看兴趣。

(三)"故步自封"

因为此类网站平台所属的每个单位或机构情况不同,其资金支持力度、专业人才队伍、单位或机构的认知和重视程度以及平台考核的标准都有很大差异,没有明确的可以分出高下的判断、考核标准,因此各个平台无从比较,安于现状,不求突破。内容陈旧老套,形式死板单一。

二、使用"哔哩哔哩"的感受

(一)突出的优势

1.优质而广泛的内容

B站是从动漫视频起家,彼时还有一个绝对竞争者A站,但随着市场的竞争、资本的角逐、用户的选择,B站逐步脱颖而出。它目前拥有动画、番剧、音乐、舞蹈、游戏、科技、生活、娱乐、鬼畜、时尚、放映厅等15个内容分区。在保持最初的游戏、动漫等内容品类之外,这些年B站还逐步扩展生活、娱乐、科技等内容作为主要推广产品,吸引了更多的关注者,打破圈子的界限,更为多元、丰富、包容,还开设了直播、游戏中心、周边等业务板块。在各种独家与版权方面,B站重金购买不少番剧、电影、纪录片的版权,自制纪录片、综艺质量也颇为上乘。B站,从来都不是跟随者,而是引领者。

2.自由发表的快感

B站作为第一家商业化弹幕网,是国内最先引进弹幕的网站之一。这种及时在观看时的有感而发,顺而将所思所想反应在视频的某一时刻,极大地刺激了原先只作为观看者或者说旁观者的网民。在屏幕上,自由表达自己的感受或者见解和原先只是在每段视频下面发表的一个评论相比,有很大的不同。同一时间满屏流动,甚至占满整个屏幕的弹幕从侧面给予观看者心理暗示,有很多人和你一起看,比一个单纯视频播放量数字更加有画面感。而且这种背后的评价,对于现在大多数年轻人来说都是一种自我倾诉。如今,许多人都爱上在B站看视频或影视剧,而且是关弹幕看一遍,打开弹幕再看一遍,许多人的感受是:有时来自亿万网友的弹幕比任何设定都有趣。

3.大开眼界的创造力

B站的成功源于无所不能、千变万化的UP主(指在视频网站、论坛、FTP站点上传视频音频文件的人)。B站是一个展现平等的平台,它无关乎你的身份、学识、资历等,只看你创造出的作品。UP主可以是自己做一顿大餐的吃播博主,可以是在农村自己建造了一间房子的进城务工人员,可以是正在准备考研、吸引网友一起努力学习的大学生,还可以是想要减肥、天天视频打卡的身边人……总之,B站给了许多普通人敢于表达自我、挖掘自己潜力的机会。人,总是最不可估量的,在B站,有许多这样的人。

4. 与其他视频网站的区别

相比诸多平台,B站所创造的文化具有鲜明而独特的风味,无人能出其右。一是内容为王,相较于抖音、快手等短视频平台的瞬间吸引力,因为时长元素,B站视频呈现某一话题时更为全面完整,非快餐式的输出,让观者有时间思考、参与;二是非明星为主,这个时代,人们的眼光好像总是跟随着明星们的身影。但B站反其道而行,关注量最多、粉丝最多、视频质量上乘的都是实打实靠自己的视频赚取流量的UP主们;三是去广告化,目前市场上几乎没有无广告推送的视频网站,当网友都习以为常要等待广告时,B站依然坚守着这一特色。

(二)"出圈"的制作

近些年,在微博日渐式微、抖音横扫天下的环境下,B站数次"出圈",逐步成为视频类网站中的核心成员,这离不开团队对于网站的定位、设计和推广。从B站制作和推广的视频可以看出,B站在面对大环境的要求、同行的竞争等压力之下做出了自我调整。

1.B站晚会"二零一九最美的夜"

每一年12月31日晚的跨年晚会或者演唱会,看之无味,弃之可惜。然而由B站推出的2019跨年晚会却一骑绝尘,被《人民日报》点赞,"吊打"各大卫视晚会。让人叹为观止的节目如虚拟偶像与国乐大师的合作、经典电影插曲由全息投影舞台呈现等。B站跨年晚会打破了文化壁垒,将不同的文化符号汇聚一堂、创意融合,折射出B站多元文化聚集地的文化定位。

2."五四"演讲视频《后浪》

在2020年"五四"青年节之际,B站推出演讲视频《后浪》,在央视一套播出,并登陆《新闻联播》前黄金时段,随后刷爆朋友圈。作为商业视频类网站,B站保持正面的、积极的价值观,潜心创作正能量的宣传作品,引起社会巨大反响,赢得了良好口碑和商业潜在利益。

3.鬼畜区

B站上的鬼畜区,可以说是让B站快速扬名立万的工具和手段。"鬼畜",是通过对话题解剖后重复再创作等形式以达到颠覆经典、解构传统、张扬个性、强化焦点等的一种艺术形式。通俗点说,就是在已有的视频作品基础上进行再次夸张创作。但是这一"出圈"系列作品喜忧参半:一方面可以快速大量传播,吸引高流量;另一方面,有些内容过于低俗、血腥,充斥网络暴力。

三、使用B站对于文化馆数字化服务的启示

(一)服务的定位

当下,对于文化馆类的数字化服务的首要问题是服务目标不明确。客观上想要服务

所有群体,单方面想要吸引年轻群体,然后实际上却只有老年群体参与。然而 B 站可以称得上是最懂年轻人的平台,没有浮于表面的"年轻化"视觉,没有标签化的流量策略,而是真正倾听、交流、理解年轻人。从 B 站历次广泛传播的作品就可以看出,从文案到镜头再到音乐,无不点燃年轻人的心,只有真正拥护年轻人,才能得到年轻人的拥护。

(二)优秀的品牌

大多数数字化服务依然沿袭着传统的模式:初步具备可视的效果,单一的服务内容,传统的推广方式。但 B 站的启示是:通过用户来设计产品,定位品牌,建立品牌人格和价值观,并与用户产生情感共鸣,注重建立与用户的长期关系而不是一次性售卖,最终目的是用户对品牌的拥护。

(三)完备的体系

想要设计出好的产品、提供完美的服务,还需要一套完备的工作体系,拥有完善的工作机制、专业团队及专项资金支持。

《人民日报》对 B 站有一段这样的评论:"那些刷下'此生无悔入 B 站'的年轻人们,或许已经伴着这个'专属年轻人'的网站走过了 10 年。10 年,不仅让那群新潮自嗨的 90 后拥趸走进而立之年,也让一个曾经自娱自乐的'小破站'在纳斯达克的斗秀场万众瞩目。"回顾 B 站的发展,从自娱自乐到万众瞩目,步履维艰却愈战愈勇。文化馆类的单位在数字化服务的道路上,还需要大力的支持、求新的勇气、宽阔的眼界以及实践的动力,争取早日为文化馆数字化服务转型创造可能。

"文旅融合"深化发展路径

——以金华市为例

朱　程（浙江省金华市少年儿童图书馆）

文化是旅游的灵魂，旅游是文化的载体，文化与旅游相生共兴、相辅相成。巴黎、伦敦、北京、西安、杭州等中外许多地方旅游发展的成功经验印证了旅游与文化融合度越高，则相互促进力就越强的事实。习近平总书记在考察金华时，对金华文化、旅游、文物等工作寄予厚望，做出了多项重要指示。当前，金华作为浙江"四大都市区"之一，紧扣习近平总书记赋予浙江的新目标、新定位，将进一步承载起建设"重要窗口"的使命担当，这也势必决定文旅融合工作将迎来更高水平、更深层次的新要求、新机遇。

一、金华文旅融合发展的基本现状

近年来，业界对于金华文旅发展的研究是具有一定基础的。比如，陈雄从金华文化旅游资源保护开发不足、资源分散差异性不显著、管理效率偏低等问题出发，提出了三条对策：一是加强资源保护、注重文化开发；二是整合旅游资源、寻找"唯一性"；三是深化体制改革、提高管理效率。张杰丽以金华文旅产业融合层次不高、品牌项目不足、企业实力不强等问题为导向，提出了政府保障协调机制、企业增强创新意识及积极培育品牌项目等措施来促进旅游产业和文化产业的进一步融合发展。

以上述两例为代表的诸多学术研究成果，在全面深化改革东风吹拂之际，文旅融合的地方实践进入实质性阶段。回顾 2018 年 3 月，文化和旅游部成立，按下了文旅融合的快进键；2018 年 10 月，浙江省文化和旅游厅成立；2019 年 1 月，金华 10 个县（市、区）政府文旅部门相继成立，在组织机构架设层面初步解决了管理体制方面的问题。

"合而后融"是文旅部门并肩同行的重要一环。文化、旅游部门合二为一，文旅资源的协调与统筹效率必然得到提升，与此同时，这也对新型机构的顶层设计和内部部门之间的协同配合提出更高要求。文旅融合需要完成大量且复杂的基础性底层融合工作，纵观金华各县（市、区）文旅部门内部机构设置情况（见表1），表面是机构的融合、场所的融合，深层次反映出业态的融合、产品的融合、管理的融合。

表1 县(市、区)文旅部门内设机构一览

县(市、区)	内设机构(业务处室)
金华市	合作交流处、市场管理处(行政审批处)、文物与博物馆处、艺术与公共服务处、广播影视处(政策法规处)、资源开发与非遗处(产业发展处)
婺城区	文化科、许可科、文物办
金东区	公共服务科、产业发展科、市场管理科
兰溪市	公共服务科、文物保护管理科、市场管理与广播电视科(行政审批科)、资源开发科、产业发展科、市场开发科
义乌市	行政审批科(广电科)、文化科、产业发展科、旅游管理科
东阳市	公共服务科、规划建设科、产业发展科(市文化优势转发展优势办公室)、文物和非遗科、市场管理和广播电视科(政策法规和审批科)、推广交流科
永康市	文物办、艺术与公共服务科、文化遗产科、广播电视科、资源与市场开发科、产业发展与工作旅游科、市场管理科(行政审批科)
武义县	公共服务科、文物科(法规审批科)、行业管理科
浦江县	政策法规科、行政审批科、旅游科、市场产业科
磐安县	市场管理与广电科、公共服务与艺术科、资源开发与非遗科、产业发展科、宣传推广科、文物办

表2 全市接待游客总量

2018年全市接待游客总量(亿人次)	2019年全市接待游客总量(亿人次)	同比增长率
1.21	1.4	0.157024793

表3 全市旅游收入总量

2018年全市旅游收入总量(千亿元)	2019年全市旅游收入总量(千亿元)	同比增长率
1.3509	1.5798	0.169442594

2019年,金华市以聚焦聚力加快打造高质量文化供给地、高品质旅游目的地为目标,大力实施"八大工程",文旅融合开局之年产业发展成果为文旅融合发展之路夯实基础。全市共接待游客1.4亿人次,同比增长15.7%(见表2);实现旅游收入1579.8亿元,同比增长16.9%(见表3)。名列全国2019年最关注自由行城市第37位,居全省第四。2018年"文化发展指数"仅次于杭州,列全省第二位。全市在建文旅项目283个,投资278亿元,完成计划投资额的102.9%。A级景区村完成创建420个,列全省第一。东阳市、武义县成功创建省级全域旅游示范区,磐安入选全省全域旅游10大县域典型示范案例,浦江成为全省第一批10个大花园典型示范建设单位。双龙风景旅游区作为全省唯一一家推荐参加国家级评审的景区,通过国家文化和旅游部5A景观质量专家评审,列入创建5A景区预备名单。婺州古城成功创建4A级景区。全市4个乡镇入选省级旅游风情小镇培

育创建名单;累计达 22 个,位列全省第二;成功创建 7 个,位列全省第三。中国义乌第 14 届文博会和第 11 届旅博会成功举办,展览面积、参展展位创历届之最。综上,一年多来金华文旅融合发展成效已初步显现。

二、金华文旅融合发展具备的优势

文旅融合之于金华,是时代大势所趋,这一趋向遍及全国。金华作为一座新"二线城市",其文旅发展成果如何与城市品位匹配,如何在全国同级别城市竞争中脱颖而出,离不开对优劣之势的辨析,一方面可提升文化自信、增强凝聚力,另一方面可扬长补短、找准发力点。

(一)金华文旅发展所处的历史方位

从地理方位来看,金华地处浙江中部,被誉为"浙江之心";从建制沿革来看,古婺金华已有 2200 多年城市发展史;从文化源流来看,"上山文化"不但在年代上处于领先,同时在许多文化因素上处在传播"源点"上;从文脉传承来看,婺学被誉为"浙学之托始"……金华富有深厚的"文化基因"禀赋。多少年来,金华是重要的交通枢纽,在历史上也曾让沈约、李清照、李白、徐霞客等一批具有代表性的文人墨客留下足迹和赞叹。改革开放 40 多年来,金华人民凭借开放包容的胸怀、敢为人先的闯劲、勤勉务实的作风,为浙江改革发展走在全国前列做出了重要贡献,在中国改革开放史上书写了浓墨重彩的一章。当前,在浙江已迈入高质量发展的关键阶段,金华"坚持高质量 融入长三角 共建都市区"的发展主题随之更为清晰。每一个时代的成就和新时代的需求,共同锚定了当今金华的历史方位,成为金华文旅融合发展的出发点。

(二)金华文旅发展面临的战略机遇

2018 年省政府工作报告首次提出,浙江省要抓好大花园建设,积极打造浙东唐诗之路和钱塘江唐诗之路。2019 年的报告中,已明确提出了抓好"四条诗路"千万级核心景区建设,浙江省诗路建设的步伐一步步清晰和明确。"诗路浙江"建设可以通过文化产业、文旅产业的发展,培育新的经济增长点和消费热点。有关资料表明,2019 年我国国内旅游人次突破 60 亿,旅游收入占 GDP 的 11.05%;浙江省旅游人次 7.3 亿,与常住人口比,比例达 12.5∶1,远超全国的 4.3∶1。由此看来,金华作为"诗路浙江"钱塘江诗路文化带的重要板块,在"诗路浙江"建设中占有一席之地,势必迎来前所未有的机遇。

(三)金华文旅发展储备的向心力量

金华市本级文旅部门的机构合并过程中,原文化、文物、旅游三部门合一,共同绘就"文旅融合"同心圆。这是一个"中子撞击原子"的过程,将裂变释放出更强劲的能量(见图 1)。在 2020 年开始制订的"十四五"发展规划中,文旅融合不仅是"十四五"文化旅游业发展的主线，也是重点，更是难点。可以说，一座城市在文化、文物、旅游方面的多重积淀，将极大程度影响未来 5 年的文旅融合。"小邹鲁"金华在此方面尤为自觉，且成果丰硕。比如，2006 年 3 月，"婺文化"名词被首次提出；次年，《婺文化概要》编辑出版，金华市婺文化研究会宣告成立，分名人文化、历史文化等九大研究委员会，吸引市社科联、高校、民间专家学者加盟，全市 11 家公共图书馆构建地方文献资源共享机制。2012 年，婺文化团队被市委市政府授予首批"金华市文化创新团队"，2016 年，入围首批省级文化创新团队……10 多年来已编辑出版"婺文化丛书" 115 部，且文化服务于旅游产业发展，为打造五百滩名人文化公园（名人雕塑 + 浮雕长廊）、万佛塔公园、智者寺、琐园国际研学村等市重点工程献计献策。所以说，文化对于未来旅游发展的储备是充足的。

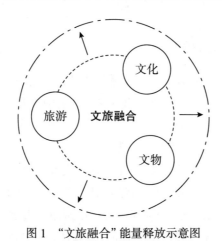

图 1 "文旅融合"能量释放示意图

三、金华文旅融合发展存在的问题

（一）文旅业态紧密度不足

整体呈点状分布，对外地游客而言，金华旅游更多的还是具体点上的印象，如东阳的横店、武义的温泉、义乌的国际商贸城、市区的双龙洞、兰溪的诸葛八卦村，没有形成区域整体品牌。市本级首位度低，东阳、义乌等县（市、区）旅游发展较为领先，在外来游客进入、旅游资源优势等方面明显优于其他地区。市本级婺城区、金东区、金华开发区、金义都市新区、金华山旅游经济区旅游发展在空间布局、产品开发、基础建设等方面缺少顶层设计，提高市本级首位度还需要一个过程。

（二）文旅品牌知名度不高

文化遗产游、文化体验游、休闲度假游等真正叫得响的在国内有影响力的产品屈指可数，更谈不上面向国际的旅游产品。金华市第七次党代会报告提出了"培育'千万十亿'大景区"的要求，目前金华市达到这一标准的景区仅横店影视城一个。金华文旅资源丰富,但缺乏对资源优势的充分挖掘和认识,尚未找到核心 IP,很多文化资源的旅游开发还处于初级阶段,没有形成挖掘保护与转化开发良性互动的局面。例如金华传统村落数量多、分布广,但大部分开发层次低,基本以"古村观光＋农家乐"为主,文化内涵挖掘不够,导致同质化严重。

(三)文旅服务吸引力不强

多条高速和铁路在金华交会,义乌机场、横店机场、城市轻轨的建设一定程度解决了城市进入性问题。但是城市公共交通、特色商品以及具有吸引力的"目的地酒店""目的地餐饮"等与旅游产业紧密相连的公共服务远远不够。部分旅游产品和娱乐项目的参与性不强、档次不高,旅游信息咨询点、旅游体验点缺乏。导游、城市讲解员的专业化不足、业务能力有限,出租车、景区、商店销售等一线服务窗口人员的旅游服务意识淡薄,一定程度上影响了金华文旅融合发展进程。

四、金华文旅融合深化发展的对策

全力推进文化和旅游融合发展,打造金华市文化、旅游两大"千亿产业",要重点抓好以下工作。

(一)抓规划,做好顶层设计

(1)要有前瞻性。要站位全局、通盘考虑,在结合本市实际的基础上,借鉴先进地区成功经验,聘请国内一流、信誉度好、实力雄厚的规划设计单位,广泛征求意见建议,使规划真正成为指导长远、务实管用的好规划。

(2)要有指向性。要对照"共建都市区、打造增长极、当好答卷人"的工作总要求,全面厘清本市文旅融合发展优势和短板,结合浙江省打造"诗画浙江"大背景,尽快编制金华文旅融合发展"十四五"规划。

(3)要有紧迫性。抢抓"长三角"高质量一体化发展新机遇,抓紧对接大花园建设行动计划和传承发展浙江优秀传统行动计划,谋划一批具有创新性、开拓性、投资规模大、带动力强的大项目。

(二)抓项目,做好"三大"建设

(1)实施全域旅游"千百十"工程。浙江省提出全域旅游要创建一万个景区村庄、一千个景区小城镇、一百个景区县城。结合浙江省目标,本市要以至少十分之一的目标要求和定位来创建,力争创建一千个景区村庄、一百个景区小城镇、十个景区县。力争用三年左右时间,重点培育 100 个年接待游客 10 万人次以上的村庄。

(2)提升核心景区集聚作用。出台政策鼓励景区改造提升,开展精品景区体系和智慧景区建设,推动高 A 景区提质增效。重点打造 5A 级景区,尽快实现市区"零突破",增强核心吸引力。

（3）发挥省级旅游度假区产业投资平台作用。总结全省省级旅游度假区复查经验，对全市 7 个省级旅游度假区的主体功能区再挖掘再梳理，完善度假区配套建设，提高游客进入景区的便捷性、体验感。

（三）抓业态，做好"＋"培育

（1）要利用资源禀赋。把握市场变化、顺应游客需求，拥抱"旅游＋"新时代，做好"文化＋旅游"文章，培育新业态，打造金华旅游特色。依托旅游的产业化、市场化手段丰富文化产品的供给类型和供给方式，利用旅游渠道为文化的对外传播和繁荣发展搭建更广阔的平台。

（2）要突出文化滋养。丰富旅游的内涵，让更多文化资源、文化要素转化为旅游产品，让富有文化内涵的新产品不断充实旅游的空间，增强旅游产品的吸引力，进一步推动金华旅游特色化、优质化、效益化发展。

（3）要巧做各类加法。如"影视＋旅游"，用足用活浙江横店影视文化产业集聚区的政策，全力支持横店影视集团和各县市合作建设影视外景基地和影视文化旅游基地，推进影视文化全产业链、全域化发展；"红色文化＋旅游"，整合义乌陈望道故居等一批红色资源，打造红色文化旅游共同体；"文物＋旅游"，重点与浦江、义乌等县（市、区）联合挖掘与"上山文化""桥头遗址"等相关的文化遗产；"文艺＋旅游"，立足文化节会、艺术节会宣传，举办李渔戏剧、李渔话剧周、天籁中国·国际青少年施光南声乐艺术节，提升城市文化艺术氛围等。

（四）抓服务，打造文明高地

（1）完善公共服务体系。将城市基础设施建设和旅游发展结合起来，加快旅游集散中心、通景公路、绿道等旅游配套设施建设进程。加快建设城市综合体、主题公园、休闲街区、艺术园区、购物场所等旅游功能设施，营造现代化市容市貌。

（2）推进旅游智慧服务。以智慧城市建设为支撑，完善智慧化的公共服务体系，加快"e 家书房"优化建设。提升"智慧文旅"建设，与金华数字产业发展优势紧密结合，配备专业人才队伍，推出更多线上优质文旅服务，满足更广泛受众的智慧体验需求。

（3）强化旅游规范服务。按照"无证明城市要求"，进一步优化文旅系统审批流程，精简审批环节，压缩审批时限，深化"最多跑一次"改革。强化对"低价游""黑导游""黑旅社"的整治打击。以创建全国文明城市为契机，加强对行业主体的引导、服务和管理，保障文化和旅游市场健康有序发展。

参考文献

[1] 陈雄. 金华市文化旅游发展现状及其存在问题分析 [J]. 科技致富向导,2013（3）:32-33.

[2] 张杰丽. 金华旅游产业与文化产业融合发展研究 [J]. 旅游纵览（下半月）,2016（2）215-217.

[3] 金华市统计局 . 金华市 2018 年国民经济和社会发展统计公报 [R/OL]. [2020-03-10]. http://www.tjcn. org/tjgb/llzj/35926.html.

[4] 金华市统计局 . 金华市 2019 年国民经济和社会发展统计公报 [R/OL]. [2020-03-10]. http://www.tjcn. org/tjgb/llzj/36401.html.

[5] 吴远龙 . "诗路浙江" 建设的金华方位与响应 [J]. 内刊,2019（7）.

[6] 新华网 .2019 年我国国内游人数突破 60 亿人次 [EB/OL]. [2020-03-10]. http://www.xinhuanet. com/2020-03/10/c_1125692452.htm.

创新党课艺术形式，担负起文化馆的职责与使命

梁雪琴（浙江省嘉兴市南湖区文化馆）

文化馆是中国特色社会主义文化事业的重要标志，是我国公共文化服务体系的重要组成部分，是弘扬社会主义核心价值观和建设社会主义文化强国的重要载体，是文化惠民的重要桥梁和纽带。新时代赋予文化馆重要职责与使命，要举旗帜、聚民心、育新人、兴文化、展形象。艺术党课是将各种艺术样式（戏曲、舞蹈、音乐、美术、摄影、影视、朗诵等）与党课有机融合，通过对艺术作品的演绎、赏析、讲评、创作等方式，让广大党员在各类艺术教育中感受文化、重温党史、接受熏陶，担负起文化馆重要职责与使命。近年来，浙江省嘉兴市南湖区文化馆通过运用艺术党课的形式，广泛开展全民艺术普及活动，取得了明显的教育效果。本文旨在分析南湖艺术党课的实施背景、做法与成效、经验与启示，使其在全民艺术普及中更加具有引领意义和推广价值。

一、案例背景

嘉兴南湖是红船的启航地、党的诞生地，南湖区文化馆开展艺术党课责无旁贷、使命光荣。为响应区委"不忘初心、牢记使命"的主题教育，南湖区文化馆党支部结合申报嘉兴市2019年度公共文化服务创新项目，运用全民艺术普及活动载体丰富党课的形式和主题。在区组织部、文广新局党组的具体指导下，组建了文化馆艺术党课研创中心，主持策划"艺术党课"的方案与课程，力推艺术与党课的有机融合，使党课以历史性、政治性、艺术性的形式呈现在广大党员面前。

2019年7月1日，南湖区首次艺术党课以"壮丽七十年唱响祖国好——经典爱国歌曲赏评"为主题，通过回溯、欣赏、点评《我爱你中国》《我的祖国》《春天的故事》《我和我的祖国》《不忘初心》等新中国成立以来不同历史时期的7首代表性经典歌曲，为全体党员上了别开生面的一课。回顾中华人民共和国成立70周年的辉煌岁月，这堂艺术党课分为"浴血奋战""峥嵘岁月""开拓创新""筑梦中华"4个篇章，通过书、音、画等综合艺术的处理，努力使"不忘初心，牢记使命"这一主题教育入脑入心。

结合艺术作品来讲述党课，让全体党员在激情燃烧的氛围里，重温战争年代的浴血奋战，牢记使命，不忘初心，负重奋进。艺术党课的形式给党性教育带来一股新风、一个全新的视野，也让全民艺术普及活动拓宽了新的领域，增强了公共文化服务的吸引力、传播力和影响力。

二、基本做法

（一）建立研创中心，加强师资队伍建设

组建南湖区文化馆艺术党课研创中心目的在于集中智慧提升课程研发能力、开发艺术党课教育的新模式，以增强党课的吸引力。首先，按艺术门类成立研创小队，分别是音乐、舞蹈、戏剧、书画、摄影、朗诵、电影等党课；其次，合理进行项目优化配置，建立党课志愿者人才资源库，分层面构建业务、知识、管理、能力综合培训模式，对课程架构以及课程设置与内容设计有机结合；再次，建设好艺术党课师资队伍，采用"走出去、请进来"的方式，不断提升上好艺术党课的政治意识、党性修养和文艺鉴赏水平。

（二）精选艺术精品，注重内容研发

选择好艺术作品，组织教案撰写，精细磨课，编写成册，形成系统性课程，供基层党组织借鉴和参考，并把优秀党课教案编辑成教材资料，刻录成视频光碟予以推广。让这种轻松愉悦、从浅入深的党课学习模式走进农村、社区、机关、学校，走进最基层党组织，来到每一个老百姓的身旁。例如，南湖区文化馆选择《白毛女》《黄河大合唱》《梁祝》《春节序曲》《游击队歌》《我爱你中国》《红旗颂》《不忘初心》等经典音乐作品作为音乐党课授课内容。艺术党课教案集的形成已成为南湖畔党建工作的规定动作，在基层党支部生根发芽，潜移默化地推进艺术普及工作。

（三）普及提质，提升文艺影响力

在实施过程中，开展不同类型、不同规模的艺术党课进农村、进社区、进机关、进企业、进学校等活动，夯实群众基础，为艺术党课普及工程扩面。优质的艺术党课不仅仅对党员同志开放，更向特殊群体倾斜，把农民、外来务工者、残疾人等人群作为扩面的重点对象，以公益服务为目标，普及优秀文艺作品，激发艺术活力。另一方面，努力引导，增强持续活力，为艺术党课普及提质。针对党员同志群体，在服务上做到更高层次的引导，以更高质量授课为核心，如邀请活跃在一线的艺术专家、名家党员来授课，用他们的艺术作品说话、发声，举精神之旗、立精神支柱、建精神家园、聚中国力量，增强党课的感染力，以此充分发挥艺术的功能，启迪思想，温润心灵，引领时代风尚，鼓舞人民前进，推动社会进步。

（四）依托数字平台，推进"云上"传播

随着南湖艺术党课知名度的提升，基层党组织盛情邀约，听课的党员一次比一次多，影响面也越来越大，为有效解决师资力量不足的问题，南湖区文化馆探索运用数字技术直播艺术党课，还把优秀课程的精华录制上传，在本馆微信公众号、网站上分享，使广大党员足不出户就能接受党课教育。在"云上"的时代，打好线下体验与线上服务的组合拳，使全媒体思维真正落地。加大艺术精品，特别是群众艺术精品的比重，让艺术党课得到 N

次方传播,提升公共文化服务的质量和档次,更好地满足人民群众的文化需求,提升百姓审美水平,产生了强大的社会效应。

三、初步成效

(一)艺术党课丰富了群众的艺术生活

南湖区文化馆研发的艺术党课在上级组织部和文旅局的支持下得到较好发展,高质量的艺术党课吸引了年轻党员和群众,这些人群相对素质高,愿意享受文化艺术服务。南湖区文化馆在全民艺术普及的工作中对服务理念、服务方式、服务内容进行变革,巧妙地把艺术党课融合起来,文化馆因势利导提供群众所需。把艺术党课上好,在课程中拓展艺术普及思路,并配以专业老师的表演、讲解等,通过艺术党课这个平台南湖区文化馆在文化培训、艺术普及工作中进一步对接民众需求,丰富人们的精神生活,提升人们的精神境界。在艺术党课活动中,让普通百姓成为艺术活动的主体、艺术欣赏的主体,充分享受艺术的乐趣,享受艺术给人生带来的愉悦、充实、快乐和幸福。艺术作品宣讲使他们更加热爱生活,更懂得欣赏美的事物,不仅使生活丰富多彩,更让他们在情感上得到共鸣。

(二)艺术党课提高了党课的有效性与针对性

一个国家、一个政党、一个时代,都必须传播自己的主流声音,这是基层政治宣讲的职责所在,而要真正做到这一点,要不断提高党课的有效性与针对性。实践证明,将艺术融入党性教育的党课无论是在形式上,还是在内容上都很贴近党员的需要,都是对主题内容的进一步烘托。在艺术党课中,不听报告、不看表演、专刷手机的“低头族”很少。艺术党课每一个细节的推敲,每一次走台的修正,每一位参演者的付出,汇成一曲饱含深情的红色颂歌。“情动于中而行于言”,皆是为了用艺术唤醒初心,用行动践行使命。听课的党员群众在嘉宾讲述音乐中了解党的历史,演绎艺术作品自然而然地激发广大党员的使命感与责任感。艺术党课从“百姓视角”,以“百姓语言”,以“百姓喜欢的方式”,让广大党员干部感到政治宣讲不是空洞的说教,而是可信、可听、可陶冶情操。

(三)艺术党课推动了红色文化的发展

凭借艺术党课这一载体,将各行各业的党员置身于红色文化的熏陶之中,一是让广大党员干部了解和欣赏高品质的红色文化,丰富精神文化生活内涵;二是让他们在享受艺术审美的同时,不断传播、不断创新着时代元素,从而进一步助推了南湖红色文化的发展。南湖区大力打造文化品牌——南湖歌城,已将合唱团发展到将近200支,唱响南湖的新作品不断涌现,艺术团队也越来越多,有700支左右,增加了很多特色的中青年团队。

四、经验启示

南湖艺术党课建立"艺术＋党课"党员教育长效机制，就是将党的思想引领与全民艺术普及紧密结合，从而增强党课教育的感染力、引导力，有力地促进了全民艺术普及活动的广泛开展。

（一）研发艺术党课要突出政治性

首先，艺术党课要突出"党"字，强调党的先进性，充分体现艺术党课教育内容与一般的政治学习以及一般的艺术技能培训不同。它因人而始、因人而施，紧紧围绕时代主题，通过艺术经典作品的赏评，学习领悟先辈的革命精神和浩然正气。其次，每一堂艺术党课的内容要体现时代性，注重内容与思想实际相结合。内容选择应紧扣时代热点，联系实际、满足需求，把握尺度，通过艺术作品的解读放眼世界，明确历史责任。再次，文化馆作为艺术党课的重要实施者，目的就是进一步增强文化自觉，扎实推进公共文化服务体系建设，充分发挥文化馆在文化繁荣方面的龙头示范作用和业务指导作用。此项工作推广需上级部门的大力支持，才能促使文化馆不断提升艺术党课的服务质量。

（二）普及艺术党课要增强实效性

艺术党课普及工作必须注重实效性，要针对不同的群体提供阶段性的、行业性的艺术服务。一方面，艺术党课普及的内容要大众化、通用化、形象化。通用化的普及内容包括与文学、戏剧、美术、音乐、舞蹈、电影、曲艺的有机融合，形成艺术党课系列课程，这些课程易于被大家接受、理解、喜爱、传播。另一方面，把艺术党课的内容本土化、特色化，集聚广大民众的文化自觉和文化自豪。根据南湖文化的风格特点，深入挖掘，把优秀的红色文化作品一一梳理、分类、研讨，这样更能使本土的党员与人民群众找到红色文化认同感，从而通过本土的艺术作品加快推进南湖艺术党课的影响力。挖掘本土红色文化的真正内涵，不断唤起民众对本土的文化认同和乡愁情结，才能使民众更好地通过活动受到激励和鞭策。

（三）推介艺术党课要彰显融合性

艺术党课是有高度与有温度的结合，是有意义与有意思、点头率与点击率之间的最佳组合，扎实走好"云上云下群众路线"，不断激发艺术党课的生命力。首先，艺术党课普及工作需要师资的引领。建设一支高素质的艺术党课师资队伍尤为重要，这关系到艺术党课的专业性与实效性。同时，请名家、名师来提升艺术党课的品质与品位，他们不仅有丰富的专业内涵，更有对党和祖国的热忱之心。其次，艺术党课普及需要媒体的融合。在媒体融合方面，艺术党课除了进行线上传播，还需不断加强渠道的整合，将网站、微博、微信（包括微信群、朋友圈、公众号）、抖音等整合在一起，并尽可能地把优质的艺术党课与有影响力的平台嫁接，使传播内容互相关联、信息共享，吸引不同的平台用户，增强传播效果。

再次,艺术党课普及需要大量的人力、物力、财力的融合。艺术党课的发展需要政府支持,文化主管部门要做到主动有为,自觉担当,服务在先,在体制机制上不断创新,上下齐心,团结协助,相信艺术党课一定会成为新时代群文工作的创新亮点。

参考文献

[1] 马绍闯 . 文化馆全民艺术普及的创新实践 [J]. 艺术评鉴,2016(9):175-177.

[2] 赵旻 . 习近平新时代文艺思想是艺术教育的行动指南 [J]. 中央音乐学院学报,2018(2):3-11.

[3] 孙海箴,付润芝 . 山东文化馆系统创新全民艺术普及模式探析 [J] 人文天下,2019(24):64-67.

文化馆场馆社会化运营的义乌实践

李航英（浙江省义乌市文化馆）

近年来，义乌市不断加快公共文化馆场馆设施建设步伐，市文化馆场馆总面积达 3.1 万平方米，建成浙江省首个规模最大、设施最新、功能最全的现代化文化馆。面对馆舍大编制少、项目多资金少、任务重时间紧的新情况，义乌市文化馆场馆开启了"政府投资、委托管理、合作共赢"的社会化运作先河，文化广场剧院、澄心学堂和七墨美术馆等社会化运营项目应运而生，走出了一条向制度化、社会化、精准化管理转变的新路子，成为城市公共文化服务强弱项、补短板、完善服务功能的有效途径。

一、社会化运营的主要做法

所谓文化馆场馆社会化运营，就是政府将公共文化服务全部或部分外包给企业运营的新模式。义乌市文化馆本着"公平、公开、公正"的原则，以公开招标的形式，通过政府购买，文化馆和社会力量合作，以及画院、美术馆与市文旅局三方共同合作的三种不同模式，将文化广场剧院、艺术展厅和部分培训教室等公共文化设施引进社会力量合作运营。

（一）引进专业管理机构，由"主导"到"引导"

义乌市文化广场剧院是一个综合性中型剧场，可容纳 819 名观众。按照"公益性定位，社会化运作"的原则，通过公开招投标，引进杭州大丰文化传媒公司管理运营文化广场剧院，每年演出 100 场以上。一年间，相继邀请到了中国歌剧舞剧院、中央民族乐团、意大利爱乐乐团、圣彼得堡儿童芭蕾舞团、巴黎圣十字童声合唱团、格鲁吉亚第比利斯国立音乐戏剧院等国内外诸多知名艺术团体。从舞蹈到音乐、戏剧，从剧院到社区、企业，针对不同地点和人群，精心筹划，以低票价、高品质为服务策略，组织开展老少咸宜、喜闻乐见的"大师艺术工作坊""艺想天开""市民音乐会"等一系列群众文化品牌活动，让高雅艺术走进社区、走进乡村、走进百姓。

（二）联手知名文化机构，由"专业"到"多元"

通过与省级以上院团、院校建立合作共建机制，运用合作项目、合作创作、合作研究等方式，引进杭州文质雅育文化策划集团有限公司创办了义乌澄心学堂。学堂面积约 1000 平方米，内设 12 个培训教室，开设了古琴、国画、陶瓷、围棋、香道、茶道、书法、花道等以普及全民艺术为主的课程。采用小班化、零门槛教学,让普通老百姓接受高雅文化的熏陶,享受公益性文化服务。2018 年以来,学堂举办了"落纸如漆,匠心存真——听国家非遗传承人讲述千年徽墨""探幽千年古琴,寻胜百世昆曲——古琴与昆曲艺术讲座""聆茶知味·器韵归真——百年普洱对话千年茶器""觉香·你所不认识的中国香"等名家讲堂。学堂还定期举办各类雅集、艺术鉴赏、展览以及优秀传统文化进校园、进企业、进社区活动。

(三)与院校合作共建,由"共享"到"共赢"

以艺术学术为引领,艺术公益为基石,以提升城市文化内涵为己任,义乌市文化馆致力于推动高水准艺术走进义乌,打造高雅文化品牌,不断为广大市民带来艺术新风尚。义乌市七墨美术馆暨浙江画院创研展示中心由义乌市文化和广电旅游体育局与浙江画院、义乌市七墨文化传播有限公司本着"资源共享、合作共赢"的原则,由义乌市文化和广电旅游体育局提供场地,浙江画院和义乌市七墨文化传播有限公司定期开展各类艺术学术研究、创作交流,同时承担一定的艺术教育和公共文化服务,三方共同签署合作协议。七墨美术馆与中国美院、浙江省美术馆、美协以及西泠印社等众多专业机构合作,开展了多种学术研究、创作交流、艺术讲座,也邀请到一些中国著名书画家、收藏家、鉴赏家、学者、企业家来馆开展艺术交流活动,实现了平台和资源的有效整合,实现 1+1>2 的溢出效应。

二、社会化运营的初步成效

义乌市文化馆场馆自社会化运营以来,有效压缩了场馆管理运营的人力成本,大幅提升了场馆管理运作水平,既减轻了政府负担,又让场馆各区块和功能得到了充分利用,为义乌公共文化服务体系健康快速发展奠定了基础。经过两年的实践和探索,三种模式均取得了较好的社会效益,在文化馆场馆社会化运营上迈出了坚实的一步。

(一)场馆使用效率有效提升

2019 年以来,义乌市文化馆立足群众所需,不断提升文化服务管理能力和水平,打造高能级公共文化服务场馆,取得了明显成效。统计数据显示,2019 年义乌市文化馆内的蒲公英群文课堂免费培训活动已举行 1010 课时,参训人员 9898 人次;澄心学堂公益培训开展了 56150 课时,参训人员 67261 人次。文化广场剧院运营第一年,依托剧院平台,打造剧目演出、艺术节策展、艺术教育、艺术商业开发全产业链服务,累计完成演出 128 场,其中引进的精品演出 53 场,受益群众达 9.2 万人次,包含芭蕾舞、现代舞剧、话剧、室内乐、达人秀、儿童戏剧、音乐亲子互动剧和中国传统戏曲越剧等活动,颇受群众的喜爱,常常发生一票难求现象。七墨美术馆在两年时间内,成功举办公益类精品展览 22 场,其中省级展览占 59%,同时开展各类公益类文化活动 20 余场,全年免费开放时间达 300 天以上。先后成功举办了 4 次大型精品展及各类讲座、沙龙、文化类赛事等。2019 年 5 月,七墨美术馆获评义乌市社会科学普及基地,极大地提升了七墨美术馆在义乌市文化领域上的示范引领地位。

（二）文化服务形式更加丰富

根据老年人、未成年人、外来建设者、外国人等群体的不同文化需求，义乌市文化馆分门别类地提供形式多样、群众喜欢的文化服务活动，每年向市民提供阅读分享、文艺演出、展览展示等便民项目上千场次。针对义乌海外人员会聚的客观实际，全力建设多元融合、开放包容的"万国文化"，开设一站一特色的丝路文化驿站之"传统文化体验站"，组织举办"'一带一路'国际艺术节"、"梦幻西班牙"文化周、"外国人眼中的新义乌"手机摄影等活动，构建在义外商、留学生的精神文化家园。同时，通过微信小程序平台，探索订制式、菜单式服务，推出"你学我教""你点我演"预约配送服务，采取在备选名单中投票选择自己喜爱的文艺节目、培训课程、演出团队的方式，把"展什么、演什么、学什么"的权利交给群众。

（三）辅导培训项目形成品牌

在全民艺术普及背景下，文化馆大力加强传统文化的普及工作，增强老百姓的文化自信。七墨美术馆"有凤来仪"传统雅集已逐渐形成品牌，得到了诸多传统文化爱好者的认可，"有凤来仪"雅集传承与创新并举，如以走秀形式展现的汉服表演、陶埙与吉他的完美结合，使参与者多感官多通道感受传统文化。澄心学堂打造的"名家讲堂"，与澄心学堂八大传统课程相匹配，更是成了文化馆公益培训的金字招牌，它改变了文化馆原先以声乐、舞蹈、美术等艺术门类为主的较单一的艺术培训现状，不少热爱中国传统文化的市民更是慕名而来。澄心学堂在 2018 年完成公益培训 4018 课时，服务 36000 多人次；2019 年完成传统文化低价公益培训 56150 课时，服务 67261 人次。学堂开设以来，还吸引了来自泰国、西班牙、捷克、印度尼西亚、美国、哈萨克斯坦等 20 多个国家的中国文化爱好者前来参观、体验、学习、交流。

三、社会化运营的基本经验

义乌市文化馆用了短短两年时间，走出了一条社会化参与文化馆场馆运营的新路子，其合理的效能定位、合法的承接主体、科学的绩效评估和稳定的政策支撑，是保障文化馆场馆社会化运营的关键所在。

（一）合理的效能定位是社会化运行的最大公约数

由于文化馆场馆规模大、项目多、设施全，每年的管理、保养、维护等方面的运营成本较高，往往会出现"造得起，养不起，甚至用不起"的状况，导致文化馆场馆的利用率偏低。如何解决投入与产出不对称的矛盾，显然，引进社会力量管理文化馆场馆相当重要，这有利于提高场馆的利用率，降低运行成本，保障免费开放工作成效。所以，社会效益、经济效益和使用率应当三者并重,不可偏废。文化馆场馆的运营,从实质上看,是在社会效益,经济效益和场馆的使用率等各种价值效益的博弈中,获得综合效益最大化。这就需要文化馆在实现社会效益时还需要考虑对场馆进行社会化运营,获得社会效益、经济效益的相对均衡。通过两年的社会化运作,委托方、承接方和消费者均找到了社会效益、经济效益和利用率三者的最大公约数,从而为下一轮合作打下了良好的基础。

(二)合法的承接主体是社会化运行的最佳契合点

委托运作方式是指在不改变场馆产权性质、责任主体和功能定位的情况下,将其经营管理权交给具有经营管理能力的法人去经营,通过签订合同的形式明确双方各自的责权利的一种经营方式。由此,义乌市文化馆在招标前,通过制度设计对承接方的业务水平、专业能力、资金规模、内部管理、服务人员等事项做出明文规定。同时组织相关专家对投标者进行评估,并网上发布招标信息、公示投标结果,以增强每一道程序的透明度和公开性,严格把控招投标工作的"通道",防止不具备文化专业资质的企业或社会组织盲目进入文化馆服务场地,这样才能保障委托方对承接方的经营活动进行全程监管,以有效实现国有资产的保值、增值。

(三)科学的绩效考核是社会化运行的最优评估法

科学的绩效考核是社会化参与管理的重要环节,也是提升文化馆服务效益的有效手段。通过合同标明企业的服务数量、质量、经费和企业需要提供的各项服务,以及文化馆在合同执行过程中的各项指导、监督、考核,确保群众文化公益性和社会效益最大化。义乌市文化馆按照国家基本公共文化服务指导标准构建指标体系,通过网上公告、统一招标、部门监管和第三方测评等措施,建立行之有效的评估制度,监管承接方的违约责任,并以群众满意度为要点对承接方的业绩量化测评,评估结果与合同续订、资金给付挂钩,促使承接方提高服务质量。

(四)稳定的政策支撑是社会化运行的最强动力源

社会化运营政策是各级政府或主管部门在公共文化服务体系方面的策略、措施和办法,是文化馆场馆服务于人民群众的基本保障。近年来,义乌市政府及文化主管部门在推动文化馆场馆社会化运营上出台了一系列政策措施:一是制度设计。为了使文化馆场馆的对外开放有序、有计划地进行,政府制订了有关实施方案和配套政策,把公共文化场地的开放纳入法制化轨道,从而使文化馆场馆的对外开放做到有法可依,有法必依。二是保障机制。完善社会化参与财政保障举措,充分发挥财政资金的激励和引导作用,并注重向公共文化服务设施建设方面倾斜。三是政策倾斜。进一步优化义乌市财政资金投入结构,在保障文化基础设施建设的同时,加大对设施运营维护、人才队伍建设、文化产品创作等方面的投入力度,做到"建""管"不失衡。

总之,义乌市文化馆在社会化运营方面做了有益的探索,有效缓解了有限公共财力物力与无限文化需求之间的矛盾,构筑起了现代文化馆高质量发展的新格局。

参考文献

[1] 高宏存. 理念更新带动乡村社区公共文化服务创新 [J]. 行政管理改革,2019（5）:27-29.

[2] 许光建,吴岩. 政府购买公共服务的实践探索及发展导向——以北京市为例 [J]. 中国行政管理,2015（9）:44-48.

[3] 王全吉. 文化馆场馆社会化运营的关键是什么 [EB/OL]. [2020-09-21]. http://www.cacanet.cn/DSJ/HTML/20200228082523.html.

文化站作为"文化叙事者"在促进乡村文旅融合中的作用

唐元玲(成都市文化馆)

一、问题的提出

文化站(cultural station)是国家设立,政府举办的,乡、镇、城市社区、街道办事处、区公所一级的最基层公共文化事业机构。作为政府设置在基层的文化单位,长期以来,其功能与价值却极少进入主流学术研究视野,文化站所处的基层公共文化领域长期以来都非常缺乏系统与规范的理论表达与理论构建,特别是在文旅融合的新发展要求下,文化站如何定义自身的角色,重构自身的价值,发挥应有的作用等已经成为亟待研究的问题。

事实上,《"十一五"全国乡镇综合文化站建设规划》指出,乡镇综合文化站是我国农村群众文化工作网络的重要组成部分,是党和政府开展农村文化工作的基本阵地。其主要职能是负责乡镇、村传统文化的保护、挖掘、传承,以及当地文化艺术的传播和管理,同时也是党传播先进文化的重要阵地,在《中华人民共和国公共文化服务保障法》里享有明确的地位。据2019年文化和旅游部统计,全国拥有文化站的数量约4.5万个,与之相关的从业人员20万人以上,汇聚的乡村文艺人才队伍约有100万人,按最保守估计,每个乡镇文化站每月至少开展两场文化活动,全国4.5万个文化站每年开展的文化活动至少是100万场,受益群众达上亿人次。

基于文化站这样的地位和作用,本文给予文化站"文化叙事者"的身份,从文化旅游的融合与叙事理论出发,以"文化叙事"的视角,对文化站作为乡村文化的主要"叙事者"的角色担当进行定位,从而探讨乡村旅游发展中,乡镇文化站对乡村传统文化的梳理整合、审美风范的确立、乡村文化场域的构建以及旅游消费文化观念的培育等各方面所发挥的价值与作用,为促进乡村文旅振兴寻求黏合路径。

二、从被动适应到主动选择——文旅融合背景下文化站的定位与重构

从2015年开始,旅游连续3年被写入中央一号文件,发展乡村旅游已经成为"三农"工作的重要内容,乡村旅游已经成为多项国家战略的聚焦点和支撑点。

2020年,文化和旅游部在全国积极开展公共服务机构功能融合试点工作,主要以县域公共文化机构和旅游服务中心为基础,优先选择达到国家三级馆以上标准的县级公共

图书馆、文化馆,工作基础较好的乡镇(街道)综合文化站,村综合性文化服务中心和民族民俗文化旅游资源丰富的旅游服务中心开展试点。全国各省市都积极推动文旅融合试点的评选报审工作,并在一年内,通过试点,积极探索各地公共文化机构与旅游服务中心服务功能融合的路径和方法,形成一批特色做法和典型经验,逐步在全国范围内推开。

截至 2020 年 5 月,全国共有 172 家单位入选为国家级试点单位,入选的文化站占比约为五分之一,如四川德阳市旌阳区孝泉镇综合文化站、山东费县薛庄镇综合文化站、江西上饶市婺源县清华镇综合文化站、陕西安康市石泉县后柳镇文化站等一批有着独特历史文化特征的文化站,它们或处于乡村旅游景点,或承载着当地历史民俗文化的厚蕴,又或是具有创新精神的基层探索者。

在此背景下,文化站融入乡村振兴发展是大势所趋。过去一段时期,文化站的服务效能一直困扰着基层,大部分文化站的工作处于被动适应的局面。但文化站通过挖掘特色文化,开展文化服务活动,为乡村旅游注入文化品质,从而带动旅游市场甚至文化产业的发展,各方面的受益是实实在在的,文化站的服务对象多了游客这一群体,服务职能进一步拓展,服务理念要更开放多元,工作机制也需灵活多变,文化站必然要在新的机遇前调整自己的位置,主动拥抱新的使命,为共同促进基层文旅融合、打造文化旅游服务品牌等方面进行积极探索。

三、从文化资源走向文化叙事——文化站作为文化叙事者的定义与价值

(一)文化与叙事关系

文化是由叙事活动建构的,"叙事是一种文化理解方式,因此,叙事学是对于文化的透视"。美国后现代叙事学理论家马克·柯里在《后现代叙事理论》为文化叙事做出解释:文化是叙事活动建构的,叙事是建构文化世界的基本方式。换句话理解:文化是内容本质,叙事是建构呈现,二者一币两面相互统一,这也意味着文化叙事具有十分丰富多样的切入视角、层面和模式。

中国传统文化的血脉和根基与农耕文明紧密相连,几乎每一个地方都有独特的传统文化资源,从文化价值来看,这些传统文化闪耀着的智慧、思想、审美永不褪色。促使文化资源走向文化叙事,把这些隐形的文化信息重新梳理挖掘出来,通过历史文脉和文化叙事的梳理,把内在的文化精神提炼出来,让文化发出声音,传播价值,展现魅力,就必须提升叙事能力,只有从文化资源走向文化叙事,才能真正塑造一个有灵魂、有温度、有活力的文化母体,也才能真正吸引别人来感受、品鉴、回味。

(二)文化站作为"叙事者"的定义

文化站作为乡镇一级重要的公共文化服务机构,在本文中,其叙事者的身份定义为:

是一个地区文化故事的主要阐释者和讲述者,通过对文化的挖掘、整理,以丰富多彩的呈现方式,将文化有形化和具象化,深入确认该地区文化与故事、故事与人之间的内在关联,从而以更直观的形式让村民和旅游者对其进行感知、体验,为乡村旅游构建好当地文化形态与场域。

(三)文化站作为乡村"文化叙事者"的价值

1. 乡村文化认同路径的构建

第一是强化自我的认同。乡村旅游的生命力正在于乡村的原生态与习俗,农民是乡村文明最具资格的叙事者。乡镇文化站做好当地文化挖掘、传承、保护以及推广工作,其本质就是一种文化自觉自信的建立过程,同时,也是农民文化主体身份的确立过程,让居住在农村的百姓有幸福感和文化自我认同感,并在此基础上引导农民建立具有自主性和伸展性的现代乡村文化新认同,是文化站开展文化工作的基本立足点。

第二是增强他者的认同。文化的自我认同可以带来审美引力,文化站发挥好基层文化的主要阐释角色,并在这种叙事过程中充分展现魅力、活力和特色,坚定的文化自信会形成强大的文化聚力,吸引更多人来参与、了解,感受,进而产生他者的认同,自我认同与他者认同合力构建好乡村文化路径,为旅游提供内生力量。

2. 乡村文化场景的营造

依照美国芝加哥大学克拉克教授提出的文化场景理论,文化场景主要有五大构成要素:社区、建筑、人群、文化活动、公共空间,这五大要素是整合了建筑、空间、活动所体现的审美趣味、价值观、生活方式和体验等文化性要素。

笔者认为文化场景营造是促进乡村文旅融合的一个重要手段。从建筑和空间的角度来看,一个乡镇的文化站建筑往往是当地较为富有文化甚至美学意义的坐标,如成都崇州市等地具有川西民俗特色的文化站,安徽全椒县一批体现出徽派建筑风格的文化站,这些文化站具有较好的文化品位,反映了一个地域的审美取向,某种意义上可以成为当地旅游的一个景观符号,对游客产生特殊的吸引力。从文化活动、社群的角度来看,文化站作为一个公共空间,常年开展"美育"或特色文化发掘、传承活动,能潜移默化地营造出本地区人与文化的互动关系,塑造一个有文化内核的旅行目的地,使游客产生一种精神上寻根皈依感。

3. 乡村文化旅游市场的推介

一是文化站作为乡镇公共文化服务机构,可以更好地整合当地的文化信息,图像、文字、影像激发游客对旅游目的地文化感知的欲求。

二是文化站作为文化内容产出者,可以采取创新性的叙事手段,将本地传统文化资源塑造、设计成旅游文化产品,将乡村文化转化为旅游文化,为游客所欣赏、消费。

三是文化站充当着文化交流的桥梁角色,在村民和游客之间建立联系,是"主—客"互动的桥梁和纽带。文化站丰富的文化活动和良好的服务可帮助建立当地在旅游者心中的感知形象,更好地带动客源地文化和旅游目的地文化之间的友好交流,从而使旅游者更充分地与旅游目的地文化融合,丰富旅游经历。

四是文化站借助现代传媒手段,增强数字叙事能力,如成都市的"文旅E管家",全市300多个文化站可通过这个网络数字平台,更新和发布文化站第一手信息,为乡镇文旅宣传提供内容和渠道。

四、两个经典案例引申出的范式研究

(一)成都蒲江县甘溪镇文化站——诗意表达营造的田园梦想

甘溪镇文化站算是充满诗意栖居、最具文艺气质的典范,与辖区内明月村一起,共同营造了田园梦想般的生活,成为乡村文旅融合的最好表达。

首先是文化站建筑自成一景。文化站在规划上聘请了上海知名设计师,以"回归"为主旨作为甘溪镇文化站的设计理念,将文化创意与自然体验相融合,站内设置有图书馆、多功能厅、培训教育室,以及与之配套的5个艺术展览室,每个空间都有开放、流动的自然景观,茶田、杨树、荷塘与石墙一起,形成丰富的视觉体验,村民和游客能在此感知自然生生不息的变化,感受文化与建筑、自然与心灵的有机融合,仿若美在流动。甘溪镇文化站在2015年建成开放后,被当地村民亲切叫为"石头房子",成为当地富有美学意义的文化景观,吸引着无数文艺青年前往旅行打卡。

其次是镇村文化联动,合力阐释着"乡村生活的另一种可能"。甘溪镇文化站除了开展站内日常公共文化服务,其突出特征还在于镇村联动,甘溪镇文化站大力加强辖区内文化活动组织、文化产业推广与宣传等全域性的工作。一方面深入挖掘本地文化资源,举办箭塔年猪祭、中秋诗歌音乐会、藕塘"鱼米飘香"农民丰收节等形式多样的文化活动,打造具有甘溪特色的文化品牌;另一方面文化站与明月村的"明月讲堂""明月夜校"等积极联动,发挥民间艺人、文化能人以及新村民的示范带动作用,积极开展"文化下村"为村民提供草木染制作、陶艺制作、蒲草编织等培训,村民的艺术审美素质得以提升,营造出乡村美好文化体验场景,成为城市人向往的诗意栖居。

短短几年,甘溪镇成为成都人的旅游热地,而明月村崛起为传说中的浪漫田园、文艺圣地,年接待游客量18万人次,先后获评中国乡村旅游创客示范基地、全国乡村旅游重点村等四十余个荣誉称号。

(二)湖北恩施市三岔镇文化站——非遗叙事引来的文化猎奇

恩施市三岔傩戏起源于两千多年前,是原始宗教祭祀的活动,后来逐渐成为人们表达美好愿望、自娱自乐的民间艺术形式,被誉为"中国戏剧的活化石"。恩施市三岔镇文化站立足于深厚的傩戏文化,充当好这一文化的"阐释者"和"展示者",将当地的傩戏传承发扬光大。傩戏神秘又风趣多变的表演形式,吸引了全国甚至日本、美国、新加坡等国的不少慕名来学习观光的人士,满足了游客求新、求异、求奇、求趣、求美的心理,引发了一股文化猎奇热潮,是将传统文化资源推向文化叙事的一个成功典范。

其一,文化站是功能发挥的主角。傩戏之所以能吸引大批旅客前来文化观光甚至猎奇,也受到本地村民青睐,除了当地党委政府的高度重视,还有一个重要原因就是乡镇基层文化站对傩戏的长期地发掘、推广与传承,三岔镇文化站是傩戏最直接的发掘、整理和传承的主管部门。文化站长年举办"撒叶儿嗬"、民间吹打乐、山民歌等培训班,让傩戏进课堂、进社区、进农家,组建由土生土长的农民组成的演出队,并找到一班年轻人,让传统文化得以薪火相传。同时组织开展一系列有特色、有品位、有影响的文体惠民活动,创建了以"傩文化""土豆花儿开""祭猪"等为代表的一系列有影响力的文化品牌,将傩戏打造成一道必不可少的民族文化大餐,每遇重要节庆日,三岔傩戏团必到场助兴。三岔镇的傩戏演出,每年平均在 100 场次以上,观众达 15 万余人次。

其二、文化站站长是灵魂。三岔镇文化站站长邓永红,本身就是傩戏第 28 代传承人,大师谭学朝的 8 个正宗徒弟之一。他以双重身份,一方面自己付出大量心血,带领弟子,传道授业,并在内容上改进傩文化,去粗存精,同时不断探索丰富傩戏的表现形式,让傩戏更具有欣赏性,呈现旺盛生命力,让游客通过傩戏表演去触摸和感受千年前神秘的祭祀仪式;另一方面他作为站长,让文化站的功能发挥得淋漓尽致,把傩文化作为一个突破口,引导文化站去探索文旅整合的新动能,为当地旅游经济发展做出贡献。

正是由于傩戏的带动,三岔镇文化站先后被评为"湖北省先进文化站",三岔镇被评为"湖北省傩戏之乡"。傩戏现在成了促进文旅融合的金字招牌,引来中央电视台、凤凰卫视、湖南卫视、江苏卫视、贵州卫视以及《中国文化报》《湖北日报》等媒体争相报道。三岔镇的傩戏名声在外,成了游客必去品味的文化大餐。

综上所述,本文从理论上,论述和确认作为文化叙事者身份的文化站,在实践中,通过两个成功案例分析进一步揭示了文化站在文旅融合中的职能转换与重构,以及其中包含的可行性的推广策略。一个乡镇或村,如何实现本土文化对旅游内涵的深度融合与深层表述,离不开文化站发挥的作用。下一步,可将首批纳入公共服务机构功能融合试点单位的文化站做一个系统分析,为进一步促进乡村文旅融合,带动旅游经济发展提供具有普适意义的机制与路径。

参考文献

[1] 梁丽方,谢雅丹,于萌. 文化:旅游原动力:基于旅游开发与规划视角 [M]. 成都:四川大学出版社,2015.

[2] 郭凌,杨启智. 乡村旅游开发与乡村文化变迁 [M]. 成都:西南财经大学出版社,2014.

[3] 柯里. 后现代叙事理论 [M]. 宁一中,译. 北京:北京大学出版社,2003.

浅述社会化运营文化馆（站）的发展与探索

张　春［北京市海淀区文化馆（北馆）］

社会化运营文化馆（站）是一个大的概念，目前国内的社会化运营存在多种形式，包括理事会制、社会化集资、私人个体文化馆等。本文所指的社会化运营是政府投入资金购买文化服务的形式，就是在政府建立的公共文化服务设施基础上，由财政持续进行基础资金保障，由政府通过招投标以购买服务的方式进行运营管理的文化馆（站）。

推进公共文化服务社会化发展，是构建现代公共文化服务体系、促进公共文化服务提供主体的多元化和提供方式的多元化，也是为深入贯彻落实中央"要深化文化体制改革，完善文化管理体制，加快构建把社会效益放在首位、社会效益和经济效益相统一的体制机制"要求。目前，北京市现有的文化馆（站）有进行整体服务外包的，也有按照部分项目进行服务外包的，无论是哪种方式，都实现了从"办文化"到"管文化"的转变，大大提高了首都公共文化服务效能。

一、社会化运营的优势

社会化运营文化馆（站），首先实现了多样化服务和社会文化社会办的理念。群众文化是为了满足百姓对文化的需求，通过文化艺术手段来提高全民素质的社会文化形态，由社会化运营文化馆（站）带来了服务的多样化优势，因此社会化运营文化馆（站）突出了服务功能。其次，保障了文化馆（站）的基本定位。文化馆（站）是政府设立的，在满足群众文化的基础之上，是提高全民素质的一个平台，它代表着政府的导向，突出政府的引导和监管职能，同时突出文化馆（站）的服务。最后，突出竞争机制。竞争机制包括外部竞争和内部竞争：外部面临运行不好就被淘汰的危机；内部突出了岗位考核，打破了大锅饭的现象。下面通过对海淀区文化馆（北馆）和鲁谷街道文化中心的运营实践来阐述观点。

（一）在保障基本文化需求服务的基础上突出多样化

海淀区文化馆（北馆）社会化运行过程中在向社会提供培训、展览、讲座、文艺演出等基本的公共文化服务产品同时，也不断地开拓和探索服务内容的丰富和服务形式的多样化。基层公共文化服务的特点是服务对象多样化、个体化，需求也是多元化的。因此，运营企业以政府为主导核心，主动适应社会合理需求，在服务周边百姓的活动中创建了"首都市民音乐厅"品牌活动；与实创集团签署了战略框架协议，连续三年举办了为驻区企业员工开展的"文艺秀"活动;2019年春节前与图书馆合作开展了"双馆齐下,文化走亲——新春文化服务进企业"活动。海淀区文化馆(北馆)通过这些建立了自己的文化活动品牌,所开展的活动也非常适应海淀北部地区高科技公司多的特点,极大地促进了科技与文化的融合,提供了高品质、多样化的公共文化服务产品。

(二)在政府的引导下保障文化馆的基本定位

文化馆(站)作为政府主导设立的公益性文化场馆,是服务区域内百姓开展群众文化活动的中心。随着社会经济的不断进步,百姓精神文化需求的不断提高,文化馆(站)更加突出了在公共文化服务体系建设中的重要地位。海淀区文化馆(北馆)位于海淀北部地区,建筑面积1.5万平方米,服务海淀北部地区乡镇和新建的科技园区;原有的体制内海淀区文化馆还在海淀黄庄,服务的是中心地区的百姓和企事业单位,区域不同,但是服务内容相同;鲁谷街道文化中心是由位于不同地点的中部(含图书馆)、南部、北部三个场馆组成,面积合计为2134平方米,在运营过程中都保障了免费开放和错时开放。场馆在政府的引导和监管下,无论是开展培训、演出等文化活动,都坚持了为百姓服务的定位,坚持把百姓满意作为根本。几年来海淀区文化馆(北馆)收到群众的表扬信件4000多件,百姓赠送的锦旗牌匾挂满了会议室,每年两次的群众问卷测评满意度均达到98%以上。

(三)丰富的管理模式极大地提高了服务效能

海淀区文化馆(北馆)是实现全方位社会化运营管理的区级文化馆,在不到4年的时间里共计开展各类文艺培训班16期,办班1198个,其中老年班124个,少儿培训班333个,培训人次达到了26.84万;举办书画影等各类文化作品展览31个,巡展5个,参观人次达到8.79万;开展各类文艺演出等公益活动687场,服务百姓52.07万人次;对52支群众文艺团队进行辅导和提供场地服务,服务人次达到12万;接待国内外参观来访调研193批次,接待人次超过万人;在疫情期间为了满足百姓的需求,将15期培训剩余课程全部改为网上授课,第十六期课程都是网络课堂。舒适的场馆建设加上运营机制的灵活,平均每年的服务人数都超过了30万人次,优质高效地保障了周边百姓的基本文化需求。

鲁谷街道文化活动中心在运营的一年时间里,举办了10场文艺演出活动;开展音乐、舞蹈、绘画等文艺培训班409个;进行各类群众文体活动120个;对30支群众文艺团队进行排练辅导,全年各项活动共计服务31183人次。图书馆借阅图书24118册次,图书流转配送16次,服务共计8114人次。开展"正月十五闹元宵花会走街"活动,文艺演出加上灯谜等传统游戏,使百姓体验到热闹的年味儿;开展"春到鲁谷——第十五届和谐鲁谷文化节"活动,在为期4天的文化活动中,不仅有京剧名家演唱,还有北京交响乐团的助阵演出,更有十多支群众文艺团队各展风采,高水准的艺术欣赏加上业余文艺团队的演出,雅俗共赏,其乐融融。

（四）促进了文化馆（站）的竞争管理

现有体制内的文化馆（站）大多都是实行行政化管理，人员有编制，活动有安排，财政有拨款，这种安逸造就了竞争性的缺乏。但是社会化运营就可以参与竞争，与政府一年一签的合同，年终的专家组验收考评，这种来自外部的竞争，给运营企业增加压力的同时也给企业带来了文化服务的动力。还有企业内部的竞争，在岗人员实行月月考核，经费的使用、内部管理的奖惩机制都是建立在做好服务的总前提下，这也是海淀区文化馆（北馆）和鲁谷街道文化中心运营以来零投诉的体现。

二、社会化运营中的一些探索

（一）运营主体应承担起文化馆（站）应有职能

文化馆（站）是面向全社会，组织并开展文化艺术活动，提升百姓文化艺术水平的公益性文化场馆。文化馆（站）自身有着其文化服务的基本职能，同时也承担着非常重要的社会职能。

无论是作为文化馆还是文化站，免费开放、组织开展文艺培训和展览展示活动都是重要的工作之一。作为社会化运营团队，在实现免费开放、开展各项业务工作中，特别是在疫情的特殊形势下，对各项业务活动的延伸和拓展要有所探究，网络课堂、直播赏析节目内容和形式的多样化，才能满足居家人员的文化生活。文化馆（站）要通过实践活动来提升自身的社会职能，提升社会感召力。

海淀区文化馆（北馆）刚刚开馆的前半年，报名参与培训的人流呈爆发式增长。在没有开展网上报名的时候，人潮涌动，随着时间的推移，参加各项文艺培训的人群就相对固定在那些爱好者之中。那么运营团队在免费开放的同时，要拓展培训内容，开拓活动方式，进一步优化文化馆（站）的文化活动，以出精品、增加品牌活动来进一步提升文化馆的品质，同时也提高公众参与者的文化修养，通过丰富免费开放的活动内容，更能吸引百姓及社会的关注度。2019年举办的"2019中国青年歌唱家公益声乐讲堂"活动就非常成功，活动邀请到李谷一、王传越等专家及青年歌唱家为百姓带来12场公益讲座及公开课，极大地推动了周边百姓对歌唱的喜爱。

（二）运营主体要有文化馆（站）的专业能力

文化企业运营文化馆（站），承担起全部的管理和业务工作，就要有相应的专业文化技能和对公共文化服务的理解能力。

按照文化和旅游部对文化馆的考评要求，专业技术人员要包括音乐、舞蹈、戏剧（曲艺）、书法、美术、摄影、文学、其他（含理论研究、网络管理、非遗等）8类。与体制内的文化馆相比，没有编制限制，企业的人员流动性更大，这是弱点，但也是能灵活招聘专业人员的强项。

海淀区文化馆（北馆）和鲁谷文化中心的运营都是在运营初期进行招聘，现招现用，现培养、现学习现象比较普遍。几年来，运营团队鼓励这些专业人员参加社会职称考试，已经有多人通过了考试并取得了资格证书。但是这还远远不够，虽然招聘的都是文化艺术专业院校的毕业生，有相关专业知识，但是他们对公共文化服务还是需要专业渗透，特别是以企业身份从事这项事业，情怀不够，就难以呈现出文化馆（站）应有的服务理念。所以这里说的专业能力一方面是专业艺术技能，另一方面是公共文化服务的理解能力。

（三）政府与运营主体的相互关系

社会化运营文化馆（站）首先是政府行为，主管部门作为主导单位，一是通过协议对文化馆（站）的工作提出具体要求，二是通过监督手段对运营团队进行专业考核，三是进行资金保障。

作为运营主体的企业来说，按照签署的协议履行工作内容和责任无可厚非，但是文化馆（站）是意识形态工作的重要阵地，相关的工作内容和业务活动是没有止境的。因此运营团队要紧跟政府部门的工作部署来开发活动项目，推送与百姓相关的活动内容，双方在以政府为主导的前提下，相互沟通和相互支持才能推动文化馆（站）的公共文化服务高效发展。

有的主管部门领导希望运营团队能够将文化馆（站）做到示范级的优秀馆（站），通过社会化运营有一定的提升度，这是好事。但是工作中感觉抓不到监管的重点，如经常考察工作人员的出勤问题、活动中具体到演出团队的奖品事宜、没有年终的专业绩效考评却对运营企业进行财务收支审计等，这些还是行政单位的内部管理做法。这些误区源于社会化运营管理的思想意识不够解放，同时在招标过程中对于责权利没有清晰的界定，购买流程不标准等。

三、如何在政府主导下促进社会化运营健康发展

（一）培育合格的运营主体

1. 在保障经济利益的同时将社会效益放在首位

文化馆（站）进行社会化运营，政府对运营企业不仅仅是布置工作、完成考评的任务，更重要的是要对运营企业进行指导和培育。企业是追逐利益的，对于运营企业来说要有利可图，企业才能良性发展，那么双方都要去平衡文化馆（站）的公共文化服务社会化效益和运营企业的实际利益，达成共识后要将社会效益放在首位。

政府通过调研，根据本地区的经济和财政状况，计算出包括人员工资、活动经费等费用后，再支付给企业一定比例的利润，这样企业吃了定心丸，有了保障，也有了干劲儿。运营企业避免了找市场的辛苦，就要将工作重点放在文化馆（站）的工作中，发挥自身企业

的优势,一心一意地落实指标任务,树立公共文服务的情怀,推送出有特色的文化活动,百姓满意了,达到政府与运营企业的双赢效应。

2. 加强运营主体人才队伍建设是长久之计

运营团队要想很好地履行文化馆(站)的公共文化服务职能,离不开人才队伍的培养和建设。作为运营团队,无论从企业发展角度还是文化馆(站)发展的角度,都要做好培养专业人才的计划,特别是文艺创作人才、活动策划人才和现代化的网络应用人才,对于这些人员要用得好,留得住,给予他们晋升的空间。要确保人才队伍的专业性,用他们具有的专业服务能力,细心地为百姓开展特色活动。要提高团队的凝聚力,奖惩并用,激发专业人员的工作动力,就会更好地突出文化馆(站)的专业性及主体地位。

(二)建立长效的运营管理机制

第一,建立基本构架,由政府主导、企业运营、服务对象、监督方反馈监督构成;第二,明确基本标准,以国家一级馆的标准实现服务创新;第三,形成契约化规范,根据标书中的服务目标、服务内容、工作标准来保障服务的水平和质量;第四,加强标准化和制度化建设,建立和完善各项规章制度;第五,建立综合监督体系,包括政治监督、行政监督、财政监督、纪检监督、社会监督等。海淀区文化馆(北馆)运营了将近4年,这套运营管理机制发挥了重要的作用,把体制的规范性与企业的灵活性有机结合起来,注重加强运营团队建设、馆内部门设置、服务质量的管理,建立了长效运营管理的新机制。

几年来,社会化运营文化馆(站)的实践说明社会化运营离不开政府的引导,文化馆(站)的服务宗旨是满足人民群众的精神文化需求,其核心体现了人民性,政府的引导和监督都体现出了管理的丰富性和服务性。政府在提出"文化为民""文化惠民"的过程中,要改革创新,快速提升基层文化馆(站)的服务效能,也要依靠社会力量,通过企业的高效运转来提供高品质的文化产品,二者缺一不可。社会化运行文化馆(站)是公共文化服务发展的必经之路也是必然之路。

文旅融合发展背景下文化馆（站）的服务路径

杨代林（湖北省潜江市文化和旅游局）

张海丰（湖北省潜江市群众艺术馆）

当前，文旅融合发展已成社会的热点话题，也是文旅事业寻求高质量发展新突破的时代变革。文旅融合对于贯彻落实乡村振兴战略，提振地方经济，推动社会繁荣发展，促进农村农业产业结构调整和和谐社会构建，开启大格局全域旅游新局面，满足人民群众日益增长的精神文化需求，都具有十分重要的意义和作用。

一、形势与背景

中华拥有五千年文明，文化和旅游资源积淀丰厚。如何将文化和旅游资源优势转变为发展优势，一个重要的途径就是推动文化和旅游的深度融合。近年来，随着文化旅游、全域旅游概念的提出，主题公园、民俗聚落、休闲农业等新兴的文化旅游业态逐渐兴起，文化和旅游呈现出多层面、多领域的相互融合态势。事实证明，文化融入旅游，文化的渗透性、创新性和无限延展性能大大提升旅游产业本身的价值，充分激发旅游的市场竞争活力。缤纷多姿的新旅游产品带给人们全新的文化生活体验，也将人们带入一个全新的旅游经济时代。

有人很形象地表述说，文旅融合趋势下的文化和旅游就是"诗与远方"，文化可以更好地走向"远方"，旅游也可以更有"诗"意。据联合国世界旅游组织统计，全世界约有37%的旅游活动涉及文化因素，文化旅游者正以每年15%的幅度增长，文旅融合已成为必然趋势。2017年，联合国世界旅游组织重新定义"文化旅游"概念，"文化旅游"的基本动机是学习、发现、体验和消费旅游目的地的物质和非物质文化景点。顺应时代的变革大潮，党中央、国务院及时做出推动文化产业与旅游产业融合发展的决策部署，要求在稳增长、调结构、促改革、惠民生的背景下，进一步推动文化产业与旅游产业深度融合。

二、文旅融合发展背景下文化馆（站）的角色定位

文旅融合，基层文化馆（站）扮演什么角色？文化馆（站）从业人员如何将地方文化元素融入当地旅游生活并促进当地旅游的发展？这是基层文化馆（站）及其从业人员面临的新课题、新挑战，也是时代赋予广大群文工作者的责任和使命。

对于广大群文工作者来说，文旅融合既是新挑战也是新机遇，文化馆（站）要应时而动，抓住这新一轮发展机遇，主动作为，转变身份，深入调查研究，创新工作思路，以独到的艺术眼光创作，辅导适应文旅融合发展的文艺精品，传播正能量，讴歌新时代，唱响主旋律。

其一，基层文化馆（站）要以文化使者的身份为文旅融合推波助澜，彰显文艺工作者的新担当新作为。

其二，文化馆（站）文艺工作者要紧跟形势，开展跨界创作、辅导和培训，积极打造文旅融合繁荣发展的艺术品牌。

其三，文旅融合要善于"造秘山水，情景变现"，文化馆（站）要释放自身能量，用情景讲好文化故事。

总之，文化馆（站）从业人员、广大基层文化工作者应以新的姿态、新的作为和主人翁的角色定位，主动融入乡村振兴和地方旅游事业发展，以丰富广大人民群众积极健康向上的精神文化生活为己任，顺应地方文旅融合新形势，迎接新挑战，担当新使命。

三、全域旅游框架下文化馆（站）的服务路径

我国改革开放已经历四十年的风雨长途，国民经济一路突飞猛进，随着城乡大众生活逐步向小康迈进，全域旅游也成为当今地方政府部门政策规划的热点，文旅融合已是必然趋势。在全域旅游框架下，文化馆（站）旧有的服务模式已不能适应新时代发展的要求，必须突破瓶颈，创新服务路径，满足物资丰盈的当下城乡民众的精神文化生活需求。尤其在实施乡村振兴战略的今天，基层文化馆（站）更要应时代之变人民之需，着力于服务转型，转变新角色，探索新路径，实现新作为。

（一）携手景区，推送演艺，"舞"动旅游

旅游景区主要包括自然生态类景区、历史人文类景区、主题公园类景区、社会活动类（度假）景区等。山川地域，风物有别。旅游源于人的猎奇心理动机，不同地方有不同的自然地貌、历史文化、风俗民情、饮食习惯，一睹不同地域的风物趣味，正是激起人们旅行观赏意念的根本所在。这就像流行语说的那样：世界那么大，我想去看看。景区广泛分布于城市和乡村，在充满着"诗意的远方"，无论是自然形成还是人造的风景，都能激发起人们追慕向往、一探究竟的欲望。多年以前，人们所理解的景区就是一个独立的存在，人们只是把它当作一个观赏对象而已。在生活日益物质化的今天，各地景区出现了许多新的变化，其中一个突出的变化就是在景区推送演艺活动。应该说这是一种积极的策略，不仅拓展了游客玩赏的渠道，也不失为市场经济时代利益分享的举措。比如不少地方在景区举办的地方特色歌会，还有各种充满着地域民俗风情的演艺活动等，通过借力于乡土文艺表演人才，提升吸睛内涵，以达到娱乐游客的目的。一段时期以来，随着社会力量文化参与的推广，基层文化馆（站）受体制和市场经济的冲击，履行职能的能力遭到削弱，有的甚

至被逐渐边缘化。面对这种局面,文化馆(站)从业者应有危机意识,从服务方式上寻求突破。当前的文旅融合发展,无疑给基层文化馆(站)带来了新的机遇,因此要大胆走出馆、站、所,主动作为,携手景区,推送演艺,"舞"动旅游。这样不仅能使文化馆(站)的职能得到彰显,还能通过与景区联手,实现服务双赢。

(二)以乐娱众,为旅游项目加持文化体验

近年来,体验式旅游逐渐成为景区项目打造的热点之一,所谓体验式旅游,即以强调游客主观感受为目标,在规划设计上尽量为游客提供个性化、情感化的自主娱乐休闲方式。现代生活节奏不断加快,旅游者已不再局限于游山玩水,而是远离尘嚣,享受大自然的闲适,放松身心,放飞自我。当下比较流行的体验式旅游项目很多,比如采用声光电等科技手段置入的游客参与互动、体验式文体活动,还有乡村旅游节目中的民宿、农家乐等。在文旅融合发展背景下,文化馆(站)如何以乐娱众,群文工作者要创新思路,拓宽渠道,在服务方式上做文章。除了把表演带入旅游活动,还可以设计一些娱乐节目、使用道具手段,把游客变成表演者,如编排歌舞、提供表演服装和器具、融入乡土文化的小戏小品等,让游客有兴趣参与,在情景体验中感受地方文化与文娱之乐。在体验经济时代,基层文化人要善于抓住游客的视觉、味觉、嗅觉、听觉、触觉,为游客制造兴奋点、新惊喜。休闲体验活动重在创意,独特的创意会带给人们独特的文化体验。

(三)搭建移动舞台,引导民众精神文化消费

文旅融合背景下,基层文化馆(站)要以活跃的文艺舞台,引领民众精神文化消费。要充分利用城镇广场乃至田间地头与农家院落,以"文艺大篷车"搭建移动舞台,创造性地开展送戏下乡活动,通过文艺演出与旅游相互融合,推出富有地方特色的农民文化节、全民广场舞展演、百姓舞台秀、乡村春晚等,用丰富的文化盛宴让基层百姓共享文化成果,满足群众精神文化需求。要以文化融入乡村振兴,巧借文化广场搭建起"美丽乡村大舞台",开展形式多样的文体活动,让越来越多的群众参与到活动中来,展现新时代农民丰富多彩的精神文化生活,展示美丽乡村画卷,传播优秀乡土文化,让精神文化消费成为新时代农民生活的时尚追求,引领乡村文明新风,助力乡村文化振兴。

(四)文旅融合,打造乡村旅游品牌

十九大报告提出实施"乡村振兴"战略,"乡村振兴"不是一个单纯的经济议题,而是涵盖了经济、社会、生态、文化多个领域,通过文旅融合,开发乡村旅游路径,建设美丽乡村,这些都是被纳入全域旅游框架下的话题。文化馆(站)主要职能是做基层文化服务,如何让文化融入美丽乡村建设,是当下文化馆(站)肩负的重要使命。乡村振兴,文化扶贫,文化兴农,基层文化工作者义不容辞。农村遍地都是资源,田园风光、河川风景、地方历史、民俗节庆、传统民居、农耕文化、民间传说、乡土特产等,都可以从文化的层面来进行开发。文化馆(站)要充分发挥文化辐射功能作用,把文化服务做到田间村组,做到老百

姓家中,要帮助村民挖掘文化元素,谋划文化经济"卖点",打造乡村旅游品牌。乡村振兴不能一味地追求现代化,在发展休闲农业的同时要保留农村的原生态符号,比如地方民俗风物、传统技艺和传统生活饮食习俗等非遗文化,凭借文化创意提升乡村旅游品牌价值,让游客找到内心认定的乡村、乡味、乡情、乡俗,结合农家乐、生态采摘、建非遗小镇等,通过乡村旅游与"三产"融合的方式,带动农民创业,促进农民增收,探索出乡村崛起的可持续发展路径,推动以绿色发展为导向的乡村振兴真正落地实现。

文旅融合背景下,文化馆(站)要在服务理念、服务内容与服务方式上转型求变,以提高人民群众精神文化获得感和幸福生活指数为目标,大力拓展创新型文化惠民服务渠道,深度挖掘地方历史,讲好乡土文化故事。文旅融合的关键取决于行业人才培养与文化创意创新,这是推进文旅事业深度融合的智力支撑。新时代的中国文化和旅游业将承载着公共价值创新、产业价值创新和文化价值创新三重使命,文化馆(站)应积极探寻文旅融合的服务路径,这是时代要求,也是责任所系。

文化馆服务与精准扶贫深度融合的策略研究

覃　尔（广西来宾市群众艺术馆）

高质量社会发展背景下,文化成为人们生活中必不可少的因素。进入新时代,推动基层公共文化服务设施均等化发展,满足社会文化需求,打造高质量、全覆盖、深层次的文化服务成为公共文化服务的必然趋势[1]。以文化服务为中心,推动文化服务与精准扶贫深度融合不仅是精准扶贫的客观要求,更是文化强国战略的必经途径。文化馆是我国公共文化服务重要的载体,将文化馆服务与精准扶贫相结合是满足贫困地区文化需求的重要途径之一,这样不仅可以激发文化服务活力,还能增强贫困地区"造血"功能、阻断代际传播,推动社会和谐发展。

一、我国贫困地区文化馆公共文化服务政策演进

（一）精准扶贫与文化强国战略融合发展

随着我国精准扶贫工作纵深发展,我国贫困现象得到大幅度缓解,在推动精准扶贫工作同时将文化强国战略协同起来,保障贫困地区的公共文化权益。"扎实推进社会主义现代化文化强国建设,下沉文化基础设施和服务,加快推进文化基础设施建设,加大农村地区和欠发达地区文化服务帮扶力度"是新时期公共文化服务体系建设的重要目标。随后,《文化部"十二五"时期公共文化服务体系建设实施纲要》明确制订了文化援助帮扶计划,进一步加大了贫困地区公共文化服务体系建设和帮扶力度[2]。在《关于推进基层综合性文化服务中心建设的指导意见》《中华人民共和国公共文化服务保障法》《"十三五"时期文化扶贫工作实施方案》等法律政策指引下,精准扶贫与文化扶贫措施进一步融合。

（二）文化馆在精准扶贫中的实践

文化馆在国家系列精准扶贫政策体系指引下,不同地区文化馆结合贫困地区实际情况,差别化制定了相应的帮扶措施[3]。部分文化馆将缩小城乡差距、补齐民生短板作为工作重心,将城乡、区域和不同群体之间的公共文化发展差异统筹起来,制订了以文化馆为中心的帮扶实施方案。将文化扶贫与产业扶贫、思想"造血"、代际扶贫等结合起来。

同时,一批以旅游和文化相结合的文化产业帮扶措施涌现出来,将区域文化、历史文化遗址、村镇民俗文化保护、文物保护开发等结合起来,充分发挥区域特色,确保各项文化

保护措施精准落实。以文化馆为核心的文化帮扶措施积极向农村下沉，实现文化引领带动产业发展新模式。以县级文化馆和地区公共文化服务中心为主体，改进和帮扶了大批乡镇文化站、乡村文化服务中心，将区域文化和文化馆服务指导工作结合起来，提高公共文化服务指导力度。将文化馆志愿者指导队伍和基层文化需求统筹结合，建立一支专职基层文化志愿者服务队伍，将文化普及、文化宣传落实到村、户。

（三）文化馆在精准扶贫中的作用

文化馆是落实国家政策，推动地方精准扶贫战略转型的重要载体，文化馆在精准扶贫中的作用主要体现在以下三个层面：

一是从政策执行到文化帮扶精准落实。文化馆能够将国家政策与精准扶贫实施中出现的具体问题落实到位，最大限度地满足区域文化扶贫需求。党的十八大以前，公共文化服务强调供给量，但是在党的十八大以后重点强调了文化服务精准投放量，实现公共文化保障服务精准落实[4]。此种背景下，文化馆的主体作用可以被充分发挥，将文化帮扶措施精准到位。

二是从被动文化供给到主动文化服务。文化馆本身具备公益属性，服务社会是历史赋予的崇高使命。推动文化馆文化服务走出去，是将文化服务统筹到精准扶贫战略的具体体现，可以满足贫困地区和贫困居民的文化需求，从思想上转变脱贫导向目标。

三是"扶智"与"扶志"精准融合。从唯物辩证的角度上来讲，将扶贫内因和外因结合起来，不仅要重视内在因素对精准扶贫工作的决定性作用，还必须将外界因素的影响融合到精准扶贫战略中去。强调了以脱贫对象为核心的内在因素和活力激发，从根本上解决脱贫动力问题[5]。文化馆本身具备一定的精神属性，将文化馆作用到精准扶贫工作中，可以将扶贫内在精神动力和扶贫工作实际结合起来，保障精准扶贫活力。具体工作中，可以有效地将"扶智"与"扶志"结合起来，共同形成脱贫的内生动力。借助文化馆资源将贫困人口自身脱贫志向"帮扶、树立"起来，增强贫困群体脱贫的主动性。扶智就是要有效地培养贫困农村人口在市场经济中依靠自身的智力实现市场参与和竞争，在市场中寻求自身的生存之道，简单来讲就是要将贫困人口依靠自身掌握的知识和技能、实现自主脱贫的智慧，更好地运用到市场经营中，创造市场生产价值[6]。

二、文化馆服务与精准扶贫深度融合的策略

（一）立足文化宣传载体，扶好贫困"志"

扶贫工作文化先行，借助文化工作增强贫困居民主动脱贫的意愿，只有主动形成脱贫的意志，才能从思想深处改变传统"等、靠、赖、要"的状态，从民族自信和伟大历史复兴的状态下主动实现脱贫目标。扶贫不扶志，就算短暂的扶贫工作得以消除，最终还是会走上返贫的道路。脱贫不是一时的问题，而是一项战略性和长远性的工作。文化馆精准扶贫

之路必须将文化需求和文化载体结合起来,塑造主动脱贫志向。

文化馆作用到精准扶贫思想理念转变中,可以从以下几个层面入手:一是以文化馆数字化平台为载体,融合思想宣传教育。做好精准脱贫工作的宣传力度,让精准脱贫户知晓自己享受到的实惠政策,要自主地发挥内在动力,破除贫困现状。通过多种文化活动,将脱贫理念、脱贫文化作品融合到文化活动宣传中,从思想上转变贫困地区、贫困居民的脱贫理念和思想。二是脱贫必"增智",提升造血能力。本文建议文化馆增智工作主要从以下两个方面入手:一方面推动文化馆智慧引导,将贫困居民的脱贫意愿和思想转化成动力与技术,拓展自主脱贫的决心。另一方面,将脱贫动力和智慧延伸到下一代,改变教育愚昧,实现知识创新教育,激活贫困居民脱贫信心。

(二)打造立体化舆论氛围,导好脱贫"向"

营造精准增收舆论宣传氛围。舆论宣传是精准脱贫工作顺利实施的重要保证,将社会资源和政策形势统一到增收战略工作中,实现思想和行动统一,确保精准扶贫增收政策落实[7]。当前,我国精准脱贫工作已经进入了最后的攻坚拔寨冲刺期,强化精准脱贫战略导向工作,有利于凝聚各方意识,统一思维、形成增收合力。文化馆在具体舆论宣传工作中,要重点突出舆论宣传的重点,将精准脱贫中的政策深入宣传到贫困群体中,造成家喻户晓的增收氛围。选取精准脱贫典型案例,以农村地区文化服务中心和乡镇文化站等为载体,发挥文化馆宣传作用,通过经验宣传和现身说法的形式增强精准脱贫户增收信心。在对社会群体的宣传中,重点强调精准脱贫增收工程并不是政府或者乡镇单方面的事情,需要全社会共同努力,补齐民生发展短板,实现共同奔小康的目标。具体到宣传方式上,建议文化馆创新宣传方式,将"互联网+"的宣传模式和农民夜校宣传模式相结合,开展生活性文化引导宣传工作。

(三)发挥文化教化功能,夯实扶贫"智"

文化馆要想在精准扶贫工作中做好扶智工作,必须从以下几个方面入手:一是做好文化馆文化服务基础设施保障工作。重点落实贫困地区的早期教育,精准扶贫工作抓早抓小,将娃娃教育和农村居民继续教育工作协同起来,帮助树立正确的脱贫观念,增强农村贫困地区智慧,点亮脱贫动力。搭建文化馆教学培训平台,增强学习载体。为贫困户提供学习的场所,更好地接受先进教育水平和知识的能力。通过多种教育形式,坚决阻止隔代传播的贫困现象。二是以产业为中心做好脱贫能力培养。让贫困人口能够掌握具体的生存之道。文化馆主要做法是:坚持产业发展是贫困户长远脱贫最有效的保障,秉承"长期靠产业、短期靠养殖"的思路,坚持做好扶贫产业带动机制[8]。发挥乡村资源,加大乡村旅游资源和旅游文化宣传动力。在乡村发展休闲农业、乡村旅游业,引进社会资本,吸引外来客流量,不仅为贫困乡村提供了产业支撑、增加就业,还在乡村形成了新型的产业消费,这实质上也是给贫困户输血的过程。三是通过文化教化消除贫困人口生活行为中非理性决策的行为。文化馆日常服务中需要针对贫困者在日常决策何种的偏差行为,将时代政策和理论及时深入到贫困群体心中,促进其在生活中做出理性决策。例如:在日常消费行为中,树立正确的消费观念,将更多的政策资金运用到"造血"功能的恢复中,不断增强自身的经济实力和应对风险的能力。四是积极采取综合措施激活贫困群众所接受的各种脱贫知识和理论成果。将脱贫理论和经验转化为脱贫致富的实际行为和动力。通过文化馆专家开展有关经验技术的讲座增强贫困居民技能,实现长远发展和持续发展的目的。不断增强群众自我发展的理念,将实际所学结合起来,积极寻找脱贫道路,用好用活各项有利于脱贫的专业知识和智慧成果,及时摆脱生活中贫困的现状。

三、文化馆服务与精准扶贫深度融合的保障措施

(一)组织保障

组织保障是文化馆服务与精准扶贫深度融合的基础,精准扶贫工作中必须坚持统筹思想认识、组织领导和落实措施,确保文化馆各项服务落实到位。一是思想认识到位,解决好文化馆服务与精准扶贫深度融合认识问题。深化文化扶贫理念,将文化馆服务与精准扶贫深度融合的重要性深入到文化馆内部,从思想源头上做好文化馆精准扶贫工作的重要性,以此更好地保障各项工作落实。二是组织领导到位,解决好具体工作层次问题。各级文化馆必须高度重视文化馆服务与精准扶贫深度融合发展与创新,把统筹馆内资源、补齐脱贫工作短板作为工作重点,注重优化配置馆内资源。三是措施落实到位,解决好文化馆服务与精准扶贫深度融合落实问题。文化馆内部必须签订工作落实责任书。形成自上而下的工作考核办法与责任处理办法,力促文化服务工作落地生根

(二)资源保障

将各级文化馆统筹到精准扶贫中来,充分发挥地方文化馆承担地方经济发展和文化发展的主体责任。通过国家政策的引导,将地方文化馆资源运用到精准脱贫战略中。积极借鉴国内外先进扶贫经验,将文化内涵深入贫困群体,丰富贫困群众的精神文明生活,增强自我发展的动力。根据文化馆发展的实际状况,将文化宣传和扶贫产业链关联,通过相关性和协同性的原则,增强社会生产经营链条向贫困地区发展。强调就业扶贫,这是实现精准扶贫中重要的持续发展路径。

(三)技术保障

通过"互联网＋文化"的形式,打造贫困群众的精神文化。目前电视、网络已经在精准脱贫中落地生根,很多贫困群众中已经实现了电视网络化发展目标。因此,文化馆可以依托网络电视,增强文化引导,把握文化活动导向,增强精准扶贫中的文化导向功能。农民夜校已经在各地顺利开展,可以将夜校讲解的内容多样化,通过网络对接形式将文化服务传递给贫困群众。不断拓展贫困群众的视野,增强自我发展的引导力,促进贫困群众积

极走出去,为自己的幸福生活奋斗。

文化馆是我国公共文化服务体系中最重要的组成部分,将文化馆服务作用到精准脱贫中,可以不断提升精准扶贫效果,提升工作内涵。文化馆需要从精准脱贫文化理念导向、扶志和扶智层面入手,满足贫困地区文化需求的同时增强贫困人口的自我发展能力,从根本上实现脱贫的目的。

参考文献

[1] 吴江,申丽娟,魏勇.贫困地区公共文化服务均等化:政策演进、效能评价与提升路径[J].西南大学学报(社会科学版),2019,45(5):51-58,198.

[2] 刘应军.汇聚文化人才 聚力文化服务[J].青海党的生活,2019(4):17.

[3] 赵斯霞.文化精准扶贫案例评介[J].山东图书馆学刊,2019(1):72-76.

[4] 徐正斌,刘芬.数字文化馆试点建设在精准扶贫中的作用——以北川羌族自治县为例[J].文化产业,2019(1):30-33.

[5] 季伟娜,张莉莉.贺兰县图书馆、文化馆欣荣村分馆举行开馆仪式[J].图书馆理论与实践,2017(11):27.

[6] 袁利平,姜嘉伟.社会资本:后扶贫时代民族地区教育扶贫的行动逻辑[J].西南民族大学学报(人文社科版),2020,41(6):219-226.

[7] 汪彬,汪俊祺.创意视角下徽州农村民俗体育文化产业发展及扶贫困境与对策[J].商丘师范学院学报,2020,36(6):81-83.

[8] 李金容,陈元欣.创新推进民族地区体育旅游产业的策略——基于恩施土家族苗族自治州的调查与思考[J].中南民族大学学报(人文社会科学版),2020,40(3):140-144.

以抗疫歌曲为例,浅谈重大主题群众文艺创作的内涵与提升

曹禄军［天津市滨海新区文化馆（塘沽馆区）］

我国自近代以来,在几乎每一个重大事件中,文艺创作都没有缺席。例如:在土地革命时期就有《国民革命歌》《十送红军》等歌曲;抗战时期就有《松花江上》《游击队歌》等歌曲;解放战争时期有《团结就是力量》等歌曲;社会主义建设时期有《歌唱祖国》《社会主义好》等歌曲;在1998年抗击洪灾时,诞生了《为了谁》等歌曲;汶川地震时,诞生了《不要为我难过》等诗歌。2020年,在举国抗击疫情斗争中,我国的文艺创作更是达到了巅峰。重大主题创作与平常时期的文艺创作有很大的不同,重大主题创作应该把与前后方的衔接和群众易学易唱为立根之本,而不能以平台发表、点击量为准。本文以抗击新冠疫情期间文艺创作为例,分析重大主题创作的特点和内涵,总结其经验,找出其不足,以促进今后重大主题创作水平及应用的提升。

一、疫情期间抗疫文艺作品的创作情况

2020年的农历春节,是全国人民阖家团圆的日子,但是此时却突发了新型冠状病毒感染的肺炎疫情。党中央果断地针对疫情防控做出了重要指示和部署,号召全国人民"团结一心、众志成城",坚决打赢这场疫情阻击战。几个月过去了,在党的正确领导和全国人民的共同努力下,疫情抗击终于取得了阶段性的胜利。在抗疫斗争中医务人员首先站出来,共产党员首先站出来,社区干部首先站出来,公安民警首先站出来。与此同时,全国文艺界特别是群众文化工作者也在第一时间响应,形成声势浩大的抗疫作品创作洪流,无论是歌曲、曲艺、诗歌都形成了难以想象的数量和规模。到目前为止,最紧张的疫情阶段已经结束,回首几个月来的抗疫作品,还是需要总结经验和教训。特别需要我们积极完善的是注重重大主题群众文艺创作的内涵与提升。

（一）抗疫斗争刚刚开始,天津市的抗疫文艺作品就呈现出了井喷现象

虽然很多感人的作品如《保重》《白衣天使》等也确实出现了,但多数作品无声无息地被淹没在作品的海洋中。在抗疫文艺作品创作中,天津市音乐家协会、曲艺家协会、作家协会、市群众艺术馆、滨海新区文化随行、滨海新区音乐舞蹈家协会等都相继开通了网络平台,几乎照单全收了发表的歌曲、曲艺、诗歌等作品。除了群众文化网站以外,国家、省市及各区的许多大型网站也不断发表抗疫作品,例如:为抗疫一线推出的原创歌曲《白

衣天使》MV在天津卫视、学习强国、凤凰新闻、今日头条、津云、天津文艺界、搜狐网、爱奇艺、腾讯视频、天津电台文艺广播、天音公众号等媒体平台推出,浏览量共9000多万。群众文化工作者在抗疫过程中发表的作品是对抗疫英雄的赞美和对祖国的无限热爱,同时也反映出群众文化工作者在重大疫情面前所表现出来的义不容辞的责任和担当。

（二）抗疫文艺作品的不足

（1）此次抗疫作品创作呈现出大爆炸现象。出现这种情况是因为很多作者注重作品数量而不注重质量,特别是有些网站不断进行作者作品数量统计、公布,这就造成了以数量取胜的现象。

（2）注重平台而不注重流传。有些群众文化工作者只关心哪些平台发表了自己的作品,有多少个平台发表过。而作为群众文化干部,守着自己的文艺团队不去向他们普及传唱,而一心只扑在是否能发表在某个平台上,这就失去了创作作品本身的意义。笔者认为,我们创作的作品能在老百姓中间广为传唱比在任何一个平台上发表都有意义,我们创作文艺作品是用来鼓舞士气、讴歌人民、颂扬英雄、赞美祖国的,而不是单纯只关注在什么媒体或什么平台发表了,点击量是高了还是低了？当然,自己的作品发表在哪个平台、点击量如何,这个我们也是需要了解的,因为毕竟是自己辛苦创作的劳动成果,做到心中有数即可,一味地注重平台或点击量就显得比较功利。对于作品创作来说,为了急于求成,很多作品是为了赶时髦,堆积素材罢了,也就谈不到是在国家有难的时候义不容辞地去积极发挥群众文化工作者的宣传作用,就是每天在关注一些不断变化的数字而已。怀着急功近利思想创作出来的作品能成功吗？任何一个新作品创作问世后,其成功与否的衡量标准是,主题鲜明、通俗易懂、紧跟时代、旋律优美、广为流传。

（3）创作形式单一、主题单一。为了切实做好疫情的防控工作,天津市各区文化馆（站）演出及公益文化活动全部取消。为丰富疫情防控期间群众文化需求,按照天津市文化和旅游局的要求,全市群文工作者深入基层,用自己的方式助力疫情防控,创作出抗击疫情的歌曲、快板、诗歌等诸多原创作品,宣传防疫常识,为一线的医务工作者加油鼓劲儿。但是,这些大量的抗疫文艺作品数量每天都在不断更新,可创作形式与主题却非常单一。笔者曾聆听了大量的抗击疫情的歌曲,这些作品不是颂扬式的就是悲壮式的。而且在此期间出现的太多作品都是基本雷同的,感觉形成作品泛滥了！比如:很多作品名称都是《逆行者》《你最美》《你的背影》《守望》《众志成城抗疫情》《感谢你》等。作品虽然成千上万,但是又有哪个作品在抗疫前线能用上呢？恐怕一个也用不上。那么前线的医护人员们唱的是什么歌曲呢？笔者在新闻报道中了解到,医护人员们闲暇时经常唱的是火遍全网的歌曲《你笑起来真好看》,歌曲唱到"你笑起来真好看,像春天的花一样,把所有的烦恼所有的忧愁统统都吹散;你笑起来真好看,像夏天的阳光,整个世界全部的时光美得像画卷"。笔者认为,产生这种情况的原因是,身处后方搞创作的作者,不了解身处疫情前线的医务工作者们的真实想法和真正的精神需求。其实能使医务工作者们在紧张的工作之余、在有限的休息时间里尽快放松心情、减轻压力、缓解疲劳的最简单的方式就是唱歌。他们不需要旋律悲壮的曲调,更不需要喊口号式的歌词,他们需要的是轻松愉快的歌词与旋律,甚至是诙谐的、活泼的歌曲,就像《桥边姑娘》《你笑起来真好看》等这样的网红歌曲就深受医务工作者的欢迎和喜爱。因为现在和过去我们身处的时代不同了,当下我们的知识结构和生活理念在不断更新,观念在逐渐改变,不能用过去固有的方法来解决现在的问题。相比之下,这些抗击疫情的作品显然是前方与后方脱节了。在疫情期间,全国及各省市级电视台、各大媒体、网络都曾经播放过抗疫作品,但是少有让人能记住的、有特点的作品,也少有易学易记的作品。因为让人记不住,所以不能起到应用和流传的作用。

二、找到重大事件的前后方衔接点才是重大主题创作的真正内涵

(一)找准重大主题创作的切入点和衔接点才能创作出接地气的作品

在本次抗击疫情期间,为打赢这场特殊的战役,全体群文人立即行动起来,全身心地投入到主题创作中,大家的创作热情非常高涨,都想为疫情出一份力。但是作品虽然大量涌现,质量却参差不齐,接地气的、有特点的作品少之又少。虽然表现重大主题特别需要"小、快、灵"的作品,但是也不能以数量为上、粗制滥造。在众多的抗疫作品中,笔者也看到了诸多群众文化领域里的前辈创作的作品。例如:天津市群众艺术馆退休干部、著名词作家鲍和平老师,他先后创作了歌曲《白衣天使》《我们必胜》,还创作了小合唱《戴口罩》《扫码歌》以及音乐说唱《快递小哥也要上》等抗疫作品。《戴口罩》《扫码歌》歌曲短小,与当时的社会需求紧密结合,就是很好的作品。特别是音乐说唱《快递小哥也要上》这个作品,切入点很好,作者把普通的、平凡的快递员亲切地称为"快递小哥",真实地记录了他们每天奔走在城市的大街小巷忙碌的身影。歌词大意是"开启电动车,街头社区穿梭忙。举国抗疫情,英雄奔前方。服务民生是战场,快递小哥也要上。举国抗疫情,我们有担当。为国分忧为民解难,快递小哥也要上"。防控期间,这些快递小哥不只是为千家万户每天寄送生活必需品,更是把人间温暖传递给每个人。他们秉承着"危险我一人、安全千万家"的理念,风雨无阻地服务于大众,其实他们也是疫情中的逆行者。疫情当前,总能看到一些令人动容的镜头,从医护工作者到军人、从党员干部到志愿者,从环卫工人到普通群众,等等,他们都在坚守岗位,这个作品谱写了平凡人不平凡的事迹。笔者看了这个作品以后,感觉歌词很亲切,不浮夸。由此也提示我们,作为群文干部,在重大主题活动中创作前方最需要、百姓最需要的作品来为重大题材服务,才能极大地提升重大主题创作的内涵。

(二)老歌新唱也要注意易学易唱

在我国重大主题创作中,也有很多是老歌新唱的,比如:百年前流行的《国民革命歌》"打倒列强,打倒列强,除军阀",就是由儿歌"两只老虎,两只老虎,跑得快"改编的,由于

这首歌极其符合易学易唱的特点所以流行开来了，它在告诉我们。我们的老歌新唱要注意选什么歌，这很重要。疫情发生以来，广大群文工作者时刻关注疫情进展，并以文艺作品为武器展开疫情防控宣传，歌颂冒着生命危险战斗在一线的医务工作者，鼓舞全国人民坚决打好抗击疫情的歼灭战。这些抗疫作品中就创作技巧而言不乏上乘之作，但是东拼西凑、技巧拙劣的作品也占了不少，不光是歌曲创作，曲艺、戏曲也同样有此现象。在老歌新唱的作品中点击率最高的是歌曲《为了谁》。这首歌曲充满了对抗洪官兵的敬意，通过歌唱家祖海和佟铁鑫真情实感、催人泪下的演唱，迅速传遍大江南北，歌中唱到"泥巴裹满裤腿，汗水湿透衣背。我不知道你是谁？我却知道你为了谁……"而此次重新填词以后的歌词是这样的，"防护服裹满全身，汗水湿透衣背。我不知道你是谁？我却知道你为了谁，为了谁，为了我们武汉，为了家国齐安危……"诚然，这种创作方式是可以的。但是，给人的感觉是在蹭热度、创作态度不够真诚。在重大主题群众文艺创作中，我们是不提倡的。因为除了疫情以外，我们还会遇到很多题材，如反腐题材、禁毒题材、社会题材、卫生健康、交通安全、食品安全等，这样的文艺作品创作方式应引起我们群文工作者对重大主题群众文艺创作内涵提升的高度重视和认真思考。

（三）重大主题创作不要增大作品推广的难度

此次疫情是突发性事件，所有人都在居家隔离，抗疫文艺作品的传播首先是以线上短视频的形式为主，这种形式易于传播，具有较强的时效性，这是信息社会带给人类的福音。在短时间内广大群文工作者积极地进行主题创作，充分地表现群文人对疫情的关注和对国家的关心，以及对重大主题群众文艺作品创作的责任感。但是，不得不承认，到目前为止的抗疫主题文艺作品创作缺乏创新、内容单一、语言雷同、缺乏精品。绝大多数作品在创作上都是空洞的、喊口号式的讴歌和一味追求"高、大、上"，从而忽略了对抗疫一线工作者以外的广大人民群众生活状态的最基本的需求，由于抗疫作品的创作者不能身处一线，所以作品缺乏真情实感和应有的感染力，甚至有的声乐作品脱离实际，把音域写得很宽，旋律也不优美，好几处地方都唱到了"high C"，以至于专业的声乐演员在录音棚录制歌曲的时候都感觉有些筋疲力尽了，何况没有经过任何声音训练的人，这样的作品怎么能在百姓当中传唱？这样的作品怎么能有流传度和应用度呢？鉴于此，在重大主题群众文艺作品创作中，我们要拓宽思路、开阔视野，用更多优秀的作品来感动和触动人们的内心深处，知民情、暖民心才能让艺术作品更加贴近生活、真实感人。

三、新时代的群众文艺创作者要不辱使命，为群众提供易学、易唱、易流传的精神食粮

面对此次疫情，我们群众文化工作者凝心聚力、主动发声，始终走在抗疫斗争的最前沿，有力地推动了创作繁荣。我们通过抗疫文艺作品鼓舞群众士气，坚定抗疫必胜的信心，利用网络开展声乐、舞蹈、戏曲、乐器、音乐理论等多种艺术形式的网络课程学习，为广

大群众缓解疫情压力、安抚烦躁的情绪、传播防疫知识,充分发挥群众文化的教育和引导作用,弘扬志愿奉献精神。虽然我国疫情防控处于"后疫情"阶段,但是重大主题的群众文艺创作永远重要。尽管我们的艺术创作水平有高有低、作品水准有优有劣,只要我们充满真诚、勇于担当,把活跃群众精神文化生活,发掘日常工作中的凡人壮举,传播与弘扬正能量作为创作导向,力求深度挖掘重大主题群众文艺作品的内涵,就可以加快提升群众文艺作品的创作水平。

作为新时代的群众文化工作者,我们必须紧跟时代步伐,让群众文艺创作真正扛起自己的使命,促进整个社会和谐发展。在创作重大主题群众文艺作品之前,要想一想,我们是要创作难听懂的、高大上的、高难度的、炫技的作品,还是要创作老百姓易于传唱与前后方紧密衔接的作品?是注重平台还是注重流传?是注重数量还是注重质量?是注重个人发表还是注重前方需要?这些都是需要我们总结和深思的。人民群众在重大事件面前都积极反应,特别需要我们给予正确的指导及准确的配合,为广大人民群众提供更多易学、易唱、易流传的精神食粮。

试论民俗博物馆在社区文化建设中的作用

——以龙岗区客家民俗博物馆为例

孙　骞（深圳市龙岗区客家民俗博物馆）

　　龙岗区客家民俗博物馆馆址"鹤湖新居"，是具有 200 多年的客家围屋，其基本陈列"龙岗客家历史与民俗文化"着力彰显龙岗丰富的历史文脉和文化资源，已成为龙岗乃至深圳"学民俗、看民俗、体验民俗"的重要场所。该馆作为根植于社区的公共文化设施，深知社区是社会的基本单元，社区文化建设是社会文化建设的基础，近年来以习近平总书记指出的"中国有坚定的道路自信、理论自信、制度自信，其本质是建立在五千多年文明传承基础上的文化自信"为指引，始终关注社区基层文化建设，在挖掘、整理、展现龙岗客家文化资源的基础上，注重与时代接轨、与社会同步，充分发挥博物馆社会化教育职能，承担社区文化建设责任，联合社区通过历史调查、展览陈列、讲座论坛和丰富多彩的民俗活动，"让文物活起来"，与社区居民形成良性互动，使其成为传承文化、凝聚价值共识的重要载体。积极培育和践行社会主义核心价值观，增强社区居民的文化自觉和文化自信，取得了良好的社会效益。

一、推动社区文化建设主要做法

（一）挖本土故事，让历史活起来

　　龙岗是客家之乡、华侨之乡和红色之乡，有着丰富的传统客家文化，有形成于异国反哺于家乡的华侨华人文化，有抛头颅洒鲜血的红色文化资源。近年来，该馆深入社区，走进一座座老围屋，通过与龙岗原住民座谈和实地走访，调查、收集、挖掘并整理龙岗本土优良传统文化史料和实物，不仅充实了馆内"龙岗客家历史与民俗文化"基本陈列内容，还完成了以龙岗 30 多个家族调查资料为基础的"知礼识廉　言芳行洁——龙岗家风文化展览"，将龙岗本土家风故事与党风廉政教育相结合，2017 年该展览获市纪委挂牌，成为深圳市廉政教育基地。

　　该馆深入社区开展的龙岗原住民家族历史文化调查工作，也让社区意识到挖掘家族文化和保护家族历史文物的迫切性和重要性，激发了社区保护史料和实物的热情和责任：有些社区将史料和实物捐赠给博物馆收藏；有些社区成立了家族理事会，专门负责与家族后人联系沟通，收集整理家族史料，编辑家谱族谱；有些街道或者社区例如龙城街道、布吉街道、坪山街道石井社区、大鹏三溪、溪涌、葵新社区等在博物馆的协助下,举办展览或者讲座,讲好龙岗故事,让历史活起来,极大地丰富了社区文化内容。

(二)送展进校园,让馆校动起来

该馆为发挥好青少年传统文化教育责任,将"知礼识廉　言芳行洁——龙岗家风文化展览"内容重新梳理制作成适合青少年参观的展板,将展览送到学校,在每所学校进行为期1—2周的巡展,同时将拍摄的龙岗家风故事视频和编写的《知礼识廉　言芳行洁——龙岗家风文化》《家训汇编——龙岗姓氏》两本书籍一同送到学校,2018年在展览期间聘请专家开展"龙岗传统家风漫谈""扬家风树美德""立德做人讲家风"等专题讲座,该项目已连续开展两年,先后在辖区13所中小学进行了展览,获得龙岗街道"微改革　微创新"项目。这种形式受到学校的热情欢迎和积极配合,展览所呈现的龙岗本土家风故事引起学生们极大的好奇心和求知欲,都想在展览中找找自己姓氏的家规族训或者是家族故事,展览、视频和讲座内容也成为学校德育教育的好教材,受到师生广泛好评。

"家风进校园"活动的开展,对博物馆也是一个很好的宣传作用,学生在家长或老师的带领下走进博物馆,更加深入了解龙岗历史和传统文化,有些学生、老师、家长甚至成为博物馆的常客,学校也纷纷组织老师到馆内找寻美术、音乐和体育等科目本土教材,进一步增加了博物馆的吸引力,增强了馆校合作的黏性。

(三)与省馆合作,让临展牛起来

龙岗客家民俗博物馆不论是藏品数量,还是展陈面积,都只能算是小型博物馆。为更好地满足社区居民日益增长的多样化文化需求,用更多好的临展吸引观众,该馆主动与广东省流动博物馆联合,将广东省博物馆高水平展览引入鹤湖新居,2019年已经举办了"广东文博改革开放40年""那城·那镇·那村——广东国家级历史文化名城名镇名村""香江旧影——香港城市的变迁"三个临展,在选择展览时考虑到内容要符合大多数观众参观需求,与鹤湖新居可以对标,或者是与客家文化有融合的广府文化、潮汕文化等内容的展览。展览开幕前,将展览海报提前张贴在社区公示栏中,将展览信息通过区文体旅游局公众号推送,吸引周边群众一年多次走进博物馆,让观众有常来常新之感。

(四)引入高科技,让讲解趣起来

2019年该馆在"知礼识廉　言芳行洁——龙岗家风文化展览"中,引入全息讲解和四折幕高科技展陈形式,用高科技的手段提升和弥补静态实物展览的不足,满足观众沉浸式体验要求。这种寓教于乐的独特形式,使观众在更好的体验中接受展览内容,一经推出就获得观众很高的评价,成为人们在鹤湖新居打Call地。

(五)利用年节日,让民俗炫起来

作为民俗类博物馆,该馆近年来一直探索利用客家传统民俗活动这种动态展演方式,吸引观众参与,让更多的人走进博物馆,弘扬客家文化。在传统节假日举办一系列丰富多彩的活动,有"迎新春　送春联""鹤湖闹元宵""品味端午　传承文化""鹤湖邀月"等形式多样的展览和民俗体验活动,社区居民在鹤湖新居可以猜灯谜、舞龙、舞麒麟、唱龙岗皆歌、闹花灯、裹粽子等民俗活动,这些传统节日的系列民俗活动现在已成为博物馆对社区居民最具吸引力的节目,阿婆、阿嫂、阿公、阿哥纷纷来鹤湖,充分展示家族前辈传授下来的制作茶果,舞龙、舞麒麟等传统技艺,年节来参与活动的居民越来越多,这些系列活动成为博物馆传统节日的品牌活动。另外,该馆在每年暑假,针对中小学生开设客家山歌、舞蹈、舞龙、泥塑、绘画、客家服饰、小导游等培训班,让社区居民的孩子在学习传统技艺中体会传统文化的魅力,体会传统民俗节日的文化内涵。

（六）开拓不同渠道,让讲座多起来

该馆还非常注重龙岗本土历史和民俗文化研究工作,除了将研究成果以书籍和论文的形式发表外,还针对社区不同人群,开展形式多样的讲座论坛等学术活动,让更多居民深度了解本土优秀文化内涵。"诒燕讲堂"聘请了6位对家族情况非常了解的龙岗原居民,针对有组织的集体参观团,请他们讲述自己家族的家风故事;另外在馆内与南联社区共同举办了"寻根之旅——鹤湖新居背后的故事"文化交流活动,鹤湖龙岗与海外后人济济一堂,共同讲述辗转近一个世纪的寻亲故事。该馆更多的时候是走进社区和学校,开展不同主题的讲座活动,近两年先后在学校和社区开展了"龙岗客家围堡美学欣赏""龙岗传统家风漫谈""扬家风树美德""立德做人讲家风""春风化雨　润物无声"等十多场专题讲座。这种面对面的讲座形式,提高了学生和社区居民的历史文化修养水平,扩充了知识面,使听众更加了解龙岗本土历史和民俗文化,唤起人们对传统文化的重视,使更多的人主动走进博物馆。

二、民俗博物馆与社区文化建设融合发展的几点思考

作为根植于社区的区域性民俗博物馆,龙岗区客家民俗博物馆就如何与社区文化建设融合发展,仅仅进行了一些起步阶段的实践探索,该项工作还没有形成制度化和常态化,究其原因:一是博物馆对社会宣传教育功能认识不足;二是缺乏善于利用新的宣传手段从事宣教工作的人才;三是宣教工作形式单一,效果有待提高;四是社区居民参与意识有待进一步加强。民俗博物馆如何与社区文化建设融合发展?本文提出以下几点思考。

（一）强化博物馆宣教功能

2015 年,国务院颁布的第一部《博物馆条例》明确指出,博物馆是"以教育、研究和欣赏为目的,收藏、保护并向公众展示人类活动和自然环境的见证物,经登记管理机关依法登记的非营利组织"。由此可见,博物馆已不仅仅是收藏、展示、研究文物、藏品的文博场馆,更是向社会公众提供教育的公共文化服务机构,教育已成为博物馆的首位功能。因此

博物馆在制订工作计划时,应把宣教工作列为首要工作,纳入全年工作中,并在策划陈列展览时将宣教工作作为必不可少的一个环节纳入其中,使观众对陈列展览有更全面的了解和深刻的印象。

(二)有针对性地培养宣教人才

基层群众物质生活富足后,对文化生活便有着更高的要求,由此对从事宣教工作的人员提出了更高的要求。博物馆一方面应该采取"引进来、走出去"等多种方式,积极主动培养宣教人才,熟练运用新的宣传手段开展宣教工作;另一方面可以采取和第三方合作的方式,在博物馆和社区之间架起宣教的桥梁,为社区民众提供健康多元的文化生活。

(三)采取贴合社区的宣教形式

博物馆除了常规的展览、讲座、论坛等宣教形式外,还要与社区、学校等多方合作,共同探讨研究适合不同层次、贴合性好的宣教形式,将博物馆的研究和陈列展览内容融入宣教活动中,通过抢答、游戏、寻宝等多种新形式,开展老少皆宜的宣教活动,增强居民对本土历史文化的了解和热爱,增强文化凝聚力和认同感。

(四)吸引民众参与宣教活动

策划活动之初,就要有观众意识,站在观众的角度审视活动地点、环境、环节、内容并预判达到的效果,甚至对于不同人群,在组织者的语言、服饰等方面都要有特殊要求,以参与者满意为宗旨,策划组织具有吸引力的宣教活动,吸引越来越多的民众参与,使博物馆逐步走进周边民众心里,以此来推动社区文化建设,同时引导社区居民投身到文化遗产保护和博物馆事业发展建设中来,达到双赢的效果。

谈文化馆"数字化服务"的线下基地建设

——以南京市文化馆"艺时间"文化微空间为例

夏文飚　叶　昕（南京市文化馆）

一、文化馆数字化服务中,线下基地建设的重要性

当今时代,在文化馆各项公共文化服务中,"数字化服务"受到了越来越多的重视。因为"数字化服务"能够突破时间、空间的限制,具有广大的辐射范围和深远的传播影响力,尤其是 2020 年新冠疫情肆虐以来,文化馆的传统文化活动如音乐会、广场演出、画展、老年大学等不能正常开展,公共文化服务的主要功能,就都落在"数字化"肩上了。

通常认为,文化馆"数字化服务"主要是以网络为媒介,以电脑、手机等终端进行的公共文化服务,它的传播、展示都在线上,因此,我们往往很容易忽视数字化服务的线下基地建设。实际上,"数字化服务"线上线下是密不可分的,线下为线上提供支撑,线下基地建设的水准决定着数字化文化服务水平的线上呈现水平。

数字化文化服务线下基地包含两个层面,一是场地和硬件,二是文化服务管理机制。这两者共同保障着线上数字化服务的品质和数量。

各种"数字化"产品,如线上展览、线上讲座、纪录片的拍摄制作都需要线下空间。我们需要一个类似于电视台直播间的场所作为室内场景,还需要视频录制、剪辑制作的操作空间。数字化服务和传统的公共文化服务虽有很大相似,亦有自身特点。为了满足录制、展播等数字化公共文化服务的特殊需求,需要有整体的针对性的设计。这是文化馆"数字化服务"线下基地建设的硬件要求。

随着时代的发展,老百姓对文化服务的要求越来越高。文化馆的数字化服务要不断推出新产品,形式不断更新,内容不断丰富,然而这些需求的满足单靠文化馆内部力量是不够的,必须统筹社会文化力量,形成一个文化馆牵头联络多方文化社会团体的联盟。如何有效建立这个文化联盟的管理机制,在这个管理机制下不断创新,是需要我们不断探索的新课题,也是数字化文化服务基地建设的重要组成部分。

二、什么样的数字化场馆更能够满足群众文化服务的需求?

很多群众文化工作者认为,文化馆已经有了服务于群众的音乐厅、大剧场、教室以及录音棚,为什么还要另外增加一个数字化服务场所呢?综合高效利用现有场馆不是

更好吗？对此，本文的观点是：数字化服务和传统的公共文化服务虽有很大相似，亦有自身特点。为了满足录制、展播等数字化公共文化服务的特殊需求，需要有整体的针对性的设计。

数字化场馆是以制作生产公共文化服务数字化产品、提供数字化服务为主要目标的。正因为当今群众文化呈现出各艺术门类专业化发展的趋势，所以文化馆的数字化场馆建设除了需要有数字化、影像多媒体设备以外，还需建设具备综合性、包容性、能够承载多样化艺术形式的空间，才能够更充分地发挥数字化的作用。

文化馆"数字化"基地又不等同于一般意义上电视台的"直播间"，因为群众文化节目的录制现场和电视台节目制作有所不同。一般来说，电视节目的拍摄制作纯为播放，其拍摄场所有很多虚拟布景，在拍摄现场，包括观众在内的所有人员接受导演调度，包含表演成分。然而文化馆以公共文化服务为目标，以广大群众为服务对象，很多数字化节目的制作常常需要兼顾线上、线下活动的流畅性和互动性。换句话说，在文化馆数字化服务产品中，所占比例较高的，常常是真实的、线上线下同步的文化活动。线上传播的数字化产品，相当于"直播""录播"的形式。因此，文化馆数字化场馆的特点是它的综合性、多功能性和具有灵活多变的互动性功能，规模小功能强。文化馆如能利用原有功能比较单一的场馆进行改造，可以收到事半功倍的效果。

2019年4月，南京市文化馆投入不到百万的资金，利用原老年大学的三件空教室改造建设了一个小型数字化场馆——"艺时间"。这是一个专门为数字化公共文化服务建设的微型基地。在"艺时间"不足150平方米的空间内，引入了广播级的灯光、音响、多媒体融合、总控制台（导播、抠像系统）、网络接入等，可以现场视频剪辑，实现网络直播、平台推流，让"艺时间"产品立即进入互联网、移动互联网，用户PC端、手机端等大众媒体端口。

在"艺时间"里，既可以进行数字化节目的录制，又可以开展音乐会、看片会、晚会等活动，还可以作为先锋戏剧的小剧场，表演不同门类、风格的戏剧。"艺时间"的场馆设计，充分考虑了如何接纳多种艺术展演，在前后上下两个舞台之间，布置了多个上下场通道，使之不仅能够呈现各种镜框式的表演、展示，还能够充分实现舞台与观众席的互动。当前后两个舞台同时启用时，整个剧场变成了一个具有先锋性质的、整体流动的展演空间，为各种先锋戏剧的呈现提供了充分的条件。

"艺时间"自诞生以来，生产过多种形式、内容的视频节目。除了视频录制，"艺时间"还通过网络云平台开展现场直播活动。2019年底，"艺时间"就曾经开展过多场线上线下同步的诗歌朗诵会、跨年庆祝晚会，线下现场座无虚席，线上以网络直播的形式实时呈现，让不能亲临现场的观众可以在手机端观看节目。

2020年3月起，"艺时间"还开展了"文化直播秀"网络课堂节目。该活动采用了当今最流行的线上直播模式，老师在台上讲解，同时和线上的观众交流互动。而直播现场，也有大量的观众提问题互动，讨论十分热烈。

兼顾线上线下同步，又兼顾各种艺术门类展示的设计，使数字场馆成为一个货真价实、如假包换的现代化多媒体小剧场,文化馆既可以在这里进行视频节目录播,同时也可以在这里进行各种音乐会、晚会、故事会甚至戏剧、戏曲演出等线上线下文化活动。正是这个设计思路,保障了"艺时间"在短短一年时间里,生产出大量饱受群众好评的数字化公共文化服务产品。

三、文化馆"数字文化基地"管理模式的探讨

文化馆的数字化服务线下基地建设,包括硬件和软件两个方面。除了场地建设,还需要重视服务团队的建设。文化馆需要建设一个小型数字化场馆作为硬件,同时更需要高效的团队、管理、制度等软件,打造一个高水平的数字文化基地。在当今,迅速崛起的数字化服务对于大多数群众文化工作者而言是一个陌生的领域,大家并不熟悉其中的操作,很多文化馆干脆将数字化服务一块外包出去,结果花钱多效果还不尽人意。

1. 进行专业学习与培训,建设馆内人员的数字化团队

文化馆的数字化服务,起关键作用的并不是先进的硬件条件,而是能够操控硬件开展工作的人。当今文化馆的工作人员,大多数都是艺术教育出身,对于数字化工作并不专业。文化馆可以通过开展业务学习,提高员工从事数字化服务工作的能力,使之成为既懂"艺术"又懂"数字"的复合型人才,更好地服务于文化服务的数字化。

针对这样的现状和需求,"艺时间"开始探索走自主自助的道路,在进行数字化产品开发时,组建各个执行团队,在工作中学习技能,提高业务素质,保障数字化产品生产过程。"艺时间"首先建立了设备保障组,完成灯光音响多媒体制作,以及四机位摄像及后期制作、导播、直播,又成立了媒体宣传组,组织人员对各项活动进行采编、采访、组稿,在48小时内微信排版推送,直播录播推送推流等。此外,"艺时间"还着力培养纪录片制作团队,组织员工编写纪录片脚本,拍摄制作纪录片。"艺时间"团队业务能力的提高,有力保障了数字化服务工作。

2. 联动社会资源,建立艺委会和公共文化联盟机制

文化馆的数字化服务工作仅仅依靠自身的资源是远远不够的,只有积极引入和整合社会资源,才能为数字化服务提供源源不断、无穷无尽的创造力。因此,文化馆需要充分调动社会资源,充分发挥其公共文化服务公益性的优势,争取社会力量,为公共文化事业服务。

动员社会力量,荟萃艺术精英,才能保证数字化文化服务的质量和水平。因此,"艺时间"建立了艺委会评审机制。艺委会成员由业界各具艺术成就的文艺专家组成,主要任务是对"艺时间"的艺术生产、艺术活动进行总体规划,对项目的实施,尤其是艺术培训方式,亲自参与指导与实践,保证了"艺时间"的生产与活动的品质。

同时,"艺时间"又联合南京各区文化馆、各大高校以及各种民间艺术类组织等,建立

公共文化联盟机制。加入公共文化联盟的 30 多家单位，只要他们的艺术实践通过艺委会审核，并且愿意成为公共文化服务的产品，"艺时间"就为他们打开免费使用之门，共同开展线上线下的公共文化服务工作。通过公共文化联盟机制的建立，文化馆的数字化文化服务，成了有源之水，有本之木。在这样的模式下，"艺时间"与多家文化艺术单位合作，源源不断地生产各种品牌的数字公共文化节目。

当前，在公共文化事业中，数字服务的地位越来越受到重视，然而，文化馆开展、运行数字化服务工作是一项摸着石头过河的工程，没有前人经验可循，每一步都充满了探索和思考。数字化场馆如何建设、如何运营，如何推广，成为公共文化理论需要重点研究探讨的课题。南京市文化馆"艺时间"文化微空间的建设和发展，在推进数字化公共文化服务基地建设上具有积极意义，也为文化馆开展"数字化服务"的课题提供了非常有价值的探索。

服务于文化　不局限于文化

——基层文化志愿队伍创新建设的实践与思考

徐　杨（山东省聊城市莘县文化馆）

随着我国经济迅速发展，公共文化建设不断加快，文化事业不断取得新成绩，人们对精神需求和文化服务质量提出了更高层次的要求，对文化工作者和文化志愿者的服务效能提出了更高标准。现阶段，基层文化工作者和文化志愿者服务效能仍然存在着一些问题和不足，很难使自身作用价值得到充分发挥和体现。以下就基层文化志愿队伍创新建设进行分析和论述。

一、基层文化志愿队伍现状分析

近年来，虽然文化志愿服务已取得一定成效，但基层文化志愿服务仍然处于探索阶段。机构松散、培训不到位、管理不专业、宣传不足、经费紧缺等多方面原因，导致了基层文化志愿服务体系仍存在许多问题。

2018年，莘县文化馆拥有文化志愿者队伍5支，文化志愿者总数313人（莘县总人口100万人，比例为1∶3195）。从年龄结构看：年龄段集中在40—65岁之间，20—40岁占5%，40—50岁占20%、50—60岁占45%、60岁以上占30%。从地域看：城市人口占85%、农村人口占15%。从知识结构看：副高级职称4人，仅占1.3%，中级职称20人，仅占6.4%；大专以上学历占15%（工作以学校从事文化艺术的教师、社会文艺爱好者、爱好文艺的离退休人员等为主）、大学学历占12%，高中学历占38%、高中以下学历占50%。从专业结构看：美术25人、书法15人、声乐55人、舞蹈57人、曲艺35人、戏曲52人、器乐20人、摄影25人、文学15人、其他14人。

从数据看，基层文化志愿队伍存在的问题非常大，具体体现为以下几个方面。

（一）数量不足，年龄结构不佳

基层文化志愿者数量缺乏和老龄化问题非常严重。百余万人口的县城，文化志愿者仅313人，这个数量是远远不够的。从年龄结构看，志愿队伍中大部分以退休的中老年志愿者为主体，年轻志愿者参与度不高。由于中老年志愿者知识结构老化、对新事物的接受能力和知识更新较慢，所能提供的文化志愿服务已经远远不能满足群众的需求。因此，文化志愿者队伍迫切需要更多的年轻人参与文化志愿服务。

（二）学历偏低，专业类别发展不平衡

由于基层文化馆地处县村，人才资源有限，文化志愿者的学历偏低，多为中专、高中，没有高等学府的专业老师及学生参与，当地的文化艺术名人和专家、学者更是凤毛麟角。专业类别发展非常不均衡，专业扎堆和专业空缺这两种现状普遍存在。群众文化门类大体分十余种，细分数十种，虽然基层文化志愿服务涵盖了目前群众所需的主流文化，但各类专业文化志愿者人数相差悬殊，根本无法满足当前基层文化服务的更高需求。

（三）形式单一，活动创新程度不深

当前基层文化志愿服务的项目、模式与受众需求符合度仍不够高，仅以本单位为志愿服务基地，容易造成服务辐射范围受限、社会参与度低等问题，志愿者大多是开展些公益演出、入门级的艺术辅导和培训等活动，这样的志愿服务显得缺乏创新性、高端性，很难吸引高层次志愿者的关注。如果不重视群众文化活动的创新和活动内容的深化，不重视"新型"志愿队伍的打造和培育，文化志愿服务则难以长效发展下去。

（四）局限于"文化"，志愿者学科不丰富

大部分文化志愿者招募都围绕着"文化"二字。有的人热爱文艺却因专业不符被拒之门外，志愿服务的热情受到了打击。由于局限于"文化"二字，基层文化馆对管理、技术、理论等类型的志愿者吸纳和更新不足。比如，数字文化馆建设开始后，设备、网络运营维护专业人员缺少，导致线上服务无法顺利开展，常常是有了新设备、新软件，志愿者却看不懂、不会用，有了新课题、新政策，却读不懂、想不透。多学科志愿者的缺失，导致业务创新、理论研究、设备更新、数字化应用等工作落后。

二、基层文化志愿队伍的需求分析

综上所述，基层文化志愿队伍亟需七类"新型"志愿者。

（一）青年文化志愿者

从文化志愿者队伍建设成绩比较突出的发达城市来看，如北京、上海、深圳等，文化志愿者队伍多以具有文化专业特长的中青年人为主体，这个年龄段的人员无论是精力、体力还是接受新知识的能力都比较强，是创新文化志愿服务的主力军。同时，青年人无论在家庭还是社会结构中都是最重要的部分，只有他们发挥好承上启下的作用，才能带动整个社会的良性发展。所以，基层文化志愿队伍想发展、求创新，吸收、培育青年志愿者势在必行。

（二）场馆服务类志愿者

大部分基层文化馆人员有限，如果同时搞2—3场活动，需要几乎全员出动，直接影响

了馆内服务工作的正常运行。所以,招募并培养规范化、标准化的场馆服务志愿队伍是非常有必要的。对志愿者进行的场馆管理与服务专项培训涵盖场馆接待、讲解、办公服务、维修等培训内容。近几年,莘县文化馆年报、馆办杂志均由 3 名在出版社工作的志愿者协助制作,避免了之前因为对排版、印刷等专业问题的不熟悉所造成的问题,大大提高了馆内工作效率。

(三)专业创新类志愿者

随着国家对提升公共文化服务效能的支持力度的加大,基层文化馆需要因地制宜地对活动、服务、品牌进行创新。由于基层文化馆人员学历偏低、研究性人才少等因素,很难将文化活动提升到新层次。而专业创新类志愿者可以填补这一空缺,对新政策与工作方向进行可行性分析,提出创新理念,打造新的活动品牌,将基层文化馆的活动进行质的提升。

(四)科学技术类志愿者

公共文化领域往往是以文化艺术类人才为主体,但现实工作中,基层文化馆的网络和设备运营维护、数字化建设、影视后期制作、灯光音响等文化设备运维人员普遍缺乏。随着数字文化等项目的建设、系统的运行与维护,基层文化馆将面临很大的技术挑战,因此基层文化志愿队伍亟需吸纳科学技术类志愿者。

(五)理论研究类志愿者

随着我国社会进步、经济发展,各行各业对人才的要求标准也变得越来越高,对于基层文化工作者和志愿者也是如此。"高精专"人才由于环境、待遇、发展等因素,对基层工作基本不做考虑,导致了基层文化事业的人才荒和文化服务无法满足当前高水准的行业发展需求。为此,只能大力发展此类志愿者来协助基层文化馆对本行业的未来发展方向、课题研究、非遗传承与保护、文学创作等理论发展进行提升。

(六)文化推广类志愿者

文化馆的文化活动办得再好,如果不能扩大受益范围也是不成功的。现场观看各种活动的以中老年人和儿童占主体,很少有年轻人观看。这部分年轻群体的共性就是通过手机关注社会动态和当地新闻。招募文化推广类志愿者把活动进行推广,增强影响力、增大受益人群,是当前文化活动发展的首要任务。

(七)特殊群体类志愿者

如何让特殊群体在全民艺术普及中同样享受到文化服务与文化保障、如何发挥文化馆阵地作用推进公共文化服务均等化是群文系统应该认真思考的问题。在针对特殊群体开展服务的同时,文化馆应先建立两支特殊志愿队伍,一是建设为特殊群体服务的志愿者队伍,即招募一些有为特殊人群服务经验和能力的志愿者,比如特殊教育学校的老师、福利院人员、扶贫干部等，二是建设特殊群体志愿者队伍，招募并培训由残疾人、贫困户、进城务工人员、留守儿童、福利院孩子等组建的文化志愿队伍，丰富其精神文化生活、增强自信心，这一举措有益于文化精准扶贫，促进社会健康发展。

三、加强文化志愿队伍创新建设的建议

基层文化馆在做好完善各项机构和制度、规范发展队伍、做好志愿人才规划等常规措施的基础上，着力构建学科专业化、服务多元化、人才新型化的志愿者队伍，使其成为缓解基层公共文化馆机构不足、人员短缺问题的中坚力量。

（一）扩大总量、优化存量，实现队伍的年轻化、均衡化

鉴于现有文化志愿者数量不足的现实，相关部门应尽快制定、完善相关文件和政策标准，扩大招募范围，加大青年志愿者所占比重，并对已有的文化志愿服务资源进行优化整合，取精去糙。如何把一批有活力、有能力、有知识、有专业特长的年轻人吸纳到队伍中成了基层文化志愿服务的工作重点。莘县文化馆针对这一问题，制订了青年志愿者培植计划。

（1）把成人美育作为新的培养方向，重点针对20—45岁之间的青年人开展成人美育课程。首先，确定科目为专业门槛低的美术课程，课程分为西方美术和国画两个小组。理论教案要妙趣横生、通俗易懂，实践课要简单易操作。其次，送课上门，与多家政府、企事业单位进行合作，为期3个月，每周抽出2个小时，由文化馆派出老师在其单位的会议室进行艺术教学活动。同时利用节假日的团庆活动，与各部门进行联合活动，推进全民艺术普及的同时让一部分青年人对文化艺术感兴趣，吸引其服务基层，为基层文化发展提供人才支撑。

（2）组织有专业特长的大、中学生在寒暑假期间积极参加社区文化服务活动，为在校学生、应届毕业生提供实习的机会，为文化志愿者队伍培育后备人才。

（二）多向发展、按需定制，实现队伍的专业化、新型化

基层文化馆文化志愿者招募计划必须从工作的实际出发，平衡人员和专业结构，各个知识层面的人才都应有一定的比例。对于一些紧缺人才，可以适当采取优惠措施，积极招募"新型"志愿者，各专业领域人才共存、服务领域多向拓展，才能将基层文化馆盘"活"。

（三）提升效能、注重推广，实现队伍的实效化、创新化

随着科技、信息的发展，各种网络直播、短视频等新媒体异军突起。仅在抖音上，粉丝超百万的莘县网红就有57个，将此类短视频达人招募为志愿者，利用其网络影响力，发动此类志愿者参与群众文化活动或为活动进行网络直播、拍摄视频等，这对当地群众文化活动是一个很好的推广方式，真正做到"网聚正能量，助力文化新发展"。

（四）利用网络、打破界限，实现队伍的实效化、便捷化

（1）网络文化志愿服务是未来社会的发展新方向。网络越普及，越需要在线服务的志愿者。疫情期间，线上培训、讲座、展览、文化艺术创作等成为群众文化活动的主体，网络文化志愿服务达到空前的繁荣。莘县文化馆的文化志愿者纷纷投入"战疫"创作中，用形式多样的文艺作品歌颂祖国、赞扬医护人员、助力武汉，用自己的专业特长做好疫情防控宣传工作。莘县文化馆于疫情期间在线征集文化艺术作品 3000 余件，内容包含书画摄影、曲艺、戏曲、诗歌、非遗展演等；举办在线抗疫作品展 4 场；组织线上培训 6 次；建立 12 个常年培训建群并进行直播、在线指导，按原培训时间进行网络培训。有网络的地方就有志愿者，这种在线服务有利于减少成本、提高服务效率、促进宣传推广，要让网络文化志愿者成为社会文化活动的重要力量。

（2）依靠多种志愿服务 App、公众号等新媒体，将志愿服务的区域界限打破。一是要打破省、市界限，建立就近志愿服务原则，志愿者可根据自己的时间安排在网络上标注自己合适的服务时间。就近的需求服务部门可在网络上寻求合适的志愿者，网络系统亦可做出符合活动时间并离活动地点最近的志愿者或者活动进行推送。二是要建立省、市、县、乡四级服务网络体系。本地区如没有志愿者可以向同级或上一级部门就近借用，志愿者可实地参加活动，也可以网络指导，达到志愿服务资源共享的效能。

文化志愿队伍为文化服务，又不能局限于文化。要加强打造"新型"文化志愿者加入的文化志愿队伍，解决基层文化馆存在的各种问题，同时提高基层公共文化服务效能。基层文化馆应因地制宜、从实际出发、以自身考量，在创新加强志愿服务队伍建设、推进文化志愿服务的专业化、科技化、理论化等方面积极探索。

参考文献

[1] 龙胜兰 . 新时代农村基层文化馆站人才需求探索——以 A 省 M 市文化志愿队伍建设为个案 [J]. 艺术中国,2017（12）:138-141.

[2] 胡本春 . 试论基层公共文化人才队伍的有益补充——以 A 省 M 市文化志愿队伍建设为个案 [J]. 长春大学学报,2014（3）:404-407.

关于文化馆服务如何助力精准扶贫的相关思考

常延红　朱志玲（重庆市群众艺术馆）

2018年，习近平总书记在全国宣传思想工作会议上指出：完善公共文化服务体系，提高基本公共文化服务的覆盖面和适用性。这一讲话的提出，对贫困地区公共文化服务体系建设尤其具有重要意义。《"十三五"期间文化扶贫工作实施方案》明确指出："到2020年贫困地区文化建设取得重要进展，文化发展总体水平接近或达到全国平均水平""现代公共文化服务体系基本建成""推动贫困地区公共文化服务体系建设"。广覆盖，高效能，保基本，促公平是现代公共文化服务体系的主要特征，促进公共文化服务的均等化，保障群众基本文化权益是推进公共文化服务体系建设的重要内容。所以，以贫困地区为代表的文化资源获取率就成为衡量公共文化服务整体水平的关键指标。

党的十九大报告提出："注重扶贫同扶志、扶智相结合。"习近平总书记在河南考察时曾提道："扶贫既要扶智，又要扶志，一个是智慧，一个是志气。"说明扶贫同扶智、扶志结合的重要性。扶智、扶志就是智力脱贫和精神脱贫。智力脱贫和精神脱贫是精准脱贫工作中的重要组成部分，文化馆是组织群众自我娱乐、自我教育、自我普及知识和自我提升素养的重要公共文化机构。所以，带动广大贫困地区的群众脱贫是文化馆目前最为迫切的职责。

文化馆如何在扶贫攻坚工作中发挥作用，将文化扶贫工作落到实处，如何在精准扶贫中为贫困地区的百姓带去丰富的文化资源，使得贫困人群能够共享公共文化服务发展的果实。这是群文工作者亟需思考的问题。笔者结合重庆市部分文化馆在文化扶贫工作中的经验做法，探讨文化馆服务在助力精准扶贫中发挥的重要作用。

一、发挥文化馆思想宣传作用，为脱贫攻坚战营造良好舆论环境

宣传党的思想政策是文化馆的重要职责。开展脱贫攻坚工作以来，广大贫困群众的致富信心、自我发展能力显著改变，但仍然存在部分贫困群众脱贫主体意识淡薄，"等靠要"思想突出，脱贫能力不足。文化馆充分发挥党政宣传作用，把党的政策带到贫困地区，通过宣传教育，让各项政策真正落地，让老百姓真正了解政策。

目前脱贫攻坚已经进入闯关夺隘决战决胜的关键时期，为抓紧、抓实、抓出成果，文化馆用文化的力量推动扶志、扶智，增强贫困地区群众树立脱贫攻坚的坚强信念，激发全面打赢脱贫攻坚战的内生动力。重庆市群众艺术馆充分发挥职能优势，利用信息密、辐射

广、平台多等特点,为贫困地区的老百姓提供有针对性、持续性且实效强的服务。根据贫困地区实际情况,通过送演出、送培训、送设备、采风创作、开办脱贫攻坚大讲堂等活动,大力宣传脱贫攻坚方针政策、先进典型,赞美脱贫先进典型、扶贫干部的先进事迹,振奋贫困地区老百姓的脱贫士气。

重庆市群众艺术馆还利用重庆群众文化云平台助力文化扶贫的宣传,开设了爱心众筹栏目,支持全市贫困地区具有地域特色的文化作品、民间工艺品信息展示,助力贫困地区脱贫攻坚工作。开设扶贫题材的文艺创作宣传栏,让百姓感受到贫困乡镇翻天覆地的变化、扶贫干部和群众战天斗地的精神和勇于担当的工作作风。重庆市长寿区文化馆依托当地基层文化服务中心奔赴对接的贫困家庭,宣讲扶贫政策,了解脱贫进度。通过开展一系列与扶贫政策相关的活动如评选致富能手、和谐家庭等,改变群众相对封闭固化的价值观念和思维方式,激发贫困地区群众的精神动力。

二、送文化与种文化结合,助力脱贫攻坚形成倍增效应

文化馆本身具有文化培训、文化辅导、送演出下乡、送技术下乡的业务职能,通过开展相关的帮扶行动,使贫困地区百姓真正可以实现精神脱贫和智慧脱贫。让文化"走进去",为贫困地区群众创造条件"走出来",推动贫困地区群众转变观念、增强信心,并勇于脱贫、善于脱贫。

党的十九大以来,重庆市各级文化馆一直积极发挥业务职能,将文化扶贫纳入工作之重。通过将扶贫调研、文艺演出、文化志愿服务、爱心捐赠合为一体,形成叠加、倍增效应。

(一)文化用品送上门,倾心帮扶暖民心

开展扶贫工作以来,重庆市群众艺术馆业务干部先后深入奉节县平安乡、开州区大进镇、酉阳县车田乡、秀山县隘口镇、石柱县中益乡、云阳县泥溪镇、武隆区后坪乡、城口县鸡鸣乡等10个贫困乡镇,向104个贫困村(社区)分别赠送音响设备1套、广场舞教学和演出音视频,以文化惠民生,切实提升贫困地区群众的获得感、幸福感。此外,重庆市群众艺术馆还拨专款为留守儿童购置字典、文具盒、爱心书包100套,同时发动社会单位为山区学子捐献图书,联合重庆出版集团、重庆图书馆等单位募捐图书4000余册,建立爱心图书室。

(二)围绕全民艺术普及,辅导培训进山区

重庆市群众艺术馆围绕全民艺术普及,进一步扩大公共文化服务的覆盖面,派遣扶贫攻坚业务干部到贫困乡镇下基层辅导培训,为群众讲解广场舞知识。业务干部在充分了解当地百姓文化需求和生活习惯后,选择广场舞这种锻炼身体、愉悦身心的群众文化活动方式,因时制宜,因材施教,面对面传授广场舞动作要领,教学结合村民自身条件,对原有动作进行简化,强调简单、易记、好学,老百姓乐于接受,提升贫困人群文化的获得感和幸

福感。

重庆市北碚区文化馆作为全市推进全民艺术普及的排头兵，深入渝东南贫困山区，打通全民艺术普及的"最后一公里"。以进城务工人员子女文化需求作为着手点，针对特殊群体提供文化服务思路，为当地学校的留守儿童培训辅导舞蹈，并创作作品《山里的孩子》，力推大山的孩子们走上"小荷风采"舞蹈比赛的舞台。

在选派优秀文化业务干部赴贫困地区开展基层文化辅导的同时，为当地培养本土文化人才和文化队伍，提升本土文化"造血"能力。辅导培训基层文化服务中心文化专干、村（社区）文化活动管理员，提升其业务素养，为本土因地制宜地提供文化服务。

（三）创作扶贫题材作品，关注贫困人群生活

文化馆业务干部利用自身的业务优势把文艺创作与助力脱贫攻坚相结合，用作品记录和激励广大一线扶贫干部群众，凝聚脱贫攻坚的强大信心，用"组合拳"的形式进行真扶贫，扶真贫。重庆市群众艺术馆组织市内音乐创作骨干和词作者，先后深入巫溪县宁厂古镇、通城红三军司令部旧址、奉节县兴隆镇回龙村等地开展创作采风活动。音乐创作者们收集到丰富的素材，吸收到民间文化的营养，为创作带来了灵感和启发，为打赢脱贫攻坚战提供精神支持。摄影干部深入贫困乡进行采风创作的同时组织摄影大赛，多角度、多层面更大力度地宣传贫困乡。

重庆市北碚区文化馆派遣舞蹈干部深入贫困山区，采风编创主题文艺节目，创作《山里飘来一片红云》《山路弯弯》等反映扶贫题材的舞蹈作品，呈现贫困地区百姓的精神生活。

（四）实施文艺惠民演出，提升群众文化获得感

党的十九大以来，重庆市各级文化馆积极推进文化扶贫工作，相继为扶贫定点乡镇送去了形式多样、丰富多彩的文艺活动，实施"渝州大舞台"送演出进基层及文化扶贫活动，"庆祝新中国成立70周年文化助力脱贫攻坚"进基层系列活动等。用文化的力量扶智、扶志，增强贫困地区群众树立脱贫攻坚的坚强信念，用文艺演出的形式，传递党和政府的扶贫心声，拉近与扶贫对象的距离，为困难村民树信心、鼓干劲，让群众真正享受到"文化民生"带来的幸福生活，让广大村民在实现物质脱贫的同时实现精神脱贫。

（五）开展专题调研，加强制度设计，为助力文化扶贫保驾护航

从文化馆的职能出发，结合贫困地区的实际状况，重庆市群众艺术馆先后赴万州区龙驹镇宏福村和丛木村，实地开展"如何有效发挥文化助力脱贫攻坚的作用"专题调研，参观了龙驹镇文化活动中心和下属的村社区文化活动室等，结合实地公共文化服务开展情况，了解文化助力脱贫攻坚开展情况以及群众文化需求、存在困难和问题。根据实地调研，群众艺术馆需要进一步扩大文化活动的覆盖面，文化活动内容的指向更加精准，加强对基层文化服务中心的文艺分类指导，为当地群众文艺团队搭建和提供更加广阔的展示

平台。这也为重庆市群众艺术馆继续深入开展扶贫攻坚工作,加强顶层设计提供了决策依据。

（六）挖掘特色文化资源,打造文化品牌,提高贫困地区"造血"能力

贫困地区由于经济落后、区位因素不利、基础设施建设缺位等原因,公共文化服务能力弱,缺乏自身增长动力。然而有些贫困地区往往在传统文化、少数民族文化特色资源、非物质文化遗产存蓄上独具优势。文化馆是优秀传统文化的传播者,落实《关于实施中华优秀传统文化传承发展工程的意见》要求,利用平台优势,加大宣传力度,整合当地非遗中心资源,形成合力,深入挖掘当地特色文化资源,实现贫困地区文化由"输血"到"造血"的转变。如北碚区文化馆联合当地乡镇小学,挖掘当地文化资源,打造线描画特色文化品牌,下一步将继续拓展,形成一定的链条产业。

重庆市部分区县文化馆,本身具有丰富的少数民族文化资源,当地政府以财政补贴、建立培训基地、民俗非遗展演等形式大力扶持非遗项目,选拔出一批优秀乡土民俗文化人才,促进传统手工技艺与文化创意产业相结合,与旅游业相结合。

三、推动总分馆制,提升服务效能

近年来,重庆市群众艺术馆一直发挥全市群众文化示范引领作用,特别是在助力扶贫攻坚中,给予贫困地区文化馆充分的业务指导。重庆市群众艺术馆充分发挥业务指导职能,结合实际,深入贫困区县探索公共文化服务创新模式,指导贫困地区文化馆建立总分馆,有效解决文化馆、站、村（社区）之间联系松散,业务对接少,业务指导培训、活动开展和资源统筹无法全面兼顾等问题。建立区县文化馆为总馆,基层文化服务中心为分馆的公共文化服务网络,提高文化服务效能,通过文化资源整合和联动统筹,提升服务效能,满足贫困区县人群的文化生活,真正打通公共文化服务"最后一公里"。

以上是重庆市各级文化馆在扶贫工作中的具体做法,在实地开展扶贫工作中,群文工作者最大的感受是要沉下去、见实效,而不能浮光掠影、走马观花。文化之力,犹如滴水穿石。文化扶贫是时代赋予文化馆的一项历史使命。2020年是脱贫攻坚决战决胜之年,文化馆要把自身工作职能与扶贫工作紧紧结合在一起,担负起助力文化精准扶贫的使命,明晰思路,践行方法,落实途径,补齐贫困地区的公共文化服务短板,提升文化服务效能,进一步构建覆盖城乡,便捷有效,保基本、促公平的现代公共文化服务体系。

开拓红色文化主题创作与传播的新思路

——以红色情景剧《追寻》为例

孔晓敏（上海市黄浦区文化馆）

红色文化是中国共产党以马克思主义为指导，吸收中外优秀文化创造的先进文化，代表了中国共产党人和广大民众的优良品格，不仅是中国人民价值观念体系中的重要组成部分，更是凝聚国家力量和社会共识的重要精神动力，蕴含着丰富的革命精神和厚重的历史文化内涵。习近平总书记指出，要充分利用红色资源，开展党的优良传统教育和理想信念教育，激励广大党员干部结合新的时代特点发扬革命传统、培育和践行社会主义核心价值观，更好团结带领各族群众为实现全面建成小康社会目标而奋斗。这一重要论述，为广大群文创作者传承红色基因，弘扬革命精神，发扬红色文化资源，提供了基本遵循。

一、红色文化创作与传播的实践是公共文化服务的必然要求

上海市黄浦区是党的诞生地所在区，是共青团的发源地，是国歌《义勇军进行曲》的唱响地，是解放上海第一面红旗的升起地，独一无二的红色资源和悠久绵长的红色文化构筑了黄浦城区丰厚的红色底蕴，是每一个黄浦人的光荣和骄傲，把红色文化创作传承好，更是每个黄浦群文创作者的使命和责任。开展以红色遗迹、红色史迹为主要内容的创作实践，挖掘经典背后荡气回肠的真实印记和时代精神，用精品创作汇集人心、凝聚共识，不断提升红色文化的传播力、影响力，是公共文化服务的必然要求。

1. 传承红色精神是弘扬社会主义核心价值观的需要

培育和践行社会主义核心价值观，需要广大群文创作者结合时代特征，将众多革命人物和事迹生动地呈现给人民群众，让红色精神的巨大感召力激励人民群众投身到社会事业的创造中去，让红色精神引领风气之先，引导主流思想，为人民群众提供积极向上、丰富多样的精神文化产品。

2. 传播红色文化是开展"不忘初心"主题教育的需要

中国共产党人的初心和使命，就是为中国人民谋幸福，为中华民族谋复兴。这个初心和使命是激励中国共产党人不断前进，带领中国人民实现从站起来、富起来到强起来的的根本动力。红色文化的弘扬与传播是抓好群体、坚定广大党员群众理想信念的强基工程。

深入开展红色传统教育和爱国主义教育,让党员群众在深入学习和不断领悟中做到知史爱党、知史爱国,重温党的光辉历程,缅怀党的丰功伟绩,坚定理想信念,这是"不忘初心"主题教育和正在开展的"四史"学习教育的重要实践。

3. 传承红色基因是打造地区红色文化品牌的需要

传承红色文化的基因是发掘保护利用红色文化资源、讲好红色故事、传承信仰之光的重要载体。红色文化创作与传播的实践,有助于通过红色文化渲染垫实更高发展的基石;有助于以中国共产党历史为格局,以地域资源为依托,迎接建党百年,打造具有显著标识度的红色文化品牌;有助于让红色文化亲近人民群众,走入生活,展现勃勃生机。

二、尊重历史原貌,增强红色文化传播的震撼力和感染力

在群文创作中应注重聚焦红色文化题材,还原历史走进现实,创新主题创作和传播的形式,使之释放更大的感召力。通过主题塑造,还原中国共产党人为民族独立与解放英勇奋斗的光荣历程,还原无数革命前辈、先烈惊天地泣鬼神的史诗。2017年,在中共上海市黄浦区委组织部、区委宣传部指导下,区文化和党史部门主办,区文化馆等创作的红色情景剧《追寻》,在剧目的创作与传播上做了有力的尝试。

1. 统一思想,体现文化工作者的责任担当

《追寻》由上海市黄浦区文化馆创作干部担任编剧,上海戏剧学院导演系教师担任导演,此外,该剧组还有专业舞美、音效、灯光和人物造型设计等主创人员。主创人员认真学习和贯彻习近平总书记关于"文运同国运相牵,文脉同国脉相连"的讲话精神,坚持用优秀的文艺作品服务人民,用积极的文艺歌颂人民,坚持勇于创新创造,用精湛的艺术推动文化创新发展,坚持责任担当,用高尚的文艺引领社会风尚。

2. 以点带面,串起红色遗迹的历史脉络

作为一部传播红色文化的原创剧目,《追寻》将上海市黄浦区域内的新青年编辑部旧址、中共一大会址、团中央旧址渔阳里、国歌唱响地黄浦剧场和解放上海第一面红旗升起地绮云阁等不同历史时期的红色遗迹,用革命前辈和先烈光荣奋斗的历程进行串联,以史诗为载体,以情景再现为手段,以不忘初心、继承和弘扬革命优良传统为主旨,以点带面地呈现黄浦区深厚丰富的红色历史底蕴、辉煌而感人的革命事迹以及为梦想只争朝夕的精神面貌。

3. 解读初心,还原红色历史的真实印记

《追寻》剧目的创作始终坚持追溯党的根脉,解读党的初心,还原红色历史的真实,还原革命先辈的崇高精神,还原共产党人坚定信念、勇于奉献的感人事迹。让红色的历史,

从教科书中走出;让传统的教育,从展览中走出;让革命领袖的事迹,从纪念馆中走出。无论是《新青年》传播的火种,还是中共一大会址不朽的灯光,无论是渔阳里沸腾着热血青年挥斥方遒的激情,还是在黄浦剧场重温《义勇军进行曲》第一次响起的激昂,都让广大党员群众徜徉在历史长廊里,一次次接受信仰与灵魂的洗礼。

三、依托艺术手段,增强红色文化传播的吸引力和凝聚力

红色文化的艺术呈现需努力做到不生硬说教、不直接灌输,而是以艺术魅力感染受众,令人在欣赏美、体验美的过程中,在内心深处产生共鸣和共振。《追寻》这部剧目的舞台设计就体现极简主义风格,置景抽象,运用台阶的多重寓意,以红、白为主色,洁白意味着圣洁,红色意味着牺牲。当洁白铺展的空间,流动着一抹璀璨的殷红,就构成了创作与演出的主调——借助红色遗迹,还原历史的真实,还原信仰与牺牲的初心。在场景设计上更是体现多层次的视觉感受,着力再现丰富的情景内涵。

1. 多层次演绎场景,提升视觉感受

《追寻》以鸟瞰式的结构巡礼上海市黄浦区的红色遗址,串起红色故事场景,充分演绎出色彩浓郁的时代变革,将恢宏的历史卷轴徐徐展开:从十里洋场到半淞园路,从《新青年》杂志的出版和卖报歌的流传,到俞秀松等众多革命先驱与家人别离时的决绝和不舍,再到纺织女工和铁路工人对聂耳的怀念等,一个个小故事串联成历史,带入观众走进辉煌感人的峥嵘史诗。

2. 情景化演绎诗歌,再现丰富内涵

《追寻》的主要艺术表现形式是诗歌朗诵。以往的诗歌在于朗诵,而《追寻》侧重于把诗歌通过朗诵"演出来",即诗歌的情景化。以往演员朗诵,是通过声音再现诗歌的内蕴,而《追寻》则是把诗歌的内蕴淋漓尽致地表现出来,朗诵者不再是游离于作品外的演员,而是作品中的人物。因此,演出中有独诵、对诵或群诵,抑或用音乐、肢体动作使诗歌的情景化更生动和富有韵味。将诗歌赋予情景化,把诗歌作品所描述的内容都呈现在舞台上。

3. 多途径传播方式,体现时代价值

《追寻》自公演以来,共上演25场。举办全区集中性主题党日活动、红色剧目校园专场演出、高校巡演等活动可以培育和践行社会主义核心价值观,弘扬爱国主义精神,弘扬勇于担当、奋发有为的进取精神。

集中性主题党日活动,让广大党员群众收获教育。举办上海市黄浦区红色遗迹巡礼情景诗剧暨喜迎党的十九大主题党日活动,既是迎接党的十九大胜利召开的一次大型文化活动,也是全区深入推进"两学一做"学习教育常态化制度化,开展集中性主题党日活

动的一次探索实践。来自机关、社区、"两新"组织、事业单位、国有企业、驻区单位等各领域的党员通过参加此次活动，起到了洗礼思想、自我教育的良好效果。

"追剧·红色经典"专场，让红色基因深植学生心中。2017年开启"追剧·红色经典"校园专场演出活动面向青少年开展爱国主义教育，传承上海市黄浦区作为党的诞生地所在区的光荣与责任。广大中、小学生通过观演，深化了对红色革命精神的理解，使"红色基因"深深植入学生们心中，让不忘初心、卓绝奋斗的决心永远传递下去。

红色剧目高校巡演，丰富思政教育的内容与形式。2018年，《追寻》在同济大学礼堂上演，开启了红色剧目高校巡演活动的序幕。代入感强烈的剧情、扣人心弦的情节、充满张力的舞台展现，极大地感染了现场观众。英雄的故事更让同济的学子们直观感受到先烈们为国家、为民族抛头颅洒热血的革命信仰，使他们更能感受到如今和平生活的来之不易。2019年，以举办情景党课专场演出的方式，《追寻》再度上演于上海音乐学院贺绿汀音乐厅，努力讲好红色故事，丰富高校思政教育的内容与形式，近千名观众通过舞台上满腔热忱的艺术展现，走进辉煌感人的峥嵘史诗，回顾深厚丰富的红色底蕴。

坚定文化自信，传承红色基因，需要群文创作者在新时代用好用活红色文化资源，开拓红色文化主题创作与传播的新思路，借力文艺创作，激荡穿透人心的精神力量，讲好红色故事，彰显红色文化的时代魅力。

浅析"突发性灾害"语境下的群众文艺创作

朱玉儿(北京市门头沟区文化馆)

一、"突发性灾害"语境下群众文艺创作的必要性

(一)突发性灾害的定义和特征

根据《国家突发公共事件总体应急预案》对突发事件的定义,结合对现代灾害的理解,可将突发性灾害解释为:由自然发展变异等自然因素、人类生产活动等人为因素以及自然与人为因素相结合的原因所引发,在没有思想准备或无法预知的情况下突然发生,能够对人类赖以生存的自然生态环境、社会环境以及生命财产、精神文明造成破坏性影响的事件、现象及过程。

突发性灾害除了突发性、危害性、持续性等特征,复杂性也是其显著特征。在社会飞速发展的时代,人类不断利用、改造自然,单纯由自然引发的灾害也打上了人为的烙印,在自然和人为因素相互作用之下,突发性灾害具有复杂的特性。

(二)突发性灾害的双重影响

1. 消极影响

突发性灾害会对人民的生命财产、社会秩序、心理和精神造成严重威胁,在面对自然、社会、文化等环境发生突变的时候,个体会产生恐惧、焦虑、愤怒等负面情绪,因此在行为上出现功能失调和混乱。个体产生的负面情绪和心理危机会在社会群体中蔓延,加大群体出现非理性行为的可能,引发大规模的公众恐慌、从众行为和应激行为。负面情绪和非理性行为的出现,将最终导致社会价值体系的崩溃和道德行为准则的破坏,严重威胁国家各方面健康有序的发展。

2. 积极影响

除了消极影响,突发性灾害也会带来对人类进步、社会发展有益的积极影响。汤因比在《历史研究》中提出了挑战与应战的理论,认为文明产生的环境不是安逸的而是困难的,面对自然和人为环境的挑战,一部分人进行应战,少数人进行创造,多数人进行模仿,整个社会前进发展的节奏保持一致,这就是文明起源发展的动力和规律。正是历史上各类突发性灾害不断挑战着人类的极限,推动人类一次次寻求突破以应对灾难,在面临挑战

进行应战的过程中,人类丰富的物质和精神文化得以飞速发展,主体意识不断增强。在物质方面,各类防灾救灾措施都达到了很高的水平。在精神方面,人类会反思与自然、社会以及人与人之间的关系,从而促进人与自然的和谐发展,推动社会价值观的重塑。

(三)"突发性灾难"语境下群众文艺创作产生的必然性

1. 群众文艺创作产生是必然结果

古人云:"多难兴邦",中华民族乃至整个人类的发展都是一部迎难而上的奋斗史,灾害和磨难让人类学会应战创造,从石锤、骨针等原始工具,到现代各类应对灾害的预报系统、防灾工具,这些人类为求安的发明创造成为世界物质文化遗产中重要的组成部分。从为求生存出现的对自然的膜拜、祭祀赈灾等落后思想,到抗战精神、抗击"非典"精神等先进的思想,伴随着物质生产的发展,精神文化也在不断进步。突发性灾害在推动人类物质和精神生产发展进步的同时,让一些精神生产进一步发展从而催生出文化艺术创作,也让一些具有精神特性的物质生产具有了审美因素,由此产生了各种文化艺术作品,这些文化艺术作品是广大人民群众与灾害抗衡的智慧结晶,是群众主体力量的体现。突发性灾害让文化艺术得以产生和发展,各类群众性文艺创作必然产生。

2. 各方都需要群众文艺创作的出现

突发性灾害会对人民心理健康、个人价值观和社会思想道德等意识形态领域造成无形的威胁,改变个体对于世界、人生的看法。个体的价值观建构组成的是社会、国家的整体价值观体系,而灾害会摧毁业已形成的健康、正确的价值观,导致因政治意识动摇而产生的政治性突发事件,同时损害个体心理健康,所滋生的消极情绪会导致非理智行为的发生,在信息飞速传播的时代升级为严重的群体性突发事件等。

突发性灾害对于意识形态的消极影响一旦形成,难以在短时期恢复。重视社会意识和个体价值观的引导,对减轻灾害的消极影响有着重要的作用。组织群众进行积极、感人的文艺作品创作,通过文艺作品给身处特殊时期的人民以情感的寄托、精神的抚慰和潜移默化的引导,对于个人、社会、国家的健康发展都有着积极的意义。

二、"突发性灾害"语境下群众文艺创作的特征

(一)群众文艺创作具有多样性、真实性、地方性色彩

为贯彻落实党的十九大精神,全国各级文化部门积极开展各类群众性文化演出、培训等活动,群众的文化素养、专业知识、创作能力和审美水平不断提升,为繁荣群众文艺创作储备了大量人才。面对突发性灾害,来自四面八方的群众文艺骨干、文艺爱好者充分发挥自身文艺创作优势,通过绘画、音乐、曲艺、雕塑、摄影、文学、朗诵、舞蹈、书法等多种文艺形式抒发心声,创作出一批批优秀、感人的文艺作品,给稳定国家社会意识形态、鼓舞抗灾士气和增强民族凝聚力注入了积极的力量。

突发性灾害语境下的群众文艺创作通常都取材于当前灾害中所发生的人和事,以特殊时期平凡的人和事作为创作原型,所传递出的力量更温暖、真实,使受众的情感得到最大限度的震撼,进而获得心灵和思想的净化和升华。

创作者的地区文化认同感使其创作的文艺作品展现出浓郁的地方性色彩,突发性灾害能够激发创作者强烈的地区文化认同感,使其创作出具有强烈地方性色彩的文艺作品。门头沟区文化馆打造的《战疫情祈太平》抗疫文艺作品,将抗疫绘画作品呈现在门头沟区非物质文化遗产太平鼓上,巧妙地将战疫的决心和心愿与本区的文化特色相结合,在新冠肺炎疫情时期唤起本区群众的文化认同,鼓舞了本区抗疫的士气。

(二)群众文艺创作呈现时效性、阶段性特征

在突发性灾害的骤然发生,人民产生的一系列负面情绪使国家、社会陷入失衡、思想意识形态受到威胁的时刻,急需有积极、正确的精神生产对国家和社会的意识进行稳定引导。文艺创作者深入挖掘灾害中感人的先进人物和事迹,创作出形式丰富多样、内容积极向上的文艺作品。这类文艺作品是突发性灾害语境下最具有感染力和凝聚力的精神生产,能够唤起人民对灾害科学的认识和反思。身处特殊时期的广大群众也急需情感宣泄的渠道,抒发和表达自己的所见所感,促使其进行各类文艺创作。所以,突发性灾害语境下要求群众文艺创作迅速反应,具有时效性。

灾害发展阶段的不断变化对群众文艺创作的内容也有不同要求。在灾害前期,大众对其缺乏科学的认知,此时群众文艺创作的内容偏重于灾害知识的宣传和防控知识的普及。在灾害中期,各类感人事迹和先进人物的涌现,为文艺创作提供了丰富的素材,对这些积极向上的精神力量进行宣传,有助于缓解人民群众对于抵御灾害的疲劳心理,为其注入继续与灾害抗争的力量。在灾害后期,群众文艺创作的重点转向对灾害的总结反思和新生活的畅想,有助于激发起大众对未来生活的信心和希望。

(三)群众文艺创作、传播、组织具有便捷性

以数字和互联网技术为依托的各类网络应用平台,如微信、微博、抖音等新媒介彻底改变了旧有的文艺创作和传播模式,由"我写你看、我说你听"的创作主体为核心的单向传播转变为"人人创作、受传一体"的双向互动传播模式,使文艺创作的门槛大幅度降低,文艺创作实实在在做到了从群众中来到群众中去。在突发性灾害语境下,灾害导致人们在客观环境无法开展线下群众文艺活动,此时通过各类新媒介平台将群众文艺活动从线下搬到线上,突破了时空限制,使活动的组织更具便捷性,令身处特殊时期的群众依然能够高效、便利地享受丰富的文化资源。新媒介平台为群众文艺创作提供了新的工具、手段、作品储存载体与传播渠道,使灾害时期的群众文艺创作依然保持着旺盛的生命力。在新冠肺炎疫情之下,北京市文化艺术中心通过北京数字文化馆平台、各区县文化馆通过微信公众号平台征集群众文艺作品,组织多场抗疫主题的群众文化线上活动,获得各方热烈的反响和积极的效果。

三、"突发性灾害"语境下群众文艺创作的功能

（一）思想教化功能

突发性灾害出现后所带来的生离死别、社会动荡或谣言泛滥等各种消极影响会使人的思想在无形中受到极大影响，容易产生一些负面的思想意识。组织群众进行"突发性灾害"语境下的文艺创作活动，通过文艺作品的创作和欣赏教育群众，团结群众，引导群众树立正确的思想意识。通过欣赏优秀的文艺作品能够让人获得真善美的熏陶，让思想心灵得到正确的引导净化，减少负面思想意识的产生，在文艺作品潜移默化的审美教育中建立起正确积极的人生观、世界观。在抗击新冠肺炎疫情的过程中，全国各地涌现出一批寓教于乐的抗疫文艺作品，如通过群众喜闻乐见的形式进行科学防疫知识宣传、鼓舞抗疫士气、弘扬新时代奉献精神，使人民的思想意识得到正向的教化引导。

（二）精神疗愈功能

在突发性灾害语境下，人们遭受到巨大的生命财产损失和心灵打击，会产生悲伤、恐惧、焦虑、愤怒等各种不良情绪，这些负面情绪和心灵创伤若不及时进行排解和干预，所造成的心理损害将远超灾害本身。仅通过语言的安慰和疏导很难快速有效地达到排解情绪的良好效果，而群众文艺作品通过丰富的艺术语言、艺术意蕴和感人的艺术形象传递着社会中的真善美，能够让被精神压力、心理危机所困扰的受众从中汲取积极向上的正能量，感受到社会的温暖和爱，同时，群众文艺创作对于广大群众创作者也是一个发现美好、宣泄情感的途径和窗口，让广大群众在面临灾害时所产生的负面情感和心理得到疏导，心灵获得慰藉，有利益广大人民群众精神健康的重建。

（三）价值引导功能

文艺作品的灵魂在于通过各种艺术语言、形象所传递出的价值观，一部无愧于时代的优秀文艺作品弘扬的必然是正确的社会主义核心价值观，人民接受这种文艺作品的熏陶，也必然会树立起正确的人生价值观、国家民族观、文化历史观。在突发性灾害语境之下，各级文化部门组织群众进行文艺创作，有助于创作者在创作过程中发现灾害环境下社会的真善美，进行自我价值体系的引导和建设，巩固自身的政治阶级立场。对受众来说，欣赏具有鲜明价值导向的文艺作品，有助于抵抗灾害带来的消极影响，避免价值观出现偏差，贯彻正确的社会主义核心价值观，将自身的思想和行为引导到正确的轨道上来。个人价值观的正确有利于整个社会、国家价值观体系的稳定健康发展，重视对于社会意识和个体价值观的引导有助于降低突发性灾害的消极影响，扩大其积极影响，保证国家、社会的和谐稳定。

（四）社会重构功能

灾害的发生会带来诸多消极影响，人类面对一次次灾害的挑战不断完善着自身应战

的能力,对于人与自然、社会以及人和人之间关系的思考推动着人类主体意识的完善,提升了民众的参与意识。民众个体的崛起和参与社会公共事务能力的增强,对于整个社会治理体系和精神文明秩序都提出了新的要求。群众文艺作品是社会群体精神生产通过各类媒介物化的产物,作为社会群体意识的聚合体,可以反作用于人们的行为,具有社会组织动员的功能。灾害时期群众文艺作品的创作和欣赏有利于弘扬众志成城、不畏艰险、以人为本的抗灾救灾和奉献精神,对民众主体意识和社会参与意识进行正确的引导,最终将增强整个民族的凝聚力、社会的责任感,推动社会向着积极健康的方向进行重构和整合。

在突发性灾害语境下,政府各级文化部门、机构和社会组织应积极组织、动员群众进行以抗灾为主题的文艺创作,发挥文艺创作、文艺作品的各种功能,弘扬灾害中正能量的精神和高尚的品德,弘扬向上向善的社会主义核心价值观,以艺术的手法关照苦难的现实生活,引导人民群众发现灾害中的美好和希望,树立起光明必将驱散黑暗、真善美必将战胜假恶丑的信心。同时,灾害群众文艺作品的繁荣丰富了整个群众文化体系的内容,繁荣了整个文化事业的发展。

参考文献

[1] 张科 . 重大疫情应对中文艺作品的思想政治教育功能探析 [J]. 思想政治课研究,2020(1):6-10.

[2] 王玉红 . 中国自然灾难的审美之维 [D]. 广州:暨南大学,2010.

[3] 王宏建 . 艺术基础 [M]. 北京:文化艺术出版社,2010.

[4] 汤因比 . 历史研究 [M]. 上海:上海人民出版社,2000.

群众文化应将关爱退役军人文化生活纳入重点工作

宋　爽（天津市南开区文化馆）

日前，《天津日报》以显著的位置报道了"南开区关心退役军人文化生活"的情况。报道显示，中共天津市南开区委员会、南开区人民政府在大力推动退役军人创业就业、关心他们物质生活的同时，还特别关心他们的文化生活，以创新的精神在体育中心、水上公园、向阳路等 12 个街道建立了退役军人之家，在阳光壹佰、昔阳里等171 个社区建立了退役军人文化活动站。市有关领导对此予以充分肯定，认为这样的好经验、好做法，应当形成模式，在全市推广。通过在退役军人中开展文化活动，增进感情沟通，传递党和政府的关心关爱，有助于在全社会营造关心关爱退役军人的浓厚氛围。

资料显示，这些退役军人之家做到了因地制宜、资源共享，为广大退役军人营造了"家"的氛围，在软件服务上也落实到位。目前，南开区正在按照上级领导的要求，尽量突出"兵味"，开始了"退役军人之家"标准化和建设优化的工作，正在建设中的"样板站"也由天津市关爱退役军人协会拟向全市推广。

这说明，关心退役军人的文化生活，已经成为政府的常态化工作，应当引起我们群众文化工作者的重视与注意。

一、退役军人是一个特殊的群体，必须关心他们的文化生活

退役军人是一个特殊的群体。他们均有过从军的经历，有的甚至长达几十年，直到退休。即使是仅仅几年的义务兵，也在军队度过了人生最珍贵的时光。这个群体接受过同样的理想和信念教育，经受过同样的军人训练，有着共同的语言基础和军旅情怀。

笔者以为，这一群体有着下述三个特点：

（一）有着良好素质，在青年时期打下了很好的基础

在部队期间，他们贡献了最美好的青春。如今，在波澜壮阔的改革大潮中，仍在争当"最可爱的人"。党、政府、人民始终关心着他们。

正像"南开区最美退役军人表彰大会"上所说的：有的年少时投身军营，经受了苦与累、生与死的考验；有的回到地方，变换岗位多次，均表现很好。他们是一个光荣的群体。退役不褪志，退伍不褪色，是他们共同的决心；离军不离党，永远跟党走，是他们共同的誓

言。不忘初心葆本色,是他们共同的情怀;牢记嘱托再出发,是他们共同的信念。他们的忠诚已经融入灵魂,跟党走的步伐,永远坚强有力。有的,带领一方群众,建设美丽天津、美丽南开、美丽社区;有的,奉献友爱,甘当光荣的志愿者;有的,敬业爱岗,成为本单位的学习榜样;有的,扶危解困,成为社区群体的贴心人。

特别是一些"军休"的老退役军人,有的打过仗,有的救过灾。离退休后,党和国家给了他们很高的政治生活待遇。他们认为:"不戴领章帽徽,但穿过的军装不能褪色;不在现役岗位,但为人民服务的使命没有完结。"大家没有安享晚年,而是不忘初心,发挥余热,形成一个光荣的群体。

这个群体中的绝大多数目前在各行各业砥砺奋进,把各自的工作岗位看作军营,活出了精彩璀璨的人生。

(二)退役后生活境遇大不相同,容易产生思想波动

激励退役军人献身改革开放,是党和政府的责任,也是维护国家长治久安的实际步骤。但由于每个人的境遇不一样,也有很多退役军人生活并不如意。横向比,有着巨大的反差。退役军人中有任正非、王石这样的商业大亨,也有以摊煎饼为生的小摊贩。纵向比,反差同样巨大,有的在部队是学雷锋标兵,退伍后单位不景气,身体病了,没有劳保,只好将部队里学的理发手艺作为谋生手段。有的退役军人,当兵时立功受奖,意气风发,退役后赶上了国企下岗,生活艰难,一切需要从头再来。还有的参军到了工程兵部队,经历了许多苦与险,退伍后,又当了环卫工,清扫马路,清运垃圾,需要从一线干起。更有一些部队的中高级军官,退役后工作安排很不如意,思想上很难扭转过来,容易形成思想疙瘩。

(三)迫切需要人文关怀和心理疏导

这样一个群体,生活境遇大不一样,又有共同的语言和情怀。因此,无论从人文关怀、心理疏导的角度也好,还是从促进社会稳定、社区和谐的考虑也好,都必须将这一群体作为工作的重点,正确对待,尊重、关心他们,给他们以高度的重视与关爱。

格外重视退役军人也是国际社会常见的现象,像美国、日本、俄罗斯、英国、德国等发达国家都成立了"退役军人事务部门"。最近,我国在中央的直接关怀下,成立了"退役军人事务部",各级政府也成立了相应的机构,普遍建立的"关爱退役军人协会"就是为了贯彻中央的精神,不能让英雄流血又流泪,要让军人成为全社会最受尊崇的职业。

专门为一个群体成立专门的政府部门和协会,这足以体现国家对此的重视。因此,群众文化工作者一定要认清形势,跟紧形势,把关心、关爱退役军人的文化生活提到议事日程上,对这项工作重点对待。

二、退役军人有较高的素质，具有开展文化活动的基础

在退役军人中开展群众文化活动有三项优势：

（一）受过军营生活的锻炼，参加群众文化活动有基础

退役军人的青年时期是在军营度过的，他们熟悉军营生活，对于包括军营文化在内的群众文化活动有着天生的亲切感。

军营的集体生活造就了他们共同的作息时间和生活习惯，其中也包括他们的文化生活和艺术欣赏习惯。军营生活中的歌咏活动、棋牌活动、游艺活动、集体会操活动等是他们生活的一部分。观看部队文艺宣传队的演出造就了他们对于自编自演节目的熟悉和喜爱。这些都和我们居民中经常开展的群众文化活动，比如革命歌曲大家唱、广场舞比赛、民间花会活动非常相似。因此，我们策划的群众文化活动可以随时唤起退役军人们对于军营文化的记忆，在实际操作中很容易"合拍"。比如，退役军人事务局成立才几个月，便迎来了"七一"党的生日，我们按照区委的要求协助退役军人事务局举办了退役军人歌咏大会，方案制订后，才一个星期便在全区组建了15支合唱团。每支合唱团都在40人以上，能演唱多首部队歌曲，包括领唱、齐唱、合唱、轮唱都轻车熟路。有的街道合唱团的演唱水平不次于文化馆的"半专业合唱团"。这一支支训练有素的文艺团队，以饱满的精神和高昂的激情，抒发了退役军人"退役不退志，退伍不褪色"的壮志豪情，让我们领略了退役军人的文化素养。

（二）有较强的纪律观念，容易接受活动组织者的管理

和一般居民相比，组织退役军人参加群众文化活动要容易不少。他们熟悉大型文化活动的运行模式，了解集体活动的特点，只要向这些参加活动的人员讲清组织者的意图，他们执行力一般都比较强。现场服从命令的意识也较强，因此容易做到整齐划一、令行禁止。像前面说的"七一"活动，共有700多名退役军人参加，他们把歌咏汇活动作为发扬革命传统、争取更大光荣的有效教育形式。每次排练都认真参加。来到剧场，15个合唱团团员既当观众又当演员，按照节目抽签顺序，依次上场，又依次返回观众席，做到了纪律严明，台下不声不响，台上歌声嘹亮，体现出退役军人的素质。

（三）很多退役军人有较高的艺术素质

以生命赴使命，用热血写忠诚，退役军人经过人民军队的培养锻炼，成长为党和人民忠诚的卫士，具有忠诚、坚毅、担当、自律、果敢的优秀素质，退役军人在政府机关、事业单位占有很大的比例。他们不仅政治素质较高，而且具有较高的艺术素质，比如，在文化馆系统就有相当数量的退役军人。在社会上的退役军人中，有很多是部队宣传队的演员。在"八一"建军节举办大型活动时，我们请到了从中国人民解放军三军仪仗队退役的小伙子们，在节目开始前表演了升旗仪式，全场为之精神大振！

目前,天津市已经成立了退役军人文艺宣传队,该宣传队基本上是由原武警天津总队文工团的演员等人员构成的,其中包括万隆、郭金泉、庞晓宁、冯洁、石春英、刘书艳、王景昌等。按照市里的模式,各区也可以成立区级的退役军人文艺宣传队,这些宣传队一定会成为群众文化的一个重要方面军。

以上仅仅是从舞台文艺来说的。除了舞台文艺,退役军人在文学、评论、美术、摄影、朗诵、演讲、工艺制作等方面也同样人才济济,具有很好的群众基础。这是群众文化的良田沃土,一定能够开出炫丽的群众文化之花!

三、应当像普及街道文化中心那样普及退役军人文化中心

南开区的退役军人之家其实就是退役军人文化中心,目前已经进入标准化的实施阶段。出于工作的需要,我参观过几个文化中心。按照标准化的要求,退役军人文化中心应当具有下述功能:

(一)荣誉室

这里展示人民军队的光荣历程。把我军建军以来的历史,浓缩于现代化手段上,反映我军发展壮大的历程。革命文物和史料真实、生动地反映了我军从无到有、从小到大、从弱到强的过程。"光荣榜"上,是中央军委授予荣誉称号的十大英雄人物和南开区退役军人中的英模和先进人物,有国家级的、市级的和区级的。特别受到关切的是文物展示。大部分文物是二十世纪八十年代以前部队的一些装备和设施,包括炮弹壳、军装、钢盔、弹药箱。由于南开区大部分退役军人都是七八十年代服役的,这些展品,他们都穿过、用过。这些物品可以让他们回忆起那激情燃烧的岁月,更加珍惜过去的荣誉,始终保持革命军人的本色。

(二)功能室

功能室包括医疗服务室、法律服务室等。医疗服务室可以让医疗服务志愿者为退役军人提供医疗咨询、血压测试等服务。法律服务室中,熟悉涉军法律知识的法律工作者可以在这里提供服务;爱心工作室采取志愿服务、结对帮扶的方式,为生活困难的退役军人提供帮助服务,把总书记关于"让军人成为社会最尊崇的事业"的指示落到实处;图书阅览室有军事、政治类等藏书、报纸杂志,坚持每天开放;茶聊室是给退役军人提供谈心、聊天的场所,通过室内布置体现革命元素,用迷彩图案体现军营元素,是开展谈心、交心的地方;文体活动室开展日常的文体活动,定期举办讲座、歌咏活动等。

(三)党员活动室和红色讲堂

党员活动室和红色讲堂是给退役军人开展党员活动、进行理论学习的场所,同时还可以举行主题讲座或者播放电影。

综上所述,军人有地位,国家有力量。讲好退役军人故事,激发广大退役军人的荣誉感、自豪感、责任感、使命感,"发扬革命传统,争取更大光荣"是历史赋予我们群众文化工作者的任务。我们一定要通过我们的工作,让关爱退役军人的文化生活形成一种文化现象。

如何在文旅融合环境下推进文化馆的高质量发展

曹　晶（江苏省无锡市文化馆）

2018 年文化和旅游部的组建,标志着文旅融合的格局正式形成。旅游业的关联性特征决定了其是国民经济中最具融合发展优势的战略性产业。文旅融合正是抓住这一特质,建立在文化和旅游的差异基础之上,尝试通过文化引领来丰富旅游的内容,提升旅游的精神内涵;同时,通过旅游来反向传导文化的价值,增强民族的文化自信。

文化馆作为在公共文化服务体系中具有中国特色且同样有着综合关联性特质的群众文化服务机构,在文旅融合中也可获得一些启发。文化与旅游相融合,看上去侧重点是两者产业间的融合,但从另一个侧面来说,却又不仅仅如此,两种业态的交融会碰撞产生出新的理念、新的思维、新的火花。而对于公共文化事业的重要践行者——文化馆来说,这也是实现自身高质量发展的一个契机。

一、剖析现状,明确方向

党的十八届三中全会吹响了全面深化改革的号角,《中共中央关于全面深化改革若干重大问题的决定》明确了要推进文化体制机制创新。而在中共中央办公厅、国务院办公厅印发的《国家"十三五"时期文化发展改革规划纲要》中也提到了,要夺取中国特色社会主义新胜利,要充分发挥文化引领风尚、教育人民、服务社会、推动发展的作用。近年来,在以习近平同志为核心的党中央坚强领导下,我国围绕建设社会主义核心价值观,建立健全现代公共文化服务体系,让老百姓的文化获得感大幅提升,在服务机构的数量上就可以充分体现出这一点。以全国文化馆(站)这一群文机构数量为例,由 1979 年的 3965个增至 2018 年的 44464 个,增长超过 10 倍,2018 年文化服务人次达 70554 万人次。可以说,数字的高速增长是服务量化的最好体现,广大百姓也充分感受到了这一点,精神供给较以往相对富足。

然而,任何事物的发展进程都有延展性,习近平总书记在党的十九大报告中做出了"我国经济已由高速增长阶段转向高质量发展阶段"的重要论断,文旅融合也是一次针对文化与旅游行业下一阶段如何获得高质量发展而做出的深层次改革实践。文化发展与经济发展其实是相辅相成、密不可分的,良好的经济运作机制背后一定是有优秀的文化底蕴作支撑的。作为公共文化服务机构的代表之一,文化馆就是以宣传社会正能量,提升公民文化素质,引导群众积极向上为目标的,也可以说,文化馆是一个为文化夯实地基,且具有文化价值导向的服务型机构,值得深化发展。

在文化和旅游整合之前,公共文化事业的发展相对单一,以文化馆为例,不论是服务对象还是服务范围,都具有一定的区域属性,所推出的公共文化活动品牌更多意义上只是区域品牌,放在大区域、大环境下,只能算是"小打小闹",影响力有限,而在当下这个信息爆炸的年代,这种文化的传导效能其实是相对滞后的。在公共文化的服务内容及形式上,由于受到人才的局限、体制的约束及理念的停滞等多方面因素的影响,文化馆的创新创造力相对较为匮乏。没有对比就没有参照物,故步自封并不利于事业的发展,当两个行业整合到一起,就会倒逼我们思考自身的不足,从中归纳总结,汇聚融合不同业态的新理念,找出符合自身属性的发展新方向,将文化馆推入高质量发展的轨道中去。

二、对标找差,开拓思维

文化和旅游的融合能够为老百姓带来什么;作为提供群众公共文化服务的文化馆,又能从两者融合的启示中领会到什么;怎样将不同行业的经验为我所用……这些,都值得我们思索。为什么文化要与旅游相融,其实两者有一定的内在联系。从本质上说,旅游就是一种文化体验的过程;同样,文化也可以通过旅游来扩大普及传承范围,两者本身互有裨益,并不矛盾。如果两者对标能找出各自利弊,然后互助补强,那就会实现一加一大于二的效果。

1. 传承与创新的碰撞

文化发展,核心在于传承和创新。文化馆发展的核心本身也是地域传统文化(包括非物质文化遗产)的保护、传承、宣导以及伴随时代发展浪潮对公共服务模式的自我创新。对标同属于公共文化服务阵地的博物馆,可以发现博物馆在文旅融合中独有的先行性。博物馆作为典藏及展示人文自然遗产的公共文化机构,已逐渐成为文化与旅游的融合点。我国拥有五千年的历史文化,华夏大地的每一片区域都附有自身的文化沿袭,在这些文化传承记忆需要被分享和推广的大背景下,旅游这一休闲方式可以让这些优秀的中华传统文化走入更多人的视野,传承并发扬。同时,借鉴旅游特性中市场导向元素,还可以刺激公共文化服务机构竖立品牌意识、创新意识等,推进服务市场化引导,故宫博物院就是一个很好的例子。作为一个著名的景点,故宫博物院也是一个历史文化的传承普及之所,其使命不仅是将故宫的历史文化风貌现于世人,更重要的是要展现中华文化的一段历史。近几年,故宫通过结合市场思维运作,在完善开放机制的同时将很多历史文脉以新文创的形式展开,抓取到了四面八方游客的眼球,甚至形成了网红效应,做到了既有品牌认同感,又很好地将故宫的文化气息发散出来,甚至飘扬海外。这其实是一个很值得被关注借鉴的方面,作为同属公共文化事业服务机构的文化馆也需要思考。其实,百姓的文化传播热点是在不断变化的,要想更好地为百姓提供优质的文化补给,就必须要不断突破自我,不断融合新思维,开发出符合文化馆特质且具有社会正能量引导效应的优质公共文化产品。

2. 品质与内涵的交融

对标文化发展,旅游业因其经济利益驱动属性,服务更具品质化、规范化、标准化特征。好的旅游资源匹配好的服务质量,可以提升旅游品质及相应市场规模。品质取决于内涵,而文化底蕴则是内涵的最好诠释。所谓底蕴并不是一蹴而就的,而是需要文化的不断传承与创新,积累沉淀而成的,而新时代的文化馆使命也正是为此。无锡的灵山景区,作为旅游界的新兴代表,其历史并不算很悠久,但从规划建设开始,就有独特的文化定位,以佛教文化为轴,在原灵山祥符禅寺的基础上,逐步打造灵山大佛、梵宫、拈花湾等系列主题景点,以佛教文化内涵塑造景区佛教文化品牌,不断提升服务品质,拓展其自身文化传播价值,这些举措其实也是为了能更好地服务于游客。如今的旅行者,也已不再是到此一游,作为享受文化和旅游服务的主要力量,更多的 80 后、90 后对旅游的认知已经逐渐开始追求品质化,走向"观文品史、体验生活"的新阶段,这也就意味着旅游发展必须要注重对文化的挖掘,依托文化,提升内涵,真正体现"以文促旅、以旅彰文"。同样,文化馆如果想进一步高质量发展,追求品质化、丰富自身文化内涵势在必行,在自身优化的同时,也能从一个侧面将文化与旅游交融的初衷——追求高质量发展这一目标展现出来。

三、探索创新,正视挑战

当发展的格局有了新的变化,发展的方向有了新的目标,新的驱动力带来的必然是新的使命、新的挑战。那么,如何在文旅深度融合的趋势背景下同步实现文化馆的高质量发展,如何将其社会使命、核心价值更好地发挥出来,需要文化馆人潜行探索,积极实践。

1. 需求精准化

在旅游行业中,好的服务品质一定是其服务需求精准化的最好体现。就文化馆而言,上一个发展时期,如同前文提及的文化馆机构数量一样,是蓬勃发展的时期,但是其注重的是量的累计,在考核文化馆绩效的依据上也有所体现,不管是服务活动数量,还是服务受众人次等,都是以数字为基准,但很多事物发展到一定阶段后,必然会由量变转化产生质变,如何在保证服务效能不降低的情况下,进一步提升文化馆公共文化服务品质,将服务的内容提档升级,是一个摆在文化馆面前的迫切课题。

文旅融合,打开了一个新的大门。以往文化馆开展群众文化活动,大多是在社区里、广场上,阵地局限、形式单一,互动的对象往往以大龄甚至老龄群众为主,年长的人,受制于身体机能、思维模式、出行习惯等因素,其活动半径较年轻人小,其主观意愿大多也是选择在自己的舒适半径内,适当参与一些群众文化活动。年轻人则不然,他们更多的是希望能在不同的领域接触一些不一样且新颖的文化活动,这也是一种公共文化的需求,针对这一需求,文化馆可以拓宽思路,以包容的姿态积极响应。以无锡为例,在文旅融合后,无锡逐步探索,对百姓需要什么样的文化供给深入思考,在自己固有的群文品牌"激情周末"

的基础上提档升级，融合旅游元素，竖立精品意识，打造"情韵江南"品牌活动，并且将之带进景区，寓情于景，其定位逐步向品质化靠拢，此外还积极与部分景区开展联动尝试，探索"沉浸式演绎"的合作，在惠及广大百姓的基础上，尝试品质化的升级驱动，提升自己的文化创造力和文化影响力。

2. 管理科学化

品质体现的是服务满足顾客需要的程度。任何行业，如果要想追求品质化发展，都必须要加强自身的管理水平，文化馆也不例外。参考现代管理学，实现文化馆的科学化管理，可以从规范化、精细化、个性化这三个层次来着手。

打造行业规范，在旅游业中已不少见，好的运作机制，好的管理效能，带来的一定是良好的感官享受。另外，在规范系统化操作的同时，注重细节的把控，想人所未想，创新求变，避免过度同质化消耗，从而增强自身竞争力和免疫力，这些都值得文化馆学习思考。目前，部分文化馆通过尝试建立总分馆体系、法人理事会制度等规范化举措，来更好地推动文化馆建设，但是从效果来看，尚不明显，因为资源整合在政策层面有一定难度，人、财、物、信息等核心要素尚无法高效地合理利用，其相关体制外公共文化机构也无法有效融入这个资源池，最多只是作为文化志愿团队在公共文化的服务过程中做个补充、打个下手，很难在真正意义上做到全局性。规范化针对的并不是个体，而应该是整个行业，因此这还需政府主导部门来引导与协调，如同近年推进的全域旅游一样，以科学系统的理念，整合旅游的各类资源，最终实现旅游景观全域优化、旅游服务全域配套、旅游成果全民共享等目标。作为具有文化普及使命的文化馆，其建设也应该朝着规范化、系统化迈进，从而实现文化成果全民共享的初衷。

作为信息变革带来的产物，各种智慧平台服务正逐渐走进人们的生活。5G时代的到来，更是加速了这一现象，对于负有文化传承发展使命的文化馆来说也是开启了一个万物互联的全新时代。全国各级文化云平台的建设，为百姓真正地搭建了一座共享文化、互联互通的桥梁，文化馆的一些基于大数据及云计算的数字化应用也从一个侧面展现了对百姓文化需求对接的精准性，通过精细化的管理，不拘于实体空间架构的虚拟化应用，将服务推向品质化、多样化，并逐渐向个性化发展。5G网络通过与VR（虚拟现实）/AR（增强现实）、AI（人工智能）等技术的结合，可以更好地拓展文化馆作为公共文化空间的视觉感官体验，而杜比全景声、VR、4K超清等在直播领域的流畅应用，使人们足不出户就可"置身"群文活动的现场。可以说，这些新技术在为公共文化的体验创造层出不穷的新玩法的同时，其实也在催生更多的文化消费意愿，刺激文化意识，为全民文化普及起到了抛砖引玉的作用。

当文化与旅游两种业态交织在一起，势必会有一个融合的过程，这一过程恰恰是尝试高质量发展的一种有益探索，而只有实践方能检验真理，唯有通过不断的融合创新，才能提升自己的服务效能。作为提供公共文化服务的主力军，文化馆必须开拓自身的创新能力，将创新意识融入工作中，正视存在的机遇与挑战，实现其自身高质量的飞跃发展，从而为老百姓在公共服务领域带来更优质的文化体验。

试论沟河"三地五区"文化联盟的形成与发展

张凤齐（天津市蓟州区文化馆）

沟河在中国众多的河流中就其长度、流域面积来说，虽然比较普通和渺小，但是沟河历史绵延流长，距今已有 2300 多年，其名称发音非常具有地方语言特色，很多外地人对它名字的读音都把握不准，有读 gou（枸）的、有读 ju（句）的，其正确的读音是 ju（拘）一声。而这条很不起眼的河流，却默默流经北京市、天津市、河北省三地的部分地区，并形成了自己独特的河流区域文化。沟河两岸的人们在日常生活的生产、交往、娱乐、风俗等多方面，都存在文化共性并世代传承。随着京津冀协同发展步伐加快，文化在引领推动沟河流域各地区的协调发展、传统文化与时代的群众文化发展元素相融合方面起着至关重要的作用。本文仅对沟河河流区域的文化，"三地五区"［三地：北京市、天津市、河北；五区（市、县）：平谷区、蓟州区①、宝坻区、兴隆县、三河市］文化联盟的形成与发展进行论述。

一、沟河流经的区域以及区域文化特点

沟河发源于河北省兴隆县南部群山之中，河流自北向南穿过黄崖关古长城，流经天津市蓟州区、北京市平谷区、河北省三河市和天津市宝坻区，全长 200 多公里，流域面积 2300 多平方公里。沟河的水运历史非常悠久，据史料记载，沟河水道在战国时期就已通航，随着中原运河的大量开凿，河流的相互连接，沟河便成为通达长城内外的一条重要水运路线，为以后这段长城内外货物交流、军事物资运输供给打开了通道，明朝著名将领戚继光曾任蓟镇总兵，带领数万军民对蓟北古长城大规模修筑加固，并建设有多处边防要塞。

长城地理环境的特殊性，使得一切军需物资和食物主要靠外地供应，货船在天津装载粮食、食盐、军需物资，沿着水路北上转至蓟运河再通过沟河运至蓟州、三河、平谷各渡口，货物卸船进入驿站清点后，再转运至各仓库和边关军营。同时，又将平谷、密云、蓟州、兴隆各地的药材、水果、皮货等物品装上船，运往各地销售。这个时期，沟河水运活动十分繁盛。到清代，长城的军事防御功能丧失，虽然军队撤走，但在各个营地、渡口留下了大量的老百姓，这时期沟河仍然承载着大量的货运。

抗战时期，冀东地区先后修建了多条战备公路，物资改用汽车运输，加上沟河的河道

---

① 2016年7月，天津市委、市政府决定，撤销蓟县，设立蓟州区，原行政区和政府所在地不变。

淤浅,多年失修,沟河因而结束了两千多年的水运历史。

因此,沟河文化具有军事、农业、商业的多重性。包容性是其最根本的内在明显特征。多民族居住在沟河流域,文化相互交融,存在着生活习俗的不同所带来的文化背景差异,又因中原文化同北方游牧民族文化相聚此地,形成了沟河流域多元性、一体化的文化特性。

二、建立“三地五区”文化联盟的必要性

在京津冀协同发展的大框架下,“三地五区”的文化馆作为担负着公共文化服务体系建设的骨干力量,承担着为地区群众文化活动提供优质文化产品和服务的重要使命和职责。

京津冀三省市地缘相接、人缘相亲,地域一体、文化一脉相传,拥有天然的合作优势。这就为沟河流域文化即“三地五区”文化联盟提供了支持。

“三地五区”文化联盟的形成将实现文化资源共享,优势互补,相互促进,共同发展。通过地域联盟,文化馆相互交流文化活动经验、学习先进理论,以合作交流为平台,实现资源共享,推动沟河流域的文化发展,共创文化品牌,共谋群众文化事业发展;本着“请进来、走出去”,取长补短,使文化服务手段更加先进合理,使馆内人员素质得到提升,文化产业更具开放性、包容性和创新性,对提升文化馆的外部形象、打牢文化事业繁荣的基础、最大限度地扩大文化惠民的实效,都有着强大的促进作用。

另外,文化联盟还可以将所属地域内相同的非物质文化遗产项目进行联合保护,以便使文化得到更好的传承。沟河文化,因为本身具有的独特性,自古至今都是三地一笔丰富的文化遗产,无论是在文学、艺术、历史、教育、商业、农业、民俗等,还是在人们的衣食住行、生活方式方面,都有着灿烂的文化渊源。其物质文化所创造出的精神文明,蕴藏在人们的血脉之中。

例如2005年,天津市文物局对蓟县北部地区开展了旧石器考古专题调查,发现石器埋藏层次清楚,并采集到大量石制物品。已经填补了天津地区在人类旧石器时期的考古空白。

这些显性文化是研究各个时期人类的生活方式、行为习惯、文化态度、审美价值等传统文化的一部活生生的百科全书。它对研究沟河流域的人类迁徙和流动,文化和生活等都具有重大的价值。

三、建立“三地五区”文化联盟的可行性

(一)存在特定价值和诸多共性

虽然沟河水运的历史已经结束,但流域形成了独特的“文化带”,构成了以河流为纽带的线性共同体,具有鲜明的地域特定价值。在明朝时期,曾经从山东省、河南省抽调数

万军队和百姓屯居于此,使得这里的文化得以发展。沟河连接着长城的南北,又进一步使其他河道和交通枢纽相互联结,同时具有明显的区域、跨区域特性,在经济发展、文化传播方面又发挥了联结和纽带作用。

人们依水而居的生活方式,使沟河的引水、蓄水、整治承载了水利与社会生产生活的内容。沟河水运的往复性,使得人口流动速度加快,区域间文化的融合性极强,各种文化相互传播、吸收、融合,发生着内容和形式上的变化,并通过相互接触、交流进而相互分拆、合并,在共性认识的基础上建立起具有连续性和一致性的新地域文化。

首先是语言,这里的人们以普通话为基准,随着沟河的流向变化略带有北京和唐山方言,方言俗语相近,所表达的语义基本一致。

其次是民俗,赶大集、逛庙会、花会表演等游艺娱乐活动相互融合。

再次是沟河流域拥有大量的人文景观和文化遗址,如依沟河流经区域先后出现的"津门十景"之首的"蓟北雄关"、平谷八景之一的"沟水晚渡"、三河八景之一的"七渡晴澜"等。文化遗址蓟州区有北台旧石器遗址、七区旧石器遗址、大安宅古井群、小平安旧石器遗址;平谷区有上宅新石器遗址(即上宅文化)、金花公主墓葬等。沟河两岸的人们在日常生活的生产、交往、娱乐、风俗等方面存在许多共性并世代相传。作为物质的沟河不是一个单纯的地域概念,而是一个包含着地域经济、政治、思想、生活方式等方面内容的综合体。

(二)具有文化共识、活动基础(以蓟州文学创作为例)

作为承担蓟州群众文化活动的主要部门——蓟州文化馆,更是与宝坻区文化馆、三河市文化馆、兴隆县文化馆以及平谷区文化馆有着紧密的联系。早在 20 世纪 70 年代末,蓟县文化馆便以群众文学创作为契机,开展了多种多样的文学交流活动,如多次邀请知名作家浩然来蓟,为业余作者开展文学讲座、培训活动;带领作者深入三河、兴隆、平谷等地进行学习交流,开阔了作者的眼界,了解异地风土人情;等等。

"三地五区"文化馆,以刊为媒培养业余作者。1978 年,蓟县文化馆创办了群众文学刊物《蓟县文艺》,为业余作者创作提供了深厚的土壤,其栏目内容有小说、散文、诗歌、戏曲、曲艺等。1988 年更名为《山里红》,1998 年更名为《芳草地》,2019 年创刊《蓟州文化》。刊物在保持原有栏目基础上,更新了版面,增加了页码,突出文学性、地域性,可读性更强。三地的群众文化创作交流也因此有了更新的突破,活动范围更加广泛,内容更加丰富。蓟州文化馆在《芳草地》《蓟州文化》《平谷文艺》不定期开办专栏,刊登五区作者创作的文学作品,形成了一种互相学习促进、互相切磋研讨的良好氛围,为本地业余作者走出去,外地作者请进来,为创作出文学精品起到了积极的作用,培养了一大批文学作者,创作队伍也不断壮大,在各个区域内发挥着文学的积极作用。

多年来,蓟州文化馆一直本着"建阵地,聚人才,出精品"的原则,每年积极组织五区开展专题文学作品评奖活动。目前活跃在全国文坛的作家尹学芸,就是最早在本土文学刊物上成长起来的作家,她多次聆听浩然的讲座,深受浩然文学创作的影响,在浩然主办的三河杂志《苍生》上发表过很多作品,许多作品在三地举办的文学赛事中获奖,特别是获得鲁迅文学奖之后,在京津冀作者群中产生了很大反响,拥有一大批读者群。

四、如何进一步加强沟河流经区域文化的传承保护研究

沟河流域各地文化行政部门高度重视文化事业的发展。2015 年 5 月,天津市蓟县文广局、北京市平谷区文委、河北省兴隆县文广新局召开"京津冀三地文化协同发展联谊会"并正式签署了三地文化合作协议。2018 年 4 月,北京市平谷区文化馆、天津市蓟州区文化馆、天津市宝坻区文化馆、河北省兴隆县文化馆、河北省三河市文化馆建立沟河流域文化联盟,旨在彰显一脉相承的沟河文化的艺术魅力,更好地弘扬优秀传统文化,推动京津冀文化事业繁荣发展。

进入 20 世纪 80、90 年代,蓟县文化馆、兴隆文化馆、平谷文化馆以长城为主题积极开展多次书法、美术、摄影比赛和展览。随着资源的不断整合,特色互通,优势互补,"三地五区"文化馆的广泛交流将成为新态,广大文化工作者将在书法、美术、摄影展览、文学创作、文艺演出、特色培训、戏曲传承、非遗展示等领域加强合作、增进友谊、五方联动、携手并肩。

近几年,沟河文化"三地五区"文化联盟的发展已经初步取得了成绩,相互协办了"五区消夏纳凉巡演","彩色周末","京东文化艺术节、旗袍文化节","京津冀诗歌朗诵会","独乐寺庙会",第一、二、三届"京东庙会","京津冀评剧票友大赛","后龙风水百年开禁文艺庆典","京津冀书画名家交流笔会",第一、二届"沟河情"书画影联展等活动。在所展览的优秀作品中,饱含五区文化工作者对沟河文化的记忆与传承热情,集中展示了沟河沿岸瑰丽风光。

每次活动在为"三地五区"广大群众送上精美文化盛宴的同时,又为广大书画爱好者切磋技艺、相互交流心得、彼此增进友谊搭建了良好平台,充分展示了各地区的文化发展成果和深厚的人文素养,也见证了五区人缘相近、情缘相亲的浓浓乡情;对于深入挖掘沟河流域历史文化底蕴,推动"三地五区"文化开展广泛交流,实现资源共享、优势互补、协同发展,具有重要的现实意义。

综上所述,随着京津冀一体化的不断深入发展,联系更加紧密、文化更加繁荣。五区文化馆将进一步联合开展沟河寻源活动,举办第三届"沟河情"书画影联展,协办好第四届京东庙会,开展文艺演出交流、非遗保护传承等活动,打造出沟河流域文化品牌,促进文化和旅游发展。"三地五区"文化联盟必将这股良好势头保持下去、拓展开来,让群众文学创作、民间文化交流、非遗传承、特色旅游等方面融合得更加深入,让文化发展繁荣之路更加顺畅,开创出"沟河文化一家亲"的更新格局,绘制出"三地五区"文化更美好的蓝图,为共同繁荣沟河文化做出更大的贡献。

"名师工作室"在新时代群众文化事业中大有可为

——从武清区"书画名师工作室"实践经验出发

刘永吉（天津市武清区文化馆）

改革开放四十多年,我国各项事业均有长足发展。天津市武清区的整体面貌发生了翻天覆地的变化,广大群众的物质和文化生活也都发生了巨大改变。就群众文化而言,网络时代的娱乐渠道越来越丰富,手段越来越多样,全国各地的甚至全球的文化产品都可以很方便地传播、复制、欣赏,相对而言,群众文化如果不发展或者慢发展,就已经不能适应相当一部分群众的需求了。群众文化要跟上时代的发展是必然的选择,本文重点论述武清区委、区政府一直以来实施的人才强区战略在群众文化中的具体体现和启示。

一、武清区一直重视各项事业中人才的重要作用

区委、区政府先后制定出台了多项有关人才引进、人才培养的优惠政策。特别是在如何培养本地人才,发挥本地人才作用方面进行积极探索。

名师工作室是近些年来出现的新的文化业态,它可能在体制内,也可能在体制外。在艺术方面,它有着自主性、独立性,可在政府文化机构的领导下独立完成工作。2014年底,武清区率先在教育、卫生、高技能领域建立了13个"名师名医工作室",以此为试点,先行先试。2015年又出台了《关于实施本土人才培养"鲲鹏工程"的意见》,加大本土人才培养投入力度。2017年6月,在首批13个"名师名医工作室"取得良好成效的基础上,第二批19个"名师名医工作室"获得授牌。

其中,文化领域的四个"名师工作室"涉及油画、国画、水彩画、书法四个艺术门类。武清走出过刘炳森、孙伯翔等知名书画艺术家,被冠以"中国书画之乡"的美誉。工作室由区文化和旅游局领导,由区文化馆负责管理并提供所需的场地、设施,区财政每年给予每个工作室5万元的经费资助。经过两年多的运行,文化领域的四个"名师工作室"在全区的文化建设中发挥了很大的作用,取得了很好的成效。

二、"名师工作室"认真制订培训计划和培训标准

（一）严格选择名师

工作室的领衔专家由在文化工作和艺术创作中积累了丰富经验、取得了一定成就的

门玉华、刘永吉、杨东风、王宏志四名著名书画家牵头。除此之外,工作室还聘请高水平、有成就的艺术家举办专题讲座,通过艺术家们多年来从事艺术创作的真实感受、经验和体会来提高学员们对艺术创作的理解、认识,打开艺术创作的思路,先后聘请了书法家张建会、郝军,油画家李耀春、宋海增,水彩画家石增琇等著名艺术家为各工作室授课。

(二)严格选择学员

工作室设定的培养人才标准是具有良好的道德觉悟,较强的艺术创造力和文化活动的策划组织能力,具备创新意识和服务意识的文化人才。工作室的培养对象都是文化馆外的本区青年艺术爱好者,经过认真考察、评审,择优将前10名招收进工作室。他们基本上都是经过艺术院校学习,具备一定的艺术基本功,通过工作室的专业能力培养,成为一支能够加强文化工作力量的人才志愿者队伍,满足本区文化工作的需要。例如,油画工作室现有学员10名,年龄28岁至46岁,他们都毕业于高等专业艺术院校,具有很强的绘画基本功,通过工作室两年多的培养,在油画创作水平上都有很大提高,作品也分别在各类展览中入选、获奖,同时,在工作能力方面也得到了充分锻炼,不论是在教学工作上还是在群文活动中,都能很好地发挥作用。

(三)制订科学的培训方案

生活是艺术家最好的老师,深入生活才能创作出优秀的艺术作品,四个"名师工作室"每年都会组织各工作室学员进行访碑采风活动,寻找创作灵感,积累创作素材。书法工作室通过对书法名碑的寻访,使学员们找到在继承传统情况下的创新之路,其他三个工作室通过深入革命老区让学员感受人民群众的可敬可爱,通过领略大自然的无限风光去描绘祖国的壮美河山。通过这样的培训,各工作室的学员在艺术创作能力上都有了长足进步,为以后的艺术创作打下了坚实的基础。同时,要在实践中培养学员的培训和组织能力。

首先,在文化活动中派任务、压担子。自2018年开始,武清区文化馆的各种美术活动都由"名师工作室"配合完成,"名师工作室"在区文化馆承办的美术、书法展览比赛活动中,大胆给学员们分配工作任务,锻炼他们的工作能力。文化馆每年举办的美术、书法展览比赛活动很多,把他们安排到活动中来,在工作室领衔专家的带领下,根据工作分工,指导他们如何做好活动的策划,如何组织具体的活动实施,让每个学员在每一次活动中担任不同的角色,锻炼他们的工作综合能力,这样既很好地开展了活动,又培养锻炼了人才。

其次,让工作室的学员们在文化馆举办的公益培训中参与教学,一方面发挥他们的专业水平优势,同时,在教学中让他们学习总结做好培训工作的方式方法,积累艺术指导经验。自2018年以来,在四个"名师工作室"的参与下,武清文化馆的艺术培训仅在美术、书法方面就开办了儿童画、素描、国画、油画、水彩画、书法等多个培训班,大大满足了社会需要,也培养了学员们的实际操作能力。培训工作得到了馆领导的肯定、群众的认可和学生家长们的赞扬,提升了文化馆艺术教育工作的社会影响力。

三、名师工作室制度成为群众文化工作的有益补充和延伸

"名师工作室"培养骨干人才的目的,是为群众文化事业服务,从实践来看,是基层文化馆力量的有益补充,在基层文化建设中发挥了重要作用。

（一）发挥骨干人才的艺术知识和业务能力,服务基层文化建设

武清区的群众美术、书法活动一直有着比较广泛的群众基础。很多镇、街、社区群众自发组织成立了各种艺术形式的活动组织,其中包括18个基层书画院。基层书画院需要有老师指导,需要吸收专业知识。多年来,文化馆由于编制所限,专业人员普遍处于极度缺乏的状态,远远满足不了现有艺术活动和艺术培训工作的需要。要解决各基层书画院的需要,就需要"名师工作室"配合文化馆来完成这项工作,让工作室培养的骨干人才深入基层,通过讲座、示范、指导来提高基层美术、书法队伍的专业水平。两年以来,工作室坚持每周为每个基层书画院进行一次指导,根据不同的需要,在四个工作室中调配不同的老师对基层的爱好者进行有针对性的教学,对于提高基层的整体美术、书法艺术水平,起到了重要作用。

（二）开展艺术进校园活动,为青少年素质教育服务

为了让美术、书法艺术在青少年的素质教育中发挥作用,通过书法、国画进校园让青少年了解、传承、弘扬祖国的传统文化。通过油画、水彩画艺术进课堂,让学生们了解认识外来艺术,提高他们的艺术修养,四个工作室分别与区内的杨村第十小学、王庄军民小学、静湖小学、南湖中学等十几所学校建立了长期合作关系,利用课余时间开办书画第二课堂,采取作品欣赏、知识讲解、表演示范、指导体验等形式,让学生加深对古今中外不同绘画艺术及书法艺术形式的认识和理解,对学生综合素质的培养和提高起到了很好的作用。

（三）打造优秀艺术创作团队,发挥艺术作品的社会影响力,提升武清区的文化品位

1.打造优秀创作团队

以工作室培养的骨干人才为基础,带动、影响更多的艺术爱好者参与工作室的学习、创作活动,壮大艺术创作队伍。两年来,武清区文化馆在四个"名师工作室"的主导下,分别建立了"九月油画艺术沙龙""书法艺术沙龙""中国画沙龙""水彩画研究会"四个美术、书法创作群体。通过工作室骨干人才的影响,群体的艺术创作水平得以提高,由业余不断向专业性和学术化提升,从而提高武清区美术、书法活动的质量。美术、书法创作的影响在区内外也越来越大,作者们创作的作品不但在区内的各类展览中获得群众的夸赞和好评,而且有很多作品入选天津市和国家级的展览,有一大批团队成员被天津市书法家协会和美术家协会吸收为会员。

2.举办优秀作品展览,发挥艺术作品的影响力

发挥艺术作品的社会作用,用优秀的作品传播正能量。习近平同志在文艺工作座谈

会上强调"必须把创作生产优秀作品作为文艺工作的中心环节,努力创作生产更多传播当代中国价值观念、体现中华文化精神、反映中国人审美追求,思想性、艺术性、观赏性有机统一的优秀作品"。

在两年多来武清区美术、书法展览活动中,四个工作室一方面在展览作品的创作和评选中,坚持作品的艺术性和思想性并重的原则,力求让广大群众在欣赏展览作品时既得到美的享受,同时与作品的思想产生共鸣;另一方面,在作品创作上和展览的策划上紧贴时代主旋律。例如,2017年配合十九大宣传和武清区创建全国文明城区举办了"创文明城 迎十九大"武清区优秀美术、书法作品展、"喜迎十九大 共筑中国梦"武清画家爱家乡美术精品展;2018年举办了"庆祝改革开放四十周年"武清区美术、书法作品展;2019年举办了"庆祝新中国成立70周年"武清区美术、书法作品展、"扬清风 树正气"廉政书法作品展等。

3.开展广泛的美术、书法交流活动,提高武清文化活动的品位和影响

"名师工作室"在抓好人才培养和创作队伍的基础上,通过策划、举办各种不同形式的展览活动,来提高武清区美术、书法活动的品位,扩大武清文化活动的影响力。一方面,四个"名师工作室"先后承办了"天津市第六届油画双年展""天津市优秀油画作品展"等艺术水平较高、影响力较大的专项展览。展览的影响力让天津市乃至全国的画家、书法家以及美术、书法爱好者了解武清。同时,展览活动的规模也彰显了武清的经济实力和文化品位。另一方面,展览把不同的画种,不同表现形式的名家力作送到了百姓的家门口,让群众近距离欣赏,开阔了群众艺术欣赏的眼界。同时,也为武清的美术、书法创作队伍的学习、借鉴提供了方便。四个"名师工作室"还相继策划举办了地区间的联展和交流展。如"贯彻十九大 展望京津冀"优秀油画作品展,"庆祝改革开放四十周年"京、津、冀优秀美术、书法作品联展,"津蒙情深 多彩鄂温克"美术、书法作品交流展,"丹青绘盛世 翰墨颂中华"京津冀六区市国画、书法交流展等。通过以上的展览活动,以跨地区艺术交流的形式,深化了地区之间的多方位了解与合作,提升了武清在地区间的影响力。

四、名师工作室今后发展的一些思考

"名师工作室"两年多的工作实践证明,"名师工作室"在新时代群众文化事业建设中有着巨大的作用。随着武清区各项建设事业的不断发展,"名师工作室"建设工作会更加深入,同时也应看到,"名师工作室"毕竟是近年来发展中的新鲜事物,其中许多经验有待总结,许多规律有待发现,也有一些需要改进和完善的地方。

(1)教学架构有待完善,在进一步加强学员绘画能力的同时着重加强学员创作思想的引导和服务意识的提升。本质上,名师工作室的目的是要发挥学员的带动效应,在学员完成自身创作任务的同时,以点带面,带动更多的业余书法绘画爱好者提高欣赏水平和创作能力。因此在教学架构上,合理分配个人创作和集体讲授的时间,要让学员掌握科学的教学方法和手段,不但要能写善画,关键还要能教善传,多让学员们自己当先生,演示如何

教学和点评、辅导,名师在旁加以总结点拨,教学相长。同时还要通过开展社会主义核心价值观的教育、时代楷模和先进人物事迹教育等活动来影响提高学员们的奉献精神和道德情操,认识真、善、美,表现真、善、美,使美术创作真正发挥时代的作用。同时,在教学活动中还应更加紧密地结合现实的文化工作需要,开拓群众文化工作的新形式、新思路,让美术工作更好地为社会服务。

（2）建立有效的协调机制,处理好工作室活动和学员所在单位工作的关系。目前,工作室学员都有自己的工作,有政府机关、企事业单位、外企职员,也有自主就业人员。因此,工作室活动与学员们的本职工作难免会发生一些矛盾和碰撞,就会对工作室的活动和学员单位的工作造成一定的影响。如果工作室主管部门联合学员所在单位领导,成立工作室活动协调机构,沟通协调、有针对性地合理安排好工作室活动和学员单位的工作,尽量避免工作上的相互影响,保障学员的学习和工作两不误。同时,鼓励学员积极参与本单位的业余文化活动,发挥自身书画专长,通过文化活动活跃单位职工业余文化生活,美化单位环境,促进企业文化建设的良性发展,进而赢得所在单位负责人的认可和支持。

（3）硬件设施配套还有欠缺。目前,四个工作室普遍存在着活动场地狭小、设施不全、经费短缺的问题,使教学活动受到了一定程度的限制。这些问题一方面需要工作室动脑筋、想办法、努力去克服一些能够克服的困难;另一方面,有关部门在深入调研的基础上也应根据实际情况加大一些必要的投入。从而使"名师工作室"能够长期健康发展。发挥部分名师的各级人大代表、政协委员的作用,在区人大和政协会议上,积极建言献策,与有关部门积极沟通,努力改善名师工作室的教学条件。

（4）目前工作室的项目只针对书法、绘画,今后在实践中应该向音乐舞蹈等动态表演、传统技艺、传统医药等非物质文化代表性项目方面加以扩展。武清要建设文化强区,就要充分发挥自身的文化底蕴和遗产资源优势,要做到特色发展和均衡发展有机结合。比如武清区的非物质文化代表性项目的飞叉、李氏太极拳、李润杰快板书等,都是比较好的文化抓手,通过探索设立这些项目的"名师工作室"并开展研究传承活动,使武清区这些优秀的非物质文化遗产得到更好的保护和发展,同时为武清建设文化强区助力。

武清区的文化发展以顶层设计与实施建设齐头并进的趋势,稳步推进构建现代公共文化服务体系工作。2020 年,我们全面建成小康社会,伴随着物质生活的改善和提高,人民群众同样需要精神生活的改善和提高,缺乏新意的文化服务形式和司空见惯的文化活动模式对群众已失去吸引力,越来越多的群众从过去的看热闹转而希望参与到文化艺术活动中来,学习艺术、享受艺术。"名师工作室"不断把培养的人才推向群众文化工作第一线,一定能为群众文化事业建设发挥更多积极的贡献。

打造公共文化服务需要"精准供给"

——浅谈微站建设用于群文活动

吴家茵（广西梧州市群众艺术馆）

一、微站的概说

微站，是移动互联网时代的新概念，伴随着智能手机等移动终端普及而产生，是移动互联网时代企业基础应用平台和移动门户，也是移动互联网统一数据入口。微站，可以快速构建手机网站、生成手机客户端 App 的功能，并集成与微信、微博、二维码的数据接口，实现企业信息化管理与移动互联网技术的结合。同样可以利用这个微站平台与微信手机客户端进行架接，受众即可在手机 App、微信公众号、微信等平台享受线上的文艺演出、活动赛事、视频点播、线上教学等，微站平台可以扩展出多种移动应用，例如微调查、微活动、会员管理等。微站可以帮助用户进行信息同步分享并传播，整合用户网络营销推广的要求，提升用户营销的精准性，增强受众的互动性，放大用户信息传播效应，从而提高单位品牌的影响价值（见图1）。

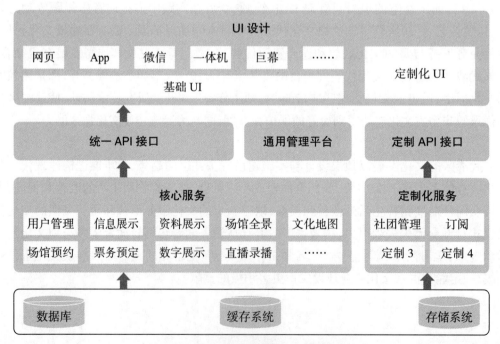

图 1　微站综合业务管理平台功能架构

二、微站对群文活动的优势

1. 功能强大,便于浏览

近年来,我国公共文化服务建设投入稳步增长,覆盖城乡的公共文化服务设施网络基本建立,公共图书馆、文化馆、农家书屋、电子阅报栏等来到群众身边,正在满足广大群众的文化需要。以辽宁省文化艺术研究院通过数字文化网——门户网站——微站为例:辽宁省借力国家公共文化数字支撑平台建设,完成了辽宁数字文化网门户网站的建设,自开通以来,访问人数已经突破了 200 万。辽宁省文化艺术研究院微站页面共设置了三个栏目,分别有数字文化:子栏目→文化地图→健康生活→聚焦三农;视频点播:子栏目→文化专题片→文艺演出→教育园地→国学讲座→文化博览;点单平台:首页→用户注册→演出预告→百姓点单→评价反馈。群众可以随时随地使用手机阅读微站信息,大大提高了微站的浏览量。

2. 普及面广,传播速度快

积极适应全媒体时代发展大趋势,媒体融合是一场不容回避的自我革命,要紧紧抓住发展机遇,积极回应时代挑战,坚持创新,锐意攻坚克难,加快迈向相融阶段。要坚持传统媒体和新兴媒体一体化发展方向,推进信息生产供给侧结构性改革,强化技术创新的引领驱动。微站的普及面广,传播速度快,这一优势使群艺馆和文化馆可以通过微站发挥创新思维意识,以较快的速度推动文化事业发展。

3. 及时互动,方便管理

以防城港市群众艺术馆微站为例,首页的场馆预定、志愿服务、艺术培训等项目均开通了线上报名和预约功能,功能的便捷使后台管理人员即可用手机随时查看报名情况,场馆预订等功能,一旦遇到系统维护,或者因为报名人数过多造成系统崩溃等问题,一台手机即可轻松进行管理。

微站是连接线上线下的重要纽带,如受众已经习惯使用微站的功能,更容易进行操作。受众一旦在微站进行用户注册,登记真实的个人信息,即可在微信享受预约功能,但普通的浏览,如视频回放、阅读等功能无须注册,用户注册只是便于人员的预定管理,与浏览功能并不冲突。

三、微站实际推广应用存在的问题

(一)微信、网站更新同步,缺乏创新性

微站以微信公众号为平台,而网站则以互联网为平台,两者平台不同,导致内容、功能

更新问题普遍存在。例如：微站更新内容和网站更新的内容相一致，会令受众产生视觉疲劳，难以吸引受众的眼球。在互联网＋、智慧＋的时代，人民群众因生活方式、文化需要的改变对内容的更新要求会逐步变高。新媒体融合将走上新时代的舞台，并以多姿态的形式融入人民群众的生产、生活中。

（二）地方资源特色不突出，难以契合

如今，地方特色资源是一个地区的特色文化名片，如梧州市的六堡茶、冰泉豆浆、纸包鸡等，这些特色在广西也有一定的知名度，这样的文化特色使文化意义得以延伸，使群众文化活动内涵得以丰富，如不充分利用则浪费这种优秀资源。2018年，国家组建文化和旅游部，是为增强和彰显文化自信，统筹文化事业、文化产业发展和旅游资源开发，提高国家文化软实力和中华文化影响力，推动文化事业、文化产业和旅游业融合发展。历史在发展，社会在前进，观念在转变，纵观微站页面的整体布局，在地方旅游特色资源方面还有所欠缺，微站对受众群体的多元要求，开展地方特色资源活动，起着至关重要的作用。

（三）微站资源建设传播普及面不广泛

造成网站、平台点击率、稳定用户不多的主要原因是，平台资源更新频率低、受众选择性少。另外，各县市群众艺术馆和文化馆的数字文化馆资源免费开放正在建设中。如果单靠网站和微信工作平台等手段去宣传群众文化活动，信息内容的发布和浏览量存在一定的单一性，制约宣传文化力度的传播。微站建设是当前大势所趋，如果不适应时代发展将不利于群众活动多样性的开展。精准对接文化供给与时代需求，通过微站的建设持续不断地注入原汁原味的精神文化养分，才能让人们更有获得感与幸福感。

四、微站的实现途径

（一）推陈出新，将惠民服务做实

平台为本、资源为根。公共文化服务一要内容丰富多彩，不断完善功能的设置。二要传输快捷顺畅，要保证信息的时效性以及普及性，传播速度要既"快"又"广"。三要增强互动性，多在微站设立留言板或者线上线下的互动，根据群众对数字化建设方面的需求，倾听民意并进行完善修改。还要政府、社会一起用力，硬件软件一起抓，公共文化服务一定要跟上互联网、微站快速发展的步伐。要抓住群众对数字文化需求迅速增长和国家互联网＋这个发展战略，进一步丰富内容，聚拢资源，畅通线路，方便使用，把数字文化服务做大做强，把惠民服务做实。

（二）强化平台抓特色，促进文旅融合发展

文化自信是更基本、更深层、更持久的力量。实现公共文化服务的"精准供给"，需要

改变微站在一定程度上的内容单一、供给缺乏弹性等问题,更好地同广大人民群众的需要相对接。当今社会,我国城市人口结构不断变化,相关需求也日渐多元,在这种背景下,应当与时俱进,运用更多的科技手段,让受众更便捷地获取文化惠民成果的信息,比如:在微站开设国学讲堂、英语在线阅读、非遗博物馆、慕课,地方还有挖掘本地戏曲、民乐的优势,构建有鲜明地方特色的基层公共文化服务体系。

(三)宣传推广普及运用,应立足长远

微站可以充分利用互联网+、智慧+推广公共文化,一个人的力量小,集体的力量大,充分利用微信、微博、直播等网络媒介宣传和推广群众文化的惠民成果,吸纳更多的年轻人加入其中。当下,在快餐式生活、信息碎片化的时代,群艺馆、文化馆微站资源做出来后如果要被群众看到,微站就要实时运转,扩大自身品牌活动的运营和宣传推广力度,通过网络平台直播、网络抢票、分享即可免费体验公益课程等方式,制造积极的文化热点,以点带面扩大受众群体的参与度和参与量,带动群众全面参与,形成有效的激励机制,进而加大普及微站对公共文化的建设,提升微站的使用率、利用率、浏览量。

总之,新时代,人民群众对美好生活的向往中包含了更多文化期待。微站建设是推进我国互联网+文化、智慧+当中的一项不可或缺的内容,数字化的发展使得群众的文化活动有了更多的选择,提高了群众整体的文化水平。各市群众艺术馆和地方文化馆在大数据时代背景下面临巨大挑战,其服务模式、服务内容、服务手段都需要不断地创新。微站的建设,改进了向受众服务的手段,让文化蔚然成风,有效提升群众的获得感、幸福感,让公共文化服务惠及更多人。

多元视角融合下的群众文化品牌建设途径研究

——以"诗意赤峰"为例

曹昶华　张伟彬（内蒙古赤峰市群众艺术馆）

一、背景缘起

群众文化是人们在工作以外进行自我参与、自我娱乐、自我开发的一种社会性文化[1]。群众文化品牌是对某一类或某几类群众文化的整合和升华，形成具有标识形象、号召效果和社会效益的群众文化组织形式，对一座城市的文化传承和发扬具有重要的基础效能。

2015年，为倡导社会主义核心价值观，弘扬优秀传统文化，提升赤峰文化品位，打造诗意栖居城市和赤峰人文精神，赤峰市文广新局提出并实施打造"诗意赤峰"文化品牌。

2015年9月23日，赤峰市群艺馆在前期举办过剧场内端午诗会和户外中秋诗会的基础上，组织举办了"诗意赤峰——中秋诗会"，同时启动"诗意赤峰"活动，邀请到了朗诵艺术家殷之光、虹云与赤峰朗诵爱好者同台演出，一千多名观众现场观看了节目，微信直播观看人数突破十万。同年10月30日，赤峰朗诵协会举办了成立大会，文广新局下发文件要求各旗县区文化（广电）局指导成立朗诵协会，共同推动"诗意赤峰"文化品牌打造，明确提出以"诗意赤峰"为品牌推广赤峰文化，打造文化强市。

二、建设途径

群众文化品牌的建设需从培养—创作—参与—传播的多元视角切入，形成全流程系统化的品牌。对于"诗意赤峰"文化品牌，赤峰市文旅局（原文广新局）充分调动系统内外各方力量，将打造"诗意赤峰"放在全市建设文化强市的大局下谋划推进，形成了文旅局牵头、朗诵协会实施、全社会参与的良好态势。"诗意赤峰"文化品牌的建设由四方面视角进行展开。

（一）教育视角打造文化人格，培养群众文化品牌人才体系

人才输送是群众文化品牌发挥社会效益的主要途径之一，所培养出的人才也是未来继续建设群众文化品牌的主人翁[2]，良好的人才体系对群众文化品牌的长线发展起到重要的支撑保障作用。学校作为素质教育汇集的平台，也是群众文化品牌开展专业化人才教育培养的重要平台，赤峰朗诵协会成立后，工作重点之一就是让"诗意赤峰"走进校园，

对诗歌创作及朗诵相关人才进行启蒙和教育,具体措施如下:

一是与学校联合举办诗歌朗诵会。赤峰市文旅局每年都与赤峰四中联合举办"金秋诗会",还组织了"诗意赤峰走进红山中学",在新年及世界读书日期间与赤峰学院联合举办"新年诗歌音乐会"、"赤峰读书人"朗诵会。诗会结合诗歌创作和朗诵评析,采取学生与赤峰朗诵协会的会员同台演出,共同朗诵中外名篇和原创诗歌。

二是对学生进行培训。赤峰市文旅局利用举办诗会和朗诵大赛的契机对学生进行指导,利用广电"金话筒"培训机构常年对中小学生进行系统培训。

三是对教师进行培训。赤峰市文旅局于 2015 年 4 月、9 月先后两次派出朗诵协会专业人员为全市中小学语文教师讲授普通话及朗诵知识,之后与赤峰市教育局联合,每年举办面向中小学语文教师的相关培训。

一系列的学校专业培训和启蒙活动可以提升教师的朗诵专业水平和诗歌文化素养,为社会输送具备教学能力的专业型人才,同时也增强学生对于创作及朗诵诗歌的兴趣和自信心,有效培养未来支撑文化品牌的主力军和后备军。

(二)资源视角激发文化创作,促进地方文化持续发展

本土文化资源是群众文化品牌建设过程中应重点进行发掘和强调的对象,更是进行文化创作的突破口[3]。鼓励激发群众利用本土文化资源进行文化创作,是保持群众文化品牌活力脉动的关键。"诗意赤峰"文化品牌的一大特色便是充分调动本土作家引导群众,对赤峰文化精神进行挖掘和艺术原创,具体措施如下:

一是从朗诵协会日常朗诵入手推动。朗诵协会吸纳优秀诗文创作者入会,每周日朗诵协会微信群设置 2 小时的本土作家佳作朗诵专场,由诗作者、朗诵指导老师与会员共同解析、朗诵本土诗作。特别是 2020 年抗击新冠肺炎疫情期间,组织了"携手同心抗病毒"线上主题诗歌朗诵会和本土诗人崔友抗疫诗歌、本土诗人巴图苏和赞颂劳动诗歌线上朗诵。特殊时期举办的特殊形式的朗诵会,鼓舞了广大市民战胜疫情的信心和士气。

二是利用各项活动及演出推动。各项活动及演出除了选择经典诗歌朗诵,每次均设置原创诗歌朗诵节目,例如:赤峰市文联副主席赵向阳创作的诗歌《诗意赤峰》,已经成为该文化品牌的保留诗作;赤峰朗诵协会副会长袁凯军的作品《草原,风景中的风景》不仅在赤峰作为精品诗歌多次在大型演出中朗诵,2019 年 4 月 3 日还登上了 CCTV-3 的《综艺盛典——今晚看你的》专栏,赤峰旅游形象大使于月仙、赤峰朗诵协会会长郝淑燕共同朗诵了这首诗作;央视著名主持人任志宏在"寄情七月"——百合之夜诗歌朗诵音乐会上,朗诵赤峰原创作品《马鞍山赋》。

此类举措可以大大激发本土作家创作热情,促进优秀文化资源的挖掘和本土特色的保护延续,是一座城市的文化艺术有别于其他城市的重点要素。

(三)群众视角:优化文化参与,强化文化品牌与百姓生活的紧密耦合

群众文化出自群众,组织于群众,服务于群众。创立群众文化品牌即是让群众能够更好地参与[4]。文化品牌的建设应注重以人为本、以人民为中心,充分调查群众兴趣需求,仔细考量群众生活习惯,将文化品牌的活动内容与百姓生活进行紧密耦合,使百姓更高效地参与其中[5]。"诗意赤峰"文化品牌深入各单位和社区,开展数类符合各种人群习惯和需求的活动,打通多条市民参与群众文化的渠道,真正使群众文化成为百姓生活的一部分,具体包括以下内容:

一是举办朗诵大赛,提升"诗意赤峰"社会影响力度。2015年10月,"赤峰市首届蒙汉语朗诵大赛"举办,历时三个月,吸引了来自全市各界800多名朗诵爱好者积极参与。之后赤峰市每两年组织承办一次朗诵大赛并举办颁奖晚会,先后承办了中央人民广播电台第五届"夏青杯"朗诵大赛赤峰赛区比赛、赤峰市委宣传部"中国梦、爱国情、家乡美"朗诵大赛,大赛均采取线上、线下相结合的方式,吸引更多的人参与、关注。2017年,第五届"夏青杯"大赛中,赤峰选送的选手亢祉臻夺得青少年C组全国总决赛冠军。

二是举办不同形式的朗诵活动,扩大"诗意赤峰"社会影响范围。赤峰市文旅局每年都举办10项左右活动,至少举办一项大型活动。2016年与红山区总工会联合举办的"红山区首届职工朗诵大赛",目前已经成为红山区工会的品牌活动。2017年举办了"德善赤峰——2017年元旦诗歌音乐会",以诗歌与朗诵的形式,阐释赤峰厚重的德善精神,为文化赤峰助力。2018年举办了走进新时代"全城阅享万人诵读"习近平金句广场朗诵会,4月20日市直机关单位学校和个体工商户汇聚在赤峰二中操场上共同参加朗诵会,随后全市各旗、县、区分别在当地举办习近平金句朗诵活动。2019年举办了"寄情七月"——百合之夜大型朗诵音乐会,感恩习近平总书记2019年7月到赤峰市看望慰问各族干部群众,对赤峰人民的关怀厚爱,展现了广大人民群众对以习近平同志为核心的党中央的爱戴和敬仰之情。

三是举办创新形式的活动,让"诗意赤峰"以符合时代潮流的方式走进市民。2016年9月,"诗意赤峰——朗诵快闪"在赤峰市最繁华的新华步行街举办,通过这样看似随时随地即兴的朗诵表演,让诗歌、朗诵走进生活,让更多的人关注和喜爱朗诵。赤峰市文旅局几年来不断探索新形式,推介"诗意赤峰"文化品牌,2019年5月,在石博园再次举办的朗诵快闪"读中国"、9月在图书馆举办的"初心永固 使命辉煌——《烈火英雄》原创作者鲍尔吉·原野读者见面会"均登上了"学习强国"平台。在大型商场举办唱诵经典活动,选取"水调歌头·明月几时有"等经典诗歌,分别进行朗诵、演唱、解析,进一步推动广大市民对经典诗文的了解和喜爱。

一系列贴近百姓生活的活动,推动了市民对群众文化的参与,壮大了群众文化品牌的平台和体系,有效发挥了群众文化品牌对民众产生的社会效益。

(四)媒介视角:搭接文化传播,创新文化品牌的传播途径

媒介是文化品牌得以被市民所了解的通道,也是对外弘扬城市文化的途径。近年来,互联网技术的飞速发展大幅改变了市民接触信息的效率和方式,这对文化品牌的推介提供了前所未有的机遇。文化品牌的传播应坚持与时俱进,在新的文化背景下用更多元的媒介通道创造更广泛的群众基础[6]。"诗意赤峰"紧跟时代,兼顾传统媒体与新媒体,双管齐下共同助力文化传播，具体措施包含以下两方面：

一是充分利用主流媒体推介"诗意赤峰"。"诗意赤峰"的各项活动注重在主流传统媒体进行宣传，做到了报纸上有报道、广播中有声音、电视里有图像，特别是大型活动和比赛，均在电视台专题播出。

二是注重利用新媒体推介"诗意赤峰"。设立微信公众号，及时发布动态消息、朗诵技巧、名家朗诵、本土佳作等。"诗意赤峰"各大型活动均采取网络直播的方式进行现场直播，之后将视频及时整理编辑，上传互联网，扩大宣传，如"诗意赤峰——朗诵快闪"活动拍摄剪辑后上传在线视频平台，短时间内点击量就达到10万次以上，《人民日报》之《国家人文历史》转载了该视频，《今日头条》及赤峰各网络传媒均进行了转载和报道。近年来还开始利用抖音、快手进行宣传。

媒介的高效联通是群众文化品牌效能转换的关键枢纽，新老媒体的相互配合更使得文化品牌的推介获得更广的受众面，以此形成了官方媒介带动、民间自发组织传播的良性循环。

三、探讨与展望

"诗意赤峰"文化品牌活动创建以来，已初见成效，赤峰朗诵协会会员已达500余人，全市12个旗、县、区已有11个成立了朗诵协会，在各自不同的区域内共同打造"诗意赤峰"。赤峰市群艺馆开办了2个班次的朗诵艺术培训班，200余名学员定期到馆内参加学习，并参与赤峰市各项大型文化活动。

群众文化品牌建设一段时间后极易进入高原平台期，"诗意赤峰"目前存在一些比较典型问题值得探讨，针对这些问题应该不断突破，不断拓展文化品牌的内涵。

（一）活动方式单一

群众文化品牌活动方式的多样性是吸引群众参与的必要因素。几年来，"诗意赤峰"文化品牌的打造基本是依托朗诵协会，通过诗歌创作特别是诗歌朗诵的方式进行打造，其他因素纳入较少。

今后群众文化品牌需积极扩展延伸文化艺术种类和载体形式，对于"诗意赤峰"应充分调动融合各类因素，进一步打造。一是从政府视角进行打造。党团活动可以以"诗意赤峰"为主题，政府出台相关政策，鼓励文化公司参与"诗意赤峰"建设，政府依规通过政府采购方式采购相关产品。二是从城建视角进行打造。"诗意赤峰"落实到城市建设中，以赤峰市新城区石博园为依托建设集诗书印一体的诗园，以老城区长青公园为依托建设戏曲园，以兴安南麓植物园为依托建设音乐园。在赤峰蒙古族中学到赤峰交通职业技术学院一带建设教育长廊，在直通红山的大坝一带建设汉字长廊，在赤峰书画院一带建设书画长廊。

（二）可持续性较弱

文化品牌的建设是一个长线工作，在成功设立后，维持其生命力将成为更主要的工作。与很多城市的群众文化品牌类似,"诗意赤峰"的打造主要采取政府购买服务,由政府部门主导,特别是大型活动都是通过赤峰市文旅局主导开展,尚未形成多元化融资,一旦"断奶"很难持续发展。

文化品牌在地方形成一定的影响力后,赤峰市文旅局应进一步充分调动各方面力量,集中企业和社会力量,形成可持续发展动力。一是从企业视角进行打造。结合企业文化,先从有一定基础和有实力的企业入手,主动出击,为企业策划与群众文化品牌相关的文化活动发挥文旅系统各事业单位的行业优势,如民族歌舞剧院可以为企业量身制作艺术作品并开展演出,图书馆可以通过建立企业分馆的形式推进全民阅读,朗诵协会可以结合读书活动开展朗诵培训及演出活动,由企业承担相关费用。二是从社会视角进行打造。结合文化惠民,解决文化服务"最后一公里"问题,群艺馆为社区及业余文艺团体培训群众艺术带头人,以点带面,组织专业人员进社区,开展培训和活动,通过一系列的工作,打好群众基础,让群众文化成为市民生活不可分割的部分。

(三)品牌辨识度较低

群众文化品牌的建设应明确自身形象,强化品牌辨识度,使群众能够通过文化活动的形象了解到品牌的内涵。"诗意赤峰"文化品牌的打造没能形成完整的品牌内容组成。

下一步需打造清晰完整的品牌内容结构,这是文化品牌发展的必然需要。一是设计品牌的名称标志,对品牌进行独特的定位,并围绕定位塑造个性的品牌文化。二是形成一至两个固定的文化符号,就像人们听到音乐《渔舟唱晚》就想到央视的天气预报,让人们形成一种习惯和定式,一看到或者听到这些文化符号就能自然联想到"诗意赤峰"。

群众文化品牌的建设需从培养、创作、参与、传播等多元视角进行联合推进,清晰明确各自职能板块,统筹协调各家单位,形成完整的品牌建设体系[7],从而切实强化城市文化氛围,提升群众文化素养,突出地方人文精神,倡导社会主义核心价值观,打造诗意文化栖居城市。

参考文献

[1]殷雄.对群众文化活动品牌建设的思考[J].中国民族博览,2015(5):123-124.

[2]何光伦.立足本土　发展创新——四川省群众文化品牌创建活动的实践与思考[J].文艺生活(艺术中国),2011(5):134-135.

[3]徐笑妍.创新群众文化服务,打造群众文化品牌[J].大众文艺,2019(16):10.

[4]王建政.关于加强群众文化品牌建设的思考[J].大众文艺,2016(1):18-19.

[5]沈静.公共文化服务背景下的群众文化活动品牌建设[J].大众文艺,2018(17):24.

[6]王轶洋.打造群众文化品牌　展现特色文化魅力[J].营销界,2019(22):47-48.

[7]姜棋元.发挥文化馆优势,打造群众文化品牌活动的思考[J].大众文艺,2016(24):11.

农村地区脱贫攻坚工作中公共文化扶贫的路径研究

——以贺州市昭平县黄姚镇白山村为例

左高军(广西壮族自治区群众艺术馆)

一、白山村公共文化建设基本情况

位于广西壮族自治区贺州市昭平县黄姚镇境内的白山村在 2017 年是脱贫村,在"十三五"时期属于国家的一级贫困农村。白山村全村有 5 个自然屯,包括 19 个村民小组,总户数为 612 户,常住人口 2605 人,户籍人口 3435 人。全村共有建档立卡户 186 户,854 人,其中低保户 33 户、五保户 2 户、异地搬迁户 3 户、危房改造户 135 户。2014 年已脱贫户 52 户 275 人,2015 年已脱贫户 38 户 180 人,2016 年至 2018 年已脱贫户为 73 户 312 人,2019 年已脱贫户 16 户 68 人,截至 2019 年底,仍有未脱贫户 7 户 19 人,贫困发生率为 0.55%。

2016 年,为贯彻落实党中央和自治区党委、政府的精准扶贫任务,广西壮族自治区文化和旅游厅(以下简称"自治区文旅厅")提出"文化扶贫"战略部署,贺州市昭平县黄姚镇白山村作为自治区文旅厅的定点扶贫任务对象,成为文化扶贫的试点实施村。传统扶贫主要从物质、生产等方面出发,着重于物质脱贫,对精神文化建设有一定欠缺。文化扶贫主要从文化和精神层面帮助贫困群众,通过宣讲、诠释新时代的先进文化、理想信念、自强精神,为贫困农户贫困人群扶志励志、提神提气,进而提高贫困人群的个体素质,进一步巩固脱贫攻坚工作中取得的系列脱贫成果。文化扶贫既区别于物质层面的扶贫,又与产业扶贫、旅游扶贫互相依存,自文化和旅游合并以来,文化扶贫与旅游扶贫、产业扶贫的相互扶持优势得以凸显。以白山村为例,2016 年,在自治区文旅厅牵头下,白山村整合资金 120 万元,将白山村各项村级公共服务设施全部进行整理和完善。同时,自治区文旅厅指定广西壮族自治区群众艺术馆为白山村定点扶贫帮扶后盾单位,成立了以馆长为组长的公共文化扶贫小组,以厅党组为核心,把扶贫工作列入全年工作计划,因地制宜,灵活引进资金,自 2016 年至 2019 年,共举办培训班近 50 期,辅导人员 5000 人次,开展公共文化扶贫的同时,配套旅游扶贫与产业扶贫项目,三驾马车并驾齐驱,为探索农村公共文化扶贫服务模式拓展了新思路。

二、白山村公共文化扶贫的主要思路与做法

2.1 手绘最美街道画,乡村旧貌换新颜

优秀的街道可以丰富人民群众的精神文化生活,展示新时代街道的发展之美,彰显街

道独特的人文魅力、生态优势和党建亮点。白山村的街道属于长直道路,乡村街道上的墙体面积较大,但是大部分都是空白,没有任何的文化宣传内容。为了积极响应自治区文旅厅的文化扶贫工作要求,提高白山村的文化氛围,促进白山村的精神文化建设,笔者因地制宜,充分利用白山村的乡村街道,组织 60 多名美术工作者在白山村的街道进行了绘画,累计完成了 32 幅壁画,并在白山村开辟了广西唯一一所壁画教学实践基地。

"出门遇壁画,步步见风景",如今的白山村,一幅幅制作精美、内涵丰富的手绘壁画,将村庄街道装点得格外美丽。这些壁画内容包括各式各样的主题,既有用于宣传白山村酒文化的《酒仙图》,又有借助蒙太奇的方式将黄姚古镇经典街景结合起来的《古镇街景》,还有揭示白云村有趣之处的《白云深处有人家》。手绘壁画活动借助文化的力量为白山村脱贫助力,将一面面普通的街道墙壁变成了一面面具有白山特色的"美好生活墙""文明风尚墙",为白山村脱贫攻坚工作注入鲜活的文化因子,在乡村振兴的伟大历程中留下文艺工作者的印记。同时,广西唯一一所壁画教学实践基地的建立也给各地市壁画爱好者提供了一个壁画绘制与交流的平台,为扩大白山村的知名度,推动白山村脱贫事业提供帮助。

2.2　以赛促学助脱贫,奏响民乐大合唱

为助力脱贫攻坚工作,表明脱贫攻坚的决心,激发白山村学校师生的爱国主义情操与民族自尊心、自信心和自豪感,从而进一步落实文化扶贫工作,丰富白山村的校园文化建设,广西群众艺术馆在白山村的学校开展了关于民族文化的合唱比赛活动,并在学校开设了相关的音乐课程。在音乐课上,由音乐老师讲授民族文化合唱比赛的相关注意事项以及与合唱相关的发音技巧等专业知识,再由老师带领本班学生在班级范围进行合唱练习,之后由各校最优秀的合唱队伍在舞台上进行最后的争夺,选出表现最优秀的民族文化合唱队伍。

在此过程中,每一位学生都会学到民族文化知识,获取民族歌曲演唱的实践经验。这样可以增加各位学生对民族文化的了解,唤醒本民族宝贵的文化记忆。因为一些偏远地区可能不会太重视民族文化的培养与传承,开展民族文化相关的合唱比赛就可以让学生重视本民族的文化,提升宝贵的民族文化素养。与此同时,广西民族博物馆还开展了"五彩八桂"的民族文化知识大讲堂,给白山村的学生普及广西壮族自治区的 12 个世居民族的文化习俗,让他们更加了解广西世居民族的分布与特征。此外,广西群众艺术馆还会在一些特定节日或者大型活动期间,组织学生进行关于民族歌曲的合唱,以及邀请一些博物馆的志愿者给到场学生进行民族文化的讲解,进一步丰富学生的文化知识,提高乡村文化水平。

2.3　专业培训广场舞,引领村民奔小康

为了进一步丰富白山村村民的文化生活,也为了促进白山村的文化建设,广西群众艺术馆积极开展了白山村的民族文化广场舞培训活动。在培训的过程中,每一位村民不仅

能够锻炼身体,而且还可以在培训的过程中加强交流分享,既促进民族文化的传承,又加强了白山村凝聚力的建设。

通过整个团队的倾力协作,广西群众艺术馆创建出一支优秀的广场舞队伍。这支队伍积极参加乡镇比赛,一次又一次的广场舞比赛向各地彰显了白山村村民的精神风貌,树立了白山村村民的文化自信,调动和激发了广大群众参与文化建设的主动性、积极性。同时,在外来游客来白山村参观时,表演具有本民族文化因素的广场舞,可以展现白山村村民积极向上的精神状态,进一步推动白山村文化的发展,进而提高乡村文化的整体水平,为乡村振兴做出贡献。

三、现阶段白山村的公共文化发展

2015年10月到2018年3月,笔者担任了白山村的第一书记,在这几年的工作推进中,看着一个小小的乡村在脱贫攻坚工作的影响下慢慢发展为一个具有民族文化气息的美丽乡村,可以毫不夸张地说,白山村的公共文化水平有了非常显著的提升。在此之前,白山村的街道上没有任何壁画,学校里也没有开展过民族文化相关的合唱比赛,更未曾组织村民进行广场舞的培训。而现在,帮扶后盾单位引进了一些社会上的资金支持,结合"三区"中的人才培养计划项目,成立学习读书会,给中小学捐赠,先后组织了60多名美术工作者给白山村的墙壁上绘制了30多幅的壁画,这些活动既宣传了社会主义核心价值观,又为乡村旅游添加了一道亮丽的风景线,进一步吸引外来游客观赏。近些年,帮扶后盾单位积极为白山村开展各项文艺演出以及舞蹈、声乐、美术等其他类型的文艺辅导,在很大程度上提高了白山村村民的精神文化生活水平。

同时,随着白山村文化氛围的不断浓厚,村民的文化水平持续提高,村里的文化设施与文艺活动越来越多,蒸蒸日上的文艺事业为白山村带来了发展旅游业的商机。2016年起,白山村依托黄姚古镇的旅游资源优势,实施了一系列的文化旅游产业链项目建设,其中包括入股将军峰集团、合作养牛项目、农产品种植加工、酒厂农家乐、鱼塘出租、养殖场出租、油茶种植、购买黄姚东街商铺出租项目、购买酒壶巷商铺等多个项目。白山村通过文化、旅游、产业三者融合的方式将本村贫困户与剩余劳动力发动起来,让他们参与项目建设并获取项目分红,从而达到持续增收,实现旅游扶贫与文化扶贫,进一步促进白山村公共文化的发展与脱贫攻坚工作的落实。

四、对精准扶贫进程中文化扶贫的看法

对于农村的精准扶贫中的文化扶贫工作来说,提高村民的参与积极性非常重要。切实提高贫困人群的文化水平和思想境界,在他们的心中形成内在动力,才能进一步激发村民自身潜力,改善生产生活的条件,积极主动地参与脱贫的各项工作,最终实现乡村的伟大振兴。在公共文化扶贫工作中,必须重视农村文化环境的建设,一个良好的民族文化

氛围,有助于优秀民族文化落地生根。例如,白山村的壁画,使得白山村成为广西唯一的壁画教育教学实践基地,村民在优秀壁画的渲染下,开阔了自身的眼界,不再拘泥于旧的事物,开始积极接受新事物,在理想信念上坚定了村民文化致富、文化脱贫的决心和信心。根据白山村文化脱贫工作的开展实际,笔者认为在发展农村文化建设时,大力推进先进农村文化的传播,营造一种积极健康向上的民族文化氛围,这样才能够从根本上实行文化的扶贫工作。

2020年是全面建成小康社会和"十三五"规划实现之年,也是脱贫攻坚收官之年。在农村公共文化的扶贫工作中,必须从基层抓起,从村民的心态下手,在白山村的文化扶贫建设中,最先是文化氛围的创建,在白山村街道的墙壁上绘制了具有传统文化的壁画,接着是改变村民的心态,也就是开展合唱比赛和广场舞的培训,利用这些活动培养村民"撸起袖子加油干""幸福都是奋斗出来的"的思想意识,才能够顺利推动文化扶贫的各项工作。同时,每一位群文工作者要注意广大乡村存在文化传承困难、农民素质偏低、人才队伍规模小、保障机制不健全等现实困境,随时关注文化扶贫中出现的问题,及时地纠正各项问题,进一步推进文化扶贫的发展。文化扶贫是经济扶贫的关键,经济扶贫是文化扶贫的保障,文化扶贫的特别之处就在于能将精准扶贫效果最大化,在白山村今后的实际工作中,必须进一步做好文化扶贫工作,推动农村地区脱贫攻坚工作的开展。

参考文献

[1] 杨艳丽,李丽.乡村振兴战略下新型职业农民从业素质提升研究[J].成人教育,2018(2):67-70.

[2] 华文逸.繁荣兴盛乡村文化推动乡村振兴战略[N].赣南日报,2017-11-26(3).

[3] 张笑芸,唐燕.创新扶贫方式,实现精准扶贫[J].资源开发与市场,2014(9):1118-1119,1081.

关于推进文化馆总分馆服务体系建设的思考

——以新干县文化馆试点为例

曾丽云（江西省吉安市文化馆）

文化馆总分馆制建设是新形势下公共文化服务体系建设的重要载体，是目前正在推行的一种创新管理模式。文化馆总分馆制建设有利于推进公共文化资源整合、上下联动，提升服务质量，建设有效覆盖的公共文化服务网络。2017 年，文化部等五部委出台的《关于推进县级文化馆图书馆总分馆制建设的指导意见》明确提出推进文化馆图书馆总分馆制建设是构建现代公共文化服务体系的重要抓手。2017 年，江西省文化厅先后印发《全省县级文化馆总分馆制建设实施方案》《关于公布全省县级文化馆总分馆制建设试点名单的通知》，吉安市新干县文化馆等共 15 家县级文化馆成为全省县级文化馆总分馆制建设试点单位。

一、主要做法及成效

新干县位于江西省中部，是吉安市的"北大门"，素有"江南青铜王国"之美誉，全县辖 13 个乡镇、134 个行政村、1028 个村小组，总人口 35 万，是江西十八古县之一。试点以来，该县不断强化举措、改革创新，以县域为单位，加快推进文化馆总分馆服务体系建设。截至 2020 年，已经建立以新干县文化馆为总馆，13 个乡镇文广站为分馆，金川镇华城门村委会等 26 个行政村综合性文化服务中心为服务点的总分馆服务体系。

（一）高位推动，城乡联动，大力推进"三级"网络建设

新干县成立了由县人民政府分管领导担任组长，县文广新局局长担任副组长，县文广新局分管领导、县文化馆馆长以及各乡镇分管文化工作领导为成员的文化馆总分馆制工作领导小组，制订了文化馆总分馆制建设实施方案。领导小组下设办公室，办公室主任由县文化馆馆长担任；县文化馆负责总分馆运行管理；县财政保障总分馆制工作所需经费；县文广新局对全县总分馆制建设和运行情况加强督促、指导、协调解决问题，并开展评估和考核；乡镇人民政府负责落实分馆服务设施、运营经费、基本工作人员等；乡镇文广站作为分馆，须服从总馆的统筹安排和业务指导，接受总馆的资源调配，承担总馆分配的各项任务，负责场地提供、工作人员配备、服务供给，并对服务点进行指导管理，协调服务点的文化资源配送，乡镇文广站不仅是乡镇政府的文广工作事业站，还是县文化馆的分支机

构,建立分馆,使其具有了文化馆的业务职能,拓展了活动空间;村级服务点在分馆的指导下开展延伸服务。新干县对总馆、各乡镇分馆、村级服务点统一挂牌,制定统一的管理办法,同时,加强软硬件设施建设,健全各分馆的功能和设备,开通微信公众号和QQ群,搭建城乡联动机制。

(二)培训辅导,强化队伍,不断促进服务能力提升

群众文化辅导培训是文化馆工作的重要组成部分。该县以提高基层文化队伍整体素质和服务能力为主线,除了培训和辅导有需求的群众团体、组织和个体外,还组织总馆、分馆和服务点的有关人员进行培训,加强总分馆制运行的人才队伍保障。2019年,先后组织开展全县农村文化志愿者业务培训班和文广站人员非遗知识培训,推荐4名分馆负责人参加省"赣鄱文艺大家谈"——全省乡镇(街道)和村(社区)综合性文化服务中心(文化站)主任、站长培训班,9名农村文化志愿者参加全省阳光工程志愿者培训班;总馆工作人员先后参加全省文化馆馆长培训、美术馆馆长培训、非遗干部培训,全省舞蹈声乐、书法摄影培训,全省馆办刊物主编培训等,进一步提高了文化工作队伍的业务素质和工作能力。

(三)创新模式,丰富供给,打造"1+1、1+N"文化志愿服务品牌

该县坚持"政府主导"的基本原则,统筹好政府主导和社会参与的关系,通过建立协会,凝聚各方力量,参与提供公共文化服务,打造了"1+1、1+N"文化志愿服务品牌。总馆组织文化志愿者把优质的辅导、培训、文艺节目等送到广大群众的"家门口",并委派总馆业务骨干为片区业务辅导员,指导各分馆开展健康向上、积极乐观的文体活动,提升各村文艺能人的艺术修养和品位。同时,辅导员根据掌握的第一手材料,有针对性地选择辅导项目,做到因人施教,因需辅导,强化对基层业务工作的指导。2019年,总馆、分馆与服务点层层递进,拉网式运行,把丰富的精神食粮送至田间地头,活跃城乡群众的文化生活,先后开设剪纸、书画、舞蹈、声乐、播音主持、朗诵等公益培训70余期,培训学员2800余人次,参与文艺演出80余场次,培养基层文艺人才1300余人,文化志愿服务成了红土地上一道独特的风景。

二、存在的问题

经过近年来的实践和探索,新干县基本搭建起了县、乡、村"三级"联动的公共文化服务体系,总分馆服务模式建设取得了初步成效,为全市文化馆总分馆制建设的推进积累了经验,探索了路径。但是在运行过程中,也存在总馆实力不足、运行缺乏长效机制、服务效能不高等突出问题,文化馆总分馆制运营与目标实现还有很大差距。

(一)总馆实力不足

要实施文化馆总分馆制,形成下拨经费、下派人员,下供资源的服务模式,县级文化馆

一定要拥有充分的人员招录权和人事调派权,拥有充足的管理人才和业务人才以及充足的文化活动经费和文化活动资源,这是实施总分馆制的前提。只要其中的任何一个条件不成熟,就难以下设分馆,即便挂牌建立了分馆,也会产生徒有虚名的后果。常言道,大河水涨小河满,如果大河里的水资源十分枯竭,要想分流给小河,那只能是空想[1]。因此必须先要把县级文化馆总馆做强做大,否则就会面对到处要经费、到处要人才、到处要资源的现状。新干县文化馆编制只有10个,免费开放经费只有每年20万元,在承担群文创作、活动组织、队伍建设、志愿服务、创作培训等基本公共文化服务任务,以及配合上级完成扶贫攻坚、美丽乡村建设、社区帮扶等大量重点工作的基础上,再包揽众多分馆建设和服务需求着实压力山大。

(二)运行机制不顺畅

尽管在制度层面上,该县明确了县局负责对全县总分馆体系开展评估考核工作,乡镇分馆作为总馆的派出机构,也需要接受县局的业务考核,但是该县将原乡镇文广站升级挂牌县级文化馆分馆后,却无法真正建立统一的垂直管理体系。由于乡镇分馆的人财物仍属乡镇管理,乡镇领导对文化工作的定位决定着对分馆的投入力度,进而决定分馆的服务水平。同时,总馆在总分馆制建设工作中,只能起到业务工作的统筹引领作用,对分馆的"不作为"无法形成有效的奖惩机制。县文化行政部门通过"以奖代补"的资金分配方式也很难影响分馆或责任主体的利益。

(三)服务效能不高

该县在人员编制少,经费不足的情况下,为提升服务效能做了大量工作,通过建立文化志愿者协会,打造了"1+1、1+N"文化志愿服务品牌,形成了政府和社会力量齐心助推公共文化服务体系建设的生动局面。尽管大力推进文化馆数字化建设,该县数字化文化服务水平还是很低,相关设施设备仍然不完善,难以从软硬件上为社会群众的文化知识需要提供支撑。一方面,群众艺术文化资源库建设不够完善,附属性的场馆资源、活动资源和第三方资源等多是分散的状态,社会群众为了满足自身的文化需求往往需要从不同的系统中搜寻所需资源,群众无法享受便利的公共文化服务;另一方面,数字文化服务缺乏完善的数据统计系统,对大数据进行处理、分析和应用的能力不足,无法在提供文化服务的同时对大数据进行合理的分析和有效的应用。因此,社会群众日益增长的文化需求不能得到充分满足[2]。

三、推进全市文化馆总分馆服务体系建设的几点思考

文化馆(站)是我国公共文化服务体系的重要组成部分,构建县域文化馆总分馆制是基层文化体制的创新举措。要推动文化馆总分馆制产生预期效应,实现"资源整合、上下联动、服务优质、有效覆盖"的文化馆总分馆制建设目标,就必须做到以下几点:一是强化

地方政府的主体地位和主导推动作用,完善建管机制;二是明确发展定位,促进资源整合;三是加强队伍培养,提升服务水平。

(一)强化政府主体,完善建管机制

推进文化馆总分馆制建设要强化地方政府的主体地位和主导推动作用,包括改善政府投资的预算以及拨付机制,明确各级政府的主体责任,构建县域公共文化服务的运营机制,健全各级政府的监督考核问责机制[3]。县级政府要统筹协调,强化顶层设计,加大公共文化供给投入,为文化馆总分馆制建设提供制度保证、经济保证和人才保证;要理顺文化馆总分馆制责任体系,确保主体明确、责任到位、监管有力、奖惩分明。一是必须遵循权责一致原则。县级政府要统筹协调,谋划县域公共文化服务体系责任;乡镇政府和各行政村要主动规划,建设好乡镇分馆及村级文化礼堂,合力打造功能齐全的文化设施网络,制订刚性的文化投入预算,确保文化设施更新和维护,主动承担基层政府的文化责任。二是按照"管办分离"的原则。文化馆总分馆要遵循政府文化工作目标,切实履行运行责任,提高运行效率,对政府负责,对人民负责。三是必须强化各责任体系的监督问责。县级政府要利用文化馆总分馆制运行体系的考核,对投入不力、监管不到位、运行低效化的责任主体实施奖惩问责。总馆要加强对分馆的运行指导。同时,要赋予公众参与运营管理和监督的权利,建立由制度表达机制和制度保障机制构成的问责机制,建立满意度指标体系,将其纳入政府监督体制中,并和奖惩机制直接关联。

(二)明确发展定位,促进资源整合

文化馆总分馆制的建设重点在于供给侧改革,要构建一个上下联动,以需求定供给的服务方式,使文化资源整合有力,供给充分的运行机制[4]。推进文化馆总分馆制建设首要任务是做强总馆,充分发挥总馆资源整合作用和人才优势,分门别类制订"服务订单",建立资源库,探索建立公共文化设施的管理机制和运营模式。文化馆总分馆制通过总馆强大的业务能力辐射整个县域,协调与分馆之间的资源配送和交流互动,实现物尽其用、人尽其才,解决运行中长期存在的"设施孤岛"问题。当前,要着力抓好三方面:一是以总馆为龙头,整合区域文化资源,立档建库绘成供给清单。二是以分馆为基础,做好资源的组织供给,充分利用乡镇分馆按需求实现"点单供给"。三是以科技为依托,构建公共文化"云"平台,丰富平台资源,构建上下联通的公共文化服务网络。从供给侧改革看,信息化发展水平决定着改革的精准度,既可利用终端广泛收集群众文化需求,决策文化服务项目,促进"自上而下"到"自下而上"的互动转变,实现县域文化资源与群众文化需求的有效对接,构建县域公共文化共建共享的大服务网络。

(三)加强队伍培养,提升服务效能

队伍是基础,人才是关键。只有做好"人"字文章,实现统一管理,完善以"服务基层"为导向的考核激励机制,构建一支数量充沛、结构合理、素质优秀的文化馆干部队伍,才能

为总分馆运行提供人才支撑。一是从顶层设计出发,通过发展的、前瞻的视角,科学制定县域文化馆总分馆队伍编制标准,同时,以县域为单位实现统筹,将乡镇分馆人员由分级管理改为垂直管理,既保障专职专用,又有利于合理流动。二是因地制宜抓好村级专职文化员队伍建设。出台县域政策,采取"镇招村用县补"等模式,有效编织文化馆总分馆制的支网络,以村级专职文化员为纽带,充分对接群众需求和总分馆的服务。同时,鼓励采取政府向社会力量购买服务等形式弥补运行中的人才不足,保障总分馆制的常态运行。三是着力发展基层文化志愿者队伍建设,将大批有文化专长,自愿参与公共文化服务的群众吸纳进来,加强素质培养,提高服务水平,为农村公共文化服务[5]。总之,文化干部队伍是文化馆总分馆制建设的关键,只有统筹好县域文化队伍,做足人字文章,让人才队伍流动起来,人尽其才,才能发挥最大效能,保障文化馆总分馆的长效运行。

参考文献

[1] 杨瑞庆."文化馆总分馆制"的三个关键问题 [C]// 中国文化馆协会."新时代文化馆理论体系构建"主题征文获奖论文集.上海:上海大学出版社,2019.

[2] 丁啸.大数据背景下数字化文化馆的建设探究 [J].中小企业管理与科技(下旬刊),2016(10):81-82.

[3][4][5] 马德良.文化馆总分馆制基层实践的路径研究——以 Y 市文化馆总分馆制建设为例 [C]// 中国文化馆协会."新时代文化馆理论体系构建"主题征文获奖论文集.上海:上海大学出版社,2019:429.

文化馆"精准扶贫"服务模式初探

王月丽（辽宁省阜新市公共文化服务中心群众艺术馆）

文化馆"精准扶贫"工作是我国扶贫工作中十分重要的一部分,对此,各文化馆要加强重视,并且积极探索合理有效的服务模式,以便推动文化馆"精准扶贫"工作有效开展。不过就实际情况来看,文化馆"精准扶贫"工作的开展并不是很理想,人们大都侧重于物质资助,这一现状的存在影响到整体"精准扶贫"工作质量,阻碍文化馆"精准扶贫"作用的发挥。就这一方面来说,加强文化馆"精准扶贫"服务模式探究意义重大,具体分析如下。

一、文化馆"精准扶贫"现实意义

和传统物资资助相对应,文化馆"精准扶贫"主要就是指从精神、文化层面上给予贫困地区帮助,其主要秉持着"扶贫先扶志"这一理念,旨在强化贫困户的文化素养,帮助他们塑造正确的思想理念和全新的精神面貌,使得他们能够尽快摆脱贫困的帽子。由此可见,文化馆"精准扶贫"工作意义重大,具体表现在以下几方面:

一是有助于为小康社会的整体建设提供有力的支持。小康社会是文化、政治以及经济等全方位发展的社会,不仅需要物质充足,同时也要精神富足。而合理开展文化馆"精准扶贫"工作,则有助于推动这一目标的达成。

二是"精准扶贫"是现代公共文化服务体系建设的重要要求。现代公共文化服务体系最突出的特点是效率高、覆盖面广,其重要内容是有效保障群众的基本文化权利,促进公共文化服务均等化,而贫困地区的老百姓也是其覆盖的重要群体。

三是有利于促进贫困地区自身发展。授人以鱼不如授人以渔,物质经济扶贫虽然能够立即看到效果,不过长远来看,要想从根本上解决问题,还是需要从思想观念和文化素质等方面着手,只有帮助贫困群众形成与现代社会发展相适应的思维方式,才能真正帮助他们脱贫。

二、文化馆"精准扶贫"发展困境

20 个世纪 90 年代,随着"人文贫困"这一概念的引入,国家决策层面逐渐开始重视文化扶贫工作,并且积极进行落实。不过就实际情况来看,因为文化教育发展远不如经济

建设,再加上贫困人口数量庞大,从而导致文化扶贫工作难以有效进行,文化扶贫工作尚存在一系列问题,具体表现如下:

(一)忽视了地区需求

就文化馆"精准扶贫"工作来说,具体工作通常都是由实施方单方面开展,如哪些地方需要文化扶贫,应该以哪种形式进行文化扶贫等,没能充分考虑到受助方的具体需求,从而导致文化扶贫供需难以达成精准的对接,效果自然也会受到很大的影响。

(二)扶贫产品单一

就实际情况来看,部分地区文化扶贫项目一直都没有太大的变化,严重缺乏创新。在这种背景下,文化扶贫工作很难有效满足贫困地区因社会经济不断发展而增长变化的文化需求,阻碍"精准扶贫"工作的有效落实。

(三)运行机制落后

在文化馆"精准扶贫"工作开展中,不同部门、单位的资源没能进行有效的整合,运行机制存在严重的滞后性,使得文化扶贫工作时常出现盲区或者是重复工作内容,没能形成准确的对口帮扶机制,导致大量的社会文化资源浪费,难以达成理想的扶贫效果。

三、文化馆"精准扶贫"服务模式分析

(一)探索全新的扶贫项目

就文化馆业务职能来说,能够实施开展的文化扶贫项目具体有以下几种:一是惠民演出类。该项目主要是以服务基层和农村为主,遵循着资源和重心下移这一原则,深入贫困地区开展流动性的文化服务,提供非遗展示、文艺演出等文艺服务。二是讲座培训。要以培养大众文化素质为目标组织实施这类培训。三是志愿服务类。社会力量的广泛吸纳,使扶贫队伍越来越壮大,促进"精准扶贫"的实现。丰富的文化项目可以很好地满足不同贫困地区的需要。不过必须注意的一点是,即便是同一类项目,也应该因地制宜,如结合不同地区群众的接受习惯、审美倾向等安排合适的项目,组织开展有针对性的文化培训课程。

(二)积极开展文化艺术培训

首先,需要对农村基层文化人员进行专业培训。基层文化馆可以定期聘请专家来到文化馆开设培训课程,培训内容主要有群众文化基础、公共文化服务政策、非物质文化遗产保护、农村书屋建设等,以专家授课、技能培训和活动观摩等形式,提升基层文化工作人员的专业水平和服务意识,拓宽他们的工作思路和眼界。其次,加强基层文艺骨干力量并

开展提升实践能力的训练。基层文化馆可以采取集中性开办和"一对一"长期共建的形式,对贫困地区文艺骨干进行舞蹈、声乐、器乐等各类艺术辅导,从而为当地培育出一支稳定的、具有一定水平的基础文艺团队。另外,基层文化馆还需要结合贫困地区的特色文化资源,发挥非遗能人"传帮带"作用,开展与市场和产业接轨的传统技艺培训,促进非遗元素文化产业的发展,推动"精准扶贫"更好地实现。

(三)合理应用先进技术

为了提升文化扶贫的效率和水平,基层文化馆可以依托现代科学技术手段,对文化扶贫的组织管理形式进行优化和创新。首先,基层文化馆可以借助信息技术建立文化扶贫资源库,提供菜单式、订阅式服务,文化扶贫对象可以根据自身的文化需求点击定制,这样才能实现公共文化资源的合理配置,提高文化扶贫的准确性,最大限度地发挥文化扶贫的效益。其次,打造"公益文化云空间",即通过"互联网 + 文化扶贫"的形式,对演出、培训等公共文化资源进行数字化转化,然后通过网站、移动客户端等方式来实现对这些公共文化资源的云共享,如此一来,贫困地区的群众也可以更加方便、快捷地共享到文化资源。最后,建立了文化扶贫数据平台。各基层文化分馆和公共文化服务点可以通过扶贫信息平台系统将辖区内的贫困人口和正在开展的贫困项目详细信息进行上传,然后根据实际变化对扶贫状态进行实时更新和修改,以便于总馆在对信息汇总的基础上,进一步统筹规划文化扶贫项目。

(四)挖掘当地特色文化资源

由于区位因素和经济因素的影响,贫困地区公共文化服务能力较弱,且缺乏自身增长动力。但是这些现代化进程缓慢的边穷地区,在传统文化和非物质文化遗产存蓄上却有着独特的优势。因此,基层文化馆应当充分挖掘贫困地区的特色文化资源,实现由"输血"到"造血"的转变。比如,基层文化馆可以联合当地政府以财政补贴、建设培训基地等形式大力扶植非遗项目传承收徒,培养出一批优秀的乡土民俗文化人才。同时当地政府也可以以"互联网 + 传统文化"为创新突破口,实施传统文化振兴工程,以此来促进贫困地区经济、文化的双重脱贫。

总之,文化馆的"精准扶贫"工作是一项艰巨而长期的任务。坚定走"精准扶贫"道路有助于切实保障人民群众的文化权益,助力脱贫攻坚战的胜利。就当前情况来看,公共文化服务体系的不断完善给文化馆"精准扶贫"工作的开展带来了契机,不过要想抓住本次契机,需要群文工作者勇敢承担责任,秉持着良好的服务精神,积极创新和探索,只有这样才能将文化馆的职能优势充分发挥出来,提升"精准扶贫"工作效果。

参考文献

[1]赵斯霞.文化精准扶贫案例评介[J].山东图书馆学刊,2019(1):72-76.

[2] 徐正斌,刘芬.数字文化馆试点建设在精准扶贫中的作用——以北川羌族自治县为例[J].文化产业,2019（1）:30-33.

[3] 李亚男.浅谈国家数字文化馆建设的意义与路径[J].大众文艺,2020（1）:9-10.

[4] 陶金香.免费开放背景下县文化馆如何加强文化服务[J].大众文艺,2020（2）:7-8.

[5] 蔡彤洁,丰富群众性文化活动 提升文化馆(站)效能[J].智库时代,2020（5）:261-262.

[6] 温岭市文化馆 立足公益惠民 推动群众文化繁荣发展[J].浙江人大,2020（1）:77.

特色文化志愿服务项目助推少数民族地区公共文化

——以鄂尔多斯市乌审旗"文化独贵龙"为例

苏亚拉其其格（内蒙古自治区文化馆）

2016 年 12 月,中宣部、中央文明办等七部门发布的《关于公共文化设施开展学雷锋志愿服务的实施意见》提出,到 2020 年"基本建成公共文化设施志愿服务组织体系、志愿服务项目体系和志愿服务管理制度体系"。在党和政府的主导和推动下,我国文化志愿服务工作在队伍建设、规范管理、品牌打造和服务领域拓展等方面都取得了显著的成效。内蒙古自治区结合本土特点,坚持面向基层、贴近生活、服务群众,以加快队伍建设为基点,塑造了优质的服务团队,以示范活动为工作抓手,开展了形式多样的少数民族文化志愿服务活动,缓解了在农村牧区开展公共文化服务过程中人才不足的问题,拓展了文化服务的内涵和空间。在自治区众多文化志愿服务项目中,鄂尔多斯市乌审旗"文化独贵龙"亮点突出,它用一种文化符号把分散的文化资源整合起来,摸索出了一条符合内蒙古农村牧区实际情况的公共文化服务供给方式。

一、主要做法

（一）发挥本土资源优势,打造地域品牌特色

在全面深化改革的背景下,自治区文化志愿服务工作蓬勃发展。2006 年,随着新一轮撤乡并镇工作的结束,内蒙古鄂尔多斯市乌审旗 13 个苏木(镇)文化站合并为 6 个,文化站数量减少,站所集中,服务距离拉大,组织开展文化活动的能力明显削弱。在这种情况下,如何才能让农牧民享受更好的文化生活就成为对乌审旗文化部门的一个考验。鄂尔多斯市乌审旗作为内蒙古自治区经济强旗,有着悠久的历史、灿烂的文化和光荣的革命传统,随着物质生活的提高一大批农牧民文化户脱颖而出。他们中有农民诗人、牧民文艺之家、根雕爱好者、民族服装制作者、民族乐器制作者,还有藏书户,有的农牧民自建图书馆、自办妇女学校等,民间文化活动非常活跃。受到这些自发的文化个体户的启发,乌审旗的党政领导就形成了"文化独贵龙"的品牌意识。

"独贵龙"本义是"圈""组"的意思。鄂尔多斯市的蒙古族人民在近代的反帝反封建斗争中创造了具有民主性质的斗争形式"独贵龙",掀起了席卷鄂尔多斯草原的"独贵龙"运动。如今,"独贵龙"被赋予了全新的内涵,"文化独贵龙"是以文化户、民间艺人为主

体,带动农牧民开展文体活动以提高农牧民综合素质和传播先进文化为主要任务的文化志愿服务组织。作为公共文化服务体系的延伸,它上接文化站、文化室,下衔文化户,既补齐文化站因距离远而服务不足的短板,又无形中解决了文化户实力单薄、能力有限等问题,"文化独贵龙"与文化站、文化室、文化户协调配合开展群众文化活动,高效便捷地服务广大农牧民。

(二)传承民族文化瑰宝、展现新时代农牧民风采

"文化独贵龙"各具特色,任何文化门类都可以组成"独贵龙"。在已经组建的123支"文化独贵龙"中,有"马头琴文化独贵龙"64支、"马文化独贵龙"6支、"演艺文化独贵龙"38支、"科技传播文化独贵龙"13支、"服饰文化独贵龙"2支。乌审旗图克镇巴音淖尔嘎查"文化独贵龙"是2006年组建的,乐队成员全是土生土长的嘎查牧民,乐器、音响设备以及演出服装等都是成员自己购买的,他们除了演奏传统的民族器乐外,还经常表演自己编写创作的歌曲、配乐诗朗诵等富有乡土气息和时代特征的节目,表演内容涉及歌颂共产党的富民政策、热爱家乡草原、呼唤邻里和睦、社会文明等诸多方面。乌审旗嘎鲁图镇呼和淖尔嘎查的示范"文化独贵龙"则是一支以妇女为主的牧民演出队,这支演出队除在本地农闲、牧闲时为嘎查牧民义务演出外,还被邀请到全市各旗、区演出,她们演出的节目被选送到内蒙古广播电台、内蒙古电视台蒙语卫星频道播出,不仅让更多人了解了草原歌舞的独特魅力而且展示了乌审旗农牧民的精神风貌。无定河镇河南村的"文化独贵龙"则充满书香气息,这里的书籍琳琅满目,藏书内容涵盖农牧业生产技术、养殖致富、科教卫生、文学艺术等多种类型,还有各种装订整齐的报纸、杂志。即使是农忙时节,活动室里永远有人值班,随时为村民们提供借阅图书的方便。

(三)积累丰厚文化底蕴,培育民族精神内涵

"文化独贵龙"激发了农牧民群众文艺创作的热情。成员们都是生活在农村牧区的文艺爱好者,因此他们能够深刻地理解当地人民群众由传统走向现代的心路历程,这为他们提供了取之不尽、用之不竭的创作源泉。据乌审旗文联统计,当地农牧民作家有100多位,目前他们已有48部著作问世。张嘎巴特尔是乌审旗嘎鲁图镇沙如拉嘎查人,16岁时开始学写诗歌,并给多家报纸、杂志投稿。他的第一本书是1996年出版的诗歌集《公牛的孤独》,两年后,他的第二本书《乌审风景》问世。《傲特尔之雨》是他用一年多时间将鄂尔多斯地区牧民的优秀作品收集整理后出版的。同时,牧民在举办文学活动方面也非常活跃。牧民菊花和牧民浪腾分别自发举办了"呼日胡之韵"和"青浪"诗歌大赛。此外,个人出资举办画展、牧民诗歌朗诵会也屡见不鲜,如乌审召镇布日都嘎查牧民诗人扎·吉日木图就在他的新居隆重举办了"宾巴嘎日格宝勒召"(星期六之约)诗会。

二、主要作用

（一）传承民族文化

"文化独贵龙"创作的作品都是基于生活实践，他们的作品既保留了民族文化特色又与时俱进，符合当地牧民的审美情趣，受到了人民群众的喜爱。他们围绕重要节日开展丰富多彩的文化活动，宣传党的政策，传播民族文化，凝聚各族群众，为推进现代公共文化服务体系建设添砖加瓦。

（二）整合资源

当前，自治区农村牧区文化资源有着多样性和复杂性的特点，有的文化设施得不到有效的开发和利用，有的文化阵地逐渐无人问津，一些传统的技艺也伴随着时代的发展面临着日渐削弱甚至失传等问题。"文化独贵龙"把分散的文化户和不同的文化要素集中整合到一起形成了独具特色的文化志愿品牌项目，并从不同的角度、不同的方位、不同的空间为广大农牧民群众服务。

（三）思想教育和娱乐作用

"文化独贵龙"的各种活动有着强大的传播功能，不仅时效快、范围广，教育功能也往往是潜移默化的。他们不仅给农牧民带来丰富多彩的歌舞表演，更传播了科普知识，提升了农牧民的文化素养。丰富多彩的文化艺术带给人美的享受，人们通过参与活动、欣赏艺术，既得到精神上的享受，又增强了凝聚力和民族自豪感，培养了群众正确的世界观、人生观、价值观，使广大农牧民形成抵御不良风气的良好习惯。

三、存在的问题

（一）成员结构单一

参加"文化独贵龙"的人员以中老年人为主，在市场经济的冲击下，越来越多的年轻人从农村牧区流向城市，人才的流失一方面使传统文化失去了传人，另一方面也使农村牧区文化面临新陈代谢机能遭到破坏的问题。群众是文化资源的载体，年轻人掌握着先进的现代文化，缺少年轻人的参与，农村牧区健康多元的文化服务就会出现供给不足的问题。

（二）对新媒体的使用不够广泛

在互联网日益发展的今天，新媒体已经成为保护和传承传统文化的重要方式。在过去的几年中，"文化独贵龙"参加了很多传统媒体的活动和比赛并取得了傲人的成绩，但对新媒体的使用还不够普及。新时代，应该鼓励和支持农牧民文化志愿者多使用新媒体，将创作的艺术作品放到新媒体平台，以联动共振加强传播效果，打造一批辐射广、影响深，集传统和现代文化元素于一身的更有吸引力的文化产品。

（三）节目内容多以当地传统的艺术形式为主

近年来，乌审旗依托"文化独贵龙"打造的文化产品多以传统的鄂尔多斯歌舞为主，虽然也有一些服装表演、小品、相声、喜剧等类型的文艺作品应运而生，但多元的、创新的、紧贴时代脉搏，反映现代农村牧区新生活的文艺作品还是相对缺乏，不能够充分展示自治区农牧民的新风貌。

四、对策建议

（一）鼓励年轻人参与活动，创作更多贴近生活、反映时代主旋律的文艺作品

农村牧区文艺作品应该紧跟时代步伐、创新表演形式，以丰富的内容吸引广大群众，为农村牧区文化发展搭建桥梁，促进基层公共文化进一步发展。文艺创作由以传统歌舞为主变为歌舞、曲艺、小品、戏剧、文学等并重，同时加入更多年轻的、现代的、多元的文化元素，使农村牧区文化传承后继有人、繁荣复兴。

（二）搭建跨行业文化志愿者交流平台

"文化独贵龙"从未将自己的服务范围局限在文艺领域，除了组织文化活动，他们还普及科学知识、开展培训教育和探讨生态环保。文化管理部门应搭建跨行业志愿服务交流平台，促使志愿者在交流互动中提升对各行业志愿服务工作现状与发展情况的理解与认识，激发志愿者的服务热情，让先进的服务理念、优秀的管理制度、出色的服务项目在农村牧区得以高效传播。

（三）建立层级培训体系，拓宽惠及人群

基层文化队伍的培训对于农牧民文化志愿者业务能力的提升和基层公共文化的促进至关重要。首先，将培训对象按不同专业等级和在团队中担任的职务层级区分，筛选出相同职务、专业的骨干开展培训；其次，根据培训对象设计培训内容，配置讲师，确定培训形式，设计考评方案等，并在组织开展培训过程中根据问题和意见完善培训内容、授课方式、考评方案等。最后，有针对性地培养一部分骨干成为下一个层级的培训师，开展更大范围的人才培养工作，满足志愿者的求知需求，最终形成一个有利于农牧区公共文化持续健康发展的、专业的、系统的培训体系。

（四）充分利用互联网，实现志愿服务资源配置合理化

文化管理部门通过大数据技术的协助及时掌握和了解文化资源在使用与配置中存在

的问题并统筹协调、合理调剂，运用文化云、微信平台等方式，及时更新和发布志愿服务信息，使志愿者能够便捷地了解基层志愿服务的需求，以便根据个人兴趣、专业特长、可支配时间等来便捷地参与志愿服务活动。同时积极使用新媒体，打造农牧民网红文化志愿者，跳出只在当地开展服务的思维模式，让更多人了解、认识"文化独贵龙"。先进技术工具的运用不仅为基层文化志愿服务的智慧化提供了全新的思维与方法，也将为志愿服务项目的可持续发展奠定坚实的基础。

改革开放以来，内蒙古农村牧区公共文化服务体系建设有了一定的发展，但与城市相比还是落差很大，这与农村牧区自然环境、地理条件、人口分布以及获取信息渠道单一等因素有很大的关系。推动农村牧区公共文化事业繁荣发展，必须紧密结合地区实际，将传统文化创造性地转化，创新性地发展，只有扩大民族特色高品质公共文化产品供给，才能提升公共文化的服务效能。"文化独贵龙"正是植根于当地自然与人文环境的深厚土壤中，是因地制宜、顺时而动的产物。他们将文化户、文化能人、民间文艺队伍与文化馆、站等资源集中到一起并进行分类、组合，将传统文化与现代生活融合在一起，打造出这一既有厚重文化积淀，又有浓郁地方特色的文化品牌，彰显了农牧民文化主体，践行了草原文明精神，提升了农村牧区群众的文化获得感、幸福感。

坚守初心　担当使命
积极做好特殊群体的文化服务

李欣辛（河北省承德市群众艺术馆）

随着人们生活水平的日益提高，公民文化素质的提升，越来越多的人开始追求文化、艺术等精神生活。同样，作为社会成员的之一的特殊群体，也极渴望像普通人一样享有最基本的文化权益，得到文化艺术服务，满足精神文化需求。作为公共文化服务职能部门的文化馆无疑承担着为特殊群体提供文化服务的历史使命，应坚持以"人民为中心"的理念，积极落实文化扶贫，精准地为他们提供最基本的文化艺术服务，保障他们享有和参与公共文化服务的权利，切实实现全社会公共文化服务的均等化。那么如何做好特殊群体的文化服务呢？笔者就自身调查和感悟，谈谈自己的看法。

一、走进特殊群体，真实了解其文化服务的渴求

对于特殊群体来说，除最渴望能够得到社会关注、政府关怀外，更需要享有最基本的文化权益，得到文化艺术服务，丰盈精神文化生活，提升文化生活质量。因此，为满足他们对文化的渴望和需求，文化馆应该走近他们，了解他们，帮助他们，保障其文化权益，提供强有力的支持和关注，在文化艺术服务上提供最精准的帮扶和关顾。

笔者曾多次走访几个特殊群体，在调查了解中，深深感到不同的群体对文化服务有着不一样的需求。例如笔者走访了几所特殊教育学校，在与部分残疾人和教师的交谈中，了解到残疾人虽然在特殊教育学校里学习，但由于受学校诸多因素的影响，总体讲他们的文化生活还是相对简单、贫乏的，特别是开展文化艺术活动还十分有限。师生们最急盼的就是文化部门对他们进行专业文化艺术活动的指导和开展多样化的文化服务。

笔者在走访敬老院，以及与路边、乡村、社区所接触到的老人们的交谈中，了解到当下老年人最为恐惧的就是孤独、寂寞、空虚，他们更渴望能有更多的文化生活和艺术活动来充实精神生活。他们希望自发组织的广场舞、民间演唱、书法绘画等各种社团能得到众多人的理解和尊重、支持和赞赏，所从事的一些文化艺术活动能够得到文化馆等部门的支持和帮助，让他们能享受到最基本的公益性的文化服务，更好地充实精神生活，提升文化品位，使得"夕阳红"更加灿烂、绚丽和美好。

同时，笔者也多次走进工棚，与部分进城务工人员谈话交心，了解他们的心理需求。这些进城务工人员生活压力大，为生活所迫不得不背井离乡，远离家人，散居在各个工地

上,劳作非常辛苦,尽管经过一天的劳动他们很是疲惫,但他们却丝毫不在意,相反让他们觉得最难熬的却是那些漫长、无聊的夜晚。因为他们很少有电视、图书看,更没有任何文娱活动。所以,他们急需更多有益的文化艺术活动,参与文化艺术活动可以帮助缓解他们的疲劳,填补精神的空虚,消除思乡之虑,享受文化艺术生活,追求人生价值。

通过走访几所农村小学,实地对一些留守儿童、贫困儿童进行访谈,笔者了解到这些农村的孩子由于受学校办学条件、缺少专业教师以及家庭贫困等因素的限制,他们几乎很少接触音乐、画画、舞蹈等艺术活动,真切渴望能通过享受文化服务、参与丰富多彩的文化艺术活动来丰富文化生活,提升艺术素养。

上述所列举的仅是特殊群体中的一部分,而所有的特殊群体又都是难以接触社会文化的弱势群体。由于社会角色定位的原因,他们难以融入时代的文化圈,造成文化生活的极度贫乏。他们的文化需求也常常被忽视,甚至连最基本的文化权益也没法得到满足。所以,只有走进这些特殊群体之中,才能了解到他们的心理需求,知道他们更需要文化的润泽,更渴望精神文化的丰盈,更期盼艺术的熏陶,更希望与普通人一起享受应有的文化权益。他们的这种文化艺术需求,无疑是文化馆等公共文化机构在新时期所担负的历史责任和需要努力完成的一项艰巨使命。

二、走近特殊群体,精准地为他们提供文化服务

既然文化馆承担着为特殊群体提供文化艺术服务的责任,就应以人民为中心,坚守初心,牢记使命、勇于担当,拓展思路、创新方法,针对特殊群体的不同文化艺术需求,采取进社区、进工地、进农村、进校园、进广场等多种渠道,精准地为他们提供文化服务,进行有效的公共文化供给。

针对老年人的文化需求,文化馆可以普及性的文化艺术辅导培训为主,举办多种多样的培训班来提高老年人的文化艺术素养,激活原有的艺术潜力。例如:可以组织文化馆专业人员,发挥各自专业特长,分期分批地组织老年人开办零基础声乐班、戏曲班、美术班、摄影班、书法班、非遗传承班、朗诵班等,让老年人根据自己的兴趣和特长,选择所喜爱的项目,从中接受艺术知识培训,提升艺术创作能力、审美能力,感受艺术魅力。再有,针对老年人爱跳广场舞这一特点,可以为他们举办广场舞辅导班,组织专业人员亲临现场指导,为老年人舞团提供免费排练场所,每年定期组织广场舞比赛,等等,借以帮助他们提高广场舞水平,激发对艺术向往的热情。同时,还可以利用活动机会,开辟老年文艺演出专场等,给他们提供展示艺术才华的平台,让更多爱好文艺者或有艺术特长的老年人参与进来,真正体现出大众文化的普及特点,切实使老年人体验到老有所得、老有所乐。

对于进城务工人员群体的文化服务需求,可以针对他们工作的特点,以"送"文化的形式为主。利用晚上时间,为他们送电影、送图书、送演出,既满足他们的精神文化需求,也丰富他们的文化艺术生活。再如文化馆可以采取互联网+的形式,开设网络微课程,进行点对点、面对面的艺术普及及培训,让一些有追求、有文化艺术功底的青年进城务工

人员在劳动之余能学习舞蹈、演唱、书法、摄影等知识,接受系统培训,真正让他们感受艺术的魅力,体验高雅品位,培养艺术兴趣和爱好。另外,为满足爱好艺术的进城务工人员想要展示自己的需求,可以不定期举办歌手大赛、舞蹈大赛、艺术作品展示、文艺专场等活动,为他们提供展示才艺的平台,并请专业人员指导点评,促进和提升他们的文化素养,提高文化品级,打造出当地草根艺术家等。

为留守儿童、贫困儿童等提供文化服务,可以着重举办特长文化艺术培训。因为这些儿童乐学上进,但因种种原因,很少得到文化艺术的滋润,长期处于无人陪伴、单调无聊、贫困无奈的状态。所以,文化馆可以定期组织专业人员,利用周末时间有计划地分区域、分学校为他们免费举办各类美术、声乐、舞蹈等特长班,也可以通过网络平台为孩子们提供这些专业的视频课,对他们进行入门或提高培训,培养他们的艺术才能。同时,针对儿童好奇、乐学、爱探究等特性,可以定期为之举办一些画展、摄影展、非物质文化展、科普知识展和戏曲进校园等文化活动,借以开拓孩子们的视野,丰富他们的知识面、激发文化艺术兴趣。

此外,文化馆专业人员应定期走进当地有需求的学校,为少年儿童进行特长文化培训或艺术辅导,为孩子们送去各种图书等,让他们切实受到文化艺术的感染和熏陶,为他们的艺术发展奠定基础。

对广大残疾人的文化服务,可以策划和举办一些特色明显、参与性强、可持续发展的残疾人文化艺术活动。如在残疾人中组织开展"我喜爱的一本书"读书征文、"为盲人讲电影"、"听书工程"、"聋人看电影"等活动,也可以组织残疾人文化进乡村、进社区等系列活动,举行残疾人演出专场、个人艺术作品展示活动等,提高残疾人参与社会活动能力,最大限度丰富残疾人文化艺术生活,实现他们的人生梦想。同时,群文工作者要定期有计划地走进特殊教育学校,为残疾孩子提供多样化的爱心帮扶和文化助残活动,精准地为他们进行历史、自然、人文、科学和艺术等多方面的文化教育和服务。

为特殊群体文化服务的主旨在于让文化艺术融入他们的日常生活,使他们的生活具有审美化、艺术化,更有情趣,更有精神和审美内涵,更有价值和意义。因此、文化馆等公共文化服务的职能部门,就必须要勇敢地承担起这一责任和使命,认真履职,精准服务,积极推动社会进步。

三、走入特殊群体,积极为他们的文化服务提供保障

为特殊群体提供文化服务是文化服务系统的综合工程,是所有文化部门的义务和责任。因此,从上到下必须要树立人民至上,关爱特殊群体的理念,直面现实,全员行动、上下齐动、形成合力,共同关注特殊群体,精准地为他们提供文化服务。

首先,文化主管行政部门要以提高全民族的思想道德和科学文化素质为目标,以满足广大人民群众日益增长的精神文化为宗旨,以保障特殊群体享受和参与公共文化的权利、促进公共文化服务均等化为根本,聚焦特殊群体的文化服务,要制定出台有关特殊群体文

化服务权益、深化艺术普及工作的政策、规定,建立一套完整的管理、指导与考评机制,加强管理、加强督导,强力推进文化馆为特殊群体文化服务的工作落实。同时,要为特殊群体的文化服务提供强大的物力、人力保障,科学驱动,全面推进,积极营造出为特殊群体进行文化服务的良好环境和氛围。

其次,各市(县、区)文化馆以及乡(镇、村)文化中心等职能部门应以对事业高度负责的态度,积极承担起为特殊群体进行文化服务和艺术普及的使命,以需求为导向,以优质服务为宗旨,认真履职,科学策划,不断改善服务手段、服务内容、服务形式和服务渠道,定期深入基层、深入实地,努力提供精准服务、文化扶贫,积极丰富特殊群体的文化生活,提高他们的艺术素养,维护和发展他们的文化权益。

同时,每一个群文工作者更要担负起为特殊群体服务的义务和责任,树立敢于担当、勇于负责、肯于吃苦、勤于奉献的工作态度,以博爱的情怀热忱地对待特殊群体,充分发挥自身艺术才能,履职尽责,全心全意地担当起组织、培训、义演、指导、服务等各项工作,积极做好特殊群体的文化服务。

新时代,新征程,新使命,新梦想。只要全社会齐动员,各文化部门齐参与,从上到下真正地形成合力,共同奏响对特殊群体无私关怀的乐章,努力实施人文关怀,积极践行社会主义核心价值观,就一定能够让特殊群体享受到最基本的文化权益,得到相应的文化服务,远离精神文化的荒漠,消除自卑、恐惧、空虚、无奈、无聊等心理,感受到社会大家庭的温暖,沐浴着党的文化惠民政策的恩泽,扬起人生的艺术风帆,逐梦前行,拥抱美好的明天!

浅谈文化馆与社会艺术机构联动

李作为（江苏省徐州文化馆）

当前我国社会主义事业的建设和经济、科技、文化等各方面飞速的发展，给文化馆带来了历史性的机遇，同时也使它直面更严峻的挑战。如何积极应对我国各项事业的改革带来的挑战，不失时机地抓住机遇发展自己，已经成为文化馆事业发展的一个重要课题。

一、文化联动具有更大的社会意义

党的十八大、十九大都对公共文化服务提出了具体的要求和责任。公共文化服务是以政府部门为主的公共部门向社会成员提供公共文化产品与服务，它是一项润物无声的文化事业，也是一个地方的文化名片。这其中，文化馆的存在是不可或缺的，它的地位是相当重要的，它的作用是举足轻重的。

新时代，人民群众对美好生活的向往中包含了更多文化期待，对于大多数的文化馆来说，目前在人力、财力、物力等方面存在"人才不足，资源短缺"的情况，文化馆很难满足人民群众广泛的文化需求。再加上现在很多文化艺术类的传媒公司、艺术工作室、培训机构等纷纷走入社会，打进市场，他们的创造力和文化产品，对文化馆的发展形成了巨大的冲击。他们的竞争力和激情，给文化馆的事业造成了巨大的生存压力。然而这样尴尬的局面和矛盾，却也是文化馆高质量发展的一个机遇。文化馆之所以现在仍然能立足于中国特色社会主义建设事业之林，这是时代的需要、生活的需要和社会的需要，也在于它自身所特有的社会功能是无可取代的。虽然社会艺术机构对文化馆的冲击很大，但文化馆的公益性和普及性是他们无法比拟的。文化馆利用自身的特色与其形成良好的文化联动，这对文化馆各艺术门类的发展是有益的，同时也能够向社会提供更加丰富的文化服务和艺术（公益性）产品。这对文化馆及社会艺术机构在提高公共文化服务的水平方面具有更大的社会意义。

二、文化联动具有良好的社会作用

1. 扩大公共文化活动品牌影响力

随着我国经济与文化事业的发展，各地政府结合文化馆的工作特性，在开展文化活动时,也创造了不少活动品牌,有的已经成为具有全国影响力的公共文化活动品牌了。如徐州市的"动感彭城"广场文化活动被授予"全国特色广场文化活动"称号,也获得过第十五届"群星奖"。镇江市"文心"系列公益文化活动获评"全国优秀群众文化活动品牌"。有的也正在成为具有一定影响力的文化活动品牌,如徐州市的"舞动汉风——城乡文化对对碰"文艺巡演。在此类活动中,大量的社会艺术机构和艺术团体参与进来,如徐州市马可合唱团、徐州市王震梆子剧团、徐州市朗诵艺术协会、晓武曲艺工作室等。他们与文化馆联手努力打造和扩大公共文化活动品牌,发挥文化资源优势,通过整合资源、优势互补和协同创新,共同建设公共文化,丰富群众文化生活,大力营造地方文化氛围。社会艺术机构有自己的特色,文化馆要利用好这些特点或特色,把握观众心理和不同观众群体所喜爱的节目形式和内容,来调整节目或是创作方向。而社会艺术机构也可借这类活动平台,创作新节目或是有针对性地编排文艺节目,共同保证公共文化活动品牌的质量并扩大影响力,从而也使他们在市场竞争中更加有活力和地位。同时,这对基层百姓学习文化知识和技能、传播先进文化也发挥了积极的引领作用。

2. 促进广大市民文化交流互动

文化交流是个人文化进步的一个不可或缺的重要环节,也是个人文化多样性的内在要求,交流中双方相互受益。社会艺术机构会吸引大量的市民前来学习、培训和活动。而文化馆与他们联合开展文化活动,又给广大市民提供了文化交流互动的平台,甚至有些当地知名的艺术家也会参与到这些活动中。市民在这样的活动中,既能展示自我也能互相交流,他们之间的学习与融合、吸收与借鉴,有利于个人之间相互取长补短、发挥优势,也有利于群众之间的了解、合作和友谊,也就有利于促进人与人之间和社会文化的共同繁荣与发展,同时对社会的和谐稳定也起到了不可替代的作用。如"水懂我心·自然淮安"江苏省淮安市百姓文化艺术节,就是由淮安市文化馆与部分社会艺术机构联合承办的。当地知名的美术家与书法家、艺术名家和现场观众互动交流,得到了广大市民的充分认可。

文化馆已经实施免费开放,那些师资力量不足、软硬件不够的馆站,也可以邀请社会艺术机构来开设讲座,艺术普及培训等活动。文化馆可以利用自身的业务人员为他们进行业务指导来提升节目的质量,也能培养群众文艺爱好者,重点打造文化骨干。在联动过程中,遇到高质量的节目,文化馆可以利用自身的文化优势,把它推荐到更高的平台进行展示,或是在一些重量级的赛事冲击奖项,使文化交流更有延展性。这些都可以促进良好的文化联动,同时也刺激市民能更好地开展文化互动。

3. 全民参与提升文化素养

文化馆与社会艺术机构的联动,会使广大市民主动参与进来,这对提升全民的文化素养,培养创新精神和文化实践能力,塑造健全的人格是一个积极的促进作用。一个人的文化素养是他学识和精神的修养。个人文化素养的提升并不是一朝一夕得来的,肯定是来自日积月累的锤炼,要不断地学习,向书本学习,向他人学习,向自己学习。而文化馆与社会艺术机构联动的影响力,恰好给他们创造了一个提升文化素养的契机。通过广泛参与文化实践活动,参与者可以树立正确的审美观念,培养高雅的审美品位,提高人文素养,提高感受美、鉴赏美、创造美的能力。不管是表演者还是现场的观众,都可以使自己的情感得到陶冶,思想得到净化,品格得到完善,在表现与欣赏的同时,达到顿悟和共鸣,从而产生精神上极大的审美愉悦。所以说,文化馆与社会艺术机构形成良好的文化联动,会提升市民多方面的艺术鉴赏水平,也能提高他们的审美能力。

三、采取有效的联动方式

1. 定期召开信息联席会议

前文提到过,现在各项事业的发展联系日益紧密,相互依赖程度也越来越深,谋合作、促发展已经成为不可阻挡的时代潮流。文化馆不能也很难再靠一己之力或是单打独斗来解决社会上各类的文化需求,而联合社会上的艺术机构或是艺术团体共同发展、联动协作,是解决文化需求的关键,也是一条值得探索之路。文化馆与社会艺术机构想要切实能够实施文化联动,就需要上级部门牵头,或是文化馆出面协调,定期或不定期,或在文化活动前期召开文化信息联席会议,并可以形成双边或多边协调机制,在长期的联动活动中延续下去。互相通报各单位的文化信息、工作情况,及时总结文化活动中的经验、做法,解决活动中存在的问题,探讨文化活动或文艺创作中遇到的新情况、新问题。也可以确立文化联络员,来负责日常事务联络工作、活动对接和收集各类文化信息。让不同的公共服务机构和艺术实体机构能够实施跨部门的协作,从而让这些不同的主体为了达成共同的目标而团结协作,为公众提供高效高质量的公共服务。这从整体上也提升了文化馆的事业能力,对社会艺术机构也是有一定价值的。

2. 联办文化创作实践基地

文化馆是政府部门设立的群众文化事业机构,其在社会地位与影响力方面,还是有一定权威性的。而社会艺术机构具有一定的市场性,在物质文明和精神文明建设同步走向市场经济的时候,这些艺术机构的文化责任和社会责任也越发沉重。文化馆要想与社会艺术机构更好地联动,两者联手打造文艺创作实践基地,也是一个切实可行的方法。

对于文艺创作者来说,能够获得政府的认定与扶持,显然是一个极大的激励与鼓舞,这不仅有利于激发他们的创作热情,同时也有利于壮大创作队伍,提高创作实力,打造更多文艺精品。双方可以选择一些具有代表性创作人才和稳定的专业辅导队伍的机构或是有稳定创作、表演团队,有较大专业培养发展空间的艺术教育和培训机构,共同建造示范性的文化创作基地。苏州市就有"特色文艺创作基地",这些特色文艺创作基地,成为文艺工作者深入生活的首选地和帮助指导基层文艺工作的联系点。东莞市的一批少儿文艺创作基地,创造条件让每个中小学生都能亲身参与艺术体验,感受审美教育的魅力,注重美育对孩子身心成长过程中的作用。文化馆与社会艺术机构从文艺创作的源头就开始联动,互学互鉴、共同繁荣,构建多层次、多样化的群众文化活动格局。

3. 建立重大活动会商制度

文化馆与社会艺术机构实施联动,在面对重大文化活动时,要有会商制度,共同来策划、制订或修订重大文化活动规划或方案,对重大文化活动各项工作进行周密的计划和安排,明确责任、责任到人,搞好保障,搞好协调配合,形成工作合力。上级党政部门要对重大活动的政治倾向严格把关,对文化导向要有明确的要求,形成有针对性的研讨,提出科学对策,整体优化,并保持连续性和一致性。形成政府主导、社会参与、共建共享的多元化公共文化发展良好格局。

综上所述,文化馆面对新时代的高质量发展,应当主动积极地与社会艺术机构合作联动,要转危机为良机,变被动为主动,以更好地发挥自身的功能与社会作用,不应再"抱守残缺",不能再"自娱自乐"了,要开放思想、放眼世界,加强与社会各界的合作共建,寻求利益共享的合作新机制,开启公共文化服务新模式。

参考文献

[1] 刘珂辛,王新良.京津冀文化馆公共文化服务联动机制研究[J].大众文艺,2019(11):4-6.

[2] 周科良.职业教育与区域经济联动发展的文化机制研究[J].戏剧之家,2018(26):177.

[3] 胡志强.创新公共文化服务模式的思考与实践[J].群文天地,2012(13):104-106.

品苏艺术慕课建设探索与实践

怀　念（苏州市公共文化中心）

一、什么是慕课？

慕课（MOOC）是由主讲教师负责的，通过互联网开放支持大规模人群参与的，以讲课短视频、作业练习、小测试、论坛活动、通告邮件、考试等要素交织的，有一定时长的教学过程。慕课作为一种新型公共文化资源，与常见的舞台表演作品、电视专题片、微视频、讲座、网络课程等公共文化资源有着明显的区别。

二、什么是品苏艺术慕课？

苏州历史文化悠久，传统文化地方特色明显。苏作作为一种生活方式，不仅仅是苏州传统文化的符号，更是千百年来苏州人慢慢形成的生活方式的物化反映。这种生活方式，从古至今，点点滴滴，渗透到苏州人生活的方方面面。精细雅洁的苏作，是精益求精的工匠精神的经典体现。2016年，苏州市公共文化中心策划了一个全民艺术普及公共教育系列活动"品苏苏作手艺体验"，以传统苏作为主要内容，精选了苏州丰富的非遗资源：苏绣、核雕、古琴、苏扇、桃花坞木版年画、宋锦、缂丝、玉雕、竹刻等项目，每月第四周周日下午推出一场，邀请手艺大师们在现场为观众讲解手艺传承历史、演示手艺工序流程，同时邀请观众现场"学艺"，在特别创设的空间中，让参与者与老手艺零距离接触，感受传统工艺的魅力，吸引了众多爱好者前来学习、体验。在此基础上，做了一次"品苏——苏作手艺展"，并于同年11月12日—27日在苏州美术馆展出，展览选取苏绣、核雕、古琴、苏扇、紫砂壶、宋锦、缂丝、玉雕、竹刻、盆景、根雕、木雕、琥珀、鸟笼、铜炉、蟋蟀盆、赏石等作品百余件，通过苏作的呈现，品味苏州的精致生活。

这就是品苏这个品牌创始的由来。整个活动期间，我们将这个品牌进行了工商注册。基于该品牌可持续发展的未来设想，注册范围涵盖了八大类近百项商品，如：网络通信设备、钟表首饰、印刷品、文具、装饰品、陶瓷玻璃用品、织物、教育培训、流动图书馆、城市规划、室内装饰设计等。有一些将用于今后文创衍生品的开发利用；有一些则用于文化实体空间建设。比如位于苏州市公共文化中心的苏州美术馆八号展厅，拥有数字阅读盒电子书1000册、上海图书馆的讲座视频及音频资源、苏州美术馆与名人馆实体书1000册。而教育培训一项体现在2017年—2020年这四年来苏州市公共文化中心所进行的品苏慕课建设。

苏州市公共文化中心品苏艺术慕课主要有以下特点：一是课程精微化，效能最大化。我们将每节课时长度控制在 10 分钟左右，每节课重点讲解展示 2 至 3 个学习要点。针对普通大众的学习习惯，在最短的时间内充分展现教学重点。二是学习过程互动化。通过随堂测试、弹奏音视频作业上传、绘画图片作业上传、刺绣针法视频上传、学员互评等功能设置，可以让学员与老师、学员与学员多维互动，快速提高学习进度。三是学习平台开放化。我们专门设计了开放式的学习时间及学习进度，有助于个体差异化学习，将充分自主与循序渐进的学习方式有机结合。学员完成慕课课程的学习目标后，系统将自动生成有授课老师亲笔签名的学习证书。

三、品苏艺术慕课建设过程

品苏艺术慕课建设包括资源建设和平台建设两个方面。

1. 资源建设

苏州市公共文化中心以 2017 年 4 月参加中国文化馆协会举办的全民艺术普

及慕课示范项目研讨会为起点，迈上了探索具有苏州地方特色的艺术慕课建设之路，着眼于中华优秀传统文化的保护传承以及苏州崇文重教、精致典雅、开放包容的地方文化特质，聚焦吴门古琴、粉画两个选题，成功入选全民艺术普及慕课示范项目。2017 年 11 月 18 日，苏州市公共文化中心携慕课资源建设成果参加 2018 浦东公共文化服务产品采购大会"美好文化生活新期待"主题论坛。2017 年 11 月 30 日，作为中国文化馆协会数字文化委员会落地单位，苏州市公共文化中心承办了互联网时代文化馆业务形态变革——全民艺术普及慕课建设的实践与前瞻论坛，苏州市公共文化中心的慕课资源建设在论坛上做了示范性全民艺术普及慕课成果展示。

2018 年，为贯彻习近平总书记关于弘扬优秀传统文化等一系列重要指示精神，苏州市公共文化中心以保护挖掘苏州优秀传统文化为己任，用"年轻人讲老手艺"的全新切入视角，策划实施了"心手相传——苏作手艺鉴赏慕课"项目。精选了苏绣、苏作家具、核雕、香炉、石砚、苏扇、竹刻、琥珀、金银细作、纱罗等艺术门类进行数字化采集、精微化提炼，在构建苏州地方特色艺术数据平台的同时，打造普惠大众的艺术慕课在线教学平台。同年 9 月，苏州市公共文化中心从"心手相传——苏作手艺鉴赏慕课"中选取苏绣、石砚两门艺术慕课深入推进、深化教学，从鉴赏层面向制作技艺、保养鉴定等方面进一步拓展，这两门慕课成功入选全国文化信息资源共享工程 2019 年地方资源建设项目。

2020 年以"文旅融合——姑苏雅事"为主题，《苏州古典园林鉴赏》《苏州桃花坞木版年画》《竹刻》三门课，再次成功入选全国文化信息资源共享工程 2020 年地方资源建设项目。

2. 平台建设

目前已在线运行的品苏艺术慕课平台共分两期建设,第一期主要是服务于艺术课程、教师队伍、共建机构三个主体,打造了课程展示、学习中心和教学管理等功能。平台部署于阿里云服务器,采用 CDN 加速服务提供更好的视频播放体验;采用 HTTPS 加密传输,增强数据的安全性;带宽动态可调,可根据平台访问量的变化按需增加;平台界面友好,采用自适应设计,支持多终端使用;并且接入了微信与支付宝的在线支付功能。平台第二期逐步探索开放式课程中心、移动学习中心、嵌入式学习中心、认证学习中心的建构,力争成为苏州市全民艺术普及慕课的大数据分析与智慧化平台。

到 2020 年底,全部自主知识产权的品苏艺术慕课课程,将达到 100 课 1000 多分钟。配合第二期平台建设目标之一开放式课程中心建设,将考虑以社会化方式纳入更多公益惠民性标配普及的艺术慕课课程,进一步拓宽全民艺术普及慕课资源建设的宽度和广度。总而言之,品苏艺术慕课的建设思路始终立足于传统文化、地方特色,自主开发,自行设计,建设拥有自身特色及自主知识产权的原创的资源和自己的平台,这一点是所有实践的出发点,也是研究探索的初心。

四、品苏艺术慕课的意义和作用

首先,慕课是一种适合社会教育的教学形式,在公共文化服务中大有作为。虽然慕课起源于高等教育领域,但因其大规模人群参与、便捷的师生交流、完善的教学管理等特点,极大地促进了社会公众接受教育的热情。这些特征与公共文化服务所追求的全民参与、艺术普及以及满足人民群众基本公共文化需求相适应,是当前公共文化服务利用现代技术引导公众参与、提高群众覆盖率的好选择。其次,慕课资源是我国公共数字文化资源建设中一种新的资源类型。随着公共文化服务体系建设的不断深化,在公共文化服务领域中出现了流媒体、短视频、数据库、微视频等各种各样的资源类型,深受广大人民群众的欢迎。公共文化领域的慕课,必将成为另一种人民群众喜闻乐见的新型资源,因为它可以满足群众的求知欲,内容、形式很符合开展全民艺术普及的需要。最后,慕课将带来文化馆(站)培训、辅导等业务工作方式的变革。目前,公共文化机构多采用举办培训班、面对面辅导等基本工作方式,而慕课可以将全民艺术普及知识、技艺、活动、欣赏通过技术手段加以推广、普及,是对当前文化馆(站)服务基本工作方式的拓展。同时,也对业务人员的知识结构、业务素养和技能提出了新的更高的要求。引入技术手段变革传统工作方式,就要求业务人员必须改变思维方式、完善知识结构、增强现代信息素养和技能,并对传统业务流程进行必要的重组。所以说,慕课资源不仅仅是一种新的资源类型,同时又是一种新的思维方式和工作形态。

苏州品苏艺术慕课平台项目于 2017 年 11 月 20 日安装实施,2019 年 11 月 7 日项目完成并上线部署,2019 年 12 月 10 日扫码支付功能上线,2019 年 12 月 18 日系统正式上线运行。突如其来的疫情下，人们生活方式发生改变，2020年1月23日到2月9日短短18天，苏州品苏艺术慕课线上点击访问量突破450万人次，有51.33万人次在线学习。大数据采样分析表明，来自北京的IP点击访问量高达近179万人次，占总访问量的51%，来自苏州、上海的IP点击访问量分别位于二、三位。此外，还有来自美国、德国、加拿大、芬兰、挪威、日本、法国、瑞士、英国、澳大利亚等许多国外网友点击访问。截至2月13日，页面点击访问量4948840人次，课程点击访问次数550417。截至3月13日，访问量达1100多万人次。2019年12月18日至2020年5月12日网站总点击量11485152次，首页点击量116134次，课程点击量970859次。

2020年4月10日起，品苏艺术慕课开始在抖音推广，截至5月27日，总播放量117.8万次，点赞4.1万次，这只是苏绣、古琴两门课的推广，后期所有课程都将在抖音推广。

国家文化和旅游公共服务专家委员会副主任、首席专家，北京大学李国新教授说："平时的资源和技术储备，在疫情期间发挥了作用，文化馆的多种服务手段显示了优势。相比于最近不少文化馆大搞应景的'新冠体'诗歌快板三句半，苏州市公共文化中心的做法更值得推广。"

品苏艺术慕课建设的意义与作用在于为全国公共文化领域的全民艺术普及工作，在服务理念、服务内容、服务方式等方面提供了先行先试的实践经验。首先，在概念上厘清了全民艺术普及艺术慕课与微视频、网络课程、直播等其他线上服务方式的区别与界限；其次，在服务对象方面，在兼顾老年人、少年儿童普惠服务的前提下，重点面向广大青年群体；再次，在慕课资源建设内容方面，始终坚持传统文化和地方特色，注重文化底蕴的深度挖掘和可持续发展；从次，慕课平台建设始终坚持自主研发，自行运营，开发专门运用于慕课运营的自主知识产权的平台，在国内文化馆业界品苏慕课可能是首创；最后，宣传推广方面，传统媒体与新媒体齐头并进，做到了运行平台自主化，推广平台社会化。

随着全民艺术普及慕课建设的不断深入与发展，将催化公共文化机构服务模式的巨大变革。全民艺术普及慕课任重道远，我们的工作还有很长的路要走，我们将继续努力，为文旅融合全民艺术普及的探索和实践贡献苏州经验。

听见·看见·遇见

——对音乐杂志《福建歌声》数字化华丽转身的思考与期许

李海燕（福建省艺术馆）

疫情时期，一切非必要的线下活动都被全面禁止了，网络成了人们学习、生活、娱乐、看世界的重要窗口和精神寄托。面临困境，大家都在思考一个共同的问题：如何把线下的事情搬到线上？文化馆事业发展在这场"战疫"中也面临着巨大的考验和挑战。虽然国内疫情防控已取得阶段性胜利，但从世界范围看，仍不可掉以轻心。那么，当疫情防控工作变成一种常态，传统模式的线下群众文化活动该何去何从？在疫情期间，我们欣喜地看到全国文化馆人在观念和实施上的迅速转变，利用钉钉、微信、抖音等各种方式，积极开展线上办公、线上培训、线上展示、线上评审、线上推广、云展演、云展览、云旅游等，让居家的人民群众也可以享受文化馆的数字化线上文化服务。

期刊作为群众文化理论工作的重要组成，早在维普、万方、中国知网等各大期刊数据库的繁荣发展时期，就已经实现了线上阅读的数字化服务。以福建省艺术馆主办的双月刊音乐杂志《福建歌声》为例。该刊不仅在很早以前就实现了线上数字阅读，更是在2020年初的疫情特殊时期为广大读者呈现了"有声有色"的视听服务，实现纸质期刊影音立体呈现的数字化华丽转身。

一、从"看见"升级至"听见"

当今时代，移动互联网、云计算、大数据的快速发展改变了社会的生活和生产方式，许多人早已习惯足不出户，手机App解决生活起居各种问题。

在数字化浪潮的冲击下，众多纸媒也开始积极向数字媒体和网络媒体转型，力求与新的传播形式融合，即"数字阅读"。为了跟上时代的步伐，《福建歌声》也早早加入了数字阅读的文化服务大潮之中。在2020年之前，期刊更多的是将内容以PDF格式的数字化方式呈现，依托国内大型中文期刊文献服务平台，为读者提供网页和手机式阅读服务。与绝大多数纸质期刊不同的是，《福建歌声》是一本音乐杂志，它并不是纯粹的文字阅读，其中有很多原创歌曲的歌谱，这是它有别于普通文字期刊的最大特殊性。因此，只有将歌谱转化为音频或视频，才能最大限度体现出作品的艺术价值、推广意义和期刊的数字化服务水平。

在线下活动全面暂停的时期，广大文艺工作者主动作为，创作出了一批温暖感人、振奋人心的优秀"战疫"音乐作品。《福建歌声》充分发挥本馆数字化技术优势，为这些作品搭建展示平台，出版了"艺术战疫专刊"，共收录福建省乃至全国的100多首优秀战疫词曲作品。与往期作品有明显不同的地方不仅在于这期专刊内容的特殊性，更在于其中98%的歌曲不仅有音频，甚至都拍摄了MV。在这样一种数字资源优势的有力推动下，编辑部进一步提升数字化服务，积极打造了《福建歌声》期刊专属二维码的独立数据库，实现读者扫码即可进库，开启阅读歌谱、影音观赏的立体化视听服务。我们还就此开启了官方微信平台和抖音平台的服务路径，大力推广、宣传期刊的原创文艺作品，真正实现了纸质杂志音频化、视频化的数字化呈现功能，做到"可看、可听、可赏"，收到广大读者的热烈欢迎和广泛赞誉。

二、从"听见"思考"看见"

我们不可否认线上展示的确具备了传播速度快、覆盖面广、服务方式自由高效等优势，但我们也要看到，这种华丽数字化呈现的根基是牢牢建立在成熟稳定的线下基础服务建设的日积月累之上，它绝非一朝一夕，一蹴而就。数字化平台就如同舞台一般，如果没有充实的内容，那它就只能是一个空荡荡的架子。《福建歌声》视听数据库之所以能在短短一个月之内迅速建立，实现从线下到线上的无障碍对接，从"只能看"到"可看、可听、可赏"的服务功能提升，除了数字技术上的硬件支持，我们更应该看到的是64年期刊文化品牌，历经几代人的持之以恒的匠心打造。尤其是近五年来，编辑部通过一系列行之有效的措施，带动了一批福建文化馆音乐干部和新文艺群体的创作热情，逐渐形成了"不忘初心，牢记使命"的有担当的艺术创作氛围。

首先是扎实办刊，提升期刊文化品牌影响力、软实力和知名度。《福建歌声》常年围绕国家重要节点和社会发展方向而特设专栏，刊登了一批反映新时代中国精神的优秀原创文艺作品，并力邀省内外知名词曲作家助力期刊发展，刊登了与福建省政治、经济、文化、旅游、体育等事业发展息息相关的文艺精品。与此同时，期刊立足福建，面向全国，在封面刊登了世界著名男高音歌唱家莫华伦、著名指挥家李心草、著名女高音歌唱家王丽达、著名作曲家章绍同、福建旅游形象大使姚晨等一批知名艺术家，极大提升了期刊的社会影响力。编辑部还积极联动省、市、区、县原创音乐赛事、词曲征集、基层采风活动和论文征集，为优秀的原创词曲作品和学术论文提供展示平台。这一系列工作的稳扎稳打，为期刊发展赢得了大批忠实的读者和支持者，编辑部投稿数量逐年提升。据数据统计，2015年以来，编辑部共收到全国各地原创词曲作品一万余件，群众参与创作的热情逐年提升，期刊亦是备受关注。

其次是常年开展主题征歌赛事，提升期刊品牌的思想文化内涵。期刊以鼓励群众音乐创作为己任，自2016年起，连续四年举办了紧扣时代主旋律的"大爱满人间""祖国在我心中""放歌新时代""我和我的祖国"主题征歌活动，打造了100多首思想性和艺术性相统一、反映社会主义核心价值观的正能量歌曲，并开设专栏刊登优秀获奖歌曲。主题征歌团结和巩固了原有创作队伍的情感纽带,更激发了一大批潜藏在各级文化事业单位和社会各个阶层的喜爱音乐创作的新文艺组织创作群体。这样一种关联性促进,不仅直接提升了他们对《福建歌声》的认识度和信任度,还为期刊优质稿件来源建立了稳定的输送队伍。

再次是常年举办全省音乐创作培训班,扎实人才队伍建设。《福建歌声》以培养青年音乐创作人才为己任,常年面向福建省群文音乐干部、文化志愿者、新文艺组织等群体开展音乐创作培训,邀请了省内外知名词曲专家前来授课。培训班要求学员带原创词曲作品参训,通过现场展示和授课专家点评,有针对性地提升学员的创作水平。培训班结束后,编辑部会进一步跟踪作品修改,并开设专栏择优刊登学员作品。如此一来一往,既能加深编辑部与创作群体的沟通交流和情感维系,更能为期刊的繁荣发展提供强有力的人才保障。与此同时,编辑部以办班为契机,建立福建群文系统音乐创作交流群,定期分享音乐知识、优秀作品、获奖作品、特色作品、评论文章等,群员们交流、分享,取长补短,极大地加深了编辑部与词曲创作群体之间的日常互动,既提升了大家的审美,亦开阔了视野。

正是有了多年来这一系列稳扎稳打的基础性办刊工作和这批创作力量持之以恒的主动作为,才有了疫情期间线下大量优秀战疫音乐作品的诞生,才为《福建歌声》艺术战疫专刊线下线上的打造储备了充足的能量。线下看得见的工作做好做精致了,搬到线上展示也就成了一件十分自然的事情,只要实现技术支持便可呈现。相反,如果线下材料都没有备好备足,那给再多再好的数字技术,也不足以成事,道理就这么简单。

三、从"看见"期待"遇见"

如今,音乐杂志《福建歌声》有了自己的数字设备和数字平台,有了自己的专属二维码和数据库,也终于实现了有声音乐杂志的数字化服务,那《福建歌声》的服务方式是否要就此转型了? 纸质期刊是不是就要被淘汰了? 其实,在纸媒办刊的基础上增加数字阅读、试听服务,初心就是为了通过更接地气、更人性化、更现代化的服务方式,让更多的读者"遇见"期刊、了解期刊、喜欢期刊。线上的数字化呈现对于纸媒来说,更多的是线下成果的一种线上呈现,是一种服务方式和表现形式的创新,是一件锦上添花的好事,并不是简单的取而代之,我们应该要看到,纸媒也有它自身的优势和特点。

首先是公信力和权威性。《福建歌声》是福建省艺术馆主办的面向全国公开发行的省级专业音乐刊物,创刊于 1956 年,至今已有 64 年办刊历史。作为政府机构主办的公益性原创音乐期刊,它具备了公信力强、权威性高的优势,在音乐创作界和人民群众中享有较高声誉。这主要还是得益于传统纸媒悠久的发展历史,它在许多老百姓心里是扎了根的,尤其是在职称评定方面,它具有的权威性任凭传播环境如何改变,都不是那么容易轻易动摇的。

其次是稳定性和专业性。政府机构刊发的专业学科纸媒,具有一定程度的办刊稳定性,这不仅表现在纸媒是理论研究的重要阵地,在工作中发挥着重要的平台作用,同时还表现在班子成员、人员配备、办刊经费、受众群体、技术支持等各方面因素的稳定性。纸媒虽然因其组稿、排版、校对、印刷等环节的制约，无法在时效性上与网媒抗衡，但不同性质的纸媒和网媒本身就不具备可比性，因为服务的内容和受众对象都不一样。《福建歌声》作为音乐期刊，专业性和原创性是其基础性办刊原则，因此它的受众群体是侧重在文艺界、音乐创作界、群文系统、新文艺组织和业余创作群体。这些群体具有很强程度的集中性、专业性和稳定性。

再次是真实感和健康性。 纸质期刊具备了拿在手上的厚重感、真实感和安全感，这种真实的感觉，源于纸媒看得见摸得着的固有特征。它便于做标记，可以保存或者收藏起来，日后再翻阅的时候，白纸黑字依旧可以帮读者重温各类有价值的音符和文字。

其实，纸媒也好，网媒也罢，在互联网时代，两者只有更好地融合发展，才能实现"资源通融、内容兼融、宣传互融、利益共融"的融媒体模式。用更加文艺一点的表述方式来说，就是我们期待这样一种画面：一杯咖啡，一本书，一部手机，一个二维码，温馨开启音乐杂志与线上线下更多读者和听众的"不期而遇"，让更多的感动与美好在《福建歌声》的陪伴下，释放音乐那温暖人心的无穷力量。不管是"听见"线上的精彩，还是"看见"线下的努力，都是为了更多、更好的"遇见"，遇见那个热爱音乐的素未谋面的你。

抓住机遇　提升数字文化馆网络服务安全水平

刘　平（文化和旅游部全国公共文化发展中心）

为贯彻落实国家《关于加快构建现代公共文化服务体系的意见》的精神，在文化和旅游部公共服务司的指导下，文化和旅游部全国公共文化发展中心于 2015 年启动数字文化馆试点工作。目前，全国已有 88 家数字文化馆在中央财政的支持下启动建设相关工作，副省级以上文化馆启动率到达 97% 以上，不少市县级文化馆在地方经费的支持下也主动开展了数字化探索。随着数字化服务工作的推进，数字文化馆的网络服务安全问题不容小觑。在前期调研和了解过程中发现，数字文化馆硬件设施保障、软件管理、内容服务以及安全机制建设等工作，都存在着不同程度的安全隐患。随着全球网络安全问题的日益突出，数字文化馆线上服务的安全问题也需提上议事日程。值此"十四五"前夕，文化馆行业数字化工作全面启动之际，特就数字文化馆网络安全工作进行了一些思考：

一、数字文化馆网络服务情况

1. 数字化基础相对薄弱

新中国成立之初，全国文化馆为人民群众提供多种文化服务，随着社会的发展，图书阅读、文物保存和展示、美术作品展示等业务逐步被更加专业化的图书馆、博物馆和美术馆承担。近年来，全国文化馆的工作主要是为群众文化活动提供主阵地。历史的发展过程，造成了文化馆数字化工作基础比较薄弱，直至 2015 年起，中央财政经费才逐步加大对文化馆数字化工作的投入。各地文化馆当前已开展的数字化服务主要包括文化活动直播、文化信息视频资源点播、文化多媒体资源库查询、文化活动与文化场馆介绍、文化艺术知识培训课等，各项内容的上线服务效果在各地差异也比较大，特别是基层文化馆（站），无论是建设经费还是服务保障能力都相对欠缺。

2. 数字化工作有别于其他行业

从文化馆的数字化体系建设和服务上看，与其他行业相比有其自身的特点。一是由于过去我国没有"国家文化馆"这一国家层面机构的引领（目前，文化和旅游部全国公共文化发展中心根据职能要求具体落实推进国家数字文化馆、文化馆（站）标准化和信息化建设），主要是各省文化馆自行组织本省文化馆（站）建设和服务，全局性管理体制相对松散，与图书馆行业多年来建设形成的体系相比具有很大差距。二是数字化人才基础薄弱，文化活动人才数量远多于数字化专门人才，且在基层文化馆（站）中往往一人身兼多个任务，人员流动性也比较大。三是文化馆的数字化服务的对象以文化资源获取能力相对弱势的群体为主。四是数据传输共享的内容以大文件、视频文件为主，信息文件为辅。五是贫困地区的数字化服务意义重大，保障也更困难。六是服务的内容本身可以共享，但海量服务产生的数据本身不宜共享，需要审慎处理。

3. 数字化工作的巨大潜力

根据《文化部"十三五"时期文化发展改革规划》的相关要求，"十三五"时期全国文化馆已经开展了基础硬件和网络支撑环境以及线下艺术体验馆的建设工作。随着数字文化馆建设任务的不断落地，数字化服务已逐步成为文化馆中服务的重要组成。在"十三五"期末，副省级以上的数字文化馆将普遍可以完成数字化的基本建设，为50%以上的市县级文化馆来提供数字文化馆服务。2020年初对我国31个省及自治区、直辖市和新疆生产建设兵团图书馆、文化馆的一项调查显示，省级图书馆、文化馆均完成了网站服务建设，97%的图书馆设立了移动端（微信公众号或App）服务，仅有16%的文化馆设立了移动端服务。文化馆的数字化服务启动较晚，但发展潜力巨大。

二、数字文化馆网络服务的安全挑战

1. 全球网络安全的形势仍日益严峻

近些年，地缘性政治的摩擦不断增加，网络攻击的规模和复杂性逐渐增多，网络安全事件对国家安全产生重要影响。欧美西方国家以及我国的周边国家开始针对网络空间的安全布局，攻防对抗演练的升级，揭示着全球网络空间安全面临的巨大挑战。

2. 现有网络安全工作准备不足

我国网络空间的安全威胁同样不容小觑。2015年3月，天河一号超级计算机遭到入侵，大量敏感信息泄露。排查问题后发现，除了员工私自架设Wi-Fi外，200多名内部员工使用弱密码。2017年5月，黑客组织利用"永恒之蓝"工具，向全球发起无差别蠕虫病毒攻击，中毒计算机被锁定并被勒索比特币。从此网络勒索成为网络攻击常用手段，数以亿计的计算机遭受攻击，我国各类数字化服务为此也遭受不小损失。在当前数字文化馆如雨后春笋般建设和数字化服务纷纷上线时，我发现很多的网络安全防范工作还很不到位。对于硬件的冗余备份、软件的框架漏洞、内容的审核管理、运维的安全规程、事件的应急处置等问题，很多数字化服务机构尚无准备，大量的安全隐患存在于现有服务之中。

3. 网络安全工作难以持续保障

数字化服务作为文化馆行业的新兴服务手段,既可以让文化馆服务减费增效,也可能让危害快速扩大。一些基层文化馆在数字化服务建设和开展过程中,不但在顶层设计上缺乏考量,而且没有严格按照数字工程的方法进行建设和后续运行服务的科学管理。由于认识不到位,数字化安全运维的保障问题最为突出:

服务器等设备设施使用到一定年限后就比较容易出现故障,需要进行预处理或制定及时处理方案,防火墙的病毒库需要定期升级,操作系统或者基于某一框架开发的应用系统需要时不时对披露的漏洞进行修补,登录和运维账号需要定期更换等。

三、改善数字文化馆网络安全形势的几点想法

1. 高度重视网络安全工作

网络安全威胁大体上可以分为:基本威胁(骚扰、病毒、诈骗、钓鱼软件、信息泄露等)、高级威胁(网络入侵、信息篡改、远程控制、窃取信息等)和 ATP 专业威胁几类。尽管由于各地文化馆数字化服务的实际影响力,它们不容易成为专业黑客的攻击目标,但是基本威胁和高级威胁却无处不在,这仍然会让数字化安全服务面临巨大挑战。作为数字文化馆的管理者,各级领导应该深刻认识网络空间存在的巨大风险,在推进数字化业务时,将网络安全防护的工作放在首位,守住安全底线。

2. 提高网络安全工作预算

2017 年 4 月《中华人民共和国网络安全法》颁布实施,对网络的运行安全、信息安全、监测预警、应急处置以及相应责任进行了明确的法律规定。2019 年 10 月《网络安全等级保护制度》2.0 版正式实施,在保留 1.0 版规定的定级、备案、建设整改、等级测评、监督检查五个规定流程外,还新增了风险评估、安全监测、通报预警、事件调查、应急演练、灾难备份、供应链安全、自主可控、综合考核、效果评价等重点措施。对于没有严格执行《网络安全法》《网络安全等级保护制度》的数字化服务,公安部门将介入管理。如果说,过去我们在开展网络服务时还没有太多的法律依据和制度要求,那么现在《网络安全法》和《网络安全等级保护制度》的出台将对网络安全工作的不足进行纠偏。各地文化馆应抓住这一历史机遇,协调有关经费,加大网络安全的经费保障力度,提高网络安全工作水平,为应对越来越严峻的网络安全形势做好充分准备工作。

3. 规避网络服务常见安全问题

文化馆可以通过优先改善一些常见安全问题,用比较小的代价,就可以取得安全防范工作的巨大提升。以下介绍一些数字文化馆建设过程中比较容易忽视的安全问题:

安全问题	问题说明	预防手段
弱口令	仅包含简单数字、字母的口令,如"password""123456"等,这样的口令很容易被别人破解	规定口令复杂度,例如不小于8位包含大小写字母、数字等要求;设置口令更新策略,例如每隔30天进行一次口令更新,且5次内不得重复等要求
网络端口过度开放	在进行端口放开的策略时,常常会开放一些不必要的端口,从而导致出现额外的安全风险	严格限制端口开放的策略,坚决不开通不必要的端口;提高策略的细粒度
系统漏洞	系统中所存在的漏洞会被不断发现,被发现的漏洞也会不断被系统供应商发布的补丁软件进行修补。如果不能及时修复漏洞,很容易被不法者利用漏洞植入病毒等方式来攻击或控制整个系统,窃取重要资料和信息,甚至破坏系统	定期进行更新;在各类软件供应商发布补丁后,应及时进行更新避免影响
对静态数据的防篡改	应用系统的数据可能会因为恶意入侵、漏洞攻击等非法手段被篡改,数据被篡改将直接导致应用系统或系统用户受到影响,如未采取相应的手段进行防护,在系统被入侵后难以确保数据的安全性	部署防篡改安全防护工具;定时对进行数据备份,确保数据能够快速恢复
计算机病毒	计算机病毒具有传播性、隐蔽性、感染性、潜伏性、可激发性、表现性或破坏性,也是网络安全中非常重要的一个环节,预防病毒感染,是网络安全必要的手段。应用系统或服务器感染了病毒,会导致系统遭到破坏、数据泄露等严重后果	部署防病毒安全防护工具;定期进行病毒扫描;对各应用进行隔离,防止病毒扩散;不随意打开、保存不明文件
运维职权不清晰	运维工作常常会存在多人共用电脑、共用账号、他人代处理等情况,运维工作职责和权限划分不清晰,容易导致出现操作失误、数据泄露等安全事件	严格限制相关账号的归属,做到一号一人;禁止出现多人使用同一台运维工作电脑的问题;清晰分配运维工作,禁止非负责人代为操作应用系统服务器
使用盗版软件	盗版软件是非法制造或复制的软件,常常缺少密钥代码或组件,同时盗版软件无法保证其安全性,可能存在恶意代码植入的风险	使用正规渠道的正版软件;使用软件前应确保通过相关安全扫描
缺乏应用框架更新	大部分应用都依赖某个框架进行搭建,而所有框架都不是自发布后就不再改变,系统框架供应商会定期对框架进行升级优化,而且漏洞较多,未及时发现并修复这些漏洞,会导致系统存在很大的安全风险	选择新的应用框架系统,及时修补旧漏洞,并对框架进行相关更新
传输加密问题	为了保护敏感数据在传送过程中的安全,采用SSL(Security Socket Layer)加密机制。在浏览器和Web服务器之间构造安全通道来进行数据传输,防止数据被黑客截获和解密。但传输加密对传输性能会有一定的影响,因此对于需要加密的数据应有所区分	对重要数据传输采取SSL加密;对性能要求不高的重要数据采用加密强度为128位或256位的高强度加密

4. 加强数字化专业队伍建设

打铁还需自身硬,一切网络安全的管理工作离不开人才队伍建设。这里的队伍既包括文化馆自身培养的数字化管理人才,也包括通过社会化合作长期外请的专业人才。文化馆要建立健全人才队伍的培养机制和保障机制,像了解专业演员一样了解专业技术人员的特点和能力,尊重专业知识的判断和建议,充分发挥数字化人才队伍的知识特点,为文化馆的数字化服务保驾护航。

网络安全是文化馆提供数字文化服务的基本前提,也是保障人民群众利益的重要工作。希望各地文化馆能够提高认识,抓住机遇,不断改善网络安全环境,加大安全人才培养,将公共数字文化网络安全的服务提高到新的水平。

参考文献

[1] 刘平.公共数字文化融合背景下的数字文化馆建设与发展思考[J].大众文艺,2020(7):13-14.

[2] 肖贵中.互联网时代数字文化馆的建设现状及发展方向[J].电子技术与软件工程,2018(16):16-17.

[3] 方崴.文化馆自建数字资源建设初探[J].文化创新比较研究,2019,3(9):96-97.

[4] 王浩宇.计算机网络工程安全与病毒防护[J].计算机产品与流通,2020(6):49-50.

[5] 刘沛.网络安全现状及安全防护实施方案[J].信息与电脑(理论版),2019,31(24):196-199.

[6] 张梦宇.公共数字文化服务中的信息网络安全:"等保2.0"视角下的"文化云"安全刍议[J].图书馆研究,2019,49(6):50-53.

从文化馆职能出发　探析疫情期间"微服务"的现实意义

——以"锦州群众文化"微信公众平台实践为例

敬　彪（辽宁省锦州市群众艺术馆）

　　新冠肺炎疫情的发生，打乱了群众的日常生活。为避免人群聚集可能引发的传染，各地文化馆均采取了闭馆措施。在广大群众因防控需要而居家抗疫的阶段，精神文化需求出现了一些变化：群众难免产生紧张焦虑的情绪，需要精神上的鼓舞；忙碌的人们忽然闲下来有了更多时间，需要精神产品来充实；疫情唤起国人的凝聚力，群众需要展示平台抒发情感，表达热诚；疫情期间许多白衣战士奔赴一线，需要展现英雄精神，弘扬社会正能量。此时文化服务和精神文化产品的供给显得异常重要，特别是承担全民艺术普及之责的文化馆，在这一阶段，更应发挥职能，以可行的方式开展群文工作，满足群众精神文化需求。

　　在各地文化馆闭馆之际，新媒体的发展如一缕阳光，为特殊时期的文化服务带来了光明。中国互联网络信息中心（CNNIC）发布的第 45 次《中国互联网络发展状况统计报告》显示，我国网民规模已达到 9.04 亿，互联网普及率达 64.5%。庞大的网民数量，显示出互联网成为人们娱乐休闲、沟通外界、了解信息的首要渠道。

　　基于此，疫情期间各地文化馆通过互联网渠道提供多种多样的"微服务"将群众文化阵地延伸到线上，彰显文化馆在新时代职责与使命。本文将结合自身工作实践，从文化馆职能出发，探析疫情期间"微服务"的现实意义。

一、文化馆的职能

　　文化馆是政府兴办的公益性群众文化事业机构，这一性质决定了它在群众文化体系中占有主导地位，也决定了服务性是其工作的显著特点。文化馆基本职能简言之可概括为宣传教育、开展活动、普及知识、满足需求、非遗保护、理论研究几个方面。

　　其中，开展群众文化活动是文化馆的独特职能，也是满足群众文化需求、宣传教育、普及知识、非遗保护等几项职能的载体。此外，文化馆还可以通过辅导培训的方式起到普及文化艺术、培育群众文化骨干、开展文艺创作的作用。

　　新时代，我国社会主要矛盾已转变为人民日益增长的美好生活需要和不平衡不充分的发展之间的矛盾。精神文化需要是美好生活需要的重要组成部分，文化馆作为公共文化服务供给单位，在新时代承担着全民艺术普及的职责和使命。

锦州市群众艺术馆(锦州市非物质文化遗产保护中心)始建于1949年,是锦州广大民众的精神家园。"锦州群众文化"是锦州市群众艺术馆的唯一官方微信公众平台,始创于2015年,向锦州地区群众推送群众文化活动信息,以新媒体渠道活跃群众精神文化生活。疫情期间,"锦州群众文化"为锦州群众提供了多样的"微服务",春节假期后至今,共推出微信订阅号100余期,为群众打造一处线上精神家园。

二、文化馆在疫情期间提供的微服务

疫情期间,各地文化馆群文工作者利用新媒体渠道推出的"微服务",体现了文化馆的不同职能,同时也满足了广大人民群众不同的精神文化需求。

1."微互动"——群众参与的线上展示

(1)推出各类征集活动,调动群众参与热情。各地文化馆在疫情期间纷纷开辟专栏或推出专题,通过新媒体渠道向广大文化志愿者和爱好者征集书画、剪纸、面塑、摄影等作品,进行专题展示。

以"锦州群众文化"为例,2020年春节过后,它便策划推出"众志成城 抗击疫情"锦州文化志愿者在行动系列新媒体主题作品征集、展示活动,作品内容涵盖美术、书法、剪纸等非遗项目、曲艺、群众文艺作品等。活动展示剪纸作品近300幅,书画、篆刻作品100余幅,其他包括面塑、泥塑、撕纸等非遗主题作品及文学、文艺作品文本近百件(篇)。第一期发出后,点击量便超过3000次,以锦州这样一座人口300万的地级市来看,可以说产生了一定社会影响。

(2)弘扬时代精神,侧面促进非遗传承保护。文化馆有传承保护非物质文化遗产的职能,征集、展览活动意外的收获是——"医巫闾山满族剪纸"为代表的剪纸作品非常多。特别是"医巫闾山满族剪纸"传承基地孩子们、退休医护人员在家创作的主题剪纸颇具特色,使辽西地区特有的文化符号与抗疫主题的群文创作完美结合。

(3)为广大群众提供了参与、抒怀的平台。群众文化具有自我参与、自我娱乐的根本属性,这也是文化馆职能的体现。群众在居家防控期间,除有时间空闲外,也能对全国人民同心抗疫的凝聚力感同身受,希望以多种形式抒发和表达这种情感,因此如"锦州群众文化"推出的"众志成城 抗击疫情"文化志愿者在行动系列展示活动恰为群众提供在自我展示、自我参与、自我抒发的平台,满足了群众这一层面的精神文化需求。

2."微展览"——提升审美的线上欣赏

群众文化具有娱乐审美、宣传教育、文化承递、生活实用四项主要社会功能,这也是文化馆提供各类文化服务的出发点。各文化馆微信公众平台推出各类书画美术作品、非遗作品、群文精品节目展示展演的内容,这些内容体现了群众文化娱乐审美的功能,在疫情期间满足群众精神文化需求。

例如"锦州群众文化"在疫情期间整合本馆自有资源,策划推出了"微展览""微展演"共 20 期。其中,"微展览"起到了线上展览馆的效果,主要展示了馆内展厅及书画家提供的书法、国画、油画等作品,均有较高艺术造诣和审美情趣;"微展演"推出的是锦州市群众艺术馆近年来获得省群星奖金奖的作品。"微展览"和"微展演"填补了疫情期间广大群众居家抗疫的时间空白,而且以艺术安抚群众在特殊时期的紧张焦虑,同时留言互动功能又为广大书画爱好者提供了交流的平台,让不能参与现场公益培训的爱好者找到归属感。

3."微课堂"——辅导培训的线上课程

（1）开展线上辅导培训,满足艺术学习需求。辅导培训一直以来是文化馆的主要工作职能。疫情期间,各群众文化平台纷纷推出线上公益性艺术培训课程,将阵地服务转移到线上。

例如"锦州群众文化"推出了"群星大课堂"公益性艺术培训常态、少儿课程共 30 期。以往,春季是文化馆最为繁忙的时节,春节后各公益性艺术培训纷纷开课。根据《公共文化服务保障法》的要求,未成年人属于需要关注的特殊群体,疫情期间又逢寒假,孩子们本该快乐的时候,却不能上学、不能出门。对此,锦州市群众艺术馆将原计划的"群星大课堂"公益性培训寒假特色班转移到线上,提出"文化惠民不停步 公益培训不打烊"的口号,通过微信平台紧急策划、录制、推出了针对少儿的线上课程,包括教小朋友制作小白兔、小老鼠的面塑课,教小朋友剪小老鼠、小蝴蝶的剪纸课,教唱儿童歌曲的声乐课等,让小朋友们可以在家学习。之后,又针对成年人推出了"群星大课堂"公益性常态培训线上课程。这体现了文化馆宣传教育的职能,以数字化手段满足了不同群众艺术学习的文化需求。

（2）跨地域共享资源,客观推动数字化进程。各兄弟文化馆均根据自身特色推出各类网上公益培训课程,互联网具有跨地域性的特点,而文化馆的服务具有地域性,在特殊时期互相之间通过网络实现兄弟城市、兄弟单位之间资源的互补和共享,群众可以跨地域学习喜欢线上培训,可以说疫情防控客观上刺激了文化馆"微服务"的发展和文化馆服务的数字化进程的推进。

4."微传播"——非遗知识的线上普及

推进全民艺术普及是新时代赋予文化馆的使命和职责,疫情期间文化馆的"微服务"自然也承担着全民艺术普及之责。除通过网课的形式带来的艺术学习之外,颇具地域性的非物质文化遗产项目和知识的普及也非常重要。特别是在群众有时间、有精力通过新媒体渠道了解信息的时候,更应该将群众文化的新媒体平台作为一方普及知识的园地。

例如"锦州群众文化"重新整合了锦州地区非物质文化遗产代表性项目,以图片、文字、视频相结合的方式,向锦州地区群众展示现有非遗项目,使本地区群众在了解民间传统文化的同时,唤起了本地区群众的文化自觉与文化自信。

三、疫情期间"微服务"的现实意义

特殊时期文化馆的"微服务"不但满足了广大群众的精神文化需求,更具有显著的传播效果和现实意义。

1. 提供美的欣赏,舒缓群众情绪

提升审美,获得美的体验,是群众参与群文活动的目的之一。在居家抗疫期间,人们停下脚步回归家庭,安静下来之后,许多人对美有了更高的要求,希望通过这个可以安静下来的空闲提升自己、提升审美。但是大多数人这种提升要求是基础性的、暂时性的,尚处于"普及"阶段。文化馆推出的"微服务"中如"微展览""微展演",恰好可以为群众带来美的体验,而这个阶段群众恰好也有足够的时间来观看、欣赏。例如"锦州群众文化"推出的"微展览"画作内容中,包括一部分油画写生作品,这些作品在展厅展出时,当地的参观者多为美术爱好者,而大部分群众是没有时间和精力走进展厅来细看这些油画作品的。而通过微信公众号推出"微展览"后,很多群众可以通过手机屏幕,细细琢磨这些画作。此外,疫情的突然发生,难免会使普通群众产生紧张焦虑情绪,绘画与音乐之美能够舒缓这种情绪。文化馆是为最广大的人民群众提供文化服务的,对于大众来说,他们需要的是普及层面的文化艺术内容,且具有一定地域性的内容才更易于接受,更易于产生亲近感。因此文化馆通过新媒体渠道提供的内容,更利于在特殊时期舒缓大众情绪。

2. 充实空余时间,丰富群众生活

繁忙工作中忽然按下暂停键的人们,有了大把时间,而且由于防控需要,人们需保持社交距离,不能参与社会活动,这样的空余时间需要填充。对于大部分群众来说,文化馆推出的"微服务"——无论是赏析类的内容,还是公益性线上课程,都填充了大众的空余时间。例如"锦州群众文化"推出的医巫闾山满族剪纸、绳结制作、盘扣制作等非遗项目手工制作,材料容易准备,简单易做,而且这些课程或许是人们工作忙碌的时候没有时间学习的,或者是已经报名参加但受疫情影响无法在公益课堂学习的,通过这些文化艺术公益课程的学习,满足了群众的学习需求,丰富了群众生活,体现了文化馆宣传教育职能。

3. 引导社会风尚,凝聚抗疫力量

文化馆是群众文化的精神家园和阵地,作为国家公共文化服务机构之一,承担着引领社会风尚的职能。文化馆推出的"微服务"是从群众文化需求出发,同时也引导着群众的文化需求。在不能随意外出的时间里,手机和新媒体渠道成为人们消遣和了解外界信息的首要方式。但是,随着互联网行业的发展,当前网络传播的内容良莠不齐,特别是很多低俗、不实的内容容易侵扰群众,就文化艺术方面来说,此时文化馆推出"微服务"就起到积极正向的作用。在这一时期,各地文化馆纷纷组织群文创作力量,推出了很多抗议题材的精品节目,在特殊时期发挥了"文艺轻骑兵"的作用。例如"锦州群众文化"推出的原

创歌曲《星空对话》,是以援鄂医护人员的工作生活、事迹精神为基础创作的。它以"微服务"的方式面向群众推出,鼓舞了群众抗疫信心和士气,起到倡导新风尚,弘扬主旋律的作用,增强了凝聚力与向心力。

4. 提供分享空间,满足展示需求

除欣赏的需求、学习的需求外,群众参与群文活动,还有自我展示的需求。特别是在疫情期间,许多有创作热情的爱好者,创作了大量书画、剪纸、文艺、文学作品,而且广大爱好者希望自己的作品有展示的空间和平台。特别是在疫情期间,人们表达的情绪、抒发的感情、抗疫的决心等,都需要分享。但是,专业类的作品征集门槛比较高,一般的群众文艺创作达不到要求;大众媒体的更多注意力在于对疫情的关注,没有更大版面和时段为群众提供创作展示空间。此时,群文新媒体平台发挥了作用,也体现了文化馆辅导群文创作的职能。例如"锦州群众文化"推出"众志成城 抗击疫情"文化志愿者在行动系列群文作品展示专题,收到广大群众和爱好者自发投稿作品千余件,形式包括书法、美术、篆刻、剪纸、诗歌、散文、歌曲、曲艺等,这些作品均为抗疫主题,通过新媒体渠道的展出,满足了群众在特殊时期抒发情感的自我展示需求。

总之,疫情的发生从侧面推动了群众文化数字化的发展和新媒体渠道的建设。文化馆推出的各类"微服务"体现了文化馆的服务职能,更重要的是在特殊时期具有现实意义。作为群文工作者,我们应对疫情期间的"微服务"进行探讨,使之延展到日常,成为新时代为人民群众服务的有力手段。

参考文献

[1] 何威 . 数字文化在疫情期间的积极效应 [N]. 中国文化报,2020-05-13(3).

[2] 于群,冯守仁 . 文化馆(站)业务培训指导纲要 [M]. 北京:北京师范大学出版社,2012.

[3]CNNIC 发布第 45 次《中国互联网络发展状况统计报告》[EB/OL]. [2020-08-08]. http://www.cnnic.cn/gywm/xwzx/rdxw/ 20172017_7057/202004/t20200427_70973.htm.

海阳市文化馆"三位一体"管理模式
提升非遗传承实践能力建设
——以海阳大秧歌为例

赵国栋（山东省海阳市文化馆）

海阳大秧歌是一种集歌、舞、戏于一体的民间艺术形式,它用民间最崇高的礼仪、最质朴的语言、最真挚的情感,表达了海阳人民乐观向上的生活状态,是中国传统文化和海阳地域文化的优秀结晶。近年来,海阳市立足"保护、传承、发展"三大理念,逐步探索推出"三位一体"非遗管理模式,不断提升非物质文化遗产传承实践能力建设。即以保护为主,突出非遗传承实践的原始性;以传承为主,突出非遗传承实践的继承性;以发展为主,突出非遗传承实践的创新性。尤其是以海阳大秧歌为代表的非物质文化遗产,将"三位一体"非遗管理模式发挥到极致,取得很好的社会反响。

一、以保护为主,突出非遗传承实践的原始性

鉴于非物质文化遗产的不可再生性,长期以来,海阳市文化馆坚持把海阳大秧歌的普查保护与理论研究齐抓共进,传统特色与原始数据容生共存,将海阳大秧歌的传承实践提升到学术研究的高度,投入大量人力、物力、财力对原生态秧歌实施抢救性记录,建成了集调查、发掘、保护等功能于一体的原生态秧歌保护基地。

一方面,深入民间挖掘整理海阳大秧歌原始资料。近些年,海阳市文化馆分期分批组织非遗保护中心人员、专家学者深入全市村镇,挖掘整理各村传承谱系,先后记录了 14 个原生态秧歌村的传承谱系、民间小调,采集到了失传多年的"霸王鞭"等珍贵资料和秧歌传统动作,把海阳大秧歌的起源、表演形式、化妆、角色服装、道具制作、秧歌阵势、秧歌剧等系列程序内容制作成图片、视频、文字解说等电子文件,文件容量超过 100G,视频长达 200 余小时,图片上千幅,文字 8 万余字,建立了完备的海阳大秧歌资料数据库。2014 年,海阳市文化馆非物质文化遗产保护中心以骄人的业绩入选第二批国家非物质文化遗产数字化保护试点单位,海阳大秧歌入选为国家级非遗项目传统舞蹈类唯一一个数字化专项保护项目,成为全国开展非物质文化遗产传统舞蹈数字化教学的标准和范本。

另一方面,整理提炼传承实践理论成果。海阳市文化馆每年举办海阳大秧歌传承发展交流研讨会,邀请北京舞蹈学院、山东艺术学院、上海戏剧学院、东北师范大学、烟台大学等多所高校的专家、学者以及文化工作者对海阳大秧歌的传承发展进行专题系统研究,

推出了《海阳大秧歌》(集体创作)、《山东海阳秧歌教程》(张荫松、田露)等一批专著,印发了《海阳大秧歌宣传手册》,在国家、省、市各级专业刊物发表论文20余篇,为海阳大秧歌传承发展奠定了理论根基,提供了有力遵循。

海阳大秧歌出色的原生态传承实践,得到了全国诸多知名艺术院校的高度关注和支持,这些院校在充分肯定其很高的艺术、学术价值的同时,相继将其设置为院校汉族舞蹈的必修课程,并在学术应用中成果显著。从1980年开始,北京舞蹈学院、中央民族大学就将海阳大秧歌设为高年级汉族舞蹈必修课程。之后,解放军艺术学院、上海戏剧学院、山东艺术学院、山东师范大学、山东青年政治学院、沈阳音乐学院、吉林艺术学院、四川音乐学院等多所艺术院校也陆续将海阳秧歌设为必修课程,并推出了一大批优秀的舞蹈作品,如《红珊瑚》《春满人间》《涟涟有鱼》《沉香》等,在全国舞蹈界影响深远。

二、以传承为主,突出非遗传承实践的继承性

针对海阳市特有的文化底蕴与海阳大秧歌发展现状,海阳市文化馆设立海阳大秧歌传习展示所开展秧歌教学、传播与推广活动,设立海阳大秧歌传承实验点校,开展秧歌"三进"活动,发挥文化馆总分馆建设优势,构建纵向传播推广新模式。

1. 设立海阳大秧歌传习展示所,建立链条式培训传习制度

海阳市文化馆在市区轻工幼儿园、海阳市京剧团、老年大学等处设立了海阳秧歌培训基地,在盘石店镇大薛家村、马格庄村,方圆街道西石兰村、留格庄镇留格庄村等地设立了30多处海阳大秧歌传习所,形成了"非遗保护中心 + 培训基地 + 民间传习所"链条模式。同时,组织专业秧歌骨干开展"送智""送教"活动,帮助教学传承人"强基础、拓眼界、增学养",培养传承人的自觉和自信,组织起了具有高度责任感和自觉意识地教学传承人群体,培养出了大批优秀秧歌队员,其中不乏贫困群体的身影。他们常年参加节庆演出,舞出了时代精气神,在传习和表演海阳大秧歌过程中,实现了精神和生活的双重"脱贫"。2019年,海阳市留格庄镇入选山东省非遗助力脱贫典型乡镇。

2. 设立海阳大秧歌传承实验点校,开展秧歌"三进"活动

海阳市文化馆全面开展秧歌"进校园、进教材、传承人进讲台"活动,选择中小学、幼儿园建立秧歌传承保护基地,把秧歌教学纳入课程,结合地域特色,编写主题鲜明、图文并茂、通俗易懂的海阳大秧歌教材。与此同时,加强海阳大秧歌教学队伍建设,鼓励和扶持传承人提高技艺,积极参加校园秧歌教学活动,定期对学生进行秧歌知识讲座、秧歌表演教学,利用课间操、德育课、艺术课、班会等形式开展海阳大秧歌专题教育,打造出了专兼结合的秧歌传承教学师资队伍。2019年度开展秧歌讲座、培训、教学、展演等各类校园活动80余场次,惠及学生5000余人次,使海阳大秧歌得到了越来越多青少年的认可和喜爱。

3. 发挥文化馆总分馆建设优势,构建纵向传播推广新模式

海阳市文化馆以海阳大秧歌为载体加快推进现代公共服务体系建设,把"村村建有秧歌队"作为衡量基层综合性文化服务中心建设达标的重要依据,由文化馆牵头,抓人才、建队伍,对乡镇分馆骨干人员进行专题培训,再由各分馆对村(社区)综合性文化服务点骨干人员进行培训,打造出了一支充满生机与活力的秧歌专业人才队伍,构建起了"总馆—分馆—服务点"上中下各级联动、层层配合的海阳大秧歌传播推广网络体系。据不完全统计,2019年度全市732个行政村,有80%以上的村建有秧歌队伍并常态化开展秧歌表演活动,极大地丰富了广大人民群众的业余文化生活,对培育文明乡风、良好家风、淳朴民风、提高乡村社会文明程度起到了巨大推动作用。

三、以发展为主,突出非遗传承实践的创新性

借助大秧歌发展平台海阳市文化馆创新工作模式,积极促进乡村文化振兴和文旅产业发展,形式多样与内容创新互为表里,精神层面与物质世界效益双收,在山东省甚至是国内外取得较好成绩。

1. 打造"海阳大秧歌贺年会"品牌

海阳市文化馆坚持举办一年一度的"海阳大秧歌贺年会",不断创新活动形式、丰富活动内容,与祭海、跑灯官等特色非遗项目相融合,让贺年会活动显得更加厚重、更具看点。从正月初一到正月十五,持续时间长,参与人员多,影响范围广,极大地提高了海阳的知名度和影响力,使海阳特色文化旅游的牌子变得更加光彩夺目。2017年,海阳大秧歌贺年会入选山东省冬春文化惠民季活动品牌项目。

2. 以重大节庆活动为依托,积极走出去,扩大知名度和影响力

海阳市文化馆组织海阳大秧歌队伍参加烟台市民文化节演出、"我们的节日""4+N"主题演出、CCTV舞蹈大赛、北京奥运会暖场演出、上海世博会巡演、西安园艺博览会巡演等国内大型节庆演出活动,以其独特的艺术魅力赢得省级以上各类荣誉称号160余项。2020年春节期间,海阳大秧歌还扭出国门远赴塞尔维亚参加了贝尔格莱德"欢乐春节"新春庙会活动,如今它已经成为海阳市对外宣传的重要载体和城市名片。

3. 创新群众性传习方式

海阳市文化馆组织文化馆专业人员将传统秧歌与流行元素结合,以海阳大秧歌舞蹈动作为基础,创新推出海阳秧歌健身舞,每年举办多期秧歌健身舞骨干人员培训班,全市各镇区街道以及行政村骨干分批次参加培训。培训结束后,各活动点辅导员及时在全市进行推广培训,有力地推动了海阳大秧歌的蓬勃发展,近三年来累计培训骨干1000余人,

为大秧歌群体性保护、传承、发展探索了一条新途径。

4. 发展海阳大秧歌特色产业

海阳市文化馆以文旅融合为契机,把海阳大秧歌纳入旅游线路,大力推广"流动服务、志愿服务"模式,开展大秧歌"观光游""体验游",打造出了具有海阳地域特色的文化旅游品牌。其中具有代表性的有连理岛景区举办的"浪花上的秧歌,海中的年味"贺年会活动,丛麻院景区举办的以"祈福"为主题的秧歌展演活动,虎头湾景区举办的以海阳大秧歌为主题的"祭海"活动,招虎山景区举办的以海阳大秧歌为主题的"山会"活动等。据不完全统计,2019 年度海阳各景区举办的以海阳大秧歌为主题的各类旅游演出活动共计100 余场次,吸引游客 20 余万人次,极大地促进了当地旅游经济的迅猛发展。

海阳市文化馆"三位一体"管理模式始终围绕着提升海阳群众文化生活为主要目的,海阳大秧歌的传承实践活跃了城乡文化生活,弘扬了社会正气,提高了非物质文化遗产的社会影响力。尽管海阳大秧歌的形式与内容随着社会的发展在不断发生变化,但它在海阳人民心中的地位却始终没有改变,人们素以演秧歌、看秧歌为生活中一大乐事。海阳大秧歌让海阳人的生活变得日渐节日化,从过去的"没有秧歌不叫年"到如今的"扭起秧歌天天都是年",海阳人的幸福指数正在不断攀升。经过不断努力,海阳市文化馆"三位一体"管理模式获得了雄厚的群众基础和惠民利群的实际性成果,海阳市的群众文化满意度在整个山东省实现了前十名的优势排名。2019 年 2 月,海阳市成功入选 2018—2020年度"中国民间文化艺术之乡"。

民俗文化的移风易俗应是群众文化的重要工作之一

刘允平（天津市河东区文化馆）

党的十八大以来，我国的群众文化事业高速发展，在迎庆改革开放 40 周年、迎庆新中国成立 70 周年等大型活动中以及在各个城市、乡村、各个村镇社区中，都可以看到群众文化十分亮丽的风景。特别是在新中国成立 70 周年的天安门广场群众联欢中，全国观众看到数万群众同唱一支歌、共跳一个舞的震撼人心的场面。近些年来的群众文化，内容上多为赞美党、赞美祖国、赞美新生活的主旋律，在形式上多为声乐、舞蹈、朗诵、戏曲等。老百姓积极参加文化活动，极大提升了文化素质，极大提升了幸福感和获得感，但在参加了文化活动之后，他们还是要回到家庭、回到现实生活中去。在他们的家庭生活、社会生活中，既有新生活新观念的影响，也受传统民风俗、旧式理念的影响，像衣食住行、婚丧嫁娶、宗教信仰、祖先祭奠等，很多还是传统的民俗。民俗文化已经深深融入百姓生活，但目前这却是群众文化很少涉及内容，它又是我们群众文化工作的重要领域。大力发展民俗文化，进一步发展民俗文化产业，在发展中去弘扬精华，去除糟粕，打造新型的民俗文化，应该是我们群众文化工作者应尽的职责。本文特浅谈民俗文化的移风易俗应是群众文化的重要工作之一。

一、许多与时代不符的民俗文化到了非改不可的地步

给逝去的亲人和祖先烧纸、烧寒衣，这是我国独特的文化和祖祖辈辈传下来的习俗，在我国已流传了几千年，一般在亲人忌日、清明节、七月十五、十月初一、春节前，我们都可以看到烧纸的。如今为了保护环境，建设绿色中国，许多城市出台了禁烧令，每逢烧纸的日子，街道社区都要组织大量人力去巡逻、去蹲守，以劝阻人们烧纸。这种劝阻民间习俗的任务和屡禁不止的现象也让社区干部十分辛苦、左右为难。再比如给逝去的亲人祭奠和送葬出殡途中，在订婚结婚现场上，都有繁文缛节的民俗礼仪活动，这些民俗中有一部分是落后、愚昧、违反法律的，甚至有的"闹婚"在婚礼现场去扒新娘的衣裳，成为对人的侮辱，让人难以忍受，也让法律难以追责。有的地方的个别人迷信"厚葬"，长者过世，后人选了葬地后大兴土木，大埋陪葬品。凡是民间习俗，都寄托了人们的情感，也是祖祖辈辈的传承，一时又难以改变，但迷信的、迂腐、愚昧的风俗在新时代必须要改变。天津连通南北交通，这里承载了古往今来、南来北往遗留下来的丰富的遗产，这也逐渐成为天津地区特有的文化遗产，其中包括：民间戏曲、舞蹈、民俗文化以及杂技和手工艺等，多数属于

天津的非物质文化遗产。这些民俗文化和非物质文化遗产中,也有一些是有着浓厚旧时代痕迹的,是与新时代不相适应的。比如天津法鼓就是天津市重要的非物质文化遗产,但旧式的法鼓中,有着大量拜神、迷信、叫板的环节。怎样让迂腐、落后、愚昧的民间习俗淡出人们的生活,怎样在传承民俗文化中移风易俗,是群众文化工作者应该着重考虑的事情。不破不立,不止不行,我们群文工作者应该站上移风易俗的第一线。

二、该怎样在民间习俗中移风易俗

2017 年,中共中央办公厅、国务院办公厅印发了《关于实施中华优秀传统文化传承发展工程的意见》,并发出通知,要求各地区各部门结合实际认真贯彻落实。《意见》说,要坚持创造性转化和创新性发展。坚持辩证唯物主义和历史唯物主义,秉持客观、科学、礼敬的态度,取其精华、去其糟粕、扬弃继承、转化创新,不复古泥古,不简单否定,不断赋予新的时代内涵和现代表达形式,不断补充、拓展、完善,使中华民族最基本的文化基因与当代文化相适应、与现代社会相协调。

民间习俗的精神内容十分丰富,有尊重祖先的,有对他人美好祝福的,有对美好生活向往的,是中华文化的重要组成部分,但民俗多是旧时代传承下来的,其中糟粕必定不少。其中,有的与当今人们不断提升的科学文化素质不能相容,有的与时代特征、时代使命、时代要求不能相容,有的与建设绿色中国不能相容,所有必须改变它,用新的民俗取代它。这些工作自然而然会落在社会工作者、专业文化工作者、群众文化工作者的肩头。当务之急,是在祭祀文化、婚庆文化上"立"字当头,把在民间普遍存在、经常进行的活动中的新民俗确定下来、传扬下去。

那么,怎样实现民俗活动的移风易俗呢? 笔者觉得,我们应从以下几方面入手。

1. 利用网络开展一场"新民俗运动",征集移风易俗的好点子予以推广

我们要先在网络上告诉人们移风易俗的必要性和迫切性,让人们对移风易俗有个共识,形成舆论,形成新风俗的文化,然后首先开辟祭祀活动、婚庆活动等新民俗专栏,征集民间好办法。这个网络活动不应是小打小闹的,不应是走形式、走过场,不应是蜻蜓点水式的,而应该是一个"新民俗运动",是一场大仗。比如我们可以先让网友吐槽旧式民俗的种种弊端,可以让曾深受"婚闹"之苦的人们现身说法,让对繁文缛节的婚礼习俗叫苦不迭的人们现身说法,让更多人们参与到改变旧式风俗的讨论中来,形成旧式习俗非改不可的阵势,然后趁热打铁,征集替代给祖先"送钱""送寒衣"和传统婚庆活动的更好的办法。如果有好点子好办法,我们要坚决推荐、试行、完善、推广,让人们普遍接受它,采用它,逐步取代旧式风俗。

2. 促进民俗文化产业的发展,打造我们的城市名片

按照专家的说法,非物质文化遗产就是指我们以往熟悉和研究的民间文化、民俗文化。"非物质文化遗产"和"民俗"、"民间文化"的概念是可以互相置换的。笔者认为，除了与非物质文化遗产有直接关系的人员和部门外，群众文化既是与非遗最接近的部门，又是搞文化创意最得手的部门，所以让非遗产业化，让非遗"活起来"，群众文化也应该走在前头。虽然群众文化部门不能搞产业，但我们可以把文创成果推荐给民营企业、小微企业、家庭作坊去实现它。笔者认为，弘扬优秀民俗文化，让古老的民间文化移风易俗，既受到百姓的喜爱，又焕发出时代风采，应该在文化治理之列，这治理之路，一是靠整理、传承，二是靠产业化发展。天津有着丰富的非物质文化遗产，无论是列入国家级非遗名录的京剧、曲艺、评剧、年画、"狗不理"等民间工艺三绝，还是舞蹈、音乐、杂技等，都可以进行产业化传承和发展。天津的地理位置和自然环境孕育了丰富多彩的民俗文化，使得天津的春节文化、天津的食品文化、天津的妈祖文化都闻名全国。现代社会的进步发展，使有些民俗文化和非物质文化遗产面临着危机，由于社会需求不足，很多传统手工艺制造者不愿继续从事这份事业，这也是导致传统手工艺产品不再抢手的重要原因。要继续发扬传承这些濒危的传统文化，就应当在新的时代潮流之下引进新的消费观念，进行新的产业变革，顺应需求发展的潮流，从而迎合社会经济发展的需要。民俗文化和非遗作为传统的技艺，有着自身的生命力，但在现代社会其生存土壤发生了变化。因此如何改变它是当前民俗文化产业和非遗要面对的难题。为了实现传统民俗文化和非遗的发扬与传承、传播，带动经济发展，应当使非遗经过文化创意，并加入依靠专业化的生产、管理与服务，形成系统化的生产经营方式。

以海神文化为例，它源自民间，天津临海的地理位置意味着有相当数量的居民从事渔业，而通过对海神文化的深入研究发现，人们对于海神文化的信仰显露了其精神层面的需求。由于我们多年来没有深入挖掘、开发和利用，使得在天津的海神文化只停留在妈祖生日时搞一次祭拜活动，相反倒是台湾、香港的同胞每年都组团到天津来祭拜妈祖，这不能不说是我们对妈祖文化利用得很不充分。天津的文化战略若以海神文化作为主导元素，一方面能够满足产品使用的基本要求，还能够迎合人们内心对于美好生活和更美好未来的追求与向往，这也体现了社会需求和特色文化之间的交融。我们可以仿照故宫博物院开展"文创"活动的经验，将一些对妈祖的祭拜、对妈祖的宣扬用文创的方法使其生动地融入时代融进民间。

天津的杨柳青年画通过夸张的形象、鲜明的色彩、浓浓的民族风情以及寓意生动的故事来表达人们对于美好生活的渴求。无论是门神、财神，还是"连年有余""五子登科"，都不是迷信，不是低俗，它符合百姓的心理需求，都是正面的。如今杨柳青年画走入低谷并不是因为它不好，而是我们对它的重视、弘扬、宣传和开发得不够。虽然在现代社会，杨柳青年画已经不再成为春节时家家悬挂的物品，但我们还没有发现有什么能取代它，所以我们不应放弃它。我们完全可以在天津民俗文化的宣传和产业布局中，大力弘扬年画文化，我们可以把杨柳青年画文化作为城市的文化底蕴和文化招牌，可以在服装产品或者旅游产品上以及文创产品上设计有门神、财神、大头娃娃等形象来宣传杨柳青的文化，从而带动当地经济的发展，表达人们对美好生活的渴望，也使民间文化更为丰富。

没有民俗文化、非遗文化的产业化发展,就无法使民俗文化、非遗文化更好地"活起来"。仅以妈祖文化、年画文化为例,天津的民俗文化有着许多宝贵的财富,只是我们在现代潮流面前放弃了它们。我们应该抓紧找回它们,通过它们培育新的文化创意、新的文化产业、新的文化业态、新的开发模式,让它们成为我们城市的财富和名片。我们可以向民营企业、小微企业、家庭作坊业者广泛宣传民俗文化产业的商业化机会和良好的发展前景,并通过文创和网络宣传好天津独特的优秀的民俗文化。

希望我们的群众文化工作者倍加珍惜我们城市的民俗文化和非物质文化遗产,在移风易俗和文化创意上努力再努力,使这些城市瑰宝融入新时代,融入百姓生活中去。

提升"文旅嘉定"品质内涵
打造"上海群众文化"长三角区域名片
——"文旅融合"背景下嘉定区文化服务发展模式探究

胡小磊(上海市嘉定区文化馆)

"国家公共文化服务体系示范区"的成功创建,为嘉定"文旅融合"的进一步探索提供了坚实的根基。对于志在打造"经济有体量又有质量、城市有颜值又有温度、社会充满生机而又和谐有序"的创新活力之城的嘉定来说,如何盘活区域特色文化资源,促进文化旅游提质增效,发挥公共文化在"教化嘉定"内涵塑造的驱动与影响,又是应有之义。

一、发展意义

1. 品牌塑造:提升"文旅嘉定"品牌发展的内在要求

文化的生命力在于传承和传播。唯有如此,才能在历史文脉的延续中增强市民对城市的认同感、归属感和尊崇感。嘉定作为江南历史文化名城,辖区非遗资源丰富,文脉基因深厚。这些江南、海派"文化家底",对于提振"文化嘉定"品牌系列工程,通过文化事业和产业融合,文化、旅游、商业纵深融合,使城市文化精神得到凸显、文化品牌不断塑造、文化魅力不断彰显,具有显著意义。

此外,嘉定作为"国家公共文化服务体系示范区""中国曲艺名城",具有良好的文化品质基础,在长三角具有一定创新优势和示范效应,这也为公共文化探寻"文旅融合"发展新路径,挖掘新潜能,奠定了良好根基。

2. 经济效应:凸显文化在激发区域经济内生动力的时代价值

文化,具有社会效应和经济效应的双重属性。而公共文化,作为文化形象塑造的大众基础,对于营造文化产业外部环境,激发受众文化认同,甚至间接带动区域文化消费(比如非遗资源的再开放、公众场馆片区的旅游人气带动、"夜间经济"文化消费等),提振文化市场活力,具有不可忽视的作用。

深化文化旅游供给侧结构性改革,借助旅游平台,充分发挥嘉定文化、生态、创新叠加优势,统筹传统与现代、硬件与软件、对内与对外,精心培育融合发展新业态,全面推进文化与旅游融合发展,创造文化旅游"绿色经济"新的增长点,彰显"文化嘉定"在长三角文旅业态中的独特性和高口碑,是应该着力转型与探索的方向。

二、谋划方向

1. 以繁荣群众文艺创作提升"创造力"

以区域文旅 IP 经典为元素,激发群众文艺创作生产力,强化"文化造血"功能,这是"嘉定文旅"品牌可持续发展的灵魂。嘉定区对标"上海文化创作要求",在调研嘉定客观现状和文旅趋势长远发展的基础上,积极探索群众文艺创作发展特色品牌,聚合创作资源,形成了"以嘉定特色为核心,以文旅发展为路径"的文艺创作新模式。

比如,嘉定区聚焦主题,制定"原创文化精品创作重振专项行动",鼓励嘉定群众文艺原创作品生产。推进传承弘扬中华优秀传统文化的路径创新,潜心创作群众文化优秀作品,开展专业门类业余团队培养计划,继续深化"嘉定群文原创品牌"。比如依托"总分馆"运作,搭建展演和打磨平台,"畅通"群文创作业务交流。围绕"嘉定区创作节目展演""上海群文新人新作展评展演"赛事平台,对标"群星奖"展评要求,深入挖掘"海派文化"、"红色文化"和"江南文化"内涵,开展群众文化精品创作。题材层面,一方面,努力弘扬嘉定红色文化品牌,以外冈游击队、顾维钧等"嘉定名人系列"开展艺术作品的孵化与创作;另一方面,以"嘉定竹刻""徐行草编"等非遗元素为主题深化"江南民俗文脉"的挖掘与传承。在实践层面,开展总分馆际"人员交流",通过"基层采风",挖掘群文创作素材,提升街、镇群文亮点;下属分馆通过挂职"专职文化员"在总馆学习、服务,不断打磨群文原创能力,积累创作经验。此外,吸纳具有潜质的基层群文爱好者,不断充实创作人才库,搭建具备一定特色和影响力的"创作示范基地",这是嘉定公共文化创作推陈出新的动力和源泉。嘉定区安亭镇"曲艺创作基地"、南翔镇"合唱创作活动示范点"是上海市首批群众文艺创作基地和创作活动示范点,嘉定区坚持对"创作基地"的扶持和投入。一是扶持具有一定影响力的团队或个人,定期聘请市级专家教授,对基层进行业务指导,投入文化发展专项资金,激发基地团队群文创作积极性。二是为基层创作节目搭建展示舞台等。比如,南翔基地百花合唱团近年来参加市、区级以上各类演出,曾获得国家、市级等奖项。三是结合创作需求,加强对基地群文原创作品的引导。以"嘉定创建中国曲艺名城"为契机,加强对曲艺基地曲艺作品和人才资源的孵化,并在嘉定区设立 8 个区级曲艺基地和 57 个街镇级曲艺基地。

2. 以礼乐风雅教化城市塑造"影响力"

作为上海乃至长三角地区颇具古朴风雅意蕴的江南文化名城,嘉定区不仅历史文化底蕴深厚,还拥有众多国家级、市级非物质文化遗产项目,如何挖掘"江南文化""海派文化"内涵,释放传统文化活力,塑造城市文旅特色形象,这是摆在我们面前的一大课题。

一方面,嘉定区以成功创评全国第四家"中国曲艺名城"为背景,立足"江南曲艺"文化特色,致力于传统曲艺文化的开掘、普及与传承,以百姓喜闻乐见的沪书、故事、上海说唱、评弹等曲艺门类作为群众文化重点发展方向之一,在领军人才培养、团队活动、后备队伍培育、基层文化服务、重大活动参与等方面积累经验,提振影响。在机制层面,依托健全完备、贯通"市、区、街镇、村(社区)"四级公共文化配送体系,打通市、区两级曲艺资源,实现曲艺文化大联动。区级层面,整合长三角、市级精品曲艺创作资源,搭建长三角曲艺共享共建模式,开展海派曲艺精品创作,推动长三角曲艺合作联盟常态化机制,打造具有区域示范效应的曲艺推广和传承平台;举办交流、推广平台,发挥曲艺精品内容的示范、引领作用。街、镇及村居末梢层面,以配送为中心,用活区域曲艺文化配送效力,结合"文旅融合"、"文商融合"和"文教融合"背景,发挥基层旅游集聚区、商区、社区、校区和园区的特色优势,全年开展公益性曲艺普及活动,激活曲艺在基层的辐射效力。

此外,围绕文旅融合趋势,拓展、提炼区内文化民俗、节庆影响,提升嘉定城市文化特色优势。一是开展长三角"非遗文化"交流展示与体验活动。依托 2019 年"中国非遗日"等品牌活动、节庆,筛选长三角地区代表性的非遗项目,在嘉定集结、展示和交流。活动集品鉴和参与于一体,让市民在现场参与中感受非遗文化的内涵与趣味。二是依托"上海汽车文化节""上海孔子文化节""小笼文化展"等"三大节庆"品牌,彰显城市文化魅力与群众感知力,进一步拓展城市旅游品牌知名度。

三、规划板块

综合"嘉定文旅"发展方向,结合目前嘉定区群众文化发展特色和现状,可以从以下板块进行整体挖掘:

1. 曲艺文旅演绎

发挥传统文化的城市形象塑造,融入城市文旅的"活态化"宣传,以"嘉定——中国曲艺名城"为契机,发挥嘉定曲艺文化在"文旅融合"中的特色优势,盘活嘉定历史文化资源,用曲艺文化展示加以创新表达,提升"人文嘉定"影响力,为塑造城市曲艺文化品质和内涵,探索曲艺城市文化业态的生命与活力。比如,构建"法华塔—秋霞圃—孔庙""古漪园"旅游动线组群,植入曲艺展示和互动业态,充分整合、利用安亭老街书场、南翔老街书场、嘉定镇街道塔厅书场等"书场资源",将驻点书场展示和流动说唱景点解说相结合,增强受众旅游的体验度和互动趣味。

2. 非遗文脉寻踪

重视嘉定非遗项目的内容研发和"活态化"艺术创作,活态展示方面,将非遗元素和旅游资源深入融合,比如以竹刻展示馆、徐行草编园为场景,挖掘非遗背后的故事,探索非遗沉浸互动艺术体验,创作非遗主题文创剧。静态营造方面,将非遗元素融入商圈文化体验,设计非遗文化长廊等非遗商圈小品,凸显商圈文旅的地域风貌特色。此外,研发"非遗文脉探索之旅"项目,定制嘉定非遗主题"伴手礼",对外宣传丰富多彩的嘉定非遗特色。

3. 节庆文旅展示

以传统节日文化活动为契机,整合孔庙、秋霞圃、古漪园等区域旅游资源,结合主题,策划开展覆盖全年、百姓喜闻乐见又兼顾传统民俗内涵的品牌活动,围绕"办节+造节"思路,探索文旅融合的创造性转化、创新性发展。具体涵盖:对诸如"孔子文化节""南翔小笼文化节""汽车文化节"等嘉定知名节庆,从符合文化主题的理念、提振区域内涵品牌的导向进行统一策划,强化文化演艺和观众互动元素设计,做强做大嘉定节庆品牌在全市乃至长三角的独特影响力,将嘉定节庆优势品牌打造成为上海文旅主体节庆的"分会场"。对具有一定培育优势、还未形成规模效应的文旅体验活动进行节庆化探索,如"嘉定紫藤花节",充分挖掘文旅故事价值,进行文创演绎,吸纳潜在旅客人群,提升旅客的消费回顾频次,凸显此类节庆的文旅体验个性。

4. 书房文化体验

以"文旅融合"为契机,如何维系并提升"我嘉书房"的推广人气,拓展相对弱化单一的"阅读借阅"功能,拓展公众文化消费体验,将其转变成为24小时多维度文化服务与感受的"大众文化客厅",这是下一阶段"我嘉书房"拓展和升级的方向。比如,进行"分时错段"个性服务功能设计,白天为常规公众阅读服务为主,夜晚为文化体验活动为主,开展个性化的公众文化品鉴、低成本的众筹粉丝活动,为城市"夜间经济"文化增强温度感和品质感。

5. 环河湖道营造

以老城环城河步道和新城环远香湖步道为载体,打造精致环湖(河)沿线文化品质圈,实现新、老城文化沿袭、互动,彰显"传统与现代交相辉映"文化城市品质形象。老城环城河步道板块,以"寻觅古城旧事、探寻嘉定味道"为主题,精心设计并串联沿线"传统非遗、特色网红打卡店",植入"嘉定故事"元素,并不定期予以艺术展示或演绎,呈现老城整体的亲民感和烟火气。此外,打造环步道"我嘉书房"河岸旗舰店,营造"慢生活"文化氛围。环远香湖步道板块,以"滨水休闲、城市交响"为主题,丰富沿线景观小品建筑的内容定位、设计与营造,强化市民与公共文化的互动体验。充分依托保利大剧院、嘉定区图书馆·文化馆等周边文化资源,全年按四季、节气、节日推出"环远香湖全民文化系统活动",体现嘉定新城的都市文化格调与品位。

以群众文化赋能"文化旅游"融合发展,放大公共文化效能,形成"文化事业"和"文化产业"双轮驱动、互补发展的强大动力,这是我们矢志不渝思考和实践的方向。接下来,嘉定区将深挖特色群文资源,提亮"文旅嘉定"品牌,实现"群众文化"与"文旅融合"同频共振,不断增强嘉定城市文化软实力和核心竞争力,为服务"长三角区域一体化"高品质建设提供可行性探索。

突发公共卫生事件视野下文化馆服务效能动力提升研究

——以 2020 年新冠肺炎疫情为例

王　枫（重庆市沙坪坝区文化馆）

突发公共卫生事件（简称突发事件），按照 2003 年"非典"期间国务院颁布的《突发公共卫生事件应急条例》定义，"是指突然发生，造成或者可能造成社会公众健康严重损害的重大传染病疫情、群体性不明原因疾病、重大食物和职业中毒以及其他严重影响公众健康的事件"[1]。2020 年新春伊始爆发的新冠肺炎疫情就是典型的突发公共卫生事件。

我国的新冠肺炎疫情最初在湖北武汉爆发，随后迅速在全国蔓延，多省市启动重大突发公共卫生事件 I 级响应，是新中国成立以来在我国发生的传播速度最快、感染范围最广、防控难度最大的一次重大突发公共卫生事件。在此期间，广大群众积极响应党和国家号召，不出门、不聚集。足不出户导致群众无法像往常一样亲临现场参与群众文化活动，学习文化艺术。

文化馆是开展群众文化工作的主要阵地。疫情期间，为避免群众大规模聚集导致交叉感染，文化馆未举办任何线下大型文艺活动、开展文艺辅导等。诚然，此次抗击疫情也是对文化馆数字服务效能动力提升的一次大考。

突发公共卫生事件时，广大群众无法参与线下群文活动，致使居家时间极其充裕，文化消费需求极大增强，对新的文化生活期待性更高，更加热衷于知识型、发展型的文化服务。因此，公共卫生事件突发时期，为积极应对群众文化需求变化趋势，丰富群众精神文化生活，缓解突发公共卫生事件带来的紧张情绪，文化馆如何利用"互联网+"技术，实现艺术与信息科技进一步融合，提升数字服务效能，让群众文化活动"线上开花"亟须研究探索有效解决之道。

一、突发公共卫生事件对群众文化工作的冲击

线下参与群众文化活动，是广大群众长期以来习惯的必然结果。新冠肺炎疫情公共卫生事件突发，势必会对文化馆群众文化工作的开展造成巨大冲击，导致服务效能降低。

1. 服务普惠性、均等性受到挑战

突发公共卫生事件，文化馆尚不能开展大规模线下群文活动，导致群众不能现场式聚集观看演出，参加文艺辅导培训等。而线下演出类活动的开展，任何群众都能参与，不受

年龄、文化程度、职业等影响,体现了文化馆服务的普惠性和均等性。但公共卫生事件的发生,使文化馆的这些服务效能受到挑战。

2. 服务互动感减弱

开展线下群众文化活动,是目前文化馆增进群众交流的主要方式。群众能亲临现场积极参与互动,增进交流,氛围热烈。同时,开展线下培训课程,面对面的授课方式使老师与群众之间互动感更强,群众积极性更高,更有获得感。突发公共卫生事件,线下演出活动、培训教学等被迫取消,导致文化馆与群众面对面交流互动受到阻碍,服务效能降低。

3. 服务效果评估受阻

线下群文活动的举办,还能对群众文化工作开展效果进行有效评估。一方面,群众参与现场活动,文化馆可以第一时间获取此次活动举办是否成功、群众是否满意、是否满足群众对文化艺术的需求等意见。另一方面,线下培训课程的开展,群众能方便及时地给授课老师或文化馆反馈授课意见或建议等。然而,公共卫生事件突发,导致群众反馈渠道一定程度受阻,文化馆对开展群众文化工作的服务效果评估直观性、及时性较差。

二、突发公共卫生事件时期文化馆服务效能提升措施

新冠肺炎疫情公共卫生事件突发,制约了文化馆群众文化工作的开展,原有线下工作模式已行不通,群众文化服务供给存在危机。

文化馆在此次公共卫生事件中面临着线下工作难以开展的挑战,同时也为文化馆创新优化线上群众文化活动带来新的机遇。为战胜挑战,把握机遇,大力提升突发公共卫生事件时期文化馆数字服务效能,积极应对群众文化需求变化趋势,文化馆可从以下几方面着力。

1. 建立"文化馆 + 社会 + 群众"师资结构

文化馆生产的内容能否满足群众需求,师资结构是决定性因素之一。目前,我国大部分文化馆的培训辅导教师由两部分组成,一是文化馆内部业务干部,二是外聘教师。基本构成以文化馆自身师资力量为主导,社会外聘资源为补充。但此种情况下,教学资源依然有限并缺少创新性。

公共卫生事件突发时期,要想源源不断为群众提供学习资源,永葆文艺辅导培训活力,文化馆还应转换思维。

"从群众中来,到群众中去",群众永远是党和国家各项事业智慧与力量的源泉。因此,文化馆应善于把握群众这一资源宝库,主动挖掘具有艺术创造力的群众。例如新冠肺炎疫情期间,网络上出现许多爱好艺术创作、具有艺术才能又乐于分享的群众,他们展示的视频时长短小,简单易懂,有效传播率较高。

因此,文化馆可将这部分具有艺术才能的群众吸纳进来,一方面能优化师资结构,实现文化馆、社会、群众三足鼎立,另一方面也体现了文化馆给群众搭建展示舞台的责任担当。

2.服务内容精准、适度、有效

通过网络开展群众文化工作与传统线下模式存在差别,无法直接获取群众反馈信息,群众个性化需求难以准确掌握。因此,公共卫生事件突发时期,文化馆开展线上群众文化活动,推送网络课程时,应该更加注重供给内容的精准性和适度性,重视扩展性,充分发挥有效性。为群众量身定做,吸引群众自主选择文化艺术内容,使群众在参与中有获得感和满足感。

（1）开展网络主题征文活动

公共卫生事件突发时期,文化馆可通过网络平台开展与公共卫生事件相关的主题征文活动。一方面可缓解社会焦虑,凝聚人心,鼓舞士气;另一方面也能激发群众创作灵感,吸引广大群众积极参与,并展示自己。例如,沙坪坝区文化馆在新冠肺炎疫情时期,通过官方微信公众号举办"爱,无法隔离"主题作品征集活动,鼓励群众积极投入抗击新冠肺炎疫情的文艺创作。并将优秀作品在微信公众号"抗击新冠肺炎 我们在行动"专栏推送并整理出版成册,社会反响强烈。

（2）网络课程多样化、精细化、发展化

数字文化建设虽提出多年,网络教学也在实施发展,但尚未真正普及,群众仍热衷线下参与模式。新冠肺炎疫情暴发,一定程度上促进了文化馆网络教学的发展。

教学内容多样化

文化馆宗旨是全民艺术普及,但文化馆开展公共文化服务,不能仅仅停留在狭隘的艺术层面,还应发挥社会思想教育功能,促进内容多样化,更具人民性。例如新冠肺炎疫情期间,沙坪坝区文化馆推出的"沙子轻课"栏目,倡导"能学的不仅仅是艺术",内容涵盖化妆、校园欺凌、紧急救援、少儿教育等,更加贴近群众生活,满足群众日常所需。

教学内容精细化

不同性别、年龄以及文化程度的群众对艺术需求不同,此次新冠肺炎疫情期间各文化馆推出的网络课程多为普适性。文化馆应根据群众年龄结构、文化程度、接收能力等因素制定系统的课程安排。以沙坪坝区文化馆推出的"沙子艺课"声乐类为例,按照少儿声乐、成人声乐分别录制教学视频,使课程更加具有针对性,让群众能够根据各自需求选择相应课程。

教学内容发展化

目前多数文化馆对群众的艺术辅导停留在基础层面,较少开设提高性课程。随着群众艺术欣赏水平提升,加之新冠肺炎疫情期间市场上的文化服务不断发展,群众获取优质课程渠道增多,对艺术需求也必然升级,更加注重艺术培训水准。这一定程度上与文化馆现有文化资源有限性、滞后性相矛盾。因此,为满足群众对艺术需求的发展性,文化馆可与市场企业合作,释放社会主体动能,做好群众文化资源调度。通过购买优质课程资源丰富教学深度,增加与群众黏性,提升吸引力,让群众真正感受到文艺需求的满足。

（3）网络演出高质化

新冠肺炎疫情公共卫生事件突发期间，为满足群众文化需求，不少文化馆推出"云听故事""云观展""云观演"等活动，形式多样，精彩纷呈。纵观网络留言，群众对演出质量、展览品位提出新要求，越发期待高质量、高品位的文艺活动。例如，疫情期间沙坪坝区文化馆将平日开展的线下高品质演出活动在网络推出，有延续60多年的老品牌"黄葛树下龙门阵"（云上故事会），有深受群众欢迎的曲艺类"逗乐坊""原声社"，戏剧类川剧、京剧、越剧，还有小朋友喜爱的儿童剧"小甲龙"等（云中有戏）。这样一来，打破了以往线下演出活动固定时间固定地点的局限，即使错过演出时间，所有群众也能通过视频录播随时随地观看自己喜爱的节目。

同时，此种云端模式也能增强与群众的互动性，群众在"云观看"时还能对节目"云点赞""云评分"，发表自己的意见和建议，从而驱动文化馆网络演出活动越办越好。

3. 服务载体功能化

随着互联网普及工作的推进及"提速降费"的深入开展，据中国互联网络信息中心（CNNIC）第45次《中国互联网络发展状况统计报告》，截至2020年3月，我国网民规模为9.04亿，互联网普及率达64.5%[2]。这为公共卫生事件突发时期，开展数字服务，创新优化线上群众文化提供了基础载体与契机。群众随时随地都能搜索观看文艺活动，进行文艺知识学习，满足自身对文化艺术的需求。但无论怎样，突发公共卫生事件时，群众文化的服务载体依然需要进一步功能化。

（1）将传播平台打造为数字文化馆

微信是目前普及率较高的社交软件之一。《2019微信年度数据报告》显示，2019年微信月活跃账户数超过11亿[3]。目前，几乎每个文化馆均开设有微信公众号。公共卫生事件突发时期，文化馆可将所有免费开放资源纳入微信公众号内，立体化、全方位地开展群众文化活动。例如开发微信小程序，链接文化馆官方网站、文化云平台，乃至与新媒体或文化企业合作，建立文化云共享圈，实现资源共享与扩大自身平台传播力度的双赢。同时，也能拉近"供给端"与"需求侧"距离，满足更多群众文化艺术需求。

（2）网络直播增强群众互动

公共卫生事件突发，线下群文活动停办，导致与群众互动感减弱，文化馆可通过网络直播形式实现突破。

抖音短视频App发布的《2019年抖音数据报告》透露其日活跃用户已于2020年1月达到4亿。该报告指出，抖音已成为中国最大的艺术传播平台，其中艺术方面视频播放量为5431亿次[4]。由此可见，突发公共卫生事件时期，利用好抖音等短视频平台，将大力推动线上群众文化活动的开展。例如，在抖音直播版块对疫情期间开展的各类演出活动进行现场直播，群众在通过移动终端收看演出的同时，还能依靠便捷的即时互动参与到演出活动中，实现与节目主持人、演员、其他群众实时互动与交流。加之，网络的匿名性，将使文化馆获得更加真实的群众反馈信息。如疫情期间沙坪坝区文化馆打造的"沙子慕课"舞蹈《我们》教学，在抖音单条视频点击量近6万，效果显著，深受群众喜爱。

当然,抖音平台除推出演出活动外,对非遗类项目的展示能起到很好的宣传作用。上述抖音数据报告指出抖音也是中国最大的非遗传播平台,1372个国家级非遗项目中,有1275个出现在抖音短视频中,国家级非遗共计获得33.3亿次点赞[5]。因此,突发公共卫生事件时期,文化馆可直播关于非遗类项目的介绍、展示等视频,让群众对日常未曾注意的非遗项目有所了解。不仅能起到宣传普及作用,还能吸引部分感兴趣的群众参与项目学习,从而促进项目传承更久远。

同时,直播结束后,可将演出节目或非遗相关内容等,结合抖音短视频、微信公众号的传播习惯重新制作,进一步推送。既是二次宣传,也方便群众随时随地观看学习。

（3）加强传统媒体合作

目前,我国文化馆受众主要为老年群体,相较于新媒体,他们更倾向于使用传统媒体。突发公共卫生事件时期,群众居家收看电视时间增多,文化馆可以与电视台合作,开设群众文化类栏目,方便群众每天欣赏文化艺术,学习文艺知识,并形成习惯。

（4）构建大数据中心

突发公共卫生事件促使文化馆对群众的文化艺术供给内容不断增加,但部分资源闲置。因此,为准确掌握群众文艺资源利用率,了解群众文艺需求,文化馆应在传播平台上建立大数据中心。通过对群众搜索、浏览、下载、评论、点赞、停留时长等数据的分析,掌握群众使用习惯,充分挖掘群众需求,从而实现公共卫生事件突发期间供给内容和群众个性化需求的精准对接,真正推动大数据在群众文化传播中的全面应用。

同时,文化馆可将官方网站、文化云平台、微信、抖音等后台大数据进行整合分析,借鉴淘宝、支付宝等商业平台模式,制作群众在公共卫生事件发生时期享受的文艺产品服务数据。例如浏览文艺信息的条数,参加网络讲座的次数,学习慕课、微课、在线培训辅导的小时数……既有纪念意义,也能使群众更有成就感和获得感。

突发公共卫生事件时期,对文化馆传统群众文化工作的开展带来挑战,但也创造了机遇,"互联网＋群众文化"在此期间发挥了重要作用,提升了文化馆数字服务效能。但线上工作无法取代传统线下群众文化活动的开展,两者相辅相成,为群众文化的创新发展提供了新模式,让群众更加便利地参与文艺活动、学习艺术知识,丰富精神文化生活。

参考文献

[1] 中华人民共和国中央人民政府网 . 突发公共卫生事件应急条例 [EB/OL]. [2011-01-08]. http://www. gov.cn/gongbao/content/ 2011/content_1860801.htm.

[2] CNNIC 发布第 45 次《中国互联网络发展状况统计报告》[EB/OL]. [2020-04-28]. http://www.cnnic.cn/ gywm/xwzx/rdxw/20172017_7057/202004/t20200427_70973.htm.

[3] 澎湃新闻 . 2019 微信年度数据报告出来了！竟然……[EB/OL]. [2020-01-10]. https://www.thepaper. cn/newsDetail_forward_ 5480482.

[4][5] 环球网 . 抖音发布《2019 年抖音数据报告》,日活跃用户已达 4 亿 [EB/OL]. [2020-01-07]. https:// baijiahao.baidu.com/s?id=1655032472517950155&wfr=spider&for=pc.

关于文化馆文艺服务与乡村旅游产业的融合发展研究

张　宇（遵义市习水县文化馆）

传统民俗是我国文化传承和文艺服务的主要内容，为了迎合市场和国民的需要，将文化服务与乡村旅游产业进行深入的融合是政府的职责之一。习水县文化馆将文艺干部下沉到乡村，为建设美丽乡村、提升群众文化内生动力做出相应贡献。目前部分乡村正在开展建设的以文化大院为载体的新时代建设实践点与旅游相结合，加深文旅融合的特性。通过复兴传统文化的理念来植入本地传统文化以及文艺特色，例如贵州花灯、钱杆、石工号子以及土城的十八帮文化等。尤其是广受欢迎的贵州传统民族民间舞蹈红苗斗脚舞，是文化大院和文化线路当中极为特色的一道风景线。

一、农村公共文化服务存在的问题

首先，我国公共文化服务和旅游事业在农村发展过程中，虽然部分地区已经构建了网络环境，但是普遍存在基础建设较为落后，卫生条件相对较差，设备更新缓慢、维修不利等问题。之前存在有关部门过于追求建设过程中的政绩的现象，并没有对农民的文化生活以及相关旅游产业渠道显著的发展起到带动和促进作用。

其次，文化服务事业需要的资金数量是非常庞大的，文化内容的梳理和开发、相应场所建设、工作人员的聘用、旅游文化文创产品的设计及销售都需要资金。因此对于文化服务和乡村旅游产业的融合发展而言，很多地方虽然有优秀的传统文化项目或者美丽的乡村风景，然而却在财政拨款环节出现了问题，导致缺少赞助或者赞助费用不够，文化服务活动难以起到预期的效果。

另外，文化服务产业对于文艺人才的需求缺口较大，同时各地文化馆的志愿者人才的培养和招聘也存在难度。尤其是在基层的文化志愿服务站以及农村文化活动室，相关的管理人员大多既没有经过业务培训也没有较深的文化素养，这对于促进乡村和文化旅游服务行业的文化旅游产业的健康发展是极为不利的。

最后，公共文化服务在乡村旅游产业的融合过程中，普遍缺乏新意和执行力。第一，对于乡村地区的群众而言，群众在精神文明上的需求是越来越高。第二，很多群众虽然有对精神文化生活的渴望，然而缺乏对乡村文化旅游行业发展的积极性。第三，乡村旅游行业想要和传统民俗等文化形式进行有机结合，不仅需要能够进行大力的宣传，同时还要形成相应产品，例如各种形式的文艺演出以及具有当地特色的文创产品，而这条产业链在我国农村地区的推广还存在严重的滞后性。

二、文化服务和乡村旅游产业的融合作用分析

首先，文化服务机构和乡村旅游产业的融合，能够让县级文化馆和乡村旅游产品开发链条相对接，推动文化产品的创作，对于贵州省遵义市习水县的乡村而言，具有民族特色及文化特色的村寨就是旅游产品最好的承载方式之一。其本身就具有完善的产品体系，需要的只是相关专业人员通过从自身专业视角对其进行梳理和构架，帮助乡村文化大院旅游的优化。这种模式，不仅需要能够更好地调动群众参与文化事业和乡村旅游产业的积极性，同时还能够发挥乡村的文化凝聚力，形成旅游特色。

其次，文化服务和乡村旅游产业的融合还能够让乡村组织获得政府为文化服务和乡村旅游投入的资金，从而完善乡村旅游产业在各个环节的开发，在一定程度上提高群众对公共设施设备的爱护程度。这让群众真正加入文创和旅游产业中来以增加他们的经济收入。这种方式在一定程度上推进乡村的建设，吸引更多人才留在乡村发展乡村。

另外文化服务和乡村旅游产业的融合，还能够促进文化服务的多样化发展，并丰富乡村旅游产业的类别。以习水县非常具有特色的红苗斗脚舞为例，舞蹈表现形式上，它与其他苗族舞蹈有着细微的差别，表现在动作特征、神态特征、表现形式、表现氛围以及服饰特征等。而这种差异来自于当地的生活生产方式、民族民风。文化服务产业和乡村旅游产业的结合，就是要充分利用乡村各地的特色使文化与旅游开发相互融合，既满足群众对精神需求，同时对于乡村旅游产业的发展起到积极作用。

最后文化服务和乡村旅游产业的融合，对于培养文化人才，提高我国国民的文化自觉、文化自信有着非常积极的影响。对于文化人才的培养，可以从两个角度进行概述，首先是管理型人才可以通过两个产业的融合，增进对市场需求了解。其次对于传统文化公益传承者而言，通过构建相应的展示平台来增加经历，获得更加丰厚的收入。

三、文化服务对乡村旅游产业融合开发的对策

首先，文化服务和乡村旅游产业的融合，需要重视文化服务的深度和广度，同时加强农村旅游产业精准性和目的性的规划。文化服务部门需要拓展乡村文化形式和文化内涵，并将特色文化和乡村旅游项目进行有机结合，通过推出吸引游客的优质文创产品来拉动经济。例如舞蹈节目的设计不仅要能够有效营造出当地节日、民俗以及娱乐的气氛，同时也要够形成文化 IP，以此来提高当地特色文化的发展。

其次，文化产品的创作和传播要与乡村旅游产业进行深度的融合，要充分注重其乡村文化宣传途径的丰富性和内容的拓展性。伴随着我国互联网技术的普及和蓬勃发展，各种新媒体渠道、短视频渠道的营销也逐渐应用于乡村文化旅游项目，可以成为乡村文创产品推广的主要渠道。这种方式不仅有利于打造乡村旅游项目的文化特色，同时有利于对

自身文化资源属性的文创产品进行有力的宣传,也可以通过建立相应自媒体账号,开启相应的直播通道对特色文化进行宣传来获取更高的民众认知度。

另外,想要建设好乡村特色文旅行业,还要注重组建优质的团队,通过吸纳更多优秀的运营人才和文化骨干,建立起乡村文化旅游宣传团体。通过文化品牌的打造,文创产品的设计,组织文艺交流活动以及具有特色的文化服务来营造乡村旅游特色,回馈游客和消费者。

综上所述,文化馆文艺服务与乡村旅游产业的融合发展必然成为未来乡村旅游行业的发展趋势之一,为了能够有效促进两个行业融合,就需要政府和相关部门对乡村旅游文化的宣传途径、宣传力度、团队建设给予重视。结合互联网等高效的宣传平台,进行文化IP的建立,挖掘当地特色,提高文化旅游产品质量,注重为游客提供优质的服务,形成良好的口碑效应,把文化馆文艺服务与乡村旅游产业真正有机结合起来,从而带动当地旅游经济的快速发展。

参考文献

[1] 周奚如. 新时代如何提高文化馆的公共文化服务效能 [J]. 大众文艺,2019（8）:4-5.

[2] 张永华. 惠民县乡村旅游开发的几点浅见 [J]. 人文天下,2017（2）:11-19.

[3] 丁孟利. 乡村旅游开发对促进贵州省农村公共文化服务提升的研究 [J]. 全国商情（经济理论研究）,2015（15）:48-50.

实践创新推动文化旅游融合新发展

——以平顶山市群众艺术馆为例

潘　峰（河南省平顶山市群众艺术馆）

文化与旅游的融合是产业发展的迫切需要,公共文化服务体系建设是两大产业融合的优势资源[1]。在文旅融合大背景下,"以文促旅、以旅彰文"已然成为文旅融合的价值核心,平顶山市群众艺术馆依托丰富的文化资源,不断创新供给和服务方式,秉承"宜融则融、能容尽融"工作思想,积极探索文旅融合发展新路径,筛选出一批具有地域特色、反映历史文化、群众喜闻乐见的文化作品、文艺演出、展演,全力推动静态的文化"动"起来,吸引更多的游客参与文化活动,逐步形成了全方位、深层次、多领域的文旅融合发展新格局,有效地提升了我市优秀文化影响力,有力地推动了文化旅游产业经营效益。

一、搭建载体,丰富内涵,培育文旅融合发展品牌

1. 搭建"文化 + 旅游"融合发展新平台

平顶山市群众艺术馆围绕"互联网 + 文旅服务",建成集智能服务、应急指挥、大数据管理于一体的平顶山市智慧文旅"掌上乐享平顶山"文旅综合服务平台。投入 300 多万元,建成平顶山市数字文化馆,主要包括微信云平台、综合直录演播厅,其中,微信云平台开通了信息发布、网上展厅、在线直播等功能,综合直录演播厅采取"虚拟三维景区场景 + 现场授课、演出"的方式,实现在不同场景下录制视频,剪辑后进行直播。平顶山市数字文化馆建设工作受到中国文化馆协会副理事长王全吉等有关领导的高度评价,省内外同行多次到平顶山市进行考察学习。我们运用"互联网 +"技术,采取网络直播、虚拟场景绿幕抠图、快闪、云合作和云录制等多种方式,突破传统文艺活动组织开展形式,将公益培训、文艺展演展示、非遗等内容融入旅游元素,同步到"掌上乐享平顶山"等线上平台,使文艺爱好者和游客在享受公共文化服务的同时,体验旅游带来的魅力。

2. 培育"快闪 + 旅游"文旅融合新业态

平顶山市群众艺术馆突破传统"驻场"搭台演出方式,采取"一个景区 +N 个景点 +N 个文艺节目"的新形式,探索出"快闪 + 旅游"的文旅融合新业态。2020 年"五一"假期期间,组织群众文艺演出"快闪"进尧山风景区活动,在尧山风景区 5 个景点依次开展 5

场文艺演出,节目包括戏曲《我是中国人》、唢呐《黑土地》、二胡《咱们屯里的人》、诗朗诵《我看到了尧山》、大提琴伴奏舞蹈《我和我的祖国》等,参与游客达 5000 多人次,活动为游客带来别样的文化体验,为文化旅游融合发展增添了新活力。2019 年国庆假期期间,开展庆祝新中国成立 70 周年 "快闪" 活动进景区,分别在白龟湖国家湿地公园、中原大佛景区、尧山风景区开展活动,参与游客达 1.8 万多人次,该活动成为平顶山市文化旅游行业新的靓丽名片。

3. 推进 "直播 + 旅游" 公益培训新举措

网络直播作为一种新兴传播方式,为文旅融合推广提供了新动能[2],平顶山市群众艺术馆自 2020 年公益培训开播以来,直播场次达 40 多场,通过移动端、PC 端在线学习达51 万人次,累积观看时长 1.8 万多个小时,点赞 7.2 万次,留言 3.3 万条。**一是直播融入 "虚拟景区" 背景。**运用多种现代信息技术,将计算机制作的虚拟三维 "景区" 场景与摄像机现场拍摄的课程内容图像进行数字化实时合成,使课程与虚拟 "景区" 背景能够同步变化。**二是直播走进风景区。**开展舞蹈、葫芦丝、摄影直播公益课走进舞钢市灯台架、二郎山等风景区,采取课前实时旅游推介、课中景区工作人员和游客参与、课后回放的形式,用技术架起公益培训课与旅游的 "软" 融合。**三是直播走进民宿和美丽乡村。**开展普通话与朗诵公益课走进精品民宿 "一鸣书居" 和 "百果园" 蔡庄村,摄影课走进 "百草园" 姬庄村活动,实现了群众文化活动与民宿行业、"美丽乡村" 建设结合共赢。

4. 推动 "展演 + 旅游" 文化服务新模式

受 2020 年新冠肺炎疫情影响,平顶山市群艺馆在 "六一" 儿童节,利用互联网和新媒体渠道,运用数字化手段突破技术屏障,采取 "1 个主会场 + 多个分会场" 的模式,利用云合作和云录制的方式,精心策划了 "我们的节日" 庆 "六一" 少儿云上文艺展演活动。活动中,我们通过互联网直播,在分会场分别呈现走进画眉谷景区、一鸣书居、临丰寨、博物馆等展演内容,实现了少儿文艺展演和旅游的融合。《平顶山晚报》对活动进行了报道,平顶山教育电视台对活动进行了同步直播,累计观看人数达 15 万人次,总点赞量达 2.9万人次。

5. 探索 "非遗 + 旅游" 传承保护新路径

平顶山市群艺馆组织景区、景点 "牵手" 非遗摄影展活动,"光影非遗留乡愁" 平顶山市非遗摄影展先后走进舞钢市二郎山风景区、鲁山县画眉谷景区、郏县曹沟革命根据地、宝丰县科技馆、叶县岩盐博物馆,观展游客达 6.9 万人次,更多的游客在景区感受平顶山优秀传统文化。平顶山市群艺馆推出公益直播课 "走近非遗" 系列活动,开展摄影直播课走进 "汝瓷" 体验馆、葫芦丝直播课走进 "葫芦烙画" 工作室,在线观看人数达 5.7 万人次,点赞 1.4 万条,活动让 "非遗" 文化联合旅游,走进群众视野,展现非遗独特魅力,实现 "非遗" 保护与旅游发展结合共赢。

二、资金保障,周密落实,夯实文化旅游融合发展基础

1. 资金保障,为文旅融合发展"固本"

平顶山市委、市政府高度重视文化旅游融合发展,多次召开专题会议听取全市文化旅游发展情况报告,定期督导重点文化旅游项目建设。市财政持续增加公共文化服务资金投入,年均投资 3000 万元保障文化场馆运转、公共文化活动、文艺创作,为公共文化服务发展提供了强有力的资金保障。

2. 整合资源,为文旅融合发展"强基"

平顶山市群艺馆全面梳理国家级公共文化服务体系示范项目"文化客厅"公益课堂、"艺行万家"基层文化巡演、"多彩鹰城"精品群众文化活动等资源,筛选了舞蹈《老街新花》(第十三届河南省"群星奖"音乐舞蹈大赛二等奖作品)、合唱《天路》("群星耀中原"河南省群众合唱展演一等奖作品)、诗朗诵《我看到了尧山》等一大批文艺精品走进旅游景区、景点开展演出。联合河南城建学院、平顶山学院等院校,密切与县、乡两级文化部门业务联系,共同开展旅游题材文艺作品创作,创作了民族管弦乐《尧山日出》《苏园夜雨》《马街书会》等优秀作品。组建了市合唱团、群星舞团等 10 多支文艺表演队伍,规范化开展志愿者招募、管理,服务公共文化进景区、景点活动,目前人才库入库人数已达 1000 多人。

3. 强化宣传,为文旅融合发展"增效"

平顶山市群艺馆强化文化旅游融合活动开展宣传推介,在平顶山市智慧文旅"掌上乐享平顶山"文旅综合服务平台、市文化广电和旅游局网站、市群艺馆微信公众号和人民网、大河网、市广播电视台等媒体,及时发布公共文化活动进景区、景点等活动信息,有效地提升了广大文艺爱好者、游客的参与度。积极开展网络社群服务,利用抖音、微信平台,建立了艺术广场舞、摄影、葫芦丝等 14 个交流群,关注和进群人数已达 1.5 万多人。群艺馆通过广大文艺爱好者、游客的线上直播连线、线下直接参与,对他们进行专业辅导,了解他们的兴趣爱好,不断彰显活动特色,扩大公共文化服务影响力。

三、建章立制,规范管理,推动文化旅游融合发展取得新成效

1. 健全"文化 + 旅游"联络机制

完善群艺馆、图书馆、博物馆等公共文化单位与文化旅游产业经营单位双向沟通联络机制,及时向文化旅游经营单位通报年度文化演出计划、工作安排,使其动态掌握公共文化活动信息。结合旅游节会和旅游宣传推介活动,针对不同景区的需求、游客群体特点,

开展"菜单式""订单式"服务,提供不同种类的公共文化服务,并在旅游旺季适当增加公共文化进景区、景点活动场次,助力旅游行业发展。

2. 健全"定期 + 巡回"展演机制

一是筛选作品质量高、群众反响好的作品,定期到旅游景区、景点开展演出,推动公共文化活动进景区、进景点常态化、制度化、规范化,持续提升群众公共文化参与度。结合全民艺术普及工作任务,筛选"文化客厅"公益课堂培训优秀成果、特色群众文化活动、静态艺术作品等精品力作,到全市旅游景区、景点进行常态巡回展演展示,使更多优秀作品走近群众、走向基层,不断提升我市优秀文化影响力。

3. 健全"线上 + 线下"联动机制

统筹做好平台建设和新技术利用,继续推动公共数字文化平台提档升级,及时跟进更新技术手段,持续提升线上服务质量。及时将公共文化进景区、景点等活动录制为视频材料,上传到智慧文旅"掌上乐享平顶山"文旅综合服务平台、微信云平台,实现文化活动展演展示线下线上资源共享。深入开展"文化 + 旅游"综合服务平台宣传推广,提高游客知晓率、使用率,吸引更多游客参加到文化旅游活动。

下一步,平顶山市群众艺术馆将深入贯彻习近平总书记关于文化和旅游融合发展的系列重要论述,落实河南省文化和旅游厅、平顶山市委市政府的工作安排,深入研究文化旅游发展新动向,跟进文化旅游发展新业态,找准文化旅游融合发展结合点,推动文化旅游真融合、深融合、取得新的成效。**一是**抓好现有公共文化服务数字平台的提档升级,实现各类文化旅游服务平台的互联互通。突出手机端服务功能,打造数字文化超市,拓展线上线下服务方式,让公共文化为旅游赋能。**二是**充分利用快手、抖音、哔哩哔哩(bilibili)等新媒体平台,进行多平台、分众传播,拓宽数字文旅服务关注度和影响力,提供更多精品文化旅游数字资源服务,吸引更多年轻群体关注。**三是**在开展公共文化活动进景区、景点的同时,继续探索公共文化与智慧旅游、全域旅游、研学旅游共建共赢的新路径。**四是**围绕"鹰城礼物"文化旅游商品品牌建设、文化旅游创意产品展示活动,结合非遗主题旅游线路,推进传统文化资源、文化元素转化为鹰城特色文旅产品。**五是**加大资金投入,融入更多艺术形式,创作更多精品力作,提升文化资源转化能力,推动"文化 + 旅游"融合活动常态化开展。**六是**健全文化旅游志愿服务体系,持续开展志愿者招募、培训、管理,提升志愿者队伍素质,为"文化 + 旅游"融合活动开展提供优质志愿服务。

参考文献

[1] 戴斌. 数字时代文旅融合新格局的塑造与建构 [J]. 人民论坛,2020(6):152-155.

[2] 王德刚. 文化和旅游融合发展的理念与路径 [J]. 人文天下,2020(1):3-11.

"两员"队伍业务素质提升实践思考

——以浙江海宁市为例

吴陈鑫　　朱文娟（浙江省海宁市文化馆）

为加强公共文化服务体系建设，繁荣基层文化，浙江海宁市着力探索"两员"队伍[①]业务素质提升的模式，激发文化创造活力，提高公共文化服务水平，"两员"队伍已成为海宁市基层文化建设的重要力量。

一、实施背景

海宁市村（社区）文化阵地建设起步较早，自 2004 年起，经过两年多的努力，实现了村（社区）文化活动中心（室）全覆盖，全市村（社区）均建起建筑面积不少于 300 平方米的文化活动中心（室）。为破解管理难的问题，2008 年，海宁市在全国率先建立村级文化阵地专职管理员队伍，目前全市共有村级文化阵地专职管理员 363 名，其中一类管理员 177 名，二类管理员 186 名，农村文化阵地实现了"阵地有人管、队伍有人建、活动有人抓"的目标。自 2013 年开始，在前期农村文化阵地建设的成功基础上，为进一步提升公共文化服务空间和服务水平，以"精神家园"为主题的文化礼堂开始兴建，功能设施较文化活动中心都有大幅度提高。2015 年，海宁市建成文化馆为总馆、12 个镇（街道）综合文化站为分馆、217 个村文化服务中心为支馆的文化馆总分馆服务体系，实现了分馆文化下派员、支馆文化管理员全覆盖。目前，"两员"队伍由 363 名村级文化管理员和 12 名文化下派员组成。

二、"两员"队伍基本情况与存在问题

海宁公共文化服务体系建设快速发展，得益于以"两员"队伍为主的市、镇、村三级文化工作队伍。随着人民群众日益增长的精神文化需要，打造一支业务素质过硬的"两员"队伍显得尤为重要。海宁市文化馆从繁荣基层文化需要出发，以"两员"队伍素质提升为手段，开展"'两员'队伍业务素质提升模式探索"项目。分析现有"两员"队伍

---

① "两员"即文化管理员及文化下派员。

组成可见：

1. 专业化水平有待提升

文化下派员队伍总体比较年轻，思想活跃，学习能力强，有利于基层文化活动的开展。但艺术类专业毕业生比例偏低，占总人数的42%。文化管理员队伍中无艺术特长的达13%，学历层次整体不高，理论知识偏薄弱，需要加强相关理论和艺术修养培训。

表1　2019年海宁市文化馆下派员基本情况

总计人数	性别		学历专业结构				年龄结构
	男	女	本科人数	大专人数	艺术类专业	非艺术类专业	30周岁以下
12	2	10	4	8	5	7	12

表2　2019年海宁市村级文化阵地管理员基本情况

总计人数	一类文化管理员						
	性别		学历结构			年龄结构	
	男	女	本科人数	大专人数	高中中专人数	36周岁以下人数	36—55周岁人数
177	11	166	65	92	20	137	40

2. 数字文化服务能力欠缺

大部分成员的业务工作与新媒体技术结合度不高，传统的公共文化服务方式，无法满足基层群众对文化艺术的数字化需求。新冠疫情集中和放大了人民群众对公共文化数字化资源和服务的迫切需求，如何把优质高效的艺术内容送到群众身边，实现公共文化服务的共建共享，对基层文化工作提出了新的挑战。

3. "两员"队伍稳定性不足

文化下派员、管理员从招聘、入职、适应角色到成为一村、一镇（街道）的文艺活动的引领者，是一个循序渐进的过程，优秀人才的培养非一朝一夕之功。近年来，海宁市在"两员"队伍待遇、职称评定、选拔进村班子等方面出台了多项政策，稳定队伍，留住人才。目前文化下派员队伍比较稳定，文化管理员流动性相对较大，有时出现一个街道（乡镇）同时需补足三、四名文化管理员的情况。文化下派员与管理员既有在年龄层次、受教育程度、社会来源等方面的差异，又有相似之处，两支队伍都同样重要。如何让队伍建设更加细化，更加有针对性，是应当认真思考的问题。

三、实施举措

1. 按需点单,精准培训

为了满足基层群众的文艺需求,力争形成"村村有特色,一村一特长"的文化氛围,海宁市文化馆立足各镇(街道)独有的文化底蕴,每年年初发放培训预约表,各镇(街道)通过预约的方式向市文化馆预定课程,然后市馆结合全市统筹,公布各镇(街道)全年的培训安排,最后市馆组织本馆业务干部和省市级相应专家对"两员"队伍进行指定课程的精准培训——即"艺术一堂课"的培训形式。

表3　2019海宁市文化馆"艺术一堂课"活动表统计

预约单位	次数	老师级别			类　　别			
		海宁市市级	嘉兴市级	省级	表演艺术类	视觉艺术类	非遗类	其他
长安镇文化馆分馆	24	20	3	1	15	5	3	1
周王庙镇文化馆分馆	56	50	5	1	10	3	40	3
盐官镇文化馆分馆	24	22	1	1	10	10	2	2
丁桥镇文化馆分馆	25	22	2	1	11	9	3	2
斜桥镇文化馆分馆	29	23	1	5	15	5	5	4
袁花镇文化馆分馆	65	62	2	1	30	30	1	4
黄湾镇文化馆分馆	32	27	3	2	10	8	10	4
硖石街道文化馆分馆	32	30	1	1	20	10	1	1
海洲街道文化馆分馆	43	39	3	1	40	1	1	1
海昌街道文化馆分馆	26	20	5	1	22	2	2	0
马桥街道文化馆分馆	46	40	1	5	20	20	5	1
合计	402	355	27	20	203	103	73	23

采用"走下去普及培训"方式,更接地气地推进公共文化服务体系建设需要,提升公共文化服务效能,进一步提高"两员"队伍艺术水平,提升基层文化队伍整体素质和能力。

2. 择优选拔,高端培训

虽然海宁的"两员"队伍已经做到全覆盖,但"两员"队伍人数众多,专业水平差异大,艺术能力参差不齐,急需分类分层进行相关艺术集中培训。对此,经过市文旅体局和文化馆的调研与走访,为打造一支具有艺术特长的优秀基层文化队伍,海宁市文化馆举办了2019海宁市基层文化工作者艺术特长高研班和海宁市文化下派员高研班,以满足基层文化工作者多样化、个性化的要求。

高研班面向全市"两员"队伍开设摄影创作、书法创作、农民画创作、声乐表演、舞蹈创编表演、戏剧小品创作等 8 项为期 9 个月的课程,每人限报一项,报名得到积极响应,共收到有效报名表 256 份。经市文化馆组织专业老师进行面试,择优录取 93 人。全年累计开展培训 112 次,共收到视觉类作品 121 件,表演类成型节目 13 个。

3. 技能比武,赋能激活

竞争出动力,竞争出活力。海宁市每年开展"两员"队伍才艺大赛,大赛设表演艺术和视觉艺术两大类比赛项目。这项比赛已成为"两员"队伍搭建交流学习平台。通过大赛的比拼,互学互鉴,参赛选手赛有所学,学有所获,将比赛成果迅速转化到日常工作中去,"两员"队伍的业务能力得到提高。同时通过比赛选拔作品参加省市高一级才艺大赛评比。对比第一、二届嘉兴市"两员"队伍才艺大赛,海宁市获奖数量和质量都有显著提升(具体数据见表),较好地展示"两员"队伍的文化风采,有效地带动"两员"队伍的素质提升,进一步推动海宁市镇(街道)文化分馆、业务建设,持续不断地为全市文化事业创造价值。

表 4 2018、2019 年嘉兴市"两员"队伍才艺大赛演海宁获奖对比

组别	音乐			舞蹈			戏剧曲艺			美术			书法			摄影			合计
奖项	金	银	铜	金	银	铜	金	银	铜	金	银	铜	金	银	铜	金	银	铜	
2018																	1	1	2
2019	1	1		1			1			1		1	1	1	1	1			10

四、实施办法

1. 规范培训促有序

(1)设置考勤通报机制。为严肃培训纪律,落实培训出勤率,不出现代签、迟到、无故缺席等现象。市文化馆对学员采取考勤制度,并把学员培训出勤、学习情况报告市文旅体局、通报各镇(街道)文化分馆。

(2)设置学员退出机制。为严格培训管理,市文化馆对学习态度不端正、出勤率不高的学员,采取劝离等措施,并将情况报告市文旅体局、通报各镇(街道)文化分馆。

2. 优化师资促发展

一支高素质的"两员"队伍,离不开优秀的师资建构,为了保证培训质量,海宁市文化馆组织优秀老师授课,授课老师都是省市级本行业的佼佼者,长期活跃在群文战线,具有深厚的理论功底和丰富的实践经验,老师们的课程设置、授课方式、教学纲领都是他们多年的经验总结,经过反复审核、修改,形成可行性方案后才实施教学,这样做的目的是切实

为全市"两员"队伍提供最前沿的培训理论和实践指导。

3. 考核展示促提升

为严把培训质量,市文化馆通过对学员较长时间的专业培训和辅导老师的长期跟踪辅导,要求学员必须在全市性重要文艺比赛、展演、展览中展示培训成果。为此海宁市文化和广电旅游体育局组织举办"两员"队伍才艺大赛。结合考勤、成果展示、老师评价等情况,对学员发放结业证书,进行"优秀学员"评选和"优秀管理员"评比。

五、实施成效

1. 提高"两员"队伍专业水平

通过"走下去普及培训,拉上来集中提高"的"两员"常态培训机制,"两员"培训工作实现了常年化、系统化,文化馆每年对"两员"进行10个以上门类的专题培训,次数达150余次。"两员"队伍通过内化培训所学知识,深入基层挖掘"草根"素材,融入地域文化元素,提高自己的创作能力。例如:管理员曲蕊编排的《殳山鹭影》、下派员孙璐参与编排的《潮尖上的舞者》、王琳编排的《舞动青春》等节目在海宁市第八届"舞动潮乡"广场舞大赛上大放异彩。

2. 提升基层文化服务效能

培训既注重基础知识和基本技能的传授,又关注专业素质和实际应用能力的提高,切实保证培训的针对性和实效性。"两员"队伍的组织能力有了明显提高,已成为本地文化活动的核心力量,例如:许村文化下派员周龙江和许村文化管理员们一起参与策划了演出规模达3000人的2019年元帅庙会。无论对节目的编排还是庙会的路线、安保都做到详细精准的策划,活动的举办、培训的指导,锻炼了"两员"队伍的能力,提升了基层文化服务效能。

3. 推动海宁群众文化事业繁荣

通过对"两员"队伍人才的挖掘和培训,海宁市已逐步组建起一支具有一定文艺专长和组织管理能力,愿意扎根基层的文化管理员和文化下派员队伍,他们以自己的专业能力、专业知识带动基层文艺爱好者开展文艺活动,已成为组织当地群众文化活动和全力建好基层文化队伍的有益抓手。海宁市呈现了群众文化内容丰富、形式多样,群众生活无处不文化、无时不文化的繁荣景象。

文化馆服务品牌建设的打造与思考

——以连云港市文化馆港城公益大讲堂体验为例

白丰乐（江苏省连云港市文化馆）

"公益课堂"它不是一个新的概念,但它却是公共文化服务体系里一个小分支的体现,也是文化馆在公共文化服务中打造的最贴近群众对文化需求的最大品牌,在这个点上我作为实践者已经坚守了近十年,今天我们暂且不论它自身的概念及形成演变,只从一个文艺实践者的角度,来谈一谈服务品牌的形成、品牌内容的设置、受众群体的结构、学与教环境的打造、数字网络载体在公益课堂的充分应用、完善和创建公益活动品牌等问题。

连云港市文化馆作为公益性事业单位,是公共文化服务体系里的重要组成部分,承担着指导全市群众文化业务工作,组织全民艺术普及和群众艺术创作,举办政府指令性及公益性文化艺术活动,弘扬民族优秀传统文化,同时也是群众进行文化艺术活动、满足基本文化需求的公益性事业单位,常年提供文艺基础辅导和培训服务,扶持优秀群众文艺团队,组织各类群众文艺展示展演等,在全市社会文化事业发展中起着重要的导向、示范作用。当然这是作为一个市级公益文化单位的基本职能,在这一职能的范围内,连云港市文化馆创建了多项公益培训的活动品牌,成为公共文化服务平台的一个文化支点。

一、公益课堂项目的品牌形成

2011年文化部"三馆一站"免费开放政策全面实施后,连云港市文化馆积极响应文化和旅游部的政策及时开展规划免费的针对群众的公益课程培训,产生的公共文化培训品牌"港城文化大讲堂",自创立伊始就以每年春季和秋季两季的艺术普及、文化传承、社会实践为主的课程来作为公共文化服务项目的重头戏来打造。"苍梧艺社""莲工坊"是连云港市文化馆特别推出的艺术普及品牌课程,是主要针对重大节日或者特殊时间节点而设置的艺术活动品牌。

二、公益课堂课程设置

首先根据连云港市文化馆专业技术人员的专业设置相关的课程,如舞蹈类的老师较多,便划分了更细致的舞种课程(如蒙古族舞、藏族舞、阿拉伯风情舞等舞种的相关课程)。

声乐类是受众群体最大的一个艺术类别课程，我们有几位在群众文化圈里很得群众喜欢的专业老师便设置了民族唱法的声乐班、美声唱法的声乐班、流行音乐班、基础乐理班等，由于地域的原因还设置了普通话正音班，器乐类有钢琴、电子琴、二胡、琵琶、葫芦丝等器乐基础普及班。美术书法作为中国传统文化的重要组成部分，在艺术普及的时代潮流中一直受到群众的喜欢，是大众了解和参与传统文化最直接的文化项目，是不分性别不分年龄参与度最高的文化艺术项目，我们开设了中国画基础班、彩铅绘画基础班、素描与色彩基础班、书法基础班等普及型课程。摄影已经成为大众普及度最高且门槛很低的一个艺术种类，所以我们设置了摄影基础班、摄影后期制作班，以及摄影沙龙班、微电影鉴赏与创作班。当然随着社会的快速发展，构建和谐社会，实用心理学的课程也进入了我们公益课堂的序列，以心理学本身的发展以及它对人们生活的影响为主题，设置了人格、社会认知、社会行为、人际关系、文化以及健康等领域的心理学应用课程，从公益培训课设置之初，这门关心人心理的课程就被纳入了公益课堂。同时根据社会最需求的热点的艺术课程内容设置相应的课程，填补本馆专业技术人员未涉及的艺术课程，以外聘老师为主如：古琴、古筝、吉他、尤克里里乐器基础班、瑜伽基础班、篆刻基础班、剪纸艺术班、陶艺基础班等艺术普及的课程，同时还有与群众文化相关的艺术团体的各类表演班，如广场舞班、模特走秀班，群众的合唱团以及民乐团体班，总之琳琅满目，每年两季，每季三个月，都会有40个左右的课程提供，这个课程的设置成为公共文化服务产品供给链条的精彩片段供社会个体来选择。也就是说文化馆的公益课程设置是考虑到群众的需求和认可度，群众需要什么样的服务我们就推出相应的内容，真正将服务落实到每一个细节，紧紧围绕满足群众多样需求为目的，开设有新意、有价值、有内涵的课程，更好地凸显服务功能，更好地赢得点赞。

三、受众群体的结构

随着人们物质生活的不断提高，人们对生活的本质认识也在不断地发生改变。人们在工作之余，对传统文化艺术的热爱重新燃起，急切地想改变和提升自己的文化修养。随着近几年"港城文化大课堂"的推广与发展，有更多的群众关注与了解它，每期公益课堂的报名成为一道风景线，一大早人们在场馆外排长队，不是为了打折的商品，更不是为了拿专家号，而是对文化艺术的渴求。每期的公益课堂的总课时达到2000课时，每期有1600位群众能够享受公益课堂提供的文化艺术大餐。

四、学与教的环境打造

这个"环境打造"指的是硬环境和软环境的打造。所谓硬环境就是我们提供的公共活动空间符合公益课堂课程的学与教的基础条件，对于不同的常规课程打造固定的场所和相关的专业工具材料以及相关的电子产品配置更利于学与教的相互发挥，软环境就是我们的提供的课程与服务态度，一项事业或者一个品牌的打造必须要有一个整体的理念。课程提供是我们的服务基础，群众成为我们服务的主体对象，而群众对服务项目的选择源于他们自身的兴趣点，因此在每一季的课程设置对于服务对象具有很重要的意义。作为公益性文化单位，我们的主旨是服务大众，当每一个群众进入公共活动空间，感受到的是精神食粮的获得感，因此我们要足够重视，我们面对的是从事各行各业的群众，有不同教育背景、不同行业的群众相聚于这一个公共空间来接受公共文化服务，成为服务对象的他们便在这一时间段重新组合成了一个群体。近几年来随着国家对网络云平台的开发与推广，群众通过网络可以得到更多学习内容，所以学与教的环境打造对于我们公共文化服务项目来说是必要的。

五、数字网络载体这一平台在公益课堂的充分应用

从公益课堂创建开始已经过去八个年头，连云港市文化馆创建的"港城文化大课堂"已经完成第十六季的公益培训课程。智能手机、电脑等电子产品在学习和信息分享中得到充分的应用，手机里的 QQ、微信等软件随时都可以组建交流群，使学员能随时分享在公益课堂里所学所想以及遇到的问题，这是我们传统公共文化服务的延续。老师在演示课堂内容时，每个享受公共文化服务的群众都可以拍摄课程内容和录制视频来反复观摩学习。由于网络平台更广泛的应用，新近涌现出来的一种网络学习课程的模式，简称为慕课，在疫情特殊时期，这种新的网上教学模式得到及时推广，让群众足不出户就可以享受公共文化服务，这也是公共文化服务的新探索与发展，能使更多的群众享受到公共文化服务。最近一季公益课堂就是借助网络平台和电子产品录制课程的模式来服务广大群众，受众面得到更大的拓展。在数字时代，信息是开放和互动的，它重点开拓了市民交流互动学习的功能，同时也采集各种有用的信息与数据有助于进一步发挥数字平台在公益课堂的积极的作用。

六、借鉴与学习以更好地完善和创建公益活动品牌

连云港市文化馆在打造自身的公益活动品牌的同时也不忘向其他省市的兄弟单位学习，馆领导组织全馆专业技术人员到外地考察学习，了解兄弟单位是如何打造运作同类活动的先进理念与经验，除向兄弟单位的学习外，我们每年都参加市级、省级、国家级部门与单位组织的专业技术培训与学习，如参加江苏省文化和旅游厅组织的音乐、曲艺、美术等创作研修班的培训，江苏省文化馆组织的数字文化馆建设与运营培训，中央文化管理干部学院举办的全国文化干部培训班等来提升专业技术人员的专业技能来适应日新月异的新时代提升群众文化的需要，更好地打造群众文化服务的质量。为了提高我们自身的业务能力、专业技能，还组织了系统内的技能大赛，也算是专业技术人员的一次比武和才艺展示。以上的借鉴与学习的结果只有一个目的，那就是更好地打造群众文化，树立文化活动

品牌,更好地服务群众。

　　总之,群众二字的背后是一个庞大的群体,群众文化也不是单一的文化概念,作为文化馆人,我们的职责就是提供文化服务,打造更优质的文化活动品牌,服务群众,让热爱艺术、有艺术追求、希望完善和提高自身素养的人都能够掌握一项或者多项爱好,实现自己的人生梦想,我们必须精益求精,打造好公益活动品牌,为提升全民的文化素质与艺术修养,贡献自己的一份能量。

乡村振兴视野下的故事创作新思考

邓亦敏（上海市群众艺术馆）

随着信息化时代的发展,故事的传播形式和手段不断更新,讲故事、听故事的群体也发生了变化,人们对故事提出更高的要求,故事创作中的不足也显现出来,比如人物单薄化、情节套路化、主题说教化等。因此,突破传统的创作模式,拓展创作思路,提高乡村题材故事的创作水准,具有较强的现实意义。以下谈谈我的思考和建议。

一、关注乡村振兴,参与重大主题创作

面对乡村振兴过程中不断涌现新的群体和新的气象,故事创作要发挥故事的特点:用小视角看大变迁,用小故事反映大事件,用小人物表达大情怀,紧密贴近生活又高度提炼生活,用一个小故事反映全面脱贫与美丽中国等重大题材,反映全国"脱贫攻坚"伟大进程中的闪光点。

以上海市群众艺术馆主办的《上海故事》杂志为例,它是一本大众通俗文学月刊,以发表原创故事作品为主,读者受众面广,参与故事创作的作者也遍布全国,其中超过一半的读者和作者生活或工作在乡村。近年来,《上海故事》增加了乡村故事篇目,在"本乡本土""人生百味""短镜头"等栏目发表,如反映乡村生态的《这个河长不简单》、描写乡村干部"第一书记"的《好日子》和聚焦乡村文化冲突的《一条路》等作品,在中国故事节等评选活动中获得奖项,获得广泛好评。

《上海故事》2020 年发表的故事在主题立意上更加深远,如《皮影新事》《拆迁补偿之后》《小村官智斗"劳火神"》《农村答卷》等作品视角独特,与作者们自身的乡村生活或工作背景有关。他们一方面描摹当下生活,记录时代样貌,另一方面,用作品深刻反映时代变迁,揭示历史趋势。

在信息时代,故事作者在写作技巧之外,一定要保持对时代的高度敏感,真切感受时代脉搏,从政治到经济,从文化到科技,方方面面都要了解,既要关注表面上的瞬息万变,又要把握本质上的东西。不仅要立足当下,还要观照未来,农民群体即将逐步迈入中等收入群体,这是未来乡村的一个重要变化,如何书写未来的乡村前景,这其中有巨大的可能性,也留给故事作家很大的创作空间。

二、重塑典型人物，构建新的乡村群像

随着乡村人口的快速流动，城乡的文化碰撞交融、城乡原有的概念也发生变化。所以，故事创作在题材选择上要有新的发展眼光，塑造新的人物形象。在这些新形象中，既有奋斗在决胜脱贫攻坚一线的优秀基层党员干部，也有为过上更幸福的生活奋斗拼搏的普通农民，还有走出农村、在城市开启新生活的新群体。这些具有精神感召力的新人，参与宏阔历史进程，获得个人价值的实现与升华，激励人心、催人奋进。

故事与新闻报道不同，以生动性、情节性见长，经过作者合理地想象和艺术加工，故事中的人物和事件更鲜活，对读者会产生更强的感染力。一些作者缺乏对素材的提炼、消化和加工，创作出来的内容容易雷同，缺乏独特性，地域、人物相似，解决问题的方法也差不多。

2019年"四川金堂故事会"第一批好故事《好日子》，刻画了一位"第一书记"的干部形象。故事中塑造的第一书记李强形象让人耳目一新，是一个心系乡民的好干部，也是一个爱家庭爱妻子的"耙耳朵"。他特别关心农村的下一代，耐心教育一些不求上进年轻人"要勤劳，走正道，学技术，别啃老"，还支持他们做电商，搞营销，资金不够还无私掏腰包，带领乡亲改变观念、勤劳致富。说起故事《好日子》的创作，作者夏刚说："在人们一般的观念之中，对农村都有一种很标签化的认识，就是贫穷啊，落后啊这些。如果，缺少对农村的基层干部农民他们的深入了解，想当然地去写，可能就没有新意，也会停留在表面上。还有我觉得就是作者要很快地去接受新鲜事物和了解新鲜事物，'第一书记'是当时比较新的干部机制，把他们介绍给读者也是我们作者的职责吧。"

另外，我们不能忽略留守在农村的老人妇女儿童等弱势群体，他们的内心变化和精神需求，也需要故事作者去了解去挖掘，为乡村故事注入更多真实的细节。故事《农村答卷》就聚焦到这个群体，村里的男青壮劳力走了，有点文化素质的人走了，新农村建设还怎么搞？外出打工是农村致富的最好选择吗？作者以第一人称来叙述，更真切地为读者解开答案。

故事作者要紧跟时代步伐，扎根生活，遵循创作规律，提炼现实生活中的人物形象，将人物的命运走向及其背后揭示的普遍规律，展示更为深层的人性思考。

三、改变传统视角，展现新的乡村图景

在乡村故事中，以下几种题材较易雷同，创作人员的构思常常被束缚。

（1）扶贫脱贫题材：这类故事里描写乡村干部形象，通常是村民的致富带头人，有的掌握很好的扶贫项目，基本上是传统养殖业、手工业等，村民在项目实施后脱贫致富。这类题材的故事创作，缺乏生活积累，把扶贫工作简单化了。

（2）乡村环保题材：改革开放初期，不少乡村的致富依靠引进工业，其中很多是化工业，对乡村生态环境造成破坏。随着乡村生活水准提高，政府和百姓都对环境提出了要

求。一时间整治环境恢复生态成为故事题材,但这类题材的故事创作,大多以村民和乡村企业的矛盾展开,缺乏更高的立意。

（3）乡村支教题材:边远山区教育资源匮乏,城市的教师和大学生支教教师实践支援,为乡村学生带去先进的教育理念。这类故事反映的是教师个人的奉献精神,内容来源于新闻报道,对乡村支教缺乏总体教育层面的思考。

（4）移风易俗题材:乡村发展中树立文明乡风,乡村干部带头破除迷信的题材,往往较多地注重宣传性,缺乏生动形象的情节,难以吸引读者。

同样是乡村环保题材,获评2017年度中国好故事《这个河长不简单》另辟蹊径,结合乡村河道治理的问题进行了创作。故事的角度新颖,选取了一对青年男女,为了碧水清泉携手共进、共破难题,从相识到相敬,从相知到相爱的故事,故事的行文朴实又不落俗套,人物形象丰满充满正能量。

《皮影新事》描写的是农村非遗文化传承,作者长期在四川扶贫第一线帮扶,真正了解当下乡村变革转型的难点。将要失传的民间艺术如何传承下去,又如何适应新的时代新的观众? 故事给出了答案,获得2019年"四川金堂故事会"第二批好故事。《拆迁补偿之后》是一个农村普通家庭的悲喜故事,从一个侧面反映了现实生活中,那些拿到拆迁赔偿款后迷失了自我,无所事事的失地农民现象。这样的题材能带给人们更多的思考:乡村脱贫不是终点,是新生活的起点。

所以,故事作者要从不同的视角去构思创作,聚焦城市化、全球化、信息化大背景下的乡村变迁以及变迁中的新人新事,这样即使在较易雷同的故事题材上,也能取得突破和创新。

四、结合读者需求,不断提升创作水准

1. 运用新媒体新手段,扩大传播影响力

一个好故事,需要被读者接受和认可。伴随网络视听的迅猛发展,故事传播渠道越来越多,纸媒、数字阅读线上线下融合;传播方式也不断扩展,音频、视频、直播等越来越丰富。这些对故事创作方法提出了新的要求,一个相同的故事,在不同的媒介上,情节节奏、内容篇幅都有变化,因为不同媒体的读者群体不同,如果还是以传统的故事形式叙述,读者会不断流失,只有顺应新型媒体,增强互动交流,才能吸引新的故事读者。

《上海故事》杂志在故事传播方式上做了一些新的尝试。比如适当改编故事作品上传到数字文化馆,方便读者在线阅读;选择情节层次丰富变化的故事,制作成有声故事,可以满足难以购买纸刊的地区的读者,也为乡村的老年群体提供方便。

2. 线上线下融合,搭建创作交流平台

故事写作是最乡土、最有生命力的文学样式,适合作为乡村文化振兴的载体。文化馆

可以线下组织故事沙龙交流写作经验,线上邀请知名故事家辅导远程讲座,也可以举办专题培训、创作作品研讨会,为故事作者、演讲员和作品搭建展示平台,提升创作水平。

如,上海市群众艺术馆等单位主办的"上海故事汇"的故事演讲平台,每月为金山山阳乡、浦东曹路镇等乡村读者演讲故事,了解听众需求,反馈给故事作者,有利于作者今后的创作更贴合乡村的发展;上海金山枫泾故事创作基地、江苏野马渡故事沙龙、浙江桐庐故事沙龙、河南新乡故事沙龙、北方故事沙龙等为故事作者提供创作交流平台。

3. 举办新故事创作大赛活动,发掘新作者和好作品。

建议群众文化服务机构,如文化馆、文化站等和乡村合作举办故事创作大赛活动,组织深入的采风活动,写好乡村故事,增添乡村魅力,深化乡村文化内涵。

2018 年 5 月,浙江举办 2018 千窑首届全省乡村振兴新故事创作大赛和 2019 年四川举办"2019 我们一起走过·四川(金堂)故事会"等,都取得成功,以精准扶贫、乡村振兴、弘扬核心价值观等现实主义故事,全面反映乡村建设取得的成绩和变化。这些故事大赛的举办繁荣了乡村题材故事创作,征集到很多优秀作品,也发掘了一批新的故事作者。

在重大题材的群众文艺创作上,故事作者要深入学习领会习近平新时代中国特色社会主义思想,牢牢把握正确的政治方向、舆论导向和价值取向,始终坚持"以人民为中心"的创作方向,紧紧围绕党和国家重大宣传时间节点,讴歌党、讴歌祖国、讴歌人民,推动故事创作迈上新台阶。

后疫情时代群众文化培训工作发展策略

莫智菲（北京文化艺术活动中心）

新冠肺炎疫情发生以来，各级文化馆纷纷将艺术赏析、艺术培训等内容通过网站、微信公众号等新媒体平台展示出来，丰富群众艺术知识、提升群众艺术素养、拓展群众艺术能力。例如，北京文化艺术活动中心在疫情期间就在微信公众号上发布各类艺术公益课程，在北京数字文化馆官方平台推出"2020 文化馆理论素养提升云讲堂"等课程；北京市东城区第一文化馆从 2020 年 5 月 21 日起，开展"艺 +1 云课堂——2020 年民间手工艺系列培训班"；北京市西城区第二文化馆开展"济济艺堂"线上艺术进万家培训课程；广州市文化馆于 2020 年 6 月份开展"艺 +1 云课堂——2020 年民间手工艺系列培训班""百姓学堂——2020 年春季公益艺术培训班"；湖南省文化馆开展"线上慕课"，山西省文化馆开展"艺网在线　每日慕课"……其中直播、点播形式多样，涵盖艺术门类广泛。

"5G+VR"技术加持下，融媒体发展迅速，各级文化馆早已顺应时代发展和群众诉求创建相关网站、微博账号、微信公众号，以发布文艺讯息、传播文艺政策、提供文艺教学，而此次疫情更像是文化馆数字化建设的"催化剂"，加速了其发展、促进了其思考。群众文化培训工作的聚集性使得防疫常态化的当下无法照常开展相应工作，而新媒体的互动性、开放性、共享性、平等性和娱乐性与群众文化培训活动的群众性、普及性、公共性、娱乐性相得益彰。

线上群众文化培训发展迅猛，从模式上可分为三种：一是直播课程，二是录播课程，三是 PPT 展示，四是社群课堂；从内容上可分为三种：一是艺术作品赏析，二是艺术政策解读，三是艺术技能提升。整体来看，目前群众文化培训处于前期探索阶段，无论是培训的软硬条件，还是体制管理、人才队伍都亟待完善提升。传播介质、形式的转变促使培训内容的升级，近期发展中的一些问题值得群众文化工作者的思考。

（1）群众文化培训的课程内容、形式扁平单一。有成熟的互联网使用常识和认知的学员，对于互联网的网络文化、网络语言可以说十分了解，传统的"我说你记""我讲你听"的授课模式效果不佳。如果课程内容设置、流程等方面不够互联网化、人性化，那么音乐、舞蹈、绘画、摄影等艺术培训则会没有线下培训的直观。

录制或直播的形式有着新媒体平台技术扶持，然而除了技术辅助，文化馆在传播形式上更应深入开发新媒体平台多样化、娱乐化功能，制作出更加符合群众文化培训课程内容特点、更有利于课程的推广、更有助于学员获得优质体验的培训内容。

（2）群众文化培训的管理体系尚未成熟。目前群众文化培训平台建设有几种类型。

一是"打包式",即运营商"打包"营销的方式,运营商为文化单位提供数字化产品和服务,帮助客户实现数字化转型,将信号、设备、后台等软硬件做整套输出;二是合作式,文化单位借助其他单位已成熟完备的平台,做个性化设置,推出自己的文化艺术内容和资源;三是自主研发式,一些有一定数字化建设的文化单位,在已有平台增加课程培训的相应模块,开发平台功能或者新建一套独立培训管理体系。这三类培训管理系统各有千秋。首先,"打包式"培训系统具备良好的硬件条件和成熟的平台,是最为快速便捷的上线方式,可将已有培训课程短时间内实现数字化功能并进行发布传播。其缺点在于个性化设置有限。因此,"打包式"培训系统适用于本身数字化建设缺乏或者不成熟,且培训活动前期需求不大的文化单位。其次,"合作式"培训系统具备成熟的软硬条件,已经具备一定体量文艺数字资源的文化单位,能够最有效地开展文艺培训工作。其缺点在于数据信息等核心内容无法做到独为自身所有,文化单位无法凸显自身属性和优势。最后,自主研发平台由于开发需求的沟通和协调,在前期会花费一定的时间、人力和精力,这将会造成培训活动的延迟和不完善,然而在后期发展中,拥有独立管理体系的培训系统优势将会越发明显。

（3）群众文化培训的人才队伍建设亟待完善。在疫情期间,培训工作由线下转为线上,从文化单位领导到文化馆员对于工作内容和工作方式的转变并未深入思考、系统研究,对今后发展模式和管理形式也没有具体制度加以规范。在群众文化培训工作中培养懂技术、懂新媒体运营的复合型人才,建立健全复合型人才机制、专家智库、管理制度体系,在今后群众文化培训工作的发展中尤为重要。

在今后群众文化培训发展中,应注意从以下三个方面着重发力:

一、群众文化培训课程内容、形式互联网化

1. 培训课程的内容重互动性、差异化,提升艺术培训质量

新媒体有着突出的互动性、便捷性和及时性的特征,能够突破线上培训和线下培训技术壁垒,流畅地完成课程的传授和指导,及时针对学员的问题答疑解惑,对学员的作品进行个性化指导。双向互动,有助于促进激发学员的学习兴趣,提升艺术辅导质量,形成良好闭环。因此,在课程设置和传播过程中,需考量培训平台的特征,课件内容和展示形式、课程安排、课程时长等都需更加多元化,形式多样、内容清晰。

参与群众文化培训课程的学员有着一定特殊性,文化馆需要结合其特点设置课程。首先,学员的年龄跨度较大,对于互联网的认知水平也存在很大差别,因此在课程的设置中应考虑学员的年龄差异性和接受度。例如,海淀北部文化馆于2020年4月5日开展云端课堂文艺培训,涵盖声乐、钢琴、古筝、绘画等课程,考虑到老年人不熟悉新媒体平台,采用线上报名和线下报名相结合的方式。其次,学员的文化艺术基础、工作经验存在差异,他们在文艺技能、管理组织、审美素养等各方面的诉求和感受都不尽相同。培训课程应考

虑学员的个性化诉求。

"内容为王"是定律,优质的课程内容是培训活动成功的关键。重设置、重质量、出精品,要注重培训资源的广度和深度,总体数量要提升、质量要把控。文化馆必须高度重视自有知识产权的优质文化资源建设,只有培训平台上有了数量可观的优质培训课程资源,才能吸引群众关注平台、分享优质的培训课程,进而扩大平台、培训课程的影响力和知名度。有了一定品质的培训资源,还要根据新媒体的特点,重新进行富有创意的编辑,让课程核心内容继续"发酵",形成良好的资源闭环。同时,新媒体的使用也会扩大青年群众的数量,优化群众文化受众群体年龄分布。石景山区文化E站网站"远程辅导 在线学堂"艺术培训将艺术课程分类48个,提供400余个教学视频,为群众享受公益辅导提供了便捷平台。同时,石景山文E移动端App也有相应专题页面;北京数字文化馆微信公众号文化慕课栏目拥有海量文艺资源,涵盖范围极其广泛,文化艺术、国学传统、历史与文明、文学、科学、生活百科、体育健身等,力求打造共享性文化服务。

2.培训课程的形式满足社交需求,培养用户黏性

在培训平台进行课程传播过程中,学员首先需完成注册,后按照通知或公告在相应专题页面进行报名,进而在相应时间段里通过签到、打卡、在线观看、完成作业、参与考试、互动交流,获得相应的课时和成绩。当下很多培训课程在新媒体平台进行,借助钉钉、QQ等开展线上培训。北京市海淀区文化馆分别于2020年4月20日起至5月28日、6月8日至7月中旬开展了二期线上免费培训班,涵盖朗诵初级班、尤克里里初级班和葫芦丝初级班三门课程,通过海淀公共文化微信公众号、文旅@海淀数字平台以及海淀区文化馆网站进行推送,第一期在线课程共吸引了2.8万人次观看。为增强线上课程的互动效果,海淀区文化馆还为每一门课程组建班级微信群。学员可进群跟老师进行互动交流。结课后,学员还将自己作品拍摄成视频短片作为结课作业,文化馆工作人员将其制作成结课成果视频,受到良好反响。

线上与线下培训有着一个本质的区别——虚拟与真实,在数字虚拟的环境下,培训课程传播效果、学员接受度、满意度和互动都与线下培训有些差距,因此在发展线上培训的过程中,要考虑学员的社交需求,提升用户黏性。签到、打卡等形式既是记录上课的形式,更是培养用户使用习惯的手段。学时记录、互动频率、课时成绩、作业分数相应要体现出学员在线等级,通过等级可以看出学员的学习成效。每完成一次课时,都应给予奖励,刺激学员学习积极性。在一次培训完成后,学员经历了一次完整的用户体验,平台使用习惯就此培养完成。

3.培训活动可持续发展,孵化优秀文艺团队

以往线下培训课程结束后,老师和学员很少会有交流。而在线上培训中,培训课程完成后,师生依然可以继续就相应课程进行讨论、延伸。将传统的调查问卷式的满意度调查升级为全面的评价体系,让学员系统地对课程、专家、平台等多维度进行评价。系统会根

据学员在平台上的学习轨迹进行数据分析,为学员做出全方位评估报告,让学员了解自身收获和不足。

除了在平台通过对话框进行互动,还可以在社群继续交流。学员可以通过二维码进入相应社群,在文化馆专业老师的引领下,将线上培训课程,与线下的采风创作、优秀作品分享等有机结合,学员将会得到更加立体的培训。进而或可发展文化馆相应艺术门类的文艺团体,服务群众文化活动。实现从艺术普及到文艺鉴赏能力与文艺创造能力提升的跨越,实现从文艺爱好者群体到优秀文艺团队的蜕变。

二、群众文化培训管理体系系统化

群众文化培训平台不仅仅是培训课程的展示端,更应突出后台管理、运营方式、数据开发及应用的功能。

1. 重视平台运营

文化馆的公共文化服务定位决定了群众文化培训平台的开放性、共享性、普惠性,在满足培训课程正常有序进行的基本功能下,还应结合用户的文化艺术需求,重视平台的推广运营、内容运营、用户运营、选题策划,不断提升培训平台的社会影响力和公众美誉度。

突出平台的便捷性,提升用户体验,在设置登录、注册、打卡、签到等环节时尽量简单、便捷,便于用户操作。平台重视设计页面、操作流程、推广形式、选题切入等运营,策划开展有创意的网络文化活动,让培训平台优势最大化。开发 App、小程序、H5 页面等移动端,双端同步进行,便于学员的学习和操作。

2. 重视数据开发

大数据时代,如何发展好培训工作是每个文化工作者需要思考的命题,这就需要我们回归初心,了解学员的需求。通过学员在线时长、在线时间段、浏览习惯、浏览内容等方面,以点赞量、评论数、转发量、完播率等数据为支撑,多层级、多维度的大数据精雕用户画像,不断完善用户属性,从用户角度进行行为数据采集,建立一整套用户行为数据统计分析方法。

了解学员的基本属性、社会属性、兴趣爱好、行为习惯、心理属性,掌握学员对课程内容、课程类型、课程形式的喜好,形成用户喜好度分析报告、用户行为分析统计报告,为学员进行精准推送优质培训资源,为线上培训工作提供强有力的发展策略,为各业务部门开展线上活动提供精准指引,不断改进文化馆的数字服务。

同时,还需注重管理制度的建立和完善,形成一套行之有效的管理制度,便于培训管理平台的运营和管理,有助于线上培训课程树立"专业化 + 群众化"的品牌,更大限度发掘文化馆资源优势。

三、群众文化培训人才队伍建设和管理制度完善化

在新媒体时代下，要保证群众文化培训活动的有序开展，还需应时代发展需求组建一支高素质复合型的文化工作队伍。群众文化工作者要重新审视公共文化服务的服务理念、服务方式、服务效能，要具备互联网思维，要从培训活动策划、文艺辅导等传统模式中跳脱出来，从互联网角度思考培训工作。

同时，文化馆领导要重视文化工作队伍构建工作，投入相应资金用于对文化工作者的教育和培训，使其业务能力提高。此外，文化工作者应加大对于新媒体技术的学习掌握和应用，为新媒体时代下开展群众文化培训活动提供有力保障。

浅谈文化志愿者在保护城市历史文化遗产中的作用

——以厦门市思明区文物保护志愿服务队伍为例

胡　蝶（厦门市思明区文化馆）

一座城市之所以让人魂牵梦绕，是因为它有着让人割舍不断的人文根脉，是因为它烙上了只属于你与它的历史印记，是因为这里"望得见山，看得见水，记得住乡愁"。然而，当我国处于改革开放、大力发展经济的时期，城市以空前规模在建设和发展，城市建设在争相现代化，一座座高楼拔地而起，一片片古老的街巷被抹平，城市的特色在消失。为进一步传承与守护城市历史文化遗产，保留城市的根与魂，2016年厦门市思明区进一步创新文物保护工作，突破单纯依靠政府部门进行文物管理的局限，在全国首创"文物守护认领"模式，积极发动社会力量参与文物保护，成立了全市首支文物保护志愿服务队伍。经过三年多的发展，该队伍已成为厦门市一支强有力的文物保护社会志愿力量，为厦门这座爱心之城增添了一道亮丽且独特的风景线。

一、思明区文物保护志愿服务队伍发展现状

1. 志愿者招募征集

2016年，思明区为解决文物保护工作中存在的专职人员力量薄弱、社会公众参与度低的问题，开始积极探索发动社会力量参与文物保护的新模式，在全国率先推出"文物守护认领"模式。结合各项群众文化活动，向社会发出文化志愿者征集倡议，同时在《厦门日报》《海西晨报》等厦门主流媒体进行宣传并对外公布认领电话等方式，向社会广泛招募志愿者。

因为参与文物保护这项工作的志愿者不同于一般的文化志愿者，他需要具备一定的文化素养和专业素质，所以思明区在征集志愿者时，在志愿者学历、专业知识、年龄上都设置了征集条件，确保最终进入该队伍的都是真正热心文物保护、具有一定专业素养，并能长期坚持下去的志愿者。经过近半年的征集，最终思明辖内199处不可移动文物全部被社会上热心企业、家庭、组织和爱心市民认领保护，全市首支思明区文物保护志愿者队伍同步成立，迄今成员达300多名。其中，35岁以下的志愿者人数约占总人数的60%，党员志愿者约占总人数的40%，这是一支充满着活力、爱心及奉献精神的志愿者队伍。

2. 志愿者组织管理

志愿者招募进来之后,为进一步加强对其的规范化和制度化管理,思明区对志愿者进行登记备案,颁发志愿者证书,并制作志愿者证件,配备志愿者服装,统一志愿者的对外形象。制定《思明区文物保护志愿者管理制度》,规定志愿者志愿服务内容,设置激励机制、进退机制等,以进一步激发志愿者的参与热情。为及时跟踪和掌握志愿者工作情况,发放《思明区文物保护志愿者巡查记录簿》及组建官方微信群,志愿者将日常巡查情况及时记录在巡查簿上,并将巡查照片反馈至微信群。同时,微信群作为一个连接志愿者的线上平台,志愿者都能随时随地通过这个平台进行守护经验的分享与交流,这有利于增强整个队伍的凝聚力和战斗力。

3. 志愿者专业化培训

为进一步提升文物保护志愿服务组织的专业化水平,思明区采取了多元化的培训方式,着力打造了一支有水平、有专业、有温度、有情怀的文物保护志愿者队伍。一是邀请厦门文史界的大咖对志愿者开展面对面的课堂授课,志愿者通过在课堂聆听专家们的精彩授课及与专家的互动交流,全面提升了其专业理论素养,为开展文物保护志愿服务工作奠定了坚实的理论基础;二是思明区定期组织开展"文物思明之旅",邀请文史专家在文物现场对志愿者进行实地教学,讲述文物背后的历史故事,这种实地教学方式让志愿者能更直接深入了解和掌握思明辖内各文物情况;三是于每个月最后一个星期的周五开展"文物保护加油站"经验交流会,志愿者在加油站中开展文物宣导演练,互相点评学习、互相分享守护经验等,这进一步加强了志愿者之间的沟通与交流。

4. 志愿者志愿服务内容

为确保文物保护志愿服务工作的可持续性发展,真正发挥其社会效应,思明区对志愿者的工作内容设置了量化的指标,规定志愿者对所认领守护的文物点要进行每个月至少2次、全年不少于24次的安全巡查及宣传服务,把每次的巡查情况记录在巡查记录簿上,并在微信平台进行信息反馈,守护期限至少一年。思明区将根据志愿者的工作信息反馈情况,每半年开展一次评估,如超过三个月没有开展志愿服务,将对该志愿者进行劝退,以提升整个队伍的参与度。

2018年,思明区进一步深化志愿服务内容,推出"文物宣导"志愿服务项目,经过专业化培训及考核,从原有队伍中遴选出50名专业能力较强的志愿者,成立了思明区文物寻根志愿宣导团,该队伍于每周六上午向社会常态化开放"周末文物游"志愿宣导,旨在以宣导的方式让城市的文物活起来、让文物会"说话"。

2019年,思明区文物保护志愿服务队伍被省文物局推荐入选为中国文物安全志愿服务福建试点队,根据国家文物安全志愿者的服务要求,思明区将服务对象从最初的199处未定级不可移动文物扩大到国家、省、市级文物保护单位,现已涵盖全区各级文物保护单位(点)。针对国家、省、市级文物保护单位,思明区于每个月第一周的周六将志愿者分成五组,分组开展"文物安全放大镜"行动,主要检查文物是否有火灾隐患、是否被盗窃、是否损坏,安全设施是否完好、安全疏散通道是否畅通等,将文物安全检查上升到更加专业的程度。同时对文物业主进行文物安全常识、文物保护法规的普及及文物保护重要意义的教育,以进一步提升业主的文物保护意识。

二、思明区文化保护志愿服务队伍发挥的作用

1. 进一步提升文物安全底线

思明区文化保护志愿服务队伍自成立三年多来,其发挥出的最直接的成效就是破解了思明区当前存在的专职保护缺编少人,财力、物力难以全面覆盖的难题,通过志愿者每个月对守护认领的文物点进行安全巡查,使思明辖内199处未定级不可移动文物点得到了较好的保护,坚守了"保护为主"的文物安全底线和红线,城市历史文脉也得到了更好地延续和传承。

2. 进一步焕发城市文物魅力

思明区文化保护志愿服务队伍开展的"文物宣导"项目,是在当前文旅融合的背景下,采用"文物保护+旅游"的模式,而推出的一个创新性志愿服务项目。志愿者在思明区内开辟六条"文物之旅"线路,每周末带领市民、游客一起畅游文物古迹,聆听思明文物背后的历史故事,激发了社会公众对城市历史文化遗产的热爱,推动文化遗产与市民百姓生活相融合。同时,通过志愿者现场讲解文物故事,让城市历史文脉的"根"和"魂"活起来,使文物古迹在新时代重新焕发生机和活力,让更多人因为了解文物,而热爱上一座城。

3. 进一步凝聚社会保护力量

思明区文化保护志愿服务队伍在三年多的活动开展中,涌现出了一批积极奉献、热心公益的文物保护志愿者骨干,他们在引领"守护文物、人人有责"的社会风尚,带动社会上更多爱心力量加入文物保护行动,他们发挥着积极的榜样教化作用。在他们的示范引领、宣传倡导下,越来越多的社会爱心人士开始积极主动加入"文物守护"大家庭,在全社会营造出了全民高度重视文物保护、传承城市历史文脉的浓厚氛围。

三、思明区文物保护志愿服务队伍建设存在的问题及今后解决举措

1. 经费保障不足的问题

思明区文物保护志愿服务队伍自成立三年多来,其日常活动经费均从其政府主管部

门进行支出,但是由于其主管部门的财政预算没有专门列支志愿者活动经费这块,所以队伍的日常运作缺乏充足的资金保障,这在很大程度上制约了队伍的长远发展与建设。今后,要加大对文物保护志愿服务活动的经费投入,通过向省市相关部门申请活动经费、倡导鼓励社会各界捐助等方式,建立多渠道、社会化的多元筹资机制,以保障志愿服务活动有序、有效进行。

2. 培训资源不足的问题

为不断提升志愿者的专业素养,思明区会定期邀请厦门文史专家对志愿者开展相关培训,但是由于厦门文史专家数量不多,所以开展培训时存在师资重复及保障不足等问题。未来思明区将通过借助互联网手段,整合线上学习资源,组织志愿者开展相关线上学习活动,通过"线上 + 线下"相结合的培训模式,进一步实现志愿者培训的信息化、自主化和专业化。

3. 激励保障不足的问题

建立系统化的激励机制是文物保护志愿服务工作获得长效发展的必然举措,但是目前省市等相关部门未建立统一的志愿者激励管理制度,志愿者"积分制"管理、志愿者评星定级等一些细化的激励办法没有相关政策可参照执行,激励体系存在碎片化问题。因此,未来思明区将通过向上申请相关经费,建立精神激励与物质激励相结合的激励制度,实行志愿者评星定级、"积分化"管理等激励制度,进一步对志愿者工作给予更多的正面肯定及反馈,增强其从事志愿服务活动的信心和能力,激励他们达到更好的服务效果和产生长期从事志愿服务的意愿。

从法人治理结构发展状况分析文化馆法人治理结构建设

李　冰（北京市石景山区文化馆）

一、法人治理结构发展状况

法人治理结构又称为公司治理，是指公司的管理机构以及它们之间的相互关系。公司的管理机构通常可分为：决策机构、执行机构、监督机构三个部分。其中最终决策机构由股东会担任，董事会或经理层行使公司日常运营管理和决策，监事会行使监督职能，三个管理机构三权制衡。在资本主义公司发展早期，所有股东直接参与公司管理，并不需要法人治理结构。当大规模生产融资的需要使得股东人数增加，大多数股东并不参与公司运营管理的时候，不参与管理的股东就需要对经营管理者进行监督，于是产生了现行的法人治理结构。法人治理结构是公司所有权与经营权相分离的产物。

随着公司制继续发展，公司所有人发展成为高度分散的小股东。当公司绝大多数股东根本无法掌握公司的最终决策权和经营权时，公司完全由经营者支配，这就是所谓的公司所有权与经营权完全分离，经济学家把这称为第二阶段公司。我国的国有企事业单位，实质上同这样的公司一样，企业的所有人是国家，事业单位同样接受国家财政拨款，国家是非自然人，国家无法有效参与企事业单位的经营或运营活动，经营或运营权完全掌握在单位管理者手里，因此国家企事业单位所有（所属）权与经营（运营）权完全分离是与生俱来的。

在所有（所属）权与经营（运营）权完全分离的状况下，如果法人治理结构能够使国有单位或公司的运营者受到有效的监督和制约，那么法人治理结构的建立依然具有积极的意义和作用。然而，目前我国国有企业在推行公司制的同时，还是遇到一些问题。在计划经济指导下，国有企业由国家机关支配，随着国有企业改革的推进，国有企业的支配权转移到经营者手中，这样即使是在实现政企分开后，国有企业依然会出现经营者支配权过大，损害国家人民利益的情况。公司制所包含的法人治理结构一直被认为是对经营者实行监控的有效手段，然而，在国企公司制改革的历程中，监控制度的有效性却不尽如人意。上述国企改革所遇到的问题也正是在事业单位文化馆推行法人治理结构建设过程中值得借鉴和思考的问题。

二、文化馆法人治理结构建设现状及问题分析

国有企业与文化事业单位的区别在于企业以追求利润为最终目标；文化事业单位追

求公共利益,以满足公众的基本文化需求为目的。

1. 文化馆法人治理结构改革的政策依托

2013 年,党的十八届三中全会《关于全面深化改革若干重大问题的决定》提出要"明确不同文化事业单位功能定位,建立法人治理结构,完善绩效考核机制。推动公共图书馆、博物馆、文化馆、科技馆等组建理事会,吸纳有关方面代表、专业人士、各界群众参与管理"。2015 年 1 月中共中央办公厅、国务院办公厅印发《关于加快构建现代公共文化服务体系的意见》,提出"建立事业单位法人治理结构,推动公共图书馆、博物馆、文化馆、科技馆等组建理事会,吸纳有关方面代表、专业人士、各界群众参与管理,健全决策、执行和监督机制"。2017 年 3 月 1 日《中华人民共和国公共文化服务保障法》正式实施,其中第二十四条规定:"国家推动公共图书馆、博物馆、文化馆等公共文化设施管理单位根据其功能定位建立健全法人治理结构,吸收有关方面代表、专业人士和公众参与管理。"至此,建立健全文化馆法人治理结构已作为我国一项基本文化制度,并通过国家立法的形式得到保障。

2. 中外非营利性文化机构运行机制对比

文化馆法人治理结构建设是我国政府自上而下的治理模式的延伸。我国的文化事业单位接受国家财政拨款,作为非营利性事业单位的文化馆,与生俱来存在发展动力不足的问题,其内部一定程度上存在惯有的惰性,难以紧跟时代发展的步伐。为了解决这个问题,我国将理事会制作为文化事业单位发展的一项基本制度。自《中华人民共和国公共文化服务保障法》颁布实施以来,多地文化馆纷纷组建理事会试点,但在试运行过程中由于缺乏相应的配套政策制度作保障,理事会制不可避免地出现责权不清、对理事会成员缺乏有效制约机制等问题,导致理事会难以真正发挥决策管理的职能。如何真正解决我国文化事业单位内在发展动力,始终是一个难点问题。

3. 文化馆法人治理结构试点分析,以广东省文化馆法人治理结构建设为例

根据刘勇军阐述:"广东省文化馆理事会的构成和产生方式为:政府方代表 3 名,由举办单位广东省文化厅提议,广东省文化厅、广东省委宣传部、广东省人大各委派一名代表组成;社会公众代表 5 名,包括基层文化馆代表、群文专家代表、非遗专家代表、公众媒体代表和企业家代表各 1 名,由举办单位推选产生;文化馆代表 3 名,包括馆长和 2 名职工,由本馆推选产生。"[1] 从构成来看,广东省文化馆理事会成员的来源非常广泛,但在理事会运作过程中却遇到了一些问题:一是理事会对文化馆的决策权与文化馆行政上级单位的决策权的冲突,实际上文化馆依然执行上级领导单位的决定,理事会的决策权无从谈起;二是由于理事是公益性职务,理事履职主要靠社会责任感和情怀,没有实质性的约束、激励机制,造成理事会难于充分发挥监督职能,不能有效改进文化馆长期以来的"庸、懒、散"的问题。此外,相关专家学者进行员工意见征询,在相当部分员工看来,理事会不像

决策监督机构,更像咨询机构。

广东省文化馆理事会运作中遇到的问题,与上述第二阶段公司和实行公司制的国有企业所存在的问题相似,均体现在所有权与经营权完全分离所造成经营主体(或上级主管部门)对经营活动的绝对支配,以及对经营主体难于监督的问题。有专家把这个问题称为"契约丢失"。"任何机关和个人只能作为国有方的代表,都无法像所有者那样与经营者签约。对于股份制国有企业而言,契约丢失是天然的,这样,对国有企业经营者的监督问题也就是与生俱来的。"[2] 由此可见,广东省文化馆法人治理结构建设过程中所遇到的决策难、监督难的问题,在所难免。

三、关于文化馆法人治理结构建设的思考

"契约丢失"现象的存在,使文化馆法人治理结构建设具有先天性不足,第二阶段公司和我国国有企业公司制改革所要解决的问题也是文化馆法人治理结构建设所面临的挑战。

1. 建立健全相关法律制度是文化馆法人治理结构建设的保障

即使我们完成了文化馆法人治理结构建设,这也并不意味着就能够顺利建立决策、执行、监督三权制衡。2017年《中华人民共和国公共文化服务保障法》的出台可以对文化事业单位存在的"契约丢失"现象在制度上做弥补。这部法律是我国最基本的公共文化服务保障制度。2017年3月15日第十二届全国人民代表大会第五次会议通过的《中华人民共和国民法总则》第八十九条规定:"事业单位法人设理事会的,除法律另有规定外,理事会为其决策机构。"我国已通过立法的形式将理事会确定为决策机构。对于理事会如何进一步有效发挥决策职能,目前没有进一步的法律制度保障,因此,会出现如上述示例中对理事缺乏有效制约和激励以及理事会决策职能未能有效体现等问题。要建立健全公共文化服务保障体系,有效发挥文化馆法人治理结构的功能,还需要建立完善相关配套法律制度。

2. 充分发挥文化馆协会对文化馆行业的规范作用

中国文化馆协会成立大会暨第一届会员代表大会于2014年9月11日在京举行。石碧涛指出:"行业协会的出现是作为弥补政府失灵和市场失灵而产生的第三方治理机制。为了达到规范行业秩序,维护产业健康稳定发展所需的宏观环境。"[3] 同时提到契约失灵论也是学界在行业协会形成的研究上所形成的代表性观点。依照上述理论,文化馆协会理应具备行业自律的职能。然而,目前我国文化馆协会功能还仅限于行业指导、行业协调和交流等,行业自律机制不完善,文化馆协会的行业规范作用还有待于进一步发挥。

3. 推进社会化运营,充分发挥市场竞争机制的作用

成晓霞提出通过招标制来聘用专门机构分别承担决策、执行、结算工作,引用市场竞

争机制。目前笔者所在市区正处在国家公共文化服务体系示范区创建进程中,该区通过招投标方式聘用多家社会文化机构承担执行辖区内 9 个街道分馆的培训服务工作。实践证明多家机构在运营过程中相互竞争,充分提升了公共文化服务效能。据"学习强国"平台报道:"全区 9 个街道综合文化活动中心全部实施社会化运营,配备专业工作人员,每周向居民开放 70 多个小时,提供满足各类不同年龄层人群需求的惠民文化活动和培训……传统的街道文化中心焕发了新的活力。"[4] 其中"八宝山街道综合文化活动中心成为潮流文化打卡地"[5]。

党的十一届三中全会以来,建立公司治理模式成为国有企业改革的方向。文化馆作为国有事业单位,与国有企业在性质、经营目标等诸多方面存在很大差异,文化馆法人治理结构建设,与我国政府转型及社会转型变革休戚相关。我国文化馆法人治理结构建设正处于起步阶段,如何充分发挥理事会决策职能,如何真正建立分权制衡的制约关系,如何有效提高文化馆公共文化服务效能,这必将是一个长期探索实践的过程。

参考文献

[1] 刘勇军.文化馆法人治理结构刍议 [M] // 中国文化馆协会.繁荣群众文艺畅想文化中国梦.北京:中国书籍出版社,2017:10.

[2] 成晓霞.新法人治理结构 [M].北京:中国政法大学出版社,2000:134.

[3] 石碧涛.中国行业协会的转型与治理研究 [M].北京:冶金工业出版社,2018:163.

[4] 刘婧.北京市石景山区打造"走得进""留得住"的百姓文化生活圈 [EB/OL].(2020-01-06)[2020-05-27].http://www.xinhuanet.com/food/2019-12/31/c_1125409156.htm.

[5] 光明网.活动太吸睛,石景山街道文化中心成新晋网红打卡地 [EB/OL].(2019-12-09)[2020-05-28].http://news.gmw.cn/xinxi/2019-12/09/content_33387460.htm.

对文旅融合发展背景下文化馆服务的思考

——以潍坊市文化馆为例

崔　洁［山东省潍坊市文化馆（潍坊市非物质文化遗产保护中心）］

　　旅游、文化、体育、健康、养老是国民五大幸福产业，为促进文化和旅游的融合发展，国家将原文化部和原国家旅游局进行了系统整合，组建了文化和旅游部，以文化内容提升旅游内涵，以旅游来传承、传播文化。文化和旅游经过了两年多的融合发展，取得了一定的成绩。作为公共文化服务体系重要组成部分的博物馆、图书馆、美术馆、文化馆等机构纷纷参与到文旅融合战线中。《国家宝藏》《我在故宫修文物》《留住手艺》等一系列文博类纪录片让博物馆、传统手艺等成为当下热门的话题。博物馆、美术馆等公共文化服务机构成了市民及游客的打卡地，"故宫淘宝""博物馆文创""非遗文创"等也成了游客必买的伴手礼。

　　潍坊作为山东省唯一的保护区——齐鲁文化（潍坊）文化生态保护区所在地，近年来，在促进文化和旅游融合方面做了许多有益尝试。潍坊市文化馆（潍坊市非物质文化遗产保护中心）根据自身职能和特点推出了"千里漫行话潍坊"潍水文化体验活动，以文化旅、绘声绘色——全市群文工作者当"导游"系列活动等，市民反应良好。以非遗等传统文化资源为基础打造的十笏园非遗空间及研学体验也受到了本地市民和外地游客的欢迎。本文以潍坊市文化馆为例，探讨文旅融合背景下文化馆旅游发展的创新路径。

一、立足专业，打造群文品牌，让文化活动"热"起来

　　潍坊市文化馆通过几十年的发展，积累了一批专业干部，他们有专业，有情怀，在文旅融合的背景下，发挥专业群文干部的主观能动性，立足专业，打造高质量的文化产品和文化服务，树立群文活动品牌。

　　（1）有效利用本地优势资源，在节会等时间节点推出系列活动。潍坊是世界风筝之都，连续举办36届的潍坊国际风筝节（会）带动了潍坊风筝等地域文化资源的发展，也带动了潍坊全域旅游的发展。围绕风筝会推出的一系列节会如寿光蔬菜博览会、中国潍坊文化展示交易会、鲁台经贸洽谈会、世界风筝小姐大赛、中国潍坊滨海国际风筝冲浪邀请赛等，进一步拓展了潍坊风筝会的内涵，促进了潍坊旅游业的发展。潍坊市文化馆应有效利用这些已经成熟的节会品牌，对自身资源，尤其是潍坊特色的民间文化资源，对其进行深度挖掘、整理，以舞蹈、音乐、戏剧或大众喜闻乐见的广场舞、曲艺等艺术形式进行专业

提升,或在节会期间将月宫图、茂腔、东路大鼓等原汁原味的民间舞蹈、戏剧、曲艺呈现给游客,或在节会期间推出地域特色的常态性文化演出,扩大潍坊文化馆的影响力。

（2）满足公众需求,推动群文活动品牌优质化。在前期潍坊市文化馆推出了一系列惠民艺术活动,如每年陪伴大家跨年的潍坊市民新春音乐会、潍坊市民新年音乐会。对于大众参与的市民艺术节等文化活动,群众反馈都比较良好。以潍坊市民新春音乐会、潍坊市民新年音乐会为例进行说明,这两个活动自2015年开始举办,以馆办艺术团体潍坊市群星民族乐团、潍坊爱乐青年交响乐团为主要参与力量,广泛集结社会力量每年为市民奉献新年礼物。两个音乐会充分满足了市民的文化需求,每年年底市民通过公众号抢票,通过云试听在云端感受音乐魅力。这启示我们要充分利用单位业务干部的专业能力,精雕细琢,打造精品,善于利用新媒体宣传,打造属于文化馆的热点。可在这些品牌活动中嵌入项目体量小的如手作体验、亲子活动等,给予本地市民"小而美"的休闲体验。

二、传承非遗,发展体验式旅游,让游客公众"嗨"起来

以非物质文化遗产保护和传承为代表的文化体验式旅游,在很大程度上满足了当下国民大众的需求。非物质文化遗产作为旅游地文化的重要代表,它体现了当地的社会生活和民众智慧,成为游客在旅途中体验当地文化魅力的重要媒介。潍坊市文化馆需要整合非遗资源,给予本地市民及游客视觉、味觉、听觉、触觉等多感官体验。前期爆款的活动——"千里漫行话潍坊"潍水文化体验活动,文旅融合新实践的十笏园非遗空间及研学体验都是基于此而推出的。

潍坊市文化馆选取历史文化街区等旅游景区,让非遗参与旅游规划设计,推动旅游发展。用潍坊特色的小吃为游客奉上最正宗的潍坊味道,汇集潍坊非遗项目让游客感受潍坊民俗文化的乐趣,开展非遗展演让游客参与其中,提供最地道的文创产品及土特产一站式采购服务。除此之外,设计非遗体验课程和相关的公共教育课程面向市民及游客。相关的非遗体验能够为公众尤其是中小学生带来一份崭新的感受及记忆。我们希望齐鲁文化（潍坊）生态保护区能够成为更多中小学生非遗传承课外研学的选择,开启潍坊非遗之旅。我们也更希望齐鲁文化（潍坊）生态保护区能够成为市民及旅游者专题研习手工技艺和体验潍坊人文风情的课堂,让公众体验潍坊传统的生产和生活方式,重温传统生活之美。

三、加强宣传,吸引年轻一代,让群文活动"秀"起来

在当前互联网科技时代,文化馆宣传需要充分利用信息化手段,开创非遗展品展示与解说、线上群众文化活动的新手段、新路径。将AR、VR、人工智能等科技手段融入文化馆标识系统、解说系统及非遗保护与传承之中,丰富非遗展陈及文创开发等,让展陈在非遗展厅的实物会说话,让它们在新时代焕发新活力。在线上构建出一个创意十足、科技融

人、彰显情怀、温情脉脉的文化馆。通过数字文化馆、虚拟游览等方式，吸引年轻群体，让"后浪"们成为文化馆的"粉丝"，促进群众文化在线上"秀"出精彩。

定制化、精细化地分解年轻群体的喜好并服务好年轻群体是所有文化馆人面临的难题和任务，在这方面，潍坊市文化馆需要向上海艺术馆学习，上海市艺术馆自 2011 年起在豆瓣、微博等虚拟社区进行搜索，选取玩具、插画等网络社群推出了"梦回童年——80 年代怀旧玩具展"和"摘星少年——人气绘本作家黑荔枝作品展"等，吸引了众多年轻人观展，场面十分火爆。此后，不同社群的玩家都在群艺馆聚集、办展、交流，并推出相关课程，由此，上海市艺术馆成了年轻人的"新据点"。潍坊市文化馆专业干部也应该走出去，寻找年轻人的关注点，要从年轻人身上找项目，将这些好玩又有趣的文化项目引进来，这样年轻人才能真正了解群众文艺，走进文化馆。

四、深入社区，让艺术普及惠及公众，让传统文化"动"起来

社区文化建设是公共文化服务体系中重要的一部分，它虽小，但最贴近民众生活，贴近百姓心声。《中华人民共和国公共文化服务保障法》第二十七条要求，"各级人民政府应当充分利用公共文化设施，促进优秀公共文化产品的提供和传播，支持开展全民阅读、全面普法、全民健身、全民科普和艺术普及、优秀传统文化传承活动。"近年来，业界和学界对文化馆的职能得出共识：文化馆的责任和使命就是承担起全民艺术普及和优秀传统文化传承。目前，潍坊全市 118 个镇街全部建有达到省级标准的综合文化站，全市 1205 个社区均建成标准的社区文化中心。如何让这些文化馆（站）在新时期服务于民众应该成为当下全民艺术普及的关注点。

潍坊市文化馆现已与社会办学机构进行合作，市民可根据需求就近选择培训点进行艺术培训。受限于馆舍条件的不足，潍坊市文化馆可以与潍坊品牌小区的物业、街道办事处及大型商场等公共场所进行合作，利用周六、日或者下班后的时间，嵌入式地做艺术普及活动，建立社区艺术体验中心。这种艺术体验中心可以以公益性文化服务为主，引入社会培训机构适当开展经营性文化服务。另外，潍坊市文化馆应根据潍坊民间文化资源，推出一系列文化活动和公共教育普及活动，依据当地公众利用文化馆习惯与特点，在闲暇时段多开放。适当延长夜间、双休日的开放时间，以便更好地适应公众需求，服务公众。

五、创新设计，呈现潍坊礼物，让文创产品"火"起来

前期以年画、剪纸等非遗元素开发的文创产品深受市民及游客喜欢，这些文创产品本身带有了一定的潍坊文化的元素，也颇具时尚感，这启示我们应该引入更多的新设计让潍坊的老手艺在当下重新焕发光彩。围绕老手艺的新设计，不仅包括文创成品，还应包括传统工艺材料包等体验品。民艺品中含有自然之美，最能反映民众的生存活力，所以工艺品之美属于亲切温润之美。这种亲切和温润的特质能够保证传统手工艺品在当下有一定的

市场。

对于文创成品,应注重其批量化生产的可能和适应当下的审美特性。批量化生产能够降低制作成本,使售价与大众消费能力相匹配,也能保证更多的非遗从业人员通过手艺增收致富。仅以潍坊布玩具为例,该项目可在保留潍坊布玩具工艺的基础上,加入现代玩具的元素,进行再设计,使其外观更适宜当下审美。可拓展布玩具的使用功能,针对人生礼仪及传统节日进行新设计,开发潍坊礼物。对其进行外在包装升级,使产品可自用亦可作为礼物。以传统节会等空间为展示销售点,以产品销售助力传统手艺复兴。传统工艺材料包是为了让更多的年轻人喜欢并制作潍坊特色的手工艺品。我们仅以潍坊代表性的杨家埠木版年画为例进行说明,杨家埠木版年画中有许多优秀的年画品类,文化馆可对传统图案进行设计重新,使其适应当下的审美,对其制作工具、画材进行组装,推出便于携带、便于制作的年画套餐。人们购买手工艺术时,不是因为它有用,而是一种内心的需要。这种满足通过人和物的关系产生,通过把玩达至心灵。这种亲手制作的把玩物能够让游客享受制作过程,享受亲手制作的喜悦。

随着城镇化的扩张、居民经济收入水平的提高及高速交通网络的便捷,市内甚至省域景区已经成为国民大众的日常休闲场所,面向本地提供公共文化服务的博物馆、美术馆、文化馆等也逐渐成为吸引游客到访的景区。文化馆当下的重要任务是为大众提供高品质的艺术体验,开展艺术普及,让文化回归生活,让旅游充满文化体验。未来,我们希望文化馆能够在打造群文品牌、艺术普及的基础上充分挖掘潍坊地域特色鲜明的非物质文化遗产项目,让它们以体验、展演、文创等多种方式呈现给市民和游客。我们期待文化馆在文旅融合的当下能够带给市民"诗与远方",能为游客讲述生动的潍坊故事。

探寻品牌营销与公共文化服务
市场化运作有机结合的发展道路

陈　晨（深圳市福田区公共文化体育发展中心）

一、公共文化服务市场化的主流形式

近年来，公共文化服务市场化运作已逐步成为各级公共文化服务机构思考的重点，主要表现为整体或部分场馆委托社会机构进行运营，或与社会机构签订合约，委托其具体运作某项公共文化服务。这种外包的形式具有操作简便、规划统一、见效迅速的特点，无可否认的是，这种形式同样具有难以持续和不利监管的缺点。以福田区政府与雅昌艺术馆的运作模式为例，福田区政府对雅昌艺术馆采取"0 租金"的优惠政策，雅昌艺术馆则以政府公益活动低场租等优惠政策进行反馈。但是在实际操作中，因文化馆缺少对其公益活动的直接监管，从而无法保证其公益活动属性的完整性。类似情况还出现在福田体育公园、南山文体中心等委托社会机构进行运营的文体场馆。由此可见，在公共文化服务市场化的过程中，政府应该长期有效地处于公益性主导地位。

二、公共文化服务的特点与难点

1. 公共文化服务的特点

（1）政府主导，公益性突出

当前，各级各类公共文化服务机构大多为事业单位，具有明确的政府属性。以福田区公共文化体育发展中心（以下简称"福田公共文体中心"）为例，该单位是由区委宣传部归口指导的正处级事业单位，下辖音乐、书画、舞蹈、钢琴、非遗、戏剧、梦工场等七个主题文化馆，全年开展主题馆艺术节、午间音乐会、星空音乐会等重点品牌活动的同时，也开展艺术沙龙、周末剧场、业务培训等常态活动，并定期开展文化志愿服务、开设公益培训班、精品文艺创作、对外交流学习等工作。在做好线下服务的同时，还通过文体中心微信公众号、文体中心官网、场馆管理 App 等手段做好数字文化馆的建设工作，市民可在家完成在线抢票、场地预约、慕课学习、直录播观看等操作。福田区数字文化馆也于 2019 年 7 月 25 日正式通过全国首批数字文化馆建设试点验收。

从福田公共文体中心的业务开展情况，我们可以很明显地看出，以政府为主导的公共文化服务并不以营利为目的,而是采取专业性和普及性相结合的方式,开展纯公益性质的公共文化服务。

（2）财政支持,经费稳定性高

福田公共文体中心年均支出业务经费约为 1500 万元,约占年度全单位支出经费的四分之一,主要用于重点品牌活动、常态化活动、精品文艺创作、公益培训、志愿服务、数字文化馆建设等方面,同时如果有其他节庆活动或新增创作任务,还会在年中时向区财政申请追加相关经费,所有费用基本实现专款专用。

与市场化文化活动相比,财政支持保证了业务开展的稳定性和持续性。

（3）人才保障,队伍流动性低

福田公共文体中心现有在编人员 37 人,其中专业技术人员 19 人,约占在编人员的二分之一,人才队伍相对合理,人员流动性较低。经近几年着力培育,七大主题文化馆均拥有 1—2 支固定优质团队,每支队伍固定活动人数约 60—80 人,除保证在馆活动外,成员也具备代表中心参加各级各类比赛的水准。

稳定的专业技术人才,固定的优质群众文艺团队,构建起了公共文化服务的基石。

2.公共文化服务的难点

（1）理念滞后,与社会热点关联性弱

受制于政府行政部门管理方面规定,公共文化服务单位往往很难及时有效地切中社会热点。这主要是因为社会热点具有时效性和快速替代性,而行政管理方面的严谨性和步骤性决定了公共文化服务部门难以及时对社会热点进行反馈,或因缺少创意从而使服务无法快速传播而与热点失之交臂。例如,巴黎圣母院大火、首张黑洞照片公布、金庸逝世等公众关注的突发热点话题发生时,我们往往难以对其进行创意创作。这一方面是受行政流程和公共形象所限,另一方面也因为长期固化的思维模式限制了创意发散。

（2）流程烦琐,业务开展积极性不高

以文化馆（站）为代表的公共文化服务机构往往会面临有钱花不出去的情况,即便花出去了也大多是“花大钱办小事”,经常出现模式化、疲态化、仪式化的一次性活动。这主要与当前经费使用方面的烦琐流程相关。以福田公共文体中心为例,按照经费使用规定,超过 5 万元的经费支出就要进行招标、比价、询价等一系列手续,这个过程至少需要一个月。长此以往,专业技术人员的创作愿望也会相应减少,进而导致了购买服务的情况大量存在,而供应商水平的参差不齐也影响了公益活动内容的最终呈现和传播效果。

（3）预设门槛,来馆活动人员过于固定

公共文化服务机构往往都面临一个问题,部分时间内场馆空置率高,来馆活动人员大多为小孩与老人。以福田公共文体中心为例,每日进馆活动的人数基本达到 400—500 人次,其中青年人占比不到 20%。诚然,这与青年人可支配的时间有限和生活压力大等有直接关系。同时,也应该看到这与我们对文化馆的定位有关。与图书馆进馆即可读书不同,文化馆往往设置了一定的门槛,如果不具备一定的艺术水平,则无法自如地在文化馆内享受公共文化服务。尤其是青年人,因为难以在文化馆内迅速寻找到自己感兴趣的内容,而常常放弃来文化馆活动,也就无法对文化场馆进行主动宣传,对馆办活动的认可度也相对较低。

由此可见,传统的公共文化服务模式的确具有明确的公益属性和显著的政策优势,同时也具有反馈慢和人群分化等明显的问题。

三、品牌营销的作用

1. 对人群进行重新区分

当前我们对于受众人群的区分,大多是针对年龄段进行区分,如少儿、青年、中年、老年,这个区分过于宽泛,并不利于我们在工作中提供精准服务。实际上,我们应对人群进行具体的年龄层次和具体需求的区分。这种精细化区分,有助于我们有针对性地推出具体的公共文化活动。我们可以尝试借鉴现在渐趋成熟的大数据和区块链技术,比如在网站的后台,根据搜索和学习某一门慕课课程的人数多少来确定线下的公益班是否要开设类似的课程,或将线上线下的课程关联起来。

2. 重新打造公共文化服务形象

目前为止,公共文化服务机构常以一种极为正经的形象与公众对话,这也就让公众对于公共文化服务机构有一种距离感。以福田公共文体中心为例,文体中心微信公众号有粉丝 10 万名,每年参加各类活动市民达 22.5 万余人次,但是粉丝转化率并不高,年均粉丝增长不到 1 万名。可见,我们并没有利用好现有的传播途径,也没有真正激发公益活动的影响力,没有形成具有自身特色的品牌形象。我们尝试重塑公共文化服务机构的形象,不再将重心放在希望市民接受什么,而是主动寻找市民喜欢什么或是需要什么,改变供需关系,树立起一个更接近市民日常生活需求的公共文化服务形象,这有助于我们凝聚起一批"铁粉",加快粉丝的转化率。

四、发展方向与模式推广

正如前文所述,财政经费的使用过程会涉及较多的流程和审计,而新的文化形象的打造,同样需要较长时间的市场培养,无法一蹴而就。那么,为了尽快实现市场转换,与成熟的企业或新媒体合作,就成了一个相对有效的选择。

1. 与阿里、腾讯、百度等已有实体文创产品的企业合作

这些企业经过相当长时间的客户培养和形象打造,已经具有了固定的企业文化形象,而这些企业同时也具有一定的参与公共文化服务的积极性。我们可与其建立战略合作关

系,在特定的时间点,借助他们的文创形象,打破公共文化服务机构一本正经的传统形象,以青年人更容易接受的形式出现,达到激发用户主动传播的目的。如利用淘宝或天猫的系列动物卡通形象,以易于传播的小视频的形式向外界推送近期活动。

2. 与具有影响力的新媒体公众号合作

新冠疫情暴发之初,不少新媒体都创作了抗疫海报,其中,"热干面加油"系列成功吸引了不少人的关注,这个创作团队是一个叫作"桃小桃"的新媒体运营团队,他们以创作广受年轻人喜爱的漫画形象而为人所知。同样,以"小林漫画"为代表的具有水墨画风格的带有哲理短句特点的新媒体,也在青年人中具有较高知名度。如果我们在重大时间节点或重要活动开始前,与这些在青年人中占有较大受众群体的新媒体合作,以漫画形式进行叙事描述,讲好某个具体事件或是某项具体活动的故事,同样也可以达到引流和粉丝转化的目的。

3. 打造具有独立特色的联名文创产品

当我们已具有了相当数量的粉丝群体,基本形成了具有自身特色的文化形象和文化气质,就可以与一些线下的青年人较为喜欢的品牌进行联名创作,推出具有独立特色的联名文创产品。这时候,我们只需要在物料设计上多花心思,巩固品牌形象,就能基本达到用户自主推广和主动传播的目的。

由此可见,如有足够的敏感度和市场推广力度,无须专门创作文创形象,同样能打造符合自身气质的品牌。

综上所述,在利用品牌营销理论进行公共文化服务市场化运作时,应当先对人群进行精细划分,再有针对性地与成熟的企业进行合作,利用其成熟的市场和消费人群,实现自主式推广和病毒式宣传的目的。由此带来的粉丝转化将有助于公共文化服务机构的整体形象塑造,从而实现借力打力、强强联合的目的。

参考文献

[1] 陈东 . 微信平台环境下的品牌营销策划探究 [J]. 新经济,2016(32):17-19.

[2] 杭挥天 . 文化对市场营销和广告策划的影响 [J]. 全国商情,2016(31):13-14.

[3] 孙其媛 . 博物馆微信公众号营销策划探究 [J]. 文物鉴定与鉴赏,2017(1):112-114.

[4] 林宏鸣 . 文化产业思维中的艺术营销理念——以上海东方艺术中心为例 [J]. 上海文化,2016(12):112-115,127.

公共文化云建设的几点思考

吴向天（北京市西城区第一文化馆）

2017年中国文化馆年会开幕式上，由文化部公共文化司指导、文化部全国公共文化发展中心具体建设的国家公共文化云正式开通。文化云整合了全国文化信息资源共享工程、数字图书馆推广工程、公共电子阅览室建设计划三大工程，除了传统的网站外，还包含了微信号、移动客户端，突出手机端服务功能定制，具有共享直播、资源点播、活动预约、场馆导航、服务点单等核心功能，顺应了智能手机与移动互联网替代电脑的大趋势，也成为基层公共文化云的模板。

2018年"开展国家公共文化云试点工作"成为文旅部当年的工作要点，当年国家公共文化云各个子系统开发完毕，上线运营。全年更新资源14604条，其中音视频资源7782个、文化活动4223场、文化场馆495个；接待访问1.6亿人次，并播放了群众文化活动、讲座341场，8950万人次观看了直播。2019年，文化云访问量达到2.5亿人次，更新4.5万余条，并打造了云上群星奖等专题，展现出了高效的发展潜力。

除此之外，近两年有条件的基层文化馆也积极开展了公共文化云建设，拓展公共文化服务受众。特别是疫情期间，各个公共文化云平台发挥了重要的作用，使得文化馆在关闭期间依然能顺畅地向群众提供一定的文化服务。

尽管上线以来，公共文化云有了快速发展，但目前仍存在一些问题，制约后续的发展。

一、系统与功能有待完善

笔者使用过的几个文化云平台给笔者最深的印象是不流畅，活动期间流量激增时，卡顿现象更明显，经常长时间刷不出来页面。这方面的问题应该得到重视。此外，平台手机端系统也普遍存在页面字体太小，缺乏搜索功能等问题，影响使用体验，尤其对老人不友好，有待设计得更人性化。

此外，云平台普遍更侧重于信息发布，活动报名等功能；其他线上功能，如网络课程、网络资源库等部分并没有得到重视。以笔者最熟悉的文化西城为例，其运营以来9成以上的发布内容为西城文旅局及下属单位的活动公告与浅显的文化知识介绍，视频内容只有77个，其中一半为本区公共文化活动的录像，其余有部分本区非遗介绍以及少量讲座录像，并且缺乏分类索引，翻找不便。此外，西城文化云也缺乏成系统的线上课程。

笔者在疫情期间还曾随机使用其他地方的文化云，上述现象普遍存在，部分平台有少量线上课程及资源库,但课程种类少,内容浅显不能满足需求。

公共文化云平台不应局限于一个活动信息发布平台。理想状态下,其应该具有丰富的数字资料库及完善的课程平台,这两部分是云平台重要的一环;在此之上,还可以加强线上线下联动,拓展活动的参与者。

对于高水平公益演出还可以借鉴国外知名院团的经验。纽约大都会剧院自2007年起每年会安排10余场演出高清直播活动,观众可以在大都会的平台上观看直播,参与类似活动的还有维也纳歌剧院、莫斯科大剧院、英国皇家歌剧院等机构,剧院之间搭建了一套成熟的平台与拍摄模式。直播时,在开场前与中场休息时,摄影机会来到幕后,拍摄演员采访片段,介绍演出背景,探访演员在后台的换装、化妆造型的过程等,增加趣味性,丰富了直播的外延,也满足了观众对后台的好奇。随着互联网技术的发展,还可以考虑加强线上活动的交互水平,比如在直播中允许线上观众参与互动,将疫情期间的线上直播培训与讲座结合互动功能常态化。

此外平台还可以用来整合总分馆资源,根据居民需求统筹安排。比如海淀区的平台有预约免费开放活动场地的功能,涵盖了海淀文化馆、海淀北部文化馆以及各街道社区分馆的开放场馆。

二、线上内容有待丰富

目前各个平台的内容以文化普及文章以及政策法规,各类群众文化活动录像,馆内业余团队演出,入门性质的讲座、课程为主,缺乏有深度的内容及高质量资源。

公共文化云作为文化普及的重要一环,不应该将自己定位在群众文化活动资料库、文化入门大全这一层次;其内容在覆盖面广和内容精上都要下功夫,既要有浅显的内容,也要有有一定专业性的内容,以满足不同层次的需求。

云上资源应该有丰富的高水平演出录像,尤其是知名院团的经典作品、音质良好的录音及色彩偏差较小的艺术品照片以及具有一定深度的讲座与课程。尤其是介乎于初级与高级之间的提高课程与讲座,这是群众需求比较大的部分。

此外,同一区域内的各云平台间可以考虑互相开放资源,上级馆与下级馆之间也应互相开放资源库,方便群众使用。比如江苏文化云平台上的课程集合了省内各个地方平台的内容,只需在江苏文化云上注册,便可观看所有课程。

三、政策需要更有针对性

国外知名文化机构的数字化建设始于2007年前后,十多年来已经小有规模,形成了自己的特色品牌与成熟的数字版权运营模式,例如英国的 ntlive、环球映画、线上皇家剧院等,欧洲的巴黎歌剧院、维也纳国家歌剧院等众多知名院团的线上直播,以及大都会歌剧院、柏林爱乐等院团的开放资料库。在此之上,还有剧院联盟运营线上资源库与直播平台。在多年的努力中,他们积累了规模庞大的数字资源资库。以柏林爱乐乐团为例,其云平台收录了 600 多场音乐会实况录像,涵盖了从卡拉扬时代到近年的演出,还有大量的纪录片、艺术家访谈、音乐教育项目视频,方便初次接触古典音乐的观众入门。除了丰富的资源,柏林爱乐的云平台还有便捷的检索系统,方便使用者查找。此外,卢浮宫、罗马博物馆等机构也有完备的藏品数字资源库。在本次疫情期间,这些机构的云平台凭借数字资源库的支持,得以持续向公众提供众多各具特色的活动。

由此可见,云平台服务的水平与背后数字资源库的建设密切相关,加强其建设刻不容缓。

其一,应鼓励文化艺术生产单位(尤其是高水平院团)尽可能多地制作演出录像,建立数字影像资料库;鼓励文博单位建立藏品数字库及线上展览系统。高质量的数字资源制作成本较高,需要政府在政策上予以支持。除了传统的财政立项支持外,还可以在政策上鼓励流媒体企业参与。

其二,建立国家级别的数字资源库,统合各机构的数字资源,并协调相关版权问题。公共文化云平台为公益性平台,这也使得其在使用数字资源时面临复杂的版权问题(版权持有单位机构不愿意低价提供使用权)。这里可以借鉴国外的经验采取比较灵活的方式,ntlive 与维也纳国家歌剧院的资源限时播放,定期更换,且限制下载。

其三,鼓励各机构加强慕课系统的建设,尤其是课程的多样性和系统性。除了动用公共文化机构内部资源外,也应通过政策吸引专业院校乃至有兴趣的社会培训机构参与。

其四,鼓励各个公共文化云与 B 站、抖音等成熟流媒体平台合作,利用平台开展线上活动。其一可以降低开发成本,其二成熟平台流量众多,更有利于吸引新用户。

创新文化活动形式，让群众文化活动"年轻"起来

刘海燕（天津市蓟州区文化馆）

近年来，蓟州区的文化普及工作出现了高速发展的态势，各种形式的文化活动遍地开花，随处可见的广场舞人群，定期举办的戏曲交流、票友大赛，成了人们生活中不可或缺的精神食粮。但是，在此欣欣向荣的文化氛围的背后，却有一个不容忽视的问题存在，那就是参与文化活动的人群都是以老年人和孩子为主，中青年参与者寥寥无几，文化活动中心成了名副其实的"养老院和幼儿园"。当然，这和目前年轻人外出务工，老年人负责在家带孩子、闲暇时间相对较多的客观因素分不开，其中也不乏一些主观因素，那就是文化活动的开展出现了发展不均衡的现象，文娱活动相对单一，形式不够新颖。目前文艺类活动主要以戏曲、广场舞、传统乐器为主，美术类以国画、书法、摄影展览类为主，加上部分非遗类展览。这些活动吸引到的年轻人少之又少，从而造成了文化受众年龄两极分化的问题出现，这些问题应当引起文化工作者的高度重视。

文化活动的服务对象下到几岁的孩子，上到耄耋之年的老人，他们成长于不同的时代，文化背景和成长经历相差巨大，所以，他们的兴趣点也完全不一样，不同时代下成长的人的文化需求不同，文化馆策划和组织各种文化活动需要照顾到全民的需求，在重视老年文化和少年儿童文化的同时，用较多的时间和精力重视年轻人的文化诉求，毕竟青年才是社会的中坚力量，必须重视青年群体的需求，才能弥补群文普及工作的短板，让文化普及工作能够均衡开展。

在工作实践中我们体会到，文化活动的开展要踏准时代的节奏，让群众文化活动年轻化成为主基调。文化活动要在形式上力求创新，与年轻人的文化诉求相契合，让人民群众的文化活动朝着年轻化的方向发展。因此应当从下述四个方面着手，让群众文化活动"年轻起来"。

一、适当增加亲子活动，让年轻的爸爸妈妈们"嗨"起来

文化活动开展要力求多样化，满足不同年龄段的文化需求。尤其就现阶段而言，有针对性地推出适合年轻人参与的文化活动更是重中之重。现在很多青年人已经初为人之父母，和孩子参加文化活动应当是他们乐此不疲的事情，因此，增加亲子活动是一个不错的选择。儿童是现阶段文化活动的另一个主流群体，他们的父母也都是亲力亲为地陪伴孩子，但是由于这些活动都是孩子单独参加的，没有与家长互动的环节，父母只是起到了接

送和陪伴的作用,期间,他们的状态就是在一旁安静等候或者玩手机,很难和孩子打成一片或者参与其中。究其原因,并不是年轻人不想融入孩子的生活,甚至不屑于参与这些文化活动,相反,他们可能在百忙之中也会去抽时间去看场电影,甚至会攒出一年的假期带孩子去旅游观光,所以,他们并不是没有文化需求,而是文化馆的活动开展的方式不足以吸引他们融入进来。

随着近年来人们对教育的认知的逐步提升,各种类型的亲子活动已经遍布社会的各个领域,越来越多的家长参与其中,文化馆的文化活动也可以开拓一下思路,在假期、周末组织一些生动有趣的文娱类活动,例如"亲子猜谜游戏""亲子摄影""亲子剪纸"等,如果条件允许的话,还可以增加一些"亲子对唱""亲子四手联弹"(器乐)等项目,让父母和孩子共同参与,这样,既能促进孩子与父母的关系,利于他们之间的沟通,又能让孩子的身心能够健康成长,同时还能让这些年轻的爸爸妈妈们在带娃的同时获得文化活动带来的无穷乐趣,慢慢成为群众文化活动的中坚力量。

二、文化的传播要有活力,让民间传说"演"起来

最近,西安大唐不夜城"不倒翁"小姐姐的表演火遍了全国,她之所以火爆是因为"不倒翁"小姐姐的表演赋予了文化以生命,充分展现出了文化的活力。而蓟州区作为天津的后花园,经历了2000多年的历史演变,在这片古老的土地上,曾发生过无数的故事。从白居易"渔阳鼙鼓动地来、惊破霓裳羽衣曲"的安史之乱的故事,到乾隆游盘山"早知有盘山,何必下江南"的传说,这些家喻户晓的传说让蓟州区这座文化旅游名城更增加了一些神秘的色彩。一些诸如"哼哈二将的传说""梁思成与独乐寺"等民间故事在老百姓当中更是口口相传。而文化馆的活动开展也需要"不倒翁"表演这种文化的生命力和活力。在后续活动开展中,不妨考虑借鉴一下"不倒翁"小姐姐的经典案例,挑选蓟州区有代表性的传说进行加工提炼(例如乾隆帝游览盘山的故事或者杨贵妃的传说),改编成情景剧的形式,挑选适合的年轻人出演剧中人物,让他们成为自己心目中的"紫薇格格"、"五阿哥"或者"贵妃娘娘",打造具有蓟州特色的文化形式,这样既能对文化的传承起到积极促进的作用,又能带动年轻人参与到文化活动中来,这也许才是他们心中文化活动最美的境界。

三、在静态展览的基础上增加动态演出,让非遗"动"起来

相对于静态展示而言,年轻人更热衷于参与动态的文化活动,而目前文化馆的非遗类展览基本上都是以静态展出的形式举行,如剪纸、根雕、烫画、皮影展览等,观众也基本都是老年人和小孩,即使有一部分年轻观众参与,也只是走马观花地看一下,远没有参与动态文艺演出时的热情度高。

在2019年年初,蓟州区文旅局在正月十五庙会期间邀请了其他区县的民间艺人举办

了一次传统非遗项目交流演出,登天梯、空竹、舞龙等节目的表演吸引了大量的年轻人参观。而在蓟州区,散落在民间的传统艺人也有很多,项目有觖子摔跤、渔阳花鼓、少林武术等。那么,文化馆可以加大这些表演类的非遗项目的演出频次,这些动态的演出对年轻人充满感召力,能极大提高他们的参与度,同时让他们感受传统文化的博大精深。

另外还可以在手工类的非遗项目上开发一些新项目。例如借鉴陶罐制作的模式,把剪纸展示改成动态的活动形式,让爱好者参与其中,从剪一朵梅花、一个"福"字开始,切身投入剪纸这项文化活动;又或者将这种模式运用在根雕艺术上,让年轻爱好者从选材、设计开始,直到根雕的成品制作完成,从而参与根雕制作的体验、学习,因为这些文化形式具有更高的可操作性,他们更乐于参与,从而用传统文化潜移默化地影响年轻人。

四、实现从美拍到专业摄影的升级,让少男少女们"潮"起来

由于近些年互联网的高速发展以及美图秀秀之类 App 的兴起,晒自拍照成了少男少女的一大共同爱好,经过各种滤镜、美颜、修图处理过的照片刷爆了每个人的朋友圈,这些照片美则美矣,但是因为一则画面失真,二则缺少艺术的味道,看多了反倒让人失了兴趣。而文化馆拥有经过培训的摄影家团队、专业的摄影设备以及化妆师,如果把爱好美拍且具备一些特定条件的年轻人组织起来,给她们提供高品质的"服化道",然后根据不同的题材要求进行专业拍摄,那么不仅能让少男少女的美拍不再停留在自拍的层面,而是上升到艺术摄影的境界,这样既能及时吸纳年轻人成为文化活动的受益者,同时也可以为蓟州区美术摄影工作的开展提供源源不断的素材。

综上所述,作为文化工作从业者的我们,要学会与时俱进,及时吸收新鲜血液,创新文化活动形式,就像部分学校已经将街舞、鬼步舞代替广播体操,激发了学生的极大兴趣。而我们的文化活动,也可以适时引进电竞、编程、RAP、街舞等青年人喜欢的文化活动形式,又或者是将古风、汉服、cosplay 的流行元素融入演出、摄影活动,让我们的文化活动能够更加契合时代的要求、与时代接轨,吸引更多的年轻人参与。

为了让更多的年轻人参与群众文化活动,今后,我们一定要依托现有资源,发挥各方力量,充分挖掘各种适合年轻人的文化活动形式,实现群文活动年轻化,为他们提供多元化、鲜活有趣的活动项目,在弘扬传统文化的同时,实现全民同乐,让群众文化工作更上一层楼,完成时代赋予群文工作者的历史使命。

探究非物质文化遗产的整体性保护和传承性发展

——以吴江区文化馆实施传统文化生态保护区建设为例

于　萍（苏州市吴江区公共文化艺术中心）

历史传统文化（非遗）生态保护区，就是以政府规划为主导，以保护传统文化（非遗）为核心，为对历史悠久的区域性传统文化，并且生存状态较好、特质鲜明和赋有特殊价值的文化事项和形态采取整体性保护，助力社会和谐、协调发展而划定的特定空间。在如此特定的区域内，营造有效保护社会民俗、节庆礼仪、传统音乐、传统美术、传统舞蹈和传统技艺等非物质文化遗产的生存环境，使历史遗迹、文化遗产与传统民居和历史文化街区（村镇）等相互依存，与社会环境、经济环境、自然环境和谐相处。建设传统文化生态保护区，要以非遗为核心，推动非遗的整体性保护和传承发展，维护文化生态系统的完整性和协调性；要提高文化自觉，提升文化自信，增强民族凝聚力，建设中华民族共同精神家园。

吴江地处以长三角中心的核心区域，有着极其深厚的文化底蕴，尤其非物质文化遗产更丰富，有效构筑了非物质文化遗产挖掘、整理、保护、传承的制度和体系，形成了国家、省、市、县（区）四级名录保护项目工程。目前，非遗代表性项目有区级 54 个、市级 20 个、省级 3 个、国家级 2 个，非遗项目代表性传承人有区级 58 人、市级 11 人、国家级 2 人。2011 年"鲈乡风韵文丛"工程启动，《吴江非物质文化遗产概览》《吴江蚕桑丝织技艺》《太湖渔歌》《平望灯谜》《同里剪纸艺术与技法》五本非遗专辑书刊已公开出版发行。

早在 2011 年，吴江就树立了以非遗保护和传承为核心的文化生态建设理念。作为承担全区非遗保护工作的业务部门，吴江文化馆创新性地开展国家文化创新工程"吴江戏曲文化生态保护区"建设，工程被文化部列入重点项目，并于 2016 年圆满结项。2017 年，吴江文化馆再次启动"优秀传统文化传承发展工程"，进一步加大宣传保护吴江丰厚的优秀传统文化。随着这两大工程的有序推进和实施，吴江已初步构建起一套非物质文化遗产保护体系，非物质文化遗产的整体保护和传承发展工作坚持发掘与培育、保护与利用、继承与创新模式，推动保护传承事业深入发展，对于增强民族自信心和凝聚力，实现吴江经济社会的全面、协调、可持续发展具有重要意义。

一、实施"吴江区戏曲文化生态建设"工程

1. 指导思想

按照中央关于"推动社会主义文化大发展大繁荣"的目标要求,融入吴江政治经济社会全面发展的大局,打造一个推陈出新、整体保护、改革创新、惠及百姓的戏曲文化创新发展大格局。全面强化戏曲文化生态保护工作,全面提升戏曲活态保护质量;大力发展戏曲文化事业,全面开展各类惠及百姓的戏曲文化服务;统筹协调戏曲文化创新与经济社会发展,充分释放戏曲文化资源、借力戏曲文化功能,发挥戏曲文化促进人们和谐、乡邻敦睦、愉悦精神、引领社会的作用,为吴江社会主义文化大发展大繁荣做出贡献。

2. 背景条件

地处长三角的特殊位置和深厚的历史文化底蕴使吴江自然形成了一个集聚多元文化、多种流派的生息、共存、交流、旺盛奇特现象。如江苏的昆曲、评弹,锡剧,浙江的越剧,上海的沪剧,还有京剧、黄梅戏等多种戏曲剧种,在吴江共生共荣盛行繁荣,吴江成为在全国少有的戏曲大观园。吴江区戏曲文化历史悠久,在明代后期,以沈璟为代表的"昆曲吴江派"与汤显祖为代表的"临川派"的"汤沈之争",对昆曲乃至整个戏曲领域都产生了重大影响,"昆曲吴江派"使吴江的昆曲活动绵延不绝。创始于清光绪年间的七都"姚记木偶昆曲社"更是独树一帜,全国只此一家。清代后期,"堂名""宣卷"也迅猛发展,代有传人,新中国成立前后吴江还在演出的堂名班有 20 多个、宣卷班有 30 多个。

新中国成立后,吴江戏曲事业进入新时代。1955 年专业戏曲团体登记时,全县登记从业的有"洪福木偶昆剧团""工艺京剧团""吴江锡剧团""光明越剧团""吴江评弹团"等 5 个专业戏曲团体。吴江锡剧团长期坚守"为农民演一辈子好戏"的行动准则,受到文化部嘉奖,被授予"红旗剧团"荣誉称号。吴江评弹团提出"一根扁担两条腿,跑遍全县生产队"的口号,《人民日报》等报刊都曾宣传报道。

3. 工作目标

整体提升吴江在地方传统戏曲文化方面的传承保护能力和普及发展水平,努力实现优秀戏曲文化保护生态与全社会发展协调、和谐、融合的新局面。根据非遗保护传承的工作性质和要求,采取整体保护和发展的创新举措,积极开展富有地区特色的各类戏曲文化活动,支持和培育群众戏曲骨干团队和喜闻乐见的戏曲艺术精品,丰富城乡人民群众的文化精神生活,不断提升全体市民的文化素养和幸福感。

4. 工作举措

（1）加强领导、落实职责

吴江区党委、区政府高度重视吴江"戏曲文化生态保护区建设"创建工作,为了加强

对创建工作的领导,将保护区建设上升到党委和政府的重要工作议事日程,专门成立以市领导为组长的工作机构,负责对整个创建工作的动员、部署、协调和组织工作,责任单位(宣传、文化、建设、规划、发改委、文联、教育)分工明确、各司其职,各责任单位也成立相应的工作机构,制订创建方案,分解任务到位,明确责任到人,从而提高全社会认同感、支持和参与水平,使戏曲文化更深入地融入全社会的各个方面。全市专门安排创建专项经费,各镇(区)、各相关部门对创建工作给予人力、物力、财力支持,全面形成上下联动、各方配合、通力协作、齐抓共创的生动局面。

(2)制定政策、完善保障

完善对吴江区戏曲文化生态建设的政策支持。①建立戏曲名录体系;②建立传承人保护机制;③建设文化生态试验点;④开展生态民间活动;⑤加强基础设施建设;⑥建立全社会培训传习机制;⑦加强戏曲生态研究;⑧建立信息、宣传体系。

(3)多措并举、地校共建

采取"构筑立体""集聚多元""地校合作"的办法和机制,多措并举着力建设戏曲文化人才的培育工作。通过吴江地方政府与江苏省戏剧学校进行战略合作,共建"吴江区戏曲传承中心暨江苏省戏剧学校吴江培训基地",为吴江戏曲文化可持续发展奠定了基础性、稳定性、前瞻性的人才保障机制。吴江依托江苏省戏剧学校,引入学校的师资、学科、专业资源,推进整体性、传承性、普及性、发展性、服务性五位一体的戏曲文化生态建设工程。

(4)细化任务、完善网络

基本保证各镇(区)建立戏曲团队,从事戏曲人才培养,开展戏曲文化活动,使之成为覆盖全区域的戏曲文化网络。建设全市40余支且人数达到1000余人的各类戏曲团队;常年开展200余场各类戏曲文化活动。戏曲活动室基本保证每个镇(区)百分之百的普及率,做到周周有活动;利用"文化云"、网站、微信等现代科技,开设"云戏台""云剧场"提高培训、辅导、传播的效能。在全市选取十所中小学建立不同剧种的戏曲示范学校,每年培养在校少儿戏曲票友1000余人。通过团队选拔,重点培训年轻票友200人。规范和健全辅导培训制度和管理办法,建立和完善戏曲团队和活动的管理档案。

二、构筑"五位一体"戏曲生态建设的大格局

2011年"吴江戏曲文化生态保护区建设"项目,被文化部列为重点国家文化创新工程项目,项目以"整体性、传承性、普及性、发展性、服务性"五位一体为传承发展的核心,有效地把优秀的传统戏曲发扬光大,将其经验向全国推广。随后,吴江也被文化部命名为"中国民间文化艺术(戏曲)之乡"。2019年,中国曲艺家协会授予吴江"中国曲艺之乡"称号。

1. 整体性

"戏曲文化生态保护区",采用全区共建、全域覆盖、全力保护、全面开花、全民享受的

模式。把昆曲、评弹、锡剧、越剧、沪剧、京剧、黄梅戏等所有门类的戏曲,通过发掘、整理、集合、规划,统一在"戏曲文化生态保护区"中,按照戏曲的属性特点和地域分布,进行全面系统的保护。保护区不仅使戏曲文化的生态性、系统性在大范围内得到有力保护,而且也提高了戏曲文化的历史人文内涵的整体性;不仅有利于戏曲与人民群众的生活的联系,也有利于戏曲文化与社会发展的紧密融合。

2. 传承性

在戏曲文化生态保护的进程中,传承和培育的关键工作,就是采取了"抓小养大"等行之有效的措施,形成了全区城乡、男女老少、各行各业都重视、关心、参与戏曲活动的局面,使生态保护水平整体得到提高。"抓小"就是以学校为基地、从少年儿童着手,在各镇区都建立一所不同戏曲门类的戏曲普及点或示范学校,要求在三年内培训 1000 人的戏曲初级班学生;"养大"就是推进全社会对戏曲文化有兴趣爱好、立志投身戏曲事业的青少年戏曲骨干,进行提高性、专业性、规范性的培养,破解区域内戏曲队伍后继乏人、青黄不接的困境,有力保证戏曲队伍的发展壮大。

3. 普及性

"点面结合",在开设初期以五所学校试点,半年后社会效果甚好,学校、学生和家长的热情高涨,所有镇区要求开设戏曲班,激发了少年儿童对传统戏曲文化的热爱和兴趣。同时,在接受省戏剧学校老师的专业培训后,戏曲骨干自身的戏曲水平明显得到提高,他们又以戏曲助教老师的身份去带动、指导刚刚入门的戏曲爱好者,戏曲传承事业呈现了循环式、阶梯式递进发展的"蝴蝶效应"。

4. 发展性

采用"构筑立体、集聚多元"的手段,使其贯穿"传承与发展"的始终,运用"校地共建、双方共赢"的原则,使戏曲文化生态区人才培育工作得以加速推动,为戏曲文化生态保护工作健康持续推进提供了充实的保障机制。

5. 服务性

戏曲艺术具有来自民间、源于人民、愉悦生活、增进和谐、引导社会的核心功能。应该充分利用戏曲文化的独特资源,服务百姓、服务基层、服务中心工作,搭建戏曲活动的大舞台;围绕当地政府的政治、经济、社会、文化各项中心工作,创作、编排戏曲艺术作品,配合党和政府的宣传活动,把戏台搬到老百姓的门口,做到周周有戏演、人人有戏看。这充分体现了公共文化服务的公益性、基本性、均等性、便利性,丰富了群众的精神生活,促进了社会和谐,使戏曲惠民服务的成效在提升扩张的同时又衍生出良性发展的生态机体。

三、文化生态保护区建设中的认识和思考

1. 厘清"文化生态保护区"建设的理念和思路

我们把"生态"引用到文化范畴来,它本身是一个生态学的自然概念。社会、经济的高度发展使得一些非物质文化遗产生存的自然环境发生了巨大变化,甚至被彻底破坏。对一个项目进行独立单一的保护是很困难的,因为任何一个非遗项目必然是一个文化生态中的社会自然产物。它需要一个资源丰富、保存完好、特色鲜明、科学规划、合理划定的环境区域。文化生态保护区的建设,应该在一个文化生态环境相对完整的区域内,通过各种保护措施,尽量保留原本依存的生态环境,使其能够继续生存和发展。

2. 完善"文化生态保护区"建设的体制和机制

目前,文化生态保护区建设在实施操作层面还处于研究和探索阶段,必须要遵循整体性、活态性、本真性的原则。制定包括文化资源与文化生态的现状与分析、建设计划、工作目标、原则和内容、重点和范围、方式和区域、问题和措施等要素的规划纲要。

3. 协调"文化生态保护区"建设的文旅融合

解决好文化生态保护与开发、利用的合理关系,纠正过多强调开发和利用,忽略保护的片面做法。避免以文化生态保护区建设的名义,开发文化生态旅游区,也不能把原来的旅游区作为文化生态保护区。

4. 保障"文化生态保护区"建设的主体队伍

非物质文化遗产的创造、传承、享受是以人为载体实现的。非遗的传承者、从业者普遍年龄偏大,传承普遍面临着后继乏人、文化内涵消退、生存空间萎缩等危机。文化馆要使民众共同参与整个保护区的规划、建设与监督,引导民众自我组织管理,共同参与保护、传承。

重塑文化馆角色，做好乡村振兴大文章

——基层文化馆助力乡村振兴的地方实践

付德圣（山东省潍坊市临朐县文化馆）

邱纯伟（山东省潍坊市文化馆）

乡村振兴战略，为美丽乡村建设描绘了看得见山、望得见水、记得住乡愁的美好画卷。乡村发展关系着经济社会的全面发展，乡村兴衰关系着国家兴衰。在乡村振兴战略中，文化馆不会缺席也不会失语，尤其是作为基层文化馆，更是在"产业兴旺、生态宜居、乡风文明、治理有效、生活富裕"方方面面扮演着重要角色。以下仅通过山东省临朐县文化馆助力当地乡村振兴的发展实践为例，展现一个基层文化馆如何践行文化使命和责任担当的地方实践。

一、做好"实干家"，开拓特色产业

我们曾为四季如画、美丽富饶的乡村而引以为傲，因为这里是孕育文化资源的有机土壤。潍坊市临朐县位于山东半岛中部，属于沂蒙山区，因为位置偏远、产业基础薄弱，至今还是省定贫困县。但这里是第一批"全国文化模范县""全国社会文化先进县"，素有"小戏之乡""书画之乡"的美誉。得天独厚的文化资源，让这里的文化产业熠熠生辉，插上了创意的翅膀。产业兴旺不仅需要增强旧产业，还需要培育新产业新业态。临朐县地处沂蒙山区，胜景棋布，物产丰富，但乡村旅游发展定位不清晰、旅游项目缺少专业性规划和先进的理念，导致好的旅游资源宣传不出去，只在当地"叫得响"。临朐县文化馆作为当地重要的县级公共文化服务机构，积极主动与各乡镇对接，为每个乡镇量身定制了特色专属文化节日，如：盛产红香椿的寺头镇打造了"香椿节"，富产樱桃的城关街道和山旺镇打造了"樱桃节"，盛产蜜桃的嵩山镇打造了"桃花节"等。一个个定制节日的推出，极大宣传了乡镇特色，拉动了农副产品的销售，仅仅两个乡镇的樱桃年产值就达到了25亿元。农业做基础，文化当引领，这催生了休闲农业、乡村旅游等新产业新业态。新冠疫情下，许多地方领导干部积极做主播"带货"，为滞销的农产品打开了销路，解决了农民的燃眉之急，基层文化馆可对身怀绝技但不会通过新媒体进行宣传推销的非遗传承人、老艺人等进行淘宝、抖音、快手等媒体的培训，授之以渔，为农民和消费者之间搭建起产、推、销一条龙的动态合作链条。

二、当好"店小二",擦亮生态底色

我国广大美丽乡村,既保留着完整的原始自然形态,又具有现代社会的现代形态,兼具自然、文化、生态、经济等功能属性。建设美丽中国,乡村必须要美。良好的生态环境(包括自然生态和人文生态)是乡村振兴的天然屏障。临朐县文化馆开展定向服务,一是借助自身优势,组织美术专业人才拿起画笔扮靓农村,有展现优秀传统文化的,有体现乡镇特色资源的,有表现自然风景的……一面面艺术墙绘为村庄换上了美丽的妆容,丰富了农村文化墙的内涵,增添了文化品位,生态文明与现代文明有机融合,描绘了一幅幅天更蓝、水更清、山更美的乡村画卷。二是结合乡镇文化优势和实际建设,为乡镇文化站配套相关文化设施。文化大院、文化广场、文化舞台、文化信息资源共享站点等应运而生,这些基础设施成为老百姓休闲娱乐的"会客厅",文化生态得到净化。三是针对旅游景点丰富的乡镇,开展"非遗进景区"活动。一方面这些非遗项目本身自带"流量",能吸引更多游客,游客在欣赏自然美景的同时,还能感受人文气息,它们为景区带来人气效应,擦亮生态宜居底色。另一方面,这是对非遗项目和乡村振兴进行的一种整体性保护,一个景区有了活力,才能更好地涵养自然生态环境,自然生态的修复,又能进一步改善人文生态,达到"以文促旅、以旅彰文"的目的,从而形成良性的生态循环链条。

三、当好"领路人",提升乡风文明

实施乡村振兴战略,不仅仅是为了让农民吃得饱、穿得暖、住新房、开好车,更重要的是要用优秀文化引领乡风文明。在大多数人的记忆中,乡村不仅有青山绿水,还有和谐的邻里关系、香火旺盛的乡村庙会以及各种节日习俗。乡风文明是乡村振兴的灵魂,临朐县文化馆开展总分馆制度建设,以县文化馆为总馆,在当地 14 个镇(街、园、区)设立分馆,26 个社区设立服务点,以老百姓的文化需求为导向,每月定时开展活动,大力开展文化进基层活动,组织文艺展演、文化演出、文艺培训和送戏下乡等文艺志愿服务活动,丰富农民群众精神文化生活,践行乡村文化兴盛之路。一系列如改善婆媳关系的小品《招聘婆婆》,促进邻里关系的小品《白杨树下》,颂扬乐于助人精神的周姑戏《担当》等以乡村为题材的正能量戏剧,以淳朴的民风带动乡风,结合每年"一村一年一场戏"活动,走遍了全县的大小乡村,洗涤了人们心灵,倡树良好家风、乡风、民风,为乡风文明建设增添美丽风景。为更好地适应新时代文化发展形势,临朐县文化馆创新服务方式,拓宽线上服务渠道,开通抖音官方账号,专门组织文化志愿服务队,在抖音的拍摄地开设培训点,通过抖音微视频的形式,展现美丽乡村建设丰富内涵,为乡风文明建设凝心聚力。

四、做好"联络员",乡村治理提质增效

走乡村善治之路,就是要加强农村基层党组织领导效能,这需要多方力量的参与。临

朐县文化馆联合临朐县蒋峪镇政府,连续四年打造"出彩蒋峪人"活动,活动每年夏天7—9月份举办,从村级辅导选拔,再到社区选拔,最后至镇级总决赛,历时时间长,参与主体广,许多节目都是老百姓自创自演,体现邻里关系、婆媳关系、干群关系等的不同形式的节目,让广大群众尝到了登台的喜悦,也理解了乡村治理工作的不易。老百姓登上舞台,当上了"大明星",提高了老百姓生活工作的激情。俗话说"上面千条线,下面一根针",乡村治理更是千头万绪,可恰恰就是这种上万人参与的群众文化活动,在活动演出过程中,会有关于国家政策、乡村治理等政策知识的宣传,老百姓有了参与感和互动感,意识到自己是舞台的主角,有了文化自信和心理自信。活动拉近了干部和百姓的距离,有效改善了干群关系、邻里关系,使蒋峪镇乡村治理,民心相通,政令畅通,这一颇具特色的"蒋峪模式"成为学习借鉴的"蒋峪样本"。

五、当好"践行者",农民唱响致富歌

生活富裕是乡村振兴的根本。拓展农民增收思路,提升农村民生保障水平,是乡村振兴战略中的重要引擎。临朐县冶源镇人杰地灵、钟灵毓秀,文化旅游资源众多,北齐崔芬墓壁画色彩鲜艳,保存完好,以明代有名的散曲家冯惟敏为代表的冯氏家族闻名遐迩,非遗项目数量在当地首屈一指……吕家楼村与北杨善村是临朐县冶源镇普通的两个中心村,特点是人多地少,村民收入微薄。吕家楼村是省级非遗项目临朐手绘年画的历史发源地,"家家闻丝竹,户户弄丹青",具有无可比拟的资源优势、人才优势,临朐县文化馆根据当地文化优势帮助其打造手绘年画博物馆,把优势变亮点,搭建起特色文化传承的平台,集年画创作、培训、装裱、销售于一体。同时还通过线上直播与线下销售的形式,接受年画定制,把年画作品及年画抱枕、靠垫、手提袋等衍生品、文创产品卖向了全国,一张张具有传统文化气息的年画作品为梦想插上了的翅膀,从一个小山村飞向全国各地。

北杨善村剪纸艺人众多,几乎人人都能剪出漂亮的图案,临朐县文化馆与北杨善村联合打造了临朐县首个非遗小镇,作为汇集农村闲散劳动力的重要文化阵地,"农忙时种地,农闲时画画",是非遗小镇的形象写照。村民农闲时可以进入小镇学习创作文创产品,村民们通过学习培训,习得一技之长,提高了他们的致富能力,增强了生活的信心,真正实现了"在家门口就业",居家和就业同时兼顾。通过这种集中专业培训,闲散的劳动力资源重新被发掘,参加培训后自主创收的农户年增收3万元,培训每年为村集体增加收益8万元,真正走出了一条"农民增收、非遗保护和乡村振兴"的致富之路。

"产业兴旺、生态宜居、乡风文明、治理有效、生活富裕"关系着乡村振兴的整体布局,也是检验乡村振兴实现程度的重要指标,因此,乡村振兴既要塑形,又要铸魂,要辩证处理好"面子"和"里子"的深层问题。乡村振兴战略是一项关涉14亿人口的大工程,需要多方力量的参与实施,地方基层文化馆要随着时代发展适应角色转换,做好"实干家""店小二""领路人""联络员""践行者"等不同角色,做好乡村振兴这篇大文章。

也谈重大主题群众文艺创作

——以天津市群众艺术馆举办的文学创作活动为例

李　莹（天津市群众艺术馆）

2020 年，在"文化馆事业发展的思考与讨论"线上专题活动中戴珩老师做了关于重大主题群众文艺创作的讲座，我颇有共鸣。恰天津市群众艺术馆依托"全民创意写作活动"已连续 5 年开展重大主题群众文学创作，2020 年初组织的"万众一心　抗疫防疫"征文活动更取得了非常好的活动效果和社会反响，既显示出了民间创作力量的蓬勃生机，也彰显出了在重大主题创作中群众文学创作的不可或缺。因此，我便想以数年举办此项活动的经验、观察和思考为依据，谈一谈重大主题群众文学创作的相关问题。

一、担负起重大主题群众文学创作的引领和辅导工作

1. 各级文化（群艺）馆是引领群众文学创作群体开展重大主题创作的不二选择

现代社会随着经济生活的高速发展，曾经火热于 20 世纪 80 年代的严肃文学日渐式微。但随着社会整体文化水平的不断提高和互联网、移动设备的大规模普及应用，个人书写和发表作品的平台未曾减少，反而处于无节制地爆发增长态势之中。人人都可以拿起笔，发表言论、书写心声，看似百花齐放，但同时也暴露出缺乏引导和提升的问题，整体创作水平可谓参差不齐、泥沙俱下。

各级文化（群艺）馆作为国家公共文化服务体系的重要组成部分，自新中国成立以来，一直承担着宣传党的方针政策、开展公众教育、普及文化艺术、传承优秀民族民间文化、辅导基层文化骨干、组织群众文化活动、繁荣群众文艺创作、丰富群众文化生活、提高全民族文化素质的重要职责。作为组织人民群众开展群众文学活动和创作辅导活动的公益性事业单位，文化（群艺）馆的文学干部可以说是站在了直面普通创作者群体的第一线，而繁荣群众文学创作、辅导基层骨干、推出优秀作品，提升本辖区内群众文学创作队伍的创作水平，本就是作为一名群众文学专业干部应尽的工作职责。

尤其，当国家遇到重大事件或需要普及重大创新发展理念时，就更需要有人去担当去引导社会正能量的创作风气，引导创作者输出正确的世界观、人生观、价值观。这时候，群文人理应成为引领群众文学创作群体开展重大主题创作的带头人。

为此,天津市群众艺术馆自 2016 年始开展了全民创意写作活动。征文体裁不限,每年只设置一个因应国家发展、民族富强、文化振兴的热点方向,以大主题小角度的创作导向引领天津市的群众文学创作者开展现实主义创作活动。我们先后开展了以"绿色生态　节能先行"为主题的作品征集,又响应习近平总书记在中国作协九大上的重要讲话精神,发动创作者参与书写"天津故事"的热潮,为庆祝新中国成立 70 周年,征集了"我的中国故事",最终有 200 多名作者从个人角度出发,阐述了一个个普通人与国家兴亡、发展、繁荣息息相关的感人故事。

2020 年初,天津市群艺馆在第一时间就向全市创作者发出了倡议,鼓励所有创作骨干和文学爱好者,在立足本职工作做好抗疫防疫的同时,拿起手中的笔,以文字传递人间真情,鼓舞士气,共克难关。而在全面复工复产之后,我们又发起了新的征集,号召创作者在全面脱贫攻坚、迈入小康社会的关键一年,记录新时代人民群众面对贫穷的坚忍奋发、面对富裕的清醒豁达,面对生态文明建设的反思与实践,以生命之光、人性之美、理性之辩、个体之力照亮实现中华民族伟大复兴的中国梦。

与国家同呼吸共命运,不缺席每一个重要时刻,用文字书写心声是群众文学创作者的共同愿望,即便我们不去疏导,他们也会通过各种方式发声。但倘若我们可以运用好现有的辅导体系,就可以使这些发声更具正面能量,而通过重大主题创作活动亦可以提升文化(群艺)馆的社会影响力。这是一件双赢的好事。

2. 各级文化(群艺)馆应引导群众文学创作的主题、题材、创作方法等

让人民群众书写身边的大事小情,让基层创作者书写当下身处一线最真实的所思所感,让群众文学创作骨干打造文学精品传承地域文化、传播社会正能量价值观,一直是群众文学创作所遵循和倡导的创作方向。通过数次征稿可以看出,我们的群众文学创作者是愿意接受引导的,关键时刻也担得起责任,并通过参与创作活动,切实提高了创作水平。

以此次抗疫征文为例,我们以两种方式进行创作引导:首先是为创作者提供优秀的创作样本。由于来稿众多,我们在每期编辑作品时均采取了"头题"策略,每期的第一、二首为主打作品,再配发其他作品,使创作者对于我们选择作品的导向有一个明确的认知,从而促使创作者更重视寻找自己独特的创作视角。诗人罗广才创作了诗歌《这个春天,有些花开在你看不到的地方》,把视线聚焦到了一个瞬间:天津市北辰区果园新村街的负责同志来到被封锁楼门,专门为解除隔离的 10 户居民送来了鲜花、口罩、慰问信等暖心礼。这首诗很短,却将疫情中政府和人民患难与共的饱满情感娓娓道来,从细微处着手,完全摆脱了大众化创作的雷同。

其次,在编辑作品时,要加强与作者的创作沟通,切忌直接修改作品。比如有少数作者在抗疫作品中将老鼠、鼠年等意向与灾祸相联系,我都会直接告知不应将相关词汇简单的贬义化,应从更公允的角度去看待人类与自然界的关系,以避免他们的作品进入传播渠道后影响更多读者。

二、开展重大主题群众文学创作活动应遵循以下原则

1. 坚持以基层创作者作为重大主题群众文学创作活动的第一主角

我们的群众文学创作队伍来源于人民群众之中,并且大多数人一直工作生活在各行各业的基层一线。他们是重大事件中真实在场的大多数,他们的创作也许从技法上还不够成熟,但其中蕴含的真情实感却是比一些专业写作者的作品更具感染力。

以抗疫征文为例。我们发出的第一篇作品就是由社区工作者郭万梅创作的诗歌《致敬我的社工姊妹弟兄》和作者杨士军加入社区志愿者队伍并以自己的所见所闻记录的防疫中的《社区一日》。这两篇作品一经推出就引发了人们对抗疫身边事的关注。从传播效果来看,征文中那些能够将文学抗疫和现实抗疫有机结合,且具有真实细节特征的作品,特别是来自一线作者的作品,更能够打动读者,传播反响也更好。

2. 坚持以群众性和专业性相结合的方式开展重大主题群众文学创作活动

天津市群艺馆在评选作品时一直坚持群众性与专业性相结合的选拔原则,高水平的作品有一定比例入选,对于新创作者,如果作品富有新意,也会进行一定数量的纳入,为群众文学创作队伍不断充实新鲜血液。

此次抗疫征文中,我们也面临作品质量参差不齐的问题。但同时,我们也关注到另一个问题:通过创作与读者形成的共情效应,在传播过程中也是分层的。一些平日里创作水平较高的作者带来的作品,用词相对晦涩,在大众读者群中的反响并不好;而一些在专业人士眼中"不太行"的作品却因为其选取的角度、文中真情实感的描摹而成为高传播度的作品。在此种情况下,就更需要我们的专业干部进行分层次的创作引导。

例如,针对低龄的小作者,一般不要过度修改他们的作品,要保持作品的童心童趣,因为他们简单上口又充满诚意的作品常常比国内知名诗人的作品更具社群传播效力。8 岁的刘筱菁创作的诗歌《致敬》,描述了在社区工作的爸爸妈妈坚守一线的辛苦,以及她独自在家隔离学习的心得体会。这首小诗发表后,立即被学校录制成朗诵视频向全校师生推介,用身边人身边事向学生们开展防疫教育。

而针对有一定创作经验的创作者,专业干部则应注意辅导其作品不断深化主题、提升思想厚度和文字质量。例如,一位文字实力很强的作者,但总是打不开创作视角。这次,我和他很真诚地探讨了他的问题。经过一番调整后,他带来了新作《我是武汉火神山医院工地上的一根钢管》,将创作视野投向了天津生产的钢管被紧急运往武汉的新闻,以一首诗歌将天津与武汉在战疫斗争中的温暖情谊表达得非常有力。

三、建立和完善活动发布、宣传和展示平台

坚持依靠各级文化(群艺)馆专业干部,畅通与创作者的沟通渠道,高效开展活动发

布、宣传和展示工作,并开启全民推广模式,拓宽活动的有效影响力。

天津市群艺馆之所以能够在不能出门的日子也可以快速有效开展工作,是因为经过多年的努力,我们彻底打通了与创作者的沟通渠道。渠道有二:一是坚持依靠各区文化馆的文学干部,通过区级文学社群和市级文学骨干社群进行两级管理,使活动信息迅速通过微信设群传达到每个创作者;二是建立了"一粒种子在天津"微信公众号,使不在社群中的业余创作者也能通过多种方式获知征稿消息。与此同时,通过市区两级自有公众号平台,我们得以迅速以专辑的形式推出优秀作品,并通过微信社群和朋友圈进行了快速地转发和多次传播,从而实现了全民推广。

以抗疫征文为例,在征稿启动当日,各区文学干部便迅速响应、转发征稿、组织创作并很快进行了稿件的初级审定和多次传播。因此,在我负责主管天津市群众文学工作的12年中,第一次见证了群众文学创作力量的大爆发。短短15天,全市投稿量就达到了正常活动水平的四倍之多,经过各区平台推荐到市级平台的作品亦有400余篇。最终在天津市群艺馆公众号、"一粒种子在天津"公众号推出了30个抗疫专辑,共200余篇抗疫作品。

但与此同时,我们也注意到,微信社群虽然拉近了专业干部和作者之间的距离,但有时却并不利于专业干部保持权威性。这就需要对社群的使用设立规则,比如设置准入准出标准,规定可推送内容的范畴以及发起创作讨论需要遵循的原则等。尤其是私信的使用限制,一定要有具体的规定,为了发表时最大限度地实现公平原则,我就规定微信不接收投稿,所有来稿以收稿邮件的先后顺序进行编辑。当然,专业干部在对作者提出要求的同时,也应严格要求自己并不断提升专业素养,要认真对待作者的投稿、给予真诚地答复,尤其尽量不要使用微信语音,而应以文字或电话方式礼貌地予以沟通。

在融合创新线上、线下活动的同时,应坚持举办丰富多彩的线下活动,坚持以激励机制鼓励创作者积极参加创作活动、不断提升创作水平,以切实提升重大主题群众文学作品的整体质量。

当代社会是一个信息爆炸的时代,也是一个信息匮乏的时代。大数据根据浏览记录去优化推送读者感兴趣的信息,但也标志着读者获取陌生知识的机会越来越少。与此同时,人们碎片化的信息摄取习惯,也使文学作品的传播越来越显现出劣势。通过"一粒种子在天津"公众号运营5年的打开数据,我们可以看出,文学作品的推广还是局限在已有社群中,很难出圈。但在纸质媒体不断萎缩,大部分文学作品无处发表的现实境况下,自有文学平台亦承担着培养和展示群众文学优秀创作的职责,是群众文学队伍最后的自留地。

因此,在大力发展线上培训的趋势下,我反而认为各文化(群艺)馆坚持举办线下活动具有重要意义。其原因有二:首先,创作者更希望利用有限的学习时间通过面对面的指导切实提高自己的创作力。近日,我们向全市创作骨干发放了一个调查问卷,在收到的297份有效答卷中,关于最希望参加的文学活动,55%的人选择了征文评选,49%的人愿意到馆参加小型研讨活动和展示活动,46%的人愿意到馆听讲座,仅有37%的人愿意在线观看文学讲座视频。而根据实际经验,在线观看即便能够通过优质平台得到流量,但对作者创作质量的实际提升作用收效甚微。

其次，带有激励机制的活动更能为创作者提振信心，鼓励其继续从事创作活动。2019年，为庆祝中华人民共和国成立 70 周年，梳理、总结、展示天津市群众文学创作成果，我们不但举办了征文活动，还举办了征文颁奖、奖金发放和作品展示活动，参会作者多达 150人，会场气氛热烈如节日一般。其中，由 4 个未成年人组获奖作者自创自编自导自演的《我们的中国故事》，不但在展示中取得热烈反响，之后更在学校、社区、电视台等各种庆祝活动中演出几十场。不断有观众反馈说，好久没看过这么动人的朗诵。但他们却不知道，这样动人的作品背后，凝聚着孩子们一次次经过赛事历练的创作成长，以及来自文学干部一次又一次耐心的辅导。

在抗疫征文活动中，我也观察到，那些表现突出，被电台、电视台、报纸、杂志，被村庄的大喇叭、社区的公众号广泛且频繁地传播着的作品，大都来自前几次全民创意写作活动的获奖者。不断地参赛和获得肯定，使他们更具创作激情，且能够带来更优秀的作品。

12 年前，当我以一个作家的角色转变为一个群众文学工作者，我便知晓当代中国文学已如微光。但今天，我亦相信，在全民文化素质不断提升的中国，群众文学的创作力只会越来越强。这些散落在民间的星星点点，数十年如一日，微光摇曳。未来，也必将生生不息。

而我们，作为群众文化工作者，唯有不懈奋斗、砥砺前行。

愿人民平安！愿中国强盛！

愿跋涉在这条群众文学之路上的每一个人——不忘初心，方得始终。

大数据背景下数字化文化馆建设

崔黎菲（河北省张家口市张北县文化馆）

大数据时代的到来使网络技术和信息技术成为现代人日常生产生活中不可或缺的重要技术，对现代人生活方式和工作方式造成很大程度的影响，在文化馆建设过程中，数字化建设是其未来发展的重要趋势，能够确保文化馆建设更高程度的满足用户精神需求。基于此，相关单位需要科学建设数字化文化馆，为了对其具有更为明确的认知，特此展开本次研究，希望能够有效推进相关行业发展。

一、数字化文化馆建设原则

在数字化背景下建设文化馆时，相关工作人员需要科学掌握相关方法，在开展具体工作时，首先需要科学化处理数据来源，对收集到的相关数据进行全面筛选，有效提升其真实性，对数据质量加强重视，确保在进行数据管理过程中实现其真实性的有效提升，更为高效地使用文化数据。其次，在具体进行管理过程中，还需要进一保障相关数据的安全性，确保文化馆建设能够最大限度满足基础发展需求，保障网络工作具有更高的安全性，进而确保更为科学地进行管理。例如在网络上填写用户信息，需要对其相关信息加强保护，避免使用信息过程中出现泄漏，进而确保用户使用具有更高的安全性。因此，在具体进行管理工作时，需要确保更为安全地使用互联网信息，实现其整体使用质量的科学保障[1]。最后数据信息具有较高的复杂性，相关单位在建设文化馆过程中，需要全面提升相关技术，收集整合各项数据，确保文化馆能够更为高效地进行数据处理，实现其服务能力的有效提升，保障相关数据具有更高的科学性，为文化馆技术的进一步发展提供更大的支持，实现其管理质量的全面提升。基于此，在具体管理文化馆过程中，相关单位需要全面提升文化馆信息使用质量和技术使用效果，确保其数据真实性和安全科学管理整体数据，对其文化馆进行更为高效的管理，推进文化馆技术的有效发展。

二、数字化文化馆建设策略

1. 提升服务意识

在传统文化馆建设过程中，相关工作人员服务意识缺乏，具有较高的被动性，在此过程中,相关工作人员需要对其思维进行科学改变,实现自身服务意识的有效提升,确保能够更为主动地开展日常工作,实现网络思维的合理构建,科学应用互联网设备,全面推广数字化工程,确保现代科技能够更好地服务于群众,为现代人文化交流沟通创建一个更好的场所。

2. 强化资源整合

如果要确保文化馆建设有效结合数字信息化,相关单位需要科学整合与梳理现有资源,深入分析与科学整理大量原始数据,实现资源库的科学构建,使受众需求得到更高程度的满足,只有对其相关资源进行有效整合,才能确保能够更为高效地应用相关信息,使其资源管理成本大大降低,确保文化馆在使用资源方面具有强大的科技基础,更为科学地管理文化馆,使文化馆建设具有更高的科学性,进而实现相关资源的有效覆盖,确保数据文化馆具有更大的影响力,使其作用得到更为充分的发挥,进而引导现代社会发展。大数据技术的本质就是对繁杂的数据进行整合,在实现数字文化馆建设过程中,需要科学应用大数据的优势,对相关资源进行更为有效的整合,进而为现代人日常生活提供更为便利的信息服务,实现受众满意度的进一步提升。基于此,为了确保数字文化馆建设的有序性和高效性,管理部门必须对其科学技术的合理应用,加强重视对文化馆的相关资源进行全面整理,实现文化管服务质量的进一步提升,进行大数据平台的合理建设,确保在为用户提供服务时具有更高的开放性,使其能够更大程度地满足现代社会发展对文化馆建设提出的最新要求。

3. 增强服务功能

在数字化时代发展的今天,建设文化管建设过程中需要应用大量数据资源,确保网络平台具有更高的便捷性,使用户资源需求得到更大程度的满足,进而确保用户搜索信息的精准性。与此同时,还需要对其文化产品进行合理丰富,只有确保具有丰富的资源,才能进一步保障吸引更多受众,基于不同需求进行专门服务模块的合理构造,实现服务质量和服务精确度的有效提升,进而使用户需求得到进一步满足。与此同时,还需要对其平台检索系统进行科学完善,使用户能够快速获取相关信息,从而实现用户满意度和服务效率的进一步提升[2]。现代信息服务水平的合理应用,能够使其数字文化馆更大程度地发挥共享功能,实现其服务功能的有效提升,使其服务成本大大降低。为了确保数字文化馆得到更大程度的发展,地方政府还需要对其给予一定的支持,具体包括技术、财力、人力等多个方面,确保数字文化馆在具体建设过程中,能够更大程度地应对各种问题,对受众需求进行更为详细的分析,对其服务功能进行合理增加,确保对用户具有更大的吸引力,实现全面推广。

4. 构建访问平台

为了进一步保障数字文化馆发展的可持续,相关工作人员需要基于时代潮流进行网络访问平台的科学构建,保障大数据发展的有序性。大数据作为新型技术,能够对相关数据进行深入分析和科学处理,在数字文化馆具体建设过程中,相关单位需要科学构建网络平台,确保各项业务能够更为高效地进行转型,数据科技的合理融入能够进一步推动业务增长,进行网络化和数字化访问平台的合理构建。在开展具体工作过程中,相关部门首先需要基于建设文化馆具体需求进行平台软件功能的合理完善,与此同时,还需要对用户使用情况跟踪观察,在此过程中,当用户对平台提出反馈时,需要对其进行深入分析,实现服务内容的有效整合。除此之外,需要进行平台功能的合理优化,确保网络平台实现更大程度的功能化和个性化,对于各种移动终端需要进行访问系统的合理构建,确保平台实现多元化发展,进一步提升服务效果,全面建设和有效推广重点服务平台对数字,保证数字文化馆具有更为完善的服务系统,通过科学应用电视、手机、平板电脑等设备,在现代人日常生活中全面贯彻数字化服务,确保网络平台具有更高的服务质量。

5. 推广线上线下体验

在我国现代信息技术高速发展过程中,文化馆在开展各项工作时,都需要有效结合现代技术科学应用数字媒体优势,实现线上线下的有效结合,科学改进管理模式,确保数字文化馆发展的有序性和长期性。数字化文化馆在具体实现多元化创新过程中必须确保用户能够进一步搜索信息资源,使其应用需求得到更大程度的满足,对具有较高单一性的服务模式进行科学改善,确保其能够吸引更多受众。数字化文化馆在开展具体工作过程中,不仅需要重视线上传播,同时还需要有效落实线下访问,进行线下活动的全面推广,确保大众能够进一步感受文化馆活动所具有的内涵,实现用户黏合度的有效提升,进而保障传播效果 [3]。除此之外,还需要科学应用现代虚拟技术,利用互联网发布活动,环境,实体等方面,确保文化馆和用户之间具有更为紧密的联系,保障数字文化馆发展的可持续性

6. 加强人才建设

文化馆在具体建设过程中,需要打造一只具有较高综合性和专业性的服务队伍,在此过程中,必须确保相关人员具有较高计算机技能,能够熟练剪辑制作相关视频,高度掌握导播直播等专业知识,与此同时,还需要确保在网络市场方面具有极高的敏感度,文化馆通过有效提升人才招聘专业性要求,为企业发展输送更多的新鲜血液。与此同时还可以对既有工作人员定期开展专业培训,定期聘请专家学者和高校教师作为专业顾问,为建设文化馆提供更为专业的技术指导。

总而言之,通过提升服务意识,强化资源整合,增强服务功能,构建访问平台,全面推广线上线下体验,加强人才建设,能够确保在大数据背景下更为高效地建设数字化文化馆,使文化馆得到更大程度的发展,确保相关用户能够更为高效地应用各项数据资源,进而使群众文化需求得到更大程度的满足,确保在文化领域科学改进服务形式和服务内容,使文化馆建设得到更大程度的发展,进而推进我国现代文化事业的进一步发展,使其更大

程度地满足现代社会经济建设对文化事业提出的更高要求。

参考文献

[1] 庄虹意. 大数据背景下数字文化馆建设路径 [J]. 智库时代,2019,178（10）:274,276.

[2] 原小兰. 大数据背景下的数字档案馆与档案数字化建设探讨 [J]. 兰台内外,2018（11）:55,64-65.

[3] 罗东. 互联网＋背景下数字文化馆建设新思考 [J]. 文化创新比较研究,2018,45（9）:160-161.

乡村文化记忆建设的"高陵文化馆模式"

吴　瑛（西安市高陵区文化馆）

乡村文化有着独立的发展空间,它的气质和精神滋养着居于其中的每个人,它的灵魂已经深深地融入这个群体的血液。在社会从农耕时代向现代化过渡中,尤其在城镇化步伐加快的背景下,作为乡村文化传承的主体的本乡居民,他们中更多的年轻人因学因谋生走出乡村,去更为广大的天地发展,对文化的选择更加多元。而随着社会生活方式的变化,人的价值观念也受到外在的影响。乡村千百年来形成的文化氛围在无意识地变化,在被遗忘、在被淡化。

乡村涵养了中国人的精气神、乡村文化的根脉是传统文化,优秀的传统文化是社会主义先进文化的根基。乡村振兴战略的实施,对乡村文化的振兴提出了新的期望。如何为乡村守"根"立"魂",如何让乡村文化记忆为乡村振兴注入巨大动能,如何让乡村文化不再成为记忆,而鲜活生动起来,进而在新时代绽放出更为耀眼的光彩? 高陵区文化馆近年来在乡村文化记忆建设方面进行了实践。本文暂称为"高陵文化馆模式"

一、高陵区概况

高陵区位于西安市辖域北部,地势平坦,黄土层深厚,适宜人类农业耕作。5000 年前即有人类在此活动,此处历为周秦汉唐的京畿之地。古有杨公懿、吕柟、白遇道等大儒扛关学思想大旗,境域学风甚盛,民风淳朴,民众生活安逸稳妥。高陵现有面积 294 平方公里,共 7 个街办 86 个行政村。全区人口 36 万,农村人口 237665 人共 62936 户。

二、文化馆有责任有义务推动乡村文化记忆建设工作

其一,《中华人民共和国非物质文化遗产法》《陕西省非物质文化遗产条例》及中办、国办 2017 年 1 月 25 日印发的《关于实施中华优秀传统文化传承发展工程的意见》等文件,明确了文化馆对非物质文化遗产代表性项目的整理、研究、宣传、展示、保护弘扬的职责。其二,全区的非物质文化遗产保护机构设在文化馆。其三,文化馆一直承担着守望民族之基因,铸就民族之魂,增强民族自信心和自豪感的历史重任。在社会主义核心价值观的树立、中华传统美德的传承、中华人文精神的弘扬上走在前列。其四,文化馆有人员、有能力、有热情干好此项工作。

三、乡村记忆工作的实施

历史在发展,社会在前进,时代的车轮在飞快运转,村民们也被裹挟着前行,现代化的生活已经来临,物质生活越来越好的同时,回望和反思也会越来越多,我们需要留下一些乡村的记忆,为后代打上传统文化的底色,让传统文化的精神、灵魂、气质充盈于变迁中的乡土文化中,为生活在这片土地上的人们找回心灵的慰藉,为人们有更大的信心和力量来建设自己的生活而加油鼓帆。

高陵区文化馆力求把乡村文化记忆建设工程,放在乡村振兴的大框架下,并与我们的中国梦和社会主义核心价值观建设结合起来,就乡村文化记忆建设开展了以下工作:

1. 以人为本的凝神聚力工程,开启乡村文化记忆的强基之门

爱国爱家、讲文明讲道德、向上向善是中华传统文化的特质之一,也是乡村文化最朴素的价值观,更是乡村凝聚力的来源。高处总是眼亮,把高深的理论用村民熟悉的语言讲出来,帮助村民从更高的层次去看问题,让村民心里亮堂起来,有助于凝聚精神,提振信心。

（1）建设新时代文明实践站,板凳宣传队进乡村

先后建设了何村、药惠村、田家村新时代文明实践站,文明实践站以讲座为主。板凳宣传队是在村民饭后端个小板凳扎堆聊天时开展的宣传方式。队员用方言土语,以村民便于理解和接受的身边变化或小故事为切入口,为村民讲社会主义核心价值观与自身的关系,讲党的为民初心、党的惠民政策、延安精神,讲电子商务对农村经济的促进,讲讲身边的脱贫攻坚的故事等,这种接地气的宣传取得了较好的效果,拉近了乡民和乡村的情感,增强了他们建设美好生活的信心。

（2）新乡贤骨干队伍建设,传统文化教育进乡村

乡村文化振兴的参与主体是全体村民,让村民在优秀传统文化的助力下,积极参与公共事务,对于乡村建设非常重要。

高陵区文化馆从2018年开始新乡贤骨干队伍培训,累计已经举办10期。培训涉及乡贤的概念、历代对乡贤的认识、高陵区古代的乡贤、新乡贤概念的提出、新乡贤的范围。鼓励全体村民努力做新乡贤,完善自己,为乡村发展做出贡献。培训取得了好的效果,群众参与乡村事务的积极性显著提高,有为乡村旅游开发献计献策的、有积极成立村上乡贤队伍开展移风易俗的、有积极参与传统文化传承的,显示出群众参与公共事务的热情。

（3）文化队伍培养,增强村民集体意识。

让群众走出家门,参与村里的公共活动,健身、跳舞、唱戏,不仅能陶冶情操,增进情感,还让村民时刻把自己融入群体中。高陵区文化馆已经在全区建立起40多支乡村文艺队伍,群众自我教育、自我提高,乡村人文环境更加和谐、更加文明。

2. 留住乡村文化记忆的抢救保护增强工程

（1）乡村口述史挖掘整理工程

2017年，高陵区文化馆开始了乡村口述史挖掘整理工程。聘请专家学者授课把握方向，在全区范围内征集志愿者参与工作。确定的整理范围是：乡村历史和名人轶事、村庄变迁史、过往岁月的难忘事件、乡村手艺、民间游艺、童谣、民谣、谚语、乡村人口迁移史、民间音乐、民间美术、民间信仰、民间建筑方法、传说、故事、神话、家族故事、传统曲艺、消费习俗等，全方位的记录乡村历史文化。

目前已整理编印了《泾渭瑰宝》《高陵民间工艺精品集》《清曲流韵——高陵曲子集》《高陵快板》《高陵童谣》《高陵民谣》《乱世夹滩》《白蟒塬》《历史老店"南茂号"最后一任大掌柜》《希望的田野》《印痕》《乡情乡风乡韵》《历史为鉴　展望未来》《高陵非物质文化遗产名录》《辉煌岁月　高陵故事》《商家村史》等资料书籍；编印了《文化高陵》民俗专版；正在撰写《高陵民俗》《话说高陵》《皂南村史》《农业社》《合作化》等。涵盖了民间文学、人物轶事、家族文化、民间音乐、民间美术、难忘历史等内容。另外，还有近10万字的资料正在整理。这些都将丰富乡村记忆，让保留尚好的村落的文化不再轻飘，让已经不存在的村落尚有余烟。

（2）传统节日文化保护工程

传统节日点亮着乡村的天空，节日里浓郁的人情往来和丰富的节日文化充实着乡村，拉近了人与人的距离。高陵区文化馆加大春节、清明节、端午节、七夕节、中秋节内涵保护和挖掘，弘扬并创新性传承传统节日文化。高陵区文化馆大力挖掘本地七夕文化，现已成功举办两届七夕活动，把传统的泡巧、乞巧、穿针引线比赛发展为赛巧手，赛的内容不只是女红，还增添了各种手工艺制作，让七夕文化能发展下去，让更多的人参与进来。端午活动已经成功举办了15届，文化馆突出了端午的民间传统和香包制作，并把香包发展成一个小的文化产业，端午活动效应覆盖全区乡村。

（3）非遗项目挖掘和保护

高陵区文化馆在已经挖掘木轮大车制作技艺、场畔农耕用具制作技艺、蒸笼制作技艺等24项各级非遗保护项目的基础上，又深入乡间，记录过去的农村小儿医生，接生婆等故事，挖掘小儿按摩、烫伤医药、面花、渭河放河灯等项目。又深入农村学校，为学生讲解高陵的非遗知识，让孩子们从小就徜徉在民间文化的大河里。

3. 以增温为目的的静态展示工程

高陵区文化馆已经协助2个村建起了村史馆，协助5个村设计了农耕文化墙，协助企业建立起藏品达3000多种30000余件农耕老物件的关中农耕文化博物馆，自建农耕文化展厅1个。让村民们心存温暖，驻足观看回味悠长。

4. 文旅融合背景下的乡村故事宣传工程

有故事的乡村是有吸引力的乡村，为加强文旅融合，高陵区文化馆组织作家进村采风,宣传乡村美食、乡村致富能人、乡村特产、乡村孝老敬亲榜样、乡村自强模范,乡村大爱无私模范。并利用新媒体推出高陵传说、故事、神话,增强高陵乡村魅力。

在乡村文化记忆建设工程中,高陵区文化馆能致力于让不断修复和增强的乡村文化记忆汇入到现代生活之中,让每个人体会到自己与传统乡村文化的关系,从而产生更多的归属感,提升整体乡村文化记忆,为乡村文化振兴探索出一条有益的路子。

文化馆服务与"文化精准扶贫"的实践探索

葛利民　肖英奎（吉林省文化馆）

一、吉林省文化馆的实践探索

五年来，省文化馆落实上级文化和旅游厅的工作部署，努力扛起扶贫的政治责任和新时代历史使命，确定了白城市、白山市、延边州、吉林市等重点帮扶地区，认定了安图县明月镇龙山村、长平村，万宝镇大顶子村，大安市两家子镇同顺村等为扶贫对象，运用多种形式，深入开展文化扶贫工作。

文化扶贫，培训先行。吉林省群众艺术馆面向全省几十个贫困村，着重提高人们的文化素质，改善文化队伍骨干业务不强、艺术本领不精问题。省文化馆对全省部分贫困村开展政策性和艺术性地普及工作达 13 次，聘请专家、学者宣讲党的扶贫政策，聘请群文舞蹈、美术干部传授技艺，实打实地帮扶，心贴心地指导，帮助人们找回自信自尊，研学技艺，提振精气神。五年来，省文化馆先后投入 30 万元，举办 19 期文化扶贫培训班，共培训来自白城、白山、延边、吉林市等地的文艺骨干近 2000 人。

组织文化扶贫，扶精神、扶智力、扶文化。省文化馆组织干部先后 5 次打扫村部卫生，修整村路，剔除贫困村的败落之象，5 次组织文化志愿者文艺演出，让贫困村民业余有爱好，唱起来、跳起来、画起来。目前，已有三十几名文艺骨干参加贫困村文化活动，村民业余生活充实，精神面貌有所改观。

省文化馆实施"三区人才支持计划"，助力基层文化扶贫。两年来，接待两批贫困地区 8 名基层馆文艺辅导干部来馆进行实习锻炼，落实上级工作安排，使学员开阔眼界，积累经验。对今后基层馆开展文化扶贫提供了人才支撑。

省文化馆的文化扶贫工作在吉林省文化和旅游厅领导下，在所在村屯协助下，在贫困群众积极配合下，在一定程度上，在一定范围上，在一定目标人群中，支持了经济创收，"扶了精神、扶了智力、扶了文化"，进而初步取得了"创收有门道，精神不空虚，智力不偏颇，文化不缺项"的文化精准扶贫成效。

二、白城市镇赉县的文化剪影

近年来，面对 82 个贫困村 500 多人脱贫攻坚任务，镇赉县文广新局、文化馆等单位听候上级指令，悉数发动，全体动员。至 2019 年，贫困户全部脱贫。

精准扶贫思路:当地文化行政部门通过制订方案,层层压实责任,任务到村到人。镇赉县的扶贫工作既照顾群众实际需求,又争取上级积极支持,示范效应明显。县文广新局选准人,培强团队,"一分部署,九分落实",不获全胜,绝不收兵。

他们选派镇赉县文化馆馆长王利国为第一书记,组成了扶贫工作团队。其中每人包3户,负责抓好庭院经济,谋划帮扶项目,促增收;搞好家内外卫生、改造围墙、调整房屋结构,改善乡村风貌。入户对接、核对"两表一册"信息,宣讲扶贫政策。主要了解他们生产生活状况、切实解决他们的现实困难。全天候开展驻村帮扶工作,驻村工作队,每月驻村不少于10天的负责机制,划定了工作时间,解决了扶贫短板。

积极协调,"跑"出了令人欣慰的成绩单。2018年,争取省文化厅10万元资金,建设了四家子村文化服务中心及门前800平方米文体广场。同时,利用省体育局划拨6万元,购置了相关体育器材。筹措资金13万元用于美丽乡村建设,整治村屯脏乱差环境,恢复绿水青山,改善人居生态条件,成效非常显著。深度开展文化扶贫,活跃群众文化生活,全年为村里送戏下乡1次,辅导秧歌和健身操1次,放电影12次。

总结镇赉县扶贫工作,其成功得益于扶贫工作团队合理谋划,承诺践诺,得益于当地群众积极参与,得益于党和政府的大力支持。

三、梨树县蔡家镇政府的活动启示

蔡家镇在上级党委、政府支持下,积极打造省级特色小镇,构建"赏、玩、吃、礼、住、购"基础支撑,满足游客一年四季多元需求,走出了文化和旅游融合发展的扶贫之路。

"赏",即耳目一新的石磨布满镇街、映入眼帘,好似在讲述一方的安宁,体现了镇域特色;关东农耕博物馆数百件展品,浓缩了农村、农业、农事的沧桑,反映了镇域个性。"玩",冬天滑雪,已经形成雪圈、爬犁、冰猴、摩托等系列服务样式。"吃",有柳条边客栈、集体户农家乐、刘鸽子烤羊等名家食店。"购",有手工草编、针织品,东北杂粮、花式营养面等。"住"和"礼"已经满足很多游客的需要,既有品质又有标准,好评声连连。"梨树县消费扶贫蔡家行暨关东农耕文化旅游节"将各方人流集聚梨树县蔡家镇。"赏、玩、吃、礼、住、购"基础支撑开始"活络",创业创新创造有关样式开始"盈门"。

四、一个文化馆人再认识

文化馆人明确自身定位,彰显群众文化的职能作用,用文艺演出、书画创作与展览、辅导与培训、群众文艺创作等基本工作职能,上下协调推进馆站的扶贫工作,提高认识,主动作为,精准对接目标,深入开展"扶精神、扶智力、扶文化"活动。

在文化扶贫上,今后,我们要建立健全管用的机制,打造基层带不走的扶贫工作队,尽快出台相应举措,促进文化扶贫的常态化、科学化,这对于文化扶贫意义重大。

综上,文化精准扶贫,任重道远;精准文化扶贫,攻坚克难。我们要充分发挥作用,思路要对,方法要实,路径要清晰,步伐要稳健,逐步走出上级认可、贫困户满意的吉林省文化扶贫之路。